循着现代化的逻辑

一个经济学人的时事观察

（2021-2024年）

胡敏 著

中国财经出版传媒集团

经济科学出版社
Economic Science Press

·北 京·

图书在版编目（CIP）数据

循着现代化的逻辑：一个经济学人的时事观察：
2021－2024 年／胡敏著. －－北京：经济科学出版社，
2024.12. －－ISBN 978－7－5218－6455－7

Ⅰ. D609.9－53

中国国家版本馆 CIP 数据核字第 2024B20R98 号

责任编辑：张　蕾
责任校对：靳玉环　王苗苗
责任印制：邱　天

循着现代化的逻辑

一个经济学人的时事观察（2021－2024 年）

XUNZHE XIANDAIHUA DE LUOJI

YIGE JINGJIXUEREN DE SHISHI GUANCHA（2021－2024 NIAN）

胡　敏　著

经济科学出版社出版、发行　新华书店经销

社址：北京市海淀区阜成路甲 28 号　邮编：100142

应用经济分社电话：010－88191375　发行部电话：010－88191522

网址：www. esp. com. cn

电子邮箱：esp@ esp. com. cn

天猫网店：经济科学出版社旗舰店

网址：http：//jjkxcbs. tmall. com

固安华明印业有限公司印装

710×1000　16 开　42.5 印张　800000 字

2024 年 12 月第 1 版　2024 年 12 月第 1 次印刷

ISBN 978－7－5218－6455－7　定价：198.00 元

（图书出现印装问题，本社负责调换。电话：010－88191545）

（版权所有　侵权必究　打击盗版　举报热线：010－88191661

QQ：2242791300　营销中心电话：010－88191537

电子邮箱：dbts@ esp. com. cn）

循着现代化的逻辑

周文彰 题

推荐导读：

国务院研究室原主任、国家行政学院原党委书记、常务副院长魏礼群为本书题序。

国家行政学院原副院长、中国诗词学会会长周文彰为本书题写书名。

专家推荐阅读：

● 紧随发展大势，研析制度机理，透视民生关切。该书值得一读。
　　　　　　——全国政协委员、中国（海南）改革发展研究院院长　迟福林

● 当代中国社会巨大变革和经济快速发展在现代化发展史上具有重要研究价值。该书跟踪式关注中国式现代化新时代新征程上的细节变化，客观进行记录、分析和叙事，一定程度上展示了中国式现代化进程的演化机理和背后的逻辑，值得一读。
　　　　　　——中央党校（国家行政学院）中国式现代化研究中心主任、
　　　　　　　　　　　　　　　　　　　　　　一级教授　张占斌

● 以时事观察的新闻视角，以经济学人的专业眼光，观察分析伟大时代的变迁，该书作者笔耕不辍，进行了有益尝试。
　　　　　　——中国人民大学经济学院教授　李义平

序　言
Preface

　　现代化是人类文明与进步的标志，是世界各国追求的共同目标。现代化建设是人类社会从传统农业文明走向工业文明、信息文明的历史过程，也是发展中国家追赶先行发达国家的奋进历程。

　　世界现代化起源于欧洲资本主义国家，极大地推动了生产力的发展、社会变革和世界文明的进步。资本主义现代化在创造了"现代性文明"的同时，基于资本追逐利润的本性贪婪，也产生了一系列"现代性问题"，比如：经济危机的不时爆发、贫富分化的加剧、社会公平正义的缺失、拜金主义的盛行，以及社会文明的冲突，等等。所以，马克思主义经典作家认为，资本主义生产关系的变革虽然开启了现代化的进程，但建立以社会公平正义为目标、实现人的全面解放和人的全面自由发展的美好社会，必然要取代资本主义文明，必须经过"卡夫丁大峡谷"的大的跨越，完成人类文明的"惊险一跳"，更高阶段的社会文明和理想社会迟早要实现，社会主义现代化必将彰显于世界。

　　自工业文明之后的世界格局的变化，也正是按照马克思主义经典作家所指向的那样，先进的、革命的生产力力量不断突破旧的生产关系的束缚和旧的社会制度的羁绊，推动社会发展的历史车轮滚滚向前。许多国家现代化进程也基于历史发展的逻辑和社会经济发展的规律，顺应着时代发展的趋势，展现出蓬勃的发展生机。

　　20世纪全球现代化发展的实践证明：实现现代化、建设现代文明，西方国家走过的道路绝不是唯一可能的路径。虽然各国现代化进程表现出一系列共同特征，比如、工业化、市场化、城市化、民主化，等等，但一个国家究竟采取怎样的方式才能成功实现现代化、建设现代文明，在很大程度上取决于不同地域、不同文化、不同历史等这些重要的因素，各国实现现代化的路径和方式事实上表现为多样性的特点，没有也不可能有统一固定的模式，可以相互借鉴但绝不可以照搬照套、归于一尊。

党的二十大在新的历史起点上擘画了以中国式现代化实现强国建设、民族复兴伟业的宏伟蓝图，深刻阐述了中国式现代化的中国特色、本质要求和需要把握的重大原则。中国式现代化，是中国共产党领导的社会主义现代化，既有各国现代化的共同特征，更有基于自己国情的中国特色。

中国式现代化，既深深植根于中华优秀传统文化，蕴含着独特世界观、价值观、历史观、文明观、民主观、生态观等及其伟大实践，也体现了科学社会主义先进本质，并借鉴吸收一切人类优秀文明成果。中国式现代化代表着人类文明进步的发展方向，是要展现不同于西方现代化模式新图景的现代化，是要创造一种人类文明新形态，为人类对更好社会制度的探索提供中国方案。这就是中国式现代化的基本逻辑，也必然是推进中国式现代化的实践逻辑。

中国式现代化是前无古人的创新性事业，必将对世界现代化理论作出创新性贡献。中国式现代化事业是宏伟壮阔的，又是具体的、生动的、发展的，既关乎每个人的现实生活和成长发展，又是在经济社会变化的场景中呈现出来的，是实实在在的现代化过程组成为一幅宏大而壮美的现代化画卷。这就需要身在其中的我们每个人去细心体会、认真观察、努力实践、协同创造，当然更需要广大理论工作者善于观察、善于总结、善于分析、善于思考，在理论探索和实践创新过程中发现规律、发现真理。

胡敏同志最近出版的《循着现代化的逻辑》这本文集，就是一个理论研究工作者以自己的视角、独特的风格、悉心的观察，对中国式现代化行进中的社会经济变化所做的深入思考、细致分析和总结提炼。全书记述了2021以来我国由实现"全面小康"转向推进

"全面现代化"的关键时期，党领导人民展开的一系列新的实践创新、理论创新、制度创新、文化创新。一定意义上，它体现了中国式现代化新征程上的历史脉动，展示了党和人民应对更加纷繁复杂的发展环境坚韧不拔推进中国式现代化的强大意志、科学思想和行动逻辑。

我与胡敏同志是多年的同事，经常在一起作学术交流。2023 年春节期间曾应邀给他编撰的《循着发展的逻辑——一个经济学人的时事观察（2016－2020）》一书写了序言。在 2016 年他出版的《循着改革的逻辑——一个经济学人的时事观察（2009－2015）》一书，也是我题了序。他新近即将在经济科学出版社出版的《循着现代化的逻辑——一个经济学人的时事观察（2021－2024 年)》一书，依然邀请我来作序，我欣然应允。

这三部书时间跨越将近 15 年，记录了胡敏同志 2009～2024 年来以一个经济研究工作者的独特视角，来观察、分析、总结我们国家时势变迁的演化历程，三本书的内容虽然是胡敏同志这些年在各类官方媒体上公开发表的时政评述文章和相关政策研究成果的合辑，超过两百多万字，所收录的文章虽然不能说都是精品力作，但文章的视角是广阔的、连续的。其实，历史就是在这样的片段式记述和叙事中真实呈现出它的宏阔、它的延展、它的精彩、它的纵深。

最难能可贵的是，胡敏同志从 2009 年初调到原国家行政学院研究室工作后这么多年过去了，依然保持了一份执着、一份恬静、一份辛勤、一份韧劲，勤于写作、勤于观察和思考，这很值得欣慰。我继续鼓励他不断学习、不断研究，不断有收获。每个人都有每个人的人生归宿，历史不辜负有心人。正如我在上一本书的序言中勉励他的那样，只要心向光明，持之以恒，坚韧不拔，善作善成，人生自然精彩，人生就有价值，人生必带光芒。

胡敏同志这三部书聚焦的主题词不同，不论聚焦改革也好、发展也好，或是现代化也好，都是相互贯通、相互支撑的，都是我们身处的这个伟大时代的主旋律。时代是出卷人，我们都是答卷人，在新时代全面建成社会主义现代化强国的伟大进程中，我们每个人都要自觉承担起自己的历史使命和责任担当，踔厉奋发、笃行不怠、不负时代。

　　谨此共勉，也以此为序。

魏礼群

2024 年 10 月 7 日

前　言
Foreword

把中国发展进步的命运牢牢掌握在自己手中[*]

习近平总书记 2022 年 7 月 26 日在省部级主要领导干部"学习习近平总书记重要讲话精神，迎接党的二十大"专题研讨班开班式上发表重要讲话中关于中国式现代化作出了极为重要的精辟论述，深刻阐释了中国式现代化的实践基础、创新突破、本质特征和时代价值，为即将召开的党的二十大继续走什么路确立了思想基础，为全面建成社会主义现代化强国、实现中华民族伟大复兴的宏伟目标提供了基本遵循和行动纲领。我们需要深入学习理解、切实贯彻落实。

中国式现代化是党和人民长期探索和实践取得的根本成就

在人类文明进程中，现代化一般是指较不发达社会通过生产力进步和社会关系改革，获得较发达社会共有特征的一个社会变革过程，也是一个国家或民族向着先进文明形态不断融入的过程。这个社会变革过程是通过国家之间、社会之间的技术、商品、文化和思想的交流交融不间断地发生着的。

习近平总书记"7·26"重要讲话深刻指出，"在新中国成立特别是改革开放以来的长期探索和实践基础上，经过党的十八大以来在理论和实践上的创新突破，我们成功推进和拓展了中国式现代化。"① 纵观党的百年奋斗史，党领导中国人民走出的现代化道路来之不易。

建设美好社会、实现现代化曾是近代以来中国人民矢志奋斗的伟大梦想。但在 19 世纪末 20 世纪初那个濒临民族危亡的旧中国，自 1840 年鸦片战争以

---

* 本文原载于北京市委宣传部理论读物《大讲堂》（2022 年 9 月 1 日），2022 年第 9 期（总第 191 期）以中央党校（国家行政学院）习近平新时代中国特色社会主义思想研究中心研究员署名刊发。文章当年获得北京市委宣传部宣讲家优秀论文奖。

① 高举中国特色社会主义伟大旗帜 奋力谱写全面建设社会主义现代化国家崭新篇章 [N]. 人民日报，2022 – 07 – 28 (1).

后，就受到了来自工业革命洗礼后的西方列强的逞强称霸和外来资本的肆掠扩张，古老的中国屡经西方铁蹄的践踏、列强的疯狂劫掠，一个曾处世界领先地位的东方大国变得山河破碎、民不聊生，国家蒙辱、人民蒙难、文明蒙尘，中华大地逐步沦为半殖民地半封建社会，中华民族遭受前所未有的劫难，中华民族到了最危险的时候。

这一切，深深刺痛着历来抱有家国情怀，信奉天下兴亡、匹夫有责的中国人的心。为了拯救民族危亡，中国人民奋起反抗，仁人志士奔走呐喊，太平天国运动、戊戌变法、义和团运动、辛亥革命接连而起，各种救国方案轮番出台，但都以失败而告终。苦难的旧中国，想要摆脱几千年封建社会思想的影响，想要挣脱帝国主义、半殖民半封建主义的压迫，走上独立自主的现代化之路是不可能的。那时的中国迫切需要新的思想引领救亡运动，迫切需要新的组织凝聚革命力量。

十月革命一声炮响，给中国送来了马克思列宁主义。在中国人民和中华民族的伟大觉醒中，在马克思列宁主义同中国工人运动的紧密结合中，中国共产党应运而生。中国共产党的诞生，是开天辟地的大事变，深刻改变了近代以后中华民族发展的方向和进程，深刻改变了中国人民和中华民族的前途和命运，深刻改变了世界发展的趋势和格局。历史和人民选择了中国共产党，中国革命的面貌从此焕然一新。

经过二十八年浴血奋斗，中国共产党领导中国人民创造了新民主主义革命的伟大成就，成立了人民当家作主的中华人民共和国，实现了民族独立和人民解放，彻底结束了旧中国半殖民地半封建社会的历史，彻底结束了极少数剥削者统治广大劳动人民的历史，彻底结束了旧中国一盘散沙的局面，彻底废除了列强强加给中国的不平等条约和帝国主义在中国的一切特权，实现了中国从几千年封建专制政治向人民民主的伟大飞跃，也开启了实现国家富强和人民幸福的崭新历程。中国发展从此进入了新纪元，中国的现代化也从此进入了新纪元。

新中国的成立，为中国走上现代化国家的道路创造了根本社会条件。建设中国的现代化成为中国共产党至为重要的执政目标。为了探索适合中国国情的现代化道路，党带领人民70多年来作出了艰辛探索。由于没有现成的经验可以遵循，在极为复杂的国际国内环境下，面对极其艰巨的社会主义建设任务，党和人民在探索中走过一段辉煌壮丽的历程。

（一）毛泽东带领中国人民在社会主义革命和建设时期为开启中国的现代化进行了艰苦卓绝的探索

新中国成立后，党的首要任务是完成由农业国向工业国的转变。以毛泽东同志为主要代表的中国共产党人，基于当时国民经济屠弱、国家一穷二白的历史条件，进行了新中国社会主义现代化的艰苦探索。

早在 1945 年 4 月，毛泽东在向党的七大提交的书面报告《论联合政府》中就提出了"在新民主主义的政治条件获得之后，中国人民及其政府必须采取切实的步骤，在若干年内逐步地建立重工业和轻工业，使中国由农业国变为工业国"① 这样的中国现代化的命题。在新中国成立前夕，毛泽东在 1949 年 3 月召开的党的七届二中全会上的报告中明确指出，要"使中国稳步地由农业国转变为工业国，把中国建设成为一个伟大的社会主义国家"。

1954 年 9 月，毛泽东在第一届全国人大第一次会议的开幕词中提出，要"准备在几个五年计划之内，将我们现在这样一个经济上文化上落后的国家，建设成为一个工业化的具有高度现代文明程度的伟大的国家"。② 1956 年召开的党的八大，根据我国社会主义改造基本完成后的形势，提出国内主要矛盾已经不再是工人阶级和资产阶级的矛盾，而是人民对于经济文化迅速发展的需要同当前经济文化不能满足人民需要的状况之间的矛盾，全国人民的主要任务是集中力量发展社会生产力，实现国家工业化，逐步满足人民日益增长的物质和文化需要。毛泽东在八大开幕词中明确指出，要把一个落后的农业的中国改变成为一个先进的工业化的中国。

此后的若干年，毛泽东在不同场合讲话中，先后提出了国家农业现代化、科学文化现代化和国防现代化的要求，在 1963 年 1 月，周恩来在上海市科学技术工作会议上的讲话中指出，"我国过去的科学基础很差。我们要实现农业现代化、工业现代化、国防现代化和科学技术现代化，把我们祖国建设成为一个社会主义强国。"自此，中国实现"四个现代化"的目标就循序渐进地、完整地提了出来。

按照毛泽东的设想，实现"四个现代化"要分"两步走"：第一步是建立一个独立的、比较完整的工业体系和国民经济体系，使我国工业接近世界先进水平；第二步是使我国工业走在世界前列，全面实现农业、工业、国防和科学技术的现代化。在 1964 年 12 月至 1965 年 1 月召开的第三届全国人大第一次会议上，根据毛泽东提议，会议正式确定了在本世纪末实现农业、工业、国防和科学技术现代化的目标。周恩来在《政府工作报告》中提出："关于今后发展国民经济的主要任务，总的说来，就是要在不太长的历史时期内，把我国建设成为一个具有现代农业、现代工业、现代国防和现代科学技术的社会主义强国。"1975 年 1 月召开的四届人大一次会议上，周恩来再次提出了在本世纪内，全面实现农业、工业、国防和科学技术的现代化，使我国国民经济走在世界前

① 毛泽东选集（第三卷）[M]. 北京：人民出版社，1991：1081.
② 毛泽东文集（第六卷）[M]. 北京：人民出版社，1991：349.

列的宏伟目标。

按照实现"四个现代化"目标，党领导人民开展了大规模的社会主义建设。经过几个五年计划的实施，我国逐步建立起了独立的比较完整的工业体系和国民经济体系，农业生产条件显著改变，教育、科学、文化、卫生、体育事业有很大发展。特别是"两弹一星"等国防尖端科技取得了重大突破，国防工业从无到有逐步发展起来。

这一时期，从以发展重工业为中心环节的工业化，到以先进科学技术为基础的现代农业、现代工业、现代国防和现代科学技术的"四个现代化"，中国共产党人对具有中国特点的社会主义现代化道路进行了艰苦卓绝的探索，领导人民自力更生、发愤图强，创造了社会主义革命和建设的伟大成就，实现了中华民族有史以来最为广泛而深刻的社会变革，实现了一穷二白、人口众多的东方大国大步迈进社会主义社会的伟大飞跃。尽管在探索过程中也经历了严重曲折，但党在社会主义革命和建设中取得的独创性理论成果和伟大的实践成就，为在新的历史时期开创中国特色社会主义提供了宝贵经验、理论准备、物质基础。

（二）邓小平带领中国人民在改革开放和社会主义现代化建设新时期为开创中国式现代化奠定了坚实的基础

改革开放是我们党的一次伟大觉醒，是中国人民和中华民族发展史上一次伟大革命。改革开放和社会主义现代化建设新时期，党面临的主要任务是，继续探索中国建设社会主义现代化的正确道路，解放和发展社会生产力，使人民摆脱贫困、尽快富裕起来。

党的十一届三中全会以后，以邓小平同志为主要代表的中国共产党人，团结带领全党全国各族人民，深刻总结新中国成立以来正反两方面经验，围绕什么是社会主义、怎样建设社会主义这一根本问题，借鉴世界社会主义历史经验，解放思想，实事求是，作出把党和国家工作中心转移到经济建设上来、实行改革开放的历史性决策，明确提出走自己的路、建设中国特色社会主义，科学回答了建设中国特色社会主义的一系列基本问题，制定了到二十一世纪中叶分三步走、基本实现社会主义现代化的发展战略，成功开创了中国式现代化道路。

1979年12月，邓小平在会见日本首相大平正芳时首次提出"中国式的现代化"的概念和目标，指出，"我们要实现的四个现代化，是中国式的四个现代化。我们的四个现代化的概念，不是像你们那样的现代化的概念，而是'小康之家'"。① 此后，邓小平又强调："这个小康社会，叫作中国式的现代化。翻

① 邓小平文选（第二卷）［M］. 北京：人民出版社，1989：237－238.

两番、小康社会、中国式的现代化，这些都是我们的新概念。"

1982 年召开的党的十二大正式提出到 20 世纪末要使人民生活达到小康水平。随着改革开放和社会主义现代化建设新的实践，"三步走"的战略设想逐渐清晰。1987 年 10 月召开的党的十三大报告明确指出：党的十一届三中全会以后，我国经济建设的战略部署大体分三步走：第一步，实现国民生产总值比 1980 年翻一番，解决人民温饱的问题。这个任务已经基本实现；第二步，到本世纪末使国民生产总值再增长一倍，人民生活达到小康水平；第三步，到下世纪中叶，人均国民生产总值达到中等发达国家水平，人民生活比较富裕，基本实现现代化。党的十三大报告将邓小平"三步走"的战略设想用党的文件的形式确定下来。党的十五大又根据中国经济社会发展的变化又提出了"新三步走"战略。此后，党的十六大、十七大、十八大、十九大都对这一战略进行了与时俱进地具体化、完善化。

分"三步走"基本实现社会主义现代化的思想，是对中国社会主义经济建设发展战略目标和战略步骤的科学概括，为我国社会主义初级阶段社会主义现代化建设提供了重要的思想遵循和行动纲领，也成为我国制定国民经济和社会发展长远规划和五年计划的一项长期战略。

为了加快推进改革开放和社会主义现代化建设，党的十二大、十三大、十四大、十五大、十六大、十七大，根据国际国内形势发展变化，从我国发展新要求出发，始终坚持以经济建设为中心，坚持发展是硬道理，一以贯之对推进改革开放和社会主义现代化建设作出全面部署，不断深化社会主义现代化建设的战略安排，不断推进全面建设小康社会与推进经济建设、政治建设、文化建设与社会建设协调发展。几十年来，党领导人民在经济建设、政治建设、文化建设、社会建设、国防建设等诸领域各方面都取得举世瞩目的重大成就，我国实现了从生产力相对落后的状况到经济总量跃居世界第二的历史性突破，实现了人民生活从温饱不足到总体小康、奔向全面小康的历史性跨越，推进了中华民族从站起来到富起来的伟大飞跃。

党对社会主义现代化的探索与实践，党制定的到 21 世纪中叶分三步走、基本实现社会主义现代化的发展战略，为新时代发展中国特色社会主义事业，为实现中华民族伟大复兴，提供了充满新的活力的体制保证和快速发展的物质条件。

（三）习近平带领中国人民在中国特色社会主义新时代全面打开中国式现代化新局面，展示出中国式现代化的新前景

党的十八大以来，中国特色社会主义进入新时代。新时代的 10 年，以习近平同志为核心的党中央领导人民承前启后、继往开来，自信自强、守正创新，统筹把握中华民族伟大复兴战略全局和世界百年未有之大变局，为新时代中国特色社会主义现代化建设作出新的战略安排，决胜全面建成小康社会、实现第一个百年奋斗目标，开启了全面建设社会主义现代化国家、实现第二个百年奋斗目标的新征程，朝着实现中华民族伟大复兴的宏伟目标继续前进。

党的十八大确立了到2020年实现全面建成小康社会的战略目标，提出了全面推进经济建设、政治建设、文化建设、社会建设、生态文明建设"五位一体"的总体布局和坚持走中国特色新型工业化、信息化、城镇化、农业现代化"四化并举"的现代化道路。党的十八届三中全会又提出"全面深化改革的总目标是完善和发展中国特色社会主义制度，推进国家治理体系和治理能力现代化"的重要论断，国家治理体系和治理能力建设成为社会主义现代化的重要组成部分。2014年12月至2015年2月，习近平总书记又集中论述了全面建成小康社会、全面深化改革、全面依法治国、全面从严治党"四个全面"的全新战略布局。

党的十九大提出中国特色社会主义进入了新时代，指出这个新时代，是在新的历史条件下继续夺取中国特色社会主义伟大胜利的时代，是决胜全面建成小康社会，进而全面建设社会主义现代化强国的时代，明确了从2020年到本世纪中叶可以分两个阶段的战略安排：第一个阶段，从2020年到2035年，在全面建成小康社会的基础上，再奋斗十五年，基本实现社会主义现代化；第二个阶段，从2035年到本世纪中叶，在基本实现现代化的基础上，再奋斗十五年，把我国建成富强民主文明和谐美丽的社会主义现代化强国。2020年10月，党的十九届五中全会审议通过的《中共中央关于制定国民经济和社会发展第十四个五年规划和二〇三五年远景目标的建议》，紧扣两个百年目标的战略安排，综合考虑未来一个时期国内外发展趋势和我国发展条件，进一步细化了到2035年基本实现社会主义现代化的奋斗目标，以此也确立了"十四五"时期我国经济社会发展的基本思路、主要目标、重大举措以及2035年远景展望。

面对2020年以来百年变局和世纪疫情叠加的国内外严峻复杂形势，习近平总书记审时度势、擘画未来，坚定走自己的路。在2021年1月省部级主要领导干部学习贯彻党的十九届五中全会精神专题研讨班上，习近平总书记发表重要讲话，鲜明指出，要准确把握新发展阶段，深入贯彻新发展理念，加快构建新发展格局，推动"十四五"时期高质量发展，确保全面建设社会主义现代化国家开好局、起好步。

习近平总书记鲜明指出，"我们的任务是全面建设社会主义现代化国家"，我们建设的现代化"是我国现代化是人口规模巨大的现代化，是全体人民共同富裕的现代化，是物质文明和精神文明相协调的现代化，是人与自然和谐共生的现代化，是走和平发展道路的现代化。这是我国现代化建设必须坚持的方向，要在我国发展的方针政策、战略战术、政策举措、工作部署中得到体现，推动全党全国各族人民共同为之努力"。①

习近平总书记还进一步强调，进入新发展阶段明确了我国发展的历史方位，贯彻新发展理念明确了我国现代化建设的指导原则，构建新发展格局明确了我国经济现代化的路径选择。全面建设社会主义现代化国家、基本实现社会主义现代化，既是社会主义初级阶段我国发展的要求，也是我国社会主义从初级阶段向更高阶段迈进的要求。新发展理念是一个系统的理论体系，回答了关于发展的目的、动力、方式、路径等一系列理论和实践问题，阐明了党关于发展的政治立场、价值导向、发展模式、发展道路等重大政治问题，全党必须完整、准确、全面贯彻新发展理念。加快构建以国内大循环为主体、国内国际双循环相互促进的新发展格局是一项关系我国发展全局的重大战略任务，需要从全局高度准确把握和积极推进。

习近平总书记的这些战略论断，深刻回答了事关我国现代化发展全局一系列方向性、根本性、战略性重大问题，对全面建设社会主义现代化强国具有重大而深远的指导意义。

新时代的 10 年，以习近平同志为核心的党中央，以伟大的历史主动精神、巨大的政治勇气、强烈的责任担当，统筹国内国际两个大局，贯彻党的基本理论、基本路线、基本方略，统揽伟大斗争、伟大工程、伟大事业、伟大梦想，坚持稳中求进工作总基调，采取一系列战略性举措，推进一系列变革性实践，实现一系列突破性进展，取得一系列标志性成果，攻克了许多长期没有解决的难题，办成了许多事关长远的大事要事，经受住了来自政治、经济、意识形态、自然界等方面的风险挑战考验，党和国家各项事业取得历史性成就、发生历史性变革，在党史、新中国史、改革开放史、社会主义发展史、中华民族发展史上具有里程碑意义，彰显了中国式现代化新道路的鲜明特质，构成了人类文明新形态的鲜明底色，为实现中华民族伟大复兴提供了更为完善的制度保证、更为坚实的物质基础、更为主动的精神力量。

中国式现代化本质上是中国共产党领导的社会主义现代化

一个国家的现代化程度是其文明程度的重要标志，往往代表着不同的文明形态。人类历史发展到今天，现代化可以说是各国致力实现的共同目标，但因为各国历史文化、地缘政治、制度选择等不同，在不同历史时期、不同社会类

---

① 深入学习坚决贯彻党的十九届五中全会精神 确保全面建设社会主义现代化国家开好局 [N]. 人民日报, 2021 - 01 -12 (1).

型中，文明会呈现出不同的样式、形态和发展水平。因此，现代化发展并没有统一的模式，同时人们对包含现代化在内的文明进步内涵的认知和理解，也是随着生产生活方式变化、科学技术进步和社会发展进程而不断演变、丰富和深化的，也就会表现出不同的内在原则、价值取向和实现路径。

习近平总书记"7·26"重要讲话深刻指出，"世界上既不存在定于一尊的现代化模式，也不存在放之四海而皆准的现代化标准。我们推进的现代化，是中国共产党领导的社会主义现代化。"① 这一重要论断就充分揭示了新中国成立以来特别是改革开放以来我们所走的中国式现代化道路，是中国共产党领导的、体现社会主义性质的全新的现代化道路，这既指明了中国式现代化道路是基于中国国情、扎根于中国土壤的现代化，也是对人类文明进程中世界各国现代化道路的模式选择作出的中国贡献。

（一）西方发达资本主义国家现代化大多走的是一条资本剥削劳动、资本扩张市场的掠夺殖民之路

当今我们认识的所谓现代化肇始于欧美国家。在完成大航海时代、文艺复兴和宗教改革等地理革命、思想革命之后，欧美国家真正的现代化起源于18世纪、19世纪的工业革命。工业技术革命不仅极大解放了欧美国家的社会生产力，也极大推动了封建社会向现代资本主义社会的制度变革。

早于欧洲工业革命的文艺复兴激发了欧洲人自我意识和科学人文精神的觉醒，根植于古老欧洲文明中的城邦制度又与工业革命同步兴起的亚当·斯密自由市场精神相契合，推进了社会分工、市场交易、契约制度和资本主义的快速发展，新生资产阶级对利润的疯狂追逐和资本的嗜血性、扩张性，以殖民主义的形式突破地域障碍、以铁蹄和强权方式将贸易由国内市场推向世界市场。一定意义上说，欧美资本主义国家资本积累和工业化进程是在残酷的资本圈地和资源掠夺中完成的。其中，两次世界大战又成为推动工业技术的广泛渗透和运用、推进欧美工业体系快速形成的有力助推器。这些综合因素不仅为欧美国家工业化、现代化奠定了产业基础、物质基础、市场基础，也不断孕育和发展了资本主义市场经济体系，使得欧美发达资本主义国家一直成为工业革命和历次技术革命的引领者。

但必须看到，正如马克思对资本的本质所揭示的，"资本来到世间，从头到脚，每个毛孔都滴着血和肮脏的东西"。② 马克思的《资本论》为我们描绘了资本原始积累的残酷性，指出，资产阶级"用最残酷无情的野蛮手段，在最下流、

① 高举中国特色社会主义伟大旗帜 奋力谱写全面建设社会主义现代化国家崭新篇章［N］. 人民日报，2022－07－28（1）.

② 马克思. 资本论（第一卷）［M］. 北京：人民出版社，2018：820－875.

最龌龊、最卑鄙和最可恶的贪欲的驱使下",剥夺农民土地、实行殖民扩张,"标志着资本主义生产时代的曙光"的不过是"美洲金银产地的发现,土著居民的被剿灭、被奴役和被埋葬于矿井,对东印度开始进行的征服和掠夺,非洲变成商业性地猎获黑人的场所"。资本还借助雇佣劳动制度追逐无限的利润,完成了原始积累的资本家造成了社会经济结构中"劳动者和劳动条件的分离",让雇佣劳动成为资本主义生产方式赖以存在的基础。资本在控制国家权力后,在国内,让生产的社会化与生产资料私人占有制之间的矛盾成为资本主义生产、消费和阶级关系不可调和的矛盾。这些矛盾的尖锐化就导致了资本主义在社会发展中出现生产无序、市场失灵、贫富分化等周而复始的经济危机,经济领域的危机又最终会扩展至"国家制度、社会结构、政治、意识形态等资本主义关系的各个方面",引发普遍的社会性危机。在国外,就不断衍生出战争掠夺的殖民主义、"国强必霸"的霸权主义乃至侵略扩张的帝国主义,以牺牲他国利益为代价来发展自己成为资本强国的国家发展形态。

在资本主义制度沿袭至今的 200 多年后,其固有矛盾在今天的西方资本主义社会并没有缓解。法国现代经济学家托马斯·皮凯蒂在其著作《21 世纪资本论》中,对过去几百年来欧美国家的财富收入作了详尽探究,通过大量的历史数据分析,旨在证明近几十年来西方社会不平等现象已经扩大并会变得更加严重。皮凯蒂还指出,最富有的那批人不是因为劳动创造了财富,只是因为他们本来就富有;人生而不平等。由于资本回报率倾向于高于经济增长率,贫富不均是资本主义固有的东西,所以要彻底铲除经济中的这种不平等现象。[①] 这可以说,今天的西方资本主义社会各种社会撕裂现象,严重加剧的社会不平等,以及伴生出的民粹主义、民族主义、保护主义、欺凌主义和世界霸权主义等,都是西方式现代化不可摆脱的社会痼疾的现实表现。

(二) 二战以后东西方新兴民族国家或经济体在模仿、借鉴发达国家工业化、现代化模式中走出各自特点的现代化道路

20 世纪中叶,在第二次世界大战后,许多后起的东西方新兴民族国家或经济体大体走的是资本主义国家和社会主义国家两种工业化、现代化的道路。

一类国家现代化发展模式是以德国、日本、韩国和亚洲"四小龙"为代表。这些国家和地区都是二战后在以美国为代表的西方资本主义势力的扶持下成长起来的,这些国家或经济体在政治制度上实行资本主义制度,在经济发展上实施后发国家的赶超战略。由于这些国家和地区一般地缘狭小,工业基础比较薄弱,在经济起飞阶段大都采取出口导向的外向型经济战略,一开始就对接

---

① 托马斯·皮凯迪. 21 世纪资本论 [M]. 北京: 中信出版社, 2014: 230 - 260.

西方国家的市场体系，既承接了西方发达国家的产业转移和市场经济模式，能够比较快地建立起具有比较优势的出口加工产业和贸易体系，又能开放式地借鉴西方国家政治制度和社会福利制度，从而促进经济社会发展和当地人民生活的改善。可以说，它们的现代化进程就是西方市场经济制度在这些地区的翻版。当然，日本和亚洲"四小龙"都深受浓厚的东方文化影响，政府能够发挥推进工业化进程的主导作用，而且全社会比较重视学习、教育和人才培养。这些综合因素加速了这些国家和地区的现代化进程，创造了一时的经济快速发展奇迹。但也要看到，不少发展中国家至今依然依附于西方强国，成为低端产业的转移地或者污染转嫁的接受地，时常不同程度地陷入民主乱象、经济滑坡和社会动荡的困境。

另一类国家现代化发展模式是以二战后兴起的社会主义阵营国家为代表，这些国家大多采用苏联的工业化模式和实行高度集权式的计划经济体制。事实上，苏联是利用超强的政权力量和国家资本主义方式在短时间内完成了国家的重工业化进程，不过在二战前也一度实施了发展国家资本的新经济政策，这为后来实现快速工业化、军事化和建立比较齐全的国民经济体系奠定了物质基础，进而在二战后随着工业体系的进一步发展，能够成为与西方资本主义国家抗衡的重要力量。二战后，一批像南斯拉夫、波兰、匈牙利、保加利亚等社会主义国家起先模仿苏联工业化模式，后来又结合各自国情特点实施了放松政府管制的适度市场化改革措施，激发了企业主体活力，提高了国家经济实力和人民生活水平。但终因集权体制的僵化和垄断权力与资本的勾连，经济发展到一定阶段后便陷入了停滞，现代化进程走得并不顺利。

（三）新中国依靠独立自主、发奋图强和自立自强、守正创新，走出了一条既不同于西方发达资本主义国家，也不同于传统社会主义国家的中国式现代化道路

中国的现代化是一个人口大国的发展中国家的现代化，具有深厚的文化传统和国家国情国力发展阶段的显著特点。从前述对我国现代化发展历程的梳理中，可以看到，中国的现代化是在中国共产党领导下，在艰难曲折中探索出的一条既植根中华优秀文化、立足中国发展实际，又不断汲取人类文明进步成果，为实现社会主义的公平正义愿景，在坚持独立自主、发奋图强和自立自强、守正创新中，循序渐进地推动国家繁荣富强和促进人民共同富裕的中国特色的现代化之路。

在新中国成立后，我们完成了建立独立的比较完整的工业体系和国民经济体系、建立起社会主义经济制度。进入20世纪70年代末80年代初，基于对党和国家前途命运的深刻把握，基于对社会主义革命和建设正反两方面经验教训的深刻总结，基于对时代发展潮流的深刻洞察，基于对人民群众对美好生活期盼的深刻体悟，我们党作出实行改革开放的历史性决策，中国式现代化道路有了划时代的历史意义和现实意义。

——中国式现代化始终是在中国共产党坚强领导下进行的。中国共产党一经成立，就把为中国人民谋幸福、为中华民族谋复兴确立为自己的初心使命。党领导人民创造了新民主主义革命、社会主义革命和建设伟大成就之后，开辟、探索和发展了中国特色社会主义。中国特色社会主义是党和人民历经千辛万苦、付出巨大代价取得的根本成就，是实现中华民族伟大复兴的正确道路。中国共产党领导是中国特色社会主义最本质特征，是中国特色社会主义制度的最大优势，是党和国家命运的根本所在、命运所在。正是在中国共产党领导下，我们坚持和发展中国特色社会主义，推动了物质文明、政治文明、精神文明、社会文明、生态文明协调发展，创造了中国式现代化新道路，创造了人类文明新形态。

——中国式现代化始终是充分体现社会主义本质属性的。中国特色社会主义是社会主义而不是其他什么主义。公平正义是社会主义的本质特点，共同富裕是社会主义的本质要求，是中国式现代化的重要特征。新中国成立以来特别是改革开放以来，党紧紧依靠人民创造历史，尊重人民首创精神，坚持全心全意为人民服务的根本宗旨，以最广大人民根本利益为我们一切工作的出发点和落脚点，顺应民心、尊重民意、关注民情、致力民生，既通过提出并贯彻正确的理论和路线方针政策带领人民前进，又从人民实践创造和发展要求中获得前进动力，让人民共享改革开放成果，激励人民更加自觉地投身改革开放和社会主义现代化建设事业。中国特色社会主义进入新时代，党践行以人民为中心的发展思想，发展全过程民主，维护社会公平正义，着力解决发展不平衡不充分问题和人民群众急难愁盼问题，推动人的全面发展、全体人民共同富裕取得更为明显的实质性进展。

——中国式现代化始终是在解放思想、改革开放和制度创新中展开的。在我国改革开放和社会主义现代化建设实践中，我们党能够解放思想、锐意创新，不唯本本主义，不为各种教条束缚，遵循经济发展内在规律，坚决破除一切不合时宜的思想观念和体制机制弊端，突破利益固化的藩篱，吸收人类文明有益成果，确立了社会主义市场经济的改革方向。社会主义市场经济是我们党的伟大创造。我们努力健全完善社会主义市场经济体系，充分发挥市场在资源配置中的决定性作用和更好发挥政府作用，我们不断深刻认识社会主义市场经济条件下资本的特性和运行规律，积极发挥资本作为生产要素的积极作用，努力规范和抑制其消极作用。同时，以经济体制改革为牵引不断推动政治、文化、社会、生态文明等全方位各领域的全面深化改革，不断激发各类所有制经济的内生活力和创造力，不断推进国家治理体系和治理能力现代化，逐步构建起能够完备、科学规范、运行有效的制度体系，充分发挥了我国社会主义制度优越性。经过持续推进改革开放，我国实现了从高度集中地计划经济体制到充满活力的社会主义市场经济体制、从封闭半封闭到全方位开放的历史性转变。

——中国式现代化始终是在科学的谋划和正确的战略引领下推进的。新中国成立 70 多年来，我们党善于发现和认识我国社会主要矛盾，并紧紧围绕社会主要矛盾制定正确的发展规划和重大战略。通过实施"一五"到"五五"五个五年计划，我们建立起了独立完整的工业体系与国民经济体系，初步实现了工业、农业、国防和科技的现代化；通过实施"六五"到"十三五"八个五年规划（计划），实现了从解决人民温饱不足到人民生活总体上达到小康水平，再到全面建成小康社会的伟大成就，历史性地解决了绝对贫困问题，接续实现了我国现代化"三步走""新三步走"的战略目标，又乘势而上，开启了全面建设社会主义现代化强国的第二个百年奋斗目标新征程。这正是依靠我们党科学把握形势，结合生产力发展阶段和战略任务的要求，前瞻性地擘画经济社会发展蓝图，对国家重大建设项目、生产力布局、国民经济重要比例关系和社会民生事业发展等作出一系列科学规划和战略指引的结果。中国式现代化成为一个阶梯式递进、不断发展进步、日益接近质的飞跃的量的积累和发展变化的过程，是一个动态更替、积极有为、始终洋溢着蓬勃生机活力的过程。

总体来说，中国共产党领导中国人民探索出来的中国式现代化道路，有力打破了现代化只有"单一模式"的谬误认识，彻底改变了"全球化＝西方化、西方化＝现代化、现代化＝市场化"等线性思维，充分体现了中国式现代化在世界文明发展史中现代化道路的独特样态。

正如习近平总书记深刻指出的，"世界上既不存在定于一尊的现代化模式，也不存在放之四海而皆准的现代化标准。""现代化道路并没有固定模式，适合自己的才是最好的，不能削足适履。每个国家自主探索符合本国国情的现代化道路的努力都应该受到尊重。"[①] 实践充分证明，中国式现代化道路作为人类文明新形态，既体现了现代化发展的普遍规则和各国现代化的共同特征，揭示了人类社会现代化进程的一般性规律，又蕴含着不同于其他现代化道路的内在价值意蕴，具有基于中国国情、合乎文化传统的鲜明中国特色。作为一个人口众多的世界最大发展中国家，中国式现代化拓展了发展中国家走向现代化的途径，给世界上那些既希望加快发展又希望保持自身独立性的国家和民族提供了全新

---

① 高举中国特色社会主义伟大旗帜 奋力谱写全面建设社会主义现代化国家崭新篇章 [N]. 人民日报，2022 - 07 - 28 (1).

选择，为解决人类共同面对的世界难题、推动人类进步贡献了中国智慧和中国方案。

掌握中国发展进步的命运就要坚定不移推进中国式现代化

即将召开的党的二十大，是在我国进入全面建设社会主义现代化国家新征程的关键时刻召开的一次十分重要的大会，将科学谋划未来 5 年乃至更长时期党和国家事业发展的目标任务和大政方针，将明确宣示党在新征程上举什么旗、走什么路、以什么样的精神状态、朝着什么样的目标继续前进的重大理论和实际问题，事关党和国家事业继往开来，事关中国特色社会主义前途命运，事关中华民族伟大复兴。

习近平总书记"7·26"重要讲话深刻指出，要"坚持以中国式现代化推进中华民族伟大复兴，既不走封闭僵化的老路，也不走改旗易帜的邪路，坚持把国家和民族发展放在自己力量的基点上、把中国发展进步的命运牢牢掌握在自己手中"。①

面对当今世界百年未有之大变局加速演进，世界之变、时代之变、历史之变的特征更加明显，面对我国发展面临的新的战略机遇、新的战略任务、新的战略阶段、新的战略要求、新的战略环境，我们必须继续高举中国特色社会主义伟大旗帜，坚定不移走中国式现代化道路，以正确的战略策略应变局、育新机、开新局，依靠顽强斗争打开事业发展新天地，坚持不懈地把我们自己的事情做好，把中国发展进步的命运牢牢掌握在自己手中。

（一）加快建设社会主义现代化经济体系，不断推动科技高水平自立自强

党的十九大报告指出，我国经济已由高速增长阶段转向高质量发展阶段，正处在转变发展方式、优化经济结构、转换经济增长动力的攻关期，建设现代化经济体系是跨越关口的迫切要求和我国发展的战略目标。这也是确保建设社会主义现代化强国目标如期实现的必然要求。在现代化建设新征程上，建设社会主义现代化经济体系，必须准确认识新发展阶段，完整、准确、全面贯彻新发展理念，加快构建以国内大循环为主体、国内国际双循环相互促进的新发展格局，坚定不移走高质量发展之路，推动质量变革、效率变革、动力变革。创新从根本上决定国家和民族的前途命运，必须牢固坚持创新在我国现代化建设全局中的核心地位，坚持创新驱动发展，最根本的就是要增强自主创新能力，实现高水平科技自立自强，这是促进发展大局的根本支撑，是决定我国生存和

① 高举中国特色社会主义伟大旗帜 奋力谱写全面建设社会主义现代化国家崭新篇章 [N]. 人民日报，2022-07-28（1）.

发展的基础能力。要不断强化国家战略科技力量，打好关键核心技术攻坚战，进一步突出企业的技术创新主体地位，激发和保护企业家精神，加快建设世界重要人才中心和创新高地。要坚持扩大内需这个战略基点，加快培育内需体系，畅通国内大循环，建设全国大市场。要坚持和完善社会主义基本经济制度，不断推进全方位深化改革、高水平对外开放，统筹推进"五位一体"总体布局，协调推进"四个全面"战略布局，坚持系统观念，实现发展质量、结构、规模、速度、效益、安全相统一，统筹发展和安全，努力实现更高质量、更有效率、更加公平、更可持续、更为安全的发展。

（二）扎实促进全体人民共同富裕取得明显的实质性进展，不断推动人的全面发展

现代化的本质是人的现代化。中国特色社会主义现代化是人口规模巨大的现代化、是实现全体人民共同富裕和人的全面发展的现代化。我国是世界上第一人口大国，也是最大的发展中国家，这也是中国式现代化的重要特征。我们虽然全面建成小康社会，但随着时代发展和社会进步，人民对美好生活的向往更加强烈，对民主、法治、公平、正义、安全、环境等方面的要求日益增长。实现人民对美好生活的向往是我们党的奋斗目标，增进民生福祉是坚持立党为公、执政为民的本质要求。在现代化建设新征程上，必须牢固坚持以人民为中心的发展思想，把实现人的全面发展和全体人民的共同富裕作为出发点和落脚点，站稳人民立场，发展全过程人民民主，维护社会公平正义，坚持发展为了人民、发展依靠人民、发展成果由人民共享，在高质量发展中着力解决好发展不平衡不充分问题和人民群众急难愁盼问题，在提高社会文明程度中促进满足人民文化需求和增强人民精神力量相统一，努力建设物质文明和精神文明相协调的现代化，推动人的全面发展、全体人民共同富裕取得更为明显的实质性进展。

（三）充分发挥党总揽全局、协调各方的核心领导作用，不断推动国家治理体系和治理能力现代化

办好中国的事情，关键在党。中华民族近代以来180多年的历史、中国共产党成立以来100年的历史、中华人民共和国成立以来70多年的历史都充分证明，没有中国共产党，就没有新中国，就没有中华民族伟大复兴。新时代10年的伟大变革也充分证明，统筹经济、政治、社会、文化、生态等各个领域发展，解决现代化进程中的复杂矛盾和问题，必须坚决维护党的核心、维护党中央权威和集中统一领导，必须加强党对现代化的全面领导，充分发挥党总揽全局、协调各方的领导核心作用。在现代化建设新征程上，要适应国家现代化总进程，不断提高党科学执政、民主执政、依法执政水平，提高国家机构履职能力，实现党、国家、社会各项事务治理制度化、规范化、程序化，不断提高运用中国特色社会主义制度有效治理国家的能力，就必须不断推进国家治理体系和治理能力现代化，从而推动党对社会主义现代化建设的领导在职能配置上更加科学合理、在体制机制上更加完备完善、在运行管理上更加高效，把党的领导切实落实到社会主义现代化建设各领域各方面各环节。

（四）努力实现人与自然和谐共生的现代化，为保护生态环境作出我们这代人的努力

我们要建设的现代化是人与自然和谐共生的现代化。过去的10年，党中央以前所未有的力度抓生态文明建设，全党全国推动绿色发展的自觉性和主动性显著增强，美丽中国建设迈出重大步伐，我国生态环境保护发生历史性、转折性、全局性变化。生态文明建设是关乎中华民族永续发展的根本大计。在现代化建设新征程上，必须坚持绿水青山就是金山银山的理念，坚持尊重自然、顺应自然、保护自然，切实树牢保护生态环境就是保护生产力、改善生态环境就是发展生产力的历史自觉。中国式现代化要坚决抛弃轻视自然、支配自然、破坏自然的西方现代化模式，决不以牺牲环境为代价换取一时的经济增长，要像保护眼睛一样保护生态环境，像对待生命一样对待生态环境。要坚持节约优先、保护优先、自然恢复为主，守住自然生态安全边界，更加有力地推进绿色发展、循环发展、低碳发展，坚持走生产发展、生活富裕、生态良好的文明发展道路，推动形成人与自然和谐发展现代化建设新格局。

（五）弘扬全人类共同价值，推动构建人类命运共同体，以中国的新发展为世界提供新机遇

中国特色社会主义现代化是走和平发展道路的现代化。和平、和睦、和谐是中华民族5000多年来一直追求和传承的理念，中华民族是爱好和平的民族，中国人民是爱好和平的人民。在整个现代化过程中，中国一直奉行独立自主、和平发展的方针，始终坚持走和平发展道路，始终是世界和平的建设者、全球发展的贡献者、国际秩序的维护者。在现代化建设新征程上，我们要大力弘扬和平、发展、公平、正义、民主、自由的全人类共同价值，推动构建人类命运共同体，推动共建"一带一路"高质量发展，以中国的新发展为世界提供新机遇。要践行真正的多边主义，坚持合作、不搞对抗，坚持开放、不搞封闭，坚持互利共赢、不搞零和博弈，反对霸权主义和强权政治，继续同一切爱好和平的国家和人民一道，同世界上一切进步力量一道，携手推动历史车轮向着光明的目标前进，让中国特色社会主义现代化在造福中国人民的同时，也造福世界人民。

现在，全面建设社会主义现代化国家、向第二个百年奋斗目标进军的号角已经吹响。让我们继续高举中国特色社会主义伟大旗帜，既不走封闭僵化的老路，也不走改旗易帜的邪路，深刻领悟"两个确立"的决定性意义，进一步增强"四个意识"、坚定"四个自信"、做到"两个维护"，坚定不移地坚持以中国式现代化全面推进中华民族伟大复兴，坚定不移地把国家和民族发展放在自己力量的基点上、把中国发展进步的命运牢牢掌握在自己手中，以饱满的精神状态和坚定的意志力量，踔厉奋发、勇毅前行、团结奋斗，奋力谱写全面建设社会主义现代化国家崭新篇章，以实际行动迎接党的二十大胜利召开。

目录
Contents

经济运行篇
Economic Operation

思想创新篇
Ideological Innovation

2021 年

循着现代化的逻辑——一个经济学人的时事观察（2021－2024 年）

2022 年

循着现代化的逻辑——一个经济学人的时事观察（2021～2024年）

制度建设篇
Institutional Construction

经济
运行
篇

Economic Operation

　　受一场突如其来的新冠疫情影响，世界百年变局加速演进，国际环境发生深刻变化，我国经济运行和生产生活秩序经受前所未有的冲击，叠加外部环境不确定不稳定因素增加和国内结构性、周期性矛盾，我国经济这几年面对供给冲击、需求收缩、预期转弱的三重压力。党中央始终保持战略定力，紧紧抓住高质量发展这个新时代硬道理不动摇，坚持以人民为中心的发展思想，顶住外部压力、克服国内困难，充分调动一切积极因素，围绕推动高质量发展，完整、准确、全面贯彻新发展理念，继续大力度推进发展方式转变和结构调整，全方位深化改革开放，加快构建新发展格局，着力加大宏观调控，着力扩大国内有效需求，着力激发经营主体活力，着力培育发展新质生产力，以科技创新引领现代化产业体系建设，从 2021 年开始我国国民经济整体呈现波浪式发展、曲折式前进的恢复过程，经济运行持续好转，主要经济社会预期目标得以稳步实现。实践证明，我国经济具有巨大的发展韧性和潜力，长期向好的基本面没有改变。我们有信心有底气在大力推进和拓展中国式现代化新征程上创造属于我们这一代的新的辉煌。

　　本篇收录了作者从 2021～2024 年初在中央媒体、地方媒体刊发的反映经济运行、经济改革的评述与理论文章等，从一些横断面体现这些年经济发展的运行轨迹。

2021 年

用政治眼光观察和分析
经济社会问题[*]

中央经济工作会议在部署新一年加强党的全面领导工作时指出，各级领导干部要"善于用政治眼光观察和分析经济社会问题"。此前 12 月 11 日召开的中央政治局会议分析研究 2021 年经济工作时也指出，"要增强政治意识，善于从讲政治的高度思考和推进经济社会发展工作"。12 月 24 日至 25 日中央政治局召开的民主生活会上，习近平总书记再次强调，要"善于从政治上观察和处理问题，使讲政治的要求从外部要求转化为内在主动"。[①]

这三次重要会议都强调"用政治眼光""讲政治的高度""讲政治的要求"，凸显出"讲政治"在适应新发展阶段、贯彻新发展理念、构建新发展格局的开局之年的极端重要性。各方面必须深入理解和贯彻落实，将其贯穿到包括加强党对经济工作全面领导在内的所有工作中。

经济建设是党的中心工作，做好经济工作是我们党治国理政的重大任务。坚持加强党对经济工作的集中统一领导，是中国特色社会主义制度的一大优势，是做好经济工作的根本保证。在统筹当今世界百年未有之大变局和中华民族伟大复兴战略全局的大背景下，我们能不能驾驭好世界第二大经济体，能不能保持经济社会持续健康发展，从根本上讲取决于党在经济社会发展中的领导核心作用发挥得好不好。一定意义上说，做好经济工作就是做好政治工作，政治工作是一切经济工作的生命线。各级领导干部要善于用政治眼光观察和分析经济社会问题、善于从讲政治的高度思考和推进经济社会发展工作，就是要对国之大者心中有数，关注党中央在关心什么、强调什么，深刻领会什么是党和国家最重要的利益、什么是最需要坚定维护的立场。

---

* 本文原载《学习时报·学习评论》2020 年 12 月 30 日。

① 中共中央政治局召开民主生活会 习近平主持会议并发表重要讲话 [N]. 人民日报，2020 - 12 - 26 (1).

比如说，党中央一直强调要贯彻新发展理念，推进供给侧结构性改革，要求各地不简单以生产总值增长率论英雄，不被短期经济波动所左右；比如说，十九届五中全会强调要加快构建双循环新发展格局，坚持扩大内需这个战略基点，打好关键核心技术攻坚战；再比如说，这次中央经济工作会议强调要优化收入分配结构，扎实推动共同富裕，提出要强化反垄断和防止资本无序扩张，解决好大城市住房突出问题，有效防范化解各类经济社会风险，等等。这些表面上看，都是当前破解我国发展难题的一些最重要的经济工作，但本质上都是为了解决新时代我国社会主要矛盾，都是以满足人民日益增长的美好生活需要为根本目的，是关乎国家长治久安、巩固党执政地位的重大政治问题。习近平总书记指出，民心是最大的政治。党的一切工作都是为了实现好、维护好、发展好最广大人民根本利益。这是我们党矢志不移的初心使命，是党和国家最重要的利益，是必须坚定的人民立场，也是必须牢固树立的政治眼光。

锤炼这样的政治眼光，首先必须学深悟透习近平新时代中国特色社会主义思想，自觉用党的创新理论武装头脑，坚守初心使命，确保中国特色社会主义事业的前进方向。面对纷繁多变的经济形势，我们要善于从政治上看问题，始终以国家政治安全为大、以人民为重、以坚持和发展中国特色社会主义为本，做到在重大问题和关键环节上头脑特别清醒、眼睛特别明亮，学会从一般经济事务中发现政治问题，从倾向性、苗头性经济问题中发现政治端倪，从错综复杂的经济关系中把握政治逻辑。其次，要坚定不移同以习近平同志为核心的党中央保持高度一致，切实增强"四个意识"、坚定"四个自信"、做到"两个维护"，努力做到对"国之大者"了然于胸，不断提高战略性、系统性、前瞻性研究和谋划经济发展的能力。再次，要把坚持底线思维、坚持问题导向贯穿经济工作始终，做到见微知著、防患于未然；还要强化责任意识、坚定斗争意志，坚决克服形式主义和官僚主义，以钉钉子精神不折不扣贯彻落实好党中央作出的全年经济工作部署。

促进中小企业发展政策要 "掷地有声"*

2020 年，受新冠疫情和严峻复杂的国际环境影响，我国广大中小企业发展遭遇重大冲击，但在"六稳""六保"政策持续发力支持下顽强拼搏，为国民经济率先恢复正增长作出很大贡献，彰显出极强韧性。

近日召开的国务院促进中小企业发展工作领导小组第七次会议，充分肯定了过去一年各方面在帮扶中小企业应对疫情冲击、推动中小企业复工复产和稳定健康发展等方面取得的成绩。但同时指出，当前全球疫情和世界经济存在较大不确定性，中小企业仍面临市场有效需求不足、原材料和用工成本上升等诸多困难。为此，会议明确提出，要努力构建中小企业"321"工作体系，就是着重抓好政策体系、服务体系、发展环境三个领域，聚焦着力缓解中小企业融资难、融资贵和着力加强中小企业合法权益保护两个重点，紧盯提升中小企业创新能力和专业化水平这一目标。① 这个"321"工作体系，具有很强的针对性，既有利于纾解中小企业发展中的现实困难，更有利于加强中小企业长远发展韧性，对于巩固壮大中小企业发展十分重要。

过去一年，已经出台了不少促进中小企业发展的政策举措，但部分地方认识还不到位，惠企政策落地还不实，难以公平获得生产要素等问题依然存在，中小企业发展基础仍有待夯实。因此，还需要在政策体系、服务体系、发展环境三个领域健全完善。过去一年，为应对疫情冲击，我们出台一系列为中小企业纾困的财税金融政策，着眼于保就业、保市场主体，帮助企业特别是中小微企业、个体工商户渡过难关，但更多的是将有效应对冲击、促进改革和实现经济良性循环紧密结合。目前许多阶段性政策已上升为制度性安排，关键就是将这些行之有效的政策落地落细落实。

---

* 本文原载《经济参考报·经参时评》2021 年 1 月 26 日。

① 刘鹤主持召开国务院促进中小企业发展工作领导小组第七次会议 [EB/OL]. [2021 - 01 - 21]. http://www. gov. cn/xinwen/2021 - 01/21/content_5581683. htm.

　　解决中小企业流动资金困难，缓解中小企业融资难、融资贵"老大难"问题，既要靠金融机构责任担当，更要靠金融制度创新。新的一年，金融机构还要解放思想、提高认识、提升能力，完善考核激励机制，鼓励敢贷、愿贷、能贷，创新对小微企业的信用贷、首贷、无还本续贷等金融工具。尤其要做好长期性、基础性制度研究，可借鉴国际惯例和国际上成熟做法，探索多渠道拓宽民营企业融资途径。一方面要加强中小企业信用体系建设，营造中小企业在合法合规中创新经营的法治环境，另一方面要切实保护好中小企业合法权益，保护企业家人身和财产安全，以稳定企业家预期。

　　练就金刚之身，方能百害不侵。广大中小企业特别是民营企业必须认识到，当前市场有波动、经济有起伏、结构在调整、制度在变革，这是客观环境变化带来的长期调整压力。在构建新发展格局、推动高质量发展中，还会遇到不少困难和问题，民营企业要主动适应，危中求变，以变应变。中小企业有"船小好调头"的优势，在新发展阶段，要着力在提升自身创新能力和专业化水平上充分"练就内功"，在开发面向市场需求的专精新特产品与服务、协同大企业产业链供应链多元化配套服务、主动参与解决关键核心技术"卡脖子"问题等方面下更大功夫。这是中小企业的独特优势，也是提升中小企业生存力、竞争力、发展力、持续力的不二法门。

把春节的"年经济"演化为
一年的"牛经济"*

辛丑年春节刚过，对春节消费市场做个小盘点，既能观察一下疫情之后中国经济恢复的成色，也能为"十四五"规划开局之年讨个好彩头，增强经济发展的底气和信心。

梳理媒体对今年春节假期市场消费表现的报道，可以看出牛年的春节市场既"别样"也"红火"，呈现了祥和乐观的态势。

一是从消费数据看：据商务部发布的数据显示，2月11日至17日，全国重点零售和餐饮企业实现销售额约8210亿元，比2020年、2019年春节黄金周分别增长28.7%、4.9%。假期前六天网络零售额超1200亿元。而据中国银联发布的数据，从除夕至初五，银联网络交易金额为1.18万亿元，较2020年同期增长3.9%，创历年新高。消费市场可谓充满蓬勃生机和旺盛活力。

二是从消费业态看：受年初局部地区散发疫情影响，今年政府提倡"就地过年"，因此过去春节期间的跨区域消费转化成了本地消费，居家购物、网上过节、到家服务、近郊游玩等消费需求集中释放。多样化、个性化、定制化的消费新亮点新业态新方式更是异彩纷呈。网购年货、"云端过节"、数字红包等消费方式成为今年春节新潮流；借助不打烊的网购、快递等渠道，就地过年群众与家乡亲人互寄年货特产。"就地过年"还带火了各地游乐园、农家乐等"微度假"场所。这些消费新方式大大激发了城镇居民的消费潜力。

三是从消费热点看：春节期间因很多人响应"就地过年"号召，长途旅游、交通运输及住宿餐饮等行业受到了一些影响。据交通运输部介绍，除夕至初五，全国铁路、公路、水路、民航共发送旅客7724.3万人次，比2019年同期下降76.4%，比2020年同期下降43.1%。

但文化休闲、"云消费"等多种消费形式"替代式"兴起。据报道，今年春节档期电影票房不仅远超往年同档期票房，还刷新了全球单一市场单日票房、

* 本文原载光明网2021年2月21日。

全球单一市场周末票房等多个世界纪录，等等。

仅此观之，辛丑年别样的"年经济"依然是年味十足，红红火火，也预示着新的一年中国经济可以走出疫情后的恢复性上涨行情。

此外，春节前后内地股市走出了一段小的"牛市"行情，沪市 A 股创出近两年的历史新高，不少强势股都走出了史诗般的"大牛"形态，尽管这只是结构性行情，但广大普通投资者期待中国股市一改疲态，走出稳健的"牛精神""牛韧劲""牛行情"，能够分享中国经济稳健前行的发展红利，能够坚实中国经济长久的发展韧劲，此心情可见一斑。中国的老百姓更多的是期待，春节期间的"年经济"能够真正转化为新一年的"牛经济"，"十四五"规划开局之年真正能够开好局、起好步。

但要踏踏实实迈好迈稳这"牛年"第一步却并不简单。当前，国外疫情形势依然错综复杂，全球经济恢复还没有见到明确拐点，我国外部环境仍然面对诸多不稳定不确定性因素。国内改革发展稳定任务还十分繁重。我国进入新发展阶段，要着力构建"双循环"新发展格局，在有效扩大内需、加快改革开放、提升产业链供应链质量和水平，切实保障和改善民生，扎实推动共同富裕的前进路上还有许多艰苦的挑战，还有许多亟待破解的体制机制障碍。

从国家统计局最近公布的一些数据看，目前社会消费品零售总额月度增长还在 4.6% 左右，创出多年新低；居民消费价格指数 1 月同比下降 0.3%，表明市场面存在明显通缩状态；固定资产投资、居民收入增长幅度、社会融资规模增长也都处于疲态，等等。要切实拉动内需，进一步发挥消费对经济发展的基础性作用，筑牢和巩固强大的国内需求这个推动经济持续稳定增长的坚实基础，加快构建起以国内大循环为主体、国内国际双循环相互促进的新发展格局，我们还要下很大的功夫。

在 2021 年春节团拜会上，习近平总书记号召全党全国人民在农历辛丑年"要大力发扬孺子牛、拓荒牛、老黄牛精神"。[1] 这"三个牛精神"具体到经济层面而言，我们就要学习孺子牛精神，要聚精会神搞建设、一心一意谋发展，深入推进供给侧结构性改革，更加注重需求侧管理，努力打通国民经济循环各种堵点，全面提高国民经济整体效能；我们要学习拓荒牛精神，更加致力于创新引领，以创新创造拓宽供给质量水平，满足人民群众更高水平更高质量的多层次多元化需求，实现在高水平上的供需动态平衡，切实发挥超大规模国内市场优势；我们要学习老黄牛精神，继续艰苦奋斗、为民服务，以不怕苦、能吃苦的牛劲牛力，不用扬鞭自奋蹄，在现代化国家建设新征程上打开一片新天地。

牛年值得期盼，牛年更需要努力！

---

① 中共中央 国务院举行春节团拜会［N］. 人民日报，2021－02－11（1）.

推动改革在新发展阶段打开新局面[*]

春节刚过，中央层面召开的第一次会议就聚焦"改革"。中央全面深化改革委员会第十八次会议部署 2021 年工作要点，明确提出了今年的改革目标、改革原则、改革着力点和改革方法论，强调要发挥全面深化改革在构建新发展格局中的关键作用。[1]

过去一年，面对错综复杂的国内外形势、应对统筹疫情防控和经济社会发展异常繁重的工作，改革作为应对变局、开拓新局的重要抓手，充分发挥了突破和先导作用，全面深化改革取得重大进展。

今年是"十四五"规划实施的开局之年，也是迈上建设现代化国家新征程的起步之年。要深入学习宣传贯彻党的十九届五中全会精神，科学把握新发展阶段、深入贯彻新发展理念、加快构建新发展格局。今年的改革就要围绕落实新发展理念、构建新发展格局、推动高质量发展等战略目标任务来展开。要发挥全面深化改革在构建新发展格局中的"关键"作用，就是要把全面深化改革与贯彻新发展理念、构建新发展格局紧密结合，紧紧扭住构建新发展格局目标任务推进创造性、引领性改革，以完整、准确、全面贯彻新发展理念更加精准地出台改革方案，以更深层次改革、更高水平开放服务经济社会发展大局，以制度优势应对风险挑战冲击。

发挥全面深化改革在构建新发展格局中的关键作用，必须十分清晰地认识新发展阶段全面深化改革的指向性、针对性、精准性和着力点。会议重点强调了要围绕实现高水平自立自强、围绕畅通经济循环、围绕扩大内需、围绕实现高水平对外开放、围绕推动全面绿色转型五个方面深化改革。这五个方面集中体现了"十四五"时期经济社会发展主要任务和重大部署，是中央经济工作会议确定的今年经济工作重点。这五个方面也都是目前制约我国发展的突出矛盾，

* 本文原载《经济参考报·经参时评》2021 年 2 月 25 日。

[1] 完整准确全面贯彻新发展理念 发挥改革在构建新发展格局中关键作用 [N]. 人民日报，2021 – 02 – 20（1）.

是必须要啃的改革硬骨头，必须要攻克的改革难关，更是完整、准确、全面贯彻新发展理念的关键所在。

今年的改革着力点必须与此紧密配套、环环相扣。只有通过深化改革坚决破除影响和制约创新发展、协调发展、绿色发展、开放发展、共享发展的一系列体制机制障碍，才能顺畅地构建起新发展格局，才能将贯彻新发展理念落到实处，才能实现高质量发展、促进中国经济行稳致远。

正确的改革思维和改革方法至为关键。会议强调了改革的系统观念、改革的辩证思维、改革的创新意识、改革的钉钉子精神。正确的改革思维和方法是我国改革开放40多年来的智慧结晶，也是党的十八大以来全面深化改革取得历史性伟大成就所再次证明了的成功经验。必须明确，我国改革已经从前期夯基垒台、立柱架梁，到中期全面推进、积厚成势，再到加强系统集成、协同高效，蹄疾步稳、有力有序解决各领域各方面体制性障碍、机制性梗阻、政策性创新问题的新阶段。

当前全面深化改革的方向目标清晰、战略部署明确、方法路径高效，最重要的是要把加强改革系统集成、推动改革落地见效摆在更加突出的位置。强调系统集成，就是要切实加强党对全面深化改革的集中统一领导，强化政治眼光、全局视野和系统思维，发挥改革整体效应；强调落地见效，就在于一分部署，九分落实，要落实落细改革主体责任，抓好制度建设和制度执行，推动解决实际问题。

承上启下继往开来
阔步迈向"十四五"*

　　3 月 5 日国务院总理李克强向十三届全国人大四次会议作政府工作报告。报告要言不烦，极为精练，尽管篇幅不长，但内容极富政策含量，看点亮点十分多。简而述之，可提炼出"巩固""精准""深化"三个关键词。

巩固：继续稳住经济基本盘

　　政府工作报告一开始就指出，"过去一年，在新中国历史上极不平凡。面对突如其来的新冠肺炎疫情、世界经济深度衰退等多重严重冲击，在以习近平同志为核心的党中央坚强领导下，全国各族人民顽强拼搏，疫情防控取得重大战略成果，在全球主要经济体中唯一实现经济正增长，脱贫攻坚战取得全面胜利，决胜全面建成小康社会取得决定性成就，交出一份人民满意、世界瞩目、可以载入史册的答卷。"① 这是了不起的成绩，成绩来之殊为不易。

　　在看到成绩的同时，要清醒看到面临的困难和挑战。比如，新冠肺炎疫情仍在全球蔓延，国际形势中不稳定不确定因素增多，世界经济形势复杂严峻。国内疫情防控仍有薄弱环节，经济恢复基础尚不牢固，等等。因此，要确保"十四五"开好局起好步，还是要坚持稳中求进工作总基调，巩固恢复性增长基础，努力保持经济社会持续健康发展。

　　首先，需要巩固的是疫情防控成果。要更好统筹疫情防控和经济社会发展，继续毫不放松做好外防输入、内防反弹工作，提高科学精准防控能力和水平。新冠肺炎疫情目前仍在全球蔓延，我们还不能有任何疏忽大意，这也是做好新一年经济工作的前提。

　　其次，需要巩固的是稳就业保市场主体保民生。过去一年，我国在巨大冲击下能够保持就业大局稳定，尤为难能可贵。我们科学把握规模性政策的平衡

---

　　* 本文原载光明网·理论频道 2021 年 3 月 9 日。
　　① 十三届全国人大四次会议在京开幕 [N]. 人民日报，2021－03－06（1）.

点，扎实落实"六稳""六保"任务，取得了显著成效，但各项指标反映，我国经济恢复基础还不牢固，比如许多中小企业还面临许多困难，居民消费动力不足，投资增长后劲不大，稳就业压力较大，稳定产业链供应链还受多重约束，经济工作要应对许多困难挑战。

最后，需要巩固的是脱贫攻坚成果。虽然经过8年努力，脱贫攻坚战取得全面胜利，但如何做好巩固拓展脱贫攻坚成果同乡村振兴有效衔接，顺利度过5年过渡期，确保不发生规模性返贫，增强脱贫地区内生发展动力，依然是一项艰巨任务，困难挑战不亚于过去。

做好这些"巩固"的文章，切实在不稳定不确定因素日益增多的情况下，稳住经济基本盘，仍然是今年经济工作的着力点。

精准：宏观施策要科学精准

稳住经济基本盘，需要更加科学精准地实施宏观政策。政府工作报告提出2021年国内生产总值增长6%以上的预期目标。经济学界研究分析的结果显示，"十四五"时期乃至未来十年，综合分析我国经济增长潜能，潜在经济增长率在4.5%～5.5%，考虑到疫情后经济反弹因素，国际上普遍认为2021年中国经济名义增长可望在8%以上，我们将预期目标定为6%以上是一个折中的考量。要实现这一增长目标，必须精准施策，靶向聚焦，统筹配合。

在6%的背后，各项宏观政策必须施力有度，有张有弛。比如，积极的财政政策强调提质增效、更可持续，赤字率要回归到相对平衡水平，今年按照3.2%左右安排，财政支出总规模相比去年要增加，对地方一般性转移支付高于去年，制度性减税政策着眼市场主体恢复元气、增强活力，但同时又要妥善处理一些地方财政收支矛盾突出问题；稳健的货币政策强调灵活精准、合理适度，货币供应量和社会融资规模增速与名义经济增速基本匹配，既要保持流动性合理充裕，又要保持宏观杠杆率基本稳定，还要保持宏观利率的基本稳定，企业的综合融资成本稳中有降。这些都是对宏观调控平衡能力的重要考验。

报告还提出，"十四五"时期，我国全员劳动生产率增长要高于国内生产总值增长。在未来五年劳动参与率不变的情况下，做大经济总量，必须依靠经济发展质量和效益的提升，就是依靠经济增长潜力的充分释放，落脚点就是提高全要素生产率，核心就是坚持创新驱动发展。所以，要强化国家战略科技力量，实施好关键核心技术攻关工程，未来五年全社会研发经费投入年均增长7%以上、力争投入强度高于"十三五"时期实际，等等。当然，全力推进扩大内需战略、全面深化改革、扩大高水平对外开放、加强和改善民生等，都是未来一个时期我国宏观经济政策的聚焦点、着力点。

深化：用发展办法夯实后劲

政府工作报告中提到的关于推进"十四五"时期经济社会发展主要目标和重大任务，归结起来就是要继续深化改革创新，就是要用发展的办法解决好我国发展不平衡不充分问题。政府工作报告指出，今年我国发展仍面临不少风险挑战，但经济长期向好的基本面没有改变。这个基本面没有改变的底气，就是源于人民日益增长的对美好生活的需要支撑起我国庞大的消费市场，就是源于国民经济体系整体效能还有诸多值得也能够拓展提升的空间，就是源于我国产业链供应链进一步健全完善后可以继续释放诸多创新潜能，就是源于扎实推进人民共同富裕可以带来巨大发展空间。我们必须夯实这些发展点，形成未来中国经济高质量发展的强韧后劲，助力我国经济迈上新台阶。

总的来说，作为一份从"十三五"迈向"十四五"承上启下、开局起步、继往开来的报告，我们从中感受到了去年一年坚实的发展，和今后一年乃至更长时间里进一步发展的希望。前景光明，责任在肩，我们仍须砥砺奋进，在全面建设社会主义现代化国家新征程上奋勇前进，以优异成绩庆祝中国共产党百年华诞。

市场主体：固稳蓄力
进一步激发活力*

4月16日，国家统计局发布2021年一季度国民经济运行情况，各项主要经济指标集中亮相，"开局良好""经济稳定恢复"成为描述第一季度经济运行状况的关键词。① 在一季度国内生产总值实现超常规的18.3%的同比增长中，各类市场主体的贡献功不可没。国有企业、外资企业、民营企业等市场主体在经历疫情冲击短期下滑之后均实现了恢复性增长，但须看到，聚焦实现高质量发展、加快构建新发展格局目标，我国各类市场主体要强化内力和发展后劲的任务依然艰巨。

各类市场主体稳步恢复态势支撑经济快速增长

经济的稳定恢复和财富的不断增加归根结底要靠企业的贡献。在我国遭遇新冠肺炎疫情对经济运行冲击最严重的时刻，中央政治局提出"六保"任务（即保居民就业、保基本民生、保市场主体、保粮食能源安全、保产业链供应链稳定、保基层运转），结合前期提出的"六稳"工作（即稳就业、稳金融、稳外贸、稳外资、稳投资、稳预期），做好"六稳"工作、落实"六保"任务成为这一年多来经济工作的中心任务。其中，保市场主体无疑是落实规模性救助政策、应对经济快速下行的关键所在。

随着一系列宏观政策的协同配合和助力市场主体"留得青山在"的政策施救，从2020年二季度开始，各类市场主体生产经营开始逐步恢复上行，到2021年一季度大部分产销态势都回归到正常轨迹。

从一季度工业生产稳步回升的数据看：今年一季度，全国规模以上工业增加值同比增长24.5%，环比增长2.01%；两年平均增长6.8%。其中，3月规模以上工业增加值同比增长14.1%，环比增长0.60%。不同所有制经济类型的

---

* 本文原载《中国经济时报·智库》2021年4月19日。
① 中国经济持续稳定恢复［N］. 人民日报，2021－04－17（1）.

企业主体也都保持稳步回升态势：一季度国有控股企业增加值同比增长16.9%；股份制企业同比增长23.7%；外商及港澳台商投资企业同比增长29.2%；私营企业同比增长29.7%。一季度，全国工业产能利用率为77.2%，比上年同期上升9.9个百分点，基本与2018年、2019年产能利用率水平持平。而3月中国制造业采购经理人指数为51.9%，连续13个月高于临界点；企业生产经营活动预期指数为58.5%。这也预示着以制造业为代表的实体经济恢复向好态势。

国务院国资委4月16日公布的数据也显示，今年一季度，中央企业延续了去年下半年以来的恢复性增长态势，生产运行平稳有序，经营效益再创新高。央企累计实现营业收入7.8万亿元，较2019年同期增长14.7%；实现净利润4152.9亿元，较2019年同期增长31.1%，创历史同期新高。其中，与2019年同期相比，一季度中央企业净利润、利润总额分别增长了31.1%和26.5%，两年平均分别增长14.5%和12.5%。一季度中央企业经济运行呈现增速快、趋势好、质量优、后劲足的鲜明特点，为实现全年生产经营目标奠定了坚实基础。①

从商务部4月15日发布的数据看，今年一季度我国实际使用外资金额比2019年同期增长24.8%。全国新设立外商投资企业10263家，较2019年同期增长6.7%。从行业看，服务业实际使用外资同比增长51.5%。高技术产业增长32.1%。另外，一季度我国货物进出口总额同比增长近三成，其中，出口同比增长38.7%；进口同比增长19.3%。进出口相抵，贸易顺差7593亿元，扩大了690%。尤其是民营企业进出口增长42.7%，占我国外贸总值的46.7%，比去年同期提升4.4个百分点，继续保持我国第一大外贸经营主体地位。这充分说明，我国强大市场具有内在活力和吸引力，也因此没有使外商企业发展势头因疫情和贸易摩擦影响而衰减。

从前不久北京大学国家发展研究院发布的《中国小微经营者2021年一季度报告暨中国小微经营者信心指数》来看，作为我国市场主体中最广大的小微企业和中小企业经营者也呈现缓慢恢复状态，信心出现明显上涨。这份报告以2019年同期作为比较基准，发现2021年一季度小微经营者的营收恢复比例达到44%，高于2020年三四季度35%左右的水平。小微经营者对2021年二季度的经营信心指数明显提振。比如，受年初局部疫情影响较大的住宿、租赁及商务服务、居民服务等行业商务活动指数回升至景气区间。从市场预期看，服务业业务活动预期指数为62.9%，连续两个月位于60.0%以上高位景气区间。

---

① 一季度央企经营效益再创新高［N］. 人民日报, 2021 – 04 – 18 (2).

既要看到结构性矛盾也要关注发展中的新问题

在看到我国各类市场主体受强力政策驱动实现恢复性上行态势的同时，我们依然需要保持清醒的认识。新冠肺炎疫情冲击我国经济运行，叠加逆全球化思潮引发全球产业链供应链断裂或受阻，首当其冲受到影响的是各类市场主体。

为应对2020年一季度各项企业经营指标同步大幅下滑的局面，我们实施各项保市场主体为先的政策措施，并加大改革创新力度。这既是为了保就业保民生保经济循环，也客观上成为检验我国企业经济韧性和应对外部冲击抗压能力的一个契机，以此检视我国企业在全球产业链供应链中的短板弱项和在经济循环中的堵点、淤点。

2015年以来我们实施和深化供给侧结构性改革，推进"三去一降一补"，在化解总量性、周期性矛盾的同时，着眼点主要放在解决结构性矛盾上面。就各类市场主体来说，对国有控股企业，是通过加快国有经济布局优化、结构调整和战略性重组，提升国有经济竞争力、创新力、控制力、影响力和抗风险能力；对外资企业，是通过更高水平对外开放，实施更加便捷、更符合国际惯例的制度开放实现内外资共赢发展；对民营企业、中小微企业，是通过放宽市场准入、打破各种壁垒、降低制度交易成本，激发发展活力、扩展就业吸纳容量。

经过这些年的改革和政策支持，我国产业结构升级迈向一个新水平。从一季度数据来看，代表产业转型升级、体现产业发展方向的市场主体应对外部冲击恢复最快、韧性最强，也日益成为维护我国产业链供应链安全、推进国民经济高质量发展的有力支撑力量。

"十四五"时期，我国进入新发展阶段，要加快构建以国内大循环为主体、国内国际双循环相互促进的新发展格局，坚持扩大内需这个战略基点，就必须深化供给侧结构性改革并与需求侧管理相协同，那么，各类市场主体就是构建新发展格局的基础支撑。要实现更高水平的供需动态平衡，各类市场主体在产品结构、组织结构、技术结构、负债结构、产业结构等方面实现高质量的结构性改革依然是不变的主题，需要施以更大力度、下更大功夫，同时也要针对新形势新问题科学应变、主动求变。

从一季度经济运行数据看，当前市场主体面临的突出问题是恢复强劲增长的后力还不足，又面对一季度以来全球大宗商品价格不断上行的压力，不少中小微企业还面对技术型工人短缺的"用工荒"问题。国家统计局数据显示：一季度，全国工业生产者出厂价格同比上涨2.1%。其中3月同比上涨4.4%，环比上涨1.6%；一季度，全国工业生产者购进价格同比上涨2.8%。其中3月同比上涨5.2%，环比上涨1.8%。不少制造业企业已出现成本上升、市场过剩的

"两头挤"窘境。北大的报告也显示：一季度小微经营者最主要的问题是经营成本上升带来的压力。尤其对从事制造业的小微经营者，有59.7%的人认为包括原材料成本、水电成本和用工成本等成本上升是当下最大的挑战。对于这些新情况新问题须综合施策。

优化政策支持推进改革创新激发各类企业活力

国家统计局发布的报告指出：一季度国民经济呈现持续稳定恢复态势，但国内经济恢复的基础还不牢固。为此，要持续巩固"稳"的基础、积蓄"进"的力量、守住"保"的底线。

一是宏观政策依然要保持连续性稳定性可持续性。前不久李克强总理主持召开经济形势专家和企业家座谈会时指出，分析经济形势要全面客观，既看同比增速又看环比增速，既看宏观经济数据又看市场主体切身感受，既看经济运行总体态势又密切关注新情况新问题。强调在继续做好常态化疫情防控的同时，要兼顾当前和长远，保持宏观政策连续性稳定性可持续性，政策"不急转弯"。要科学精准实施宏观调控，持续有针对性实施好结构性减税等政策，做到保就业保民生保市场主体的政策力度不减。落实支持小微企业和个体工商户的各项措施，助力市场主体进一步恢复生机、增强后劲。

二是要进一步深化"放管服"改革，为培育壮大市场主体和促进公平竞争提供法治保障。比如，以近期国务院常务会议通过的《中华人民共和国市场主体登记管理条例（草案）》中指出的如何解决企业"注销难"这样的老大难问题为例，就暴露出行政执法程序还存在多个堵点和障碍，政府工作还要力戒形式主义官僚主义、事不避难、责不避嫌，更大力度激发市场主体活力和社会创造力。

三是要保护好企业产权和企业家精神。"十四五"规划纲要明确，要健全以公平为原则的产权保护制度，依法平等保护国有、民营、外资等各种所有制企业产权；弘扬企业家精神，实施年青一代民营企业家健康成长促进计划等。对此，我们要切实贯彻落实。只有让各类企业主体始终充满活力，才能青山常在，生机盎然。

着力"稳进保"
巩固开局好态势[*]

国家统计局 4 月中旬发布例行统计公报，公布今年一季度国民经济主要指标实现状况。^① 其中，最引人瞩目的数据——今年一季度 GDP 实现 18.3% 的高速增长，十分亮眼，季度经济增长实现同比两位数增长是近年来少有的。这预示着中国经济在疫情之后实现了稳步复苏，经济运行经过修复已经回到了正常轨道。面对去年疫情的严峻考验和外部环境的不稳定不确定性，中国经济能够取得这一成绩的确来之不易，需要倍加珍惜；这也更加坚定了我们的信心和底气，继续巩固好"十四五"开局之年的好态势。

当前经济运行，重点看什么

一季度 GDP 能够实现 18.3% 的高速增长，当然这是基于去年同期受新冠肺炎疫情影响经济增长出现较大负增长（上年一季度为下降 6.8%）的基数呈现的对比结果，但综合近两年数据，两年平均增长仍在 5.0%，高于去年全年 GDP 增长 2.3% 的水平。这延续了 2019 年经济运行的惯性，预示着我国经济演变的内生轨迹还没有改变。随着去年四个季度经济增长逐步攀升，一季度比上年四季度环比仍增长了 0.6%，增幅虽不大，但表明我国经济还在持续稳定恢复中，并稳中加固、稳中向好。

国家统计局每个月都要公布上月统计数据，GDP 增长是一定时期内（一季度或一年）一个国家或地区在经济活动中所生产出的产品和劳务的市场价值，现在最短的 GDP 核算数据时距就是季度。虽然近年来，我们主动转变经济发展理念和导向，着力强调经济发展质量和效益，不希望各地再将"唯 GDP"作为经济的"指挥棒"、过于追求经济总量的增长，但 GDP 毕竟是国民经济核算的核心指标，是目前用以衡量一个国家或地区经济状况和发展水平的较好的指标，

---

* 本文原载《中国青年报·思想者》2021 年 4 月 26 日。

① 中国经济持续稳定恢复［N］. 人民日报, 2021 – 04 – 17 (1).

具有丰富的经济内涵，所以主要用以刻画经济运行状况和态势。虽然它是一个总量指标，但在具体核算中一般使用生产法、收入法或支出法，从不同的角度来反映国民经济生产活动成果，我们就可以从总量构成上去分析财富增长的结构性意义，做到既看总量，又看结构。

比如，从生产法来看，就是看三次产业的增加值状况。今年一季度，第一产业增加值11332亿元，同比增长8.1%，两年平均增长2.3%；第二产业增加值92623亿元，同比增长24.4%，两年平均增长6.0%；第三产业增加值145355亿元，同比增长15.6%，两年平均增长4.7%。其中，第二产业增加值快于GDP增幅，说明工业生产恢复较快；第三产业增长较好，但又稍慢于GDP增幅，说明直接面向消费者的服务业需要进一步恢复，消费市场潜力还亟待进一步挖掘。针对产业结构数据的进一步分析，国家统计局也发布了农业生产、工业生产、服务业的情况，这些数据与三次产业高增长相对应，显示：一季度，农业生产总体平稳，农业（种植业）增加值两年平均增长3.4%；工业生产稳步回升，全国规模以上工业增加值两年平均增长6.8%；服务业恢复性增长，市场预期向好。

再比如，从支出法来看，就是要观察我们时常说的拉动经济增长的"三驾马车"消费、投资、进出口的增长情况。按照国家统计局的数据显示：一季度，社会消费品零售总额105221亿元，同比增长33.9%；全国固定资产投资（不含农户）95994亿元，同比增长25.6%；货物进出口总额84687亿元，同比增长29.2%。出口46140亿元，同比增长38.7%；进口38547亿元，同比增长19.3%。进出口相抵，贸易顺差7593亿元。可以说，这"三驾马车"与去年同期相比均反弹强劲，有力支撑了GDP的两位数增长。

当然，以结构的视角还要进一步细分观察。比如，看社会消费品零售总额增长，可以按经营单位所在地分别观察城乡消费增长情况，也可以按照消费类型和商品类别观察细分产品消费状况；看固定资产投资情况，主要看基础设施投资、制造业投资和房地产开发投资增长比例；看进出口情况，则主要看一般贸易进出口增长情况。

总体上，一季度，这些结构性指标与总量指标走势基本一致，保持同向增长，这足以说明，经济各领域各层面均处在恢复增长态势。

审视重要数据，究竟怎么看

观察经济运行是需要一个系统思维的，所谓"横看成岭侧成峰，远近高低各不同"。任何一个数据都不是孤立的，必须联系地看、动态地看、整体地看、辩证地看。李克强总理在前不久主持召开经济形势专家和企业家座谈会时指出，分析经济形势要全面客观，既看同比增速又看环比增速，既看宏观经济数据又看市场主体切身感受，既看经济运行总体态势又密切关注新情况新问题。这就给出了一个很好的思考方法，通过数据的动态比较，我们更能发现经济运行中存在的一些潜在矛盾和问题。

比如，通过环比增速，就可以看到，尽管一季度经济增速比较高，但季度环比增速只有0.6%，这个季度增速还不尽理想，这就提醒我们：在当前常态化疫情防控形势下，仍要保持头脑清醒，继续巩固拓展疫情防控和经济社会发展成果。

还比如，一季度，社会消费品零售总额环比增长1.86%，两年平均增长4.2%；全国固定资产投资环比增长2.06%，两年平均增长2.9%。这说明，消费需求和投资需求还没有恢复到疫情前的常态水平。尤其值得注意的是，在固定资产投资增长中，制造业投资虽然同比增长29.8%，但两年平均增长却是下降2.0%，投资驱动经济增长尚主要依靠基建投资和房地产投资拉动，这就表明，当前我国经济增长内在动力还不够强。

当然，从一季度数据看：工业制造业中的装备制造业和高技术制造业增加值同比分别增长39.9%、31.2%，两年平均分别增长9.7%、12.3%，远高于同期工业增加值增长水平。其中，新能源汽车，工业机器人，挖掘、铲土运输机械，微型计算机设备，集成电路产品产量同比增速均超过60%，两年平均增速均超过19%。信息传输、软件和信息技术服务业，科学研究和技术服务业营业收入同比分别增长35.0%、47.8%，两年平均分别增长17.4%、11.5%。3月的铁路运输、航空运输、电信广播电视卫星传输服务、互联网软件及信息技术服务、货币金融服务等行业商务活动指数运行在60.0%以上高位景气水平。

这都是一些好的经济数据，说明那些代表产业转型升级、体现产业发展方向的市场主体应对外部冲击恢复得最快、韧性最强，并日益成为维护我国产业链供应链安全、推进国民经济高质量发展的有力支撑力量。这也再次表明：激发经济增长新动能，加快实现新旧动能转换，是夯实我国经济增长后劲、推进经济高质量发展的关键所在。

保持向好势头，着重抓哪些

国家统计局公报指出：总的来看，一季度国民经济呈现持续稳定恢复态势。同时也要看到，全球疫情仍在蔓延，国际环境错综复杂，具有较强的不确定不稳定性；国内经济恢复的基础还不牢固，长期存在的结构性矛盾依然凸显，发展中又出现一些新情况新问题。

新情况新问题在哪里？从一季度宏观数据也有体现。比如，从一季度经济运行数据看，当前市场主体面临的突出问题，是恢复强劲增长的后劲还不足，又面对一季度以来全球大宗商品价格不断上行的压力，不少中小微企业还面对技术型工人短缺的用工荒问题。国家统计局数据显示：一季度，全国工业生产者出厂价格同比上涨 2.1%。其中 3 月同比上涨 4.4%，环比上涨 1.6%；一季度，全国工业生产者购进价格同比上涨 2.8%。其中 3 月同比上涨 5.2%，环比上涨 1.8%。一些制造业企业已出现成本上升、市场过剩的"两头挤"窘境。最近北京大学的一份研究报告也显示：一季度小微经营者面对经营成本上升带来的压力。尤其对从事制造业的小微经营者，有 59.7% 的人认为包括原材料成本、水电成本和用工成本等成本上升是当下最大的挑战。对于这些新情况新问题需要综合施策加以解决。

按照国家统计局给出的政策思路，下一步，要坚持以习近平新时代中国特色社会主义思想为指导，持续巩固"稳"的基础、积蓄"进"的力量、守住"保"的底线。具体的经济工作抓手事实上也很明确，就是按照今年政府工作报告确定的八项任务，全面落实"十四五"规划纲要，立足新发展阶段、贯彻新发展理念、构建新发展格局，继续保持宏观政策连续性稳定性可持续性，保持经济运行在合理区间，深化供给侧结构性改革、加强需求侧管理，以创新驱动、高质量供给引领和创造新需求，坚定不移推进改革开放，破除制约经济循环的制度障碍，扎实推动经济高质量发展。

用好"窗口期"关键用在哪？
如何把握好？*

中共中央政治局 4 月 30 日召开会议，分析研究今年一季度经济形势和当前经济工作，为下一阶段经济政策取向定下基调、经济工作重点作出部署。会议的一个重要词眼是"窗口期"，强调"要用好稳增长压力较小的窗口期，推动经济稳中向好"。①

"窗口期"用得传神，极富意味，既预示着当前我国经济运行处于一个良好发展态势，可以抓紧这样一个难得的平稳时间段加快推进一系列重点改革发展工作，也预示着机遇稍纵即逝，时不我待，必须踏准经济运行节奏乘势而上，避免错失良机、贻误战机。

今年以来，在以习近平同志为核心的党中央坚强领导下，各地区各部门统筹推进疫情防控和经济社会发展工作，有力实施宏观政策，推动我国经济恢复取得明显成效，经济运行开局良好，高质量发展取得新成效。一季度经济季报十分亮眼，GDP 同比增长 18.3%，两年平均增长 5.0%，经济增速在主要经济体中名列前茅。同时，就业形势总体稳定，民生继续改善，经济发展的质量和效益持续提升，可以说一季度经济增长的含金量比较高、成色比较足，这为后续国民经济保持良好增长态势奠定了较扎实基础。今年政府工作报告设定的全年预期增长目标只在 6% 以上，这也为确保经济运行持续恢复、引导各方面集中精力推进改革创新、推动高质量发展预留了空间。政治局会议就此给出"当前稳增长压力较小的窗口期"的判断。用好"窗口期"，就是要在关键处用力，当在平衡中把握。

用好"窗口期"，关键用在哪？就是要凝心聚力深化供给侧结构性改革，打通国内大循环、国内国际双循环堵点。这是基于对当前国内经济恢复尚不均衡、基础尚不稳固；国际上疫情仍在全球范围内蔓延，一些国家扩张性的量化

---

* 本文原载《学习时报·学习评论》2021 年 5 月 17 日。

① 中共中央政治局召开会议 分析研究当前经济形势和经济工作［N］. 人民日报，2021－05－01（1）.

宽松政策带来外溢效应，催生世界范围内价格上涨的预期和趋向，致使国际通胀水平有所抬升等的研判。只有坚持扩大内需这个战略基点，把实施扩大内需战略同深化供给侧结构性改革有机结合，切实破除制约要素合理流动的各种堵点瘀点，让生产、分配、流通、消费各环节贯通起来，形成国民经济良性循环，才能抵御住外部输入性风险，有效平抑各类成本上涨压力，实现国内供需更高水平动态平衡，促使经济在恢复中达到更高水平均衡，确保经济运行在合理区间。

用好"窗口期"，如何把握好？首先是把握好政策的时度效。宏观经济政策要踩准节奏，保持政策的连续性、稳定性、可持续性，不急转弯，重在固本培元。积极的财政政策重点仍是要加大对保就业保市场保企业主体的支持力度，进一步优化和落实减税政策，切实恢复市场主体元气，助力市场主体青山常在、生机盎然；稳健的货币政策要保持流动性合理充裕，发挥对优化经济结构的撬动作用，强化对实体经济、重点领域、薄弱环节的支持，尤其是加大对小微企业、制造业、绿色发展、科技创新等领域的普惠性金融支持。

其次在于稳定老百姓预期。政治局会议按照"十四五"规划纲要，强调要制定促进共同富裕行动纲要，以城乡居民收入普遍增长支撑内需持续扩大。要保持居民收入增长和经济增长基本同步，就要抓住稳增长压力较小的窗口期，适时推进重点领域的改革创新，争取在加快收入分配制度改革上有所突破。同时对当前老百姓反映最突出的房价较快上涨问题，必须坚持房子是用来住的、不是用来炒的定位，增加保障性租赁住房和共有产权住房供给，防止以学区房等名义炒作房价。

最后要守住不发生系统性金融风险的底线。此次政治局会议首提"建立地方党政主要领导负责的财政金融风险处置机制"，这对各地党政部门提出了更为明确的职责要求。地方政府必须学会用政治眼光观察分析经济问题，切实防范化解包括地方政府债务、房地产领域、平台经济、地方中小金融机构等可能存在的风险隐患，坚决压实地方政府责任，以更高的政治站位准确把握新发展阶段，全面贯彻新发展理念，加快构建新发展格局，着力推动高质量发展，为"十四五"时期我国经济发展提供持续动力。

深化放管服改革
激发市场活力和创造力*

前不久的一次国务院常务会，通过了《中华人民共和国市场主体登记管理条例（草案）》，6 月 2 日国务院又召开全国深化"放管服"改革着力培育和激发市场主体活力电视电话会议。① 这两次会议聚焦的一个重点都是要更好培育壮大市场主体，都在于进一步深化"放管服"改革，要让各级政府切实为广大市场主体放出活力、管出公平、服出效率。

今年以来，党中央统筹疫情防控和经济社会发展，直面市场主体需求，创新实施宏观政策，经济总体延续稳定恢复和向好态势。按照中央部署，要继续抓住当前稳增长压力较小的窗口期，科学精准实施宏观政策，不失时机推进重点领域和关键环节的改革。这其中，继续深化"放管服"改革，助力市场主体进一步恢复元气，通过固本培元、稳定预期，着力培育和激发市场主体活力，不仅对当下稳住就业和经济基本盘形成有力支撑，也为进入新发展阶段、贯彻新发展理念、构建新发展格局、推动高质量发展打下坚实基础。

尽管近年来深化"放管服"改革、推进商事制度等改革取得了不小成效，但也要看到，企业市场准入的门槛仍然不低不够便利，"证照分离"改革尚不清晰还不到位，行政执法中也存在执法不严、简单粗暴等问题，乱收费、乱罚款、乱摊派也不容忽视等。要切实激发市场活力和社会创造力，让更多的市场主体发展壮大起来，就必须把困扰市场主体的各种痛点难点作为发力点，最大力度地减少政府对市场的各种不当干预，进一步为市场主体放权赋能，进一步加强公正监管，进一步提高公共服务能力，让市场主体敢于创新发展，让人民群众敢于创业奋斗。

这次国务院电视电话会议强调以"放管服"改革为抓手，将持续打造市场化法治化国际化营商环境为目标，这是解决问题的关键。就是要在市场化方面

---

* 本文原载《经济参考报·经参时评》2021 年 6 月 10 日，原题为《放得更活 管得更公平 服务更到位》。
① 培育壮大市场主体 激发市场活力和社会创造力［N］．人民日报，2021－06－03（1）．

力行简政之道，破除束缚企业发展的不合理障碍，用制度和技术办法让市场主体依规办事不求人成为常态；在法治化方面建立健全营商环境法规体系，完善产权保护制度，严格规范公正文明执法；在国际化方面加强与相关国际通行规则对接，推动更高标准更大力度的制度型开放。作为落实会议的一项成果，国务院日前印发《关于深化"证照分离"改革进一步激发市场主体发展活力的通知》，部署自 2021 年 7 月 1 日起在全国范围内实施涉企经营许可事项全覆盖清单管理，对所有涉企经营许可事项按照直接取消审批、审批改为备案、实行告知承诺、优化审批服务等四种方式分类推进审批制度改革，同时在自贸试验区进一步加大改革试点力度。这将在更大范围和更多行业推动照后减证和简化审批，创新和加强事中事后监管，也将在不久建立起简约高效、公正透明、宽进严管的行业准营规则，这有望大幅提高市场主体办事的便利度和可预期性，充分释放制度改革的红利，推动"有效市场"和"有为政府"更好结合。

进入新发展阶段的深化"放管服"改革，最终目的是给所有市场主体放权放得更活、监管更有序更公平、服务更到位更有效，但本质上是政府职能转变的自我加压自我革命。各级政府理当要有立足新发展阶段、贯彻新发展理念、构建新发展格局、推动高质量发展的更宽视野、更高站位、更大担当。新发展阶段是一个动态、积极有为、始终洋溢着蓬勃生机活力的过程，我们需要构建一个高标准市场体系来充分激发市场主体发展活力；准确把握和贯彻新发展理念就是要以问题为导向，市场主体有所求，政府必须有所为；构建新发展格局必须进一步优化营商环境，只有国内市场主体活起来，畅通了国内大循环，就栽下了梧桐树，自然会引来金凤凰。

梦圆全面小康
阔步迈向现代化新征程[*]

　　千年夙愿，百年奋斗，今朝梦圆。在中国共产党迎来百年华诞的历史时刻，习近平总书记在庆祝中国共产党成立 100 周年大会上代表党和人民庄严宣告："经过全党全国各族人民持续奋斗，我们实现了第一个百年奋斗目标，在中华大地上全面建成了小康社会，历史性地解决了绝对贫困问题，正在意气风发向着全面建成社会主义现代化强国的第二个百年奋斗目标迈进。"①

　　这一庄严宣告，兑现了党向人民、向历史作出的庄重承诺，书写了中华民族几千年恢宏史诗的新篇章，预示着中华民族伟大复兴向前迈出新的一大步，预示着中国式现代化道路是实现民族振兴的正确道路，预示着中国人民正以不可阻挡的步伐迈向伟大复兴。

　　美好夙愿终成现实。全面建成小康社会，承载中华民族孜孜以求的千年梦想，体现当代中国人民的共同期盼，彰显中国共产党团结带领中国人民为着理想目标不懈追求、不懈奋斗的坚定意志和坚实步伐。习近平总书记"七一"重要讲话指出，中国共产党一经诞生，就把为中国人民谋幸福、为中华民族谋复兴确立为自己的初心使命。一百年来，中国共产党团结带领中国人民进行的一切奋斗、一切牺牲、一切创造，归结起来就是一个主题：实现中华民族伟大复兴。②为实现中华民族自古以来追求的"民亦劳止，汔可小康"这样的理想社会，为矢志不渝坚守为人民谋幸福、为民族谋复兴这样的初心使命，一代代中国共产党人艰苦卓绝、持续奋斗、砥砺前行，接续创造了新民主主义革命、社会主义革命和建设、改革开放和社会主义现代化建设、新时代中国特色社会主义的伟大成就，深刻改变了近代以后中华民族发展的方向和进程，深刻改变了中国人民和中华民族的前途和命运，深刻改变了世界发展的趋势和格局。中华民族迎来从站起来、富起来到强起来的伟大飞跃，实现中华民族伟大复兴进入

---

　　* 本文原载《经济参考报·经参时评》2021 年 7 月 5 日。
　　①② 习近平. 在庆祝中国共产党成立 100 周年大会上的讲话［N］. 人民日报，2021－07－02（2）.

了不可逆转的历史进程。在今天的中华大地上全面建成小康社会，昭示了中国共产党是能够代表最广大人民根本利益、不断为实现人民对美好生活的向往而奋斗的党，揭示了一百年来中国共产党为什么能够成功，未来还将继续成功的理论逻辑、历史逻辑和实践逻辑，也以铁一般的事实生动回答了中国共产党为什么能、马克思主义为什么行、中国特色社会主义为什么好的"时代之问"。

光荣历史映照未来。习近平总书记指出，历史是最好的教科书。用历史映照现实，以史为鉴，远观未来、开创未来。全面建成小康社会，是汲取人类文明成果，顺应现代化发展大势、基于中国现实国情，坚定走自己的路，探索出一条中国式现代化的成功之路，走出一条坚持和发展中国特色社会主义、实现中华民族伟大复兴的正确道路。我们党带领人民坚持真理、解放思想、实事求是、改革创新，准确把握历史方位和历史主动、科学认识社会主要矛盾、制定正确发展规划和路线、着力形成充满活力的体制机制，循序渐进、梯次发展，先后解决人民温饱、实现总体小康、决胜全面小康，极大解放和发展了社会生产力，极大激发了全社会活力和创造力，推动物质文明、政治文明、精神文明、社会文明、生态文明协调发展，创造了中国式现代化新道路，创造了人类文明新形态，实现了经济社会从量的积累到质的飞跃。事实证明：全面建成小康社会是"五位一体"全面进步的小康，是惠及全体人民、没有人掉队的小康，是实现城乡区域共同发展的小康，也是得到人民认可、经得起历史检验的高质量的小康。全面建成小康社会是党在开拓中国式现代化道路、实现第一个百年奋斗目标向人民、向历史交出的一份优异的答卷，其成功经验必将在全面建成社会主义现代化强国的第二个百年奋斗目标新征程中绽放更加璀璨的新的荣光。

凡是过往，皆为序章。在中华大地上全面建成小康社会，拉开的是全面建设社会主义现代化强国的新的序幕。大戏还在后头，精彩还在未来。负载新的使命，开局就是决战、起步就是冲刺。

庄严的宣告·坚定的信心·光明的前景*

——学习习近平总书记"七一"重要讲话精神

习近平总书记在庆祝中国共产党成立 100 周年大会上的重要讲话，以深远的历史眼光，全面回顾了 100 年来中国共产党带领中国人民为实现中华民族伟大复兴的梦想矢志不渝、艰苦卓绝的光辉奋斗历程和取得的伟大成就，深刻总结了我们党 100 年来之所以能够始终战胜一个个艰难险阻、从胜利走向胜利的成功经验，清晰指明了党将继续带领人民为实现对美好生活的向往踏上新征程、实现第二个百年目标的行动方向。

总书记的重要讲话高屋建瓴、视野宏阔、思想深邃、鼓舞斗志，是在新的历史起点上指引全党全国人民全面建设社会主义现代化国家、实现中华民族伟大复兴中国梦的新时代政治宣言。

庄严的宣告：党带领人民书写了中华民族最恢宏史诗

中国共产党成立 100 年的历史，是中国近现代以来最为可歌可泣的篇章。历史在人民探索和奋斗中造就了中国共产党，我们党团结带领人民为历史悠久的中华文明造就了新的历史辉煌。

习近平总书记的重要讲话用"三个深刻改变"①揭示了 100 年前中国共产党的诞生在中华民族历史上的伟大意义。中国共产党是在 1840 年鸦片战争以后，中国逐步沦为半殖民地半封建社会，国家蒙辱、人民蒙难、文明蒙尘，中华民族遭受了前所未有的劫难的背景里，是在各种运动、各种模式、各种主义、各种救国方案轮番尝试都以失败而告终的情况下，是在一批先进分子率先觉醒、

---

* 本文原载《中国青年报·思想者》2021 年 7 月 12 日。

① 习近平. 在庆祝中国共产党成立 100 周年大会上的讲话［N］. 人民日报，2021－07－02（2）.

主动接受马克思主义并将其同中国工人运动紧密结合的觉醒年代中应运而生的。中国产生了共产党，这是开天辟地的大事变；中国产生了共产党，是历史的选择、人民的选择。中国共产党一经诞生，就以马克思主义这一先进理论为思想武装，就把为中国人民谋幸福、为中华民族谋复兴确立为自己的初心使命，由此深刻改变了近代以后中华民族发展的方向和进程，深刻改变了中国人民和中华民族的前途和命运，深刻改变了世界发展的趋势和格局。

习近平总书记深刻指出，100年来，中国共产党团结带领中国人民进行的一切奋斗、一切牺牲、一切创造，归结起来就是一个主题：实现中华民族伟大复兴。

为了实现这一梦想、实践这一主题，100年来，一代代中国共产党人前赴后继，团结带领中国人民以英勇顽强的奋斗先后创造了新民主主义革命的伟大成就、创造了社会主义革命和建设的伟大成就、创造了改革开放和社会主义现代化建设的伟大成就、创造了新时代中国特色社会主义的伟大成就。这每个阶段的伟大胜利、伟大创造都竖起了近现代中华民族历史上的伟大丰碑，也向世界作出了"庄严宣告"。新民主主义革命的成就，宣告了中国人民站起来了，中华民族任人宰割、饱受欺凌的时代一去不复返了；社会主义革命和建设的成就，宣告了中国人民不但善于破坏一个旧世界，也善于建设一个新世界，只有社会主义才能救中国，只有中国特色社会主义才能发展中国；改革开放和社会主义现代化建设的成就，宣告了改革开放是决定当代中国前途命运的关键一招，中国大踏步赶上了时代；新时代中国特色社会主义的成就，宣告了中华民族迎来了从站起来、富起来到强起来的伟大飞跃，实现中华民族伟大复兴进入了不可逆转的历史进程。

值得强调的是，习近平总书记在讲话开篇代表党和人民庄严宣告，经过全党全国各族人民持续奋斗，我们在中华大地上全面建成了小康社会，历史性地解决了绝对贫困问题。这一"全面建成小康社会"的"庄严宣告"又恰是对党的百年历史进程上"四个庄严宣告"做出的历史结论的最生动写照，是两个100年目标的接续传递，是巩固基业开创新局的历史交汇。

党的百年光辉历程向世界呈现的这五个"庄严宣告"，宣告的是只有中国共产党才最能代表中国人民的根本利益，宣告的是只有中国共产党才能开辟为中国人民谋幸福、为中华民族谋复兴的人间正道，宣告的是当代中国共产党人最有力量最有底气成就中国人民和中华民族的伟大梦想，彰显了党带领人民已经书写并将继续书写中华民族历史上的恢宏史诗和壮美篇章。

坚定的信心：永远把伟大建党精神继承下去发扬光大

习近平总书记的重要讲话回望过往的奋斗路，眺望前方的奋进路，整个讲话激扬文字、意气风发，通篇饱含着坚定的信念、坚强的决心、无上的力量。

总书记的讲话既用历史映照现实、远观未来，又以史为鉴、开创未来，从100年来党团结带领人民奋进的历史行程中系统总结了中国共产党为什么能够取得成功的九个方面的宝贵经验，即"九个必须"：必须坚持中国共产党坚强领导，必须团结带领中国人民不断为美好生活而奋斗，必须继续推进马克思主义中国化，必须坚持和发展中国特色社会主义，必须加快国防和军队现代化，必须不断推动构建人类命运共同体，必须进行具有许多新的历史特点的伟大斗争，必须加强中华儿女大团结，必须不断推进党的建设新的伟大工程。又站在新的历史方位、面向新的征程指明了我们党要继续取得成功、开创更加美好的未来，还需要从这"九个必须"的宝贵经验中得到昭示，从中汲取前行的智慧和力量。

"九个必须"充分回答了中国共产党为什么能、马克思主义为什么行、中国特色社会主义为什么好的历史之问、时代之问、世界之问，充分揭示了中国共产党历经千锤百炼、经过苦难辉煌、百年依旧风华正茂的深刻奥秘，充分彰显了中国共产党矢志不渝的理想宗旨、价值追求以及不可改变的高尚品格和革命意志，是100年来中国共产党始终能赢得人民、拥有人民，始终与人民同甘苦、共命运的理论逻辑、历史逻辑、实践逻辑相统一的精神结晶。蕴含在这些宝贵经验之中的精髓就是习近平总书记高度凝练的伟大建党精神，即"坚持真理、坚守理想，践行初心、担当使命，不怕牺牲、英勇斗争，对党忠诚、不负人民"。因为坚持真理、坚守理想，我们党才能不断推进马克思主义中国化，坚持和发展中国特色社会主义；因为践行初心、担当使命，我们党才能为实现人民美好生活而奋斗，坚持中国共产党坚强领导，加强中华儿女大团结；因为不怕牺牲、英勇斗争，我们党才能进行具有许多新的历史特点的伟大斗争，加快国防和军队现代化；因为对党忠诚、不负人民，我们党才能不断推进党的建设新的伟大工程，不断推动构建人类命运共同体。伟大建党精神和"九个必须"宝贵经验是"体"和"用"的互动关系。伟大建党精神是中国共产党的精神之源，支撑起党在长期奋斗中形成的精神谱系，淬炼出党的鲜明政治品格，是激发"敢教日月换新天"大无畏气概的持久动力。

进入新发展阶段，党带领人民开启全面建设社会主义现代化国家新征程，继续实现人民对美好生活的向往，就要以史为鉴，牢固坚持"九个必须"，以更加坚定的信心，更加自觉地牢记初心使命，开创美好未来；就要继续弘扬光荣传统、赓续红色血脉，永远把伟大建党精神继承下去、代代相传、发扬光大。

光明的前景：中华民族正以不可阻挡的步伐奋勇前进

习近平总书记指出，100年前，中华民族呈现在世界面前的是一派衰败凋零的景象。今天，中华民族向世界展现的是一派欣欣向荣的气象，正以不可阻挡的步伐迈向伟大复兴。对迈上全面建设社会主义现代化国家新征程的中国人民来说，这是怎样一幅光明的前景呢？

经过全党全国各族人民持续奋斗，我们实现了第一个百年奋斗目标，在中华大地上全面建成了小康社会，历史性地解决了绝对贫困问题，正在意气风发向着全面建成社会主义现代化强国的第二个百年奋斗目标迈进。实现中华民族伟大复兴进入了不可逆转的历史进程。

这个"不可阻挡"、这个"不可逆转"，是因为我们已经掌握当代中国马克思主义、21 世纪马克思主义的思想武器，可以正确地把握时代、引领时代；是因为已经探索出了一条推动物质文明、政治文明、精神文明、社会文明、生态文明协调发展、创造人类文明新形态的中国式现代化新道路、实现中华民族伟大复兴的正确道路；是因为已经拥有 9500 多万名党员，既与 14 亿多中国人民休戚与共、生死相依，又始终关注人类前途命运、同世界上一切进步力量携手前进，能以自我革命推动伟大社会革命的具有重大全球影响力的世界第一大执政党；更有已经形成的海内外全体中华儿女心往一处想、劲往一处使的生动局面，和一大批把青春奋斗融入党和人民事业、以实现中华民族伟大复兴为己任的新时代中国青年继往开来。一切可以团结的力量、一切可以调动的积极因素，正凝聚起实现民族复兴的磅礴力量。

"其作始也简，其将毕也必巨。"中国共产党 100 年辉煌历程，充分昭示我们不但善于破坏一个旧世界，也善于建设一个新世界。无论前进的道路上有怎样的风雨兼程和惊涛骇浪，中国共产党和中国人民将在自己选择的道路上昂首阔步走下去，把中国发展进步的命运牢牢掌握在自己手中。中国的前途和命运会更加光明，也一定会更加璀璨。

把握经济工作着重点
落细宏观政策着力点*

日前，中共中央政治局召开会议分析研究当前经济形势，部署下半年经济工作。把握会议精神对全面认识当前经济工作着力点和下一步宏观政策走向十分重要。会议体现了党中央对当前国内外形势的清醒判断，对稳中向好的经济运行态势的十足信心，对当前和今后一个时期经济工作的着重点、宏观政策的着力点的准确把握。

2021年上半年，我国"经济持续稳定恢复、稳中向好，科技自立自强积极推进，改革开放力度加大，民生得到有效保障，高质量发展取得新成效，社会大局保持稳定"。① 前不久国家统计局公布了经济数据：上半年我国国内生产总值（GDP）同比增长12.7%，两年平均增速比一季度加快0.3个百分点，两年平均增速达到5.3%就是最好的说明。消费、投资、出口等一系列结构性指标也全面增长，表明在以习近平同志为核心的党中央坚强领导下，统筹国内国际两个大局、统筹疫情防控和经济社会发展，我国经济正在稳中加固、继续稳中向好。

但对于当前我国发展环境的认识，会议作出了偏谨慎的表述，即当前全球疫情仍在持续演变，外部环境更趋复杂严峻，国内经济恢复仍然不稳固、不均衡。从上半年经济运行遇到的矛盾和问题来看，目前消费景气还不足，投资后劲尚乏力，下半年出口继续保持高增长也有难度。同时，国际输入型通胀压力，大宗商品价格持续攀升，重点领域风险隐患时有暴露，还有一些地方搞运动式发展，盲目铺摊子、上项目，搞重复建设又有抬头。另外，在教育、住房、就业、城镇居民增收等民生保障和改善方面还存在许多亟待解决的现实问题，等等。

基于对当前国际国内形势纷繁复杂现象下的本质认识和对当前经济形势的

---

* 本文原载光明网·理论频道2021年8月3日。

① 中共中央政治局召开会议 分析研究当前经济形势和经济工作［N］. 人民日报，2021－07－31（1）.

正确研判，这次中央政治局对下半年宏观政策取向和重点经济工作部署就十分明确，简而言之，就是以问题为导向把握经济工作着重点，坚持稳中求进工作总基调，保持宏观政策连续性、稳定性、可持续性，以人民为中心切实做好民生保障，以防范化解风险为底线确保经济社会安全稳定。

把握经济工作着重点要着力深化供给侧结构性改革。在扩大消费需求上要挖掘国内市场潜力，深耕国内市场，强调了支持新能源汽车加快发展和畅通农村电商市场培育，在扩大投资需求上要加快推进一批重大工程项目建设和扩大企业技改投资。在推动供给上要强化科技创新和产业链供应链韧性，开展补链强链专项行动，加快解决"卡脖子"难题，发展专精特新中小企业等。

保持宏观政策不转向要落实落细政策效果。积极的财政政策要提升政策效能，关键是用好预算内投资和地方债，拉动实实在在的投资，形成实物工作量；稳健的货币政策保持流动性合理充裕，在于稳定市场预期，信贷投放要更多惠及中小企业和困难行业，助力它们持续恢复市场活力。在国外一些国家大肆印钞助推通胀的背景下，我们必须保持战略定力，绝不搞"大水漫灌"，切实增强我国宏观政策的独立性、自主性，同时还要着眼经济长期增长，做好宏观政策跨周期调节，统筹做好当前和未来的宏观政策衔接。

防范化解重大经济风险是保持经济运行稳中加固、稳中向好的底线。中央政治局回应现实关切，对扩大就业、稳定房地产市场、落实社保统筹和新的人口政策、确保粮食安全和社会公共安全等方面都作出了明确要求。这里一个十分重要的方面，就是各级地方党政主要领导要严格落实风险处置机制，必须适应新发展阶段，完整、准确、全面贯彻新发展理念，心怀"国之大者"，全身心投入加快构建新发展格局，推动高质量发展的历史进程，以对党和人民事业高度负责的担当精神顺利实现全年经济社会发展目标。

循着现代化的逻辑——一个经济学人的时事观察（2021－2024年）

促进共同富裕
绘出详尽路线图*

8 月 17 日中央财经委员会召开第十次会议，其中一个重要议题是"研究扎实促进共同富裕问题"。习近平总书记在会上发表重要讲话，就共同富裕的科学内涵、促进全体人民共同富裕的重大意义和基本原则、在高质量发展中促进共同富裕的工作着力点作出深刻阐述，全面回答了进入新发展阶段我们为什么要实现共同富裕、实现什么样的共同富裕、怎样促进共同富裕的时代课题。①

这是继党的十九届五中全会首次提出"全体人民共同富裕取得更为明显的实质性进展"这样的表述之后，党中央对"实现全体人民共同富裕"给出的更为详尽的理论概括和更具现实的实践指引，展现了今后 30 年我国要在促进全体人民共同富裕的道路上不断向前迈进的路线图。这既是一个重大信号，也是必须完成的历史任务。

新发展阶段促进共同富裕其意义十分重大

习近平总书记在庆祝中国共产党成立 100 周年大会上庄重宣布："经过全党全国各族人民持续奋斗，我们实现了第一个百年奋斗目标，在中华大地上全面建成小康社会，历史性地解决了绝对贫困问题，正在意气风发向着全面建成社会主义现代化强国的第二个百年目标迈进。"这是中华民族发展进程中、中国现代化历史变革中的一个重要转折点，不仅标志着我国进入了社会主义从初级阶段向更高阶段迈进的新发展阶段，也意味着我们进入了可以实现全体人民共同富裕的现代化新阶段。随着我国全面建成小康社会、开启全面建设社会主义现代化国家新征程，我们必须把促进全体人民共同富裕摆在更加重要的位置上，必须把促进全体人民共同富裕作为为人民谋幸福的着力点。

---

* 本文原载《中国青年报·思想者》2021 年 8 月 23 日。

① 习近平主持召开中央财经委员会第十次会议强调 在高质量发展中促进共同富裕 统筹做好重大金融风险防范化解工作［N］. 人民日报，2021－08－18（1）.

实现全体人民共同富裕是体现社会主义本质、创造中国式现代化新道路、夯实党长期执政基础的必然要求。习近平总书记在中央财经委第十次会议上强调，共同富裕是社会主义的本质要求，是中国式现代化的重要特征。回溯中国共产党一百年光辉历程，中国共产党一经成立，就把为中国人民谋幸福、为中华民族谋复兴确立为自己的初心使命。在一百年的社会主义革命、建设、改革进程中这一初心使命始终不渝，不仅实现了人民觉醒、人民解放、人民富裕，赢得了最广大人民群众的拥护和支持，还开创了中国特色社会主义道路，创造了中国式现代化新道路，坚定了全体人民对中国制度、中国理论、中国道路、中国文化的充分自信。贫穷不是社会主义，公平正义是社会主义内在本质。促进全体人民共同富裕就是在新阶段新征程上要让党带领人民更加坚定、更加自觉地牢记初心使命、开创美好未来，不断夯实党长期执政的坚实基础。

促进全体人民共同富裕既是解决当前我国社会主要矛盾的现实需要也已经具备更为扎实的物质基础、基本经验和社会条件。经过新中国成立70多年来、改革开放40多年来的艰苦探索和顽强奋斗，如今的中国已成为世界第二大经济体，人均GDP超过1万美元，城镇化率超过60%，中等收入群体超过4亿人，特别是全面建成小康社会取得伟大历史成果，解决困扰中华民族几千年的绝对贫困问题取得历史性成就，这为我国进入新发展阶段、朝着第二个百年目标进军奠定了坚实的物质基础、积累了丰富的发展经验和具备了广泛的社会条件，我们有能力、有条件、有信心在新的起点上实现人民日益增长的美好生活需要、解决发展的不平衡不充分问题，致力于促进全体人民共同富裕取得更为明显的实质性进展。

实现全体人民共同富裕能够为解决当代世界性难题提供切实可行的中国智慧和中国方案。收入分配不平等已经成为当今世界性难题和全球社会制度演变中的矛盾焦点。尽管科学技术和社会文明在深入发展，但资本掠夺劳动和财富的痼疾顽症并没有得到根本解决，甚至越演越烈。党和政府始终坚持以人民为中心的发展思想，坚定不移走自己的路，走实现中华民族伟大复兴的正确道路，推动形成物质文明、政治文明、精神文明、社会文明、生态文明协调发展的现代化新道路，创造人类文明新形态，拓展了发展中国家走向现代化的途径和提供了全新选择。在解决社会不平等、促进全体人民共同富裕的道路上我们一定会贡献出中国智慧和中国方案，树立起和平、发展、公平、正义、民主、自由的全人类共同价值。

把握促进共同富裕的指导思想和基本原则

按照党的十九大和十九届五中全会确立的目标，"十四五"规划和2035年远景目标明确："十四五"时期民生福祉要达到新水平，全体人民共同富裕迈出坚实步伐；2035年远景目标提出，人民生活更加美好，人的全面发展、全体人民共同富裕取得更为明显的实质性进展。

这次中央财经委第十次会议对促进共同富裕的指导思想和基本原则，在承继过去提法的基础上表述更为鲜明。习近平总书记指出，"共同富裕是全体人民的富裕，是人民群众物质生活和精神生活都富裕，不是少数人的富裕，也不是整齐划一的平均主义，要分阶段促进共同富裕。"这就十分明确，我们所讲的"共同富裕"是包括14亿全体人民的，不再是过去一部分人一部分地区富裕起来，不是少数人的富裕，这才体现社会主义的本质；"共同富裕"的内容也不仅是物质上的富足，还要有精神上的富裕；在促进共同富裕的道路上，既要体现公平也要体现效率，社会主义共同富裕需要全体人民共同奋斗、共同创造，不是要回到吃"大锅饭"的老路上，不是主张搞整齐划一的平均主义；促进共同富裕还要基于国情、立足现实，需要分阶段有步骤。

这次会议事实上强调了促进共同富裕需要把握的几个基本原则：

一是依靠勤劳创新致富。"天上不会掉金子"。财富的获得要依靠劳动踏踏实实创造。这里面有一个机会平等、规则平等问题。会议提出，要"畅通向上流动通道，给更多人创造致富机会，形成人人参与的发展环境"。社会结构不能"板结化"，生产要素要能充分流动起来，增强教育水平和发展能力要能跟上。我们不能回避一大批"90后""00后"的年青人面对城市高企的房价、过大的孩子教育压力、城镇就业的艰难竞争等现实困境而甘于"躺平"、陷于"佛系"、不思进取等社会现状。现代社会不能制造奋斗的"天花板"。

二是鼓励先富带后富、帮后富。我国毕竟还处于社会主义初级阶段，不同市场主体、不同社会阶层、不同地域资源禀赋不同，劳动、资本、技术、数据等生产要素客观上有差异。国家统计局给出的现阶段我国基尼系数大体接近0.5，收入分配不平等现实存在。所以我们还是要坚持"两个毫不动摇"，巩固和完善社会主义基本经济制度，既要允许一部分人先富起来，更要鼓励先富带后富、帮后富，重点鼓励辛勤劳动、合法经营、敢于创业的致富带头人；要防止资本毫无顾忌地无序扩张；要为以勤劳创新实现富裕的人营造更加良好的社会舆论环境。

三是要尽力而为又量力而行。要统筹需要和可能，不搞不切实际的"吊胃口"、不提过高期望值，要通过建立更加科学的公共政策体系，形成人人享有的合理分配格局，增强人民群众的获得感、幸福感、安全感；同时要坚持在发展中保障和改善民生，把保障和改善民生建立在经济发展和财力可持续的基础之上，重点加强基础性、普惠性、兜底性民生保障建设，特别是落后的农村地区基础设施和公共服务体系建设。

四是要坚持循序渐进。实现共同富裕与脱贫攻坚、全面建成小康社会一样，不可能一蹴而就。我们实现脱贫攻坚、实现全面建成小康社会前后花了40多年时间，而实现 14 亿人的共同富裕目标只会更加艰辛、更为艰巨。因此，这次会议明确，对共同富裕的长期性、艰巨性、复杂性我们一定要有充分估计，需要鼓励各地因地制宜探索有效路径，总结经验，逐步推开。

扎实推动共同富裕的体制基础和制度安排

我们已经进入新发展阶段，这是一个日益接近质的飞跃的量的积累和发展变化的过程。从"十四五"时期到 2035 年基本实现现代化再到本世纪中叶全面建成社会主义现代化强国，经济社会发展的主题是高质量发展，这涉及加快巩固和完善更加定型、更加成熟的社会主义市场经济体制，收入分配制度的改革和创新是经济社会高质量发展的题中之意，需要我们在高质量发展中探索完善适合中国国情的促进共同富裕的制度安排。

中央财经委第十次会议基于正确处理效率和公平的关系，提出了"构建初次分配、再分配、三次分配协调配套的基础性制度安排"，这将是未来若干年我国建立完善高水平社会主义市场经济体制、建立更加公平的收入分配秩序和制度体系的基础性内容。

从社会文明发展进程看，一个良好善治稳定的社会治理结构必然是一个橄榄形社会。在社会收入分配结构上就体现为"中间大、两头小的橄榄形分配结构"。这次财经委会议不仅提出了这样的构建目标，也明确了基本思路，就是"扩大中等收入群体比重，增加低收入群体收入，合理调节高收入，取缔非法收入"。

对于高收入群体，会议提出，"要加强对高收入的规范和调节，依法保护合法收入，合理调节过高收入，鼓励高收入人群和企业更多回报社会。"对于低收入群体，提出，"增加低收入群体收入，推动更多低收入人群迈入中等收入行列。促进基本公共服务均等化，加大普惠性人力资本投入，完善养老和医疗保障体系、兜底救助体系、住房供应和保障体系。"对于中等收入群体，提出，"扩大中等收入群体比重。要保护产权和知识产权，保护合法致富，促进各类资本规范健康发展。"为此，在政策安排上，通过加大税收、社保、转移支付等调节力度并提高精准性形成三次分配结构；通过提高发展的平衡性、协调性、包容性，增强区域发展的平衡性，强化行业发展的协调性，支持中小企业发展；还要清理规范不合理收入，整顿收入分配秩序，坚决取缔非法收入，等等。

习近平总书记今年年初在中央党校省部级领导干部专题研讨班上强调，"实现共同富裕不仅是经济问题，而且是关系党的执政基础的重大政治问题。我们决不能允许贫富差距越来越大、穷者愈穷富者愈富，决不能在富的人和穷的人之间出现一道不可逾越的鸿沟。"这次中央财经委会议透出的政策信息，意味着填平这道鸿沟正渐行渐近了。

以战略布局加快建立
人才资源竞争优势[*]

习近平总书记在中央人才工作会议发表重要讲话，站在党和国家事业发展全局的高度，全面回顾了党的十八大以来我国人才工作取得的历史性成就、发生的历史性变革，深入总结了我国人才事业发展的规律性认识，深入分析了当前我国人才工作面临的新形势新任务新挑战，科学回答了新时代人才工作的一系列重大理论和实践问题，明确提出了深入实施新时代人才强国战略的指导思想、战略目标、重点任务和政策举措，深化了我国人才事业发展的规律性认识。总书记的重要讲话是指导新时代人才工作的纲领性文献，为不断开创党的人才工作新局面，加快建立人才资源竞争优势，加快建设世界重要人才中心和创新高地提供了行动指南。①

习近平总书记关于新时代人才工作有许多高屋建瓴的深刻阐述，视野宏大、内涵丰富，笔者仅从三个角度谈学习认识。

现代化新征程上的中国比历史上任何时期都更加渴求人才

国家发展靠人才，民族振兴靠人才。中国共产党成立一百年来，求贤若渴、珍视人才成为我们的优良传统并薪火相传，一代又一代优秀人才接续投身党和人民的伟大事业，在革命、建设、改革的壮阔历史进程中写下动人精彩的篇章。一部中国共产党的奋斗史，就是一部集聚人才、团结人才、造就人才、壮大人才的历史。

站在新的历史起点上，面向全面建设社会主义现代化国家的宏伟图景，习近平总书记深刻地指出，当前我国进入了全面建设社会主义现代化国家、向第二个百年奋斗目标进军的新征程，我们比历史上任何时期都更加接近实现中华民族伟大复兴的宏伟目标，也比历史上任何时期都更加渴求人才。

---

* 本文原载《中国青年报·思想者》2021年10月18日，第2版。

① 深入实施新时代人才强国战略 加快建设世界重要人才中心和创新高地［N］. 人民日报，2021-09-29（1）.

这个"比历史上任何时期"对人才渴求的时空表述，既说明我们要实现的奋斗目标的宏伟，也意味着我们当下人才形势的紧迫。

人才是衡量一个国家综合国力的重要指标。当今世界各国综合国力竞争说到底是人才竞争。在现代化发展的经济函数中，人才以人力资本的要素投入方式已经成为生产函数的最重要变量和最大的边际贡献者。

改革开放以来特别是党的十八大以来，我们形成、实施和不断深化人才强国战略，已经为社会主义现代化建设积累了丰厚的人才资源。目前我国劳动年龄人口平均受教育年限为 10.8 年，中国的教育现代化发展总体水平跨入世界中上国家行列，中国也从人口大国转到人力资源大国、迈向人力资源强国，2 亿多受过高等教育或拥有各类专业技能的人才，正在各个岗位上成为经济社会发展和各类创新活动中最为活跃、最为积极的要素，丰富的人才资源蕴藏着巨大的智力潜能和发展活力。

但也要看到，与实现国家全面现代化的历史任务，与世界一流发达国家人才素质水平相比，与深入实施人才强国战略、构建高水平的人才资源竞争新优势的要求上还有一定差距，尤其是要破解我国在一些领域关键核心技术还存在"卡脖子"问题，满足在世界经济科技格局发生深刻变革的背景下把握历史主动权、抢占未来发展制高点而亟须提高国家整体创新能力、亟待提升产业基础高级化、产业链现代化水平的现实要求上，我国迫切需要充分发挥我国人力资本和人才资源优势，充分激发各类人才的创新创造才能，为高质量地实现国家现代化提供坚实的人才支撑。

创新之道，唯在得人。党的十八大以来，习近平总书记多次强调，"发展是第一要务、人才是第一资源、创新是第一动力"。推进创新驱动实质是人才驱动，实现我们的奋斗目标，高水平科技自立自强是关键，而关键的基础在人才。我国力争在新一轮科技革命和产业变革中抢占先机、赢得主动，我们既要有志气、骨气和底气，也要增强忧患意识、紧迫意识，更加重视人才自主培养，加快建立我国人才资源竞争新优势。

建设世界重要人才中心和创新高地亟待培养战略科学家

习近平总书记在讲话中突出强调，要大力培养使用战略科学家。这将成为深入实施科教兴国战略、人才强国战略、创新驱动战略中推动人才培养、人才扶植、人才引进的最重要导向。

对什么是"战略科学家"，总书记在讲话中已经给出了明确内涵，就是那些具有深厚科学素养、长期奋战在科研第一线，视野开阔，前瞻性判断力、跨学科理解能力、大兵团作战组织领导能力强的科学家，是在国家重大科技任务担纲的领衔者。新中国成立以来，我们靠独立自主、自力更生，研制成功"两弹一星"，就得益于一批战略科学家作出的巨大贡献。进入新时代，我们自立自强、创新开拓，在量子信息、铁基超导、中微子、干细胞、脑科学等前沿方向取得一系列重大原创成果，在载人航天与探月、北斗导航、载人深潜、高速铁路、5G移动通信、超级计算机等一大批战略高技术领域取得重大突破，也都受益于一大批新成长起来的战略科技人才。

"十四五"时期乃至实现第二个百年目标，坚持创新在我国现代化建设全局中的核心地位，把科技自立自强作为国家发展的战略支撑，面向世界科技前沿、面向经济主战场、面向国家重大需求、面向人民生命健康，就更需要有意识地发现和培养更多具有战略科学家潜质的高层次复合型人才，形成战略科学家成长梯队。

培养造就战略科学家，首先需要做好顶层设计和战略谋划。总书记在讲话中提出了未来三个阶段的人才工作目标，即到2025年，我国顶尖科学家集聚水平明显提高，在关键核心技术领域拥有一大批战略科技人才、一流科技领军人才和创新团队；到2030年，我国对世界优秀人才的吸引力明显增强，在主要科技领域有一批领跑者，在新兴前沿交叉领域有一批开拓者；到2035年，国家战略科技力量和高水平人才队伍位居世界前列。只有在科技创新前沿，有这样一大批战略科学家迭出，我国才能成为名副其实的世界重要人才中心和创新高地。

当然，培养造就战略科学家，要坚持实践标准，贵在自主培养，重在政治方向。习近平总书记在讲话中强调，要鼓励人才深怀爱国之心、砥砺报国之志，主动担负起时代赋予的使命责任。广大人才要继承和发扬老一辈科学家胸怀祖国、服务人民的优秀品质，心怀"国之大者"，为国分忧、为国解难、为国尽责。这自然是新一代战略科学家内涵的应有之义和使命担当。

深化体制机制改革营造更加包容的环境聚天下英才而用之

要形成创新人才辈出、聚天下英才而用之的可喜局面，需要国家平台、需要良好制度、需要社会氛围。习近平总书记在重要讲话中对全方位培养、引进、用好人才作出了深远的战略布局和深刻的战略谋划。

充分发挥科技创新平台作用。我们将以加快建设世界重要人才中心和创新高地统筹战略布局。集中国家优质资源重点支持建设一批国家实验室和新型研发机构，发起国际大科学计划，为人才提供国际一流的创新平台，加快形成战略支点和雁阵格局。特别是发挥国家实验室、国家科研机构、高水平研究型大学、科技领军企业的国家队作用，围绕国家重点领域、重点产业，组织产学研协同攻关，努力打造大批一流科技领军人才和创新团队。

深化改革人才发展体制机制。坚决破除人才引进、培养、使用、评价、流动、激励等方面的体制机制障碍，实行更加积极、更加开放、更加有效的人才政策。总书记在着重强调，要根据需要和实际向用人主体充分授权，积极为人才松绑，完善人才管理制度，让人才静心做学问、搞研究，多出成果、出好成果；要用好用活各类人才，不要求全责备，不要论资排辈，不要都用一把尺子衡量，让有真才实学的人才英雄有用武之地。建立以信任为基础的人才使用机制，允许失败、宽容失败。

营造浓厚崇尚人才社会氛围。要在全社会继续形成尊重劳动、尊重知识、尊重人才、尊重创造的浓厚社会氛围。重要的是发挥好党管人才的政治优势，全党要以识才的慧眼、爱才的诚意、用才的胆识、容才的雅量、聚才的良方，把党内和党外、国内和国外各方面优秀人才集聚到党和人民的伟大奋斗中来，让广阔的事业激励人才，让优秀的人才成就事业。

共同富裕要共同奋斗
不要平均主义 *

党中央提出要扎实推进共同富裕，受到了人民群众的广泛欢迎和呼应。但一个时期以来，对共同富裕的"共同"的理解也出现了一些不正确的认识，有的认为是大家一起"同时""同步"达到一个富裕水平，有的认为是社会财富可以平均分配了、劳动成果可以利益均沾了，有的甚至在思想认识上又陷入了绝对平均主义的泥潭。

这些想法和认识是不切实际的，也是错误的。习近平总书记在中央财经委员会第十次会议上发表的重要讲话非常明确地指出，共同富裕是全体人民的富裕，是人民群众物质生活和精神生活都富裕，不是少数人的富裕，也不是整齐划一的平均主义。

谈到平均主义，很容易让我们想到中国古代智者提出的"不患寡而患不均"的朴素思想，历史上农民起义军提出的"均田""均富"口号。20世纪五六十年代在我国生产力还没有很好发展的条件下，盲目地搞"一大二公""跑步进入共产主义"等冒进主义做法，后来我们指称为"平均主义大锅饭"，这严重影响了劳动者的积极性，也违背了生产力发展规律。历史的教训是发人深省的。

我们今天所说的共同富裕，在思想理念、本质目的、发展目标和实现路径上与平均主义是完全不同的，共同富裕决不能与平均主义画等号。

在思想理念上，为什么人的问题是出发点和落脚点。历史上农民起义军总是用"均田""均富"口号调动下层劳动人民的力量一起来推翻统治者，无非是实现了朝代的更替，"你方唱罢我登场"，封建统治的制度根基并没有变。我们党在新民主主义革命初期，搞土地改革，实现"耕者有其田"的土地制度，给广大农民平均分配土地，但本质与过往完全不同，根本上是要消灭封建性和半封建性剥削的土地制度，实现人民当家作主，彻底解放农民生产力。在社会

---

* 本文原载《中国青年报·思想者》2021年11月9日，第2版。

主义建设初期，限于对社会主义建设规律认识上经验上的不足，我们在分配制度上失于"绝对平均主义"，走了一点弯路。因此改革开放后，我们党深刻总结正反两方面历史经验，认识到贫穷不是社会主义，明确提出，我们坚持走社会主义道路，根本目标是实现共同富裕，然而平均发展是不可能的。搞平均主义，吃"大锅饭"，实际上是共同落后，共同贫穷，平均贫困。

在本质目的和发展目标上，我们的改革就是从打破平均主义开始，打破传统体制束缚，允许一部分人、一部分地区先富起来，极大地解放和发展社会生产力。经过全党全国人民艰苦卓绝的顽强奋斗，现在，已经到了扎实推动共同富裕的历史阶段。我们也更加深刻认识到，共同富裕是社会主义的本质要求，是中国式现代化的重要特征。我们必须把握发展阶段新变化，适应我国社会主要矛盾变化，更好满足人民日益增长的美好生活需要，必须把促进全体人民共同富裕作为为人民谋幸福的着力点，把逐步实现全体人民共同富裕摆在更加重要的位置上，既能不断夯实党长期执政基础，也能防止社会两极分化，实现社会和谐安定和国家长治久安。

在实现路径上，我们强调要在高质量发展中促进共同富裕。首先是把蛋糕做大，大力提倡和鼓励勤劳创新致富。共同富裕要靠勤劳智慧来创造。我们坚持在发展中保障和改善民生，积极创造权利平等、机会平等、规则平等的社会政策环境，给更多人创造致富机会，形成人人参与的发展环境，但不搞整齐划一的平均主义，坚决防止落入"福利主义"养懒汉的陷阱。我们允许一部分人先富起来，同时强调要先富带后富、帮后富，重点鼓励辛勤劳动、合法经营、敢于创业的致富带头人，不能助长靠偏门致富、靠资本掠夺的社会风气。其次是要把蛋糕分好，通过建立科学的公共政策体系，正确处理效率和公平的关系，构建初次分配、再分配、三次分配协调配套的基础性制度安排，促进基本公共服务均等化，形成体现社会主义公平正义原则的人人享有的合理分配格局。

幸福生活都是奋斗出来的，共同富裕的核心要义还是在于共同奋斗。习近平总书记说得好，我们要实现14亿人共同富裕，必须脚踏实地、久久为功，不是所有人都同时富裕，也不是所有地区同时达到一个富裕水准。这是一个在动态中向前发展的过程，是一个继续苦干实干、使全体人民朝着共同富裕目标扎实迈进的征程。

那种寄望坐享其成，贪图平均主义施舍，希冀"天上掉馅饼"能吃共同富裕目标的"大锅饭"的任何制度和做法都已经一去不复返了。

财富回报社会是
市场主体的最大价值 *

经过全党全国人民艰苦卓绝的努力，我们打赢了脱贫攻坚战，全面建成了小康社会，为促进共同富裕创造了良好条件。现在，已经到了扎实推动共同富裕的历史阶段。在这一过程中，作为创造社会财富的各类市场主体通过诚实合法经营、锐意改革创新为我国改革开放和社会主义现代化事业、为满足人民不断增长的美好生活的需要作出了巨大贡献。

在促进共同富裕的新发展阶段，党中央提出，要进一步完善收入分配制度改革、规范收入分配秩序，进一步扩大中等收入群体比重，增加低收入群体收入，合理调节高收入，取缔非法收入，形成中间大、两头小的橄榄形分配结构。这其中，一个重要政策导向是鼓励高收入人群和企业更多回报社会，既允许一部分人先富起来，同时也强调先富带后富、帮后富。但有些企业经营者也担心，收入分配结构的调整会不会影响创造社会财富的积极性；有的甚至认为这是"劫富济贫"，这是完全不正确的。

首先，共同富裕的道路上我们讲求一视同仁。必须认识到，共同富裕是社会主义的本质要求，是中国式现代化的重要特征。我们说的共同富裕是全体人民共同富裕。在促进共同富裕的道路上，我们坚持以人民为中心的发展思想，要在高质量发展中促进共同富裕，这其中的人民自然也包括各类所有制的企业经营者和企业家。各类市场主体既要继续为社会创造财富，也要在企业高质量发展中实现更加富裕、彰显企业的社会价值和企业经营者的人生价值。所以，党中央强调的一个基本原则是坚持社会主义基本经济制度，要牢固坚持"两个毫不动摇"，要坚持公有制为主体、多种所有制经济共同发展，要大力发挥公有制经济在促进共同富裕中的重要作用，大力促进非公有制经济健康发展、非公有制经济人士健康成长，大力提倡企业家精神。

其次，共同富裕的道路上我们既要正确处理效率与公平，也要清醒地认识

---

* 本文原载《中国青年报·思想者》2021 年 11 月 22 日，第 2 版。

到，我国仍处于社会主义初级阶段，发展社会主义市场经济是我们坚定不移的改革方向。坚持按劳分配为主体、多种分配方式并存仍然是现阶段我国的基本分配形式。我们要充分承认企业经营者在资源禀赋上的天然差距，进一步健全劳动、资本、土地、知识、技术、管理、数据等生产要素由市场评价贡献、按贡献决定报酬的机制。但与此同时，我们要妥善处理好效率与公平的关系。无论是针对国有企业还是民营经济，我们都反对基于要素禀赋的差距、行业发展的优劣、政策把握的先后等历史和现实因素而产生的行政垄断和自然垄断，不要让社会形成"寻租经济"和"食利阶层"、社会发展的结果只是少数人的富裕的不良局面。我们更不能提倡靠偏门致富，绝不允许违法违规获得暴富。西方资本主义国家因资本垄断至今依然没有能解决收入不平等问题，以至于造成一些国家贫富分化，中产阶层塌陷，甚至导致社会撕裂、政治极化、民粹主义泛滥等，这是令人警醒的深刻教训。在我们这样一个社会主义国家，要坚决防止两极分化，防止资本的无序扩张，这样才能保证和维护最广大人民的根本利益，实现社会和谐安定和长治久安。

最后，一个善治良治的社会必然是一个中间大、两头小的橄榄形分配社会。一个成熟的市场经济，需要形成初次分配、再分配、三次分配协调配套的基础性制度安排。在促进共同富裕的分配制度设计上，我们要健全以税收、社会保障、转移支付等为主要手段的再分配机制，强化税收调节，合理调节城乡、区域、不同群体间分配关系。鼓励勤劳致富，多劳多得，保护合法收入，不断扩大中等收入群体比重，增加低收入群体收入，合理调节高收入，取缔非法收入。在允许一部分人先富起来的同时，更加着眼于先富带后富、帮后富，这就要重视发挥第三次分配调节作用，积极发展慈善等社会公益事业，鼓励更多的优秀企业和有作为的企业经营成功者自觉自愿地将创造的财富回报社会。

纵观国内外许多成功的优秀企业，它们在自己的企业愿景中，都十分强调追求卓越、利他主义和英雄主义精神，其实质就是：企业发展了，在为社会创造丰富的产品和服务的同时，也更多地承担起社会责任，在推进社会经济富裕中弘扬集体主义价值和充分彰显感恩社会回报社会的现代理念。这既是共同富裕所追求的"人民群众物质生活和精神生活都富裕"的本质内涵，能够将财富回报社会也是各类市场主体最大的社会价值所在。

让有效市场和有为政府
各就其位相得益彰*

党的十九届六中全会通过的《中共中央关于党的百年奋斗重大成就和历史经验的决议》提出，必须坚持和完善社会主义基本经济制度，使市场在资源配置中起决定性作用，更好发挥政府作用。① 这是从战略思想和创新理念上，再次对政府与市场关系作出明确定位。

经济学上常用"看不见的手"和"看得见的手"来比喻市场作用和政府作用。改革开放以来，我国建立了社会主义市场经济体制，在探索和发展中一直根据实践拓展和认识深化寻找政府和市场的科学定位，灵活运用"看不见的手"和"看得见的手"调节国民经济运行，努力处理好政府和市场的关系。

党的十八届三中全会作出"使市场在资源配置中起决定性作用和更好发挥政府作用"这一重大论断，强调健全社会主义市场经济体制，必须遵循市场决定资源配置这个市场经济的一般规律，着力解决市场体系不完善、政府干预经济过多和监管不到位的问题，促进经济发展方式和政府职能转变。同时也强调，我国实行的是社会主义市场经济体制，必须坚持和发挥我国社会主义制度优越性、发挥党和政府的积极作用。党的十九届四中全会更是从坚持和完善中国特色社会主义制度、推进国家治理体系和治理能力现代化的高度，将"社会主义市场经济体制"列入社会主义基本经济制度，其核心就是要定位好政府和市场的关系。党的十九届六中全会，用"十个明确"对习近平新时代中国特色社会主义思想的理论内涵作出了全新概括，并将"使市场在资源配置中起决定性作用，更好发挥政府作用"作为重要思想内容包含其中，这充分体现了党对社会主义市场经济规律认识更加深刻。

准确领会党的十九届六中全会精神，在处理政府与市场关系上必须立足新时代这个历史新方位，把握新发展阶段，贯彻新发展理念，构建新发展格局，

---

* 本文原载《经济参考报·经参时评》2021年11月24日。

① 中共十九届六中全会在京举行［N］. 人民日报，2021－11－12（1）.

推动高质量发展，统筹发展和安全，统筹发挥好"看不见的手"和"看得见的手"这两只手的作用。

新发展阶段是全面建设社会主义现代化国家、推进国家治理体系和治理能力现代化再上一个新台阶的新阶段，既要完整、准确、全面贯彻新发展理念，有力破解发展难题，厚植发展优势；也要紧紧围绕加快构建以国内大循环为主体、国内国际双循环相互促进的新发展格局这一重大战略任务，畅通国内经济循环，实现经济在高水平上的动态平衡，推动制度性开放，重塑我国参与国际合作和竞争新优势。这一切对充分发挥市场在资源配置中的决定性作用，更好发挥政府作用，在广度、力度、深度上都提出了新的更高的要求。

也要看到的是，当前我们在用好"看不见的手"方面，还存在市场发育不健全、市场激励不足、要素流动不畅、资源配置效率不高、微观经济活力不强等问题；在用好"看得见的手"方面，政府在发挥保持宏观经济稳定、提供公共服务、保障公平竞争、规范市场秩序、推动可持续发展、促进共同富裕、弥补市场失灵等职能方面也还有不少短板弱项，特别是政府宏观调控的预见性、科学性、有效性亟待加强。因此，必须切实加强党对经济工作的统一领导，着眼于从体制机制上理顺政府和市场关系，构建起有利于推动高质量发展的更加系统完备、更加成熟定型的高水平社会主义市场经济体制。只有做到各就其位、相得益彰，"看不见的手"和"看得见的手"才会更加有力。

循着现代化的逻辑——一个经济学人的时事观察（2021～2024年）

抓住一个"稳"字
做好明年经济工作[*]

　　"稳字当头、稳中求进""宏观政策要稳健有效""继续做好'六稳''六保'工作""着力稳定宏观经济大盘""保持社会大局稳定"，中央经济工作会议在分析研究明年经济工作时用了这一系列重要表述，突出强调了一个"稳"字，这为做好明年经济工作定下了总的基调。①

　　抓住一个"稳"字，稳字当头、稳中求进，对做好明年经济工作尤为关键。

　　着力稳字当头体现了党中央对当前经济形势的科学认识。今年是党和国家历史上具有里程碑意义的一年，也是"十四五"规划实施的第一年，在全球疫情走势和经济走势趋于复杂背景下，党中央积极统筹疫情防控和经济社会发展，实现稳健开局。前三季度，中国经济同比增长 9.8%，高于全球平均增速和主要经济体增速，全年实现 6% 以上的经济增长预期目标大局已定，而综合经济增长、就业、物价、国际收支四大宏观经济指标看，当前中国经济基本盘"稳"的特征也十分鲜明，但经济下行压力在不断加大。面对复杂严峻的国内外形势，要锚定既定目标，坚持不懈推进高质量发展，我们就必须保持战略定力，巩固拓展稳的成果，继续保持一个稳的发展态势、稳的发展环境。明年要确保办成一届简约、安全、精彩的奥运盛会，迎接党的二十大胜利召开，这也需要保持社会大局稳定。

　　强调稳中求进指明了做好明年经济工作的目标和方向。稳是前提和基础，进是目标和方向。稳中求进工作总基调是治国理政的重要原则，体现了进入新时代党对世情、国情、党情及治国理政规律的深刻洞察和科学把握，也是做好经济工作必须坚持的正确工作策略和方法。会议强调宏观政策、微观政策、结构政策、科技政策、改革开放政策、区域政策、社会政策七个方面的政策组合，

可谓"七管齐下",目的也是更好地"进"。比如,宏观政策强调更加注重稳健有效,就是要稳定宏观经济大盘,保持经济运行在合理区间,实施好扩大内需战略;微观政策就是要进一步激发市场主体活力,强化企业创新主体地位,驱动在关键核心技术上攻坚克难,切实提升产业链竞争力、增强供应链创新力。再比如,改革开放政策重点在于切实破解要素市场化配置的体制机制障碍,着力畅通国民经济循环,培育壮大新的增长点,以加快构建新发展格局不断增强发展后劲和动力;社会政策则强调兜住民生底线,在就业、住房、医疗、生育、社会保障等民生改善诸方面不断增强人民群众获得感、幸福感、安全感。打好这一系列政策组合拳,既能稳住明年的经济基本盘、充分发挥我国超大规模市场优势,又能为实现高质量发展、促进共同富裕打开新的空间、持续增强经济韧性。

实现稳字当头、稳中求进关键是要完整准确全面贯彻新发展理念。坚持创新、协调、绿色、开放、共享的新发展理念是关系我国发展全局的一场深刻变革,我们必须从根本宗旨、问题导向、忧患意识上完整准确全面把握,在行动上不折不扣地贯彻。经济工作从来都不是抽象的、孤立的,而是具体的、联系的,我们要悟透以人民为中心的发展思想,坚持正确政绩观,善于用政治眼光观察和分析变化中的经济社会问题。今年以来,我们在破解科技"卡脖子"问题、防止资本无序扩张和野蛮生长、规范房地产市场秩序、防范化解地方和企业债务风险、推进碳达峰碳中和工作、促进全体人民共同富裕等方面卓有成效,但也有一些地方一些部门一些干部在执行政策过程中出现了认识上的误区和行为上的偏差,搞简单化、一刀切,对党中央的大政方针和战略部署抓不住要害、踩不到点上、落不到实处,出现这些问题归根结底还是在于没能完整准确全面贯彻新发展理念。

新的一年即将到来,这是党和国家事业发展充满希望的一年。各地方各部门要把思想认识统一到以习近平同志为核心的党中央对国内国际经济形势的科学判断上来,把工作重点聚焦到做好明年经济工作的决策部署上来,担负起稳定宏观经济的责任,以更加昂扬的工作姿态、创造更优异的经济工作成绩,迎接党的二十大胜利召开。

认清形势·把握规律·稳定宏观经济大盘[*]

中央经济工作会议 12 月 8 日至 10 日在北京举行。会议总结了 2021 年经济工作，分析当前经济形势，部署 2022 年经济工作。会议对一年来错综复杂的国内外经济形势作出准确研判，认真梳理了我国进入新发展阶段、实施"十四五"规划的开局之年，我国经济社会发展取得的新的成绩和遇到的突出矛盾和问题，又在实践基础上进一步总结了做好经济工作的规律性认识，确定了明年经济工作的总的基调、政策取向和重点工作。^① 内容十分丰富，思想十分深刻，观点十分鲜明，重点十分突出。深入理解和全面把握中央经济工作会议精神，对做好明年经济工作意义非凡。

正确把握我国经济发展大局大势　增强战略定力　坚定发展信心

即将过去的 2021 年是党和国家历史上具有里程碑意义的一年。我们党迎来百年华诞，习近平总书记发表"七一重要讲话"，以史为鉴、开创未来，为全党全国各族人民开启建设社会主义现代化国家新征程指明了前进方向。党的十九届六中全会集中全党全国人民智慧全面总结了党的百年奋斗重大成就和历史经验，我们从厚重的党的历史中看清楚了过去我们为什么能够成功、弄明白了未来我们怎样才能继续成功，激励全党更加坚定、更加自觉地践行初心使命，在新时代更好坚持和发展中国特色社会主义。2021 年又是全面实施"十四五"规划的第一年。我们在实现全面建成小康社会第一个百年奋斗目标之后，意气风发踏上了向第二个百年奋斗目标进军的新征程。

但这一年，国内外形势又是错综复杂。新冠肺炎疫情继续深刻影响世界经济发展，百年变局加速演进，外部环境更趋复杂严峻和不确定。在以习近平同志为核心的党中央坚强领导下，我们沉着应对百年变局和世纪疫情，紧紧把握

---

[*] 本文原载《中国青年报·思想者》2021 年 12 月 14 日，第 10 版。

① 中央经济工作会议在北京举行［N］. 人民日报，2021－12－11（1）.

推动高质量发展这个主题，构建新发展格局迈出新步伐，高质量发展取得新成效，实现了"十四五"的稳健开局。我国经济发展和疫情防控保持了全球领先地位，全年实现经济总量将超过110万亿元，人均国内生产总值有望超过1.2万亿美元，从国家统计局发布的数据看，经济增长、就业、物价水平、国际收支四大宏观经济指标均能实现全年预期目标，同时，国家战略科技力量加快壮大，产业链韧性得到提升，改革开放向纵深推进，民生保障有力有效，生态文明建设持续推进，为稳步推进国家现代化建设奠定了坚实物质基础。总体上看，我国经济社会发展大局稳定，时与势仍在我们这一边。

在充分肯定这些来之不易的成绩的同时，党中央也清醒地认识到当前我国经济运行遇到的突出矛盾和困难。中央经济工作会议指出，"当前我国经济发展面临需求收缩、供给冲击、预期转弱三重压力。"今年以来，受新冠疫情散发、汛期等影响，特别是国际大宗商品价格不断上涨，国内市场消费乏力、投资力度不强，企业生产经营成本上升，市场预期不稳，产业链供应链受阻，国民经济畅通循环面临不少堵点。反映到经济增长上，今年一季度我国经济同比增长18.3%，二季度同比增长7.9%，三季度同比增长4.9%，持续回落的季度增速表明当前经济下行压力还在不断加大，国内经济面临多年没有过的现实困难。

形势越是复杂，我们越是要保持战略定力和坚定信心。党的百年奋斗历程取得的宝贵经验和历史智慧足以厚实我们克服各种困难的信心。新中国成立以来特别是改革开放以来我们党领导经济工作积累的规律性认识、建立的强大物质基础、形成的全球最大的潜在市场，足以坚定我们发展的底气。中央经济工作会议指出，"我国经济韧性强，长期向好的基本面不会改变。无论国际风云如何变幻，我们都要坚定不移做好自己的事情，不断做强经济基础，增强科技创新能力，坚持多边主义，主动对标高标准国际经贸规则，以高水平开放促进深层次改革、推动高质量发展。"正如习近平总书记指出的，中国经济是一片大海，而不是一个小池塘。狂风骤雨可以掀翻小池塘，但不能掀翻大海。

紧紧抓住一个"稳"字 稳字当头稳中求进 打好政策的组合拳

中央政治局12月6日召开的分析研究明年经济工作会议和12月8日召开的中央经济工作会议突出强调了一个"稳"字，"稳字当头、稳中求进""宏观政策要稳健有效""继续做好'六稳''六保'工作""着力稳定宏观经济大盘""保持社会大局稳定"等一系列关于"稳"的表述，为应对当前复杂经济形势、做好明年经济工作定下了总的基调。

我们梳理党的十八大以来这九年的中央经济工作会议，几乎每年都强调"稳"字在做好全年经济工作中的极端重要性。从"坚持稳中求进的工作总基调"上升到"稳中求进是治国理政的重要原则"，体现了进入新时代党对世情、国情、党情及治国理政规律的深刻洞察和科学把握，也是做好经济工作必须坚持的正确工作策略和方法。必须充分把握"稳"与"进"的辩证关系，"稳"是主基调、是大局、是做好经济工作的前提和基础，同时又要在稳的前提下要在关键领域有所进取，在把握好度的前提下奋发有为，这就是"进"，"进"是做好经济工作的目标和方向。

在方向确定后，政策和策略尤为重要，这是党的生命，也是做好经济工作的重要抓手和引擎。党的十八大以来的中央经济工作会议多次强调坚持宏观政策要稳、产业政策要准、微观政策要活、改革政策要实、社会政策要托底的政策思路，并将这一政策链条贯穿到稳增长、促改革、调结构、惠民生、防风险等各项经济工作中。每年的中央经济工作会议又结合当年工作着力点不同程度地强调政策工具的协同组合。

针对适应新发展阶段、贯彻新发展理念、构建新发展格局、实现高质量发展的经济工作总体目标，针对当下我国经济运行中的突出矛盾和改革发展的关键环节，今年中央经济工作会议强调宏观政策、微观政策、结构政策、科技政策、改革开放政策、区域政策、社会政策七个方面的政策组合，可谓"七管齐下"，强调各地区各部门要担负起稳定宏观经济的责任，各方面要积极推出有利于经济稳定的政策，政策发力适当靠前。其目的就是要适应新形势新挑战，努力推动经济实现质的稳步提升和量的合理增长；就是要着力稳定宏观经济大盘，为明年成功召开党的二十大创造一个平稳健康的经济环境、国泰民安的社会环境、风清气正的政治环境。

以稳字当头稳中求进，做好明年经济工作，要切实打好政策组合拳，发挥好政策的先导作用。中央经济工作会议强调，要加强统筹协调，坚持系统观念，要把握好时度效调整政策和推动改革，坚持先立后破、稳扎稳打。比如，宏观政策要更加注重精准、有效、可持续，稳定宏观经济大盘，保持经济运行在合理区间，实施好扩大内需战略；微观政策要进一步激发市场主体活力，强化企业创新主体地位，驱动在关键核心技术上攻坚克难，切实提升产业链竞争力、增强供应链创新力。再比如，改革开放政策重点在于切实破解要素市场化配置的体制机制障碍，着力畅通国民经济循环，培育壮大新的增长点，以加快构建新发展格局不断增强发展后劲和动力；社会政策则强调兜住民生底线，在就业、住房、医疗、生育、社会保障等民生改善诸方面不断增强人民群众获得感、幸福感和安全感。

打好这一系列政策组合拳，既能切实弥补当前经济运行中的短板、弱项和风险化解，充分发挥我国超大规模市场优势、稳住明年的经济基本盘，又能为实现高质量发展、促进共同富裕打开新的空间、坚强持久经济韧性。

悟透以人民为中心的发展思想　提高领导经济工作的专业能力

今年以来，我们在破解科技"卡脖子"问题、防止资本无序扩张和野蛮生长、规范房地产市场秩序、防范化解地方和企业债务风险、推进碳达峰碳中和工作、促进全体人民共同富裕等方面推出一系列切实有效的政策并卓有成效，但也有一些地方一些部门一些干部在执行政策过程中出现了认识上的误区和行为上的偏差，带来了经济运行中的一些新的矛盾和问题；有的地方在政策执行中搞简单化、单打一、一刀切，将长期政策短期化、将整体政策碎片化，有的干部对党中央的大政方针和战略部署抓不住要害、踩不到点上、落不到实处，等等。

分析其背后的原因，既有我们一些领导干部仍然跳不出传统经济发展方式旧的思维，不能很好适应新发展阶段、实现高质量发展新形势，也客观存在我们对新时代发展社会主义市场经济规律还缺乏更深刻的认识、存在领导现代化国家建设必备的专业知识专业能力上的严重不足。出现这些问题归根结底还是在于没有能完整、准确、全面贯彻新发展理念。

为此，今年的中央经济工作会议提出，进入新发展阶段，我国发展内外环境发生深刻变化，面临许多新的重大理论和实践问题，各级领导干部需要正确认识和把握。重点就是要在五个方面加强研究和认识深化：正确认识和把握实现共同富裕的战略目标和实践途径，着力通过全国人民共同奋斗把"蛋糕"做大做好，然后通过合理的制度安排把"蛋糕"切好分好。这是一个长期的历史过程，要稳步朝着这个目标迈进；正确认识和把握资本的特性和行为规律，既要发挥资本作为生产要素的积极作用，又要有效控制其消极作用，为资本设置"红绿灯"；正确认识和把握初级产品供给保障，坚持节约优先，实施全面节约战略；正确认识和把握防范化解重大风险，按照稳定大局、统筹协调、分类施策、精准拆弹的方针，抓好风险处置工作；正确认识和把握碳达峰碳中和，要坚定不移推进，但不可能毕其功于一役；继续做好"六稳""六保"工作特别是保就业保民生保市场主体，更大激发市场活力和发展内生动力等。

把握新时代我国经济发展规律，各级领导干部切实提高领导经济工作的本领乃当务之急。各级领导干部要按照中央要求自觉尊重客观实际和群众需求，树立系统思维、科学谋划；必须学习历史知识、厚植文化底蕴、强化生态观念，加强经济学知识、科技知识学习，努力提高领导经济工作的专业能力。

最重要的还是，各级领导干部要悟透以人民为中心的发展思想，坚持正确政绩观，从根本宗旨、从问题导向、从忧患意识上完整、准确、全面贯彻新发展理念，做到敬畏历史、敬畏文化、敬畏生态，慎重决策、慎重用权，自觉同党中央保持高度一致，不断提高政治判断力、政治领悟力、政治执行力，真正做到为党分忧、为国尽责、为民奉献。

2022 年

以咬定青山不放松的
执着奋进新征程*

丑旧寅新，牛归虎跃。伴随着新年的钟声，我们进入了 2022 年。

习近平总书记发表新年贺词，深情回望过去一年很多难忘的中国声音、中国瞬间、中国故事，向全国各族人民致以诚挚的新年问候！激励中国人民一起向未来！祝福国泰民安！①

过去一年是党和国家历史上具有里程碑意义的一年，也是每一个平凡岗位上的劳动者追随梦想、砥砺奋进的一年。央视新闻在客户端做了一个年度回望小短片，主题是让人们"如何用一个词概括 2021 年"，结果，这个词被选为"穿透"。短片用"穿透岁月""穿透力量""穿透速度"等一个个画面记录了 2021 年值得铭记的重要场景重要事件，生动展示了这"向上穿透的一年"。

的确，这是厚载历史的年份，我们穿透时光隧道，从岁月风华中汲取历史的智慧。一个有着 9500 多万名党员的世界第一大执政党能够以广博的历史胸怀、清醒的历史自觉审视建党、兴党、强党的百年历程，从党的百年奋斗中看清楚过去我们为什么能够成功、弄明白未来我们怎样才能继续成功；能够以理智的目光、以真理的力量穿透各种历史的迷雾，深刻领悟红色政权来之不易、新中国来之不易、中国特色社会主义来之不易、今天的幸福生活来之不易，从而更加坚守住初心使命，更加坚定选择的道路、创新的理论、坚实的制度、深厚的文化的自信。

这是敢于破局的年份，我们穿透各种羁绊，从厚实积淀中激发创新的锐气。在体育竞技场，田径运动员苏炳添以 9 秒 83 的成绩创造中国人可以有的速度，巩立姣力拔山兮拿下田径女子铅球冠军；在科技赛道上，"天问一号"携"祝

---

* 本文原载《学习时报·学习评论》2022 年 1 月 3 日。

① 国家主席习近平发表二〇二二年新年贺词［N］. 人民日报，2022－01－01（1）.

融号"成功登陆火星，我国第一个1500米水深自营深水天然气田"深海一号"正式投产，中国空间站首位女航天员王亚平登临太空展现巾帼风采；在经济主战场，党中央沉着应对百年变局和世纪疫情，有力抵御经济运行面临的需求收缩、供给冲击、预期转弱三重压力，有效破解发展中的困境和难题，实现进入新发展阶段的稳健开局，继续保持经济发展和疫情防控的全球领先地位……多少看似不可改变的体制壁垒、多少看似不可突破的认知和能力极限，因为敢于破壁、敢于创造，再坚硬的天花板也挡不住一个时代的穿透。

这是赓续精神的年份，我们穿透思想迷茫，从理想信念中坚守恒久的力量。追思过去一年逝去的袁隆平、吴孟超等老一代科学家，他们一辈子执着人生理想，生命虽然留在过去，但精神仍陪伴我们远行；感慨"当代愚公"毛相林历时7年带领村民绝壁凿出脱贫致富的"天路"，"燃灯校长"张桂梅扎根山区40余年，帮助1800多名贫困女孩圆梦大学……这些荣膺党和国家最高荣誉的新时代共产党人，在他们身上展现出坚定信念、践行宗旨、拼搏奉献、廉洁奉公的高尚品格，赓续伟大建党精神。还有一个个普通党员干部、普通劳动者在疫情、汛情、灾情面前挺身而出，在平凡日子里作出不平凡的贡献。当然，也有一些人面对生活境遇和压力困顿，甘于"躺平"、陷入"内卷"，但面对如许先锋楷模，当今年轻人没有理由选择退缩，而应增强志气、骨气、底气，传承精神血脉，看淡个人得失，看开功名利禄，看清发展大势，不负时代、不负韶华。

2022年是农历虎年，虎虎生威展雄风。新的一年在党和国家历史进程中十分重要，我们党要召开二十大，这是党和国家政治生活中的一件大事。在这具有特殊意义的一年，面对更加复杂的国内外形势，把握稳字当头、稳中求进，保持平稳健康的经济环境、国泰民安的社会环境、风清气正的政治环境，紧扣新发展阶段、新发展理念、新发展格局、高质量发展这个主题。在新的赶考之路上继续答好历史考卷，就要铭记习近平总书记在新年贺词指出的，"我们唯有踔厉奋发、笃行不息，方能不负历史、不负时代、不负人民。"

幸福源自奋斗。社会主义是干出来的，新时代是奋斗出来的。以咬定青山不放松的执着奋力实现既定目标，以行百里者半九十的清醒不懈推进中华民族伟大复兴，不为任何风险所惧，不为任何干扰所惑。我们有这样的战略定力和耐心，我们也有这样的历史主动和历史自信。

把稳增长放在
更加突出的位置[*]

最近召开的国务院常务会再次强调，"要把稳增长放在更加突出的位置"。[①]这是对中央经济工作会议精神的贯彻落实，也是顶住当前经济新的下行压力，确保今年一季度和上半年经济平稳运行的重要方针。这样的表述近些年来中央多次提到，鉴于当前更为复杂的经济环境和经济运行中出现的新情况新挑战，更加突出强调稳增长，既是应势之需，也是应对之要。

高度重视当前经济面对的新的下行压力

那么当前我国经济究竟面临怎样的新的下行压力呢？我们从国内国际两方面看。

从国内来看。一是新冠疫情目前正在国内多点散发带来诸多新的不确定性。元旦过后，陕西、河南、天津等地不断出现新冠病毒德尔塔株和奥密克戎变异株交叉传播，传播链条也多向延伸，有关部门和地区紧急采取措施遏制疫情扩散，客观上会造成部分产业链供应链物流链循环不畅，直接影响一些地区人们正常的生产生活，对区域性经济增长会带来实质性影响。后续病毒传播还充满着诸多不确定性，由此增大了今年一季度经济下行的压力。

二是随着新春佳节临近市场保价稳供任务更为紧迫，保持市场物价稳定存在一定压力。受去年来原材料、运输和能源等成本上涨影响，不少消费品在去年四季度都出现了价格上涨。去年11月居民消费价格同比上涨2.3%，涨幅有所扩大，但12月涨势减缓。像食品价格中蔬菜价格叠加冬季气候因素，涨幅还比较快；前期下跌幅度较大的猪肉价格同比降幅虽收窄但出现了恢复性上涨；还有，受国际能源价格上涨影响，工业消费品中汽柴油价格去年11月分别上涨了36.7%和40.6%。

---

* 本文原载《经济参考报·理论周刊》2022年1月18日。
① 李克强主持召开国务院常务会议［N］. 人民日报，2022－01－11（1）.

三是去年以来季度经济增速仍在下滑。去年一、二、三季度国内生产总值两年平均增速分别为5%、5.5%和4.9%，三季度经济增速回落比较明显，四季度经济增速也不容乐观。这次中央经济工作会议作出了我国经济发展面临需求收缩、供给冲击、预期转弱三重压力的判断。需求收缩主要表现在，社会消费品零售总额同比增速由去年初的两位数增长回落到个位数，回落态势呈现多年来很低的水平。供给冲击主要表现在，工业生产者出厂价格受国际大宗商品价格上涨、国内部分能源和金属供给偏紧影响，涨幅连续扩大。PPI涨幅从去年1月的上涨0.3%扩大至10月的13.5%的历史新高，其中，作为重要观察指标的汽车产量出现连续同比下降。从预期转弱的情况看，制造业采购经理指数自去年4月份以来连续回落，9月和10月跌至收缩区间，小型企业制造业PMI连续7个月处于收缩区间；服务业商务活动指数受疫情影响波动比较大，但从总体上看也呈现回落态势，住宿、餐饮等行业商务活动指数均回落至收缩区间。

从国际来看。一是全球新冠疫情仍是影响经济复苏的最大变量。自2021年11月以来，奥密克戎毒株的快速传播增加了疫情的不确定性。新年伊始，美欧多国均创下疫情以来单日新增确诊病例的新高。在疫情持续蔓延之下，很难期望全球疫情大流行能很快结束，这可能进一步抑制供应链恢复以及投资、消费热情，全球经济复苏充满变数，一些国家单边主义、保护主义、逆经济全球化思潮还会加速全球经济格局深度演变。1月11日，世界银行发布最新一期《全球经济展望》报告称，面对新冠病毒变体的"新威胁"以及不断加剧的通胀、债务和收入不平等，未来两年全球经济增长将放缓，并将2021~2023年全球经济增速分别从2021年6月预计的5.7%、4.3%、3.3%下调至5.5%、4.1%、3.2%。

二是美欧已经重启货币紧缩政策，这不仅会进一步加剧今年世界经济动荡，也压缩了我国宏观政策调整空间。目前美联储加速缩减购债（Taper）已尘埃落定，从2022年1月开始，将减少每月购买200亿美元的美国国债和100亿美元的机构抵押贷款支持证券（MBS）。英国央行为应对通胀风险在去年末已宣布将基准利率从历史最低的0.1%上调至0.25%。随着美联储Taper升级，今年加息预期逐渐升温。从目前形势来看，如果未来美联储采取比较强硬的大幅度加息，这将不可避免会引发全球资产价格波动，尤其是可能通过利率、汇率、跨境资本流动等渠道对新兴经济体产生溢出效应。

世界银行报告称，在2020年新冠疫情大流行引发的全球衰退中，全球债务水平飙升，债务的增加已导致一些国家开始债务重组。由于提供额外支持的政策空间有限，供应瓶颈、通胀压力、金融压力等下行风险增加了新兴市场国家"硬着陆"的可能性。

对我国来说，虽然近两年来我国经济发展和疫情防控持续保持全球领先地位，加之我国坚持实施正常的货币政策，增强了汇率市场对外部冲击的吸收能力，但短期内也不可忽视会加大我国股、债、汇市的波动。一方面，中美利差收窄可能带来跨境资本流动风险，这不仅会影响中国债券市场，也会对外贸企业因币值波动造成损失，降低出口增幅；另一方面，也收窄了我国较宽松的货币政策时间窗口，进而减弱融资利率支持中小微企业的力度。

必须着力稳政策稳企业稳民生和稳预期

中央经济工作会议在部署今年经济工作时，强调稳字当头、稳中有进。要继续做好"六稳""六保"工作，着力稳定宏观经济大盘，保持经济运行在合理区间。稳增长是题中要义。

为应对经济下行态势，在2018年7月，中央政治局会议首次提出"六稳"方针，突出稳就业、稳金融、稳外贸、稳外资、稳投资、稳预期。2020年初我国暴发新冠疫情，为应对罕见疫情对经济的冲击，中央又提出"六保"任务，强调保居民就业、保基本民生、保市场主体、保粮食能源安全、保产业链供应链稳定、保基层运转。两年来，我们坚持稳中求进工作总基调，统筹疫情防控和经济社会发展，统筹发展和安全，扎实做好"六稳"工作、全面落实"六保"任务，科学精准实施宏观政策，坚持扩大内需战略，强化科技战略支撑，扩大高水平对外开放，保持社会和谐稳定，我国经济发展保持了全球领先地位，也实现了"十四五"良好开局。

针对今年的政治大年，面对更趋复杂严峻和不确定的外部环境，稳增长是应对国际风云变幻，坚定不移做好自己的事情，稳定宏观经济大盘和稳定社会大局的基础。围绕稳增长，在继续做好"六稳""六保"工作基础上，着重点在稳政策、稳企业、稳民生、稳预期。

稳政策。我国经济进入新常态后，党中央确立了"宏观政策要稳、微观政策要活、社会政策要托底"的总体思路。随着经济运行变化，我们已经熟练地运用和储备各种政策工具，打出经济组合拳。今年我们进一步细化为宏观、微观、结构、科技、改革开放、区域、社会"七大政策"，其中实施积极的财政政策和稳健的货币政策是基础。这里的"稳"就是强调宏观政策的不偏向、不收缩、不碎片化，财政政策和货币政策更要协调联动，跨周期和逆周期宏观调控政策要有机结合，政策实施更要有前瞻性、整体性，政策发力还要适当靠前。

稳企业。目前我国市场主体已达1.5亿户，企业活跃度保持在70%左右。其中，中小微企业占比超过99%，稳定就业和提高居民收入必须依靠中小微企业的健康平稳发展。聚焦"六稳""六保"关键环节，必须以更大力度支持中小微企业。要深入推进公平竞争、优化营商环境，实施新的减税降费和落实减负纾困帮扶政策，强化对中小微企业、个体工商户、制造业、风险化解等的支持力度，引导金融机构加大对实体经济特别是小微企业的支持。留得广大中小微企业的青山，才能赢得经济行稳致远的未来。

稳民生。要统筹推进经济发展和民生保障，切实兜住兜牢民生底线。强化就业优先政策，今年高校毕业生首破千万，要强化就业优先政策，解决好高校毕业生等青年就业问题，健全灵活就业劳动用工和社会保障政策。同时，要健全常住地提供基本公共服务制度。推进基本养老保险全国统筹。为积极应对人口老龄化，还要系统谋划好新的生育、养育、教育政策及其配套措施。

稳预期。预期既有生产者、消费者、投资者对经济走势的理性判断，也可能有被错误的市场信号诱导产生非理性认知而出现偏差甚至造成集体行为的合成谬误，这都会影响未来经济走势。尤其经济面对下行压力下，为改变悲观情绪，政府在宏观层面要适时而变精准施策、不断释放政策红利，有效畅通市场信息，加强舆情引导，坚定市场主体信心，激发强大市场力量。我们始终强调我国经济韧性强，制度优势大、经济长期向好的基本面不会改变，是非常必要的。

加大力度创新宏观政策全力激发新动能

应对当前经济面临的新的下行压力，关键是要灵活运用和创新宏观政策工具，全力激发各方面创新活力，充分激发经济增长新动能。

创新宏观调控体系。党的十九届四中全会提出，健全以国家发展规划为战略导向，以财政政策和货币政策为主要手段，就业、产业、投资、消费、区域等政策协同发力的宏观调控制度体系。这两年，我们应对疫情冲击和经济下行周期，坚持宏观政策独立性自主性，不搞"大水漫灌"，以稳促进，以进促稳，不断创新宏观政策手段，加强政策工具箱储备，有效推进跨周期和逆周期宏观调控政策有机结合，取得了有益经验。目前重点是要把握好政策实施的时度效，加强各类政策协调联动，形成系统集成效应，尤其是要积极做好政策出台前对经济发展的影响评估，及时出台有利于稳定经济运行的政策，慎重出台有收缩效应的政策。

强化投资消费动能。要顶住当前经济新的下行压力，重点是要实施投资消费"双轮驱动"，更有针对性地扩大最终消费和有效投资。在有效投资方面，要加快推进"十四五"规划《纲要》确定的102项重大工程项目和专项规划重点项目实施。按照资金跟着项目走的要求，尽快将去年四季度发行的1.2万亿元地方政府专项债券资金落到具体项目。加快今年地方政府专项债发行和使用，用好中央预算内投资，加紧做好重点项目前期准备和建设工作，重点安排在建和能够尽快开工的项目，撬动更多社会投资，形成更多实物工作量。进一步深化投资项目审批制度改革。在扩大消费方面，以提升传统消费能级、加快新型消费发展为重点，补齐城乡流通短板，加快建设现代流通体系，巩固和扩大基础性消费、升级类消费，大力支持新能源汽车消费，鼓励有条件的地方开展绿色智能家电下乡。扩大信息消费、绿色消费等新型消费，培育壮大智慧零售、数字文化、智慧旅游等消费新业态。

激发各类要素活力。前不久国务院办公厅印发《要素市场化配置综合改革试点总体方案》，强调要着力破除阻碍要素自主有序流动的体制机制障碍，全面提高要素协同配置效率。要着力在发展潜力较大的城市群、都市圈或中心城市等开展要素市场化配置综合改革试点，力争在土地、劳动力、资本、技术等要素市场化配置关键环节上实现重要突破，在数据要素市场化配置基础制度建设探索上取得积极进展，为加快构建畅通的国内经济大循环的新发展格局、实现高质量发展充分释放各类生产要素的活力。

增强干事创业动力。中央经济工作会议再次强调要坚持以经济建设为中心这个党的基本路线，全党都要聚精会神贯彻执行，推动经济实现质的稳步提升和量的合理增长。各级领导领导干部必须尊重客观实际和群众需求，必须有系统思维、战略思维，切实提高领导经济工作的专业能力。要善于从战略上看问题、想问题，确定工作思路、工作部署、政策措施，要自觉同党的理论和路线方针政策对标对表、及时校准偏差，确保执行党中央战略决策不偏向、不变通、不走样。要牢固树立正确政绩观，注重实际、实事求是，勇于担当、善于作为，慎重决策、慎重用权，事不避难、义不逃责，既要坚决防止简单化、乱作为，又要坚决反对不担当、不作为。

越是关键之年，
越要从容不迫*

近日国家统计局发布了去年国民经济运行主要指标实现情况。数据显示，经初步核算，2021年全年国内生产总值（GDP）超过114.4万亿元，按不变价格计算，比上年增长8.1%，完成了经济增长预期目标。据此按年平均汇率折算，我国GDP已达17.7万亿美元，稳居世界第二位，占全球经济的比重预计超过18%；人均GDP突破1.2万美元，接近世界银行高收入标准。8.1%的经济增长，这在全球是一个亮眼的数据，表明过去一年我国经济持续稳定恢复，经济发展和疫情防控保持全球领先地位，"十四五"实现了稳健开局。①

面对百年变局加速演进和世纪疫情的冲击，面对我国发展中遭遇的各种困难挑战，我们能够取得这样的成绩，极不平凡，殊为不易。这归根于以习近平同志为核心的党中央的坚强领导，归根于习近平新时代中国特色社会主义思想的科学指引，归根于中国特色社会主义的制度优势，归根于全党全国各族人民的团结拼搏和艰苦奋斗。实践也再次证明：中国经济韧性强、市场潜力大、抗压能力坚、发展动力足，长期向好的基本面没有改变。

在肯定成绩的同时，也更要清醒看到，当前我国外部环境更趋复杂严峻和充满不确定、不稳定、不平衡性，国内经济正面临需求收缩、供给冲击、预期转弱的三重压力，改革发展稳定任务还有许多要爬坡过坎和攻坚克难。新的一年是党和国家事业发展中极为关键的一年。我们要胜利召开党的二十大，要营造好平稳健康的经济环境、国泰民安的社会环境、风清气正的政治环境，必须切实贯彻落实好中央经济工作会议提出的"稳字当头、稳中求进"的总要求，统筹疫情防控和经济社会发展，统筹发展和安全，坚决顶住经济新的下行压力，确保稳住宏观经济大盘，保持社会大局稳定，更加努力、更加扎实、更加细致地做好每一项工作。

---

* 本文原载《学习时报·学习评论》2022年2月14日。
① 陆娅楠. "十四五"中国经济开局良好［N］. 人民日报，2022-01-18（3）.

越是关键之年，越要从容不迫。无论国际风云如何变幻，都要坚定不移做好自己的事情，这是应对各种不确定性的最大确定性。面对全球疫情延宕反复和国内散发疫情，仍要始终绷紧疫情防控之弦，坚持"外防输入、内防反弹"，进一步提高防控措施的科学性、精准性、有效性。面对经济运行出现的新问题，要抓准主要矛盾和矛盾的主要方面，继续做好"六稳""六保"工作特别是保就业保民生保市场主体，着力深化改革开放充分激发市场主体活力，着力推动持续创新激发经济增长新动能，着力加强和改善宏观调控，切实提高宏观调控前瞻性、针对性，打好"七大政策组合拳"。

越是关键之年，越要从容不迫。善于运用好党的十八大以来我们积累的对做好经济工作的规律性认识，这是沉着应对各种风险挑战，在危机中育先机、于变局中开新局的关键。越是重大关头，越要坚持党中央集中统一领导、坚持党对经济工作的全面领导，确保步调一致向前进；坚持以经济建设为中心这个党的基本路线不动摇，完整准确全面贯彻新发展理念，加快构建新发展格局，推动高质量发展；坚持稳中求进的工作总基调，调整政策和推动改革要把握好时度效，坚持先立后破、稳扎稳打，保持战略定力和耐心，既不可把长期目标短期化、系统目标碎片化，也不能把持久战打成突击战、把攻坚战打成消耗战；还要注重加强统筹协调，牢固树立系统观念。

越是关键之年，越要从容不迫。"致广大而尽精微"是成事之道，习近平总书记在中央经济工作会议和今年新年贺词中两次引用这一古训，强调干事业做工作大方向要正确，重点要明确，战略要得当，同时要把控好细节，把政治经济、宏观微观、战略战术有机结合起来，做到谋划时统揽大局、操作中细致精当。各级党员干部对此要深刻体悟到位，既要善于从战略上看问题、想问题，有大格局、大情怀，站得高、看得远、谋得深、想得实，又要踔厉奋发、久久为功、笃行不息，以钉钉子精神不折不扣贯彻落实党中央战略决策和工作部署，努力以优异成绩献礼党的二十大。

连续十八年丰产一号文件
为何还强调"粮食安全"?*

　　据农业农村部信息,截至2021年我国粮食生产已经实现连续18年丰产。国家统计局今年1月的数据也显示,去年我国粮食总产量达13657亿斤,再创历史新高,近7年来连续保持在1.3万亿斤以上。这对14亿人口大国来说能取得这样的成绩的确了不起。但在刚刚发布的今年中央"一号文件"即《中共中央 国务院关于做好2022年全面推进乡村振兴重点工作的意见》中依然强调"保障国家粮食安全",将牢牢守住保障国家粮食安全与不发生规模性返贫作为两条底线之一,突出要"全力抓好粮食生产"。

　　民为国基,谷为民命。粮食安全是关系国运民生的"压舱石",保障国家粮食安全始终是治国理政的头等大事。党的十八大以来,习近平总书记就多次深刻阐述粮食安全的极端重要性。"粮食安全是国家安全的重要基础","中国人的饭碗任何时候都要牢牢端在自己手上","保障国家粮食安全是一个永恒课题,任何时候这根弦都不能松"等等,这一系列重要表述都极为振聋发聩。今年的"一号文件"再次强调要"坚持中国人的饭碗任何时候都要牢牢端在自己手中,饭碗主要装中国粮",并对稳定全年粮食播种面积和产量提出了具体要求。

　　我们上一辈人都或多或少有吃不饱、饿肚子的深刻记忆。新中国成立以来特别是改革开放以来,在中国共产党坚强领导下,经过几十年的艰苦努力,我们大力发展农业生产、极大释放农村土地生产力,中国用7%的耕地养活了占世界22%的人口,实现了中国人民解决温饱,到总体小康,再到全面建成小康社会的伟大飞跃。今天的中国人要解决的不再是吃饱的问题了,而是要吃得更好、更健康、更有质量、更可持续。

　　纵观当今纷繁复杂、瞬息万变的世界经济格局,粮食问题依然制约着人类生存与健康、和平与发展。据联合国有关报告分析,现在还有40多个国家的人

---

*　本文原载《学习时报·学习评论》2022年2月28日。

民缺乏粮食，还在忍饥挨饿；而一些粮食主产国出口国却挟粮自重，将其作为外交工具肆意干预他国经济发展和社会稳定。2020年新冠肺炎疫情席卷全球，导致粮食产业链供应链受阻，引发粮价快速上涨，加上世界经济复苏脆弱，气候变化挑战突出等因素，未来全球产生粮食危机不是不可能。已有专家预测，未来全球饥饿人口会再增加1亿人，世界粮食鸿沟将长期存在。粮食安全已经敲响了警钟。

而从国内来看，虽然近年来我国粮食生产连年丰收，但我国人多地少水缺，粮食生产规模化组织化程度较低，伴随着新型工业化、城镇化深入推进，耕地、农业用水等资源硬约束始终存在。同时，随着人民生活水平提高，食物消费结构升级，饲料用粮等将保持较大幅度增长，粮食供需紧平衡将是我国的一个长期态势。目前我国累计进口粮食已相当于总产量的24%，达到了历史新高，其中，大豆和油料主要依靠进口，大口径的粮食对外依存度高企成为保障我国粮食安全的一个软肋。再加上近年来人工、土地等成本增幅较大，粮食种植比较效益较低，确保农民种粮积极性、确保全国粮食播种面积和产量稳定、确保提高我国粮食产业市场竞争力等都面临新的挑战。

仅从这些因素观之，我们在粮食问题上决不能侥幸、决不能折腾，牢牢守住保障国家粮食安全这条底线，切实端牢装中国粮的中国人自己的饭碗就丝毫不可懈怠、不能动摇。

今年中央一号文件站在战略高度，提出要从容应对百年变局和世纪疫情，推动经济社会平稳健康发展，着眼国家重大战略需要，稳住农业基本盘、做好"三农"工作，接续全面推进乡村振兴，确保农业稳产增产、农民稳步增收、农村稳定安宁，并从八个方面推出了35条举措，这是大的政策环境。具体到保障粮食安全上，就是要深入实施藏粮于地、藏粮于技战略，坚持最严格耕地保护制度，不断激发粮食主产区和农民种粮积极性，不断提高粮食综合生产能力等。

手里有粮，心里不慌。端牢饭碗，国富民强。当前春播在即，让我们把党中央确保我国粮食安全的各项举措落到实处，把丰收的希望再次播种到祖国的田野大地上。

从政府工作报告中读出中国韧劲、中国意志、中国信心*

　　3 月 5 日，第十三届全国人民代表大会第五次会议在北京人民大会堂开幕。李克强总理代表国务院向大会作政府工作报告。① 报告中沉甸甸的数据，充分展示了过去一年我国发展取得的新的重大成就，用实实在在的举措具体阐释了今年经济社会发展的目标任务，用简洁、务实、饱满的文风鲜明传递出党和政府带领人民应对各种风险挑战、战胜任何艰难险阻的中国韧劲、中国意志和中国信心。

　　中国韧劲再次彰显。数据是最生动的语言，也是最有说服力的力量。政府工作报告的第一部分回顾了过去一年我国发展取得的重大成就。我国去年宏观经济的相关指标都再创佳绩。最大的亮点是我国国内生产总值达到 114 万亿元，增长 8.1%，比预期增长速度高。2020 年，我国 GDP 规模 101.4 万亿元，按照当年人民币兑美元平均汇率 6.9，折合 14.7 万亿美元。2021 年我国 GDP 规模按照人民币兑美元平均汇率 6.45，折合 17.7 万亿美元。一年 GDP 增加了 13 万亿元，这在中华民族历史上是第一次；按美元计增加了 3 万亿美元，相当于 G20 排名第 6 位、第 7 位国家的经济总量水平，这在世界经济发展历史上也是第一次。这样的成绩是在新冠肺炎疫情严重冲击世界经济、国内经济依然处于恢复发展的艰难进程中取得的。在经济总量取得新突破的同时，我国去年全国财政收入突破 20 万亿元，居民人均可支配收入实际增长与经济增长基本同步，城镇新增就业 1269 万人，居民消费价格上涨为 0.9%，货物进出口总额增长 21.4%，市场主体总量超过 1.5 亿户，等等。我国经济既保持了量的合理增长，经济发展的质也得到了稳步提升，经济结构优化、改革开放深化、生态文明建设、保障和改善民生、统筹疫情防控和经济社会发展等都取得了实实在在的成效。这一系列主要经济指标从量和质两个方面都再次说明，中国经济的韧性很

---

　　* 本文原载人民网·理论观察 2022 年 3 月 6 日，学者热议政府工作报告。
　　① 十三届全国人大五次会议在京开幕 [N]．人民日报，2022－03－06（1）．

强、发展后劲很足、市场可开掘空间很大，经济社会发展活力在持续恢复中不断得到激发。这是一份在极其复杂的国内外形势下党和政府带领人民共同奋斗、砥砺前行取得的好答卷，得来殊为不易，需要倍加珍惜。

中国意志更加坚定。报告的第二部分、第三部分阐述了2022年经济社会发展总体要求、政策取向和政府要着重抓好的九方面工作任务。报告对当前和今后一个时期国内外形势的研判十分清醒，明确指出"今年我国发展面临的风险挑战明显增多"。既认识到"全球疫情仍在持续，世界经济复苏动力不足，大宗商品价格高位波动，外部环境更趋复杂严峻和不确定"，这里包含着对疫情演变态势的不确定性、地缘政治激烈冲突的充满变数、世界产业供应链的继续受阻等因素；也认识到我国经济发展面临需求收缩、供给冲击、预期转弱三重压力进而带来的改革发展稳定的诸多新问题新挑战，我们必须"爬坡过坎"，要"增强忧患意识，直面问题挑战"。但报告也十分坚定地强调，"我国经济长期向好的基本面不会改变，持续发展具有多方面有利条件，特别是亿万人民有追求美好生活的强烈愿望、创业创新的巨大潜能、共克时艰的坚定意志，我们还积累了应对重大风险挑战的丰富经验。"正是基于我们具有独特的政治优势、制度优势、发展优势和机遇优势等因素，报告中指出了今年中国经济发展主要预期目标，最突出也最引人关注的就是国内生产总值增长目标在5.5%左右，这是"高基数上的中高速增长"，既是稳就业保民生防风险的需要，也体现了主动作为，坚持了中央经济工作会议强调的"稳字当头、稳中求进"。紧扣"把稳增长放在更加突出的位置"，有力推出政策组合拳并细化实化一系列具体政策措施，着力继续做好"六稳""六保"工作，强化跨周期和逆周期调节，稳定宏观经济大盘；同时实施新的组合式税费支持政策以更大的力度稳市场主体保就业，坚定不移深化改革，更大激发市场活力和发展内生动力，深入实施创新驱动发展战略，坚定实施扩大内需战略，加快构建新发展格局，推动高质量发展。政策实践说明，我们善于在危机中育新机、在变局中开新局，始终保持战略定力，始终坚定战略意志，始终把握历史主动，中国经济是可以也一定能顶住下行压力。

中国信心不可阻挡。政府工作报告指出，中国的发展从来都是在应对挑战中前进的，中国人民有战胜任何艰难险阻的勇气、智慧和力量，并强调"越是困难越要坚定信心、越要真抓实干"。去年我们隆重庆祝中国共产党成立一百周年，胜利召开党的十九届六中全会、制定党的第三个历史决议，如期打赢脱贫攻坚战，如期全面建成小康社会、实现第一个百年奋斗目标，开启全面建设社会主义现代化国家、向第二个百年奋斗目标进军新征程。历史已无可辩驳地证明，一百年来，党领导人民进行伟大奋斗，在进取中突破，于挫折中奋起，从总结中提高，积累了宝贵的历史经验。从历史中汲取智慧和力量，关照今天中国经济发展实际，报告就此指出，我们要"坚持实事求是，立足社会主义初级阶段基本国情，着力办好自己的事"，要"把各方面干事创业积极性充分调动起来"，要"善于运用改革创新办法，激发市场活力和社会创造力""坚持以人民为中心的发展思想，依靠共同奋斗，扎实推进共同富裕，不断实现人民对美好生活的向往"。只要各级党委和政府全力以赴地工作，不负人民期待；全国上下毕力同心、苦干实干，付出艰苦努力，新的一年就一定能创造新的发展业绩；中国经济这艘巨轮也会无惧风浪，在全面建设社会主义现代化国家的新航程中行稳致远。

悠悠万事 吃饭为大：深刻领悟"总书记的粮食经济学"*

"粮食安全是'国之大者'。悠悠万事，吃饭为大。民以食为天。"① 习近平总书记在今年参加全国政协十三届五次会议农业界、社会福利和社会保障界联组会时发表重要讲话，重点谈了粮食安全问题，强调要"把提高农业综合生产能力放在更加突出的位置"，要"始终绷紧粮食安全这根弦"。②

总书记在重要讲话中充分肯定了我国粮食生产取得的巨大成绩，指出，"经过艰苦努力，我国以占世界9％的耕地、6％的淡水资源，养育了世界近1/5的人口，从当年4亿人吃不饱到今天14亿多人吃得好，有力回答了'谁来养活中国'的问题。这一成绩来之不易。"又深刻分析了当前错综复杂的国内外形势下确保我国粮食供给、保障粮食安全的极端重要性，并从粮食生产总量与结构、数量与质量、投入与产出、消费与投资、保障粮食生产的要素供给与制度供给等各个层面进行了系统全面地阐释，可以说构成了一部完整的"粮食经济学"，充分体现了习近平总书记对我国粮食生产和安全的战略性思考和深远性谋划，凸显了在粮食问题上的以人民为中心的发展思想。

总书记的"粮食经济学"是用马克思主义辩证唯物观和历史唯物观分析我国的粮食问题，涉及粮食生产力的源泉与支撑、粮食生产关系的协调与布局，并上升到上层建筑领域，围绕粮食生产在我国农业发展中举足轻重的地位，立足时代特点和国情实际，讲清楚了粮食生产力和生产关系、粮食的经济基础和上层建筑的相生相促的辩证法和方法论。

从生产力层面，总书记再次强调我国要深入实施"藏粮于地、藏粮于技"的战略举措，集中体现在对耕地、种子、农业生产技术、农民生产积极性的保护、创新和发展等方面，既要厚实基础，又要深挖潜力。粮食生产首要的生产

---

* 本文原载光明网·理论频道2022年3月11日，特约稿件"专家学者看两会"，刊发时题目为《领悟悠悠万事、吃饭为大的深刻意蕴》。

①② 李龙伊，周珊珊. 笃行不怠勤履职 再接再厉续华章［N］. 人民日报，2022－03－11（1）.

资料是土地。总书记指出，耕地是粮食生产的命根子，是中华民族永续发展的根基。农田就是农田，只能用来发展种植业特别是粮食生产；农田必须是良田，要建设国家粮食安全产业带，加强农田水利建设。其次，要靠农业技术。总书记明确指出，解决吃饭问题，根本出路在科技。种子是农业的"芯片"，只有种业安全才能确保粮食安全。必须下决心把我国种业搞上去，早日突破种业"卡脖子"技术难题，才能实现种业科技自立自强、种源自主可控。最后，还要切实保护农民种粮积极性，让农民能获利、多得利。

从生产关系层面，重点在解决好人与土地、农民个体利益与国家利益、农业生产资料配置与生产要素优化调整、国内自主生产和国际粮食进口等之间的关系。总书记指出，要落实最严格的耕地保护制度，要继续发展适度规模经营；要始终坚持以我为主、立足国内、确保产能、适度进口、科技支撑；要深化农业科技体制改革，强化企业创新主体地位，加快生物育种产业化步伐，以创新链建设为抓手推动我国种业高质量发展；要积极推进农业供给侧结构性改革，等等。只有紧扣粮食生产通过深化体制改革把农业各方面生产关系理顺了，才能最大激发粮食生产的生产力。

从上层建筑层面，粮食生产力和生产关系构成了粮食生产的农业经济基础，但我们还要充分发挥上层建筑的促进和保障作用。新中国成立以来特别是改革开放以来，我国能用有限的水土耕地资源解决14亿人口的吃饭、吃饱问题，最根本的是党和政府始终坚持人民至上，在我们这样人口众多的大国，能够解决吃饭问题，能够如期打赢脱贫攻坚战，如期全面建成小康社会，能够让中国人的饭碗牢牢端在自己的手中，确保中国人的饭碗主要装中国粮，就在于我们有强大的制度优势、政治优势、道路优势，从而极大地释放农村土地生产力，实现了中国人民从解决温饱到总体小康再到全面建成小康社会的伟大飞跃。

在全面建设社会主义现代化国家新征程上不断巩固拓展既有成果，我们还要坚持不懈地发挥我国制度优势。就此，总书记强调，在保证粮食生产、保障粮食安全上，我们要全面压实各级地方党委和政府耕地保护责任，全面落实粮食安全党政同责，严格粮食安全责任制考核，采取"长牙齿"的硬措施，确保18亿亩耕地实至名归；还要科学调配优势资源，推进种业领域国家重大创新平台建设；还要动员全社会树立大食物观，从更好满足人民美好生活需要出发，掌握人民群众食物结构变化趋势，全方位、多途径开发食物资源，开发丰富多样的食物品种，实现各类食物供求平衡，更好满足人民群众日益多元化的食物消费需求。同时坚持不懈抓制止餐饮浪费，推动建设节约型社会，等等。

纵观当今纷繁复杂、瞬息万变的世界经济格局，粮食问题依然制约着人类生存与健康、和平与发展。面对百年变局和世纪疫情，世界粮食鸿沟将长期存在，粮食安全已经敲响了警钟。而从国内来看，虽然近年来我国粮食生产连年丰收，但我国人多地少水缺，粮食生产规模化组织化程度较低，伴随着新型工业化、城镇化深入推进，耕地、农业用水等资源硬约束始终存在，我国粮食供需紧平衡将是我国的一个长期态势。总书记为此强调，在粮食安全这个问题上我们不能有丝毫麻痹大意，在粮食问题上我们决不能侥幸、决不能折腾，必须牢牢守住保障国家粮食安全这根底线。

今年两会前夕发布的中央"一号文件"站在战略高度，着眼国家重大战略需要，就稳住农业基本盘、做好"三农"工作，持续全面推进乡村振兴，确保农业稳产增产、农民稳步增收、农村稳定安宁，从8个方面推出了35条举措，具体到保障粮食安全上，进一步提出要深入实施藏粮于地、藏粮于技战略，坚持最严格耕地保护制度，不断激发粮食主产区和农民种粮积极性，不断提高包括粮食在内的农业综合生产能力等一系列行动方略。这是与习近平总书记关于粮食生产和粮食安全重要思想一脉相承的。

手里有粮，心里不慌。端牢饭碗，国富民强。当前春播在即，我们要深入领悟和切实贯彻习近平总书记的"粮食经济学"中的重要思想，筑牢我国国家粮食安全防线，稳稳把握粮食安全主动权，把中国人的饭碗牢牢端在自己手中，才能在应对各种风险挑战中赢得主动，为夺取全面建设社会主义现代化国家新胜利提供坚强支撑。

彰显国之信心·回应民之关切·体现大国担当*

　　每年总理记者会是两会闭幕之后媒体最关注最聚焦的"重头戏"。3月11日上午10点20分左右，十三届全国人大五次会议刚刚闭幕，李克强总理就以视频连线方式直面中外记者，以质朴、诚恳、务实的语言，回答中外记者关心的一系列热点焦点问题，阐述中央政府解决人民关切的急难愁盼问题的政策方向和重要举措，展示中国政府对待当前国际重大事务的鲜明立场和中国担当。

　　在两个多小时的记者会上，李克强总理一共详细回答了中外记者提出的13个问题，涉及我国今年经济增长目标、减税降费、就业、疫情防控、营商环境、民生改善、对外开放、政府工作等内政问题以及俄乌局势、中美关系、两岸关系等外交事务多个方面，值得关注的是，今年关于中国国内改革发展的问题占了绝大部分，充分显示中国经济社会的稳定可持续发展对于整个世界局势的稳定越来越起到重要作用。①

　　李克强总理在回答记者问题时体现了其担任总理以来一贯的平实作风。他以理性的分析、诚恳的态度和十足的信心阐释今年中国经济社会发展目标，表明政府工作的宗旨、直面尚存在的问题和挑战；以生动的比喻和接地气的金句讲述今年的重要政策取向、工作举措和回应民生关切；也以鲜明而坚定的立场表达中国政府对待当前国际重大事务的看法和主张，充分体现了中国信心、中国担当、中国方案。

　　针对国内发展问题的回答总理充满信心。5.5%的全年经济增长目标，是总理回答记者的第一个问题，也是这次记者会起引领作用的一个关键话题，是今年需要付出艰苦努力的最重要经济发展预期目标。总理在作政府工作报告中已经指出，这是一个高基数上的中高速增长。在记者会上，总理就我们为什么要设定5.5%的增长目标，怎样实现这样一个有难度的增长目标进行了实事求是

---

　　* 本文原载光明网·学术频道2022年3月12日。

　　① 李克强总理出席记者会并回答中外记者提问［N］.人民日报，2022－03－12（1）.

的分析回答。他指出，这是一个雄心勃勃的目标，是在高水平上的稳，实质上又是进，今年得要有九万亿名义 GDP 的增量，是不容易的。实现这个目标需要全国人民共同努力，付出更艰苦的努力。而实现这样一个政策目标，需要政府采取更加积极有力的宏观经济政策和创造更加宽松的营商环境。在回答相关问题中，总理使用了一系列生动的比喻形象地表达如何落实一系列政策举措。比如，给企业减税降费是最直接、最公平、最有效率的，今年要给企业实施更大力度的减税退税，他比喻说，"施肥还得要施到根上，根壮才能枝繁叶茂""退税降费是在做减法，但实质上也是加法""所谓水深鱼归、水多鱼多，这是涵养了税源，培育壮大了市场主体"。而落实大规模的退税，总理强调，退税等于是给企业直接发现金、增加现金流，是及时雨。说破千言万语，不如干成实事一桩，一定要把这项关键性措施落到位。谈到营商环境，总理指出，"放管服"改革是为市场主体改良生长的土壤，减税降费是为他们施肥浇水，大众创业、万众创新是要推动更多的市场主体能够生根发芽。只要把人民的创造力发挥出来，把市场主体的活力激发出来，就能有经济发展的生动局面。

针对疫情发展影响的回答总理清晰务实。新冠疫情发生两年多来，对经济冲击很大，对就业影响很重，尤其是中小微企业、中小工商户和就业群体，这也是记者十分关心的问题。总理指出，对于许多中小微企业和服务性企业，我们一定要看到"秤砣虽小压千斤"，得给它们及时的扶持。总理强调，就业不仅是民生问题，也是发展问题。有就业才有收入，生活有奔头，也为社会创造财富。并深刻指出，只要实现了比较充分的就业，就能够实现中国经济潜在增长率。总理还强调，要用市场化的方法来解决就业问题，推动大众创业、万众创新，促进发展新技术新业态新模式，培育新动能。他相信普通人有上上智，把他们的特长、聪明才智发挥出来，那就业的大舞台会绚丽多彩。他又特别指出，目前我国有 2 亿多人灵活就业人员，风里来、雨里去，确实很辛苦，政府要给他们提供暖心服务，保障他们的劳动权益、社会保障等问题，要给那些"骑手们"系上"安全带"。针对中国政府实施"动态清零"政策的可持续性问题，总理明确，中国政府会根据疫情的形势变化和病毒的特点，使防控更加科学精准，保障人民生命健康，保障正常生产生活秩序，保障产业链供应链的安全，积极推动国际交往合作，逐步使物流、人流有序畅通起来。

针对国际动荡局势动荡的问题总理态度鲜明。对当前正处于胶着状态的俄乌战争，总理亮明了中国政府的鲜明立场，中方主张各国主权和领土完整都应该得到尊重，联合国宪章宗旨和原则都应该得到遵守，各国合理安全关切也应该得到重视。中方据此作出我们自己的判断，并愿意和国际社会一道为重返和平发挥积极的作用。对于目前处于困境中的中美关系，总理鲜明回应，两国关系虽然时有磕磕碰碰，但一直是向前发展的。中方希望双方按照两国元首去年年底视频会晤达成的共识，相互尊重、和平共处、合作共赢，以理性和建设性的方式妥善管控分歧，尊重彼此的核心利益和重大关切，既然双方互相打开了大门，就不应再关上，更不能脱钩。对于两岸关系，总理重申，要坚持一个中国原则和"九二共识"，坚决反对"台独"分裂行径，推动两岸关系和平发展和祖国统一。两岸同胞说到底是一家人，手足亲情任何时候都是割不断的。只要两岸同胞和衷共济、团结向前，就一定能够推动两岸关系和平发展，共享中华民族复兴的福祉。

针对政府工作成效的回答总理情系民生。总理满怀感情、坦诚面对、语重心长地回答记者关于政府工作的最大挑战的问题。他说，今年是本届政府的最后一年，也是他担任总理的最后一年。近十年来，持续发展经济、不断改善民生、促进社会公是我们政府的基本任务，行大道、民为本、利天下，就是要以民之所望为施政所向。总理指出，这些年锲而不舍、一以贯之，创新施政方式，用保持经济运行在合理区间等方式来应对周期性的经济波动，尤其是把宏观政策的实施直面市场主体的需求；坚定推进改革，减除繁苛，维护公正，培育和壮大市场主体和新动能，激发市场活力和社会创造力；坚持就业优先，把握国情实际，注重保障基本民生，等等。政府工作有人民群众认可的地方，也有与他们的期盼有差距和不足的地方，当前政府工作所面临的形势依然复杂严峻，困难和挑战依然众多，他和同事们会以锲而不舍的精神恪尽职守，用实干来践行承诺。总理还特别强调，民生问题联系着民情、民意甚至是民心，政府的职责就是要顺应民心，给人民排忧解难，让人民过好日子。保民安和惠民生是不可分割的，各级政府一定要把尽力惠民生、尽力保平安作为自己的基本职责。

无论是当前国际形势风云变幻，还是国内改革发展稳定中还面对艰难险阻，李克强总理在回答最后一个问题时坚定地指出，"长江、黄河不会倒流。中国这40多年从来都是在改革中前进、开放中发展。"他在今年政府工作报告中也有一句话，"中国的发展从来都是在应对挑战中前进的，中国人民有战胜任何艰难险阻的勇气、智慧和力量。"

这次的总理记者会上李克强总理对13个问题作出的掷地有声的回答就充分表达了中国人民中国政府在以习近平同志为核心的中国共产党坚强领导下能够战胜前进道路上各种风险挑战的勇气、智慧和力量。

积极推出稳定经济的政策*

今年的政府工作报告全面总结过去一年我国发展取得的新的重大成就，清醒认识到当前我国发展面临的问题和挑战，提出了今年经济社会发展的总体要求和政策取向，部署了今年九个方面的政府工作重点。报告强调，"面对新的下行压力，要把稳增长放在更加突出的位置。各地区各部门要切实担负起稳定经济的责任，积极推出有利于经济稳定的政策。"指出，"各方面要围绕贯彻这些重大政策和要求，细化实化具体举措，形成推动发展的合力。"我们要深入贯彻、务求实效。

更加清醒认识当前经济发展环境善于把握政策主动

进入新的一年，国内外形势更趋复杂多变。习近平总书记在参加全国政协联组会上指出，"当前，国际形势继续发生深刻复杂变化，百年变局和世纪疫情相互交织，经济全球化遭遇逆流，大国博弈日趋激烈，世界进入新的动荡变革期，国内改革发展稳定任务艰巨繁重。"① 今年以来，新冠疫情在国内外继续多点散发快发，俄乌战事阴云密布，国际各类大宗商品价格快速上涨、高位波动，疫情、战争、大国博弈、世界性的发展不平衡等诸多不利因素在一个时期内集中暴发、相互交织，这将给接下来的世界经济走势带来更多不确定、不稳定性。针对这一形势，李克强总理在报告中也再次指出，我国经济发展面临需求收缩、供给冲击、预期转弱三重压力，以及强调了我国经济运行仍存在的短板弱项和制约因素。

面对世界这种"新的动荡变革期"，面对国内改革发展稳定的艰巨任务，我们必须深刻认识"稳字当头稳中求进"的深刻含义，未雨绸缪，着力长远谋划，主动做好各方面的政策应对准备。

需求收缩有可能进一步强化。受疫情蔓延和局部战争等不利因素影响，国

---

* 本文原载中国经济新闻网 2022 年 3 月 14 日，原题为《积极推出有利于经济稳定的政策 形成推动发展的合力》。

① 习近平在看望参加政协会议的农业界社会福利和社会保障界委员时强调 把提高农业综合生产能力放在更加突出的位置［N］. 人民日报，2022－03－07（1）.

际组织纷纷下调了今年世界经济增长预期。世界银行今年初发布的《全球经济展望》分析，由于新冠疫情不断蔓延、各经济体政策支持力度减小以及供应链瓶颈持续存在，全球经济复苏势头将显著放缓，其中新兴市场和发展中经济体产出预计仍将大幅低于疫情前水平。报告就此预计2022年全球经济将增长4.1%，较此前预测下调0.2个百分点。国际货币基金组织（IMF）总裁格奥尔基耶娃3月10日表示，受乌克兰危机影响，能源、小麦、玉米等大宗商品价格飙升，将加剧许多国家的通胀压力，对贫困家庭生活影响更大；实体经济也受到影响，出现贸易收缩、消费者信心受挫、购买力下降等。为此IMF可能下调世界经济增长预期。在国内，根据央行刚刚发布的2月金融数据看，2月人民币贷款增加1.23万亿元，同比少增1258亿元；据初步统计，2月社会融资规模增量为1.19万亿元，比2021年同期少5315亿元；2月末，广义货币（M2）余额244.15万亿元，同比增长9.2%，低于1月的9.8%。企业中长期贷款增长放缓，短期贷款和票据融资增长较多，体现实体经济需求偏弱。2月公布的中国制造业采购经理指数（PMI）也环比下降1个百分点，其中，新出口订单指数降至49%，连续两个月低于50%，预示外部需求呈回落、收缩态势。

供给冲击会进一步扩大辐射。最近以来，也是受新冠疫情、主要经济体货币政策转向和地缘冲突加剧等多重因素共同影响，国际大宗商品价格涨势迅猛。近日，国际油价突破每桶110美元关口，煤炭、天然气、铁矿石价格居高不下，玉米等粮食价格也出现上涨势头。由于我国作为全球最大的制造业国家和人口最多的国家，对能源、原材料、粮食等需求巨大，而目前多种大宗商品对外依存度较高，客观上受上游产品涨价影响更大。最近镍矿、化肥价格飞涨，就对国内相关企业造成很大冲击，并逐步从上游产品传导到中间产品，进而会传导到市场下游和最终产品。还有，随着中美贸易呈僵持状态，我国仍面临着美国政府的政策禁令而导致芯片等重要商品断供的供给冲击，再叠加劳动力成本上升而引致的中长期劳动力供给冲击。无论是原材料供给冲击、劳动力供给冲击还是供应链冲击，最终都会对市场物价造成影响。最近国家统计局公布的2月全国工业生产者出厂价格PPI同比上涨8.8%，环比上涨0.5%；工业生产者购进价格同比上涨11.2%，环比上涨0.4%。1～2月平均工业生产者出厂价格比去年同期上涨8.9%，工业生产者购进价格上涨11.6%，仍处于历史高位。这一态势在今后一个时期有可能向更多的市场层面传导辐射，对今年全面国内保供稳价工作都带来一系列新的挑战。

预期转弱或可能进入常态。预期既有生产者、消费者、投资者对经济走势的理性判断，也可能有被错误的市场信号诱导产生非理性认知而出现偏差甚至造成集体行为的合成谬误，这都会影响未来经济走势。当前世界经济大变局和国内经济面对的下行压力，有可能强化市场主体和消费者的悲观情绪，并进而双向影响供给侧和消费侧的市场预期，激发市场主体活力、激发消费者消费动能面临更大的难度。

应对更加艰巨的国内外局势，今年政府工作报告提出实现 5.5% 这个高基数上的中高速经济增长预期目标，本身就是适应大变局、突出稳增长的主动担当、主动作为。实现这样的目标，就更需要精准推出政策，把握政策主动，推进各项政策靠前谋划。总理在政府工作报告中按照去年末中央经济工作会议的要求强调指出，各地区各部门要切实担负起稳定经济的责任，积极推出有利于经济稳定的政策，这比以往更加重要、更为紧迫，也有更为重要的现实意义。

正确处理各项经济政策协同配合有力推动政策发力

贯彻落实中央经济工作会议要求，今年政府工作报告明确提出，"宏观政策要稳健有效，微观政策要持续激发市场主体活力，结构政策要着力畅通国民经济循环，科技政策要扎实落地，改革开放政策要激活发展动力，区域政策要增强发展的平衡性协调性，社会政策要兜住兜牢民生底线。"这七大政策组合发力，既是应对解决当前经济运行中的复杂矛盾，也是兼顾经济可持续发展、深层次激发市场主体活力的重要政策举措，是政策主动作为的集中体现。

就当前经济工作任务而言，要实现的是多目标的动态均衡，客观上具有不少难度，因此在政策执行过程中，必须强调各方面协同配合，切实克服职责不清、相互牵扯、相互推诿的部门本位主义，为此更要注重处理好政策执行中的相互关系。最重要的是：

首先是把握好"纲"和"目"的关系。党的十八届三中全会指出，要"健全以国家发展规划为战略指导，以财政政策和货币政策为主要手段，就业、产业、投资、消费、区域等政策协同发力的宏观调控制度体系"。这就表明，财政政策和货币政策是"纲"，是总量政策，是整个政策体系的牵引，今年提出的结构政策、科技政策、改革开放政策、区域政策、社会政策都是财政货币政策在各领域的具体发力点，要充分挖掘财政货币政策的最大潜力，巩固和拓展既有政策成果和娴熟运用能力，保持我国宏观政策连续性、独立性和主动性，切实增强政策有效性，以纲带目，纲举目张。

其次是切实加强财政政策和货币政策的相互协调相互促进。今年在宏观政策施行中有所创新。在比去年适当下调赤字率的情况下，考虑到实际政府支出规模增加（支出规模比去年扩大 2 万亿元以上），增加了特定国有金融机构和专营机构依法上缴近年结存的利润、调入预算稳定调节基金等，这既有利于增强财政可持续性，又避免了"财政赤字货币化"，也符合国际通行做法，有利于充分发挥经济收缩期间财政政策的功能。货币政策在总量可控的前提下强化结构性功能，更大力度地防控风险，疏通传导机制，着力降低社会融资成本。

最后是在政策执行中处理好有效市场和有为政府的关系。宏观政策的落脚点在于激发有效市场。今年政府工作报告用很大篇幅阐述了"提升积极的财政长政策效能"，要"实施新的组合式税费支持政策。坚持阶段性措施和制度性安排相结合，减税与退税并举"。实施怎样的税费政策、如何发挥政府投资的撬动作用，根本上是要激发一切市场主体的活力和市场内在发展动力，在困难时期要支持各类行业企业挺得住、过难关、有奔头，蓄积力量主动研发创新迎接未来经济上行周期。有为政府就是要在宏观政策上注重逆周期调节和跨周期调节，将应急性政策手段和长效性制度安排相结合，提高宏观政策弹性，创新宏观政策工具，为未来发展预留政策空间，着力为支持企业家专注创业创新、安心经营发展提供宽松的政策环境，主动为营造公平有序统一的要素优化配置提供更加开放的市场环境。

政府工作务求事不避难行不避险细化实化具体举措

总理在政府工作报告中指出，目前政府工作还存在一些不足，比如，形式主义、官僚主义仍然突出，脱离实际、违背群众意愿现象屡有发生。这在过往一年都有突出表现。诸如，一些地方一些行业在政策执行中采取"一刀切"、运动式做法，比如搞"运动式减碳""运动式监管"，造成长期目标短期化、系统目标碎片化，把持久战打成了突击战等，影响了市场主体稳定预期，影响了经济平稳运行。这与我们一些干部应对复杂形势站位不高、能力不足、本领不强、作风不实密切相关，甚至有的少数干部不担当、不作为、乱作为，工作严重失职失责等。在新的一年尤其是当前我国经济爬坡过坎的关键阶段，必须坚决克服这些问题。

形势环境越是复杂、风险挑战越是严峻、使命任务越是艰巨，越需要各级领导干部从战略上看问题、想问题，运用战略思维和底线思维观大势、把方向，牢牢掌握发展主动权。制定和落实宏观经济政策就是党中央战略决策在指导经济工作中的具体体现。做好经济工作，必须悟透党中央的大政方针，深化一系列重大理论和实践问题的认识，完整、准确、全面贯彻新发展理念，不断提高构建新发展格局、推动高质量发展的能力，切实把党中央决策部署落到实处，确保不偏向、不变通、不走样。

各级政府必须始终把人民群众安危冷暖放在心上，坚持实事求是，立足社会主义初级阶段基本国情，恪尽职守、勤政为民，志不求易、事不避难、行不避险，切实担负起稳定经济的责任，最大力度地助企纾困，最大程度地激发市场活力，凝心聚力抓发展、保民生，以毕力同心、苦干实干精神推动形成各方面发展的合力，促进中国发展在应对挑战、攻坚克难中勇毅前行、行稳致远。

5.5%：实现高基数上的中高速增长的底气和动力*

国务院总理在今年两会上代表国务院所作的 2022 年政府工作报告，回顾总结过去一年面对复杂严峻的国内外形势和诸多风险挑战，全党全国人民在以习近平同志为核心的党中央坚强领导下顶住经济下行压力，实现"十四五"良好开局，我国发展又取得的新的重大成就；综合研判当前国内外发展环境，审时度势，明确提出了今年经济社会发展的总体要求和政策取向，全面部署了全年政府工作任务。① 整个政府工作报告秉持一贯文风，简洁、清晰、务实、饱满。一个个数据、一项项政策、一段段工作部署，充分传递出党和政府带领人民毕力同心、苦干实干，决意战胜前进道路上任何艰难险阻的中国韧劲、中国信心和中国力量。

稳字当头稳中求进坚决稳住宏观经济大盘

每年总理所作的政府工作报告的一个最大看点是确定全年经济发展主要预期目标，其中起牵引作用的一个关键数据是对年度经济增长速度的设定。总理在报告中指出，2022 年国内生产总值增长预期目标在 5.5% 左右。他强调，"这是高基数上的中高速增长"。

何为高基数？过去一年，我国经济仍处在世纪疫情和百年变局相互叠加、严重冲击后的恢复发展过程中，国内外政治经济格局继续发生深刻演变、剧烈动荡并出现很多新的变化，保持经济平稳运行难度异常加大，党中央团结带领全国人民迎难而上、勇毅前行，统筹疫情防控和经济社会发展，扎实做好"六稳""六保"工作，我国国内生产总值（GDP）实现 114 万亿元以上（合 17.7 万亿美元），增长 8.1%，比预期增长速度高了两个多百分点，占全球 GDP 比重超过 18%，稳居全球第二大经济体。一年的 GDP 就增加了 13 万亿元，按美元

---

* 本文原载《中国青年报·思想者》2022 年 3 月 15 日，第 10 版。
① 政府工作报告 ［N］. 人民日报，2022－03－13（1）.

计算增加了 3 万亿美元，相当于 G20 排名第 6、7 位国家的经济总量水平，已相当于美国的约 77%，这在中华民族历史上是第一次，在世界经济发展历史上也是第一次。

何为"中高速"？国际货币基金组织 IMF 预测 2021 年全球经济实际增速 5.9%，同期，美国 GDP 同比增长 5.7%、德国增长 2.8%、英国增长 7.5%、日本增长 1.7%。中国经济增长处于全球领先地位。而今年年初世界银行根据当前复杂国际形势，预计今年全球增长将进入一个明显放缓的时期，预测美国 GDP 增速降到 3.7%，欧元区 GDP 增速降到 4.2%，发展中国家 GDP 增速则可能降到 4.6%。在这样的背景下，我国设定 5.5% 的经济增速在世界是保持前列的。

为什么要确定 5.5% 这样一个高基数上的中高速增长速度？总理在报告中指出，这主要是考虑稳就业保民生防风险的需要，并同近两年平均经济增速以及"十四五"规划目标要求相衔接，既体现了主动作为，又需要付出艰苦努力才能实现。去年年末召开的中央经济工作会议为今年经济工作已经定了基调，明确指出，今年将召开党的二十大，这是党和国家政治生活中的一件大事。全年经济工作要继续坚持稳中求进工作总基调，突出强调要"稳字当头、稳中求进"，要着力稳定宏观经济大盘，保持经济运行在合理区间，保持社会大局稳定，为迎接党的二十大胜利召开创造一个平稳健康的经济环境、国泰民安的社会环境、风清气正的政治环境。总理在报告中"稳"字出现 76 次并贯穿全篇，充分体现了应对新的下行压力，把稳增长放在更加突出的位置的深远用意。

今年我们敢于摸高 5.5% 这样一个高基数上的中高速增长速度，基于我们对中国经济强大韧性的深刻认知。在极其复杂的发展环境下，过去一年，我国经济能够既保持量的合理增长又促进质的稳步提升，各项主要目标任务较好完成，经济结构优化、创新能力增强、改革开放深化、生态文明建设推进、人民生活稳步提高、统筹疫情防控和经济社会发展等都取得实实在在的成就，这再次说明，中国经济韧性强、发展后劲足、市场回旋余地大，全社会依然蕴积着巨大发展潜能和活力。

今年我们敢于摸高 5.5% 这样一个高基数上的中高速增长速度，彰显我们对于中国未来发展向好的十足底气和坚定信心。总理在报告鲜明指出，"我国经济长期向好的基本面不会改变，持续发展具有多方面有利条件，特别是亿万人民有追求美好生活的强烈愿望、创业创新的巨大潜能、共克时艰的坚定意志，我们还积累了应对重大风险挑战的丰富经验。"基于此，只要我们善于在危机中育新机、在变局中开新局，始终保持战略定力，始终把握历史主动，中国经济可以也一定能顶住下行压力，也必将行稳致远。

实施七大政策组合拳激发经济发展新动能

如何实现5.5%这样一个经济增长速度，同时较好完成就业、物价、居民收入、国际收支以及稳定粮食生产、生态环境质量改善等一揽子主要经济发展预期目标，需要清醒认识当前我国经济发展面临的问题和挑战，需要完整准确全面贯彻新发展理念、加快构建新发展格局，需要进一步完善和创新各项经济政策，需要依靠改革开放最大程度地激发市场主体活力和内在发展动力，需要充分调动各方面干事创业的积极性主动性创造性，等等。总理在报告中紧扣目标任务，实施政策取向，改进政府工作，一系列部署实事求是、务实有力、可圈可点。

能直面问题挑战抓准主要矛盾。总理在报告中没有回避当前我国经济发展中存在的矛盾和问题。从国际看，全球疫情仍在持续，世界经济复苏动力不足，大宗商品价格高位波动，外部环境更趋复杂严峻和不确定。从国内看，我国经济发展面临需求收缩、供给冲击、预期转弱三重压力。局部疫情时有发生。消费和投资恢复迟缓，稳出口难度增大，能源原材料供应仍然偏紧，中小微企业、个体工商户生产经营困难，稳就业任务更加艰巨。关键领域创新支撑能力不强。一些地方财政收支矛盾加大，经济金融领域风险隐患较多。民生领域还有不少短板。从工作看，目前政府工作中形式主义、官僚主义仍然突出，脱离实际、违背群众意愿现象屡有发生，少数干部不担当、不作为、乱作为，工作严重失职失责，等等。这些问题和矛盾是制约我国经济高质量发展、实现预期目标的主要因素，必须增强忧患意识，以应对困难挑战。

有力有效实施七大政策组合拳。解决经济运行梗阻、破解发展难题，需要更大力度、更加有效、更为协同地实施好各项经济政策。按照中央经济工作会议精神，总理在报告中细致阐释了宏观政策、微观政策、结构政策、科技政策、改革开放政策、区域政策、社会政策七大政策组合拳的发力点并贯穿到九个方面的政府工作任务中。

数据是最生动的语言，也最有说服力。政府工作报告中一系列鲜亮的数据透出各项施惠政策的沉甸甸的含金量。

比如，在强调提升积极的财政政策效能时，今年虽然赤字率比去年下降0.4%，但财政支出规模比去年扩大2万亿元，强调新增财力必须下放基层，主要用于助企纾困、稳就业保民生政策，促进消费、扩大需求；中央对地方转移支付总规模要达到9.8万亿元，增长了18%，为多年来最大增幅，更多资金要纳入直达范围，重点用于惠民利企。今年拟安排地方政府专项债券3.65万亿元，虽与去年持平，但加上上年结转，规模大于全年，强调要用好政府投资资金带动扩大有效投资，重点向民生项目倾斜、向公共基础设施和社会民生领域短板倾斜，狠抓重点项目落地，形成重点项目谋划一批、再建一批、竣工投产一批良性循环。

比如，实施新的组合式税费支持政策，减税与退税并举，预计全年退税减税约2.5万亿元，比去年增加减税1万多亿元。财税金融政策也更有效地向实体经济、中小微企业、中小商户等倾斜，支持它们挺得住、过难关、有奔头，切实"为企业雪中送炭，助企业焕发生机"。

再比如，为解决技术"卡脖子"困境，持续推进关键核心技术攻关，积极鼓励企业创新，今年加大了研发费用加计扣除政策实施力度，将科技型中小企业加计扣除比例从75%提高到100%，对企业投入基础研究实行税收优惠，完善设备器具加速折旧、高新技术企业所得税优惠等政策，这相当于国家对企业创新给予大规模资金支持，为培育壮大新动能提供了有力政策支撑。

七大政策组合拳着眼点在于确保"稳"、重在"进"，政策发力适当靠前、政策手段留有空间，政策协同形成合力，以统筹稳增长、调结构、推改革来强化跨周期与逆周期调节，促进阶段性措施和制度性安排相结合，推动有效市场和有为政府有机结合，为畅通国民经济循环，加快构建新发展格局，充分激发市场活力和社会创造力营造更为宽松的政策环境。

坚定信心苦干实干依靠共同奋斗再创新绩

习近平总书记在参加今年两会内蒙古代表团审议时，回顾新时代党和人民奋进历程，提出全党全国人民要更加坚定"五个必由之路"的重要认识。在看望参加政协会议的农业界、社会福利和社会保障界委员时又从五个方面全面分析了我国发展仍具有诸多战略性的有利条件。这为我们既正视困难又坚定信心，发扬历史主动精神，迎难而上、奋发有为，实现全年经济社会发展目标提供了强大的思想基础。

李克强总理在今年政府工作报告也鲜明指出，"中国的发展从来都是在应对挑战中前进的，中国人民有战胜任何艰难险阻的勇气、智慧和力量。""越是困难越要坚定信心、越要真抓实干。"

去年我们隆重庆祝中国共产党成立一百周年，胜利召开党的十九届六中全会、制定党的第三个历史决议，如期打赢脱贫攻坚战，如期全面建成小康社会、实现第一个百年奋斗目标，开启全面建设社会主义现代化国家、向第二个百年奋斗目标进军新征程。历史已无可辩驳地证明，一百年来，党领导人民进行伟大奋斗，在进取中突破，于挫折中奋起，从总结中提高，积累了宝贵历史经验。从历史中汲取智慧和力量，关照今天中国经济发展实际，报告就此指出，我们要"坚持实事求是，立足社会主义初级阶段基本国情，着力办好自己的事"，要"把各方面干事创业积极性充分调动起来"，要"善于运用改革创新办法，激发市场活力和社会创造力"，"坚持以人民为中心的发展思想，依靠共同奋斗，扎实推进共同富裕，不断实现人民对美好生活的向往"。

只要各级党委和政府全力以赴地工作，恪尽职守、勤政为民，凝神聚力抓发展、保民生，不负人民期待；全国上下毕力同心、苦干实干，付出艰苦努力，新的一年就一定能创造新的发展业绩；中国经济这艘巨轮也会无惧风浪，在全面建设社会主义现代化国家的新航程中破浪向前。

紧紧抓住我国市场
由大到强的历史窗口期[*]

产权保护制度、市场准入制度、公平竞争制度、社会信用制度是成熟的市场经济体制的四大基础性制度，必须建立起全国性的、统一的市场制度规则。

中共中央、国务院近日出台《关于加快建设全国统一大市场的意见》（以下简称《意见》），这是继 2020 年以来中央连续印发《关于构建更加完善的要素市场化配置体制机制的意见》《关于新时代加快完善社会主义市场经济体制的意见》和今年初国务院办公厅发布《要素市场化配置综合改革试点总体方案》之后围绕我国市场体系建设的又一个重量级文件。

这次《意见》的着重点在于"全国统一大市场"建设，强调的是为构建新发展格局提供基础支撑，为建设高标准市场体系、构建高水平社会主义市场经济体制提供坚强支撑。在当前我们面临百年变局和世纪疫情相互交织，国内经济发展面临"三重压力"背景下，中央强调"加快建设全国统一大市场"其现实意义和战略考量引起了各方面广泛关注。

应对变局 抓住窗口期加快推动我国市场由大到强

市场原先只是商品或服务买卖交易的场所，最初只是完成交易的空间概念，但随着市场经济的发展，市场已经成为一种机制，利用供求关系、价格调节和竞争方式，成为配置资源的最有效形式。随着大规模交易方式的全球化，各类人力、资本、科技、金融力量的广泛参与，市场本身也成为一种资源。在当今世界纷繁复杂的大变局下，市场甚至是一种最稀缺的资源。

经过改革开放 40 多年的发展，我国综合国力、经济实力、科技实力和人民生活水平得到大幅提升，我国形成了超大规模的中国大市场。这里有 14 亿人对美好生活追求而蕴积的强大消费市场，有 4 亿中等收入群体不断推动消费升级

---

* 本文原载《中国青年报·思想者》2022 年 4 月 19 日。

的巨大潜能，有 1.5 亿户市场经济主体强劲的供给能力源源不断创造新的需求，还有我国深度参与经济全球化之后形成的国内外联动的巨大市场贸易总量，使得中国成为对全球资源最有吸附力的市场。特别是随着我国社会主义市场经济体制不断完善，市场在资源配置中已经发挥决定性作用，我们又坚持发挥社会主义制度的优越性，科学的宏观调控，有效的政府治理，使得社会主义市场经济体制的优势得以充分彰显。中国市场之大，中国市场的充满活力足以令世人羡慕。

但在乐观的背后，我们也要看到其存在着隐忧，就是"大而不强"。其突出的表现就是，实践中还有不少妨碍全国统一大市场建设的问题，比如，市场分割和地方保护比较突出，要素和资源市场建设不完善，商品和服务市场质量体系尚不健全，市场监管规则、标准和程序不统一，超大规模市场对技术创新、产业升级的作用发挥还不充分等。一个典型的数据，我国目前的物流成本在 GDP 中占比 15%，是世界上最高的。而在欧美国家，整个物流成本在 GDP 中占比仅为 7% ~ 8%。还有不少地区之间的无形"壁垒""关卡""路障"大大抬高了制度性交易成本，严重束缚了生产要素的充分流动。

在当前西方社会各类逆全球化思潮泛滥，一些国家单边主义、保护主义、民粹主义盛行，尤其是世纪疫情造成产业链供应链严重受阻的情势下，我国必须要做好在未来相当一个时期应对全球市场割裂、分化、极化的充分准备。

党中央未雨绸缪，适时提出加快构建以国内大循环为主体、国内国际双循环相互促进的新发展格局是高瞻远瞩、主动应势的战略举措。这次中央顺势出台关于加快建设全国统一大市场的意见，强调立足内需，巩固和扩展我国市场资源优势，促进商品要素资源在更大范围内畅通流动，通过加快建设高效规范、公平竞争、充分开放的全国统一大市场，全面推动我国市场由大到强转变，就是要为构建新发展格局提供基础支撑，为构建高水平社会主义市场经济体制提供坚强支撑。这是一个重要的历史窗口期，事不宜迟，时不我待。

着力统一 坚决拆除各种市场壁垒畅通国内大循环

加快建设全国统一大市场的这份意见从七个方面共 30 条举措，清晰阐明了建设什么样的全国统一大市场、怎样建设全国统一大市场的指导思想、工作原则、主要目标和重点任务，《意见》以问题为导向，着力点在于"全国一盘棋"和"统一"的秩序。

从建设高标准市场体系、构建高水平社会主义市场经济体制的制度为基础，《意见》立破并举，以立带破，以破树立，明确要抓好"五个统一"。

"第一个统一"是市场基础制度规则的统一。产权保护制度、市场准入制度、公平竞争制度、社会信用制度是成熟的市场经济体制的四大基础性制度，必须建立起全国性的、统一的市场制度规则。中国这么大，不能各有各的规则，不能各搞一套，画地为牢，自行主张，市场基础性规则统一了，才有利于促进商品要素资源在更大范围内畅通流动，才能形成高效规范、公平竞争、充分开放的全国统一大市场。

"第二个统一"是推进市场设施高标准联通，以升级流通网络、畅通信息交互、丰富平台功能为抓手，着力提高市场运行效率。数字化飞速发展为建设现代流通网络、完善市场信息交互渠道、深化公共资源交易平台整合共享提供了有力的技术支持。

"第三个统一"是要素和资源市场的统一。这次《意见》再次强调推动建立健全统一的土地和劳动力市场、资本市场、技术和数据市场、能源市场、生态环境市场。结合前期出台的《关于构建更加完善的要素市场化配置体制机制的意见》《要素市场化配置综合改革试点总体方案》的贯彻落实，就是要充分激发各类要素市场的内生活力。

"第四个统一"是推进商品和服务市场的高水平统一。这里的核心是要完善质量和标准体系。前些年我国消费者到国外"买买买"，而国内产品或服务不能满足消费者放心消费、安全消费，很大程度上是我们的商品或服务不能满足人民群众的安心消费需要，这是制约国内消费市场难以根本启动的一大症结所在。

"第五个统一"是推进市场监管公平统一。以增强政府部门监管的稳定性和可预期性为保障，着力提升政府监管效能。切实形成政府监管、平台自律、行业自治、社会监督的多元治理新模式，尚需要进一步深化简政放权、放管结合、优化服务改革。

这"五个统一"是"立"，但同时《意见》也强调了五个"破"。《意见》从着力强化反垄断、依法查处不正当竞争行为、破除地方保护和区域壁垒、清理废除妨碍依法平等准入和退出的规定做法、持续清理招标采购领域违反统一市场建设的规定和做法等五方面作出明确部署，旨在进一步规范不正当市场竞争和市场干预行为，彻底打破各种制约全国统一大市场建设的显性、隐性壁垒，坚决破除各种封闭小市场、自我小循环，还全国统一大市场一个海晏河清的清朗环境。

强化协同 以改革创新精神驱动有效市场有为政府

建设全国统一大市场是我国迈向社会主义现代化国家、构建高水平社会主义市场经济体制的关键一步，也是应对变局、抓住历史机遇、发挥历史主动精神的战略举措，各地各部门身在其中，必须看大势，谋大局、抓大事，需要胸怀"国之大者"，树牢"全国一盘棋"思想。

要充分尊重市场规律，强化竞争政策基础地位。只有充分发挥市场在资源配置中的决定性作用，以提升供给质量创造更多市场需求，以优化市场环境释放更大消费潜力，让各类市场要素充分无障碍地流动起来，才能形成有效市场，从而以统一大市场集聚资源、推动增长、激励创新、优化分工、促进竞争，以超大规模内需市场优势促进国内国际市场双向循环，不断扩大国内统一大市场的影响力和辐射力。

要充分利用制度优势，切实发挥有为政府作用。各级政府要发扬改革创新精神，不断提高政策的统一性、规则的一致性、执行的协同性，科学把握市场规模、结构、组织、空间、环境和机制建设的步骤与进度。只有协调好中央和地方、地方与地方之间的系统协同力量，形成工作合力，不断提升政府治理效能，不断增强在开放环境中动态维护市场稳定、经济安全的能力，才能将我国超大规模市场资源禀赋优势转变为强大竞争力，在全面推动我国市场由大向强的历史进程中牢牢占据未来发展的主动。

统一大市场的
"质"和"量"*

持续推动国内市场高效畅通和规模拓展，是中共中央、国务院刚刚发布的《关于加快建设全国统一大市场的意见》（以下简称《意见》）明确的主要目标之一。这个目标既抓住了建设全国统一大市场的核心环节，即要使国内生产、分配、流通、消费各环节更加畅通起来，促进商品要素资源在更大范围内充分流动；又要积极扩大国内市场规模容量，巩固增强我国市场资源的巨大优势，全面推进我国市场由大到强转变。这既体现了统一大市场的"质"的规定性，又与市场"量"的自然扩张有机结合。

市场是实现商品和服务在生产者与消费者之间交换的空间场所，也是实现资源有效配置的最有效形式。市场本身具有自我平衡和自我协调的内在功能，可以通过发挥供求机制、价格机制来促进市场竞争，深化专业化分工。一个高效畅通的市场，可以快速地完成商品在市场中让渡其使用价值，满足消费者的需求，商品生产者也可以更快地实现其价值，进一步扩大再生产，促进社会再生产循环往复，自此，市场效率就大大提升了。同时，市场作为社会再生产的中转站和枢纽点，连接商品的生产者和消费者，也将生产、分配、流通、消费各环节有机衔接起来。市场越畅通，市场效率就越高，商品生产者提高劳动生产率的积极性也越高。一方面，生产者通过提高劳动生产率以提高供给质量，不断满足和创造新的需求，结果既壮大了市场主体自身，又扩大了市场规模容量；另一方面，消费者需求也能得到优化升级，需求进一步带动供给，倒逼生产者提高劳动生产率。这样，消费者剩余增加了，生产者福利增长了，整个社会居民收入水平也就"水涨船高"。因此，形成一个供需互促、产销并进的经济良性循环，就成为市场健康运行的逻辑基础。

改革开放以来，随着社会主义市场经济体制逐步完善，我国市场效率不断提高，目前已形成具有14亿消费人口、4亿中等收入群体、1.5亿户市场主体

＊ 本文原载《经济参考报·经参时评》2022年4月20日。

的超大规模国内市场，这是了不起的巨大成就。但我们也不无遗憾地看到，由于长期形成的旧的体制机制和思想观念的束缚，市场分割和地方保护现象至今还十分突出，商品要素资源流动总会遇到这样那样的堵点、瓶颈或壁垒，再加上我国商品和服务市场质量体系尚不健全，市场监管规则、标准和程序也不统一，超大规模市场对技术创新、产业升级的作用发挥得仍不够充分，等等。这些矛盾和问题相互交织，表现出来就是我国国内市场虽"大"，但却"大而不强"。一个显著的数据佐证：我国目前总的物流成本占 GDP 达到 15% 左右，而欧美发达市场经济国家只占 6%～7%，这一大半的效率损失正是我国国内市场不够畅通的结果。

如何破解这一难题、化解这一矛盾，让我国强大市场优势更显著地彰显出来，加快建设我国统一大市场就是应对之道。这不仅是进入新发展阶段后，我国建设高标准市场体系、构建高水平社会主义市场经济体制、实现高质量发展的内在要求，也是应对更加复杂的国际国内形势，进一步释放市场潜力、激发发展动力、促进经济平稳运行，为加快构建以国内大循环为主体的新发展格局提供基础支撑的重要举措。《意见》以立足内需、畅通循环和立破并举、完善制度为主要工作原则，提出五个方面的"统一"，力破五个方面的障碍，就是要着力打破各种制约全国统一大市场建设的显性、隐性壁垒，打通制约经济循环的关键堵点，促进商品要素资源在更大范围内畅通流动起来，以全面建成一个高效规范、公平竞争、充分开放的全国统一大市场，来集聚资源、推动增长、激励创新、优化分工、促进竞争。

当然，国内市场"质"的提升也必然会打开新的市场空间，带来市场"量"的规模扩张和拓展。一个充分开放的全国统一大市场，有利于推动国内市场和国际市场更好联通，促进要素跨境自由有序安全便捷流动，也会对全球先进资源要素形成强大吸引力。随着我国国内市场全面由大转强，我国超大规模市场资源禀赋优势必然会持续释放出强大竞争力，在新一轮国际竞争和合作中赢得新优势、掌握主动权。

"两个超预期"坚实的是 "三个没有变"*

国家统计局 2022 年 4 月 18 日公布一季度经济运行数据，最引人注目的是一季度 GDP 同比增长达到 4.8%，这高于去年第四季度 4% 的增速，好于各方面对经济形势的预判，这个成绩"超出预期"。① 进入 2022 年 3 月以来，外部环境出现新的更趋复杂的动荡演变，全球经济正遭受增速减慢和高通胀的双重冲击，而国内疫情呈现点多、面广、频发态势，进一步加大了经济下行压力，明显增加了中国经济爬坡过坎的难度。近一个时期以来，中央层面就多次提醒各地区各部门要高度警惕国际国内环境一些"超预期"变化，增强工作主动性、前瞻性，正视和果断应对新的挑战。在"超预期"环境下实现"超出预期"的经济成绩，的确来之不易。

这"两个预期"背后，显示的是我国国民经济实现了"开门稳"，揭示的依然是中国经济的强劲韧性。国家统计局新闻发言人为此也指出，虽然 3 月以来部分主要指标增速放缓，经济下行压力有所加大，但我国经济长期向好基本面没有改变，经济持续恢复态势没有改变，发展潜力大、韧性足、空间广的特点也没有改变。坚定对这"三个没有变"的大势判断，对我们更好地应对当下错综复杂的经济形势，保持战略定力，坚定发展信心，毕力同心战胜眼前的困难挑战，尤为可贵。

自 2020 年新冠疫情暴发以来，习近平总书记就多次强调，要坚持用全面、辩证、长远的眼光分析当前经济形势，努力在危机中育新机、于变局中开新局，发挥我国作为世界最大市场的潜力和作用。党的十八大以来，总书记也多次指出，领导干部要善于观大势、谋大局、抓大事。

准确认识经济形势，首先是要观大势，就是能够洞察我国经济发展的主流方向和长远趋势。今年两会上，总书记回顾新时代党和人民奋进历程，作出

---

* 本文原载《学习时报·学习评论》2022 年 4 月 25 日，原题为《保持战略定力做好当前经济工作》。

① 一季度经济数据发布 中国经济 开局平稳韧性强 [N]. 人民日报，2022 – 04 – 19 (1).

"五个必由之路"的重大论断，这是运用历史眼光和发展眼光，总结经验规律，把准了我国经济发展脉络，更加坚定了前进方向；他综合分析形势，提出了我国发展仍具有的"五个战略性的有利条件"，这就是我国经济发展的基本面，也是我国经济发展的大势。对这一点认识上必须"毫不动摇"。

其次是要谋大局，就是始终把自己从事的工作放到大局中去思考、去定位。这些年来，以习近平同志为核心的党中央立足世界百年未有之大变局和中华民族伟大复兴的战略全局"两个大局"，制定了正确的发展战略和方针政策。战略路线确定后，各级领导干部思考问题，研究对策，制定方案，推动工作，就必须从党和国家事业发展的大局出发，牢记"国之大者"，树立"全国一盘棋"思想，自觉与党中央路线方针政策对标对表，坚决防止急功近利，自觉摒弃部门主义、本位主义。对这一点态度上必须"坚定不移"。

最后就是抓大事，就是善于把握主要矛盾和矛盾的主要方面。各级领导干部面对千头万绪、十分繁重的改革发展稳定任务，要能够透过纷繁复杂的表面现象和苗头性倾向性问题，把握先后主次，分清轻重缓急，把准对全局影响最大、最有决定意义的关键问题，牵住"牛鼻子"、学会"十个指头弹钢琴"，切忌眉毛胡子一把抓，陷入事务主义。当前，我国持续遭受疫情冲击，经济发展面临"三重压力"，人民群众正常生产生活秩序遇到一些困扰，统筹疫情防控和经济社会发展，统筹发展和安全，坚持稳中求进工作总基调，扎实做好"六稳""六保"工作，就是全部工作的着力点。各级领导干部要把所有的精力都用在让老百姓过好日子上，当前尤其要把稳增长放在更加突出的位置，有效应对突出矛盾，稳定经济基本盘，切实稳市场主体、稳就业、稳物价、稳产业链供应链，解决好人民群众急难愁盼问题。对这一点工作上必须"扎实见效"。

站在历史的长河看，中国发展没有绕不过去的坎。只要我们做到观准大势、胸有全局，着力关键，始终把握历史的主动，就能"不畏浮云遮望眼""风雨不动安如山"。

深化改革是破解
"三重压力"关键一招*

疫情要防住、经济要稳住、发展要安全，这是党中央分析当前经济形势、着力做好经济社会发展工作的明确要求，也是应对更趋复杂严峻和不确定性上升的外部环境和实现国内稳增长、稳就业、稳物价任务的重要方针。

当前国内疫情多发，经济下行压力加大，经济发展面临需求收缩、供给冲击、预期转弱的三重压力更加突出。近期，党中央发出明确信号，围绕稳住宏观经济基本盘果断推出一系列有力措施，包括全面加强基础设施建设投资、更大力度加快落实已经确定的宏观经济政策、抓紧谋划增量政策工具等。要确保党中央各项大政方针落实到位，各地区各部门要有责任感，主动担当作为，迎难而上，关键是要坚持用改革的办法解决发展中的问题。破解当前经济发展的"三重压力"，要加强统筹协调、坚持系统观念、全面深化改革，切实用好改革这个"关键一招"。

深化供给侧结构性改革依然是必须紧紧抓住的一条主线。疫情形势下，需求端受到客观制约，但产业链供应链受阻并没有挡住人民群众的现实需求和潜在需求，这也恰恰要求更多地从供给侧、结构性改革上想办法。要深入实施创新驱动发展战略，充分利用好"互联网＋"、大数据等现代数字技术，加快线上线下有机融合，促进产业优化升级，努力畅通制造企业与互联网平台、商贸流通企业产销对接，突破供给约束的堵点，以实体经济的巩固壮大，以高质量供给创造来激发需求、引领需求，努力实现供求关系新的更高水平的动态均衡。

市场经济主体是稳住宏观经济大盘的"压舱石"。我国超1.5亿市场主体是抗击风险挑战、坚定发展信心的坚强基础，是巩固和发展中国特色社会主义制度的重要支柱。要坚定不移贯彻"两个毫不动摇"，以深化国企改革提升产业链供应链支撑和带动能力，切实保障人民共同利益；以坚持阶段性措施和制度性安排相结合，有效有力落实支持民营经济发展、为各类中小企业减负纾困的

---

* 本文原载《经济参考报·经参时评》2022年5月9日。

财税货币政策。

以畅通国内经济循环为目标，加快做强做大全国统一大市场。前不久，《中共中央 国务院关于加快建设全国统一大市场的意见》发布，贯彻好这个意见，就要把握制度建设这个着眼点，切实在推进市场化法治化国际化进程中强化竞争政策基础地位，有效打破垄断，健全要素市场，稳定市场预期，使价格机制真正引导资源配置，使生产、分配、流通、消费各环节更加畅通，以巩固和扩展市场资源优势和提高市场运行效率，为加快构建具有坚强韧性的新发展格局提供支撑。

继续以深化"放管服"改革为抓手，让有为政府更高效地作为。要充分认识更好发挥政府作用在发展社会主义市场经济中的独特优势，进一步加快转变政府职能，深化"放管服"改革，切实清理废除妨碍统一市场和公平竞争的各种规定和做法，坚决破除思想障碍和利益固化的藩篱，不断增强政府公信力和执行力，努力建设法治政府和服务型政府。

落快、落实、落细，
推动经济回归正常轨道*

今年 3 月特别是 4 月以来，新冠肺炎疫情又在我国深圳、上海、北京等一些大城市散点多发，同时叠加乌克兰危机、美国加息缩表的国际因素影响，全球粮食能源等大宗商品市场大幅波动，一季度以来的国内外环境复杂性不确定性加剧、有的超出预期，国内发展面临的需求收缩、供给冲击、预期转弱三重压力也更加凸显，新的经济下行压力进一步加大。

4 月 29 日中央政治局召开会议研究当前经济形势和经济工作，明确提出"疫情要防住、经济要稳住、发展要安全" 15 字方针，强调"做好经济工作、切实保障和改善民生至关重要"。① 为落实党中央要求，国务院常务会议 5 月 23 日部署稳经济一揽子措施，推出 6 大任务 33 项具体举措。紧接着国务院在 5 月 25 日召开全国稳住经济大盘电视电话会议，要求各地区各部门把稳增长放在更突出位置，着力保市场主体以保就业保民生，保护中国经济韧性，努力保持经济运行在合理区间。随着 5 月末 6 月初我国疫情防控态势逐渐向好，各地贯彻中央精神陆续出台一系列促进复工复产恢复地方经济发展的有力措施，国民经济开始有条不紊地回归正常轨道。

深刻把握政策意图 在多目标中寻求动态平衡

"4·29"中央政治局会议指出，疫情要防住、经济要稳住、发展要安全是党中央的明确要求，是应对当前复杂经济局面，高效统筹疫情防控和经济社会发展需要把握好的基本准绳。这三个"要"既体现当前经济工作的着重点，又贯穿着全局和系统思维，关键是在多目标中实现动态平衡，如果忽视哪个方面，工作上畸轻畸重，都不利于经济社会的稳定发展。当然在工作上做好"三个要"之间的平衡是一个难题，是对各级领导治理能力的一场严峻考验。

---

* 本文原载《中国青年报·思想者》2022 年 6 月 22 日。
① 中共中央政治局召开会议 分析研究当前经济形势和经济工作 [N]. 人民日报，2022-04-30 (1).

这里各地区各部门准确领会和把握政策要领至为关键。按照党中央要求，一方面，各级党委、政府和社会各方面要深刻认识抗疫斗争的复杂性和艰巨性，深刻、完整、全面认识党中央确定的疫情防控方针政策，坚定不移坚持人民至上、生命至上，毫不动摇坚持"动态清零"总方针，自觉在思想上政治上行动上同党中央保持高度一致。如果疫情不能防住，正常生产生活秩序就很难保持，国内经济循环就会受到阻碍，经济社会也不能持续稳定发展。因此，要坚决克服麻痹思想、厌战情绪、侥幸心理、松劲心态，坚决克服认识不足、准备不足、工作不足等问题，坚决克服轻视、无所谓、自以为是等思想，始终保持清醒头脑，以时不我待的精神，全面动员、全面部署，分秒必争地抓实抓细疫情防控各项工作，以最大程度保护人民生命安全和身体健康、最大限度减少疫情对经济社会发展的影响。

另一方面，各地区各部门要切实贯彻党中央、国务院决策部署，统筹疫情防控和经济社会发展。去年年末召开的中央经济工作会议就明确指出，2022年下半年要召开党的二十大，这是党和国家政治生活中的一件大事，要保持平稳健康的经济环境、国泰民安的社会环境、风清气正的政治环境。经济工作要稳字当头、稳中求进，各地区各部门要担负起稳定宏观经济的责任，各方面要积极推出有利于经济稳定的政策，政策发力适当靠前。今年两会的《政府工作报告》强调，要着力稳定宏观经济大盘，保持经济运行在合理区间，保持社会大局稳定，并作出了全面工作部署。面对当前更为复杂的经济局面，更要把稳增长放在更加突出的位置。如果没有经济的稳定，就很难为打赢疫情防控战提供强大物质支撑和心理基石。因此，这就要求我们既能高度重视和警觉新问题新挑战，又能正视困难挑战坚定信心，针对超预期形势及时出台超常规政策举措。一个时期以来，中央层面加大宏观政策调节力度，抓紧谋划增量政策工具，把握好目标导向下政策的提前量和冗余度，不断加强相机调控；地区层面则着眼大局，积极主动作为，推进政策靠前，在督促落实中央已定政策的同时，针对形势变化抓紧研究政策预案，因地制宜，及时出台有利于市场预期、有利于恢复地方经济稳定发展的各项措施。

与此同时，管控好房地产、资本市场、平台经济等这些易发高发经济金融风险的重点领域仍然不可懈怠，要统筹好发展和安全，既要调动好这些领域里推动发展的积极因素，又要时刻加强监管，坚决守住不发生系统性风险的底线。

落实落细政策举措 在超预期中稳住经济大盘

今年两会的《政府工作报告》确定全年经济增长预期目标在5.5%左右，这是高基数基础上的中高速增长。设定这一经济增速预期目标，主要考虑到稳就业保民生防风险的需要，也要与近两年平均经济增速以及"十四五"规划目标要求相衔接，体现了政府的主动作为，但实现这个目标并不容易。在各方面努力下，今年一季度我国经济运行总体实现平稳开局，国内经济增速为4.8%。

但进入二季度，受新冠肺炎疫情对国内主要经济城市的严重冲击，叠加国际环境更趋复杂严峻的超预期影响，4～5月，就业、工业生产、用电货运等重要经济指标明显走低，尤其是受疫情影响的部分重点区域，许多市场主体特别是制造业、中小微企业、个体工商户遭受很大生产经营困难，不少地方财政收入下滑明显，二季度经济增长自然下滑也会很明显。

在当前疫情走势逐渐向好的态势下，必须紧紧抓住重要的时间窗口期，时不我待地推动中央稳经济一揽子政策举措，各地也要政策靠前、措施靠前、行动靠前，落快落细落实中央各项稳经济举措，并根据各地实际创造性地出台相应政策、贯彻好重要政策，力求把各项损失补回来，尽快让经济回归正常轨道。

从国务院出台的6大任务33项稳经济一揽子措施看，着力点在于实现就业和物价基本稳定，着力通过稳市场主体来保就业，综合施策保物流畅通和产业链供应链稳定，保粮食能源安全，以此托住经济大盘，确保经济运行在合理区间。从主要政策措施看，财政金融政策更加有力更为精准，落脚点在于稳住市场主体保住就业，最大力度地助企纾困。比如，中央财政在更多行业实施存量和增量全额留抵退税，增加退税1400多亿元，全年退减税总量2.64万亿元；将中小微企业、个体工商户和5个特困行业缓缴养老等三项社保费政策延至年底，并扩围至其他特困行业，加快落实全年专项债发行，要求尽快形成实物工作量。央行则将今年普惠小微贷款支持工具额度和支持比例增加一倍；对中小微企业和个体工商户贷款、货车车贷、暂时遇困个人房贷消费贷，支持银行年内延期还本付息；对汽车央企发放900亿元商用货车贷款。在就业领域，人力资源部门在稳岗拓岗、就业帮扶、技能培训方面也加大了各项就业优先政策的实施力度。为稳住产业链供应链，促进尽快复工达产，保障货运通畅，完善对"白名单"企业服务，适时推出特定部门如航空业的专项债券发行，一律取消制约货物运输的不合理规定和收费等。为确保能源安全，相应调整了煤矿核增产能政策，加快办理保供煤矿手续，再开工一批水电煤电等能源项目，等等。

上海市政府近日公布《上海市加快经济恢复和重振行动方案》包括8个方面50条政策措施，着力点在于为持续加力助企纾困和营商环境优化。北京市政府出台《北京市统筹疫情防控和稳定经济增长的实施方案》，提出6个方面45条精准高效、操作性强、务实管用的措施，全力服务保障、稳妥有序复工复产、稳产达产和复商复市。其他地区为稳经济保市场主体保就业也开动脑筋，尽锐出招。

从中央到地方，稳经济政策有速度有力度，但接下来落快落细落实早见成效至为关键。这就需要各地区各部门毕力同心，坚定信心、攻坚克难，确保党中央大政方针落实到位。

保持战略定力耐心 锲而不舍地实现全年目标

"4·29"中央政治局会议上，习近平总书记特别强调，各级领导干部在工作中要有"时时放心不下"的责任感，担当作为，求真务实。此言语重心长，是在大变局时代的背景下，对每一位党员干部必须更加担负起适变应变领变的历史责任，更要保持时不我待的现实工作态度的切实要求。

尽管当前我们面对疫情高发、地缘冲突、美国加息外部环境三大挑战，也面对需求收缩、供给冲击、预期转弱国内发展的三重压力，特别是受疫情冲击当前经济运行遇到较大的困难压力，但必须看到，中国经济长期向好的基本面没有改变，我国仍处于加快发展的重要战略机遇期没有改变。习近平总书记在今年两会上作出"五个必由之路"和"五个战略性有利条件"的重要论断，是我们迎难而上、坚定信心的底气骨气志气所在。也正如李克强总理在今年《政府工作报告》指出的，中国的发展从来都是在应对挑战中前进的，中国人民有战胜任何艰难险阻的勇气、智慧和力量。

面对错综复杂的国际形势和艰巨繁重的国内改革发展稳定任务，每一位党员干部担起"时时放心不下"的责任感，继续发扬历史主动和改革创新精神，保持战略定力，上下同心协力，抓住主要矛盾，细究发展规律，讲求科学方法，能够在机遇面前主动出击，不犹豫、不观望；在困难面前迎难而上，不推诿、不逃避；在风险面前积极应对，不畏缩、不躲闪，既胸怀"国之大者"又"致广大而尽精微"，锲而不舍，久久为功，集中力量办好自己的事，中国发展就没有过不去的坎，实现今年全年经济社会发展预期目标是完全有可能的。

坚持发展是解决中国
一切问题的基础和关键[*]

国家统计局近期发布今年上半年我国国民经济运行数据显示，上半年国内生产总值 562642 亿元，按不变价格计算，同比增长 2.5%。在今年上半年，我国面对国际地区形势发生深刻复杂演变，各种挑战和不确定因素明显增多的情况。特别是今年二季度，受新一轮疫情等超预期因素冲击，经济下行压力陡然加大，4 月主要指标深度下跌的情况下，我国经济仍能实现正增长，这个成绩是顶住了巨大压力取得的，非常来之不易。

为此，我们既要充分认识到各种外部变量急剧变化对正常经济运行产生的深刻影响，在应对策略上把握主动，开拓进取，努力化危为机，求新求变，抗住经济下行压力，着力稳住宏观经济大盘，又要从战略上全面、准确、辩证看待我国经济发展的长期态势，坚定发展信心，挖掘发展潜力，夯实发展后劲，在危机中育先机，在变局中开新局，以我国长期发展的确定性应对外部环境的不确定性。

缓解三重压力经济运行开始逐步回归正常轨道

在去年年末中央经济工作会议和今年 3 月两会审议通过的《政府工作报告》都对今年我国发展可能面临的复杂局面作出了清晰判断，指出，我国经济发展面临需求收缩、供给冲击、预期转弱三重压力；世纪疫情冲击下，百年变局加速演进，外部环境更趋复杂严峻和不确定。并要求做好今年经济工作要稳字当头、稳中求进，各地区各部门要担负起稳定宏观经济的责任，各方面要积极推出有利于经济稳定的政策，政策发力适当靠前。

面对今年 4 月以来受新一轮疫情等超预期因素的深度冲击，党中央、国务院科学决策，及时果断施策，调动各方面积极因素，靠前实施中央经济工作会议和《政府工作报告》政策举措，按照已明确的总体思路、政策取向，推出稳

---

* 本文原载《中国经济时报·智库》2022 年 7 月 25 日。

经济一揽子政策措施，召开全国电视电话会议部署稳住经济大盘工作，各地也陆续出台一系列稳地方经济的政策举措，努力发挥中央到地方的政策协同作用。

随着6月大部分地区疫情反弹得到有效管控，稳经济的一揽子政策效应得到了较快显现。从宏观面看，5月主要经济指标降幅收窄，6月经济企稳回升，依然实现了二季度经济的正增长，总体格局上，整体国民经济企稳回升，经济运行逐步回归正常轨道，具体表现为：生产需求边际改善，市场价格基本平稳，民生保障有力有效，高质量发展态势持续，社会大局保持了稳定。特别是三重压力开始逐步得到缓解。

——从需求来看：消费需求上半年受本土疫情多点散发波及全国大多数省份的影响受到最大的冲击，3～5月市场销售连续下降。上半年社会消费品零售总额同比下降0.7%，城乡市场销售均有所下滑，其中，一季度增长3.3%，二季度下降4.6%。但随着疫情防控形势向好以及促消费政策发力显效，消费市场在逐步回暖，6月社会消费品零售总额同比增长3.1%，在5月比4月降幅收窄基础上实现由降转升。多数商品零售增速回升，餐饮消费持续恢复，部分地区市场销售明显改善，实体店铺经营向好，消费市场显现出加快恢复态势。

投资需求在各地区各部门按照中央决策部署积极谋划投资项目，扎实有效推动项目开工建设，加快建设进度，多措并举扩大有效投资的推动下，全国固定资产投资同比增长6.1%。从环比看，6月固定资产投资增长0.95%，连续2个月保持正增长。其中，上半年制造业投资同比增长10.4%，增速比全部投资高4.3个百分点，成为拉动全部投资增长的主要力量；基础设施投资受专项债加速发行的带动，同比增长7.1%，增速比1～5月加快0.4个百分点，连续2个月回升；高技术产业投资同比增长20.2%，增速比全部投资高14.1个百分点，其中，高技术制造业投资同比增长23.8%，高技术服务业投资同比增长12.6%。同时社会领域投资同比增长14.9%，大项目投资拉动效应增强。

货物进出口需求也得到较快增长，同比增长9.4%，贸易顺差接近2.5万亿元，贸易结构继续得到优化。

——从供给来看：粮食生产继续保持良好态势，今年夏粮再获丰收，畜牧业保持稳定增长。工业生产企稳回升，4月规模以上工业增加值同比下降2.9%；5月增速由负转正，增长0.7%；6月则增长3.9%，比上月加快3.2个百分点，上半年全国规模以上工业增加值同比增长3.4%，边际改善特征明显，产业链供应链修复加快。技术制造业增加值同比增长9.6%，快于全部规模以上工业6.2%，特别是新能源汽车、太阳能电池、移动通信基站设备产量同比分别增长111.2%、31.8%、19.8%，充分显示经济增长新动能的发展潜能。服务业逐步恢复，上半年服务业增加值同比增长1.8%。其中，信息传输、软件和信息技术服务业，金融业增加值分别增长 9.2%、5.5%，体现现代服务业增势较好。随着 6 月国际大宗商品价格开始逐步回落，国内煤炭电力稳定供应，上游行业生产资料高企的价格压力对下游工业生产制约影响有所缓解。

——从预期来看：反映生产服务预期的主要 PMI 指数均有所向好。6 月，制造业采购经理指数为 50.2%，比上月上升 0.6 个百分点；企业生产经营活动预期指数为 55.2%，上升 1.3 个百分点。6 月，服务业商务活动指数为 54.3%，比上月上升 7.2 个百分点；服务业业务活动预期指数为 61.0%，比上月上升 5.8 个百分点。其中，零售、铁路运输、道路运输、航空运输、邮政、货币金融服务、资本市场服务等行业商务活动指数位于 55.0% 以上较高景气区间。

总体上看，以 6 月经济数据为拐点，需求有所扩张，供给冲击缓解，市场预期有所修复，国内经济逐步回归到正常运行轨道。

坚持问题导向充分激发市场主体创造创新活力

在看到当前我国经济企稳回升，开始向好的态势演进的同时，也要客观看到，无论是从总量数据还是从结构性因素，当前经济运行还客观存在一些现实矛盾和问题。

比如，上半年消费市场运行承压，餐饮收入及限下单位消费品零售额增速仍未转正。社会消费品零售总额增长水平尚处于疫情发生三年以来的低点（6 月只有 3.1%），必须加大力度落快落实落细一系列支持市场主体、提升居民消费意愿和能力、释放居民消费潜力的促消费相关政策，推动消费市场持续恢复。再比如，上半年全国固定资产投资同比增长 6.1%，还处于历史低位，尤其是上半年全国房地产开发投资依然处于快速下降趋势，同比下降 5.4%，直接影响建筑业、建材业、房地产业的稳定健康发展，由于房地产业存量资金、信贷资金蓄积巨大，如果不能有效遏制下滑态势，极易引发信贷市场风险乃至系统性金融风险。

当前外部环境依然复杂严峻，市场需求不足，我国工业产能利用率和产销率仍然偏低，不稳定不确定性因素较多，工业经济持续稳定恢复仍然存在一定压力，保障工业经济平稳运行仍需付出艰苦努力。

最需要关注的是，目前吸纳就业主体的中小微企业、个体工商户等用工需求偏弱，许多还没有恢复正常经营或者处于休工状态，由此带来的失业率仍高于去年同期。上半年，城镇调查失业率均值为 5.7%，高于去年同期 0.5 个百分点；31 个大城市失业率均值为 6.0%，高于全国城镇整体水平。其中，16～24 岁青年失业率持续上升，6 月达到 19.3% 的历史新高。从区域看，前期疫情严重、持续时间较长的地区，调查失业率还没有恢复到往年水平，个别地区失业率仍有波动。

为此，5月召开的全国稳就业工作电视电话会议指出：稳就业事关广大家庭生计，是经济运行在合理区间的关键支撑。而稳住就业就必须稳住1.6亿户的市场主体尤其是几千万户的中小微企业、个体工商户。所以，李克强总理一再强调，当前市场主体特别是中小微企业、个体工商户困难大，不少处于生存发展的重要关口。必须抢抓时间窗口，落实落细退税减税降费、金融支持实体经济、支持企业稳岗等政策，通过稳市场主体来稳就业保民生。可以说，国务院常务会部署的6方面33项稳经济一揽子措施，其核心就是稳住市场主体。

各地区各部门必须从大局着眼、以问题为导向，更快地落实好帮扶企业的各项财税金融就业政策，更加精准地细化服务纾解市场主体的困难，更大力度地深化改革扫清企业发展的障碍，切实稳定市场主体预期，激发市场活力和社会创造力，留住经济发展的"青山"。与此同时，广大企业和企业家也要主动担负起社会责任，与党和国家一起爬坡过坎，迎难而上，大力弘扬企业家精神。越是困难环境，越需要企业家创新。中外历史都证明，优秀企业和企业家都是在困难磨砺中成长的，在大变局中主动适变应变，不断进行产品创新、产业创新、组织创新、制度创新，就能挺直腰杆，把握先机，赢得未来。

坚定发展信心以改革开放创新夯实发展的韧劲

习近平总书记教诲我们，要科学分析形势，把握发展大势，坚持用全面、辩证、长远的眼光看待当前的困难、风险、挑战，积极引导全社会特别是各类市场主体增强信心，巩固我国经济稳中向好、长期向好的基本趋势。

在今年两会上，习近平总书记又深刻总结了我国发展仍具有的诸多战略性有利条件：我们有中国共产党的坚强领导，有中国特色社会主义制度的显著优势，有持续快速发展积累的坚实基础，有长期稳定的社会环境，有自信自强的精神力量。中国经济体量大、回旋余地广，又有超大规模市场，长期向好的基本面不会改变，具有强大的韧性和活力。[①]

发展是解决中国一切问题的基础和关键，加持发展需要进一步全面深化改革、高水平对外开放、不断强化创新引领。

要坚持不懈全面深化改革，切实消除经济系统中客观存在的体制性机制性阻碍、国民经济循环的各种政策性梗阻，以新政策、新应用拓展市场新空间，加快建设高效规范、公平竞争、充分开放的全国统一大市场。

要坚定不移高水平对外开放，加快健全以贸易自由、投资自由、资金自由、

---

① 习近平在看望参加政协会议的农业界社会福利和社会保障界委员时强调 把提高农业综合生产能力放在更加突出的位置 [N]. 人民日报，2022－03－07（1）.

运输自由、人员从业自由为重点的政策制度体系，推动多边和区域贸易合作两个"轮子"一起转，持续打造市场化法治化国际化营商环境，培育新形势下我国参与国际合作和竞争新优势。

要始终不渝推动创新引领。要紧紧抓住新一轮数字经济革命的浪潮，大力推动科技创新、产业组织创新、市场体制创新，同时勇于推动政策工具创新、宏观治理创新、管理方式创新。

中国的发展从来都是在应对挑战中前进的，中国经济一定能顶住下行压力，也必将行稳致远。

稳经济固大盘 中心城市
要强担当带好头[*]

中共中央政治局近期召开会议分析研究当前经济形势，部署下半年经济工作。会议明确指出，做好下半年经济工作，要全面落实"疫情要防住、经济要稳住、发展要安全"的要求，巩固经济回升向好趋势，着力稳就业稳物价，保持经济运行在合理区间，力争实现最好结果。会议特别强调，各地区各部门要切实负起责任，经济大省要勇挑大梁，有条件的省份要力争完成经济社会发展预期目标。[①]由此可以看到，"巩固"好当前我国经济回升向好趋势，对做好下半年经济工作，力争全年经济发展实现最好结果尤为关键。其中，经济大省责任在肩、使命在肩，能够主动"勇挑重担"，充分发挥其稳经济固大盘的带头作用十分重要。

全面辩证长远看形势 坚定发展信心

习近平总书记曾指出，要坚持用全面、辩证、长远的眼光分析当前经济形势。科学认识当前形势，准确研判未来走势，是做好经济工作的基本前提。

今年以来，新冠肺炎疫情和乌克兰危机导致风险挑战增多，世界经济面临多重危机，我国经济发展外部环境的复杂性、严峻性、不确定性上升；受国内疫情多发散发等超预期因素影响，我国发展面临的需求收缩、供给冲击、预期转弱三重压力持续显现，经济下行压力不断加大，稳增长、稳就业、稳物价面临新的挑战。面对异常复杂的困难局面，如何坚持用全面、辩证、长远的眼光看待当前经济形势，必须有正确的思想方法和辩证思维。

全面地看，就是坚持系统论。党的十八大以来，我国经济社会发展进入新常态，正处在转变发展方式、优化经济结构、转换增长动力的攻关期，经济发展前景向好，但也面临着结构性、体制性、周期性问题相互交织所带来的困难和挑战。特别是近年来百年变局和世纪疫情相互叠加，世界经济进入新的动荡

---

* 本文原载《成都日报·理论周刊》2022年8月4日。

① 中共中央政治局召开会议 分析研究当前经济形势和经济工作［N］．人民日报，2022-07-29（1）．

变革期，我们必须在一个更加不稳定不确定的世界中谋求我国发展。各地区各部门必须坚持全国一盘棋，始终把工作放到大局中去思考、去定位，统筹国内国际两个大局，突出重点，带动全局。

辩证地看，就是坚持两点论。当前疫情等外部因素不可避免对经济社会造成较大冲击，但这是短期的、总体上可控的。必须看到，危和机并存、危中有机、危可转机，挑战虽具有复杂性、全局性，但机遇更具有战略性、可塑性，挑战前所未有，应对好了，机遇也前所未有。在以习近平同志为核心的党中央坚强领导下，我们既增强了忧患意识，更增强了机遇意识，准确识变应变，变压力为动力，在危机中育新机，在变局中开新局，牢牢把握历史主动，勇开顶风船，善搏迎头浪，发展的意志更加坚定，创新的勇气更加坚强，经济的韧劲更加坚实，我国发展的巨大潜力和强大动能得到充分释放。

长远地看，就是坚持发展论。事物的发展总是螺旋式上升和波浪式前进的，虽然道路是曲折的，但是前途是光明的。尽管国内外环境错综复杂，但我国经济潜力足、韧性强、回旋余地大、政策工具多的基本特点没有变。我国具有全球最完整、规模最大的工业体系、强大的生产能力、完善的配套能力，拥有1.6亿多市场主体和接近2亿多受过高等教育或拥有各类专业技能的人才，还有包括4亿多中等收入群体在内的14亿人口所形成的超大规模内需市场，正处于新型工业化、信息化、城镇化、农业现代化快速发展阶段，特别是亿万人民有追求美好生活的强烈愿望、创业创新的巨大潜能、共克时艰的坚定意志和有党中央集中统一领导的政治优势以及积累的应对重大风险挑战的丰富经验。我国经济长期向好的大趋势始终没有改变。

总的来说，坚持用全面、辩证、长远的眼光看待经济形势，有效应对当前的困难、风险、挑战，归根结底是要积极引导全社会增强发展信心，充分调动各方面积极性，切实巩固好我国经济稳中向好、长期向好的基本趋势。

经济大省要勇挑大梁 稳经济固大盘

此次政治局会议强调，当前各地区各部门要切实负起责任，经济大省要勇挑大梁，有条件的省份要力争完成经济社会发展预期目标。这是党中央对经济大省自觉担负起稳经济固大盘的率先示范作用提出的殷切期望，各个经济大省必须从讲政治的高度切实担负起这个责任。

我国地域辽阔，各地区发展由于资源禀赋、发展阶段、文化传承等不同，既各有优势，也存在客观差距。需要看到，改革开放以来，我国沿海沿江地区的经济大省抢抓机遇、勇于创新，在推动改革开放、发展经济、造福民生诸方面都发挥了重要引领示范作用，有力推动了改革开放和现代化建设进程。党的十八大以来，党中央坚持实施区域重大战略、区域协调发展战略、主体功能区战略，健全区域协调发展体制机制，完善新型城镇化战略，构建起高质量发展的国土空间布局和支撑体系，各个区域经济增长极竞合发展、蓬勃发展。近几年来，虽然遭遇突如其来的新冠肺炎疫情叠加外部复杂环境的影响，身在各大区域的经济大省主动担当、主动作为，应变局、开新局，在稳增长、抗风险、保民生中发挥了有力的支撑作用。

2020年全国GDP增长为2.3%，广东、江苏、山东、浙江、四川GDP增长则分别达到2.3%、3.7%、3.6%、3.6%、3.8%；2021年广东、江苏GDP总量均突破10万亿元大关，山东、浙江、河南、四川、湖北GDP均超过5万亿元。今年上半年，应对疫情等超预期因素冲击，我国经济顶住下行压力，仍然实现了2.5%的增长，其中，山东、浙江、河南、四川、福建、湖北、湖南、安徽等省经济增长依然实现了高于全国的增长水平。这充分显示了经济大省有能力、有潜力、有担当，稳定住宏观经济大盘，不断夯实我国发展韧劲。

去年年末召开的中央经济工作会议指出，坚持高质量发展，坚持以经济建设为中心是党的基本路线的要求，全党都要聚精会神贯彻执行，推动经济实现质的稳步提升和量的合理增长。这是我们在应对风险挑战的实践中进一步积累的对做好经济工作的规律性认识之一。

当前，我国经济运行出现了不少积极因素，"稳"的基础总体牢固、"进"的动能正在集聚，经济长期稳定发展的基本面没有改变。各经济大省应当抓住我国经济企稳回升的重要时间窗口期，坚持稳中求进的工作总基调，高效统筹疫情防控和经济社会发展，全面落实疫情要防住、经济要稳住、发展要安全这个工作总方针，牢牢扭住经济建设这个中心不放松，紧紧抓住经济工作这个"牛鼻子"不懈怠，聚精会神搞建设、一心一意谋发展，以超常规举措稳经济固大盘，以全力以赴的精神状态拼经济搞建设、推进高质量发展，努力完成全年经济社会发展目标任务。稳住了大省经济，就巩固住了全国经济回升向好趋势；大省经济能够勇挑大梁，就能为国家长远发展奠定基础，为全国大局多作贡献。

发挥好中心城市作用 担起发展重责

经济大省的发展离不开中心城市的核心支撑。中心城市既是区域城镇体系的核心城市，也是区域经济发展的重要载体。中心城市在聚合资本、技术和人才，配置各类生产要素资源，辐射产业带动力、市场控制力和经济文化影响力等方面能够发挥重要的杠杆作用。

从工业化进程看，像伦敦、巴黎、法兰克福、科隆、休斯敦等欧美中心城市在地域乃至整个国家工业化现代化进程中都举足轻重。改革开放以来，我国北京、上海、深圳、广州、苏州等大城市既立足于既有传统经济优势，更在于以不断地推进改革创新形成了新的领先优势。近年来，像重庆、杭州、成都、武汉、南京、合肥等一大批国家或区域中心城市又异军突起，有力推动了区域经济持续发展，缩小了区域间发展差距，极大提升了区域竞争力和影响力，成为新时代中国经济发展一颗又一颗璀璨明星。

党的十八大以来，党中央充分发挥中心城市和城市群带动作用，着力于推进现代化都市圈建设。国家中心城市及其带动的城市群、都市圈展示出广阔的发展前景，在全面建设现代化国家新征程上将大有作为。2021年10月国务院印发《成渝地区双城经济圈建设规划纲要》后，川渝两地牢固树立一盘棋思想和一体化发展理念，主动服务国家重大决策部署，双方密切协作、相向而行，按下"快进键"、跑出"加速度"，在发展态势、创新动能、开放能级、融合融通等方面实现了许多看得见、摸得着的实质性进展，成渝地区双城经济圈建设已从夯基垒台迈向整体成势。

2021年11月29日，四川省政府又印发《成都都市圈发展规划》，这是继南京都市圈、福州都市圈以后，国家层面批复的第三个都市圈规划。成都都市圈以成都市为中心，紧密联系周边德阳、眉山、资阳三市，以期通过成都、德阳、眉山、资阳同城化发展推动成渝地区双城经济圈建设。这又为打造带动全国高质量发展的重要增长极和新的动力源、打造具有国际竞争力和区域带动力的现代化都市圈下出了一手漂亮的"先手棋"。

当下的中心城市要充分抓住天时地利人和的有利形势，切实发挥出"领头雁"作用。

首先在思想观念上，坚持以人民为中心的发展思想，把发展经济摆在最突出位置，立足新发展阶段，完整准确全面贯彻新发展理念，加快融入和服务于新发展格局，推动经济高质量发展。

其次在战略举措上，精准把脉地方发展的主要矛盾和突出问题，加强重大问题研究，高起点上谋划未来发展战略，不断做强做大优势、补齐补全短板，不断营造良好的营商环境，调动起各类市场主体的积极性创造性，更好促进区域协调发展，加快推进以县城为重要载体的城镇化建设。

再次在发展安全上，把发展安全摆在全局工作突出位置，树牢底线思维，主动防范风险，有效化解风险，切实把疫情防线织得"密之又密"、把安全底线筑得"牢之又牢"、把生态红线守得"严之又严"，坚决守住不发生系统性风险的底线。

最后在工作态度上，引导党员干部牢固树立正确发展观和政绩观，激励广大干部把全部心思和精力都集中到抓发展上来，不断增强"政治三力"，不断增强"时时放心不下"的责任感，不断增强解决复杂问题的能力，最大程度激发广大干部"拼"的精神、"闯"的劲头、"创"的勇气。

中国经济不惧疫情冲击，
展示逐浪前行的时代价值*

自 2020 年初一场突如其来的新冠肺炎疫情开始肆掠我国。病毒突袭而至，疫情来势汹汹。这场疫情是百年来全球发生的最严重的传染病大流行，是新中国成立以来我国遭遇的传播速度最快、感染范围最广、防控难度最大的重大突发公共卫生事件，不仅对人民生命安全和身体健康造成严重威胁，也对我国经济发展造成严重冲击。疫情暴发至今已有两年半，病毒还在不断变异，呈现新的特点，截至目前在我国依然存在散发频发多发现象，对我国经济运行和人民正常生产生活秩序始终带来困扰。

几年来，以习近平同志为核心的党中央审时度势、果断决策，高效统筹疫情防控和经济社会发展，坚定不移坚持人民至上、生命至上，坚持外防输入、内防反弹，坚持常态化疫情防控，坚持动态清零，最大程度保护人民生命安全和身体健康，最大限度减少疫情对经济社会发展的影响。在应对这场复杂严峻的抗击疫情的伟大斗争中，中国经济不惧疫情冲击，顶住了巨大压力，经受住了严峻考验，逐浪前行，继续保持稳中有进、稳中向好的基本态势，彰显了强大的发展韧性，彰显了中国党和政府、中国人民和中华民族敢于斗争、敢战能胜的坚强品格，充分体现了在磨难中成长、从磨难中奋起的时代价值。

坚持实事求是的认识论，以全面、辩证、长远的眼光分析研判中国经济形势

科学分析形势，把握发展大势，是我们党做好经济工作的优良传统和重要经验。党的十八大以来，不论国内外形势怎样复杂多变，习近平总书记总是强调，要坚持用全面、辩证、长远的眼光分析当前经济形势，要正确看待前进中的困难、风险、挑战。

在 2020 年 2 月党中央召开的统筹推进新冠肺炎疫情防控和经济社会发展工

---

* 本文原载光明网·"实践新论·非凡十年"2022 年 8 月 3 日。

作部署会议上，习近平总书记就明确指出，"新冠肺炎疫情不可避免会对经济社会造成较大冲击。越是在这个时候，越要用全面、辩证、长远的眼光看待我国发展，越要增强信心、坚定信心。"应当看到，疫情作为经济运行的外生变量其冲击是短期的、总体上是可控的，综合起来看，我国经济长期向好的基本面没有改变。只要我们能够变压力为动力、善于化危为机，努力在危机中育先机、于变局中开新局，把我国发展的巨大潜力和强大动能充分释放出来，是能够实现经济社会发展目标任务的。

我们坚持"两点论"。紧扣疫情对人民生命安全和身体健康带来严重威胁，对经济社会发展造成严重影响两个方面，以问题为导向，着眼主要矛盾和矛盾的主要方面。一方面，应对疫情突发，党中央审时度势、综合研判，及时提出坚定信心、同舟共济、科学防治、精准施策的总要求，加强对疫情防控工作的统一领导、统一指挥、统一行动，坚决遏制住了疫情蔓延势头。在党中央坚强领导下，形成了全面动员、全面部署、全面加强疫情防控的战略格局，在短时间内就打赢了疫情防控的人民战争、总体战、阻击战。另一方面，经济社会是一个动态循环系统，不能长时间停摆。在确保疫情防控到位的前提下，党中央出台一系列有力有效政策措施，创新宏观调控政策，加大政策调节力度，有力推动非疫情防控重点地区企事业单位复工复产，有序恢复生产生活秩序，并不断强化"六稳"举措，落实"六保"工作。

我们坚持"系统论"。在坚持常态化疫情防控下，加强前瞻性思考、全局性谋划、战略性布局、整体性推进，统筹国内国际两个大局，统筹疫情防控和经济社会发展，统筹发展和安全，坚持全国一盘棋，更好发挥中央、地方和各方面积极性，既着力解决疫情冲击下我国公共卫生领域暴露出来的短板弱项，又从经济社会发展长治久安角度部署重大基础设施建设，着力固根基、补短板、强弱项，注重坚实防范化解重大风险的安全屏障，推动经济发展质量、结构、规模、速度、效益、安全相统一。

我们坚持"长远论"。始终唱响主旋律，打好宣传主动战，形成网上网下同心圆，强调我国经济潜力足、韧性强、回旋余地大、政策工具多的基本特点没有变，中国经济稳中向好、长期向好的基本面没有变，疫情冲击撼动不了中国经济平稳运行的总趋势，任何艰难险阻都不能阻挡中国人民实现更加美好生活的前进步伐。

坚持人民至上的价值论，以人民为中心的发展思想统筹疫情防控和经济发展

坚持以人民为中心的发展思想，在统筹疫情防控和经济社会发展这场伟大

斗争中得到了充分体现。

在疫情防控的伟大战役的各个阶段，党中央始终把人民群众生命安全放在第一位。人民至上，生命至上，集中体现了中国人民深厚的仁爱传统和中国共产党人全心全意为人民服务的根本宗旨和价值追求。在保护人民生命安全面前，我们能够不惜一切代价，让每一个生命都得到全力护佑，人的生命、人的价值、人的尊严得到悉心呵护，成为中国共产党执政为民理念的最好诠释。几年来，我们毫不动摇坚持"动态清零"总方针，这是由党的性质和宗旨决定的，实践证明：我们的防控政策是经得起历史检验的，我们的防控措施是科学有效的。几年来，我们能够常态化应对疫情散发频发多发，总体上实现全国范围内的疫情有序管控，得益于以人民为中心的思想深入人心，得益于全体中国人民万众一心、同甘共苦，得益于千千万万个普通中国人挺身而出、慷慨前行，并凝聚成伟大的抗疫精神。

在坚持常态化疫情防控的前提下，几年来，我们不断创新政策，精准施策，科学应策，紧紧围绕保市场主体保就业保民生，综合运用和相机实施一系列稳经济一揽子政策，努力推动国民经济恢复到正常运行轨道。

在宏观政策层面：加大宏观政策调节力度，宏观政策实施逆周期调节和跨周期调节并重，努力防止经济运行滑出合理区间、防止短期冲击演变成趋势性变化。几年来，从中央到地方着眼大局、主动作为，政策靠前、责任靠前，抓紧谋划增量政策工具，加大相机调控力度，把握好目标导向下政策的提前量和冗余度。在督促落实已定政策的同时，针对形势变化抓紧研究政策预案，及时出台有利于市场预期稳定的措施。积极的财政政策要更加积极有为，加大力度实施退税减税降费等政策，扩大地方政府专项债券发行规模，优化预算内投资结构。稳健的货币政策要更加注重灵活适度，把支持实体经济恢复发展放到更加突出的位置，用好已有金融支持政策，适时出台新的政策措施，不断创新完善金融支持方式，调整完善企业还款付息安排，加大贷款展期、续贷力度，适当减免小微企业贷款利息，防止企业资金链断裂，等等。

在稳市场主体稳就业层面：加快推动企业复工复产复商，畅通产业链供应链循环，打通各种受疫情影响产生的市场阻隔和各种堵点瘀点。在更多行业实施存量和增量全额留抵退税，着力为市场主体尤其是广大中小微企业、个体工商户帮扶纾困、渡过难关，以留得青山赢得未来。同时，全面强化稳就业举措，加大就业优先政策实施力度。根据就业形势变化调整政策力度，减负、稳岗、扩就业并举，抓好社保费阶段性减免、失业保险稳岗返还、就业补贴等政策落地，针对部分企业缺工严重、稳岗压力大和重点群体就业难等突出矛盾，因地因企因人分类帮扶，提高政策精准性。特别是强化高校毕业生、农民工特别是脱贫劳动力、城市困难人员等重点群体就业促进和服务，支持多渠道灵活就业。

在保民生层面：疫情直接影响居民收入，再叠加几年来国内外综合因素影响带来的物价上涨因素，部分群众基本生活面临的困难增多。党中央坚决落实"米袋子"省长责任制和"菜篮子"市长负责制，保障主副食品供应，切实做好居民生活必需品保价稳供工作。有条件的地方可以强化对困难群众的兜底保障，对困难群众适当提高价格临时补贴标准，努力做好失业保障、低保和困难群众救助等工作。同时，加大财政转移支付力度，确保基层保工资、保运转、保基本民生。

坚持光明前景的发展论，以适变应变策略保持战略定力，坚定做好自己的事

习近平总书记在综合研判我国发展的战略机遇期时指出，危和机并存、危中有机、危可转机，机遇更具有战略性、可塑性，挑战更具有复杂性、全局性，挑战前所未有，应对好了，机遇也前所未有。①

几年来，在以习近平同志为核心的党中央坚强领导下，面对疫情对我国发展世所未见、史所罕见的冲击，迎难而上，攻坚克难，中国成为全球抗疫的典范，成为全球唯一最快恢复经济正增长的世界主要经济体。疫情暴发几年来，我国经济总量连续超过100万亿元，中国经济增长总体保持稳健运行态势。尽管这期间，受疫情的不稳定性和动荡世界的不确定性影响，从季度经济运行看，经济增长也会出现一些起伏，但中国经济长期稳中向好的大势并没有改变，中国已经形成的超大规模的市场空间、中国1.6亿户市场主体强大的创造创新能量并没有改变，尤其是14亿人民追求美好生活的强烈愿望、创业创新的巨大潜能、共克时艰的坚定意志，以及党和政府积累的应对重大风险挑战的丰富经验在艰难困苦的磨砺中更加坚韧有力。

几年来，在以习近平同志为核心的党中央坚强领导下，我们既增强了忧患意识，更增强了机遇意识，把握历史主动，准确识别应变，勇开顶风船，善搏迎头浪，发展的意志更加坚定，创新的勇气更加坚实。

我们在疫情暂时阻隔人们正常流动的时刻，充分发展数字经济，推动新产业新业态新模式快速发展，在绝处逢生中紧紧抓住新一轮以数字技术引领的新科技革命的机遇，推动我国发展方式转变、经济结构升级、新旧动能转换，我国产业经济焕发出新的活力。

我们在疫情冲击叠加一些西方国家借机对我国科技领域实施"卡脖子"、

---

① 习近平. 在经济社会领域专家座谈会上的讲话［N］. 人民日报，2020－08－25（2）.

对我国市场扩容企图遏制的时刻，我们着力以扩大内需为战略基点，推动科技高水平自立自强，立足新发展阶段，全面准确贯彻新发展理念，构建以国内大循环为主体、国内国际双循环相互促进的新发展格局，以全方位深化改革、高水平对外开放、立破并举、完善制度，加快构建全国统一大市场，坚实超大规模国内市场的发展后劲。

我们在疫情暂时给国民经济和人民生活带来困扰的时刻，我们坚持解决人民急难愁盼问题，以人民之心为心 以天下之利为利，坚决破除束缚发展的各种陈旧思想观念和体制机制障碍，以扩大有效需求带动就业，以扩大有效投资强基础、补短板、育新机，不断激发各类市场主体和全体人民积极性主动性创造性，努力推动全体人民共同富裕迈出实质性步伐奠定扎实基础。

在 2022 年两会上，习近平总书记高瞻远瞩地作出"五个必由之路"和我国发展"五个战略性有利条件"的重大论断，[①] 昭示在全面建成小康社会、实现第一个百年奋斗目标后，全面建成社会主义现代化、实现第二个百年奋斗目标更加光明的前景。

看待中国经济未来，我们完全可以充满心地说，中国的发展从来都是在应对挑战中前进的，中国人民有战胜任何艰难险阻的勇气、智慧和力量。中国经济也一定能克服前行中的暂时困难，必将行稳致远。

---

① 习近平在参加内蒙古代表团审议时强调 不断巩固中华民族共同体思想基础 共同建设伟大祖国 共同创造美好生活［N］. 人民日报，2022－03－06（1）.

健全关键核心技术攻关
新型举国体制关键在"新型"*

关键核心技术是国之重器，对推动中国经济高质量发展、保障国家安全具有十分重要的意义。实践证明，关键核心技术要不来、买不来、讨不来。只有把关键核心技术掌握在自己手中，才能从根本上保障国家经济安全、国防安全和其他安全，才能把国家和民族发展放在自己力量的基点上。

近日召开的中央全面深化改革委员会第二十七次会议，审议通过了《关于健全社会主义市场经济条件下关键核心技术攻关新型举国体制的意见》，强调要健全关键核心技术攻关新型举国体制。这为社会主义市场经济条件下攻克关键核心技术、破解在重要科技领域中国关键核心技术尚受制于人的被动局面，将提供有力的体制机制保障。健全关键核心技术攻关新型举国体制，既是中国适应新发展阶段、加快构建新发展格局的科学抉择，也是有效发挥中国特色社会主义制度优势和政治优势的战略主动。

20 世纪 60 年代，中国在极为复杂的国内外环境下，依靠独立自主，自力更生，充分发挥举国体制优势，取得"两弹一星"等国防尖端科技的重大突破，国防工业从无到有逐步发展起来。改革开放以来，中国确立了社会主义市场经济体制，更大程度、更广范围发挥市场在科技资源配置中的基础性作用，不断加强和完善科技体制机制，创新型国家建设成效显著，载人航天、探月工程、超级计算机、高速铁路等都实现了跨越发展。

进入中国特色社会主义新时代，以习近平同志为核心的党中央坚持创新在中国现代化建设全局中的核心地位，把科技自立自强作为国家发展的战略支撑，面向世界科技前沿、面向经济主战场、面向国家重大需求、面向人民生命健康，深入实施科教兴国战略、人才强国战略、创新驱动发展战略，完善国家创新体系，加快建设科技强国。一大批像天宫、蛟龙、天眼、悟空、墨子、大飞机等重大科技成果相继问世，许多科技创新在国际上实现了跟跑、并跑到领跑的质

---

* 本文原载中国网 2022 年 9 月 9 日。

的飞跃。

中国科技水平能够取得突飞猛进的提升，正是得益于社会主义市场经济条件下的新型举国体制优势。这一新型举国体制通过体制创新为科技创新提供动力，既能用好庞大的国内市场需求，发挥市场在资源配置中的决定性作用，又能很好发挥政府作用，强化了责任落实机制，形成凝聚和集成国家战略科技力量、社会资源共同攻克重大科技难题的组织模式和协同运行机制，充分彰显了中国社会主义制度能够集中力量办大事的独特优势。

当前中国已经站在全面建设社会主义现代化强国新的起点上。与此同时，世界百年未有之大变局加速演进，世界之变、时代之变、历史之变的特征更加明显。中国发展面临新的战略机遇、新的战略任务、新的战略阶段、新的战略要求、新的战略环境，国家之间的科技竞争也日益激烈，必须以更强烈的历史主动、更创新的战略举措，推动中国创新驱动发展，强化国家战略科技力量，着力打好关键核心技术攻坚战，全面塑造创新发展新优势。这从根本上就需要进一步健全社会主义市场经济条件下新型举国体制，其重点就在"健全"，核心就在"新型"。

攻克关键核心技术的新型举国体制，其前提在于科学统筹。中国可以充分发挥党的全面领导的政治优势，加强战略谋划和系统布局，坚持"四个面向"，坚持国家战略目标导向，瞄准事关中国产业、经济和国家安全的若干重点领域及重大任务，明确主攻方向和核心技术突破口，重点研发具有先发优势的关键技术和引领未来发展的基础前沿技术。

要点在于集中力量。中国可以充分发挥社会主义制度能够集中力量办大事的制度优势，建立权威高效的决策指挥体系和组织运行机制，有效配置科技力量和创新资源，以国家战略性需求为导向，推进创新体系优化组合，加快构建以国家实验室为引领的战略科技力量，优化提升国家工程研究中心、国家技术创新中心等创新基地，推进实施一批具有前瞻性、战略性的国家重大科技项目。

基础在于优化机制。要充分发挥良好机制的作用，积极推动有效市场和有为政府更好结合。尤其要以市场需求为导向，强化企业技术创新主体地位，加快转变政府科技管理职能，推动科技创新投入主体多元化、管理制度现代化、运行机制市场化、用人机制灵活化，为营造良好创新生态，激发创新主体活力创造宽松包容的科技创新社会氛围。

途径在于协同攻关。要充分调动一切积极因素，让一切科技创新智慧有效迸发，切实促进政府、市场、社会创新资源有机结合、相互促进，不断推进科研院所、高等院校和企业科研力量的优化配置和资源共享，强化跨领域跨学科协同攻关，形成关键核心技术攻关强大合力。

推进中国式现代化，
企业须打造核心竞争力*

党的二十大报告全面擘画了建设社会主义现代化强国的两步走战略目标和宏伟蓝图。在报告的第四部分"加快构建新发展格局，着力推动高质量发展"中对企业也提出了新的更高要求，总的目标就是要"完善中国特色现代企业制度，弘扬企业家精神，加快建设世界一流企业"。这里看起来对企业发展描述的文字着墨不多，但在实现社会主义现代化强国目标中，实现中国企业的现代化是当然的题中之义。

报告对中国式现代化的丰富内涵、中国特色和本质要求作出了全面阐释，其中每一项内容都离不开创造物质财富的企业，需要广大中国企业为之付出更为艰苦的努力、作出更大的贡献。没有中国企业的现代化、没有更多企业的高质量发展，没有各类企业适应新的发展环境进行更大力度的改革创新、制度完善和韧性提升，国家的现代化就不可能形成更为坚实的物质技术基础。

吃下"定心丸"：鼓励各类企业发展的政策是连续的一贯的

党的十八大以来的十年，中央坚持社会主义市场经济的改革方向，大力推进包括企业改革在内的全面深化改革，加强改革顶层设计，坚决破除各方面体制机制障碍，最大力度地激发各类市场主体活力。

十八届三中全会对各类企业改革发展作出方向性指引，十九届四中全会完善和丰富了社会主义基本经济制度。十年来，中央不断重申"两个毫不动摇"，着力发挥市场在资源配置中的决定性作用、更好发挥政府作用。巩固和发展公有制经济和鼓励、支持、引导非公有制经济的政策越来越完善，战略导向越来越明确，发展环境也越来越好。尽管这十年间中国企业也是栉风沐雨、经历了各种风险挑战，但都取得了突破性进展。根据国务院国资委网站公布资料，到2021年底，国有企业资产总额达到259.3万亿元，比2012年底增长2.6倍，年

---

* 本文原载中新社中新经纬，2022年11月18日。

均增长 15.4%；2012～2021 年，全国国资系统监管企业累计实现增加值 111.4 万亿元，年均增长 9%，超过 GDP 年均增速 2.3 个百分点。在促进中国经济高质量发展上，国有企业发挥了顶梁柱作用。十年来，民营经济也得到很大发展，在 GDP 中的占比从 50% 上升至 60% 以上，给国家贡献了五成以上的税收、七成以上的技术成果以及八成以上的城镇劳动就业岗位，民营经济已成为市场主体增长的最大主体，对国民经济发展作出重大贡献。

但也要看到，这十年间，关于各类市场主体在社会主义市场经济中的地位、作用也时不时存在一些争议，广大企业对在国家现代化建设新征程中发挥更大作用寄予了更大期盼。而二十大的定调，可以说给广大市场主体吃下了"定心丸"。

这充分说明，党中央对中国各类企业积极投身于国家现代化国家不仅寄予了很大期望，要求广大企业顺应时代发展要求，对标世界一流企业，不断推动高质量发展，在加快构建新发展格局中勇于改革、锐意创新，担当作为，而且明确了要进一步打造好市场化、法治化、国际化营商环境，通过建设高标准市场体系、构建全国统一大市场、健全宏观经济治理体系等，为各类企业主动性创造性发展提供更加完善的政策环境、市场环境、社会预期环境。

塑造新优势：建设现代化产业体系，增强企业核心竞争力

党的二十大报告强调要建设现代化产业体系，坚持把发展经济的着力点放在实体经济上。广大企业是现代化产业体系的基础，也是中国实体经济发展的最主要力量。

报告指出，要"实施产业基础再造工程和重大技术装备攻关工程""推动制造业高端化、智能化、绿色化发展""推动战略性新兴产业融合集群发展""打造具有国际竞争力的数字产业集群"等等，这些都是现代化产业体系建设的重要组成部分和战略方向，而落脚点都在于各类企业。

当然，根据不同企业发展类型、产业类别、发展规模、技术水准等不同，发展的侧重点和战略选择方向会不同，但作为一个完整的现代化产业体系，都是不可或缺的。不同类别的大中小企业，无论所有制结构如何不同，在现代产业链供应链创新链上都是相互连接、相互促进、相辅相成的，在高中低价值链条上都需要充分发挥各自企业在生产要素配置、技术链条承接、有效分工协作上的优势互补作用。以现代化产业体系观之，任何企业都不再是一个独立的个体，而都是现代产业体系网络中重要的节点，是产业链价值链中的一个环节。

就此，每类企业需要不断增强自身核心竞争力。对大企业来说，要做优做强做大，对中小企业来说，要致力于专精特新。而放在国内国际双循环相互促

进的新发展格局中，所有企业面对的都是统一大市场，都是高标准的规则规制和管理标准，就此，必须有对标世界一流企业的行动自觉和坚定信心。

这就告诉我们，在中国式现代化进程中，中国企业在企业制度上、科技优势上、经营管理上、开拓市场上、人才拥有上必须拥有更富韧性的核心竞争力。广大企业必须深刻领悟报告中提出的"科技是第一生产力、人才是第一资源、创新是第一动力"的深刻内涵，这是对应国家科教兴国战略的，同样也是面对广大企业的，只有这样，企业在未来才能生存、才能发展。

在中国式现代化新的历史进程中，广大企业家必须不断修炼、增强内功，自觉把推动创新作为企业发展的关键，把诚信作为企业发展的基本品质，把履行社会责任作为应有的职责，把拓展国际视野作为发展的空间。

推进人口规模巨大的现代化
要坚持好这三个"进"*

　　党的二十大报告深刻阐释了新时代坚持和发展中国特色社会主义的一系列重大理论和实践问题，内容极为丰富、内涵博大精深。学习这个报告，既要从宏观层面全面系统、整体把握，又要逐字逐句深入理解，在字里行间中抓住关键。比如，报告在阐释"中国式现代化是人口规模巨大的现代化"一段中强调"保持历史耐心，坚持稳中求进、循序渐进、持续推进"。这里提出的三个"进"就十分意味深长。

　　稳中求进主要强调的是方法原则，循序渐进体现的是工作节奏，持续推进突出的是精神状态，三者紧密相连、相互促进。我们应当得其要领，坚持好落实好这三个"进"。

　　习近平总书记指出，从现在开始，我们党的中心任务就是团结带领全国各族人民全面建成小康社会主义现代化强国、实现第二个百年奋斗目标，以中国式现代化全面推进中华民族伟大复兴。显然，"进"是目标，也是目的。未来五年，经济高质量发展取得新突破，构建新发展格局取得重大进展，改革开放迈出新步伐等，这都需要"进"。到2035年，我国经济实力、科技实力、综合国力大幅跃升，人均国内生产总值迈上新的大台阶，达到中等发达国家水平等；到本世纪中叶，把我国建设成为综合国力和国际影响力领先的社会主义现代化强国，就更需要"进"，而且这是经济社会发展各领域各环节的"全面推进"。显然，没有"进"，我们就不能实现两步走的战略目标。

　　但如何"进"，就必须把握好其节奏和方式方法，必须一切从实际出发，从基本国情出发想问题、作决策、办事情，深入把握我国发展新的战略机遇、新的战略任务、新的战略阶段、新的战略要求、新的战略环境。仅就建设人口规模巨大的中国式现代化而言，有着14亿多人口是我国基本国情，其规模超过现有发达国家人口的总和，人民日益增长的美好生活需要和不平衡不充分的发

---

　　* 本文原载《学习时报·学习评论》2022年12月12日。

展之间的矛盾是当前和今后一个时期我国社会主要矛盾，同时我国正面临人口老龄化加速的社会现实，推进这样一个规模巨大、结构变化、需求多元的人口大国整体迈进现代化社会，其艰巨性和复杂性前所未有，既没有教科书，更没有现成答案。我们不可能照抄照搬、食洋不化，也不能急于求成、封闭僵化。选择中国式现代化的发展途径和推进方式必然也必须具有中国特点。

必须看到，当前世界百年未有之大变局加速演进，新一轮科技革命和产业变革深入发展，世界之变、时代之变、历史之变正以前所未有的方式展开，世界又一次站在历史的十字路口。我国改革发展稳定还面临不少深层次矛盾躲不开、绕不过，党的建设面临不少顽固性、多发性问题。世情国情党情决定了我国发展进入了战略机遇和风险挑战并存、不确定难预料因素增多的时期，各种"黑天鹅""灰犀牛"事件随时可能发生。这是我们认清"进"的前提。

因此，必须坚持稳中求进。党的十八大以来历年召开的年末中央经济工作会议都强调"稳中求进工作总基调"，这是我们长期实践中得出的至关重要的规律性认识，是治国理政的重要原则和方法论。稳是主基调，稳是大局，稳是信心基础。稳在当前，就是要高效统筹疫情防控和经济社会发展、统筹国内国际两个大局、统筹发展和安全，切实做到在稳的前提下在关键领域有所进取，在把握好度的前提下奋发有为。

必须坚持循序渐进。中国式现代化的本质要求包含实现高质量发展，实现全体人民共同富裕。办好这件事，等不得，也急不得。这需要一个过程，不可能一蹴而就，对其长期性、艰巨性、复杂性要有充分估计，必须保持历史耐心和战略定力，坚持尽力而为、量力而行，实打实地一件事一件事办好，着力解决好人民群众急难愁盼问题，着力破解深层次体制机制弊端，在高质量发展中促进共同富裕。

必须坚持持续推进。我们已经进入全面建设社会主义现代化国家的新发展阶段，这不是一个静态的、一成不变的、停滞不前的阶段，也不是一个自发、被动、不用费多大气力自然而然就可以跨越的阶段，而是一个动态、积极有为、始终洋溢着蓬勃生机活力的过程。我们必须发扬钉钉子精神，攻坚克难、勇毅前行，脚踏实地把党的二十大报告擘画的宏伟蓝图变为现实。只有踔厉奋发、笃行不怠，才能顺利完成这样一个阶梯式递进、不断发展进步、日益接近质的飞跃的量的积累和发展变化的历史过程。

情怀与责任[*]

——读胡德平先生的 《与时俱进的民营经济》

近日阅读胡德平先生的新著《与时俱进的民营经济》① 颇有感触。这是胡德平先生近十多年来在全国工商联主办的《中国民商》杂志刊发的一系列随感性文章的汇集，书名虽然体现了先生对我国民营经济发展的始终关爱和与时俱进的思考，但通读全书 50 多篇文章，又可以深切感到，先生思考的触角和涉猎的领域绝不是只针对民营经济，而是具有更为宏阔的视野，集中体现在对我国社会主义市场经济发展进程的一系列重大理论和实践问题的深邃思考，既有历史的厚重，又有本质的探寻，更有民生福祉的关切，通篇展现的是一位老党员、老领导、老学者对这个国家和人民走向美好未来更为深层的思想情怀、执着期待和使命责任。所以，本书值得一读，而且开卷有益。

历史的眼光

胡德平先生曾经在党和国家重要部门担任领导职务，但更是一位学养深厚的历史学家。这从全书收录的许多历史性回溯的文章中可以清晰地看出来。

历史是过往社会发展的客观呈现，但对今人来说就是凝聚其中的智慧结晶和催人奋进的发展力量。以史为鉴才能更好开创未来。作者在书中就撰文，《一个健康的民族应保持历史的记忆力》，在这篇文章中作者指出，"有无健康的记忆力、有无清晰的历史记忆，也是中华民族生命力旺盛的一种表现。"作者在书中既谈中国古代的文明史，又讲我国社会主义革命和建设时期的发展史，更说我国改革开放以来极为生动的改革实践史。中华优秀传统文化博大精深、源远流长，之所以璀璨，正在于对今天的中国社会发展仍具有许多值得汲取的智慧。

---

* 本文原载《中国民商》2022 年第 12 期。

① 《与时俱进的民营经济》2021 年由国家行政学院出版社正式出版。全书汇集了胡德平同志自 2010 年 1 月至 2021 年 4 月在《中国民商》杂志上发表的文章共 46 篇。

作者在《汉兴三诏》三篇文章系统研究了汉文景之治时代皇帝颁发的三个诏书的特点，从中深刻揭示了这个时期的汉代兴盛原委的根本所在。强调的是治国者要始终关注民生，要知简惠民，要予民休息，尽最大可能减少对人民的税负，实施重农、保农、扶农的开明政策，助力民间工商业的发展。这在皇帝一统天下的封建专制社会是极为难得的。而且治国者一定要知存亡之道，必须整顿吏治，以法治官，以严格的国家规制惩贪除疴。更为重要的是治国者要不拘一格用人才。文章以汉朝当时的工商业发展和著名的经济大臣桑弘羊为故事背景，阐释了那个时代能够建立知行合一的人才选拔制度的创新之举和成国之要，这在今天我们强调"人才是第一资源"，要推进人才强国，着力造就拔尖创新人才、聚天下英才而用之，仍具有借鉴意义。

中国共产党在延安时期的13年在我们党的光辉历史上具有十分重要的历史价值，这个时期我们党对中国革命进行的深邃理论思考、创造的优良传统和作风、积累的治国理政的初步经验，对后来中华人民共和国的成立和发展极为重要。作者在书中以延安时期毛泽东同志对农业合作经济发展的理论和实践思考，大篇幅地记述了当年延安合作经济发展的一系列做法（文章为《市场经济下的合作经济——延安的成功实践及对今天改革的参考意义》），以此为改革开放以来社会主义市场经济条件下发展合作经济提供了十分丰富的经验。文章基于当时延安作为革命根据地、前线的大后方，阐释了毛泽东同志着力强调"陕甘宁边区的中心工作是经济工作"的时代背景，正确处理公营经济与民营经济的关系，正确看待边区农村一家一户的生产组织，创造性使用联营公营、民营企业的金融工具，发展延安时期多种形式的合作经济，妥善处理合作经济与边区财政，注重政府、合作社和人民三者利益的结合，等等。这一系列有益探索为新中国成立后尽快完成从新民主主义时期向社会主义时期过渡，到后来建立社会主义基本经济制度都提供了十分重要的理论与实践支撑。

在《中国改革开放四十年的回顾和思考》一文中，作者又将历史的眼光投向当代中国的改革开放。改革开放是决定当代中国命运的关键抉择。作者在文章中指出，"'文化大革命'结束后，全党全国人民都在思考今后建设社会主义之路究竟如何起步？如果要走一条新路，那么历史就要求作为执政党的共产党能够在深刻总结以往历史经验教训的基础上，开创一条有中国特色的社会主义建设之路。这条路的最大变化就是要彻底解放思想。"其核心是什么呢？就是要"以人为本，民生为重"，就是要充分解放和发展生产力。作者思考问题的出发点，指向发展和完善社会主义基本经济制度，要充分发挥各种所有制经济形式，调动一切经济主体的积极因素，坚决破除束缚生产力发展的陈旧的制度约束，充分发挥市场在资源配置中的决定性作用，同时更好发挥政府作用。这对我们在新时代的今天仍然强调社会主义市场经济的改革方向，深入推进改革创新，着力破解深层次体制机制弊端，不断彰显中国特色社会主义制度优势，具有重要的启迪意义。

本质的探寻

应该说，德平先生全过程参与了我国改革开放最为生动的历史发展阶段，在这个历史进程中作者对当代中国社会主义市场经济发展进行了坚持不懈的思考。

全书诸多文章既体现了德平先生深厚的马克思主义政治经济学的深厚理论功底，更展示出他理论联系实际的严谨学风、面对现实发展矛盾和问题的理论创新勇气和始终跟踪关注当代中国经济改革社会发展实践的执着精神，体现了老一代学者的历史使命和社会责任。

基于我国社会主义市场经济发展实践的时代背景，作者用大量笔墨记述他对社会主义基本经济制度的一系列基本问题进行深入思考，对在此基础上反映在国民经济运行的种种外在表现进行了深入剖析，二者具有必然的逻辑性，也自然留出了改革发展空间，这是符合马克思主义的认识论和方法论的。

比如，作者在对民商经济的思考中（文章《我对"民商"的认识》一文）指出，"社会主义的经济基础，不是别的，而是囊括了产权、分配和生产者三者之间关系的人民经济"，这里作者要强调的，无论是国企还是民企，在物权法和商法面前，应该都是完全平等的，彼此没有高低贵贱之分，彼此只有生产分工不同，产权都是要得到保护和公平对待的。产权的重要性在他研究农村土地资源配置关系时就表现得更为充分。在我国农村改革实践中，农村生产力能够获得极大解放，也在于所有权、使用权、收益权等得到很好的界定和区分，这样才促进了农村商品经济的发展。到城市改革和企业改革中，依然要界定好不同所有制经济成分的产权关系，并在法律上予以保护，在财税制度上能够一视同仁，这样才能高效发挥市场在资源配置中的决定性作用。

再比如，对于如何看待民营经济发展，作者从如何"扬弃"而不是"消灭"私有制（文章《鉴别两种社会主义的一块试金石》）的理论追问中，深刻研究了马克思恩格斯的经典著作关于对私有制的本质认识，从而得出随着社会生产力的发展，需要用"扬弃"的观点看待资本主义私有制的过程，对于社会主义所有制的变迁也必须放在历史的发展进程中来认识，关键是要采取实践的观点、历史唯物论的观点，需要从社会主义的最终生产目的、生产力的解放、生产工具的充分使用，生产对象的节约集约利用等多方面系统地、全面地认识，才能把握社会主义市场经济的实质所在。也由此，我们才能更加深刻理解在坚持和发展中国特色社会主义进程中，在不断完善社会主义市场经济体制中，我们才能切实把握好所有制关系、分配关系、政府与市场关系、政府与企业关系、企业与社会的关系，民商企业家所应有的社会责任等。

作者还对近些年来我国宏观经济运行中出现的如何看待国家资产负债表的平衡设计、如何科学使用过量外汇额度、认清共享经济发展背后的实质，以及这几年中美贸易摩擦、深化供给侧结构性改革、构建双循环相互促进的新发展格局等一系列经济热点，从我国社会主义市场经济的本质出发来予以回答，只有从我国国家性质的人民性这一本质属性，我们才能从千变万化、扑朔迷离的经济现象中把握发展和改革的本质。

民生的关切

这个本质就是作者在书中提出的"我们的经济是人民经济"。但我们一定要充分认识到，这里的"人民经济"绝不是前些时候舆论炒作的那个似是而非、无稽之谈的概念。

作者在书中的多篇文章强调的"我们的经济是人民经济"是价值归旨层面的，是体现中国特色社会主义本质要求和基本属性的，也是作者深厚的民生情怀的真诚表露。

社会主义市场经济是我们党的伟大创造，改革开放以来我们大踏步赶上时代，创造经济快速发展和社会长期稳定的两大历史奇迹，就是得益于这一伟大创造，在全面建设社会主义现代化新征程中还要不断坚持和发展。

书中作者提出这一个概念，本质上就是强调我们的国家性质和我国经济发展的最终目的，这也是与新时代我们党的创新理论所强调的"始终坚持以人民为中心的发展思想"相呼应的。

我们的经济发展和整个社会文明的进步，就是要不折不扣地站稳人民立场、把握人民愿望、尊重人民创造、集中人民智慧，无论是过去几十年我们的改革开放，还是面向未来的社会主义现代化强国建设，我们发展的一切目的就是维护人民根本利益、增加人民福祉，让现代化建设成果更多更公平惠及全体人民，最终促进物的全面丰富和人的全面发展。这应该是我们读作者这本文集得出的最好结论。

着力"六个更好统筹"
推动经济运行整体好转[*]

刚刚召开的中央经济工作会议贯彻党的二十大精神，全面研判明年我国经济发展面临的困难挑战，强调要坚持系统观念、守正创新，着力做到"六个更好统筹"。①"六个更好统筹"覆盖全面，相互关联，相互促进，用实事求是的、普遍联系的、全面系统的、发展变化的观点观察分析当前我国经济运行的突出矛盾和问题，准确把握住了我国经济发展的重点任务和关键环节，充分体现了习近平经济思想的世界观和方法论，为前瞻性思考、全局性谋划、整体性推进全面建设社会主义现代化国家开好局起好步提供了科学思想方法。切实把握好这"六个更好统筹"，就能够有效应对当前和今后一个时期各种困难挑战，尽快推动我国经济运行在新的一年实现整体好转。

更好统筹疫情防控和经济社会发展，这是做好当前经济工作的基本前提

新冠肺炎疫情暴发近三年时间，全国人民进行了一场刻骨铭心、惊心动魄的抗疫大战，经历了一场艰苦卓绝的历史大考。以习近平同志为核心的党中央始终坚持人民至上、生命至上，团结带领全党全国各族人民坚定不移开展抗击疫情斗争。近三年来，面对世纪疫情，我们不断调整措施、做好统筹兼顾，以防控战略的稳定性、防控措施的灵活性，有效应对疫情形势的不确定性，高效统筹疫情防控和经济社会发展，最大程度保障了亿万人民的生命安全，最大限度减少了疫情对经济社会发展的影响，最大程度彰显了我国社会主义制度的优越性，用最小的代价实现了最大的防控效果。

疫情防得住，经济才能稳得住，人民生活才能保持正常有序，经济社会发展才能平稳健康。这是统筹疫情防控和经济社会发展的题中之义。这三年来，

---

* 本文原载《学习时报》2022 年 12 月 21 日，原题为《切实把握好"六个更好统筹"》。

① 中央经济工作会议在北京举行［N］. 人民日报，2022－12－17（1）.

我国率先控制住疫情，率先复工复产，率先实现经济增长由负转正，成为全球唯一实现正增长的主要经济体，连续三年中国经济总量超过 100 万亿元。即将过去的 2022 年我国国民经济总体延续恢复态势，经济社会发展大局保持稳定。这一成绩来之不易。

当前随着病毒变异，以及疫苗接种的普及、防控经验的积累等，我国统筹疫情防控和经济社会发展面临新形势新任务。我们要抓住这一重要时间窗口，一方面，因时因势不断优化调整疫情防控措施，认真落实新阶段疫情防控各项举措，切实抓好群众的就医用药，集中医疗资源，重点抓好老年人和患基础性疾病群体的防控，着力保健康、防重症。另一方面，就是要不遗余力坚持在常态化疫情防控中加快推进生产生活秩序稳步恢复，为明年经济社会发展稳定转好做好充分准备。

更好统筹经济质的有效提升和量的合理增长，这是推动经济韧性发展的关键所在

党的二十大报告提出，高质量发展是全面建设社会主义现代化国家的首要任务，强调要以坚持高质量发展为主题，推动经济实现质的有效提升和量的合理增长。中央经济工作会议把更好统筹经济质的有效提升和量的合理增长放在突出位置，强调坚持以质取胜，以量变的积累实现质变。

辩证认识和科学统筹经济发展质和量的关系，是我们党领导经济工作的重要经验。我们必须从战略高度充分认识保持经济发展质和量的有机统一是加强我国经济发展韧性的关键所在。党的十八大以来中国特色社会主义进入新时代，以习近平同志为核心的党中央围绕我国社会主要矛盾发生历史性变革，提出新发展理念，并对推动经济高质量发展作出一系列战略部署，加快转变发展方式、推动结构优化升级、激发发展新动能，我国经济发展在质和量上取得历史性成就，为下一个阶段着力推动高质量发展奠定了扎实基础。

当前我们已经迈上全面建设社会主义现代化国家新征程，新的发展阶段、新的使命任务、新的发展环境、新的风险挑战对经济实现质的有效提升和量的合理增长提出了更高、更为紧迫的要求。必须看到，实现党的二十大擘画的两步走战略目标，我国经济增长必须在更长时期保持经济运行在合理区间，这样才能最大限度地激发经济发展潜能、夯实经济发展后劲，有效抵御和防范化解重大风险，而只有通过质的有效提升引领量的合理增长，通过量的合理增长支撑质的有效提升，才能实现更高质量、更有效率、更加公平、更可持续、更为安全的发展。因此，做好明年经济工作，一是要继续坚持稳中求进工作总基调，突出做好稳增长、稳就业、稳物价工作，加快推动经济运行整体好转。二是要

完整准确全面贯彻新发展理念，推动实现创新成为第一动力、协调成为内生特点、绿色成为普遍形态、开放成为必由之路、共享成为根本目的的高质量发展，加快推动经济发展质量变革、效率变革、动力变革。三是要把推动经济质的有效提升和量的合理增长贯穿全面建设社会主义现代化国家整个过程，持续激发经济发展内生动力，形成全国上下竞相推动高质量发展的浓厚社会氛围和强大合力。

更好统筹供给侧结构性改革和扩大内需，这是实现经济运行好转的重要抓手

中央经济工作会议提出，要更好统筹供给侧结构性改革和扩大内需，通过高质量供给创造有效需求，支持以多种方式和渠道扩大内需。就在会议召开前夕，党中央、国务院适时出台了《扩大内需战略规划纲要（2022～2035年）》。纲要不仅与我国现代化国家建设两步走战略目标相适应，也充分体现了党的二十大提出的"坚持把国家和民族发展放在自己力量的基点上，坚持把这个发展进步的命运掌握在自己手中"的战略导向，是满足人民对美好生活向往的现实需要、充分发挥超大规模市场优势的主动选择、应对国际环境深刻变化的必然要求和实现更高效率促进经济循环的关键支撑。

更好统筹供给侧结构性改革和扩大内需，就是要从总供给和总需求两端协同发力、共同配合，形成两者有机结合形成新的战略导向，推动有效需求和有效供给、消费和投资、内需和外需、自立自强和开放合作的高水平动态平衡，从而释放总供给和总需求相互促进的巨大发展潜能。做好明年经济工作，就是要以供求两端为重要抓手，推动后疫情时代我国经济运行整体好转。一是在需求端，充分发挥消费的基础性作用和投资的关键作用，加快培育完整内需体系。按照中央经济工作会议要求，明年要把恢复和扩大消费摆在优先位置，顺应消费升级趋势，提升传统消费，培育新型消费，扩大服务消费，适当增加公共消费，不断增强消费能力，改善消费条件，创新消费场景。同时要积极扩大投资需求，根本消除投资障碍，以有效的政府投资和政策激励带动全社会投资等。二是在供给端，要加快建设现代化产业体系，不断优化供给结构，提升高质量供给能力和水平。其着力点在于集中力量攻克关键核心技术等卡脖子薄弱环节，增强我国产业体系自主可控和安全可靠性，不断提升国家战略物资储备保障能力，紧紧抓住全球产业结构和布局调整过程中孕育的新机遇，开辟新领域、制胜新赛道。

更好统筹经济政策和其他政策，这是促进经济回稳向上的有力保证

宏观政策是推进经济尽快复苏的重要激励工具，也是促进经济回稳向上的政策保障。今年中央经济工作会议提出了五大政策体系，既沿袭了过去几年宏观政策工具的施策方向和积极效应，又与时俱进布局了政策施力的新的着力点，特别强调要增强全局观，更好统筹经济政策和其他政策的有机配合，加强与宏观政策取向的一致性评估。这个全局观，就要求政策落实过程中尽可能避免政策实施的"单打一""一刀切"现象，降低相互干扰和摩擦，减小政策效应传递过程中的信息衰减，乃至于产生合成谬误。这在过去几年经济政策施行中有值得汲取的教训。

鉴于对当前我国经济恢复的基础尚不牢固，需求收缩、供给冲击、预期转弱三重压力仍然较大；国际经济组织已普遍预测明年世界经济和主要经济体衰退风险加大，面对更加错综复杂的新形势，中央经济工作会议在宏观经济政策取向上，继续强调实施积极的财政政策和稳健的货币政策，但更加注重加大宏观政策调控力度：积极的财政政策要加力提效，增加必要财政支出强度，切实保障财政可持续和地方政府债务风险可控；稳健的货币政策要精准有力，保持流动性合理充裕，着力引导金融机构加大对小微企业、科技创新、绿色发展等领域的支持力度。

虽然这几年我国宏观经济政策坚持逆周期调节和跨周期调节，但持续激发经济发展后劲的其他政策则更具有长远性、稳定性，比如产业政策、科技政策、区域政策、社会政策等。因此，这次中央经济工作会议不仅关注财政货币政策之间传导和协同的有效性，也着重提出了产业政策要发展和安全并举，优化产业政策实施方式，推动"科技—产业—金融"良性循环；科技政策聚焦自立自强，有力统筹教育、科技、人才战略实施；社会政策要兜牢民生底线，尤其要落实落细就业优先政策，切实建牢民生保障的"防护网""安全网"。

更好统筹国内循环和国际循环，这是重塑经济竞争新优势的基础支撑

加快构建以国内大循环为主体、国内国际双循环相互促进的新发展格局，是党的二十大对我国经济发展战略的重点布局和关键的战略抉择。从"新发展格局"的最先提出到对其内涵的不断丰富拓展，各方面认识已经得以统一。

这次中央经济工作会议强调，要更好统筹国内循环和国际循环，围绕构建新发展格局，增强国内大循环内生动力和可靠性，提升国际循环质量和水平。这进一步表明了我们继续坚持社会主义市场经济的改革方向、继续坚持高水平对外开放的决心和意志。这是全面建设现代化国家、坚定不移走中国式现代化道路，重塑我国经济竞争新优势的基础支撑。

构建新发展格局的关键在于经济循环的畅通无阻。其核心要义就是：对于

实现国内大循环更为顺畅，就要切实打通经济循环堵点，加快构建高标准市场体系，提高各类生产要素市场化配置水平，充分激发各类市场主体活力和创造力，加快构建起高水平的社会主义市场经济体制；对于实现国内国际双循环相互促进，就是在坚定实施扩大内需战略的同时，更好依托我国超大规模市场优势，增强国内国际两个市场两种资源联动效应，以更高效率实现内外市场联通吸引全球资源要素，加快建设贸易强国，促进发展更高水平的国内大循环。

更好统筹当前和长远，这是实现经济稳中向好长期态势的重要保证

中央经济工作会议强调的最后一个统筹就是要更好统筹当前和长远，强调既要做好当前工作，又要为今后发展做好衔接。这充分体现了我们做好明年经济工作，更加注重将目标导向和问题导向相结合、坚持中长期目标和短期目标相贯通，坚持把发展需要和现实能力、长远目标和近期工作统筹安排的正确的思维理念和工作方法。

中央经济工作会议明确，经过新时代10年的伟大变革，我国发展站在新的更高历史起点上。我国经济韧性强、潜力大、活力足，各项政策效果持续显现。就此，我们完全可以预期，明年经济运行有望总体回升。各地区各部门和各级领导干部要把思想和行动统一到党的二十大精神和党中央关于经济工作的决策部署上来，保持战略定力，坚持历史主动，坚定做好经济工作的信心，积极引导和改善社会心理预期，纲举目张做好工作，只要我们以奋发有为的精神状态和"时时放心不下"的责任意识真抓实干，改革创新，求真务实，中国式现代化一定能书写新的崭新篇章。

发力增长·着力 统筹·坚定信心[*]

年末召开的中央经济工作会议内容极其丰富。会议贯彻落实党的二十大精神，实事求是地研判当前错综复杂的国内外经济形势，对做好明年经济工作明确了指导思想，提出了"五个坚持"的基本原则和五大政策取向，强调注重"六个更好统筹"的工作方法，全面部署了明年经济工作的五大任务。^① 深刻理解和贯彻落实中央经济工作会议精神，对坚定做好明年经济工作的信心，全力推动经济运行整体好转，为扎实推进中国式现代化、全面建设社会主义现代化国家开好局起好步十分重要、十分关键。

坚持稳中求进工作总基调 稳字当头发力增长 努力推动经济运行整体好转

即将过去的 2022 年是党和国家历史上极为重要的一年，对每一个中国人来说也必将留下深刻的记忆。从年初以来，两年多的新冠疫情继续深刻影响人们正常生产生活秩序和产业链供应链安全，我国发展面临着需求收缩、供给冲击、预期转弱三重压力，世界政治经济进入新的复杂动荡期，年初的俄乌冲突带来地缘政治复杂演变并引致世界性大宗商品价格快速上涨，为应对高通胀美联储一年来无节制地连续加息又引发金融资本市场剧烈波动，世界经济又一次站在十字路口。世界之变、时代之变、历史之变正以前所未有的方式展开。

事非经过不知难，成如容易却艰辛。面对风高浪急的国际环境和艰巨繁重的国内改革发展稳定任务，在以习近平同志为核心的党中央坚强领导下，全党全国各族人民迎难而上，砥砺前行，统筹国内国际两个大局，统筹疫情防控和经济社会发展，统筹发展和安全，加大宏观调控力度，推出稳经济增长的一揽子政策措施，有效应对超预期因素冲击，前三季度我国经济增长总体保持在合

---

* 本文原载《中国青年报·思想者》2022 年 12 月 27 日。
① 中央经济工作会议在北京举行 [N]. 人民日报，2022 – 12 – 17（1）.

理区间，人民基本生活得到有效保障，国内经济社会大局保持稳定，全年国内经济总量预计还会再创新高。这一年，我们还成功举办北京冬奥会、冬残奥会，胜利召开党的二十大，一批重大科技创新成果迭出，一批重要改革开放举措出台。中央经济工作会议指出，这些成绩殊为不易，值得倍加珍惜。

即将到来的 2023 年是实现党的二十大擘画的两步走战略目标开局起步的关键一年，是进入后疫情时代补回疫情对经济造成的损失、努力实现经济运行整体好转的关键一年，也是在更高起点上着力推动高质量发展、有效防范化解重大风险的关键一年，做好明年的经济工作尤为重要。

因此，中央经济工作会议强调坚持稳中求进工作总基调，坚持稳字当头、稳中求进。稳中求进是我们党在长期实践中形成的治国理政的重要原则和工作方法，是有效应对接踵而至的风险挑战的规律性认识和宝贵经验。稳是基础，进是目的，行稳才能致远，有进才能保稳，稳中求进才能发展安全。因此，做好 2023 年经济工作，"稳"还是要放在更加突出的位置，但要以稳促进，发力经济增长，让我国经济尽快恢复到疫情前合理增长状态。

按照中央经济工作会议对明年经济工作任务的部署，首先就是要在更好统筹疫情防控和经济社会发展、更好统筹发展和安全的前提下，突出做好稳增长、稳就业、稳物价工作，稳住宏观经济大盘、稳住社会心理预期、稳住社会经济大局。具体抓手就是要从扩大国内需求入手，充分发挥消费的基础性作用和投资的关键作用，明年尤其要把恢复和扩大消费摆在优先位置，同时积极扩大各方面有效投资。其次就是要加快建设现代化经济体系和构建实现国民经济畅通循环的全国统一大市场，这是保持我国经济发展韧性和稳定性的关键支撑。必须坚持把发展经济的着力点放在实体经济上，加快建设现代化产业体系，构建一批新的增长引擎，紧紧抓住全球产业结构和布局调整过程中孕育的新机遇，开辟新领域、制胜新赛道。再次就是要持续激发市场主体活力和创造力，目前1.6 万亿市场主体是我国经济发展的内生动力。要切实落实"两个毫不动摇"，为包括外资在内的各类市场主体营造一视同仁、无任何歧视的市场化、法治化、国际化一流营商环境。最后是积极应对明年更加复杂的国内外经济环境，更大力度地有效防范化解重大经济金融风险，为明年我国经济复苏和经济运行整体好转创造稳定有序的发展环境。

着力"六个更加统筹"加强各方面有效配合 形成共促高质量发展的合力

针对明年我国经济发展面临的困难挑战，中央经济工作会议特别强调了要坚持系统观念、守正创新，着力做到"六个更好统筹"。这一全新提法引人关注，意味深长。"六个更好统筹"是用实事求是的、普遍联系的、全面系统的、发展变化的观点观察分析当前我国经济运行的突出矛盾和问题，准确把握住了我国经济发展的重点任务和关键环节，为前瞻性思考、全局性谋划、整体性推进明年经济工作提供了科学思想方法。

更好统筹疫情防控和经济社会发展是做好当前经济工作的基本前提。疫情防得住，经济才能稳得住，人民生活才能保持正常有序，经济社会发展才能平稳健康。近 3 年来，党中央高效统筹疫情防控和经济社会发展，以防控战略的稳定性、防控措施的灵活性，有效应对疫情形势的不确定性，最大程度保障了亿万人民的生命安全，最大限度减少了疫情对经济社会发展的影响，用最小的代价实现了最好的防控效果。随着病毒变异，以及疫苗接种的普及、防控经验的积累等，我国统筹疫情防控和经济社会发展面临新形势新任务，必须抓住这一重要时间窗口，因时因势不断优化调整疫情防控措施，从防控疫情转向集中医疗资源着力保健康、防重症。同时不遗余力坚持在常态化疫情防控中加快推进生产生活秩序稳步恢复。

更好统筹经济质的有效提升和量的合理增长是推动经济韧性发展的关键所在。必须辩证认识和科学统筹经济发展质和量的关系，坚持以质取胜，以量变的积累实现质变。当前我们已经迈上全面建设社会主义现代化国家新征程，新的发展阶段、新的使命任务、新的发展环境、新的风险挑战对经济实现质的有效提升和量的合理增长提出了更高、更为紧迫的要求。要实现党的二十大擘画的两步走战略目标，我国经济增长必须在更长时期保持经济运行在合理区间，这样才能最大程度激发经济发展潜能、夯实经济发展后劲，有效抵御和防范化解重大风险，而只有通过质的有效提升引领量的合理增长，通过量的合理增长支撑质的有效提升，才能实现更高质量、更有效率、更加公平、更可持续、更为安全的发展。

更好统筹供给侧结构性改革和扩大内需是实现经济运行好转的重要抓手。供给和需求是经济发展的一体两面。实施扩大内需战略是应对外部冲击、稳定经济运行的有效途径，而推动供给侧结构性改革是实现高质量发展的治本之策。就在会议召开前夕，党中央、国务院适时印发《扩大内需战略规划纲要（2022~2035 年）》，为今后一个时期通过高质量供给创造有效需求，支持以多种方式和渠道扩大内需提供了行动指南。做好明年经济工作，就是要从总供给和总需求两端协同发力、共同配合，释放总供给和总需求相互促进的巨大发展潜能。

更好统筹经济政策和其他政策是促进经济回稳向上的有力保证。这次中央经济工作会议提出了五大政策体系，既沿袭了过去几年宏观政策工具的施策方向和积极效应，又与时俱进布局了政策施力的新的着力点，特别强调要增强全局观，更好统筹总量经济政策和其他结构性政策的有机配合，加强与宏观政策取向的一致性评估。这个全局观，就要求政策落实过程中尽可能避免政策实施的"单打一""一刀切"现象，降低相互干扰和摩擦，减少政策效应传递过程中的信息衰减，切实防止产生政策运用的合成谬误，更加有效发挥促进激发经济内生动力和社会发展活力的长远性、制度化的社会保障政策的作用。

更好统筹国内循环和国际循环是重塑经济竞争新优势的基础支撑。中央经济工作会议强调，要更好统筹国内循环和国际循环，围绕构建新发展格局，增强国内大循环内生动力和可靠性，提升国际循环质量和水平。这进一步表明了我们继续坚持社会主义市场经济的改革方向、继续坚持高水平对外开放的决心和意志。这是全面建设社会主义现代化国家、坚定不移走中国式现代化道路，重塑我国经济竞争新优势的基础支撑。

更好统筹当前和长远是实现经济稳中向好长期态势的重要保证。中央经济工作会议强调既要做好当前工作，又要为今后发展做好衔接。这充分体现了我们做好明年经济工作，更加注重将目标导向和问题导向相结合、坚持中长期目标和短期目标相贯通、坚持把发展需要和现实能力、长远目标和近期工作统筹安排的正确的思维理念和工作方法。

政策决策制定部门和各地方执行部门只有充分理解政策意图，把准核心要义，既守正又创新，注重科学统筹，加强协同配合、切实担负责任，才能形成共促高质量发展的合力。

坚持实事求是尊重规律 坚定发展信心改善社会预期 纲举目张做好明年工作

值得关注的是，这次中央经济工作会议明确提出，要坚持实事求是、尊重规律、系统观念、底线思维，把实践作为检验各项政策和工作成效的标准。

实事求是是党的思想路线的实质和核心。无论党和国家事业发展进入哪个阶段，无论国内外形势如何变化，发展始终是党执政兴国的第一要务，发展是解决我国一切问题的基础和关键。在全面建设社会主义现代化国家新征程上高质量发展是首要任务。做好明年经济工作，各地区各部门必须以习近平新时代中国特色社会主义思想为指导，全面贯彻落实党的二十大精神，完整、准确、全面贯彻新发展理念，加快构建新发展格局，着力推动高质量发展，以高质量发展扎实推进中国式现代化。

改革开放是我国大踏步赶上时代的关键一招，也是实现中华民族伟大复兴的关键一招。各地区各部门必须坚持党的全面领导特别是党中央集中统一领导这一根本制度不动摇，必须坚持和完善社会主义基本经济制度不动摇，坚持社会主义市场经济改革方向，推进高水平对外开放，推动经济发展在法治轨道上运行，充分调动一切积极因素，不断激发一切生产要素的积极作用，尊重人的价值，遵循社会心理预期，坚决破除束缚我国高质量发展的一切体制机制弊端，才能持续激活我国经济发展内生动力和全社会创造力。

新中国成立以来，党和国家事业长足发展，特别是新时代 10 年伟大变革，为新征程上我国经济高质量发展已经奠定了韧性强、潜力大、活力足的坚实基础，现在最需要的就是保持战略定力、把握历史主动，坚持科学态度，坚定发展信心，以奋发有为的精神状态和"时时放心不下"的责任担当做好明年经济工作。我们相信：风雨过后必将看见最美丽的彩虹。

中国经济是一片大海[*]

——全面客观辩证看待我国经济发展的向好态势

2021 年是党和国家历史上具有里程碑意义的一年，我们党迎来百年华诞，百年大党依然风华正茂。这一年也是"十四五"规划和全面建设社会主义现代化国家新征程开局之年，以习近平同志为核心的党中央面对国内外风险挑战增多的复杂局面，从容应对百年变局和世纪疫情冲击，奋力完成改革发展艰巨任务，实现"十四五"稳健开局。但面对国内外错综复杂的新形势新挑战，我国经济下行压力持续加大，经济运行中也出现了不少困难和问题。我们要全面客观辩证看待我国经济发展，观大势、谋大局、抓大事，锚定既定目标，坚定发展信心，在踏上建设社会主义现代化国家新征程上努力开创我国经济高质量发展的新局面。

面对国内外复杂形势中国经济彰显强大韧性和活力

在过去的 2021 年，尽管国内外经济形势异常复杂，但以习近平同志为核心的党中央统筹国内国际两个大局，坚持稳中求进工作总基调，立足新发展阶段，贯彻新发展理念，构建新发展格局，巩固拓展疫情防控和经济社会发展成果，我国经济发展继续保持全球领先地位，中国经济充分展现了强大韧性和旺盛活力。这突出表现为十个亮点：

亮点一：经济增长保持国际领先。我们不断改善和创新宏观调控，实施经济政策逆周期调节和跨周期调节协同推进，积极的财政政策效能提升，稳健的货币政策灵活精准，就业优先政策不断强化，国内生产总值继续保持较快增长，经济运行保持在合理区间。根据国家统计局网站的公开数据，2021 年前三季

---

* 本文原载《形势与政策》，人民日报出版社 2023 年版。

度，我国经济增速为 9.8%，明显高于美国、日本、德国等世界主要经济体 5.7%、2.4%、3.0% 的经济增速；我国经济两年平均增长 5.2%，在主要经济体中也是领先的。尽管三季度受疫情、汛情等多重因素冲击，经济增速有所放缓，但经济稳定恢复的态势没有改变，四季度以来重要经济指标逐步回升，全年经济增长完全能够实现 2021 年两会审议通过的《政府工作报告》确定的经济增长 6% 以上的预期目标。

亮点二：粮食连年增产生产再获丰收。尽管夏季以来受到部分地区汛期灾情影响，但稳农稳粮政策不松懈。2021 年 12 月 6 日，国家统计局公布的全国粮食生产数据显示，2021 年全国粮食总产量 13657 亿斤，比上年增产 267 亿斤，全年粮食产量再创新高，连续 7 年保持在 1.3 万亿斤以上。这意味着，我国粮食产量实现"十八连丰"。粮食安全有保障，支撑了市场物价基本稳定，农业基础地位更加稳固，为我国经济持续健康发展打下坚实基础。

亮点三：工业生产持续回升效益显著。根据国家统计局网站公开数据，2021 年 11 月，全国规模以上工业增加值同比增长 3.8%，两年平均增长 5.4%。其中，分三大门类看，采矿业增加值同比增长 6.2%，制造业同比增长 2.9%，电力、热力、燃气及水生产和供应业同比增长 11.1%。高技术制造业增加值同比增长 15.1%，两年平均增长 12.9%。分产品看，新能源汽车、工业机器人、集成电路等高技术产品产量同比分别增长 112.0%、27.9%、11.9%。1～11 月，全国规模以上工业增加值同比增长 10.1%，两年平均增长 6.1%。1～10 月，全国规模以上工业企业实现利润总额同比增长 42.2%，两年平均增长 19.7%；规模以上工业企业营业收入利润率为 7.01%，同比提高 1.04 个百分点。

亮点四：经济结构调整继续得到优化。随着制造强国战略深入实施，先进制造业和现代服务业融合发展得到加强，我国全产业链优势与国内外需求有效衔接，制造业生产投资稳定增长。根据国家统计局网站公开数据，2021 年前 11 个月，制造业投资同比增长 13.7%，其中，高技术制造业和高技术服务业投资同比分别增长 22.2%、6.4%；社会领域投资同比增长 10.3%，两年平均增长 10.8%；其中卫生投资、教育投资同比分别增长 26.6%、9.5%。随着创新驱动发展战略有效实施，创新环境不断优化，大众创业万众创新纵深推进，创新链产业链深度融合，智能、低碳、高附加值的新产品快速发展，新一代信息技术加速向网络购物、移动支付、线上线下融合等新型消费领域渗透融合，以新产业新业态新模式为代表的新动能成长壮大、持续活跃。

亮点五：对外贸易和利用外资较快增长。稳外贸稳外资取得明显成效。对外贸易量增质升，结构继续优化。根据国家统计局网站公开数据，2021 年前 10

个月，我国进出口总额31.7万亿元，同比增长22.2%，创历史同期新高；机电产品出口比重保持在60%左右。利用外资快速增长，质量不断提升。1～10月，我国实际使用外资9431.5亿元，同比增长17.8%，其中服务业实际使用外资增长20.3%，高技术产业实际使用外资增长23.7%。11月，货物进出口总额同比增长20.5%，进出口相抵，贸易顺差4607亿元。共建"一带一路"走深走实，1～10月，我国对"一带一路"沿线国家进出口额同比增长23.0%；中欧班列开行12605列，超过上年全年总量，货物运送量增长33%。

亮点六：城镇新增就业持续扩大。我们深入实施就业优先政策，继续延续新冠疫情暴发以来的减负稳岗扩就业政策，精准有效推进就业帮扶，积极推动以创业带就业，就业规模持续扩大。据国家统计局数据：2021年前11个月，全国城镇新增就业1207万人，超额完成全年预期目标。11月，全国城镇调查失业率为5.0%，比上年同期下降0.2个百分点，低于5.5%左右的预期目标。其中，本地户籍人口调查失业率为5.1%，外来户籍人口调查失业率为4.8%；25～59岁人口调查失业率为4.3%，31个大城市城镇调查失业率为5.1%，重点群体就业状况得到改善。全国企业就业人员周平均工作时间为47.8小时。

亮点七：居民消费价格处于合理区间。尽管受到大宗商品价格持续上涨的影响，政府千方百计加大市场保供稳价力度，不断强化"米袋子"省长负责制和"菜篮子"市长负责制，居民基本生活品供给增加，主要肉类产能持续恢复，蛋奶和水果等市场供应充足，基本实现了商品和服务市场供需总体平衡，居民消费价格指数（CPI）保持温和上涨态势。根据国家统计局网站公开数据，2021年11月，全国居民消费价格同比上涨2.3%；1～11月，全国居民消费价格比上年同期上涨0.9%。11月，全国工业生产者出厂价格（PPI）同比上涨12.9%，涨幅比上月回落0.6个百分点；工业生产者购进价格同比上涨17.4%，涨幅比上月扩大0.3个百分点。1～11月，全国工业生产者出厂价格、工业生产者购进价格同比分别上涨7.9%、10.7%。

亮点八：居民收入增长与经济增长基本同步。经济延续恢复态势，就业形势总体稳定，民生支出保障有力，社会保障和公共服务水平稳步提升，共同促进了居民收入恢复性增长。前三季度，全国居民人均可支配收入同比实际增长9.7%，两年平均增长5.1%，与经济增长基本同步。工资性收入稳定增长对居民增收发挥了关键作用，前三季度全国居民人均工资性收入同比名义增长10.6%。各地有力保障民生投入，按时足额发放养老金和退休金，加大社会救济和临时救助力度，居民转移性收入快速增加，前三季度全国居民人均转移净收入两年平均名义增长8.4%，超过2019年同期增速。城乡居民收入差距进一步缩小，前三季度城乡居民人均可支配收入之比为2.62，同比缩小0.05。

亮点九：环境保护和生态文明建设明显加强。经济发展与生态文明建设协同共进，碳达峰碳中和工作统筹推进，绿色低碳转型步伐稳健，生态环境保护取得新成效。煤电、钢铁等重点领域节能降碳得到强化，能耗强度继续下降。能源消费结构调整优化，前三季度清洁能源消费量占能源消费总量的比重同比提高 0.6 个百分点。碳交易市场日趋活跃，截至 11 月 29 日，全国碳市场碳排放配额（CEA）累计成交量突破 4000 万吨，成交额超过 17 亿元。污染防治成果不断巩固，1～10 月全国 339 个地级及以上城市 PM2.5 平均浓度同比下降 6.7%。

亮点十：对世界经济恢复增长作出重要贡献。根据国际货币基金组织最新预测，2021 年我国经济总量占世界经济比重将达到 18% 左右，连年稳步提高。出口贡献方面，我国充分发挥制造业大国优势，向世界各国源源不断供给海量防疫物资、生活物资，目前已向国际社会提供新冠疫苗超过 18 亿剂，有力支持相关国家抗疫、助力全球产业链供应链稳定。进口贡献方面，上半年我国货物进口额占全球的比重为 12%，创历史同期新高，对全球进口增长的贡献率达到 14.8%，为全球经济发展增添了重要助力，为世界经济企稳复苏作出了重要贡献。

从这十大经济亮点和各项宏观经济指标可以看出，在过去的一年，在外部环境更趋严峻复杂和不确定、国内改革发展和防风险任务更加繁重的形势下，以习近平同志为核心的党中央处变不惊、指挥若定，团结带领全国人民奋力拼搏，沉着应对百年未有之大变局和疫情冲击，主动育先机，积极开新局，我国经济恢复取得新成效，改革开放创新取得新进展，推动高质量发展取得新收获，构建新发展格局迈出新步伐，实现了"十四五"良好开局，中国经济增长表现在全球是"一枝独秀"，交出了一份让全世界瞩目的优秀答卷。

我国经济稳中向好、长期向好的基本趋势不会改变

在看到过去一年我国经济发展取得显著成效的同时，也要充分认识到面对的各种矛盾与困难。2020 年末召开的中央经济工作者会议明确指出，"在充分肯定成绩的同时，必须看到我国经济发展面临需求收缩、供给冲击、预期转弱三重压力。世纪疫情冲击下，百年变局加速演进，外部环境更趋复杂严峻和不确定。"这一认识是十分清醒的。

（一）当前我国经济发展遇到了哪些国内国际困难

从国内来看。2021 年初以来，我国经济经历了疫情后的快速反弹和高点回落，三季度实际 GDP 增速跌破 5.0% 至 4.9%，拉动 GDP 增长的投资、消费、进出口"三驾马车"动力都开始减弱，呈现从一季度高点逐季回落的态势，经济下行压力持续加大。

循着现代化的逻辑——一个经济学人的时事观察（2021－2024年）

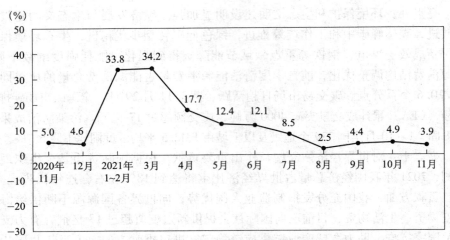

图1　2020年11月至2021年11月社会消费品零售总额同比增速

资料来源：国家统计局网站。

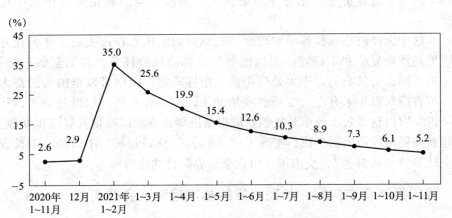

图2　固定资产投资（不含农户）同比增速

资料来源：国家统计局网站。

　　所谓需求收缩，反映到经济指标上，看消费需求：根据国家统计局网站公开数据，2021年11月，我国社会消费品零售总额同比增长只有3.9%；1～11月，社会消费品零售总额同比增长13.7%，比2019年1～11月增长8.2%。创多年以来新低。新冠疫情暴发以来，消费需求虽逐步恢复但进度和力度一直较为缓慢，2021年在局部疫情时有反复的情况下，城乡居民消费意愿弱、工作不稳定预期强、收入增长幅度不高等均制约消费需求增长。看投资需求：2021年1～11月，全国固定资产投资同比增长只有5.2%，两年平均增长3.9%。其中，制造业投资增长13.7%，算比较快的，而电力、热力、燃气及水生产和供应业投资增长 0.2%，基础设施投资增长 0.5%，民间固定资产投资同比增长 7.7%。可以看出，2021 年在基建、地产投资持续较弱的背景下，制造业投资是固定资产投资的主要支撑。其中，地产投资在房地产政策严格调控影响下明显放缓，各地区城镇集中供地和地产融资政策全方位收紧提高了地产开发商拿地的资金成本，导致土地购置减速，整体地产投资意愿走弱。看进出口需求，虽然 2021 年受益于全球供应链恢复带来的生产型外需，以及全球疫情周期性反复背景下中国本身产业链的韧性较强，过去一年我国进出口增速保持较好态势，但未来可持续性随着逆全球化态势加剧仍然不能构成经济增长的主要动力。

所谓供给冲击，2021 年受国际大宗商品价格持续上涨，特别是全球产业链供应链中居于重要位置的能源和大宗原材料的生产和供给受到较大冲击，叠加国内受能耗双控政策影响，不少地方出现"运动式减碳"等问题影响，国民经济循环形成了不少新的断点和堵点，给正常投资增长带来压力。

所谓预期转弱，主要是受供求制约因素加重，经济下行压力越来越大，未来经济增长的动力也随着减弱，经济增速预期也开始走弱，一定意义上说，我国经济面临多年来没有过的困难。

同时还需要看到，过去一年，我们加大力度整治平台经济，规范市场竞争秩序，开展一系列反对市场垄断特别是遏制资本无序扩张以及严厉打击市场不正当竞争，严格调控房地产市场，防范和化解各类地方债、企业债风险，也制约了部分市场主体的投资冲动，客观上减弱了市场上行动能。

从国际上看。一方面，从美国特朗普政府到拜登政府，为了抵御新冠肺炎疫情冲击和恢复国内经济，近年来美联储大肆印钞，直接导致国际大宗商品价格不断上涨，进而引发全球出现"大通胀"，而且通货膨胀态势在未来一个时期会愈加明显。对我国来说，美国近年来联手欧盟国家对我国实施全面的围剿，对我国科技发展实行严格的封锁，对我国企业进行轮番的打压，对我国外贸、市场、关税、产品等不择手段的堵击，中美政治经济博弈日渐加剧。

另一方面，世纪疫情更是威胁当前世界经济发展的最大一个不稳定性和不确定性因素。已经传染蔓延整整两年的新冠肺炎疫情，全球确诊病例累计逾 2.7 亿例，累计死亡人数逾 535 万人，单日新增确诊病例仍以超 71 万例在增加，每天新增死亡人数以 8602 人在发生。新出现的奥密克戎变异毒株的传播速度快于德尔塔毒株，新冠疫苗接种者或是康复者有可能再次感染该病毒。正在蔓延的奥密克戎病毒，让全球经济再次面临"大停摆"。世卫组织也表示，2022 年仍会是世纪疫情肆虐危害的一年。世纪疫情已经成为全球经济复苏的最大变数，不仅对全球经济发展带来进一步冲击，对我国明年经济发展也必然产生深刻影响。

所以，无论是从国内经济运行态势看，还是从国际风险因素变幻看，未来一个时期我国经济发展都面临严峻考验。

（二）怎样深刻认识我国经济韧性强，长期向好的基本面不会改变

越是面对风险挑战，越要用辩证、长远的眼光研判未来发展。2021年的中央经济会议指出，"我们既要正视困难，又要坚定信心。我国经济韧性强，长期向好的基本面不会改变。无论国际风云如何变幻，我们都要坚定不移做好自己的事情，不断做强经济基础，增强科技创新能力，坚持多边主义，主动对标高标准国际经贸规则，以高水平开放促进深层次改革、推动高质量发展。"

一是我国经济社会发展已经形成强大物质技术基础。新中国成立70多年来，中国从一穷二白上升至世界第二大经济体，实现了历史性跨越。根据国家统计局网站公开数据，1952年我国国内生产总值仅为679亿元，1978年则增加到3679亿元。改革开放后，中国经济进入发展快车道，1986年经济总量突破1万亿元，2000年突破10万亿元大关，2010年达到412119亿元，超过日本并连年稳居世界第二。党的十八大以来，中国特色社会主义进入新时代，我国经济发展也进入了新时代。近两年，尽管受到新冠肺炎疫情冲击，党中央统筹疫情防控和经济社会发展工作，我国经济总量已经突破100万亿元大关，人均GDP超过1.1万亿美元，我们如期实现全面建成小康社会。中国已是世界第二大经济体、制造业第一大国、货物贸易第一大国、商品消费第二大国、外资流入第二大国，以及外汇储备第一大国，成为世界经济增长的重要稳定力量。中国经济的强大物质基础，足以抵御任何大风大浪的冲击。

二是我国具有超大规模的市场优势和内需潜力。经过多年发展，我国具有完整的工业体系和国民经济体系，拥有系统性的、配套完整的生产链和供应链，产业部门齐全，基础设施良好，这是其他国家短期内所难比拟的。中国拥有14亿的人口，4亿多中等收入群体，人民生活水平提高带来了巨大的市场消费潜力。中国还拥有庞大的人力资本和人才资源，以及不断增强的科技创新能力，正加速壮大我国经济发展的创新力和竞争力。中国正处在现代化进程中，新型工业化、信息化、城镇化等蕴含着巨大的发展潜能，后发优势依然明显。尤其重要的是，中国人民勤劳智慧，勇于创新、敢于拼搏，具有伟大的改革开放精神和取之不竭的创新精神。

三是我们具有中国共产党的坚强领导和中国特色社会主义制度强有力的政治优势。在统筹国内国际两个大局、统筹疫情防控和经济社会发展的实践中，以习近平同志为核心的党中央深化了对在严峻挑战下做好经济工作的规律性认识：党中央是危难时刻全党全国各族人民迎难而上的根本依靠，在重大历史关头，重大考验面前，党中央的判断力、决策力、行动力具有决定性作用；人民至上是作出正确抉择的根本前提，心里始终装着人民，始终把人民利益放在最

高位置，就一定能够作出正确决策，确定最优路径，并依靠人民战胜一切艰难险阻；制度优势是形成共克时艰磅礴力量的根本保障，坚定中国特色社会主义的理论自信、制度自信、道路自信、文化自信，坚持集中力量办大事的制度优势，就能够使全党全国各族人民紧密团结起来，发挥出攻坚克难、推动事业发展的强大能量；科学决策和创造性应对是化危为机的根本方法，只要准确识变、科学应变、主动求变，就能够在抗击大风险中创造出大机遇；科技自立自强是促进发展大局的根本支撑，只要秉持科学精神、把握科学规律、大力推动自主创新，就一定能够把国家发展建立在更加安全、更为可靠的基础之上。

（三）当前我国经济发展中需要正确认识和把握哪些重大理论和现实问题

2021 年我国进入新发展阶段，贯彻新发展理念、构建新发展格局，按照"十四五"规划，推动高质量发展。当前我国发展内外环境发生深刻变化，经济运行中出现一系列新的矛盾和问题，也面临许多新的重大理论和实践问题，要深入研究、认真把握，准确应对前进道路上的各种风险和挑战。中央经济工作会议提出"五个正确认识和把握"具有极强的问题意识、战略导向和现实意义。

一是要正确认识和把握实现共同富裕的战略目标和实践途径。在我国社会主义制度下，既要不断解放和发展社会生产力，不断创造和积累社会财富，又要防止两极分化。实现共同富裕目标，首先要通过全国人民共同奋斗把"蛋糕"做大做好，然后通过合理的制度安排把"蛋糕"切好分好。这是一个长期的历史过程，要稳步朝着这个目标迈进。要在推动高质量发展中强化就业优先导向，提高经济增长的就业带动力。要发挥分配的功能和作用，坚持按劳分配为主体，完善按要素分配政策，加大税收、社保、转移支付等的调节力度。支持有意愿有能力的企业和社会群体积极参与公益慈善事业。要坚持尽力而为、量力而行，完善公共服务政策制度体系，在教育、医疗、养老、住房等人民群众最关心的领域精准提供基本公共服务。

二是要正确认识和把握资本的特性和行为规律。社会主义市场经济是一个伟大创造，社会主义市场经济中必然会有各种形态的资本，要发挥资本作为生产要素的积极作用，同时有效控制其消极作用。要为资本设置"红绿灯"，依法加强对资本的有效监管，防止资本野蛮生长。要支持和引导资本规范健康发展，坚持和完善社会主义基本经济制度，毫不动摇巩固和发展公有制经济，毫不动摇鼓励、支持、引导非公有制经济发展。

三是要正确认识和把握初级产品供给保障。要坚持节约优先，实施全面节约战略。在生产领域，推进资源全面节约、集约、循环利用。在消费领域，增强全民节约意识，倡导简约适度、绿色低碳的生活方式。要增强国内资源生产保障能力，加快油气等资源先进开采技术开发应用，加快构建废弃物循环利用体系。要把提高农业综合生产能力放在更加突出的位置，持续推进高标准农田建设，深入实施种业振兴行动，提高农机装备水平，保障种粮农民合理收益，中国人的饭碗任何时候都要牢牢端在自己手中。

四是要正确认识和把握防范化解重大风险。要继续按照稳定大局、统筹协调、分类施策、精准拆弹的方针，抓好风险处置工作，加强金融法治建设，压实地方、金融监管、行业主管等各方责任，压实企业自救主体责任。要强化能力建设，加强金融监管干部队伍建设。化解风险要有充足资源，研究制定化解风险的政策，要广泛配合，完善金融风险处置机制。

五是要正确认识和把握碳达峰碳中和。实现碳达峰碳中和是推动高质量发展的内在要求，要坚定不移推进，但不可能毕其功于一役。要坚持全国统筹、节约优先、双轮驱动、内外畅通、防范风险的原则。传统能源逐步退出要建立在新能源安全可靠的替代基础上。要立足以煤为主的基本国情，抓好煤炭清洁高效利用，增加新能源消纳能力，推动煤炭和新能源优化组合。要狠抓绿色低碳技术攻关。要科学考核，新增可再生能源和原料用能不纳入能源消费总量控制，创造条件尽早实现能耗"双控"向碳排放总量和强度"双控"转变，加快形成减污降碳的激励约束机制，防止简单层层分解。要确保能源供应，大企业特别是国有企业要带头保供稳价。要深入推动能源革命，加快建设能源强国。

始终坚持问题导向、目标导向、结果导向，我们就能克服前进道路上的困难，中国经济在高质量发展的路上就能行稳致远。

锚定战略目标、坚定发展信心加快构建新发展格局

2020年我们党将召开党的二十大，这是党和国家政治生活中的一件大事。2021年的中央经济工作会议指出，"做好明年经济工作，要以习近平新时代中国特色社会主义思想为指导，全面贯彻落实党的十九大和十九届二中、三中、四中、五中、六中全会精神，弘扬伟大建党精神，坚持稳中求进工作总基调，完整、准确、全面贯彻新发展理念，加快构建新发展格局，全面深化改革开放，坚持创新驱动发展，推动高质量发展，坚持以供给侧结构性改革为主线，统筹疫情防控和经济社会发展，统筹发展和安全，继续做好'六稳''六保'工作，持续改善民生，着力稳定宏观经济大盘，保持经济运行在合理区间，保持社会大局稳定，迎接党的二十大胜利召开。"

（一）新一年我国经济工作为什么要强调稳字当头稳中求进

"稳字当头、稳中求进""宏观政策要稳健有效""继续做好'六稳''六保'工作""着力稳定宏观经济大盘""保持社会大局稳定"，中央经济工作会议在分析研究明年经济工作时用了这一系列重要表述，突出强调了一个"稳"

字，这为做好 2022 年经济工作定下了总的基调。

抓住一个"稳"字，稳字当头、稳中求进，对做好新的一年经济工作尤为关键。

着力稳字当头体现了党中央对当前经济形势的科学认识。今年是党和国家历史上具有里程碑意义的一年，也是"十四五"规划实施的第一年，在全球疫情走势和经济走势趋于复杂背景下，党中央积极统筹疫情防控和经济社会发展，实现稳健开局。前三季度，中国经济同比增长 9.8%，高于全球平均增速和主要经济体增速，全年实现 6% 以上的经济增长预期目标大局已定，而综合经济增长、就业、物价、国际收支四大宏观经济指标看，当前中国经济基本盘"稳"的特征也十分鲜明，但经济下行压力在不断加大。面对复杂严峻的国内外形势，要锚定既定目标，坚持不懈推进高质量发展，我们就必须保持战略定力，巩固拓展稳的成果，继续保持一个稳的发展态势、稳的发展环境。明年要确保办成一届简约、安全、精彩的奥运盛会，迎接党的二十大胜利召开，这也需要保持社会大局稳定。

强调稳中求进指明了做好全年经济工作的目标和方向。稳是前提和基础，进是目标和方向。稳中求进工作总基调是治国理政的重要原则，体现了进入新时代党对世情、国情、党情及治国理政规律的深刻洞察和科学把握，也是做好经济工作必须坚持的正确工作策略和方法。会议强调宏观政策、微观政策、结构政策、科技政策、改革开放政策、区域政策、社会政策七个方面的政策组合，可谓"七管齐下"，目的也是更好地"进"。比如，宏观政策强调更加注重稳健有效，就是要稳定宏观经济大盘，保持经济运行在合理区间，实施好扩大内需战略；微观政策就是要进一步激发市场主体活力，强化企业创新主体地位，驱动在关键核心技术上攻坚克难，切实提升产业链竞争力、增强供应链创新力。再比如，改革开放政策重点在于切实破解要素市场化配置的体制机制障碍，着力畅通国民经济循环，培育壮大新的增长点，以加快构建新发展格局不断增强发展后劲和动力；社会政策则强调兜住民生底线，在就业、住房、医疗、生育、社会保障等民生改善诸多方面不断增强人民群众获得感、幸福感、安全感。打好这一系列政策组合拳，既能稳住明年的经济基本盘、充分发挥我国超大规模市场优势，又能为实现高质量发展、促进共同富裕打开新的空间、持续增强经济韧性。

实现稳字当头、稳中求进关键是要完整准确全面贯彻新发展理念。坚持创新、协调、绿色、开放、共享的新发展理念是关系我国发展全局的一场深刻变革，我们必须从根本宗旨、问题导向、忧患意识上完整准确全面把握，在行动上不折不扣地贯彻。经济工作从来都不是抽象的、孤立的，而是具体的、联系的，我们要悟透以人民为中心的发展思想，坚持正确的政绩观，善于用政治眼光观察和分析变化中的经济社会问题。2021年以来，我们在破解科技"卡脖子"问题、防止资本无序扩张和野蛮生长、规范房地产市场秩序、防范化解地方和企业债务风险、推进碳达峰碳中和工作、促进全体人民共同富裕等方面卓有成效，但也有一些地方一些部门一些干部在执行政策过程中出现了认识上的误区和行为上的偏差，对党中央的大政方针和战略部署抓不住要害、踩不到点上、落不到实处，出现这些问题归根结底还是在于没能完整、准确、全面贯彻新发展理念。

（二）领导经济工作为什么要强调敬畏历史、敬畏文化、敬畏生态

今年中央经济工作会议提出，"领导干部要提高领导经济工作的专业能力"，要"加强经济学知识、科技知识学习"。同时，又强调了领导干部要"敬畏历史、敬畏文化、敬畏生态"，做到慎重决策、慎重用权。

做好经济工作，领导干部当然要懂经济，有必要的专业知识和专业能力，这是基本要求。每年中央经济工作会议在这方面强调得很多，比如，要不断加强学习能力、提高知识本领，改进工作作风等。2021年中央经济工作会议要求领导干部能够更多地从历史、从文化、从生态的角度去思考经济问题、做好经济工作，要学习历史知识、厚植文化底蕴、强化生态观念，这无疑是以更宽的视野、更高的境界，对领导干部做好经济工作的综合能力、素质修养、行为作风提出了新的要求。中央经济工作会议为此提出"三个敬畏"，其内涵是丰富的、极有针对性的，其意味也是深长的。

所谓敬畏，是指人们对待一种事物、一种观念、一种状态等发自内心的心理或情感态度，因为这样的事物、观念等具有超越时空、难以撼动的力量，足以让我们崇拜、敬重，也足以让我们畏惧、难以或不能逾越，进而直接影响人们的行为选择。历史、文化、生态作为对象物就是这样的客观存在，就有这样的强大力量。做经济工作，考虑较多的是投入产出，计较的是利益得失，能很快看得见摸得着，教科书中说的"经济人"就指这样的属性。但领导干部是领导经济工作，不是一般的"经济人"，面对资源要素稀缺，虽然也要算账而且要精打细算，但也必须算大账、算整体账、算长远账，这就需要领导者有历史眼光，有文化站位，有生态格局。对历史、对文化、对生态，心能存有敬畏，就能自觉把握好哪些能做应该做，哪些不能做绝对不可做，行自然会有所止。因此，作经济决策就要倍感千钧重，不能拍脑袋；推进经济工作就须权衡细掂量，不要瞎指挥。

敬畏历史，就是因为厚重的历史过程饱含着古今中外的经验教训，我们不能违背历史已经证明了的事物发展的内在规律性。历史潮流浩浩荡荡，顺之则昌逆之则亡，说的就是这个道理。这次中央经济工作会议提出，要正确认识和

把握资本的特性和行为规律。资本是市场经济中最活跃的要素，但天然具有扩张性。我国现在发展社会主义市场经济，必然会有各种形态的资本。我们就要发挥资本作为生产要素的积极作用，同时又要有效控制其消极作用。为资本设置"红绿灯"，就是尊重了资本运行的历史规律，对此不能有模糊认识。

敬畏文化，就是因为绵延千年积淀下来的优秀传统文化已经成为民族的基因，根植于人的内心，潜移默化地影响人们的思想方式和行为方式，我们应当自觉尊重百姓日用而不觉的文化价值观。在经济工作中，我们就要崇尚唯实笃行，注重协调平衡，讲求开源节流，时时防患于未然等。比如，促进共同富裕是一个长期的历史过程，要久久为功、稳步朝着这个目标迈进，但不要期待"一口吃成个胖子"；实现碳达峰碳中和是推动高质量发展的内在要求，要坚定不移推进，但不可能毕其功于一役。这样在工作中就可以防止简单化、片面化、单打一甚至乱作为。

敬畏生态，就是要尊重自然、顺应自然、保护自然。恩格斯早有名言，"我们不要过分陶醉于我们人类对自然界的胜利。对于每一次这样的胜利，自然界都对我们进行报复。"人类对大自然的伤害最终会伤及人类自身，这是无法抗拒的自然规律。"万物各得其和以生，各得其养以成。"因此，在经济发展和环境治理上，必须牢固树立人与自然生命共同体的理念。

当然，敬畏历史、敬畏文化、敬畏生态这"三个敬畏"内涵是相互贯通的，逻辑是相互一致的，既反映一种态度，也体现为一种行为准则。做好经济工作的出发点和落脚点还是要悟透以人民为中心的发展思想，各级领导干部作决策、定政策、行主张、推措施，一切都要从最广大人民群众的根本利益出发，坚持正确政绩观，切实将各项决策建立在系统思维、科学谋划、调查研究基础上，切实把人民赋予的权力用来造福于人民。

习近平总书记在2018年首届中国国际进口博览会开幕式上发表主旨演讲时指出，"中国经济是一片大海，而不是一个小池塘。大海有风平浪静之时，也有风狂雨骤之时。没有风狂雨骤，那就不是大海了。狂风骤雨可以掀翻小池塘，但不能掀翻大海。"习近平总书记说，经历了无数次狂风骤雨，大海依旧在那儿；经历了5000多年的艰难困苦，中国依旧在这儿；面向未来，中国将永远在这儿！

如今的中国，经济潜力足、韧性大、活力强、回旋空间大，我国发展站在新的历史起点上，实现中华民族伟大复兴进入了不可逆转的历史进程。全党全国各族人民紧密团结在以习近平同志为核心的党中央周围，增强"四个意识"，坚定"四个自信"，做到"两个维护"，锚定全面实现第二个百年目标的奋斗目标，坚定我国构建新发展格局、实现高质量发展的信心，我们就能越激流、涉险滩，驶过高质量发展的关口，去开创实现全体人民更加美好生活的光明未来。

2023 年

坚定信心·稳中求进·推进高质量发展*

今年的《政府工作报告》（以下简称《报告》），全面总结了过去一年和过去五年我国经济社会发展取得的一系列重大成就，对今年我国发展的主要预期目标和政府的重点工作任务提出建议。①《报告》全面贯彻习近平新时代中国特色社会主义思想和党的二十大精神，总结成绩实事求是，确定目标科学合理，提出举措切实可行，是一个求真务实、开拓进取、充满信心、团结鼓劲的好报告，为扎实做好现代化国家建设开局之年的经济社会发展工作提供了指引。

回首过往 中国经济大船破浪前行

今年是政府换届之年，《报告》用了相当大的篇幅回顾了过去一年和过去五年这一届政府在以习近平同志为核心的党中央坚强领导下，应对极其复杂的国内外环境，爬坡过坎，攻坚克难，勇于创新，推动党和国家事业和中国经济发展取得长足进步。

过去一年，我国实现国内生产总值增长 3%，城镇新增就业 1206 万人，年末城镇调查失业率降到 5.5%，居民消费价格上涨 2%。货物进出口总额增长 7.7%，国际收支保持平衡，粮食产量保持在 1.3 万亿斤以上等。这一成就是在我国发展遇到疫情等国内外多重超预期因素冲击，经济面对需求收缩、供给冲击、预期转弱三重压力极其困难的背景下取得的。党中央高效统筹疫情防控和经济社会发展。2022 年 11 月以来，围绕"保健康、防重症"，不断优化调整防控措施，较短时间实现了疫情防控平稳转段，两亿多人得到诊治，近 80 万重症患者得到有效救治，新冠死亡率保持在全球最低水平，创造了人类文明史上人

---

* 本文原载《中国青年报·理论版》2023 年 3 月 14 日。
① 李克强作的政府工作报告［N］. 人民日报，2023－03－06（1）.

口大国成功走出疫情大流行的奇迹。为应对经济新的下行压力，国务院果断应对、及时调控，突出稳增长稳就业稳物价，出台实施稳经济一揽子政策和接续措施，有力有效稳住了经济大盘。经过艰苦努力，国内消费需求、市场流通、工业生产、企业预期等明显向好，经济增长企稳向上，彰显出我国经济的巨大潜力和坚强韧性。

过去五年，世界变局加快演变，国内改革发展经受多重挑战。我们始终保持战略定力，牢牢把握历史主动，稳字当头、稳中求进，完整、准确、全面贯彻新发展理念，加快构建新发展格局，着力推动高质量发展，统筹发展和安全，我国经济社会发展再上新台阶。这五年，国内生产总值增加到121万亿元，五年年均增长5.2%，在高基数基础上实现了中高速增长、迈向高质量发展。居民消费价格年均上涨2.1%，城镇新增就业年均1270多万人，货物进出口总额年均增长8.6%，突破40万亿元、连续多年居世界首位，吸引外资和对外投资居世界前列，外汇储备稳定在3万亿美元以上。

宏观数据亮丽，结构数据也很亮眼。比如，我国高技术制造业、装备制造业增加值年均分别增长10.6%、7.9%，远高于同期经济增长，以数字经济为代表的新产业新业态新模式增加值占国内生产总值比重达到17%以上，体现出经济结构进一步优化，发展新动能加快成长。又比如，我国科技创新成果丰硕，基础设施更加完善。全社会研发经费投入强度从2.1%提高到2.5%以上，科技进步贡献率提高到60%以上。再比如，我们如期打赢脱贫攻坚战，如期全面建成小康社会，社会生态环境明显改善，单位国内生产总值能耗下降8.1%、二氧化碳排放下降14.1%，地级及以上城市PM2.5平均浓度下降27.5%。这五年，居民收入增长与经济增长保持基本同步，新增劳动力平均受教育年限从13.5年提高到14年。基本养老保险参保人数增加1.4亿人、覆盖10.5亿人，基本医保水平稳步提高，人民群众获得感幸福感安全感明显提升。

这些成就的取得，是以习近平同志为核心的党中央坚强领导的结果，是习近平新时代中国特色社会主义思想科学指引的结果，是全党全国人民一起努力干出来的、拼搏出来的。中国经济大船迎风逐浪、破浪前行，中国人民更有底气和信心，中国式现代化扬帆起航。

稳中求进 中国式现代化开好局

每年《政府工作报告》最大的看点就是对全年发展主要预期目标的宏观展望。总理在《报告》中对新一届政府提出发展目标建议：2023年国内生产总值增长5%左右；城镇新增就业1200万人左右，城镇调查失业率5.5%左右；居民消费价格涨幅3%左右；居民收入增长与经济增长基本同步；进出口促稳提质、国际收支基本平衡；粮食产量保持在 1.3 万亿斤以上；单位国内生产总值能耗和主要污染物排放量继续下降，重点控制化石能源消费，生态环境质量稳定改善。

5% 左右的全年增长目标在整个宏观经济指标中具有牵引和导向作用。

5%，这是一个能够提振信心的增长目标。过去一年，在极其困难的经济发展环境下，我国实现了 3% 的经济增长，高于全球经济增长水平。过去五年，我国经济年均增长 5.2%，过去十年年均增长 6.2%，每年经济总量增量普遍在 10 万亿元。在全面建设社会主义现代化国家开局起步之年，我们设定 5% 左右的增长水平，既能够保持经济发展稳中求进、循序渐进、持续推进，又充分考量了当前的经济环境，实事求是，留有余地，有助于突出做好稳增长、稳就业、稳物价工作，有利于向市场传递积极信号，提振信心，引导预期，扩大就业，改善民生，在发展中防范和化解风险隐患。

5%，这是一个需要付出艰苦努力才能实现的增长目标。今年是全面贯彻落实党的二十大精神、全面建设社会主义现代化国家开局起步的重要一年。党的二十大报告擘画了全面建设社会主义现代化国家的宏伟蓝图，作出分两步走的总的战略安排。到 2035 年，我国经济实力、科技实力、综合国力要大幅跃升，人均国内生产总值要迈上新的大台阶，达到中等发达国家水平。按照这一目标，我国发展必须保持一定的经济增长速度。根据多方面测算，今后十几年我国合理的经济增长速度区间在 4.6%～5.5%。在开局之年，努力实现 5% 的经济增长水平，确保经济发展实现质的有效提升和量的合理增长，这不仅成为必须，也能够为拓展和大力推进中国式现代化赢得主动、赢得优势、赢得空间。

今年以来，世界银行、国际货币基金组织、经合组织等国际机构分析预测当前充满不确定不稳定的世界经济走势，纷纷调低今年世界经济增长速度，却对中国经济增长一致看好，估计今年中国经济增长有望在 4.4%～5.5%。中国如果能实现 5% 左右的经济增长，就是对促进世界经济复苏的最好贡献，中国将以自己的努力继续发挥对世界经济增长的"领头雁"和"压舱石"作用。

直面问题 着力推动高质量发展

《报告》还对当前我国发展面对的严峻环境、主要矛盾、薄弱环节、体制机制障碍等问题进行了实事求是的分析，以直面问题的勇气，对新一届政府实现全年发展目标任务提出八个方面的重点工作建议，其核心要义就是加快构建新发展格局，着力推动高质量发展，以夯实我国经济发展的根基、增强发展的安全性稳定性，在各种可以预见和难以预见的狂风暴雨、惊涛骇浪中不断增强我国的生存力、竞争力、发展力、持续力。

　　首先，是围绕中央经济工作会议提出的"六个更加统筹"，实施好五大宏观政策。要求保持政策连续性针对性，加强各类政策协调配合，形成共促高质量发展合力。积极的财政政策要加力提效，稳健的货币政策要精准有力，产业政策要发展和安全并举，科技政策要聚焦自立自强，社会政策要兜牢民生底线。同时更加科学、精准、高效做好疫情防控工作，守护好人民生命安全和身体健康。

　　其次，是有力有效发挥消费、投资、进出口"三驾马车"对经济增长的驱动作用。今年要把恢复和扩大消费摆在优先位置，多渠道增加城乡居民收入；以政府投资和政策激励有效带动全社会投资，加快建设现代化产业体系；通过稳定粮食生产和推进乡村振兴，推动发展方式绿色转型，切实保障民生和发展社会事业，巩固和兜牢民生底线，充分挖掘一切经济增长潜能。

　　最后，是用好改革开放这一重要法宝。切实落实"两个毫不动摇"，深化国资国企改革，提高国企核心竞争力；鼓励支持民营经济和民营企业发展壮大，为各类所有制企业创造公平竞争、竞相发展的环境。以稳步扩大制度型开放更大力度吸引和利用外资，以开放的中国大市场为各国企业在华发展提供更多机遇。以深化金融体制改革、完善金融监管，有效防范化解重大经济金融风险。以新一轮党和国家机构改革，推动党对社会主义现代化建设的领导在机构设置上更加科学、在职能配置上更加优化、在体制机制上更加完善、在运行管理上更加高效，切实把我国的制度优势更好转化为国家治理效能，为扎实推进中国式现代化提供制度保证。

以科技创新引领现代化产业体系，怎么看、怎么干？*

党的二十大报告指出，高质量发展是全面建设社会主义现代化国家的首要任务。加快建设现代化产业体系既是实现经济高质量发展最重要的产业支撑，也是加快构建新发展格局、着力推动高质量发展的必然要求。以科技创新为引领，强化科技创新能力提升、厚积科技创新发展优势，是加快建设现代化产业体系的"牛鼻子"和关键抓手，必须以时不我待的精神抓紧抓实抓好。

深刻理解加快建设现代化产业体系的丰富思想内涵

党的十八大以来，以习近平同志为核心的党中央立足我国发展新的历史方位，深刻洞察当今科技发展趋势，从党和国家事业发展的战略高度，把科技创新摆在国家发展全局的核心位置。习近平总书记围绕科技创新、产业升级、现代化产业体系、现代化经济体系等提出一系列重大论断重要理念重大战略，是我们深刻把握以科技创新引领加快建设现代化产业体系、全面建设现代化强国的思想遵循。

党的十八大作出了实施创新驱动发展战略的重大部署，强调科技创新是提高社会生产力和综合国力的战略支撑，必须把创新摆在国家发展全局的核心位置。针对我国经济规模很大，但依然大而不强，我国增长速度很快，但依然快而不优，主要依靠资源等要素投入推动经济增长和规模扩张的粗放型发展方式不可持续的现实矛盾，习近平总书记深刻指出，"老路走不通，新路在哪里？就在科技创新上，就在加快从要素驱动、投资规模驱动为主向以创新驱动发展为主的转变上。"① 明确提出，创新是引领发展的第一动力，科技是我国这个经济大个头的"阿喀琉斯之踵"。他反复强调，抓创新就是抓发展，谋创新就是谋未来。抓住了创新，就抓住了牵动经济社会发展全局的"牛鼻子"。

---

* 本文原载《成都日报·理论周刊》2023年5月5日。

① 习近平谈治国理政［M］. 北京：外文出版社，2014：119－128.

党的十九大指出，我国经济已由高速增长阶段转向高质量发展阶段，建设现代化经济体系是跨越关口的迫切需要和我国发展的战略目标。习近平总书记强调，国家强，经济体系必须强。只有形成现代化经济体系，才能更好顺应现代化发展潮流和赢得国际竞争主动，也才能为其他领域现代化提供有力支撑。

经过新时代十年的伟大变革，我国经济实力实现历史性跃迁，我国科技创新又取得一系列重大成果、进入创新型国家行列，在此基础上，党的二十大报告把"建设现代化产业体系"作为加快构建新发展格局、着力推动高质量发展的突出内容，顺应我国科技和产业发展的新形势新方位，对如何建设现代化产业体系进行了全面部署。

在二十届中央财经委员会第一次会议上，习近平总书记进一步强调，"现代化产业体系是现代化国家的物质基础，必须把发展经济的着力点放在实体经济上，为实现第二个百年奋斗目标提供坚强物质支撑。""加快建设以实体经济为支撑的现代化产业体系，关系我们在未来发展和国际竞争中赢得战略主动。"①

从思想理念上确立创新发展这个第一动力，到从顶层设计上全面谋划建设现代化经济体系这一系统工程，再到聚焦加快建设现代化产业体系这一着力点突破点，我们对以科技创新为引领加快全产业链优化升级、推动现代化产业体系建设、融入新发展格局的方向更加明确、认识更加全面、路径更加清晰、措施更加完整。只要各方面全面准确理解、持之以恒地扎实推进，以创新驱动推进中国式现代化就可以迈出实实在在的步伐。

充分把握以科技创新为引领产业优化升级的着力点

以科技创新为引领推动产业优化升级、加快现代化产业体系建设契入点在"科技引领"、基础在"产业体系"、关键在"搭建平台"、核心在"领军人才"，做好这四篇文章可以说就把握了工作着力点。

时刻紧盯世界科技发展前沿。进入新世纪以来，新一轮科技革命和产业变革加速发展，全球科技创新呈现出新的发展态势和特征，学科交叉融合发展，新兴学科不断涌现，前沿领域不断延伸。信息技术、生物技术、新材料技术、新能源技术、航天技术等广泛渗透，科技创新活动不断突破地域、组织、技术的界限，演化为全球性的创新战略竞争。谁掌握了科技创新的先机谁就赢得了未来。习近平总书记有一个形象的比喻，"科技创新就像撬动地球的杠杆，总能

---

① 习近平主持召开二十届中央财经委员会第一次会议强调 加快建设以实体经济为支撑的现代化产业体系 [N]. 人民日报，2023 - 05 - 06 (1).

创造令人意想不到的奇迹。"① 当今人工智能技术引领新科技革命浪潮。我们必须在这场智能革命的科技创新赛道上加大研发力量，突破思想禁锢，积极把握先机、占据主动、有所作为，力争超越，实现引领。

不遗余力建强有韧性的产业体系。我国已形成具有国际竞争力的比较完备的产业体系，这为面向现代化强国建设所要求的更具自主可控更富韧性更加安全的产业链供应链提质增效提供了坚实基础，但目前在核心技术、关键环节、成果转化、融合发展上还客观存在短板弱项，在空间布局和地域分布上还存在不少同质化倾向等，需要按照战略重点，因地制宜，兼顾比较优势和后发优势，既要加大力度推动战略性新兴产业融合集群发展，按照"十四五"规划，实施产业基础再造工程和重大技术装备攻关工程，又要大力度推进传统产业实现新旧动能转换和结构优化升级，利用数字技术赋能传统产业，以"四化并举"推动现代服务业与传统产业深度融合、推动三次产业有序衔接、深度融合，不断推动制造业智能化、绿色化、高端化，着力打造专精特新企业发展，加大力度推进一大批独角兽企业崛起和迭代发展。

以开放包容精神搭建科技创新合作平台。充分发挥国家实验室、国家级科技创新中心的引领作用，积极推动各地产学研企等智力资源、资金资源、金融资源、创新资源通力通畅合作，以企业创新为主体，充分发挥大学与科研机构整合力量，拓展城市圈、经济带扩散效应，坚决摒弃行政性属地思维、地方保护主义狭隘思维、知识产权独占思维，放大科技资源集聚效应，内引外联广泛集聚全球创新要素。同时，优化基础设施布局、结构、功能和系统集成，构建无障碍、便捷畅通的现代化基础设施体系。

以聚天下英才而用之的气魄广揽人才。各地要真正"不拘一格降人才"，既要积极培养，又要大力引进各类战略性人才、战略科学家和社会经济学家、一流科技领军人才和管理团队，青年科技人才、卓越工程师、大国工匠和高技能人才，在人才培养、孵化、使用上务必"风物长宜放眼量"，只有宽容的文化沃土才能长出支撑创新未来的参天大树。

夯实制度基础为激发科技创新活力提供最坚实保障

四川成都作为国家中心城市，资源富集、人才汇聚、位置优越、文化深厚，打造中国式现代化的地方样板具有得天独厚的优势。

成都市委十四届三次全会，对坚持科技创新引领加快建设现代化产业体系进行系统部署，充分体现了地方党委政府干事创业，勇往直前的气魄和担当。

---

① 习近平. 加快从要素驱动、投资规模驱动发展为主向以科技创新驱动发展为主的转变. 习近平谈治国理政 [M]. 北京：外文出版社，2014：120.

落实这次全会精神，根本点就是要实现到 2027 年初步形成具有较强竞争力的现代化产业体系的总体目标，努力厚植技术创新优势、要素集聚优势、平台溢出优势、成果转化优势，优化城市创新环境等，让成都能够成为服务战略大后方建设的创新策源地、加快形成带动全国高质量发展的重要增长极和新的动力源；进而让成都成为"来了就不想离开的地方"，成为各类创业创新要素汇聚的创新之城、兴业之城、可持续发展之城，这就需要——

切实解放思想、筑牢社会主义基本经济制度基础。要更大力度坚持"两个毫不动摇"，各类所有制企业在这里都能有公平公正有序的竞争环境，有效市场和有为政府能够良性互动，突出企业科技创新主体地位，完善科技金融服务体系，筑牢教育人才基础支撑等，进一步释放创新潜能、提升产业效能，促进"产业—科技—金融—人才"四位一体良性循环、相互促进。

切实开放创新、努力营造国际一流的开放的营商环境。要更大力度地破除制约科技创新和产业发展的思想障碍和制度藩篱，全力打造利于创新的制度环境、服务创新的政务环境、保护创新的市场环境、鼓励创新的社会环境、合作创新的开放环境，努力让全社会创新源泉持续涌流。

切实以人为本、健全完善更优质的社会公共服务。优质的社会公共服务是现代化产业体系乃至现代化经济体系的内在要求和集中体现，也是一个城市吸引力的根本所在。成都要深入抓好就业、教育、医疗、住房和"一老一小"等民生实事，让城市发展更有温度、市民生活更有质感。

奋力谱写中国式现代化
万千气象的成都篇章*

核心提示：2023 年 7 月 25 日至 29 日，习近平总书记到四川视察指导，并出席成都第 31 届世界大学生夏季运动会开幕式。这是四川改革发展历程中具有里程碑意义的一件大事。对于我们深入贯彻党的二十大精神，奋力谱写中国式现代化四川新篇章；对于准确把握党中央关于高水平对外开放的战略部署，推动四川构筑向西开放战略高地和参与国际竞争新基地；对于更好把握党中央关于开展主题教育的决策部署，推动我省主题教育走深走实，具有十分重要的意义。习近平总书记作出的系列重要指示，把脉精准、针对性强，是习近平新时代中国特色社会主义思想"四川篇"的最新发展，是对四川发展最权威、最深刻、最有力的科学指导。

习近平总书记近日在四川考察时强调，要牢牢把握新时代新征程党的中心任务，牢牢把握中国式现代化的科学内涵和本质要求，牢牢把握高质量发展这个首要任务，把贯彻新发展理念、构建新发展格局、促进共同富裕贯穿经济社会发展各方面全过程。① 成都要认真学习贯彻习近平总书记来川视察重要指示精神，进一步从全国大局把握自身的战略地位和战略使命，切实找准作为国家中心城市在大力拓展中国式现代化中的角色定位和使命担当，努力在现代化成都建设新征程中不断取得新突破、创造新业绩，建设更加宜居、更有韧性、更富智慧、更显活力的社会主义现代化国际大都市，不辜负习近平总书记和党中央的殷切期望。

以中国式现代化核心价值回答好中国式现代化城市"之问"

党的二十大报告擘画了中国式现代化的宏伟蓝图。城市是经济政治文化

＊ 本文原载《成都日报·理论周刊》2023 年 8 月 2 日。

① 习近平在四川考察时强调 推动新时代治蜀兴川再上新台阶 奋力谱写中国式现代化四川篇章［N］. 人民日报，2023－07－30（1）.

活动的中心，是现代化的重要载体，是人民安居乐业、安享幸福生活的美好家园。在大力推进中国式现代化进程中，中心城市应该发挥更加重要的引领示范作用。

城市，让生活更美好。城市是以相对优越的人文地理为底座，因商贸集聚流通而生，逐渐形成人文荟萃、交通便利、市场发达、产业兴旺、治理有序的经济枢纽、政治中心和社会文化交流公共空间，具有强大的资源集聚效应和价值辐射效应。

纵观世界各国城市的发展，一部城市发展史就是一部城市现代化文明的演变史。古往今来，伴随着跌宕起伏的世界变迁，我们既可以看到，许多著名城市筚路蓝缕、延绵千年至今依然历久弥新、风华正茂，但也有不少古老城市历尽沧桑、屡遭战火涂炭、饱受强权摧残乃至于湮灭。进入近现代以来，在工业革命、文化觉醒和市场经济发展的催动下，城市比较完整地记录了现代工业文明的历史进程，在互通有无和独守一统、在文明互鉴和文化隔膜、在经济发展和资源保护、在纵情挥霍当代和赓续代际传承的多重选择中，城市也始终在回答"究竟为什么发展""为了谁发展""怎样更好地实现可持续发展"的现实拷问中给出自己的答案。历史的追问、时代的回应、实践的结论最终成为各类城市兴衰更替、经验教训、文明递延的宝贵镜鉴。

中国城市发展亦如中华文明一样源远流长、光芒璀璨。众多中国古老城市厚植中华文化沃土，深蕴中华文明精髓，为世界城市发展贡献了中国城市的独特发展智慧。进入近现代，中国城市深沐现代工业文明的洗礼，虽发展曲折但矢志不渝地推进着中华民族的复兴进程。新中国成立特别是改革开放以来，中国城市更是以革故鼎新的时代风貌，在夯实经济社会发展基础、增进中国人民福祉、全面建成小康社会、激扬国家现代化奋斗精神中发挥着不可替代、举足轻重的领先作用。党的二十大鲜明指出了中国式现代化的中国特色和本质要求，中国式现代化是中国共产党领导的社会主义现代化，在中国式现代化的新的历史起点上，践行"人民城市人民建，人民城市为人民"的价值理念的中国城市，义不容辞地担负着重要使命。

在推进中国式现代化城市建设中，区域中心城市必须以坚守中国式现代化的核心价值理念和基本范式为归旨，在探索创新实践中，既要以海纳百川的宽阔胸襟借鉴吸收各国城市发展的成功经验和失败教训，更好地体现各国城市现代化合乎发展规律的共同特征；又要基于我国现阶段城市发展的中国特色、地域特点、文化特质，坚持一切从实际出发，从办好自己的事情做起，充分彰显以人民为中心的发展思想，充分认识和把握现代化城市的发展本质，顺应现代化城市的发展趋势，在新的文明发展进程中找准城市定位、丰富城市内涵、精细城市规划、提升城市能级、拓展城市功能、强化城市治理，为实现中国式现代化新目标，为实现城市的高质量发展、创造人民的高品质生活，书写出更为生动、更为精彩、更富实效的中国城市故事。这既是以中国式现代化核心价值回答中国式现代化城市"之问"的必答题，也是创造人类城市文明新形态的必选项。

成都建设公园城市示范区有基础有实力写好城市现代化新故事

伟大祖国幅员辽阔、城市众多，各区域城市地理文化特色各异，资源禀赋各有千秋，尤其是经济社会发展阶段并不同步，书写中国式现代化的城市故事，必然也会版本不同、风格不同，各有各的精彩，勿求千篇一律。成都，从古蜀以来，尽显物华天宝、人杰地灵、资源富集、地理优越。新时代，成都建设践行新发展理念的公园城市示范区，以快速的经济社会发展、集成的科技创新、厚实的基础设施建设、美丽的生态环境、闲适的人居文化等走在西南地区城市发展的前列，成都大运会的成功举办正是对成都发展成果的最好检验，也为成都在中国式现代化城市道路上继续创先争优、引领示范提供了新的动力引擎。

习近平总书记近日在四川视察时的重要指示精神是推动新时代治蜀兴川再上新台阶、奋力谱写中国式现代化四川新篇章的思想遵循。成都广大党员干部要深刻领会习近平总书记重要指示精神、深入学习习近平总书记关于城市工作一系列重要论述，牢牢把握中国式现代化的科学内涵和本质要求，牢牢把握高质量发展这个首要任务，完整准确全面贯彻新发展理念，加快融入新发展格局，以更加奋发有为的精气神开创成都中国式现代化城市高质量发展新局面。

始终以创新为引领，让成都成为各类创新要素涌动的汇聚地。现代化城市的最大特质就是创新，成都要立足既有科技创新基础，进一步做好"教育、科技、人才"三个"第一"三篇大文章，在建设现代化产业体系、加快打造全国重要科技创新中心、建设智慧城市等方面精准发力，坚持解放思想，突破一切体制机制束缚，汇聚起人才、技术、资本、数据、企业家等各类创新要素打造发展新动能的磅礴力量。

厚植区位发展优势，让成都成为内陆开放发展的新高地。按照新发展格局、国家西部大开发的总体战略，紧抓成渝地区双城经济圈建设的历史机遇，在优化西南地区空间发展格局、推进城乡一体化发展、拓展西部陆海开放新通道上充分发挥成都作为国家中心城市的规划、引领和核心带动作用。

凸显人居环境特色，让成都成为生态友好社会祥和的安乐园。生态环境优越、人民亲仁善邻已经成为成都不可多得的文化品牌，要像爱护眼睛、爱护亲人一样珍惜好这里的自然生态、人文生态、社会生态，这是现代化城市的本质属性，也是城市发展追求的至高境界。

塑造社会治理样板，让成都成为风清气正崇尚实干的理想城。成都已经成为超大规模城市，科学规划、平衡建设、人性管理、有序治理是超大城市面对的共同难题，地方党和政府要牢固树立廉洁从政、求真务实、服务人民的精神，善用政府有形之手、市场无形之手、市民勤劳之手，同心同向建设韧性之城、宜居之城。

深刻认识和把握
"五个必须"规律性认识*

所谓规律，揭示的是事物之间内在的必然联系，决定着事物发展的必然趋向。规律具有必然性、普遍性、客观性、永恒性等特点。规律性认识是对社会政治经济现象之间普遍的、客观的、必然的、联系的科学把握，表明的是对社会经济发展过程的本质理解。

认识规律、尊重规律、运用规律，是我们党治国理政、做好经济工作的宝贵经验。今年中央经济工作会议鲜明提出了"五个必须"的规律性认识，[①] 格外令人关注。深入理解新时代做好经济工作的规律性认识，其立足点在"新时代"，着眼点在"规律性认识"，关键点在"深化"。

不断深化新时代做好经济工作的规律性认识

新时代以来，我们党对做好经济工作的规律性认识，是相互贯穿、相互承接的，不同年份的中央经济工作会议关注各有侧重，但其对于规律的认识，是延续递进，不断拓展的。

2014年中央经济工作会议明确提出我国经济社会发展进入新常态，强调认识新常态，适应新常态，引领新常态，是当前和今后一个时期我国经济发展的大逻辑。由此，中央对新阶段的规律性认识开始出场。

此后的2015年、2016年中央经济工作会议，党中央更加注重从研究新阶段新形势下经济发展规律入手，总结经验、把握规律、明确思路，抓好经济工作，明确提出推进供给侧结构性改革，着重强调稳中求进工作总基调这一治国理政的重要原则。2017年的中央经济工作会议鲜明提出了习近平新时代中国特色社会主义经济思想，集中体现了我们党对经济发展规律特别是社会主义经济建设规律的深刻洞见。

---

* 本文原载《成都日报·理论周刊》2023年12月20日。

① 中央经济工作会议在北京举行［N］. 人民日报，2023－12－13（1）.

2020 年中央经济工作会议，在统筹国内国际两个大局、统筹疫情防控和经济社会发展的实践中，深化了对在严峻挑战下做好经济工作的规律性认识，强调了"党中央权威、人民至上、制度优势、科学决策和创造性应对、科技自立自强"。2021 年的中央经济工作会议则强调"必须坚持党中央集中统一领导、必须坚持高质量发展、必须坚持稳中求进、必须加强统筹协调，坚持系统观念"。

今年是全面贯彻党的二十大精神的开局之年，中央经济工作会议对新时代做好经济工作的规律性认识进行了新的总结概括，即"五个必须"：必须把坚持高质量发展作为新时代的硬道理，必须坚持深化供给侧结构性改革和着力扩大有效需求协同发力，必须坚持依靠改革开放增强发展内生动力，必须坚持高质量发展和高水平安全良性互动，必须把推进中国式现代化作为最大的政治。①

"五个必须"是在积累过往做好经济工作的规律性认识的基础上，全面贯彻党的二十大精神，立足新时代中国经济发展实际，紧扣中国式现代化的中国特色、本质要求和必须牢牢把握的重大原则，面向中国式现代化新目标新征程，更加精准把握了我国经济社会发展的本质，站位更高、立意更广、思想引领力更强。

充分把握"五个必须"规律性认识的思想内涵

"第一个必须"强调"把坚持高质量发展作为新时代的硬道理"。这是新时代做好经济工作的主题主线。改革开放以来，我们党始终把发展作为党执政兴国的第一要务。正是坚持"发展是硬道理"，我国经济实力、综合国力和人民生活水平才实现了历史性跃升。新时代我国社会主要矛盾已经转化为人民日益增长的美好生活需要和不平衡不充分的发展之间的矛盾，要实现人民生活从"有没有"转向"好不好"，就必须坚持高质量发展，这是"新时代的硬道理"。只有坚持高质量发展，着力推动高质量发展，完整、准确、全面贯彻新发展理念，保持发展质量、结构、规模、速度、效益、安全有机统一，推动经济实现质的有效提升和量的合理增长，才能解决新时代中国发展中的一切矛盾。

"第二个必须"强调"必须坚持深化供给侧结构性改革和着力扩大有效需求协同发力"。这是新时代做好经济工作的关键抓手。市场经济条件下，经济平稳运行必须解决好供求关系的总量和结构平衡。要解决我国经济运行面临的突出矛盾和问题，一方面必须从满足需求出发，深入研究市场变化，着力提升整个供给体系质量，以供给牵引需求，提高供给结构对需求结构的适应性，在解

---

① 中央经济工作会议在北京举行［N］. 人民日报，2023 - 12 - 13（1）.

放和发展社会生产力中更好满足人民日益增长的物质文化需要。另一方面，必须着力扩大有效需求，充分释放国内需求巨大潜能，促进供给质量改善。要从供给侧和需求侧两端协同发力，充分发挥超大规模市场和强大生产能力的优势，切实打通生产、分配、流通、消费各环节，着力畅通国民经济循环，让价格机制、竞争机制真正引导资源配置，使国内大循环建立在内需主动力的基础上，不断提升国际循环质量和水平，加快构建新发展格局。

"第三个必须"强调"必须坚持依靠改革开放增强发展内生动力"。这是新时代做好经济工作的动力引擎。改革开放是党和人民大踏步赶上时代的重要法宝，是决定当代中国命运的关键一招。改革开放45年来，我们已走过千山万水，但仍需跋山涉水。立足新时代新的历史方位，我们要统筹推进深层次改革和高水平开放，构建高水平社会主义市场经济体制，坚定不移坚持"两个毫不动摇"，加强激励、鼓励创新，增强微观主体内生动力，破除一切妨碍发展的体制机制障碍和利益固化藩篱，不断激发和增强社会活力。

"第四个必须"强调"必须坚持高质量发展和高水平安全良性互动"。这是新时代做好经济工作的必要条件。当前我国国家安全内涵和外延比历史上任何时候都要丰富，时空领域比历史上任何时候都要宽广，内外因素比历史上任何时候都要复杂。安全是发展的前提，发展是安全的保障。二者犹如车之两轮、鸟之两翼，任何一方面有明显短板，都会影响中华民族伟大复兴进程。如果安全这个基础不牢，发展的大厦就会地动山摇；如果发展难以为继，安全的保障就是无本之木。立足新时代的世情国情，必须以高质量发展促进高水平安全，以高水平安全保障高质量发展，确保发展和安全动态平衡、相得益彰。

"第五个必须"强调"必须把推进中国式现代化作为最大的政治"。这是新时代做好经济工作的根本方向。民心是最大的政治，这是中国共产党百年奋进的实践总结，彰显了中国共产党的核心价值理念。实现全体人民共同富裕是中国特色社会主义的本质要求，也是中国式现代化的本质要求，是当今中国人民的民心所向，是当代中国社会的最大政治。只有聚焦经济建设这一中心工作和高质量发展这一首要任务，坚持把实现人民对美好生活的向往作为现代化建设的出发点和落脚点，着力维护和促进社会公平正义，着力促进全体人民共同富裕，坚决防止两极分化，才能把中国式现代化宏伟蓝图一步步变成美好现实。

这"五个必须"既相互关联，又内在统一，具有鲜明的时代性和创造性，为我们做好新时代经济工作提供了思想准绳与根本遵循。

以"五个必须"贯穿明年经济工作

认识规律是基础，更重要的是尊重规律、运用好规律。中央经济工作会议全面客观地分析了当前我国经济发展形势，明确提出了明年做好经济工作的指导思想、基本原则、政策取向，紧紧围绕推动高质量发展，突出重点，把握关键，部署了九项重点经济工作。贯彻落实中央经济工作会议精神，就需要把"五个必须"的规律性认识贯穿到做好明年经济工作的全过程各方面。

着力推动高质量发展。切实把创新、协调、绿色、开放、共享的新发展理念贯穿到经济社会发展全过程各领域。要按照中央经济工作会议的部署，以科技创新引领现代化产业体系建设，大力推进新型工业化，加快发展新质生产力。锚定建设农业强国目标，坚持不懈抓好"三农"工作，统筹推进新型城镇化和乡村全面振兴，推动城乡融合、区域协调发展。深入推进生态文明建设和绿色低碳发展。切实保障和改善民生，兜住、兜准、兜牢民生底线。

巩固和增强经济回升向好态势。着力扩大国内需求，激发有潜能的消费，扩大有效益的投资，形成消费和投资相互促进的良性循环。充分发挥政策的牵引作用，坚持稳中求进、以进促稳、先立后破，处理好速度与质量、宏观数据与微观感受、发展经济与改善民生、发展与安全的关系，强化宏观政策逆周期和跨周期调节，多出有利于稳预期、稳增长、稳就业的政策，在转方式、调结构、提质量、增效益上积极进取，加强政策工具创新和协调配合。

不断增强改革开放的动力作用。着力深化重点领域改革，不断完善落实"两个毫不动摇"的体制机制，切实增强经济活力，改善社会预期。着力破除各种形式的地方保护和市场分割，加快全国统一大市场建设。持续建设市场化、法治化、国际化一流营商环境，扩大高水平对外开放。

持续有效防范化解重点领域风险。要实事求是认清当前经济领域积累的矛盾和问题，统筹化解各类风险，坚决守住不发生系统性风险的底线。确保粮食安全、能源安全和重要经济物资供给安全。

坚持和加强党的全面领导。党的领导直接关系着中国式现代化的根本方向、前途命运、最终成败，是推进中国式现代化的最大政治。党的领导决定中国式现代化的根本性质，确保中国式现代化锚定奋斗目标行稳致远，激发建设中国式现代化的强劲动力，凝聚建设中国式现代化的磅礴力量。只有毫不动摇坚持党对经济工作的全面领导，中国式现代化才能前景光明，党和人民事业才能繁荣兴盛。

奋力谱写中国式现代化城市篇章*

2023 年 7 月 28 日，习近平主席在成都第 31 届世界大学生夏季运动会开幕式欢迎宴会的致辞中指出："成都是历史文化名城，也是中国最具活力和幸福感的城市之一。欢迎大家到成都街头走走看看，体验并分享中国式现代化的万千气象。"① 当前，成都上下正在全面践行习近平总书记的重要讲话精神，承载使命、不负厚望，在新时代新征程上全力投入中国式现代化城市发展实践，充分展示中国式现代化城市的万千气象，努力谱写中国式现代化城市未来的华美篇章。读懂中国式现代化城市的万千气象，就是要读懂中国式现代化道路的时代价值、读懂城市在大力拓展中国式现代化中的功能定位、读懂地方城市生动实践在推动新时代中国式现代化进程中展示出来的丰富成果。

把握中国式现代化道路的时代价值

习近平总书记深刻指出："世界上既不存在定于一尊的现代化模式，也不存在放之四海而皆准的现代化标准。"一个国家走向现代化，既要遵循现代化的一般规律，更要符合本国实际，具有本国特色。

党的二十大深刻揭示了中国式现代化的本质要求、中国特色和重大原则，强调，"中国式现代化，是中国共产党领导的社会主义现代化，既有各国现代化的共同特征，更有基于自己国情的鲜明特色。"习近平总书记进一步指出，"概括提出并深入阐述中国式现代化理论，是党的二十大的一个重大理论创新，是科学社会主义的最新重大成果。"中国式现代化理论在深刻总结我国和世界不同国家现代化实践经验教训的基础上，全面系统回答了中国作为人口规模巨大的社会主义国家，实现现代化的目标、道路、原则、方向、路径、方法、重点和着力点、本质要求、世界意义等一系列重大理论和实践问题，实现了现代化理

---

* 本文原载《成都日报·理论周刊》2023 年 11 月 15 日。

① 习近平在成都第三十一届世界大学生夏季运动会开幕式欢迎宴会上的致辞［N］．人民日报，2023－07－29（3）．

论的重大创新。

正确理解中国式现代化，深刻把握中国式现代化道路的时代价值，在新的历史起点上大力拓展中国式现代化，广大理论工作者和实践者就必须读懂中国式现代化深深植根于中华优秀传统文化，理解蕴含其间的独特世界观、价值观、历史观、文明观、民主观、生态观等；就必须读懂中国式现代化打破了"现代化＝西方化"的迷思，展现出的不同于西方现代化模式的新图景，拓展了发展中国家走向现代化的路径选择，为人类对更好社会制度的探索提供中国方案；就必须读懂中国式现代化体现了科学社会主义的先进本质，借鉴吸收一切人类优秀文明成果，代表人类文明进步的发展方向，正在创造一种全新的人类文明形态；就必须读懂中国式现代化理论是习近平新时代中国特色社会主义思想的重要组成部分，是全面建设社会主义现代化国家、以中国式现代化全面推进中华民族伟大复兴的科学理论指南。

推进中国式现代化城市的地方实践

习近平总书记曾强调："城市工作是一个系统工程。做好城市工作，要顺应城市工作新形势、改革发展新要求、人民群众新期待，坚持以人民为中心的发展思想，坚持人民城市为人民。"

城市是经济政治文化活动的中心，是现代化发展成果的重要载体，是人民安居乐业、安享幸福生活的美好家园。一定意义上说，没有中国城市的现代化，就没有中国式现代化。在大力推进和拓展中国式现代化新征程中，中国城市理当发挥出更加重要的引领示范作用，更好坚实践行"人民城市人民建，人民城市为人民"的价值理念，更好担负起"城市，让生活更美好"的时代使命。

早在 2015 年召开的中央城市工作会议上，习近平总书记就完整阐述了新时代做好我国城市工作的指导思想，强调必须充分认识、尊重、顺应城市发展规律，统筹空间、规模、产业三大结构，提高城市工作全局性；统筹规划、建设、管理三大环节，提高城市工作的系统性；统筹改革、科技、文化三大动力，提高城市发展持续性；统筹生产、生活、生态三大布局，提高城市发展的宜居性；统筹政府、社会、市民三大主体，提高城市发展的积极性。

在今天我们大力推进中国式现代化城市建设的新的历史方位中，各城市要牢固践行习近平总书记关于城市工作的重要指示重要精神，进一步紧扣中国式现代化的核心价值理念和基本范式归旨，在改革创新的新实践中，既要以海纳百川的宽阔胸襟借鉴吸收各国城市发展的成功经验和失败教训，更好地体现各国城市现代化合乎发展规律的共同特征；又要基于我国现代化城市发展的中国特色、地域特点、文化特质，坚持一切从实际出发，从办好自己的事情做起，充分彰显以人民为中心的发展思想，充分认识和把握现代化城市的发展本质，顺应现代化城市的发展趋势，在新的文明进程中找准城市定位、丰富城市内涵、精细城市规划、提升城市能级、拓展城市功能、强化城市治理，为实现中国式现代化新目标，为实现城市的高质量发展、创造人民的高品质生活，构建高效能的社会治理，书写出更为生动、更为精彩、更富实效的中国城市故事。

讲好中国式现代化城市的生动叙事

习近平总书记在 2023 年新年贺词中指出，"中华民族伟大复兴绝不是轻轻松松、敲锣打鼓就能实现的，也绝不是一马平川、朝夕之间就能到达的。我们要常怀远虑、居安思危，保持战略定力和耐心，'致广大而尽精微'"，[①] 勉励奋进者既要胸怀远大理想，更要保持战略定力和历史耐心。

成都，自古以来，尽显物华天宝、人杰地灵、资源富集、地理优越。新时代，成都建设践行新发展理念的公园城市示范区，以快速的经济社会发展、集成的科技创新、厚实的基础设施建设、美丽的生态环境、闲适的人居文化等走在城市发展的前列。2021 年 11 月，国家统计局基于第七次全国人口普查数据发布的《第七次全国人口普查超大、特大城市人口基本情况》显示，中国超大特大城市"俱乐部"再次扩容，成都以 1334 万人的城区人口跻身超大城市行列。成都作为新的超大城市，大就要大的样子，大就要大的气派和品格，大就要大的万千气象。

谱写中国式现代化城市的精彩篇章也要呵护其大，力在细微之处。成都的万千气象要体现在整个城市的创新创业活力之中，要始终以创新为引领，让成都成为各类创新要素涌动的汇聚地；成都的万千气象要体现在整个城市的文化包容与开放胸襟之中，要厚植区位发展优势，让成都成为内陆开放发展的新高地；成都的万千气象要体现在整个城市的美好和谐生态宜居之中，要凸显人居环境特色，让成都成为生态友好社会祥和的安乐园；成都的万千气象要体现在整个城市精细化管理和有效服务之中，要塑造社会治理样板，让成都成为风清气正崇尚实干的理想城。

成都大运会的成功举办展示了成都"国际范、中国风、巴蜀韵"，彰显了成都包容、乐观、开放的城市底蕴，给这座正逐渐迈向国际化大都市的城市发展注入了新动能、增添了新引擎。展望未来，成都要继续在激发创新活力、推进宜居宜业、广纳四方人才、提升城市品位、厚实智慧治理上更进一步，在探索超大城市现代化建设新路径上率先突破，让每个来到这里的人在"晓看红湿处、花重锦官城"的美好意境中时刻品味新时代成都的万千气象。

---

① 国家主席习近平发表二〇二三年新年贺词［N］. 人民日报，2023－01－01（1）.

改革开放是决定中国式现代化
成败的关键一招*

核心提示：推进中国式现代化是一项前无古人、伟大而艰巨的事业，必须继续依靠改革开放重塑发展优势，增强发展动能，调动一切可以调动的积极因素

不久前召开的中央经济工作会议强调，必须坚持依靠改革开放增强发展内生动力，统筹推进深层次改革和高水平开放，不断解放和发展社会生产力、激发和增强社会活力。在改革开放 45 周年之际，党中央将改革开放作为做好新时代经济工作的规律性认识之一，这既是对过往实践成果的深刻总结，更是释放了在新时代新征程上继续坚持改革不停顿、开放不止步的鲜明信号。

高举改革开放旗帜始终没有动摇

改革开放是中国人民和中华民族发展史上的一次伟大革命，正是这一伟大革命推动了中国特色社会主义事业的伟大飞跃。

45 年前，在党和国家面临何去何从的重大历史关头，我们党把握历史发展大势，抓住历史变革时机，顺应人民群众期待，在党的十一届三中全会上作出实行改革开放的划时代历史性决策，开启了改革开放和社会主义现代化建设的伟大征程。实践证明，改革开放是党和人民大踏步赶上时代的重要法宝，是决定当代中国命运的关键一招。

党的十八大以来，面对新矛盾新挑战，我们党以巨大的政治勇气全面深化改革，打响改革攻坚战。党的十八届三中全会向全党全国发出了新时代全面深化改革开放的总动员令。全面深化改革从系统整体设计出发，以经济体制改革为牵引，进而推动政治体制、文化体制、社会体制、生态文明体制、国防和军

---

* 本文原载中共广东省委机关刊《南方》杂志 2023 年第 25 期（总第 405 期）：庆祝改革开放 45 周年特刊，2023 年 12 月 26 日。

队改革和党的建设制度改革等全方位深层次改革，开创了我国改革开放的全新局面。

实践证明，新时代改革开放推动党和国家事业取得历史性成就、发生历史性变革，充分彰显了中国特色社会主义制度优势，有力增强了社会主义现代化建设的动力和活力，党和国家事业焕发出新的生机，实现中华民族伟大复兴进入了不可逆转的历史进程。

改革开放是当代中国最显著的特征、最鲜明的特色、最壮丽的气象，也是我们党最鲜明的旗帜，成为推动新时代中国发展的不竭动力。

全面深化改革要坚持系统观念。正确处理好顶层设计和摸着石头过河、胆子要大与步子要稳、改革发展稳定等重大关系，始终突出制度建设这条主线，把深化改革攻坚同促进制度集成结合起来，更加注重改革的系统性、整体性、协同性，形成了科学的改革方法论。

全面深化改革要坚持问题导向。从解决群众最关心最直接最现实的利益问题切入，奔着问题去、盯着问题改，让人民成为改革事业的主角，让改革成果由人民共享、由人民检验，通过改革给人民群众带来实实在在的获得感。

全面深化改革要坚持和加强党的领导。无论改什么、改到哪一步，坚持党对改革的集中统一领导不能变，完善和发展中国特色社会主义制度、推进国家治理体系和治理能力现代化的总目标不能变，坚持以人民为中心的改革价值取向不能变。在党的坚强领导下，坚持以伟大自我革命引领伟大社会革命，这是新时代改革开放的成功密码，是全面深化改革的制胜之道。

新时代以来，改革开放取得的新成就也是历史性、革命性、开创性的。实践也充分证明，新时代改革开放之所以取得辉煌成就，根本在于有习近平总书记作为党中央的核心、全党的核心领航掌舵，在于有习近平新时代中国特色社会主义思想作为科学指引，这是新时代改革开放事业行稳致远的根本保证。

推进中国式现代化必须坚持改革开放

实现现代化是近代以来中国人民矢志奋斗的梦想。中国共产党 100 多年团结带领中国人民追求民族复兴的历史，也是一部不断探索现代化道路的历史。

党的二十大擘画了全面建设社会主义现代化国家、以中国式现代化全面推进中华民族伟大复兴的宏伟蓝图。推进中国式现代化是一项前无古人、伟大而艰巨的事业，必须继续依靠改革开放重塑发展优势增强发展动能，调动一切可以调动的积极因素。

早在 20 世纪 90 年代，邓小平同志就根据改革发展的新情况指出："现在看，发展起来以后的问题不比不发展时少。"① 党的十八大以来，习近平总书记也多次强调，我国改革已进入深水区，好吃的肉都吃掉了，剩下的都是难啃的硬骨头。纵观45年改革开放历程，改革总是由问题倒逼而产生，又在不断解决问题中而深化。改革开放越往纵深发展，遇到的问题和矛盾、有待完成和新提出的任务越交织叠加、错综复杂。解决这些问题和矛盾，除了深化改革开放，别无他途。

立足当代，站在推进中国式现代化新的历史方位，世情国情党情正在发生深刻变化。从世情看，当今世界百年未有之大变局加速演进，进入新的动荡变革期，全球性问题加剧；新一轮科技革命和产业变革深入发展，国际力量对比深刻调整，我国发展的外部环境更加严峻复杂，不确定性上升。从国情看，我国经济发展还面临不少困难，经济下行压力加大，同时我国改革发展稳定仍面临不少深层次矛盾躲不开、绕不过。从党情看，党的建设特别是党风廉政建设和反腐败斗争面临不少顽固性、多发性问题，党面临的"四大考验""四种危险"还将长期存在。

总体上，我国发展进入战略机遇与风险挑战并存、不确定难预料因素增多的时期，各种"黑天鹅""灰犀牛"事件随时可能发生，我们必须准备经受风高浪急甚至惊涛骇浪的重大考验。唯其任务艰巨，更需全方位改革。中国式现代化艰巨性、复杂性、创造性前所未有，发展途径和推进方式既要具有自己的特点，又要以海纳百川的宽阔胸襟借鉴吸收人类一切优秀文明成果，创造了人类文明新形态，为解决人类面临的共同问题作出更大贡献。唯其目标远大，更需要高水平开放。

在全面贯彻党的二十大精神的开局之年，习近平总书记从党和国家事业发展全局出发，在地方考察时也反复强调要继续全面深化改革、扩大高水平对外开放，这充分彰显出党中央"改革不停顿、开放不止步"的坚定决心和坚强意志。改革开放作为前进道路上必须牢牢把握的重大原则之一，是决定当代中国命运的关键一招，也是决定中国式现代化成败的关键一招。

从这个意义上说，改革开放只有进行时没有完成时。只有坚定不移深化改革、扩大开放，我们才能牢牢把握历史主动，不断创造新的历史伟业。改革，始终是推进中国式现代化的根本动力。

不断接续奋斗，将改革开放进行到底

在庆祝改革开放40周年大会上，习近平总书记深刻总结出改革开放积累的

---

① 中共中央文献研究室. 邓小平年谱［M］. 北京：中央文献出版社，2004：1313.

"九个必须坚持"的宝贵经验，指出这是党和人民弥足珍贵的精神财富，要求全党必须倍加珍惜、长期坚持，在实践中不断丰富和发展，发出了"将改革开放进行到底"的历史最强音。①

广东是改革开放的排头兵、先行地、实验区。深圳等经济特区的成功实践，充分展示了改革开放给中国带来的巨大生机和活力，昭示着进一步改革开放全力推进中国式现代化必将展示出更加美好的光明图景。

必须进一步解放思想、实事求是，一切从实际出发。实践发展永无止境，解放思想永无止境，理论创新永无止境。要坚持以习近平新时代中国特色社会主义思想武装头脑，指导新时代改革开放实践，不断提高党把方向、谋大局、定政策、促改革的能力和水平，确保改革开放这艘航船沿着正确航向破浪前行。

必须始终坚持以人民为中心的发展思想。必须把坚持高质量发展作为新时代的硬道理，聚焦以经济建设为中心这一中心工作和高质量发展这一首要任务，尊重人民主体地位，尊重人民实践创造，切实维护社会公平正义，让改革开放成果、现代化发展成果更多更公平惠及全体人民，确保人的全面发展、全体人民共同富裕取得更为明显的实质性进展。

必须坚持完善和发展中国特色社会主义制度。紧紧围绕制度建设这个根本，在全面依法治国环境下夯实根本制度、基本制度、重要制度和行之有效的社会规范，为解放和发展生产力、解放和增强社会活力、永葆党和国家生机活力提供坚强制度保障。

必须大力弘扬求真务实的实干精神。中国式现代化不会从天上掉下来，也不是等得来、喊出来的，任何消极观望、故步自封、徘徊彷徨都有不得、要不得，贵在"闯"的精神、"创"的劲头、"干"的作风，贵在打破常规、创新突破。实干才能兴邦，实干才有中国式现代化。

① 习近平. 在庆祝改革开放四十周年大会上的讲话［M］//习近平. 论中国共产党历史. 北京：中央文献出版社，2021：225.

增强信心和底气
唱响中国经济光明论*

核心观点：以提升宣传舆论引导能力的"进"促进经济发展的"稳"，与经济战线一道，共同为以中国式现代化全面推进强国建设、民族复兴伟业作出应有贡献。

中央经济工作会议在定调 2024 年政策取向、部署重点经济工作时特别强调，"要加强经济宣传和舆论引导，唱响中国经济光明论。"① 这是当前宣传思想文化战线贯彻中央经济工作会议精神的一项义不容辞的重要工作。

中国经济发展前景光明不光明，发展道路广阔不广阔？我们需要全面、辩证、客观地看待中国经济发展轨迹。只有拓宽历史视野，科学认清现实，把握时代大势，才能有十足的信心和底气，唱响唱好中国经济光明论，切实以强信心凝聚各方共识、以厚底气坚定发展自信。

唱响中国经济光明论拥有充分的历史自信

中国共产党的百年奋斗，始终践行初心使命，团结带领中国人民绘就了人类发展史上的壮美画卷，从根本上改变了中国人民的前途命运，开辟了实现中华民族伟大复兴的正确道路，彰显出前所未有的光明前景。

纵观一百多年来波澜壮阔的中国近现代史、中国共产党领导中国人民走过的苦难辉煌史，党在内忧外患中诞生、在历经磨难中成长、在攻坚克难中壮大，正是依靠坚守信仰、信念、信心，凝聚起全国人民的意志和力量，战胜了一切可以预见和难以预见的风险挑战，不断推动历史车轮向着光明的前途前进。今天的中华民族在历史进程中积累的强大能量已经充分爆发出来，焕发出前所未有的历史主动精神、历史创造精神；今天的中国人民更加自信、自立、自强，

---

* 本文原载《中国经济时报·智库》2023 年 12 月 27 日。
① 中央经济工作会议在北京举行［N］. 人民日报，2023 – 12 – 13（1）.

更有志气、骨气、底气，正在信心百倍地书写新时代中国发展的伟大历史。

中国经济释放出强大韧性和活力厚实信心基石

面对极为严峻复杂的外部环境，中央经济工作会议准确把握当前经济形势，指出"今年以来，以习近平同志为核心的党中央团结带领全党全国各族人民，顶住外部压力，克服内部困难，全面深化改革开放，加大宏观调控力度，着力扩大内需、优化结构、提振信心、防范化解风险，我国经济回升向好，高质量发展扎实推进"，这不仅为实现经济社会发展各项任务奠定了坚实基础和信心基石，也为大力拓展中国式现代化展示出更为光明的前景。

事非经过不知难，成如容易却艰辛。世纪疫情侵扰和波谲云诡的国际政治经济环境，给中国经济运行带来前所未有的冲击，我们还面临国内周期性和结构性矛盾叠加以及供给冲击、需求收缩、预期转弱的三重压力。即将过去的2023年，是全面贯彻党的二十大精神的开局之年，是三年新冠疫情防控转段后经济恢复发展的一年。当前世界仍处于新的动荡变革期，外部环境的复杂性、严峻性、不确定性上升，国内改革发展稳定任务依然十分繁重。

以习近平同志为核心的党中央有效统筹国内国际两个大局、统筹疫情防控和经济社会发展、统筹发展和安全，审时度势、科学决策、精准施策，在危机中育先机、于变局中开新局，推动中国经济在爬坡过坎中前行，在波浪曲折中奋进，走出了一条回稳向好的经济复苏曲线，今年前三季度，我国GDP同比增长5.2%。进入四季度，随着宏观调控组合政策发力显效，经济回稳向上态势明显，支撑经济大盘的四大宏观经济指标均运行平稳，全年经济社会发展各项任务可望实现。

尤显发展亮点的是，新发展理念更加深入人心，高质量发展稳步推进：发展方式加快转变，结构优化升级向"新"而行，各地区各部门依靠科技创新开辟发展新领域新赛道、塑造发展新动能新优势，现代化经济体系加快构建，新质生产力加快孕育。经济发展内生动力也不断增强。据国家统计局公开数据，前三季度，最终消费支出对经济增长的贡献率升至83.2%；前10个月，全国固定资产投资同比增长2.9%，投资结构持续优化，各类市场主体迸发出创业创新活力。与此同时，民生改善和保障有力有效：前三季度，居民收入增速快于GDP增速，农村居民收入增速快于城镇居民。民生领域补短板强弱项，各地采取一系列新部署、新举措把发展成果不断转化为人民高品质生活，增添经济发展的含金量，群众获得感增强。

最近，国际三大评级机构之一的标普对2023年中国经济持谨慎乐观，将中国GDP增速调升至5.4%，就此来看，中国经济增速今年在主要经济体中将名列前茅。不少国际有识之士也指出，中国经济已连续多年贡献全球增长量的1/3，仍然是当今全球经济增长最大引擎。

中央经济工作会议在客观分析我国发展前景的同时，也实事求是指出进一步推动经济回升向好尚需克服的一些困难和挑战，包括有效需求不足、部分行业产能过剩、社会预期偏弱、风险隐患仍然较多，国内大循环存在堵点等，强调既要增强忧患意识，也要增强信心和底气。在极其动荡的国际环境和国内经济下行压力下，目前，在思想领域和舆论层面还客观存在一些困惑和预期不稳的问题，这时候强调信心比黄金重要尤为可贵。我们必须充分认识到，这些年中国经济之所以能够披荆斩棘、乘风破浪，就在于具有强大的产业发展韧性、超大规模市场的回旋余地、人民追求美好生活的内在动力潜力和巨大人力资本的创新活力，就在于有以习近平同志为核心的党中央对形势判断和相关决策的正确性预见性、党中央在复杂多变的局面下驾驭经济工作的高超智慧和娴熟能力。我们也完全有信心有底气认为，中国经济长期向好的趋势没有改变，中国经济发展的有利条件大于不利条件，中国经济发展的未来空间无比广阔。

坚定信心全面推进中国式现代化迈出坚实步伐

实现现代化是近代以来中国人民矢志奋斗的梦想。中国共产党一百多年团结带领中国人民追求民族复兴的历史，也是一部不断探索现代化道路的历史。经过数代人不懈努力，我们走出了中国式现代化道路。

党的二十大深刻阐释了中国式现代化的中国特色、本质要求和必须牢牢把握的重大原则，擘画了以中国式现代化全面推进强国建设、民族复兴的宏伟蓝图。中国式现代化既基于自身国情，又借鉴各国经验；既传承历史文化，又融合现代文明；既造福中国人民，又促进世界共同发展。实践证明，中国式现代化是强国建设、民族复兴的康庄大道，是中国谋求人类进步、世界大同的必由之路。

中央经济工作会议深化了新时代做好经济工作的规律性认识，提出了"五个必须坚持"，其中"第五个必须"强调"把推进中国式现代化作为最大的政治"。这就是要在党的统一领导下，团结最广大人民，聚焦经济建设这一中心工作和高质量发展这一首要任务，把中国式现代化宏伟蓝图一步步变成美好现实。我们必须从讲政治的高度深刻领会党的领导直接关系着中国式现代化的根本方向、前途命运、最终成败。党的领导决定中国式现代化的根本性质，确保中国式现代化锚定奋斗目标行稳致远，激发建设中国式现代化的强劲动力，凝聚建设中国式现代化的磅礴力量。只有毫不动摇坚持党的领导，中国式现代化才能前景光明、繁荣兴盛。

中央经济工作会议在提出做好 2024 年经济工作的指导思想中，指出要"切实增强经济活力、防范化解风险、改善社会预期，巩固和增强经济回升向好态势"，强调坚持稳中求进、以进促稳、先立后破的基本原则。习近平总书记对宣传思想文化工作作出重要指示强调，宣传思想文化工作事关党的前途命运，事关国家长治久安，事关民族凝聚力和向心力，是一项极端重要的工作，要求宣传部门"着力提升新闻舆论传播力引导力影响力公信力"。全国宣传思想文化工作会议也明确宣传思想文化战线的重点工作之一，就是要"巩固壮大奋进新时代的主流思想舆论，以强信心为重点加强正面宣传，提高舆论引导能力"。这些要求都与中央经济工作会议强调"要加强经济宣传和舆论引导，唱响中国经济光明论"的精神一致。

宣传思想文化战线尤其是经济宣传部门要始终保持时不我待、奋发有为的精神状态，胸怀"国之大者"，积极担当作为，在推进中国式现代化新征程上，弘扬主旋律，打好主动仗，把握新规律，切实改进和创新经济宣传方式方法，加强各类舆论场引导能力，加强与经济政策部门沟通合作，主动发声、积极发声，及时为群众解疑释惑，回应群众关切，为强信心、筑底气、增骨气善于鼓与呼，以最鲜活的事实、最真切的数据、最真实的群众感受，唱响唱好中国经济光明论，这也是以提升宣传舆论引导能力的"进"促进经济发展的"稳"，与经济战线一道，共同为以中国式现代化全面推进强国建设、民族复兴伟业作出应有贡献。

2024 年

扎实推进中国经济高质量发展*

摘要： 2023 年中央经济工作会议立足新的发展实际提出一系列重要论断，深化了新时代做好经济工作的规律性认识，作出的政策安排和工作举措具有极强的针对性、指导性、操作性，为坚定信心做好 2024 年经济工作、扎实推动高质量发展提供了基本遵循、指明了前进方向。

2023 年中央经济工作会议立足新的发展实际提出一系列重要论断，深化了新时代做好经济工作的规律性认识，作出的政策安排和工作举措具有极强的针对性、指导性、操作性，为坚定信心做好 2024 年经济工作、扎实推动高质量发展提供了基本遵循、指明了前进方向。①

实事求是分析和把握当前我国经济发展形势

党的十八大以来，以习近平同志为核心的党中央高度重视做好经济工作，时刻关注经济运行，科学把握经济走势。一年一度的中央经济工作会议是党中央关于做好经济工作的最重要的一次会议，会议既分析总结全年经济工作，也基于新的形势对下一年经济工作定出基调、作出部署，成为观察中国经济走向、判断政策方向的重要"风向标"。

2023 年是全面贯彻党的二十大精神的开局之年，是三年新冠疫情防控转段后经济恢复发展的一年。这一年，在以习近平同志为核心的党中央坚强领导下，

* 本文原载人民日报社主管、主办的《人民论坛》杂志 2024 年 1 月 2 日，原文以江苏省习近平新时代中国特色社会主义思想研究中心特约研究员署名刊发，也作为东南大学中国特色社会主义发展研究院江苏省社科基金项目"全面建设社会主义现代化国家的首要任务研究"阶段性成果。

① 中央经济工作会议在北京举行［N］. 人民日报，2023 - 12 - 13（1）.

全国人民团结奋进、攻坚克难，成效十分显著，成绩可圈可点。2023 年中央经济工作会议指出："以习近平同志为核心的党中央团结带领全党全国各族人民，顶住外部压力、克服内部困难，全面深化改革开放，加大宏观调控力度，着力扩大内需、优化结构、提振信心、防范化解风险，我国经济回升向好，高质量发展扎实推进。""全面建设社会主义现代化国家迈出坚实步伐。"① 何谓外部压力？当前，世界百年未有之大变局加速演进，世界进入新的动荡变革期，外部环境的复杂性、严峻性、不确定性上升。世界经济复苏乏力，地缘政治冲突加剧，作为世界第二大经济体、深度融入经济全球化进程的中国难以独善其身。何谓内部困难？当前，我国改革发展稳定面临不少深层次矛盾躲不开、绕不过，进一步推动经济回升向好需要克服一些困难和挑战，主要是有效需求不足、部分行业产能过剩、社会预期偏弱、风险隐患仍然较多，国内大循环存在堵点。

近年来，在以习近平同志为核心的党中央坚强领导下，我们有效统筹国内国际两个大局、统筹疫情防控和经济社会发展、统筹发展和安全，始终保持战略定力和耐心，适变应变、科学决策、精准施策，在危机中育新机、于变局中开新局，推动中国经济在爬坡过坎中前行、在攻坚克难中奋进，走出了一条回升向好的复苏曲线。

根据国家统计局公布的数据，2023 年前三季度国内生产总值 913027 亿元，按不变价格计算，同比增长 5.2%。进入四季度，随着宏观调控组合政策发力显效，经济回升向好态势更加明显，支撑经济大盘的四大宏观经济指标总体运行平稳。尤显发展亮点的是，新发展理念更加深入人心，高质量发展稳步推进：发展方式加快转变，产业结构持续优化升级，各地各部门紧抓科技创新，开辟发展新领域新赛道，塑造发展新动能新优势，现代化产业体系建设取得重要进展，新质生产力加快孕育。经济发展内生动力不断增强：2023 年前三季度，最终消费支出对经济增长的贡献率达到 83.2%，接触性消费快速增长；前 10 月，全国固定资产投资同比增长 2.9%，投资结构持续优化。改革开放向纵深推进，营商环境进一步改善，安全发展基础巩固夯实，持续激发各类市场经济主体的创造活力。与此同时，2023 年前三季度，居民收入稳步增长，农村居民收入增速快于城镇居民；城镇新增就业人数态势良好，民生领域补短板强弱项，民生保障有力有效。从中央到地方，采取一系列新部署、新举措，把发展成果不断转化为人民高品质生活，人民群众获得感、幸福感、安全感不断增强。

2023 年中央经济工作会议对当前经济形势作出总体判断："综合起来看，

---

① 中央经济工作会议在北京举行 [N]. 人民日报，2023－12－13（1）.

我国发展面临的有利条件强于不利因素，经济回升向好、长期向好的基本趋势没有改变。"表述更为审慎，对发展环境的认识更加实事求是。为此，我们既要增强忧患意识，有效应对和解决这些问题，也要增强信心和底气。

不断深化新时代做好经济工作的规律性认识

2023年中央经济工作会议鲜明提出了"五个必须"的规律性认识。"深化了新时代做好经济工作的规律性认识"，其立足点在"新时代"，着眼点是"规律性认识"，关键点是"深化"。

认识规律、尊重规律、运用规律，是我们党治国理政、做好经济工作的宝贵经验。对做好经济工作的重要经验及时进行总结，不断深化对做好经济工作的规律性认识，是新时代以来中央经济工作会议的一项重要内容。2014年中央经济工作会议提出，我国经济发展进入新常态，党中央更加注重把握我国经济发展的阶段性特征，深刻认识和总结新阶段我国经济发展的内在逻辑和基本规律。2017年中央经济工作会议提出了习近平新时代中国特色社会主义经济思想，集中体现了我们党对经济发展规律特别是社会主义经济建设规律的深刻洞见。在习近平经济思想指引下，2018年中央经济工作会议指出："在实践中深化了对做好新形势下经济工作的规律性认识。"2020年中央经济工作会议强调："在统筹国内国际两个大局、统筹疫情防控和经济社会发展的实践中，我们深化了对在严峻挑战下做好经济工作的规律性认识。"2021年中央经济工作会议指出："在应对风险挑战的实践中，我们进一步积累了对做好经济工作的规律性认识。"2023年中央经济工作会议是在"有效统筹国内国际两个大局、统筹疫情防控和经济社会发展、统筹发展和安全"的新形势下，深化了新时代做好经济工作的规律性认识，提出了"五个必须"。这里的"深化"表明这些新的规律性认识既相互贯通、相互承接，又延续递进、拓展了内涵。"五个必须"在积累过往做好经济工作的规律性认识的基础上，全面贯彻党的二十大精神，面向中国式现代化新目标新征程，站位更高、立意更广、思想引领力更强。

"第一个必须"强调"必须把坚持高质量发展作为新时代的硬道理"。这是新时代做好经济工作的主题主线。改革开放以来，我们党始终把发展作为党执政兴国的第一要务。正是坚持"发展是硬道理"，我国经济实力、综合国力和人民生活水平实现了历史性跃升。新时代我社会主要矛盾已经转化为人民日益增长的美好生活需要和不平衡不充分的发展之间的矛盾，人民对美好生活的向往从"有没有"转向"好不好"，必须坚持高质量发展，这是"新时代的硬道理"。着力推动高质量发展，就必须完整、准确、全面贯彻新发展理念，保持发展质量、结构、规模、速度、效益、安全有机统一，推动经济实现质的有效提升和量的合理增长。

"第二个必须"强调"必须坚持深化供给侧结构性改革和着力扩大有效需求协同发力"。这是新时代做好经济工作的关键抓手。市场经济条件下，经济平稳运行必须解决好供求关系的总量和结构平衡。一方面，必须从满足需求出发，深入研究市场变化，着力提升整个供给体系质量，以供给牵引需求，提高供给结构对需求结构的适应性，在解放和发展社会生产力中更好满足人民日益增长的物质文化需要。另一方面，必须着力扩大有效需求，充分释放国内需求的巨大潜能，促进供给质量改善。这就必须从供给侧和需求侧两端协同发力，充分发挥超大规模市场和强大生产能力的优势，切实打通生产、分配、流通、消费各环节，着力畅通国民经济循环，让价格机制、竞争机制有效引导资源配置，使国内大循环建立在内需主动力的基础上，提升国际循环质量和水平，加快构建新发展格局。

"第三个必须"强调"必须坚持依靠改革开放增强发展内生动力"。这是新时代做好经济工作的动力引擎。改革开放是党和人民大踏步赶上时代的重要法宝，是决定当代中国命运的关键一招。立足新时代新的历史方位，我们要统筹推进深层次改革和高水平开放，构建高水平社会主义市场经济体制，坚持"两个毫不动摇"，加强激励、鼓励创新，增强微观主体内生动力，坚决破除一切妨碍发展的体制机制障碍和利益固化藩篱，不断解放和发展社会生产力，不断激发和增强社会活力。

"第四个必须"强调"必须坚持高质量发展和高水平安全良性互动"。这是新时代做好经济工作的必要条件。当前我国国家安全内涵和外延比历史上任何时候都要丰富，时空领域比历史上任何时候都要宽广，内外因素比历史上任何时候都要复杂。安全是发展的前提，发展是安全的保障。二者犹如车之两轮、鸟之两翼。如果安全基础不牢，发展的大厦就会地动山摇；如果发展难以为继，安全的保障也就无从谈起。立足新时代的世情国情，必须以高质量发展促进高水平安全，以高水平安全保障高质量发展，确保发展和安全动态平衡、相得益彰。

"第五个必须"强调"必须把推进中国式现代化作为最大的政治"。这是新时代做好经济工作的根本方向。过去我们一直强调，民心是最大的政治，这是中国共产党百年奋进的实践总结，彰显了中国共产党的核心价值理念。共同富裕是社会主义的本质要求，是中国式现代化的重要特征。实践证明，中国式现代化走得通、行得稳，是强国建设、民族复兴的唯一正确道路。我们要在党的统一领导下，团结最广大人民，聚焦经济建设这一中心工作和高质量发展这一首要任务，坚持把实现人民对美好生活的向往作为现代化建设的出发点和落脚点，着力维护和促进社会公平正义，着力促进全体人民共同富裕，坚决防止两极分化，把中国式现代化宏伟蓝图一步步变成美好现实。

"五个必须"相互关联、内在统一，具有鲜明的时代性和创造性，进一步丰富和发展了习近平经济思想，开拓了中国特色社会主义政治经济学的新境界。新时代做好经济工作，必须运用好这些规律性认识。

以进促稳、先立后破，提升宏观政策实施效果

2023年中央经济工作会议提出了"坚持稳中求进、以进促稳、先立后破"的工作原则。稳中求进工作总基调是我们党治国理政的重要原则，是做好经济工作的方法论。

"稳"与"进"相辅相成、辩证统一，在经济工作中要作为一个整体来把握。"稳"是大局，关键是保持经济社会大局稳定，稳的重点要放在稳住经济运行上，确保增长、就业、物价不出现大的波动，确保金融不出现区域性系统性风险。前三年我们面对新冠疫情对经济运行的冲击，实施"六稳""六保"，政策发力适当靠前，兜住民生底线，稳住了经济基本盘，顶住了经济下行压力。"进"是进取，进的重点放在调整经济结构和深化改革开放上，在稳的基础上积极进取，着力提高经济质量效益和核心竞争力，培育壮大新的经济增长点，牢牢把握发展主动权。"稳"和"进"是相互促进的，需要把握好平衡、把握好时度效。

"以进促稳、先立后破"这8个字突出了"进"和"立"。"以进促稳"体现了2024年经济工作更要主动作为、开拓进取。这里政策的牵引作用非常关键。当前和今后一个时期，我国经济运行面临的现实困难和挑战还十分突出，我们决不能消极等待、"躺平"观望，要在尊重规律的基础上创造性施策、拓展政策施力空间，通过加强政策工具创新和协调配合，切实增强经济活力、防范化解风险、改善社会预期，巩固和增强经济回升向好态势。

2023年中央经济工作会议提出，要"多出有利于稳预期、稳增长、稳就业的政策，在转方式、调结构、提质量、增效益上积极进取"。要强化宏观政策逆周期和跨周期调节，积极的财政政策要适度加力、提质增效；稳健的货币政策要灵活适度、精准有效。中央财政在2023年四季度增加发行1万亿元国债，作为特别国债管理，增发的国债全部通过转移支付方式安排给地方，集中力量支持灾后恢复重建和弥补防灾减灾救灾短板，整体提升我国抵御自然灾害的能力。按此测算，2023年全国财政赤字由3.88万亿元增加到4.88万亿元，赤字率由3%提升至3.8%。国债资金投入使用以后，有利于推动国内经济更快向潜在增

速回归，巩固稳中向好基础。货币政策要充分体现中央金融工作会议精神，发挥好货币政策工具总量和结构双重功能，引导金融机构实施精准滴灌，优化信贷结构，加大对"五个金融"的支持力度，加大对重点领域和薄弱环节的定向"输血"。在确保流动性合理充裕的前提下，保持社会融资规模、货币供应量同经济增长和价格水平预期目标相匹配，防止经济出现通缩，切实促进社会综合融资成本稳中有降。

"先立后破"要求有关部门和地方出台政策、推进改革要审时度势、深思熟虑，尊重市场规则，"立"字在先。坚决反对冲动蛮干、急于求成，在制定政策上不能把长期目标短期化、系统目标碎片化，不能把持久战打成突击战，也不能把攻坚战打成消耗战，避免"解决一个问题，留下十个遗憾"。为此，2023年中央经济工作会议强调，"要增强宏观政策取向一致性。加强财政、货币、就业、产业、区域、科技、环保等政策协调配合，把非经济性政策纳入宏观政策取向一致性评估，强化政策统筹，确保同向发力、形成合力"。要准确把握2024年经济工作的政策取向，在政策实施上强化协同联动、放大组合效应，在政策储备上打好提前量、留出冗余度，在政策效果评价上注重有效性、增强获得感，着力提升宏观政策支持高质量发展的效果。

坚定信心、狠抓落实，唱响中国经济光明论

近年来，在以习近平同志为核心的党中央坚强领导下，我们经受住了来自政治、经济、意识形态、自然界等方面的风险挑战考验，中国经济在劈波斩浪中坚定前行。三年新冠疫情防控转段后，经济恢复是一个波浪式发展、曲折式前进的过程。我国经济具有巨大的发展韧性和潜力，长期向好的基本趋势没有改变。

历史地看，纵观百年党史，党在内忧外患中诞生、在历经磨难中成长、在攻坚克难中壮大，始终坚定信仰信念信心，凝聚起全党全国人民的意志和力量，战胜了一切可以预见和难以预见的风险挑战，不断推动历史车轮向着光明的前途前进。今天的中华民族在历史进程中积累的强大能量已经充分爆发出来，焕发出前所未有的历史主动精神、历史创造精神；今天的中国人民更加自信自立自强，更有志气骨气底气，正在信心百倍书写着新时代中国发展的伟大历史。

现实地看，中国经济之所以能够披荆斩棘、乘风破浪，就在于具有强大的产业发展韧性、超大规模市场优势、人民追求美好生活的内在动力潜力和巨大人力资本的创新活力，就在于有以习近平同志为核心的党中央对形势判断和相关决策的正确性预见性以及党中央具有在复杂多变的局面下驾驭经济工作的高超智慧和娴熟能力。我们完全有信心有底气认为，我国发展面临的有利条件强

于不利因素，我国经济发展的未来空间无比广阔。

未来地看，党的二十大深刻阐释了中国式现代化的中国特色、本质要求和必须牢牢把握的重大原则，擘画了全面建设社会主义现代化国家、以中国式现代化全面推进中华民族伟大复兴的宏伟蓝图。中国式现代化既基于自身国情，又借鉴各国经验；既传承历史文化，又融合现代文明；既造福中国人民，又促进世界共同发展。实践证明，中国式现代化是强国建设、民族复兴的康庄大道，是中国谋求人类进步、世界大同的必由之路。以中国式现代化全面推进中华民族伟大复兴的前景无比广阔。

只要在中国共产党坚强领导下，全国人民坚定信心、开拓进取，始终保持奋发有为的精神状态，继续撸起袖子加油干；广大党员干部按照党中央决策部署，贯彻落实好中央经济工作会议精神，不折不扣抓落实、雷厉风行抓落实、求真务实抓落实、敢作善为抓落实，中国经济这艘巨轮一定能破浪前行、扬帆远航。

抓住高质量发展这个新时代的硬道理不放松 *

中央经济工作会议提出的"五个必须"的规律性认识，是近年来党领导经济工作的实践总结，又是立足新时代新的历史方位对做好经济工作的深化认识。① 其中，坚持高质量发展是贯穿"五个必须"的核心要义，做好明年和今后一个时期的经济工作必须抓住高质量发展这个新时代的硬道理不放松。

坚持高质量发展是规律性认识的核心要义

认识规律、尊重规律、运用规律，是我们党治国理政、做好经济工作的宝贵经验。对做好经济工作重要经验及时进行总结，不断深化对经济工作的规律性认识，也是党的十八大以来历次中央经济工作会议的一个鲜明特点和一项重要内容。"五个必须"相互关联、相互承接、有机统一，具有鲜明的时代性、针对性和创造性，贯穿其间的一条红线就是坚持高质量发展。

我们党领导人民治国理政，很重要的一个方面就是要回答好实现什么样的发展、怎样实现发展这个重大问题。改革开放以来，"发展才是硬道理"成为深入人心、嵌入历史的时代话语，成为解码"中国奇迹"的秘诀。"发展是党执政兴国的第一要务"也成为全党的共识。党领导人民聚精会神搞建设、一心一意谋发展，我国经济实力、科技实力、综合国力和人民生活水平才实现了历史性跃迁。进入新时代，我国发展环境、发展条件、发展阶段都发生了深刻变化，面对国内劳动力成本上升、资源环境约束增大、粗放发展方式难以维系的现实，面对不稳定性不确定性明显上升的外部环境，党中央审时度势，及时作出我国经济发展进入新常态的重大判断，强调我国已由高速增长阶段转向高质量发展阶段，并作出重大战略性调整，强调我国发展必须实现创新成为第一动力、协调成为内生特点、绿色成为普遍形态、开放成为必由之路、共享成为根

---

* 本文原载《经济参考报·理论版》2024年1月3日。

① 中央经济工作会议在北京举行［N］. 人民日报，2023－12－13（1）.

本目的的高质量发展，推动经济发展质量变革、效率变革、动力变革。要解决好人民日益增长的美好生活需要和不平衡不充分的发展这个新时代我国社会主要矛盾，必须推进高质量发展。高质量发展是完整、准确、全面贯彻新发展理念的发展，是实现人民从"有没有"转向"好不好"的发展，是不断促进人的全面发展、全体人民共同富裕的发展。坚持高质量发展是解决当前和未来中国发展一切问题的基础和关键。

中央经济工作会议旗帜鲜明地"把坚持高质量发展作为新时代的硬道理"作为做好新时代经济工作的出发点，又以"必须把推进中国式现代化作为最大的政治"为落脚点，强调在党的统一领导下，团结最广大人民，聚焦经济建设这一中心工作和高质量发展这一首要任务，把中国式现代化宏伟蓝图一步步变成美好现实。这是党中央尊重经济规律、把握发展大势、适应现实需要、争取未来竞争主动的战略选择，是有效防范化解各种重大风险挑战、以中国式现代化全面推进中华民族伟大复兴的必然要求。

深刻领会会议精神 坚持不懈抓高质量发展

中央经济工作会议在明确做好明年经济工作的指导思想、基本原则、政策取向上均凸显了坚持高质量发展这个主题主线，在系统部署明年经济工作九项任务中也是紧紧围绕推动高质量发展，突出了重点，把握了关键。

在指导思想上，会议强调坚持稳中求进工作总基调，完整、准确、全面贯彻新发展理念，加快构建新发展格局，着力推动高质量发展，巩固和增强经济回升向好态势，持续推动经济实现质的有效提升和量的合理增长。在基本原则上，强调坚持稳中求进、以进促稳、先立后破。在政策取向上，强调多出有利于稳预期、稳增长、稳就业的政策，在转方式、调结构、提质量、增效益上积极进取，要求加强政策工具创新和协调配合，增强宏观政策取向一致性，把非经济性政策纳入宏观政策取向一致性评估，确保同向发力、形成合力，等等。这些字里行间的背后，事实上着眼的就是以经济发展质的有效提升带动量的合理增长，以高质量发展的"进"促进经济基本面的"稳"，以高质量经济政策制定实施的"立"推进各种桎梏和障碍的"破"，以进一步巩固和增强经济稳中向好的态势。

我国经济发展的韧性锻造要依靠高质量发展。高质量发展是跨越重大关口的必然选择、赢得新时代我国战略优势的关键所在。只有加快质量变革、效率变革、动力变革，全面提升劳动生产率和全要素生产率，才能不断增强我国经济竞争力、创新力、抗风险能力，实现经济运行持续好转、内生动力持续增强、社会预期持续改善、风险隐患持续化解，以高质量发展的确定性应对外部形势的不确定性，推动经济实现质的有效提升和量的合理增长，推动经济在高质量发展轨道上行稳致远。

我国经济发展的活力迸发要依靠高质量发展。要持续依靠改革开放增强推动中国式现代化建设的内在动力。坚决破除落实"两个毫不动摇"的思想障碍和体制机制弊端，充分激发各类经营主体的内生动力和创新活力，尤其要推出在市场准入、要素获取、公平执法、权益保护等方面要制定管用有效的法律制度和切实举措，促进民营企业发展壮大，促进中小企业专精特新发展；着力破除各种形式的地方保护和市场分割，消除各类堵点瘀点，畅通国内经济循环，加快全国统一大市场形成。以更高水平的制度性开放，持续建设市场化、法治化、国际化一流营商环境，以我国超大规模市场优势吸引全球资源要素，促进国内国际双循环，培育壮大国际竞争合作新优势，打造"投资中国"品牌。

我国经济发展的潜力释放要依靠高质量发展。坚持深化供给侧结构性改革和着力扩大有效需求协同发力，有助于从供求两端着力扩大国内需求，充分发挥我国超大规模市场和强大生产能力的优势。以科技创新推动产业创新，引领现代化产业体系建设，特别是以颠覆性技术和前沿技术催生新产业、新模式、新动能，发展新质生产力，开拓未来产业新赛道，将打开高质量的供给空间。激发各类有潜能的消费，扩大有效益的投资，形成消费和投资相互促进的良性循环，使国内大循环建立在内需主动力的基础上，也将充分释放国内广阔的需求空间，不断促进在满足人民高品质生活需要上实现供求关系新的动态平衡。

我国经济发展的安全保障也要依靠高质量发展。当前，我国国家安全内涵和外延比历史上任何时候都要丰富，时空领域比历史上任何时候都要宽广，内外因素比历史上任何时候都要复杂。我国在确保粮食、能源、产业链供应链可靠安全、资源环境安全、网络信息安全和防范金融风险等方面还需解决许多重大问题难题，必须始终统筹发展和安全，以高质量发展促进高水平安全，以高水平安全保障高质量发展，确保发展和安全动态平衡、相得益彰。

始终把握正确方向　坚持高质量发展不动摇

思想统一是政治统一、行动统一的基础。中央经济工作会议强调"必须把推进中国式现代化作为最大的政治"。这就要求各级领导干部在做好新时代经济工作中坚持在党的统一领导下，团结最广大人民，聚焦经济建设这一中心工作和高质量发展这一首要任务，把贯彻好高质量发展这个新时代的硬道理贯彻落实到经济社会发展全过程各方面。

推进新时代高质量发展必须讲政治。高质量发展不只是一个经济要求，还是对经济社会发展方方面面的总要求；不是只对经济发达地区的要求，而是所有地区发展都必须贯彻的要求；不是一时一事的要求，而是必须长期坚持的要求。推进新时代高质量发展，要注重统筹发展和安全，准确识别时与势、危与机、利与弊，主动识变应变求变，及时消除各种隐患。

推进新时代高质量发展必须讲方法。推动高质量发展具有战略性、长期性，必须掌握正确的工作策略和方法，着力提高推动高质量发展的能力和水平。做好明年经济工作，要注意把握和处理好速度与质量、宏观数据与微观感受、发展经济与改善民生、发展与安全的关系，着力提升宏观政策支持高质量发展的效果，讲求工作推进的方式方法，积极谋划用好牵引性、撬动性强的工作抓手，扎实推动高质量发展。

推进新时代高质量发展必须讲实效。中央经济工作会议强调，要切实增强做好经济工作的责任感使命感，抓住一切有利时机，利用一切有利条件，看准了就抓紧干，能多干就多干一些。中央政治局专题民主生活会又着重强调，坚持高质量发展要成为领导干部政绩观的重要内容，反对贪大求洋、盲目蛮干；坚持出实招求实效，反对华而不实、数据造假；坚持打基础利长远，反对竭泽而渔、劳民伤财。特别是要及时客观全面反映实际情况。

这些都是推动新时代高质量发展、做好经济工作的正确工作导向和思想遵循。只要我们深刻领会，不折不扣抓落实、雷厉风行抓落实、求真务实抓落实、敢作善为抓落实，就能以高质量发展的实际行动和成效，把中国式现代化宏伟蓝图一步步变成美好现实。

统筹供给侧结构性改革
和着力扩大有效需求协同发力*

核心观点：立足新的形势，以推动供求既保持总量基本平衡，又促进结构高水平动态平衡，并统筹供需两端协同发力、同向发力、持续发力，实现经济平稳增长、保持国民经济稳中有进稳中向好发展态势。

中央经济工作会议指出，近年来，在党中央的坚强领导下，有效统筹国内国际两个大局、统筹疫情防控和经济社会发展、统筹发展和安全，深化了新时代做好经济工作的规律性认识，即"五个必须"，其中，第二个必须是强调要"坚持深化供给侧结构性改革和着力扩大有效需求协同发力"。①

把这个规律性认识的着眼点放在国民经济运行层面，表明的是要保持我国经济平稳增长，就需要在保持总供给和总需求的总量基本平衡的情况下，尽可能实现供需两端的结构性动态平衡，这样既可以促进资源的优化配置，也可以体现稳中求进、以进促稳的政策导向，目的是实现经济高质量发展。

保持经济平稳增长必须统筹供需两端实现动态平衡

经济增长的逻辑是基于人民对美好生活的追求这一内在动力牵引，在经济运行中对一国所有生产要素进行合理配置和充分利用，从而实现资源要素约束条件下的最大化产出，其结果体现为国内生产总值的数量增长和经济增长速度的平稳提升。

但经济增长并不是一帆风顺的，会受到经济运行环境、技术进步、要素供给约束和经济周期等多重因素的影响而产生波动。在封闭经济下，经济增长的驱动力主要靠投资和消费；在开放经济下，经济增长又增加了国际贸易和货币国际化的推动力，如果拉长经济运行周期观察一国的经济增长，全要素生产率

---

* 本文原载《中国经济时报·智库》2024 年 1 月 12 日。

① 中央经济工作会议在北京举行 ［N］. 人民日报，2023－12－13（1）.

提升则是经济增长的核心推动力，其中，涉及创新、人力资本、市场开放度、制度供给等因素。对大国经济来说，在一个经济周期内促进经济平稳增长主要还是依赖国内投资和国内消费的内在驱动力，不断增加社会总供给和社会总需求，并保持二者基本平衡，从而达到经济增长速度、质量、效率、效益和安全的有机统一。

在党的十八大之前，经过改革开放 30 多年的快速发展，我国人民生活已经由温饱不足转向总体小康，社会主要矛盾也随之发生质的改变，社会需求开始从"有没有"转向"好不好"。在这一过程中，受 2008 年国际金融危机的影响，世界经济格局出现深刻调整，我国经济发展的外部环境急剧变化，过去那种依靠粗放式的要素投入、片面追求经济增长的传统发展模式已难以为继。党的十八大以后，我国进入新时代。以习近平同志为核心的党中央准确研判我国经济发展的阶段性特征，提出了九个方面的趋势性变化，审时度势地提出我国经济发展进入新常态，正从高速增长转向中高速增长，经济发展方式正从规模速度型粗放增长转向质量效率型集约增长，经济结构正从增量扩能为主转向调整存量、做优增量并存的深度调整，经济发展动力正从传统增长点转向新的增长点。强调认识新常态，适应新常态，引领新常态，是当前和今后一个时期我国经济发展的大逻辑。

顺应这样的逻辑，在党的十八大后的五年，党中央破解发展难题、厚植发展优势，接续提出深化供给侧结构性改革、深入推进"三去一降一补"、贯彻新发展理念、推进高质量发展的战略举措。在这个阶段，经济工作的主攻方向是提高整个供给体系质量，着力减少无效供给、扩大有效供给，提高供给结构对需求结构的适应性，从供给侧结构性改革上来破解重大结构性失衡的难题。党的十九大以后，中美摩擦加大，逆经济全球化思潮抬头，外部环境不稳定、不确定性因素日趋增多，又遭遇突如其来的新冠疫情对经济运行带来巨大冲击，我国发展面临供给冲击、需求收缩、预期转弱的三重压力，再叠加结构性、周期性矛盾交织，扩大国内有效需求就成为应对经济下行压力的关键抓手。

为此，党中央及时作出加快构建以国内大循环为主体、国内国际双循环相互促进的新发展格局的战略抉择。落实到经济运行层面，就是要把实施扩大内需同深化供给侧结构性改革有机结合起来。一方面是加强需求侧管理，深入研究市场变化，充分认识人民群众的现实需求和潜在需求，着力扩大内需，增强消费对经济发展的基础性作用和投资对优化供给结构的关键作用；另一方面是进一步深化供给侧结构性改革，以科技创新引领现代化产业体系建设，不断提升产业链供应链韧性和安全水平，注重利用技术创新和规模效应形成新的竞争优势，培育和发展新的经济增长点。

这次中央经济工作会议贯彻落实党的二十大精神，着重强调要坚持深化供给侧结构性改革和着力扩大有效需求协同发力。这是立足新的形势，既以推动供需保持总量基本平衡，又促进结构高水平动态平衡，并统筹供需两端协同发力、同向发力、持续发力，实现经济平稳增长、保持国民经济稳中有进、稳中向好发展态势的全新认识。

着力培育市场竞争新优势充分激发供给和需求潜能

受近几年一系列外部复杂因素的影响和国内仍未破解的体制机制障碍的束缚，我国经济下行压力一直没有减缓。过去一年，在以习近平同志为核心的党中央坚强领导下，经过艰苦努力，顶住外部压力、克服内部困难，供给端和需求端同时发力，推动我国经济回升向好，经济实现了质的有效提升和量的合理增长。但也要看到，当前和今后一个时期我国发展仍然面临有效需求不足、部分行业产能过剩、社会预期偏弱、风险隐患仍然较多，国内大循环存在堵点，外部环境的复杂性、严峻性、不确定性上升等现实困难。

从历史经验来看，经济处于下行周期阶段往往又是各种创新潜能爆发的时期。根据熊彼特创新理论，颠覆式破坏最能推动产业组织、企业组织实施变革，这实际上给社会供给端带来凤凰涅槃式的创新机会，大量创新性供给又必然引致新的消费浪潮，推动实现在更高水平上的供需动态平衡，进而推动经济发展进入新的上升周期。

2023年中央经济工作会议部署新一年前两项重点经济工作，讲的就是供给端和需求端的变革，突出的就是一个"新"字。

在供给端，强调以科技创新引领现代化产业体系建设。要以科技创新推动产业创新，特别是以颠覆性技术和前沿技术催生新产业、新模式、新动能，大力推进新型工业化，加快推动人工智能发展，发展新质生产力等。目前，我国已经具有世界量级的生产制造能力和产业配套能力，加上我国具有集中力量办大事的制度优势，完全可以在较短时间内发挥新型举国体制的力量，突破"卡脖子"技术瓶颈。习近平总书记在今年新年贺词中提及的C919大飞机、国产大型邮轮、神舟家族、"奋斗者"号，以及国货潮牌、国产新手机和蓬勃兴起的新能源汽车、锂电池、光伏产品等给中国制造增添了新亮色，这一系列日新月异的创造为塑造新时代我国强大供给提供了坚实基础。

在需求端，强调着力扩大国内需求。要激发有潜能的消费，扩大有效益的投资，形成消费和投资相互促进的良性循环。各类新型消费、数字消费、绿色消费、健康消费、文体消费以及国货"潮品"等都存在巨大的待开掘空间，也必将形成一大批新的消费增长点。超大规模消费市场是我国经济增长最可持续的动力源，也是当今世界最稀缺的资源，只要坚持不懈地加快构建新发展格局，使国内大循环既建立在内需主动力的基础上，又不断提升国际循环质量和水平，一个活力满满、热气腾腾的消费中国依然在这里。正如习近平总书记所说，下一个中国还是中国。

供需协同发力重在市场、政策、预期三方面下功夫

统筹供需协同发力既涉及经济运行，又涉及经济体制，只有继续推进全方位改革开放，切实破除思想观念的束缚和利益固化的藩篱，才能充分激发供需两端要素配置的活力。这重点要在统一市场、政策激励、稳定预期上下足功夫。

一是加快建设全国统一大市场。必须坚决消除各类保护主义羁绊，畅通国内经济大循环，让劳动、资本、技术、土地、管理等各类生产要素在充分流动中发挥市场供求机制、竞争机制、价格机制的均衡作用。

二是强化政策激励。中央经济工作会议强调要加强财政、货币、就业、产业、区域、科技、环保等政策协调配合，增强宏观政策取向一致性，尤其要把非经济性政策纳入宏观政策取向一致性评估，强化政策统筹，放大政策组合效应，确保各类政策同向发力、形成合力。

三是切实稳定市场预期。在经济下行周期中，信心比黄金可贵。人心齐泰山移。中央经济工作会议要求各方面要注意把握和处理好速度与质量、宏观数据与微观感受、发展经济与改善民生、发展与安全的关系，特别要加强经济宣传和舆论引导，唱响中国经济光明论。政策不打架、措施快落实、问题敢解决，才能稳住预期。

新质生产力的
特点在"新"关键在"质"*

最是一年春好处。农历新春伊始，有两则新闻引起媒体高度关注：一则是全球领先 AGI 企业美国 OpenAI 公司发布文生视频大模型 Sora，该模型让使用者仅仅用文本提示就可以自如地生成 60 秒时长的影像逼真的视频内容，消息一经发布就在人工智能研发圈"一石激起千层浪"。另一则是新年一开工，各地纷纷召开"新春第一会"，政企研学大佬齐聚，共商共谋新一年地方经济发展大计。两则新闻背后隐含的一个共同词汇就是"创新"。

一波借助创新引领未来的科学的春天正在到来。从地方经济发展来看，依靠创新抢占新赛道，依靠加快发展新质生产力推动高质量发展的新时代也正在到来。

抓住机遇 加快发展新质生产力

2023 年 9 月，习近平总书记在黑龙江考察调研期间首次提出新质生产力的概念，强调整合科技创新资源，引领发展战略性新兴产业和未来产业，加快形成新质生产力。①

2023 年年末召开的中央经济工作将"以科技创新引领现代化产业体系建设"列为今年做好经济工作的第一项任务，强调"要以科技创新推动产业创新，特别是以颠覆性技术和前沿技术催生新产业、新模式、新动能，发展新质生产力"。

2024 年 1 月 31 日中央政治局就扎实推进高质量发展进行第十一次集体学习时，习近平总书记全面、系统、深刻阐述了新质生产力的丰富内涵和精神实质，指出，"新质生产力是创新起主导作用，摆脱传统经济增长方式、生产力发展路径，具有高科技、高效能、高质量特征，符合新发展理念的先进生产力质态。它由技术革命性突破、生产要素创新性配置、产业深度转型升级而催生，以劳

＊ 本文原载中共广东省委机关刊《南方》杂志 2024 年第 4 期。

① 习近平在黑龙江考察时强调 牢牢把握在国家发展大局中的战略定位 奋力开创黑龙江高质量发展新局面［N］. 人民日报，2023 - 09 - 09（1）.

动者、劳动资料、劳动对象及其优化组合的跃升为基本内涵，以全要素生产率大幅提升为核心标志，特点是创新，关键在质优，本质是先进生产力。"①

新质生产力的提出，立刻在国内理论界引发广泛讨论，得到高度评价，被认为极大丰富了马克思主义生产力理论，是谱写了习近平经济思想的新篇章。新质生产力思想不仅仅是生产力理论的原创新突破，更在于发展新质生产力是推动我国高质量发展、大力推进和拓展中国式现代化的内在要求和重要的实践着力点，是紧紧抓住新一轮科技创新和产业变革机遇的关键所在。

加快发展新质生产力是迎头赶上新科技革命的历史机遇。从19世纪末到20世纪上半叶源自西方资本主义国家的三次工业革命，中国因为陷入半殖民地半封建社会的悲惨境地和共和国成立初期受到外部势力的围堵打压而历史性地错过了，其根本原因则在于我国经济社会发展落后。改革开放极大地解放和发展了社会生产力，让中国大踏步赶上了时代。进入新时代以来，我们党把科技自立自强作为国家发展的战略支撑，坚持实施创新驱动战略，加快建设创新型国家和世界科技强国。经过近十多年的快速发展，我们在载人航天、深海探测、超级计算机、量子信息、新能源技术等诸多科技前沿领域在国际上不仅完成了跟跑、并跑，而且弯道超车实现了领跑，挺立在科技浪潮的潮头。现在，世界新一轮科技革命和产业变革深入发展，同我国转向创新驱动、走向高质量发展历史性交汇，新的科技浪潮滚滚而来，历史机遇不容再次错过，必须时不我待发展我国的新质生产力，加快构建以新质生产力为内核的现代化产业体系。

加快发展新质生产力是尽快冲破"卡脖子"瓶颈的重要机遇。我们也清醒地认识到，生产力发展、科技创新、产业变革必须遵循其内在演化规律，仅仅依靠四十多年时间要实现一个经济大国、科技大国转向经济强国、科技强国，这并不是一蹴而就和轻轻松松的事情。当前我国在科技人文教育、基础研究、原始创新、创新性体制机制建设方面还存在不少短板，特别是在关键基础材料、核心基础零部件（元器件）、先进基础工艺、产业技术基础方面同发达国家相比还有较大差距。在一个大国由大向强的历史进程中，我们还面临西方发达国家在高技术领域的多重围堵、遏制、打压，一些关键核心技术领域屡遭"卡脖子"制约。但差距也是动力。必须加快培育和发展新质生产力，实现关键核心技术自主可控，着力提升产业链供应链韧性和安全水平，大力推动产业由中低端迈向中高端，我们最终才能实现发展由立足资源禀赋的后发优势转向依靠创新引领的先发优势。

加快发展新质生产力是拓展中国式现代化道路的战略机遇。实践证明，中

---

① 习近平在中共中央政治局第十一次集体学习时强调 加快发展新质生产力 扎实推进高质量发展［N］. 人民日报，2024－02－02（1）.

国式现代化打破了"现代化＝西方化"的迷思，既有各国现代化的共同特征，更有基于自己国情的中国特色。习近平总书记指出，中国式现代化关键在科技现代化。新时代新征程上大力推进和拓展中国式现代化，就必须加快实现科技高水平自立自强。加快发展新质生产力，就是基于中国现实国情，又顺应世界科技发展趋势，主动探索一条能够造福人民福祉、维护世界和平、推动人类文明进步的科技文明新形态。这是一个世界大国应有的历史使命和时代责任。

以新提质 全面推动高质量发展

党的二十大报告指出，高质量发展是全面建设社会主义现代化国家的首要任务。教育、科技、人才是全面建设社会主义现代化国家的基础性、战略性支撑。[①]去年末召开的中央经济工作会议明确提出，把坚持高质量发展作为新时代的硬道理，把推进中国式现代化作为新时代最大的政治，聚焦经济建设这一中心任务和高质量发展这一首要任务，把中国式现代化宏伟蓝图一步步变成美好现实。

生产力是一切社会发展的最终决定力量，推进现代化建设最重要的是发展高度发达的生产力。因此，发展新质生产力就是推动高质量发展、推进中国式现代化的关键抓手。高质量发展的根本在质、新质生产力的关键也在质。深入领会和贯彻践行习近平总书记关于新质生产力的重要论述，必须紧紧围绕发展先进生产力推进高质量发展，必须牢牢抓住科技创新这个"牛鼻子"，以新提质，切实把创新融入到产品、企业、产业、城市和区域发展以及人力资源的质的提升上，以生产力的新质不断增强高质量发展的"硬实力"。

以新提质，就是要以科技创新驱动生产力向新的质态跃升。科技创新能够催生新产业、新模式、新动能，是发展新质生产力的核心要素。必须加强科技创新特别是原创性、颠覆性科技创新，用科技改造现有生产力、催生新质生产力，不断攻克"卡脖子"技术，锻造"撒手锏"技术，研发更多"根技术"，打好关键核心技术攻坚战，使原创性、颠覆性科技创新成果竞相涌现，促进代表技术进步的数字生产力、智能生产力、绿色生产力迅速壮大。

以新提质，就是要围绕发展新质生产力布局现代产业链条。及时将新一代信息技术的科技创新成果尽快应用到具体产业和产业链上，广泛应用数字技术、绿色技术，加快传统产业转型升级，促进数字经济和实体经济深度融合，做强绿色制造业，发展绿色服务业，培育壮大生物制造、商业航天、低空经济等战略性新兴产业，开辟量子、生物科学、绿色能源等未来产业新赛道，打造具有国际竞争力的数字产业集群，实现传统产业老树新花，新兴产业竞相发展，未

---

① 中国共产党第二十次全国代表大会文件汇编［M］. 北京：人民出版社，2022：23－29.

来产业孕育孵化的现代化产业体系发展生态。

以新提质，就是要全力支持企业做创新的主角推动创新资源不断向优质企业集聚。企业是劳动者、劳动资料、劳动对象及其优化组合的基本载体，是激发劳动、知识、技术、管理、资本和数据等生产要素活力、促进全要素生产率大幅提升的核心力量。企业强则创新强。要切实强化企业创新主体地位，完善技术创新的市场导向，形成以企业为主体、市场为导向、产学研用深度融合的技术创新体系和产业锻造平台，通过建立高标准市场体系，创新生产要素配置方式，促进各类先进优质生产要素向企业集聚、向发展新质生产力顺畅流动，让企业的腰杆子挺起来、硬起来。

营造环境 培育创新的良好生态

当新质生产力得到快速成长和发展壮大后，必然要突破旧的生产关系束缚，这是生产力理论的基本逻辑。习近平总书记指出，发展新质生产力，必须进一步全面深化改革，形成与之相适应的新型生产关系。① 这一新型生产关系就是要建立健全充满活力的经济体制、科技体制、人才体制，营造宽松、包容、激励容错的创新生态环境，再造讲求诚信、尊重法治、善管善治的服务型政府，完善与国际接轨的市场化、法治化、国际化的一流营商环境，等等。当前最重要的是在这几个方面下足功夫。

一是能宽容失败。新的科技创新一日千里，以人工智能为代表的新科技创新不同于前三次工业革命的最大特点就是非线性的，充满不确定性，由此就会出现各种失败，而且新的数字技术变革给人类发展是否能够带来正效益并不能完全把握。因此，必须建立激励容错机制，既要鼓励创新，又能包容失败，需要深刻认识"伟大不是规划出来"的底层逻辑。

二是要尊重法治。新质生产力发展的社会生态对政府治理水平和能力提出了更高更细致的要求。有为政府的真正内涵就是尊重市场，讲求契约，忠于法治，强化服务，要充分尊重企业的自主决策，决不能擅自干预企业经营和创新活动，甘于为其企业创新活动搭建最便捷、最高效的市场服务。

三是有开放胸襟。尽管有一些西方国家逆经济全球化大势，搞"小院高墙"、肆意"脱钩断链"，但科学没有国界，技术创新必须在充分的国际交流合作中放大辐射效应、增加人类福祉。我们必须始终站在历史正确的一边，以海纳百川的宽阔胸襟吸收人类科技进步的新成果，并以自身的努力和历史的智慧为新的技术文明作出应有贡献。

---

① 加快发展新质生产力 扎实推进高质量发展 [N]. 人民日报，2024－02－02（1）.

谋划好进一步全面深化改革[*]

　　农历新春伊始，适逢雨水节气。党中央召开的第一个高层会议就聚焦改革。2024 年 2 月 19 日下午中央全面深化改革委员会举行第四次会议，审议通过一系列重要改革文件，部署新一年全面深化改革工作要点。习近平总书记在主持召开会议中指出，今年是全面深化改革又一个重要年份，主要任务是谋划进一步全面深化改革，强调这既是党的十八届三中全会以来全面深化改革的实践续篇，也是新征程推进中国式现代化的时代新篇。[①] 2023 年年末召开的中央经济工作会议也将"坚持依靠改革开放增强发展内生动力"作为深化新时代做好经济工作的五个规律性认识之一突出强调。这都鲜明释放出新时代新征程上我们党继续坚持改革不停顿、开放不止步的浓浓春意，聚焦改革、谋划改革、推进改革也必将成为新一年经济社会发展工作的重头戏。

　　改革开放是中国人民和中华民族发展史上的一次伟大革命，正是这一伟大革命推动了中国特色社会主义事业的伟大飞跃。去年我们迎来改革开放 45 周年。45 年前，在党和国家面临何去何从的重大历史关头，我们党把握历史发展大势，抓住历史变革时机，顺应人民群众期待，党的十一届三中全会上作出实行改革开放的划时代历史性决策，开启了改革开放和社会主义现代化建设的伟大征程。党的十八大以来，面对进入新时代以来各种新的矛盾新的挑战，以习近平同志为核心的党中央更是以伟大的历史主动精神、巨大的政治勇气、强烈的责任担当、非凡的改革锐气，打响全面深化改革的攻坚战。党的十八届三中全会又发出了新时代全面深化改革的总动员令。新时代以来，全面深化改革从系统整体设计出发，以经济体制改革为牵引，进而推动政治体制、文化体制、社会体制、生态文明体制、国防和军队改革和党的建设制度改革等全方位、深层次、根本性改革，推动党和国家事业取得历史性成就、发生历史性变革，进

---

　*　本文原载《光明日报·客户端》2024 年 3 月 8 日。
　①　习近平主持召开中央全面深化改革委员会第四次会议［N］. 人民日报，2024－02－20（1）.

一步夯实了中国特色社会主义制度优势，有力激发了社会主义现代化建设的动力和活力，在新的历史起点上把新时代改革开放推向全新境界。45 年的实践证明，改革开放是党和人民大踏步赶上时代的重要法宝，是决定当代中国命运的关键一招。改革开放也成为当代中国最显著的特征、最鲜明的特色、最壮丽的气象。

党的二十大擘画了全面建设社会主义现代化国家、以中国式现代化全面推进中华民族伟大复兴的宏伟蓝图。中央经济工作会议指出，"必须把推进中国式现代化作为最大的政治"。这是党中央深刻把握世界潮流、历史大势、民心民意，对世界之问、时代之问、人民之问作出的坚定回答，是一个百年大党对新时代新征程自身历史使命和政治责任的深刻把握，为全党工作提供了根本遵循。全面分析推进中国式现代化新的发展环境，环顾国内，当前国内经济恢复仍处在关键阶段，周期性和结构性矛盾叠加；放眼全球，经济复苏乏力，逆全球化思潮涌动，单边主义、保护主义明显上升，我国发展面临的外部环境更趋复杂严峻。而越是面临困难挑战，越是要向改革要动力、向开放要活力。

在二十届中央全面深化改革委员会首次会议上，习近平总书记就明确指出，"实现新时代新征程的目标任务，要把全面深化改革作为推进中国式现代化的根本动力，作为稳大局、应变局、开新局的重要抓手"。在中央全面深化改革委员会四次会议上，习近平总书记强调要坚持用改革开放这个关键一招解决发展中的问题、应对前进道路上的风险挑战。① 前进路上，改革开放将始终是我们战胜风险挑战、打开崭新局面的关键一招、活力之源、重要法宝、必由之路。

聚焦改革，首先针对的是现实问题。改革是由问题倒逼而产生，又在不断解决问题中得以深化的。改革就要从现实问题入手，集中解决最关键、最迫切的问题。比如，当前进一步推动经济回升向好需要克服有效需求不足、部分行业产能过剩、社会预期偏弱、风险隐患仍然较多、国内大循环尚存在堵点瘀点等困难和挑战，要写好改革的实践续篇，就要从培育发展新质生产力、建设现代化产业体系、畅通国内大循环，构建高标准市场体系等关键问题为抓手，部署好各领域重点改革任务，集中精力、集中施力，贯彻落实好已经行之有效的促进扩大内需、优化经济结构、提振发展信心、改善保障民生、防范化解风险的改革举措，切实增强经济活力、防范化解风险、改善社会预期，巩固和增强经济回升向好态势，持续推动经济实现质的有效提升和量的合理增长。

谋划改革，则是着眼长远，重点是破除妨碍中国式现代化顺利推进的体制机制障碍。要站在战略高度、运用系统观念，从集成协同、顶层设计角度进一

---

① 习近平主持召开中央全面深化改革委员会第四次会议［N］. 人民日报，2024－02－20（1）.

步明确改革的战略重点、优先顺序、主攻方向、推进方式，切实增强新一轮全面深化改革重大举措的科学性、前瞻性、系统性。新时代以来，我们党在不断深化对改革规律的认识基础上已经形成了改革开放以来最丰富、最全面、最系统的改革方法论，为展开新一轮全面深化改革奠定了扎实的思想基础。中央全面深化改革委员会四次会议强调，改革举措要有鲜明指向性，奔着解决最突出的问题去，改革味要浓、成色要足，这根本上要求谋划新一轮改革必须进一步解放思想，敢于自我革命，真正能冲破旧的思维窠臼，打破利益固化的藩篱，为充分解放和发展生产力、解放和增强社会活力、全面推进国际治理体系和治理能力的现代化提供坚强制度保障。

推进改革，就是要充分调动各方面改革积极性，进一步凝聚改革共识，举全党全国之力抓好重大改革任务贯彻落实。要加强和改善党对全面深化改革的统一领导，发挥党总揽全局、协调各方的领导核心作用，同时要充分尊重人民在改革中的主体地位和首创精神，及时总结基层和群众创造的新鲜经验。广大党员干部要当实干为先、只争朝夕，事不避难、攻坚克难，牢固树立真抓实干促改革的导向，坚持用改革的办法解决前进中的问题，勇于打破思维定势和路径依赖，不断增强推进改革的创造性引领性，切实将"时时放心不下"的改革责任感转化为"事事心中有底"的改革行动力，推动形成全社会勇于创新、真抓实干、开拓奋进的浓厚改革氛围。

好雨知时节，当春乃发生。伴随着春天的脚步，新一轮全面深化改革的鼓点已经敲响，让我们大力弘扬改革开放精神、共同书写新征程，推进中国式现代化的时代新篇。

"四个新"发展递进的三重逻辑*

党的十八大以来，习近平总书记深刻研判当代世界发展大势，深刻把握当代中国发展阶段性特征，针对中国经济发展提出一系列新理念新思想新战略，最突出体现在先后提出"新发展阶段""新发展理念""新发展格局""新质生产力"等重大思想命题。"四个新"既实现了关于中国发展问题的理论递进，不断丰富发展了习近平经济思想，初步构建起中国特色社会主义政治经济学的自主知识体系，又紧扣中国社会发展的主要矛盾，破解发展难题，厚植发展优势，着力解决我国发展最突出、最关键、最现实的问题。

"四个新"相互贯穿、内在耦合，构成了一个自洽的理论闭合，具有清晰的理论逻辑、历史逻辑、现实逻辑。我们只有深刻领会和把握"四个新"发展递进的这三重逻辑，才能顺应新发展阶段的时代特征，完整准确贯彻新发展理念，加快构建推动高质量发展的新发展格局，集中精力培育发展新质生产力，为以中国式现代化全面实现强国建设、民族复兴伟业提供强大的动力支撑。

理论逻辑："四个新"的发展是日益接近质的飞跃的量的积累和发展变化的过程

进入新时代以来，习近平总书记以马克思主义理论家的创新气魄，审时度势，接续提出了"新发展阶段""新发展理念""新发展格局""新质生产力"等重大命题，针对中国经济发展提出了一系列新理念、新思想、新战略、新部署。

新发展阶段是我们党带领人民迎来从站起来、富起来到强起来历史性跨越的新阶段，是社会主义初级阶段中经过几十年积累，站到了新的起点上的一个

---

* 本文原载中共广东省委机关刊《南方》杂志 2024 年第 6 期，原文以中央党校（国家行政学院）习近平新时代中国特色社会主义思想研究中心研究员、东南大学中国特色社会主义研究院特约研究员署名刊发，原题为《从新发展阶段、新发展理念、新发展格局到新质生产力》。

阶段，也是中国特色社会主义发展进程中的一个重要阶段。在这个阶段，我国经济发展的基本特征就是由高速增长阶段转向高质量发展阶段，我国社会主要矛盾也转化为人民日益增长的美好生活需要和不平衡不充分发展之间的矛盾。创新、绿色、协调、开放、共享的新发展理念是立足党的宗旨、以问题导向入手，从忧患意识出发，回答了关于现阶段中国发展的目的、动力、方式、路径等一系列理论和实践问题，是切实解决好发展不平衡不充分矛盾、推动高质量发展的思想向导和行动指南。加快构建以国内大循环为主体、国内国际双循相互促进的新发展格局是主动顺应国内外新的发展格局，坚持把国家和民族发展放在自己力量的基点上、坚持把中国发展进步的命运牢牢掌握在自己手中的战略抉择，也是应对新发展阶段机遇和挑战、贯彻新发展理念的重大举措。

党的二十大开启了强国建设、民族复兴新征程，全面建设社会主义现代化强国的首要任务是高质量发展，教育、科技、人才是全面建设社会主义现代化国家的基础性、战略性支撑，其核心就是坚持科技是第一生产力、人才是第一资源、创新是第一动力。

生产力是推动社会进步的最活跃、最革命的要素，生产力发展是衡量社会发展的带有根本性的标准。按照马克思主义政治经济学基本原理，生产力是一切社会发展的最终决定力量。马克思主义在形成初期就认为，社会主义是以生产力的巨大增长和高度发展为前提的。去年习近平总书记在黑龙江考察调研首提"发展新质生产力"这一重大命题，这是在"三个新"的基础上适时提出的第四个"新"。今年1月31日中央政治局举行第十一次集体学习时，习近平总书记鲜明指出，"高质量发展需要新的生产力理论来指导，而新质生产力已经在实践中形成并展示出对高质量发展的强劲推动力、支撑力，需要我们从理论上进行总结、概括，用以指导新的发展实践"。[①] 在揭示新质生产力的内涵时，习近平总书记指出，"新质生产力是创新起主导作用，摆脱传统经济增长方式、生产力发展路径，具有高科技、高效能、高质量特征，符合新发展理念的先进生产力质态"。

从理论逻辑来看，进入新发展阶段明确了我国发展的历史方位，贯彻新发展理念明确了我国现代化建设的指导原则，构建新发展格局明确了我国经济现代化的路径选择。那么，发展新质生产力就是站在新的发展起点上推进中国式现代化的动力支撑。

发展新质生产力，顺应了新发展阶段我国发展的现实要求，抓住新一轮技术革命和产业变革机遇，以劳动者、劳动资料、劳动对象及其优化组合的跃升

---

① 习近平在中共中央政治局第十一次集体学习时强调 加快发展新质生产力 扎实推进高质量发展［N］. 人民日报，2024－02－02（1）.

催生技术革命性突破、生产要素创新性配置、产业深度转型升级；发展新质生产力，充分体现以创新发展为第一动力，牵引协调发展、绿色发展、开放发展、共享发展；发展新质生产力，也紧紧抓住实现高水平科技自立自强这个构建新发展格局最本质的特征，充分发挥创新主导作用，全面提升自主创新能力，以科技创新推动产业创新，推进现代化产业体系建设，全面提高全要素生产率。随着新质生产力加快发展，也必然推动我国由社会主义初级阶段向更高阶段迈进，推进贯彻新发展理念这场关系我国发展全局的深刻变革，在新发展格局中不断塑造发展新动能新优势，增强我们的生存力、竞争力、发展力、持续力，促进社会生产力实现新的跃升。

由此看，这"四个新"相互贯穿、相互促进，构成一个复合的循环系统，呈现为一个时、阈、力的集合，也形成了一个阶梯式递进、不断发展进步、日益接近质的飞跃的量的积累和发展变化的过程，始终洋溢着我国发展的蓬勃生机活力。

历史逻辑：我们党不断探索总结社会主义建设规律着力解放和发展生产力

我们党是马克思主义先进政党，辩证唯物主义和历史唯物主义是我们党始终坚持和运用的世界观和方法论。在革命、建设、改革、新时代各个历史时期，我们党自觉运用马克思主义关于世界的物质性及其发展规律和关于人类社会发展的自然性、历史性及其相关规律，紧密结合中国具体国情和中华优秀传统文化，系统地、历史地、具体地分析中国社会运动及其发展规律，客观认识和科学把握我国发展各个阶段的社会主要矛盾，确立思想路线，制定治国理政的正确主张和战略规划，并不折不扣地贯彻落实，从而推动党和国家事业取得一个又一个胜利。

新中国成立后，我们党把尽快从落后的农业国变为先进的工业国作为中国向现代化发展的目标。在完成社会主义改造之后，1956年，党的八大正确分析国内形势和国内主要矛盾的变化，明确提出，社会主义的社会制度在我国已经基本上建立起来，国内的主要矛盾已经是人民对于经济文化迅速发展的需要同当前经济文化不能满足人民需要的状况之间的矛盾。党和全国人民的主要任务就是要集中力量解决这个矛盾，其核心就是在社会主义条件下全党要集中力量发展生产力。遗憾的是，由于当时的主客观原因，党的八大形成的正确路线未能完全坚持下去，但从另一层面也反映，正确认识发展阶段和社会主要矛盾，制定正确的指导思想和发展路线的极端重要性。

进入改革开放和社会主义现代化建设新时期，我们党深刻总结新中国成立以来正反两方面经验教训，深刻揭示社会主义本质，紧紧抓住新阶段的社会主要矛盾，作出把党和国家工作中心转移到经济建设上来，实行改革开放的历史性决策，确立社会主义初级阶段基本路线，明确提出走自己的路、建设中国特色社会主义。改革开放极大地解放和发展了社会生产力，让中国人民大踏步赶上了时代。

进入中国特色社会主义新时代，我们党统筹把握中华民族伟大复兴战略全局和世界百年未有之大变局，明确新时代社会主要矛盾时人民日益增长的美好生活需要和不平衡不充分的发展之间的矛盾，坚持以人民为中心的发展思想，把握新发展阶段、贯彻新发展理念、构建新发展格局，推动高质量发展，站在新的发展起点擘画了以中国式现代化全面推进中华民族伟大复兴的宏伟蓝图。2023年中央经济工作会议进一步深化了新时代做好经济工作的规律性认识，提出必须坚持高质量发展作为新时代硬道理，坚持依靠改革开放增强发展内生动力，把推进中国式现代化作为最大政治。

新时代以来，党中央作出一系列重大决策部署，推动高质量发展成为全党全社会的共识和自觉行动，成为经济社会发展的主旋律。习近平总书记为此强调，"发展新质生产力是推动高质量发展的内在要求和重要着力点，必须继续做好创新这篇大文章，推动新质生产力加快发展。"

现实逻辑：在应对挑战中加快发展新质生产力实现社会进步新的跃升

每次人类社会大变局也都蕴含着生产力的巨大革新，世界百年未有之大变局加速演进内在要求孕育形成新质生产力。纵观人类社会发展史，生产能力及其要素的发展都是一个从量变到质变的波浪式前进、螺旋式上升的过程，经过长期孕育的量变积累阶段，最后发生了质变、生产效率发生了革命性的提高，而生产力的每一次重大跃迁，都将加速人类社会的变革。

习近平总书记明确指出，新质生产力"由技术革命性突破、生产要素创新性配置、产业深度转型升级而催生，以劳动者、劳动资料、劳动对象及其优化组合的跃升为基本内涵，以全要素生产率大幅提升为核心标志，特点是创新，关键在质优，本质是先进生产力"。[①] 这种由劳动者、劳动资料、劳动对象的生产力要素优化组合而产生了质变的新生产力形态，正是新质生产力的核心要义，是对马克思主义生产力理论的继承与创新，代表人类社会发展方向的生产力新形态，为社会生产方式变革与生产关系改革提供了新方向、提出了新要求。

---

① 加快发展新质生产力 扎实推进高质量发展 ［N］. 人民日报，2024－02－02（1）.

当今世界正经历百年未有之大变局，中华民族伟大复兴正处于关键阶段。当前和今后一个时期，我国发展面临的环境是战略机遇和风险挑战并存，但有利条件强于不利条件。我们必须准确研判形势，认清历史方位，紧紧抓住新一轮科技革命和产业变革引发生产力要素发生质的变化的重要时间窗口期，调动一切可以调动的积极因素，团结一切可以团结的力量，加快培育和发展新质生产力，充分激发全社会活力和创造力。

在发展新质生产力的要素层面，科技创新能够催生新产业、新模式、新动能，是发展新质生产力的核心要素。必须加强科技创新特别是原创性、颠覆性科技创新，加快实现高水平科技自立自强，全力攻克"卡脖子"瓶颈，打好关键核心技术攻坚战，培育发展新质生产力的新动能。

在发展新质生产力的结构层面，我们要围绕发展新质生产力布局产业链，改造提升传统产业，培育壮大新兴产业，布局建设未来产业，积极促进产业高端化、智能化、绿色化，完善现代化产业体系，提升产业链供应链韧性和安全水平，并紧紧围绕推进新型工业化和加快建设制造强国、质量强国、网络强国、数字中国和农业强国等战略任务。

在发展新质生产力的功能层面，新质生产力发展可以更好满足人民美好生活需要的价值取向，推进人类改造自然能力提升、人的自由全面发展和全人类社会文明的进步。我们要深入实施科教兴国战略，强化高质量发展的基础支撑，谋划新一轮全面深化改革，不断塑造与新质生产力发展相适应的生产关系，着力打通束缚新质生产力发展的堵点卡点。大力培育创新文化，弘扬企业家精神和科学家精神，营造具有全球竞争力的开放创新生态，让各类先进优质生产要素向发展新质生产力顺畅流动。

以进促稳·突出创新·
奋力中国式现代化*

——2024 年《政府工作报告》
学习解读

初春时节，播种希望。春天的两会，更催人奋进。

2024 年两会的《政府工作报告》贯彻落实党的二十大和中央经济工作会议精神，全面总结建设社会主义现代化国家开局之年，以习近平同志为核心的党中央团结带领全党全国人民圆满完成经济社会发展主要目标任务取得的新的巨大成就，在我国发展大局和趋势的科学把握中充分认识潜力优势，确立新一年发展目标，突出关键环节，部署全年工作。报告精练平实，求真务实，开拓进取，看点多多，充分展示中国发展的光明前景，充分彰显党和政府带领人民以中国式现代化全面推进强国建设、民族复兴伟业的坚定信心。

设定 5% 的经济增长目标 把握稳中求进以进促稳的工作基调

每年的《政府工作报告》如何设定新一年发展的主要预期目标都十分引人关注。其中最重要的一个指标就是国内生产总值增长率，这是一个社会经济发展最具牵引力的综合指标。总理在今年《政府工作报告》中指出，综合考虑国内外形势和各方面因素，兼顾需要和可能，并考虑就业增收、防范化解风险等需要和经济增长潜力和支撑条件，也于"十四五"规划和基本实现现代化的目标相衔接，将 2024 年我国经济增长预期目标设定为 5% 左右。这样一个增长率科学不科学、恰当不恰当呢？我们可以这样理解。

实现 5% 的经济增长，是一个需要实现的增长目标。党的二十大擘画了从现在开始按照"两步走"战略规划到本世纪中叶全面实现社会主义现代化强国的宏伟蓝图。国内多家经济研究机构经过测算，按照现有国内经济发展水平和考

---

* 本文原载《中国青年报·理论版》2024 年 3 月 31 日。

虑了汇率因素，从现在到 2035 年要基本实现社会主义现代化，我国潜在经济增长率大概在 5.33%，那么在"十四五""十五五"时期，我国经济增长就需要保持在 5% 以上的水平。中央经济工作会议就此强调，必须把坚持高质量发展作为新时代的硬道理，发挥我国超大规模市场和强大生产能力的优势，推动经济实现质的有效提升和量的合理增长。因此，当前我国经济增长必须有这样一个速度。

实现 5% 的经济增长，是一个可以实现的增长目标。由于一场突如其来的新冠疫情冲击，我们经历了一次严峻考验，叠加外部环境的复杂多变和国内结构性周期性因素的困扰，我国经济发展和经济运行面临前所未有的困难。但几年来，在以习近平同志为核心的党中央坚强领导下，顶住外部压力、克服内部困难，在危机中育新机、在变局中开新局，疫情三年我国经济增长平均仍达到4.5%。过去一年，新冠疫情防控平稳转段，国民经济恢复呈现波浪式发展、曲折中前进。经过艰辛努力，去年国内生产总值超过 126 万亿元，增长 5.2%，增速居世界主要经济体前列，中国经济彰显出强大韧性和活力，依然是"风景这边独好"。经受风雨磨砺，进一步坚实了我国显著的制度优势、超大规模市场的需求优势、产业体系完备的供给优势、高素质劳动者众多的人才优势以及政府调控经济的能力优势。保持 5% 左右的年增长，我们就能不断巩固和增强经济回升向好态势，推动经济持续向好、行稳致远。

实现 5% 的经济增长，也是一个需要加倍努力才能实现的增长目标。《政府工作报告》指出，实现今年预期目标并非易事，需要政策聚焦发力、工作加倍努力、各方面齐心协力。这是实事求是的判断和要求。5% 的经济增长目标是一个统领指标，今年我们还要实现新增就业 1200 万人，居民消费价格涨幅在 3%左右，居民收入增长保持与经济增长同步，国际收支保持基本平衡等，实现这一系列宏观经济目标有不少挑战，需要各方面工作有力支撑。《政府工作报告》按照中央经济工作会议精神，强调了"坚持稳中求进、以进促稳、先立后破"的工作原则，政策取向强调"进是方向和动力"，要在推动转方式、调结构、提质量、增效益上积极进取，在财政货币政策上着眼强化逆周期和跨周期调节，特别是要谨慎出台收缩性抑制性举措，清理和废止有悖于高质量发展的政策规定，把非经济性政策纳入宏观政策取向一致性评估，确保各方面政策同向发力、形成合力。《政府工作报告》部署的今年政府工作十大任务，充分体现"统筹扩大内需和深化供给侧结构性改革，统筹新型城镇化和乡村全面振兴，统筹高质量发展和高水平安全"的要求，着力增强经济活力、防范化解风险、改善社会预期。可以说，这每一项工作部署都抓住了主要矛盾、针对着瓶颈制约，只要扎实推进切实落实，都将从各个方面支撑起实现 5% 的经济增长目标。

加快发展新质生产力 在全社会营造浓厚的创新发展氛围

创新是引领我国发展的第一动力，是完整准确全面贯彻新发展理念的核心要义，也是实现今年发展预期目标的最关键抓手。

自从习近平总书记去年黑龙江考察调研首提新质生产力的概念以来，各方面都在不断加深理解，越来越深刻认识到，加快发展新质生产力，是推动我国高质量发展、大力推进和拓展中国式现代化的内在要求和重要的实践着力点，是紧紧抓住新一轮科技创新和产业变革机遇的关键所在。发展新质生产力，也自然成为今年两会代表委员最关注的议题。

习近平总书记今年两会下团组，在参加他所在的十四届全国人大二次会议江苏代表团审议时再次强调，要牢牢把握高质量发展这个首要任务，因地制宜发展新质生产力；同时指出，面对新一轮科技革命和产业变革，我们必须抢抓机遇，加大创新力度，培育壮大新兴产业，超前布局建设未来产业，完善现代化产业体系。

今年《政府工作报告》也是积极跟进，体现出浓厚的创新意味。在部署全年十大重点工作的前两位任务着力的就是创新，强调要大力推进现代化产业体系建设，加快发展新质生产力；要深入实施科教兴国战略，强化高质量发展的基础支撑。

新质生产力是创新起主导作用，摆脱传统经济增长方式、生产力发展路径，具有高科技、高效能、高质量特征，符合新发展理念的先进生产力质态；是由技术革命性突破、生产要素创新性配置、产业深度转型升级而催生，以劳动者、劳动资料、劳动对象及其优化组合的跃升为基本内涵，以全要素生产率大幅提升为核心标志，特点是创新，关键在质优，本质是先进生产力。《政府工作报告》为此在部署今年创新工作时要求，充分发挥创新主导作用，以科技创新推动产业创新，加快推进新型工业化，提高全要素生产率，不断塑造发展新动能新优势，促进社会生产力实现新的跃升；坚持教育强国、科技强国、人才强国一体统筹推进，创业链产业链资金链人才链一体部署实施，深化教育科技人才综合改革，为现代化建设提供强大动力。

当然，发展新质生产力，不是喊口号、拼热度，而是要有科学的规划和部署、正确处理好传统和现代、现状和目标等重大关系。习近平总书记在参加江苏代表团审议时就及时打了预防针，强调发展新质生产力不是忽视、放弃传统产业，要防止一哄而上、泡沫化，也不要搞一种模式。各地要坚持从实际出发，先立后破、因地制宜、分类指导，根据本地的资源禀赋、产业基础、科研条件等，有选择地推动新产业、新模式、新动能发展，用新技术改造提升传统产业，积极促进产业高端化、智能化、绿色化。①《政府工作报告》在部署加快发展新质生产力，推动产业链供应链优化升级、积极培育新兴产业和未来产业、深入

---

① 习近平在参加江苏代表团审议时强调 因地制宜发展新质生产力［N］. 人民日报，2024-03-06（1）.

推进数字经济创新发展方面都作出了详尽科学的安排和引导。

创新也不只仅仅体现在建设现代化产业体系和深入实施科教兴国战略层面，在着力扩大国内需求、深化改革开放、更好统筹发展和安全、扎实推进乡村全面振兴、推动城乡融合和区域协调发展、加强生态文明建设、切实保障和改善民生等重点工作上也需要进一步推进观念创新、政策创新、体制创新、实践创新。《政府工作报告》为此强调，必须深入学习习近平经济思想，强化系统观念，把握和处理好重大关系，从整体上深入谋划和推进各项工作，以更大的决心和力度深化改革开放，促进有效市场和有为政府更好结合，持续激发和增强社会活力，推动高质量发展取得新的更大成效。

不断增强民生福祉 坚持把推进中国式现代化作为最大政治

2023 年年末召开的中央经济工作会议强调，必须把推进中国式现代化作为最大的政治，在党的统一领导下，团结最广大人民，聚焦经济建设这一中心工作和高质量发展这一首要任务，把中国式现代化宏伟蓝图一步步变成美好现实。

民心是最大的政治，实现中国式现代化就是当今中国人民最大的期盼和民意。今年的《政府工作报告》坚持以人民为中心的发展思想，强调切实保障和改善民生，采取更多惠民生、暖民心的举措，扎实推进共同富裕，促进社会和谐稳定，不断增强人民群众的获得感、幸福感、安全感。

《政府工作报告》在保障和改善民生工作部署中继续给人民群众带来一系列实实在在、可及可达的幸福"礼包"。比如，报告提出，要多措并举稳就业促增收，提高医疗卫生服务体系能力，居民医保人均财政补助标准提高 30 元，推动基本医疗保险省级统筹，城乡居民基础养老金月最低标准提高 20 元，加强城乡社区养老服务网络建设，大力发展银发经济，减轻家庭生育、养育、教育负担，等等，这都体现了以发展思维看待补民生短板问题，注重从人民群众急难愁盼中找准工作着力点、政策发力点。

我们的政府是人民的政府，各级政府及其工作人员必须把为民造福作为最重要的政绩。今年《政府工作报告》继续强调，努力建设人民满意的法治政府、创新政府、廉洁政府和服务型政府，要求政府工作人员遵守法纪、廉洁修身、勤勉尽责，干干净净为人民做事；要求各级政府坚持正确的思想方法和工作方法，勇于打破思维定式和路径依赖，切实做到不折不扣、雷厉风行、求真务实、敢作善为抓落实，确保最终效果符合党中央决策意图，顺应人民期待；要求广大干部坚决纠治形式主义官僚主义，增强"时时放心不下"的责任感和"事事心中有底"的行动力。

蓝图绘就，贵在实干，中国现代化愿景可期。

沿着现代化的逻辑——一个经济学人的时事观察（2021－2024年）

走出创新发展新质生产力的新路子*

从去年习近平总书记到地方考察首提"新质生产力"概念，到2024年年初中央政治局集体学习全面阐释发展新质生产力理论体系，再到今年两会提出要"因地制宜发展新质生产力"，"发展新质生产力"不仅成为各方面极为关注的热点，也成为党和国家一项重大战略部署正在全面加快推进。

发展新质生产力既是一个亟待深入研究的重大理论命题，也是一个极为重要的实践命题、改革命题。我们必须深刻理解和把握发展新质生产力的重大意义、科学内涵、精神实质和实践要求，切实把加快发展新质生产力作为推动我国高质量发展的内在要求和重要着力点贯穿落实到拓展中国式现代化道路的全过程。

发展新质生产力的核心要义在于以"新"提"质"

新质生产力是"由技术革命性突破、生产要素创新性配置、产业深度转型升级而催生，以劳动者、劳动资料、劳动对象及其优化组合的跃升为基本内涵，以全要素生产率大幅提升为核心标志，特点是创新，关键在质优，本质是先进生产力"。① 习近平总书记这一全面阐释，深刻揭示了新质生产力的形成逻辑、精神要义和本质特点。

发展新质生产力就必须紧紧抓住"创新"这个特点，"质优"这个关键，着力于以"新"提"质"，充分发挥创新的牵引和主导作用，以科技创新推动产业创新、管理创新、体制创新，不断塑造我国发展的新动能、新优势、新格局，促进社会生产力和生产关系实现新的变革新的跃升，让新质生产力发展成为新时代新征程上推动实现高质量发展的强大动力支撑。

以"新"提"质"，就是要以科技创新驱动生产力向新的质态跃升。科技

---

* 本文原载《广州日报·理论周刊》2024年5月13日。

① 加快发展新质生产力 扎实推进高质量发展［N］. 人民日报，2024－02－02（1）.

创新能够催生新产业、新模式、新动能，是发展新质生产力的核心要素。必须加强科技创新特别是原创性、颠覆性科技创新，用科技改造现有生产力、催生新质生产力，不断攻克"卡脖子"技术，锻造"撒手锏"技术，研发更多"根技术"，打好关键核心技术攻坚战，使原创性、颠覆性科技创新成果竞相涌现，促进代表技术进步的数字生产力、智能生产力、绿色生产力迅速壮大。

以"新"提"质"，就是要围绕发展新质生产力布局现代产业链条。及时将新一代信息技术的科技创新成果尽快应用到具体产业和产业链上，广泛应用数字技术、绿色技术，加快传统产业转型升级，促进数字经济和实体经济深度融合，做强绿色制造业，发展绿色服务业，培育壮大生物制造、商业航天、低空经济等战略性新兴产业，开辟量子、生物科学、绿色能源等未来产业新赛道，打造具有国际竞争力的数字产业集群，实现传统产业老树新花，新兴产业竞相发展，未来产业孕育孵化的现代化产业体系发展生态。

以"新"提"质"，就是要全力支持企业做创新的主角推动创新资源不断向优质企业集聚。企业是劳动者、劳动资料、劳动对象及其优化组合的基本载体，是激发劳动、知识、技术、管理、资本和数据等生产要素活力、促进全要素生产率大幅提升的核心力量。企业强则创新强。要切实强化企业创新主体地位，完善技术创新的市场导向，形成以企业为主体、市场为导向、产学研用深度融合的技术创新体系和产业锻造平台，通过建立高标准市场体系，畅通国民经济循环，创新生产要素配置方式，促进各类先进优质生产要素向企业集聚、向发展新质生产力顺畅流动，让各类创新型企业的腰杆子挺起来、硬起来。

以创新的思路根本破解和摆脱传统发展的路径依赖

习近平总书记在今年两会上参加江苏代表团审议时指出，要"因地制宜发展新质生产力"，强调"要防止一哄而上、泡沫化，也不要搞一种模式。各地要坚持从实际出发，先立后破、因地制宜、分类指导，根据本地的资源禀赋、产业基础、科研条件等，有选择地推动新产业、新模式、新动能发展"。① 这就为各地加快发展生产力提供了重要的路径引导和方法论遵循。

根据过往我国经济发展的经验教训看，当党中央提出一系列新思想新战略新部署时，一些地方一些部门在还没有完全吃透和领会党中央的战略意图和精神实质的情况下，很容易出现盲目跟风、一哄而上、急于求成的现象。比如，有的地方不顾资源禀赋急于上项目、铺摊子，什么项目热就干什么，不考虑投资回报率；有的地方不考虑当地产业基础和经济条件，搞"大而全""小而

① 因地制宜发展新质生产力［N］. 人民日报，2024-03-06（1）.

全"，甚至为了争夺要素资源搞地方保护主义；有的地方只重当前不看长远，没有全国一盘棋思想，结果造成大量重复建设，形成产能过剩，结果"解决了一个问题，留下了十个遗憾"；当然也有一些地方只是空喊口号，做表面文章，制造了许多盆景工程和泡沫化，陷入形式主义官僚主义的泥潭，等等。这些现象在20世纪末我国重工业化发展时期就一再出现过，对国家经济结构调整形成很大掣肘。从当前现实情况看，各地都在抢抓数字经济发展机遇布局新兴产业，热情和势头是好的，但从全国大局着眼，客观上已经出现了诸如新能源汽车产业、光伏产业、机器人产业、算力建设等方面的产能过剩和市场的无序竞争问题，极不利于战略层面上的对有限资源的充分利用、有效生产要素的优化配置和产业空间布局上的合理规划。就此，习近平总书记审时度势强调要"因地制宜发展新质生产力"具有极强的针对性，对各地加快发展新质生产力既打了"预防针"又注入了"清醒剂"。

我们必须深刻理解，发展新质生产力的关键在于创新起主导作用。这里的创新不仅仅是要紧紧抓住新一轮科技革命和产业变革的机遇，以科技创新为引领推出一系列新技术、新产品、新业态、新模式来提高全要素生产率，根本的还在于要真正树立起创新的思想意识，重塑创新的体制机制、营造浓厚的创新文化，这样才能切实摆脱传统经济增长方式、生产力发展路径，坚决摒弃陈旧观念、思维惯性、传统发展模式和错位的政绩观的路径依赖，以"创造性破坏"的理念革新冲破各种旧的思想观念的束缚和利益固化的藩篱，尽快构建起与新质生产力相适应的新型生产关系来促进先进生产力发展，又以发展新质生产力来推动新型生产关系的培育、建立和完善，从而形成科技创新、产业创新、制度创新、人文创新、思想创新的良性循环，最终推动新型劳动者、新型劳动资料、新型劳动对象及其优化组合的质的跃升。这样我们就不会以"新瓶装旧酒""穿新鞋走老路"，真正走出一条创新发展新质生产力的新路子。

加快发展新质生产力必须正确处理好四个方面的关系

发展新质生产力是习近平总书记深刻研判当代世界发展大势，深刻把握当代中国发展阶段性特征，在先后提出"新发展阶段""新发展理念""新发展格局"之后提出的又一个"新"。这"四个新"既实现了关于中国发展问题的理论递进，丰富发展了习近平经济思想，初步构建起中国特色社会主义政治经济学的自主知识体系，又紧扣中国社会发展的主要矛盾，破解发展难题，厚植发展优势，着力解决我国发展最突出、最关键、最现实的问题。加快发展新质生产力是实现高质量发展、拓展中国式现代化的新的战略举措和重大部署，为此在加快发展中必须正确处理好四个方面的关系。

一是处理好顶层设计和基层创造的关系。在宏观层面要立足新发展阶段在谋划今后一个时期经济社会发展主要目标指标、重大战略任务、重大改革举措、重大工程项目时，充分考虑发展新质生产力的实践要求，强化综合统筹和综合平衡，支持引导地方因地制宜发展新质生产力，指导地方结合自身资源禀赋、产业基础和特色优势，合理确定发展新质生产力的战略重点和主要方向。微观层面则要鼓励基层积极开拓创新，及时总结经验，复制推广。

二是处理好政府、市场和企业的关系。政府在为发展新质生产力及时出台取向一致的宏观政策，切实在财政、货币、产业、区域等政策上大力支持现代化产业体系建设，加快构建全国统一大市场，加快新质生产要素在全国范围内的充分畅通流动，始终尊重企业创新的主体地位。

三是处理好传统产业和新兴产业的关系。从产业更替的角度讲，没有永远的传统产业，产业成长总是在生命周期中完成迭代和升级的，新兴产业正是在传统产业孕育发展中不断做强做大的。各地在推动新质生产力发展过程中，要观一域而谋全局，准确认识自身在区域协同发展、国家战略总体布局中的定位，把握好时度效，着眼当前更顾长远因地制宜发展新质生产力，着力建设符合本地特点的现代化产业体系。

用好决定中国式现代化成败的关键一招[*]

中共中央政治局 2024 年 4 月 30 日召开会议决定 2024 年 7 月在北京召开党的二十届三中全会，重点研究进一步全面深化改革、推进中国式现代化问题。会议强调，面对纷繁复杂的国际国内形势，面对新一轮科技革命和产业变革，面对人民群众新期待，必须继续把改革推向前进；会议要求全党必须自觉把改革摆在更加突出位置，紧紧围绕推进中国式现代化进一步全面深化改革。[①]习近平总书记在 2024 年 5 月 23 日主持召开企业和专家座谈会并发表重要讲话时强调，党的二十大擘画了全面建设社会主义现代化国家的宏伟蓝图，确立了以中国式现代化全面推进强国建设、民族复兴伟业的中心任务。进一步全面深化改革，要紧扣推进中国式现代化这个主题，突出改革重点，把牢价值取向，讲求方式方法，为完成中心任务、实现战略目标增添动力。[②]

两次会议揭示了党的二十届三中全会的鲜明主题和目标任务，党的二十届三中全会必将成为我们党在以中国式现代化全面推进强国建设、民族复兴伟业的新征程上具有里程碑意义的一次重要会议。可以预见，站在新的历史起点上，我们党将再次吹响全面深化改革的号角。

深刻认识中国式现代化新征程上全面深化改革的重大意义

改革开放是党和人民事业大踏步赶上时代的重要法宝。当前和今后一个时期是我们党领导人民以中国式现代化全面推进强国建设、民族复兴伟业的关键时期。中央政治局"430 会议"用"六个必然要求"深刻阐释了立足新时代新征程我们必须继续把改革推向前进的重大现实意义和深远历史意义，我们必须

---

* 本文原载中共江苏省委机关刊《群众》2024 年第 11 期，2024 年 6 月 12 日出刊，原文以东南大学中国特色社会主义发展研究院特约研究员、中央党校出版集团国家行政学院出版社社长署名刊发。

① 中共中央政治局召开会议 决定召开二十届三中全会 [N]. 人民日报, 2024－05－01 (1).
② 习近平主持召开企业和专家座谈会强调 紧扣推进中国式现代化主题 进一步全面深化改革 [N]. 人民日报, 2024－05－24 (1).

认识和领会。

坚持和完善中国特色社会主义制度，推进国家治理体系和治理能力现代化的必然要求。"凡将立国，制度不可不察也。"新中国成立75年来，党领导人民建立和完善了中国特色社会主义制度，形成和发展了党的领导和经济、政治、文化、社会、生态文明、军事、外事等各方面制度。46年来的改革开放特别是党的十八大以来以习近平同志为核心的党中央勇毅革除旧的体制机制弊端，有力推动中国特色社会主义制度和国家治理体系不断走向成熟，充分彰显了我国国家制度和国家治理体系的显著优势和强大自我完善能力，当代中国焕发出前所未有的生机活力。但制度更加成熟更加定型和治理能力现代化都是一个动态过程，不可能一蹴而就，也不可能一劳永逸，国家制度和国家治理体系建设的目标必须随着实践发展而与时俱进。现在，中国特色社会主义进入新时代，面对当今世界正经历百年未有之大变局和我国正处于实现中华民族伟大复兴关键时期，国家治理也面临诸多新形势新挑战，我们必须顺应时代变化，继续把改革推向前进，在坚持和完善支撑中国特色社会主义的制度体系上，进一步固根基、扬优势、补短板、强弱项，构建与中国式现代化相适应的系统完备、科学规范、运行有效的制度体系和治理体系，不断把我国国家制度的最大优势转化为更高水平的治理效能。

贯彻新发展理念、更好适应我国社会主要矛盾变化的必然要求。"明者因时而变，知者随事而制。"我国发展已经进入新的历史阶段，我国社会主要矛盾也转化为人民日益增长的美好生活需要和不平衡不充分发展之间的矛盾。要解决发展不平衡不充分的矛盾，根本上是要靠发展，关键是解决好发展质量和效益问题。这就要求我们必须适应新发展阶段、完整准确全面贯彻新发展理念、加快构建新发展格局，着力推进高质量发展。高质量发展是体现新发展理念的发展、是新时代的硬道理。坚持创新发展、协调发展、绿色发展、开放发展、共享发展，是关系我国发展全局的一场深刻变革，是新时代我国发展壮大的必由之路。为此，必须紧扣推进中国式现代化这个主题，继续全面深化改革，坚决破除妨碍推进中国式现代化的思想观念和体制机制弊端，着力破解深层次体制机制障碍和结构性矛盾，进一步解放和发展社会生产力、增强社会活力，推动生产关系和生产力、上层建筑和经济基础更好相适应，从而不断为中国式现代化注入强劲动力。

坚持以人民为中心、让现代化建设成果更多更公平惠及全体人民的必然要求。"民为邦本，本固邦宁。"中国式现代化是人口规模巨大的现代化，是全体人民共同富裕的现代化，共同富裕是中国特色社会主义的本质要求。由于我国依然处于社会主义初级阶段，当前和今后一个时期人民群众在幼有所育、学有所教、劳有所得、病有所医、老有所养、住有所居、弱有所扶等方面还会存在许多急难愁盼问题。我们党始终坚持以人民为中心的发展思想，要实现好、维护好、发展好最广大人民根本利益，就必须坚持把实现人民对美好生活的向往作为现代化建设的出发点和落脚点，要继续推进全面深化改革，切实在完善分配制度、实施就业优先战略、健全社会保障体系、推进健康中国建设等方面迈出实质性进展，着力维护和促进社会公平正义、着力促进全体人民共同富裕，坚决防止两极分化，使改革能够让人民群众有更多获得感、幸福感、安全感，让现代化建设成果更多更公平惠及全体人民。

应对重大风险挑战、推动党和国家事业行稳致远的必然要求。"图之于未萌，虑之于未有。"当今世界百年未有之大变局正在加速演进，世界之变、时代之变、历史之变正以前所未有的方式展开，我国发展已进入战略机遇和风险挑战并存、不确定难预料因素增多的时期，来自国内外经济、政治、意识形态、社会以及自然界的风险可能接踵而至、相互交织，各种"黑天鹅""灰犀牛"事件随时可能发生。如果防范不及、应对不力，发生重大风险又扛不住，国家安全和社会稳定就可能面临重大威胁，中国式现代化进程就可能被迫中断。发展和安全是一体之两翼、驱动之双轮，需要我们统筹兼顾、同步推进；坚定不移贯彻总体国家安全观，把维护国家安全贯穿党和国家工作各方面全过程，也需要继续推进全面深化改革，以高质量发展促进高水平安全，以高水平安全保障高质量发展，实现发展和安全良性互动，就可以牢牢把握推动改革发展和维护国家安全的战略主动权，确保党和国家长治久安、人民安居乐业，确保社会主义现代化事业顺利推进。

推动构建人类命运共同体、在日趋激烈的国际竞争中赢得战略主动的必然要求。"万物并育而不相害，道并行而不相悖。"和平、发展、合作、共赢的历史潮流不可阻挡，人心所向、大势所趋决定了人类前途终归光明。但当今世界，恃强凌弱、巧取豪夺、零和博弈等霸权霸道霸凌行径危害深重，和平赤字、发展赤字、安全赤字、治理赤字加重，人类社会面临前所未有的挑战。中国式现代化是走和平发展道路的现代化，我们坚定站在历史正确的一边、站在人类文明进步的一边，致力于推动构建人类命运共同体。只有继续深入推进改革创新，坚定不移扩大开放，积极参与全球治理体系改革和建设，推动全球治理朝着更加公正合理的方向发展，才能在日趋激烈的国际竞争中赢得战略主动，不断以中国新发展为世界提供新机遇，推动建设开放型世界经济，共同应对各种全球性挑战，更好惠及各国人民。

解决大党独有难题、建设更加坚强有力的马克思主义政党的必然要求。政党作为推动人类进步的重要力量在现代化进程中产生，必然随着现代化发展而不断实现自身治理现代化，政党治理现代化是中国式现代化的政治前提、核心驱动，中国式现代化是政党治理现代化的价值转化、目的所在。中国共产党作为中国式现代化的决定性因素，其强大的领导水平和执政能力也源自自身治理的现代化水平。作为世界上最大的马克思主义执政党，在中华民族伟大复兴战略全局与世界百年未有之大变局同步交织、交融交汇的历史条件下，要始终赢得人民拥护、巩固长期执政地位，必须时刻保持解决大党独有难题的清醒和坚定，充分认清党面临的"四个考验""四种风险"还将长期存在，决不能有松劲歇脚、疲劳厌战的情绪。只有继续推进全面深化改革，深入推进新时代党的建设新的伟大工程，不断健全全面从严治党体系，全面推进党的自我净化、自我完善、自我革新、自我提高，以党的自我革命引领社会革命，才能不断促进以党的自身治理现代化引领和保障中国式现代化的历史进程。

以问题为导向全面把握继续推进改革的重要着力点

改革开放是我们党的一次伟大觉醒，正是这个伟大觉醒孕育了我们党从理论到实践的伟大创造。改革开放是中国人民和中华民族发展史上一次伟大革命，正是这个伟大革命推动了中国特色社会主义事业的伟大飞跃。

46年前，党的十一届三中全会我们党基于对党和国家前途命运的深刻把握，作出实行改革开放的历史性决策，经过持续推进改革开放，我国实现了从高度集中的计划经济体制到充满活力的社会主义市场经济体制、从封闭半封闭到全方位开放的历史性转变。

11年前，党的十八届三中全会我们党基于改革进入攻坚期和深水区，以更大的政治勇气和智慧推进全面深化改革，实现改革由局部探索、破冰突围到系统集成、全面深化的转变，各领域基础性制度框架基本确立，许多领域实现历史性变革、系统性重塑、整体性重构，开创了我国改革开放新局面。

今天，行进在以中国式现代化全面推进强国建设、民族复兴新征程上，我们党将锚定完善和发展中国特色社会主义制度、推进国家治理体系和治理能力现代化这个总目标，紧扣推进中国式现代化，突出问题导向，奔着问题去、盯着问题改，继续把改革推向前进，从而推动生产关系和生产力、上层建筑和经济基础、国家治理和社会发展更好相适应，为中国式现代化提供强大动力和制度保障。

着力解决制约构建新发展格局和推动高质量发展的卡点堵点问题。面对我国经济已由高速增长阶段转向高质量发展阶段的新形势新要求，针对我国市场体系还不健全，市场发育还不充分，超大规模市场优势还不凸显，以及政府和市场关系、中央和地方关系还没有完全理顺，存在科技创新能力不强、市场激励不足、要素流动不畅、资源配置效率不高、微观经济活力不够等问题，必须在经济体制关键性基础性重大改革上突破创新，进一步丰富和发展我国基本经济制度，充分激发各类所有制经济主体的活力创造力，深化财税金融体制改革，健全完善宏观经济治理体系和推动高质量发展体制机制，在更高起点、更高层次、更高目标上推进经济体制改革及其他各方面体制改革，构建更加系统完备、更加成熟定型的高水平社会主义市场经济体制。

着力解决发展环境和民生领域的痛点难点问题。民生是社会和谐之本，民生领域与人民群众的生活息息相关。民生决定民心，民心是最大的政治，直接关乎中国式现代化的发展环境。随着新时代我国社会主要矛盾发生深刻变化，当前我国社会矛盾反映最集中、社会焦虑最突出、社会凝聚力最薄弱的都反映在民生领域，必须从人民的整体利益、根本利益、长远利益出发谋划和推进民生领域的改革，从老百姓最关心的就业、增收、入学、就医、住房、办事、托幼养老以及生命财产安全等急难愁盼中找准改革的发力点和突破口，真正推出民生所急、民心所向的改革举措，切实办好惠民生、暖民心、顺民意的好事实事，使新一轮改革让人民群众有更多获得感、幸福感、安全感。

着力解决有悖社会公平正义的焦点热点问题。公平正义是中国特色社会主义的本质要求，维护社会公平正义是实现人民对美好生活向往的重要保障。新一轮全面深化改革要以促进社会公平正义、增进人民福祉、促进全体人民共同富裕为出发点和落脚点，切实完善社会主义分配制度，真正构建起初次分配、再分配、第三次分配协调配套的制度体系，规范收入分配秩序，规范财富积累机制，健全覆盖全民、统筹城乡、公平统一、安全规范、可持续的多层次社会保障制度，坚决消除党政机关和企事业单位社会保障水平差距、基本公共服务上的城乡差距、地区差距、行业差距，坚决破除特权思想和特权行为。

正确处理好新一轮全面深化改革若干重要关系

习近平总书记强调，改革有破有立，得其法则事半功倍，不得法则事倍功半甚至产生负作用。[①] 这就要求我们谋划新一轮全面深化改革，必须坚持正确方法论，既要以问题为导向，从现实需要出发，从最紧迫的事情抓起，在解决实践问题中深化理论创新、推进制度创新；又要坚持全局观念和系统思维，聚焦全局性、战略性问题谋划改革举措，实现纲举目张。具体就体现在要着重处理好几对重要关系上。

解放思想与实事求是的关系。改革开放是前无古人的崭新事业，也是一场

---

① 习近平主持召开企业和专家座谈会强调 紧扣推进中国式现代化主题 进一步全面深化改革［N］. 人民日报，2024－05－24（1）.

深刻革命，必须勇于解放思想。但解放思想是有方向、有立场、有原则的，因而改革开放也是有方向、有立场、有原则的。西方国家经常鼓噪的中国改革"见顶论""停止论""滞后论"等，要么是不懂中国国情、要么就是别有用心。习近平总书记深刻指出，"要坚持守正创新，改革无论怎么改，坚持党的全面领导、坚持马克思主义、坚持中国特色社会主义道路、坚持人民民主专政等根本的东西绝对不能动摇，同时要敢于创新，把该改的、能改的改好、改到位，看准了就坚定不移抓。"谋划新一轮改革又要立足于中国仍处在社会主义初级阶段，仍然是世界上最大的发展中国家这个最大实际和最大国情出发，既不走封闭僵化的老路，也不走改旗易帜的邪路。

加强党对改革的全面领导与尊重人民首创精神的关系。中国共产党领导是中国特色社会主义最本质的特征，是中国特色社会主义制度的最大优势。全面深化改革涉及对现有利益关系的深度调整，每向前推进一步，都需要下更大决心、付出更多努力。只有加强党对全面深化改革的领导，发挥党总揽全局、协调各方的作用，才能把全党全国各族人民的思想、意志、行动统一起来，形成推动改革开放行稳致远的强大合力。人民是历史的创造者，也是推动改革的力量源泉。我们党一开始开启改革开放事业就深深扎根于人民群众之中，尊重人民主体地位，发挥群众首创精神，紧紧依靠人民推动改革，没有人民支持和参与，任何改革都不可能取得成功。谋划新一轮全面深化改革，仍必须站在人民立场上把握和处理好涉及改革的重大问题，始终从人民利益出发谋划改革思路、制定改革举措，充分调动人民群众推进改革的积极性、主动性、创造性，把最广大人民智慧和力量凝聚到改革上来，同人民一道把改革推向前进。

经济体制改革与其他领域改革的关系。发展依然是推进中国式现代化进程中解决一切问题的基础和关键，高质量发展是新时代的硬道理。推进中国式现代化是最大的政治，必须紧紧抓住经济建设这个中心工作和高质量发展这个首要任务。顺应新一轮科技革命和产业变革态势，只有充分发挥经济体制改革牵引作用，才能打通束缚新质生产力发展的卡点堵点，破除一切制约中国式现代化顺利推进的体制机制障碍，才能进一步解放和发展社会生产力、解放和增强社会活力，进而形成与之相适应的新型生产关系，更好推动生产关系与生产力、上层建筑与经济基础相适应，这样就能为其他各方面改革提供强大推动，影响其他各个方面改革相应推进。

效率与公平的关系。效率与公平是中国式现代化的重要原则，始终贯穿于中国现代化建设的全过程，并随着经济社会发展阶段的变化不断调整。新中国成立以来，我们经历了"绝对平均主义""两者兼顾""效率优先""效率优先，兼顾公平"等过程，这都是适合我国当时实际情况和发展需要的。习近平总书记指出，中国式现代化既要创造比资本主义更高的效率，又要更有效地维护社会公平，更好实现效率与公平相兼顾、相促进、相统一。谋划新一轮全面深化改革，既要进一步完善社会主义市场经济体制，充分发挥市场在资源配置中的决定性作用，把实施扩大内需战略同深化供给侧结构性改革有机结合起来，着力提高全要素生产率，推动经济发展质量变革、效率变革、动力变革，又要更好发挥政府作用，加大全社会收入分配调节力度，扎实推进共同富裕，促进机会公平，实现效率与公平有机结合。

顶层设计和重点突破的关系。新时代以来，以习近平同志为核心的党中央坚持全局观念和系统思维，加强顶层设计，科学谋划改革的战略重点、优先顺序、主攻方向、工作机制、推进方式，全面深化改革从夯基垒台、立柱架梁到全面推进、厚积成势，再到系统集成、协同高效，不断在新起点上实现改革新突破。谋划新一轮全面深化改革，要继续坚持稳中求进、立破并举，更加注重改革的系统性、整体性、协同性，促进各项改革举措在目标取向上相互配合、在实施过程中相互促进、在改革成效上相得益彰，推动各领域各方面改革举措同向发力、形成合力，各方面更要以钉钉子精神狠抓改革落实。

我国改革开放已走过千山万水，但仍需跋山涉水。46 年改革开放的巨大成功为我国推进高质量发展、实现中国式现代化赢得了宝贵经验，新时代以来全面深化改革又为推进中国式现代化提供了更为坚实的物质基础、更为完善的制度保证和更为充实的精神力量。实践将不断证明，改革开放是当代中国最显著的特征、最壮丽的气象，改革开放是决定当代中国命运的关键一招，是决定中国式现代化成败的关键一招，也必然是决定实现"两个一百年"奋斗目标、实现中华民族伟大复兴的关键一招。

以"三个进一步解放"
把全面深化改革推向前进*

中共中央政治局 4 月 30 日召开会议，决定今年 7 月在北京召开中国共产党第二十届中央委员会第三次全体会议。会议明确提出了进一步全面深化改革的指导思想和基本原则，强调谋划新一轮改革要"进一步解放思想、解放和发展社会生产力、解放和增强社会活力"，这"三个进一步解放"对用好改革的力量全面推进中国式现代化新征程至关重要，既为谋划好新一轮改革提供了明确的思想指引和行动方向，也是作为检验新一轮改革能不能取得实际成效的关键所在。

进一步解放思想就是要勇于冲破思想观念的障碍、突破利益固化的藩篱

思想是行动的先导。思想理念的变革是经济社会发展的先导性力量。思想的解放又是改革实践的起点。纵观我国改革开放 40 多年的伟大历程，具有划时代意义的两次重要会议即党的十一届三中全会和党的十八届三中全会，尽管时空有距，两次会议分别召开于我国发展不同的历史阶段和时代背景，但都以解放思想撬动了改革的杠杆，在全社会营造起浓厚的改革创新氛围。

1978 年，党的十一届三中全会我们党基于对党和国家前途命运的深刻把握，以实践是检验真理的唯一标准的思想大讨论为起步，开启了我国改革开放的历史征程。经过持续推进改革开放，我国实现了从高度集中的计划经济体制到充满活力的社会主义市场经济体制、从封闭半封闭到全方位开放的历史性转变。

2013 年，党的十八届三中全会我们党基于改革进入攻坚期和深水区，以更强的思想解放力度、更大的政治勇气、更有为的历史担当推进全面深化改革，

---

* 本文原载中共广东省委机关刊物《南方》杂志 2024 年第 12 期，2024 年 7 月 1 日出刊，原文以东南大学中国特色社会主义发展研究院特约研究员、国家行政学院出版社社长署名刊发。

实现改革由局部探索、破冰突围到系统集成、全面深化的转变，各领域基础性制度框架基本确立，许多领域实现历史性变革、系统性重塑、整体性重构，开创了我国改革开放新局面。

这两次划时代的重要会议充分彰显了思想解放的力量，充分展示了中国共产党人以科学的态度对待科学、以真理的精神追求真理的鲜明政治品格。

回溯党的思想发展史，我们党之所以能够始终顺应时代变革、不断解放思想，根本在于中国共产党是一个以马克思主义科学理论武装起来的先进政党，成立伊始就把马克思主义写在自己的旗帜上。

马克思主义思想理论以其鲜明的科学性、人民性、实践性、开放性特质，一经诞生就犹如壮丽的日出，照亮了人类探索历史规律和寻求自身解放的道路。马克思主义不仅深刻改变了世界，也深刻改变了中国。20世纪初马克思主义传播到中国后，其命运就同中国共产党的命运、中国人民的命运、中华民族的命运紧紧连在一起。这一科学理论为中国革命、建设、改革、新时代提供了强大思想武器，使中国这个古老的东方大国创造了人类历史上前所未有的发展奇迹。

最难能可贵的是，中国共产党深谙马克思主义的思想特质和理论精髓，在百年风雨磨砺的奋斗历程中，深刻认识到，马克思主义理论从来不是教条而是行动指南，必须随着实践发展而发展，必须中国化才能落地生根、本土化才能深入人心。早在1945年，毛泽东同志在提出党的七大工作方针时就指出，"全世界自古以来，没有任何学问、任何东西是完全的，是再不向前发展的。地球是在发展的，太阳是在发展的，这就是世界。停止了发展就不是世界"①。在社会主义革命和建设时期，毛泽东进一步谈到，"事物总是有始有终的，只有两个无限，时间和空间无限。无限是由有限构成的，各种东西都是逐步发展、逐步变动的。讲这些，是为了解放思想，把思想活泼一下。脑子一固定，就很危险"，"要多想，不要死背经典著作，而要开动脑筋，使思想活泼起来"②。

党的十一届三中全会开启了改革开放和社会主义现代化新时期，实现了新中国成立以来党的历史上具有深远意义的伟大转折。邓小平同志深刻指出，"一个党，一个国家，一个民族，如果一切从本本出发，思想僵化，迷信盛行，那它就不能前进，它的生机就停止了，就要亡党亡国"，"解放思想，开动脑筋，实事求是，团结一致向前看，首先是解放思想"③。后来他进一步指出，"我们搞四个现代化，不开动脑筋，不解放思想不行。什么叫解放思想？我们讲解放思想，是指在马克思主义指导下打破习惯势力和主观偏见的束缚，研究新情况，

① 毛泽东选集（第三卷）[M]．北京：人民出版社，1991：1029－1099．
② 毛泽东文集（第七卷）[M]．北京：人民出版社，1999：425－450．
③ 邓小平文选（第二卷）[M]．北京：人民出版社，1983：320－343．

解决新问题", "解放思想, 就是使思想和实际相符合, 使主观和客观相符合, 就是实事求是。今后, 在一切工作中要真正坚持实事求是, 就必须继续解放思想。认为解放思想已经到头了, 甚至过头了, 显然是不对的"。

党的十八大以来, 以习近平同志为核心的党中央继续坚持以思想解放推进改革开放。习近平总书记围绕解放思想作出一系列重要论述, 鲜明指出, "价值先进、思想解放, 是一个社会活力的来源", "改革开放的过程就是思想解放的过程"。在党的十八届三中全会上, 习近平总书记就高瞻远瞩地强调"我们用改革的办法解决了党和国家事业发展中的一系列问题, 同时, 在认识世界和改造世界的过程中, 旧的问题解决了, 新的问题又会产生, 制度总是需要不断完善, 因而改革既不能一蹴而就, 也不可能一劳永逸", [1] 因此, 我们必须解放思想、实事求是、与时俱进, 坚定不移推进理论创新、实践创新、制度创新以及其他各方面创新, 让党和国家事业始终充满创造活力、不断打开创新局面。习近平总书记的重要论述, 为我们坚持以思想解放推进改革开放指明了前进方向、提供了根本遵循, 推动党员干部进一步焕发历史主动精神、历史创造精神, 不断解放思想、锐意进取、大胆探索、勇于创新。

就此看, 解放思想的实质就是实事求是、与时俱进。实践发展永无止境, 解放思想永无止境, 改革开放也永无止境, 停顿和倒退没有出路。以中国式现代化全面推进强国建设、民族复兴伟业是一项前无古人的事业, 其艰巨性和复杂性前所未有。基于我国正处于当今世界百年未有之大变局和中华民族伟大复兴的关键时期, 我国改革发展面对的发展阶段、发展条件、发展环境都发生了深刻变化, 如果固守过去的思想认识和历史经验, 就不能把党和国家事业继续推向前进。当今时代, 新的科技革命正迅猛发展, 新质生产力在加快形成, 根据人类社会发展历史和我国改革开放的经验, 这必然要带来新的生产关系进而从经济基础到上层建筑的适应性变革, 因此, 新一轮全面深化改革正是顺势而为和主动作为。

但必须清醒认识到, 解放思想又是有方向、有立场、有原则的。方向决定道路, 道路决定命运。改革开放是一场深刻革命, 必须坚持正确方向, 沿着正确道路推进。

谋划新一轮全面深化改革的总目标是要不断推动社会主义制度的自我完善和发展, 我们必须坚持守正创新和自信自立, 既不走封闭僵化的老路, 也不走改旗易帜的邪路, 要以更大的思想解放勇气, 坚决冲破束缚中国式现代化发展的各种思想观念的障碍和勇于突破既有利益固化的藩篱, 紧跟时代步伐、顺应

---

① 中共中央关于全面深化改革若干重大问题的决定(指导读本) [M]. 北京: 人民出版社, 2013: 67.

实践发展，敢于说前人没有说过的新话，敢于干前人没有干过的事情，以新的理论指导新的实践，在新起点上实现新突破。

进一步解放和发展社会生产力就是要为中国式现代化注入新的强劲动力

解放和发展社会生产力是社会主义的本质要求，是中国共产党人接力探索、着力解决的重大问题。马克思主义认为，生产力是推动社会进步最活跃、最革命的要素。人们所达到的生产力的总和决定着社会状况，同生产力发展一定阶段相适应的生产关系的总和构成社会经济基础。生产力和生产关系、经济基础和上层建筑相互作用、相互制约，又支配着整个社会发展进程。

新中国成立以来特别是改革开放以来，我们党带领人民坚定不移解放和发展社会生产力，走完了西方几百年的发展历程，推动我国快速成为世界第二大经济体，就在于我们党不断推进全面深化改革，自觉通过调整生产关系激发社会生产力发展活力，自觉通过完善上层建筑适应经济基础发展要求，让中国特色社会主义更加符合规律地向前发展。立足新时代新的历史方位，立足于新的科技革命和产业变革，立足于新的世界政治经济格局，我们必须进一步解放和发展社会生产力，主动迎接新质生产力将带来的新变革，着力解放和发展新质生产力，为中国式现代化不断注入强劲动力。

坚定不移坚持"两个毫不动摇"，全面激发各类市场主体竞争力创造力。充分尊重企业经营主体地位，着眼于发挥中国特色社会主义制度优势，完善中国特色现代企业制度，推动企业建立健全产权清晰、权责明确、政企分开、管理科学的现代企业制度，充分激发适应新质生产力发展要求的企业竞争力创新力，培育跻身世界前列的一流企业。一方面，加强党对国有企业的全面领导，完善党领导国有企业的制度机制，巩固壮大中国特色社会主义的物质基础和政治基础，牢牢掌握发展主动权。另一方面，从理论上阐释清楚民营经济是我国经济制度的内在要素，切实破除制约民营企业公平参与市场竞争的制度障碍、法律障碍，鼓励和支持民营经济和民营企业发展壮大，厚实我国经济基础。

深化要素市场化改革，围绕构建全国统一大市场加快建设更成熟更高标准的市场体系。真正发挥市场在劳动、土地、技术、资本、知识、数据等要素资源配置中的决定性作用，有效有力推动生产要素特别是新型生产要素资源配置，依据市场规则、市场价格、市场竞争实现效益最大化和效率最优化，切实形成公开透明、竞争有序、统一开放、监管有效的现代市场体系，强化竞争政策基础地位，打破各种垄断壁垒，以推进制度性开放倒逼国内要素市场制度建设，促进国内要素在两个市场顺畅流动，尽快形成国内国际双循环相互促进的新发展格局。

着力建设现代政府治理体系，加快建成法治型、高效能、服务型现代政府。进一步厘清政府与市场、政府和社会关系，完善政府宏观调控、市场监管、社会管理、公共服务、生态环境、国家安全等基本职能，从制度和法律上进一步减少和规范政府对经济活动的干预，切实解决政府失位、错位、越位等问题，由过去的发展型政府加快向发展型政府和治理型政府并进转变。

从进一步解放和发展生产力着力谋划新一轮改革，还要注重以经济体制改革为牵引，加快形成与发展新质生产力相适应的新型生产关系，构筑起适应中国式现代化发展要求的强大经济基础，进而推进上层建筑向国家治理体系和治理能力现代化的目标迈进。

进一步解放和增强社会活力就是要以人民为中心着力破解改革中的难题

今天，行进在以中国式现代化全面推进强国建设、民族复兴新征程上，我们党将锚定完善和发展中国特色社会主义制度、推进国家治理体系和治理能力现代化这个总目标，紧扣推进中国式现代化，突出问题导向，奔着问题去、盯着问题改，继续把改革推向前进。中央政治局"430"会议强调，谋划新一轮全面深化改革要以促进社会公平正义、增进人民福祉为出发点和落脚点，习近平总书记在今年5月23日主持召开企业和专家座谈会并发表重要讲话时指出，人民对美好生活的向往就是我们的奋斗目标，抓改革、促发展，归根到底就是为了让人民过上更好的日子。

只有始终坚持以人民为中心的发展思想，明确价值导向，坚定发展信心，稳定社会预期，全社会就能激发出旺盛的活力和创造力。

要着力解决制约构建新发展格局和推动高质量发展的卡点堵点问题。面对我国经济已由高速增长阶段转向高质量发展阶段的新形势新要求，针对我国市场体系还不健全、市场发育还不充分，超大规模市场优势还不凸显，以及政府和市场关系、中央和地方关系还没有完全理顺，存在科技创新能力不强、市场激励不足、要素流动不畅、资源配置效率不高、微观经济活力不够等问题，必须在经济体制关键性基础性重大改革上突破创新，进一步丰富和发展我国基本经济制度，构建更加系统完备、更加成熟定型的高水平社会主义市场经济体制，着力打通束缚新质生产力发展的堵点卡点，建立高标准市场体系，创新生产要素配置方式，让各类先进优质生产要素向发展新质生产力顺畅流动。

要着力解决发展环境和民生领域的痛点难点问题。民生是社会和谐之本，民生领域与人民群众的生活息息相关。民生决定民心，民心是最大的政治，直接关乎中国式现代化的发展环境。随着新时代我国社会主要矛盾发生深刻变化，当前我国社会矛盾反映最集中、社会焦虑最突出、社会凝聚力最薄弱的都反映在民生领域，必须从人民的整体利益、根本利益、长远利益出发谋划和推进民生领域的改革，从老百姓最关心的就业、增收、入学、就医、住房、办事、托幼养老以及生命财产安全等急难愁盼中找准改革的发力点和突破口，真正推出民生所急、民心所向的改革举措，切实办好惠民生、暖民心、顺民意的好事实事，使新一轮改革让人民群众有更多获得感、幸福感、安全感。

要着力解决有悖社会公平正义的焦点热点问题。公平正义是中国特色社会主义的本质要求，维护社会公平正义是实现人民对美好生活向往的重要保障。新一轮全面深化改革要以促进社会公平正义、增进人民福祉、促进全体人民共同富裕为出发点和落脚点，切实完善社会主义分配制度，真正构建起初次分配、再分配、第三次分配协调配套的制度体系，规范收入分配秩序，规范财富积累机制，健全覆盖全民、统筹城乡、公平统一、安全规范、可持续的多层次社会保障制度，坚决消除党政机关和企事业单位社会保障水平差距、基本公共服务上的城乡差距、地区差距、行业差距，坚决破除特权思想和特权行为。

正如习近平总书记指出的，"人民是历史的创造者，是我们的力量源泉。改革开放之所以得到广大人民群众衷心拥护和积极参与，最根本的原因在于我们一开始就使改革开放事业深深扎根于人民群众之中"。[1] 只有充分调动群众推进改革的积极性、主动性、创造性，把最广大人民智慧和力量凝聚到改革上来，同人民一道把改革推向前进，新起点上的全面深化改革就没有克服不了的困难，中国式现代化新进程就没有越不过的坎。

进一步全面深化改革
必须正确处理好五大关系[*]

中共中央政治局近日召开会议，研究进一步全面深化改革、推进中国式现代化问题。会议明确，进一步全面深化改革要贯彻好"六个坚持"，这是改革开放以来特别是新时代全面深化改革取得的宝贵经验。其中，坚持系统观念，正确处理好经济和社会、政府和市场、效率和公平、活力和秩序、发展和安全等五个重大关系，有助于增强改革的系统性、整体性、协同性，这是谋划好、贯彻好新一轮改革的基本遵循。

坚持系统观念是贯穿于习近平新时代中国特色社会主义思想的基本立场观点方法，也是推进中国式现代化必须把握的科学思想方法。

党的二十大擘画了到本世纪中叶实现建成社会主义现代化强国的宏伟蓝图。当前正处于世界百年未有之大变局和实现中华民族伟大复兴的关键时期，也处于新一轮科技革命和产业变革与我国发展方式加速变革的历史交汇期。要实现人口规模巨大、全体人民共同富裕、物质文明和精神文明相协调、人与自然和谐共生、走和平发展道路的中国式现代化，改革发展的艰巨性和复杂性前所未有。适应中国式现代化进程的全面深化改革，是一场深刻而全面的社会变革，是全方位、全过程、宽领域、多层次的复杂系统工程，必然要求更高水平的系统集成，必然要求更加注重前瞻性思考、全局性谋划、战略性布局、整体性推进。这主要表现为要正确处理好五个方面的重大关系：

经济和社会的关系。高质量发展是新时代的硬道理。解决好新时代中国式现代化进程中的各种矛盾和困难，依然要靠发展，但这个发展更强调高质量发展，是完整准确全面贯彻新发展理念的发展。一方面，我们必须以经济体制改革为牵引，切实破除各种束缚社会生产力发展的旧的思想观念和体制机制障碍，努力建成高水平社会主义市场经济体制；另一方面，我们要切实加强社会治理，推进社会治理体系和治理能力现代化，切实解决"一条腿长一条腿短"的问

---

* 本文原载中国网 2024 年 7 月 4 日。

题，使经济发展与社会和谐建设相辅相成、相得益彰。

政府和市场的关系。理顺政府与市场的关系是建设高水平社会主义市场经济体制的核心问题，也是健全完善我国社会主义基本经济制度的重要内容。改革开放以来，我们在正确处理政府与市场关系方面已经取得突破性进展，但依然要看到，在充分发挥市场在资源配置中的决定性作用和更好发挥政府作用方面，尚有不少短板弱项，这影响了经营主体的活力创造力。在新一轮全面深化改革进程中，必须在重塑有为政府和有效市场上下更大力气、花更大功夫，让政府"有形之手"和市场"无形之手"协调配合、相互促进。

效率和公平的关系。效率与公平是中国式现代化的重要原则，始终贯穿于中国现代化建设的全过程，并随着经济社会发展阶段的变化不断调整。新中国成立以来，我们经历了"绝对平均主义""两者兼顾""效率优先""效率优先，兼顾公平"等阶段，这些都是适合我国当时实际情况和发展需要的。习近平总书记指出，中国式现代化既要创造比资本主义更高的效率，又要更有效地维护社会公平，更好实现效率与公平相兼顾、相促进、相统一。谋划新一轮全面深化改革，要在全面推动经济发展实现质量变革、效率变革、动力变革的基础上，加大全社会收入分配调节力度，进一步增强全体人民机会公平、过程公平乃至结果公平，促进全体人民实现共同富裕取得实质性进展。

活力和秩序的关系。历史和实践不断证明，改革既要让社会充满生机活力，又要保持社会的和谐有序，如此才能战胜前进道路上的惊涛骇浪，在新时代创造中华民族新的更大奇迹。以中国式现代化全面推进中华民族伟大复兴，既要极大地释放社会的活力，充分调动人民群众的积极性、主动性、创造性，让创新创造的活力充分涌流、让人民参与改革发展的动力竞相迸发，又要维持社会稳定、有序和健康发展，加强法治和道德建设，改革不适应经济社会发展的制度。只有科学有效协调活力与秩序的关系，寓活力于秩序之中，建秩序于活力之上，保持活力与秩序的动态平衡，才能实现社会有序运行与社会活力迸发相统一、相协调。

发展和安全的关系。国家安全是民族复兴的根基，社会稳定是国家强盛的前提。推进中国式现代化，必须实现高质量发展和高水平安全的良性互动。当前，我国发展进入战略机遇和风险挑战并存、不确定难预料因素增多的时期，需要应对的风险挑战、防范化解的矛盾问题更加严峻复杂。谋划新一轮改革必然要求我们坚持统筹发展和安全，把现代化的力度、发展的速度和社会可承受的程度统一起来，把改善人民生活作为正确处理改革发展稳定关系的结合点，加快构建与新发展格局相适应的新安全格局，把国家发展建立在更加安全、更为可靠的基础之上，保障中国式现代化的发展活力。

以正确的改革方法
推进全面深化改革*

改革开放是前所未有的崭新事业，必须坚持正确的改革方法论，在不断实践探索中前进。改革开放46年来的成功实践，证明了以正确的改革方法推进改革，对推进党和国家事业行稳致远至关重要。即将召开的党的二十届三中全会将紧扣中国式现代化，谋划新时代全面深化改革的战略路径。中共中央政治局会议指出，新一轮改革要"更加注重系统集成，更加注重突出重点，更加注重改革实效"。习近平总书记在企业和专家座谈会上强调，"改革有破有立，得其法则事半功倍，不得法则事倍功半甚至产生负作用"。这些重要论述都为进一步全面深化改革提供了科学方法、指明了实践路径，在新一轮改革中我们要切实把握好落实好。

更加注重系统集成

系统集成就是将各个独立的系统、功能和信息整合到一个相互联系的整体之中，使各系统之间协同配合、协调运作，资源充分共享、管理高度便利，从而发挥出最优的整体效益。系统集成的方法广泛运用在现代信息技术工程领域，其实在更为复杂的经济社会领域更需要用好系统集成方法。

党的十八届三中全会我们党基于改革进入攻坚期和深水区，针对我国发展方式转向、结构调整转变、增长动能转换的迫切需要，适应社会主要矛盾发生深刻变革的现实要求，以经济体制改革为牵引推进全面深化改革，实现改革由20世纪80年代以来的局部探索、破冰突围到进入新发展阶段的系统集成、全面深化的转变，各领域基础性制度框架基本确立，许多领域实现历史性变革、系统性重塑、整体性重构，推动各方面制度更加成熟更加定型，开创了我国改

＊ 本文原载《解放日报》头版，2024年7月14日出刊，原文以中央党校（国家行政学院）习近平新时代中国特色社会主义思想研究中心研究员、国家行政学院出版社社长署名刊发。本文收录于张占斌主编的《聚焦新型生产关系》一书，国家行政学院出版社2024年9月出版。

革开放新局面。其中，我们运用系统集成改革，优化了机构设置，创新了政策供给，强化了部门协同，在构建更为成熟更加规范的制度体系上迈出了重要一步。

党的二十大擘画了到本世纪中叶实现建成社会主义现代化强国的宏伟蓝图，这个时期正处于当今世界百年未有之大变局和实现中华民族伟大复兴的关键时期，也处于新一轮科技革命和产业变革与我国发展方式加速变革的历史交汇期，要实现人口规模巨大、全体人民共同富裕、物质文明和精神文明相协调、人与自然和谐共生、走和平发展道路的具有中国特色的中国式现代化，改革发展的艰巨性和复杂性前所未有，适应中国式现代化进程的改革，更是全方位、全过程、宽领域、多层次的，新一轮改革必然要求更高水平的系统集成，推进新一轮全面深化改革需要更加注重前瞻性思考、全局性谋划、战略性布局、整体性贯彻。

着力系统性。全面深化改革是一场深刻而全面的社会变革，也是一项复杂的系统工程。围绕坚持和加强中国特色社会主义制度、推进国家治理体系和治理能力现代化这个总目标，要坚持系统思维，按照社会大系统加强改革的顶层设计，以进一步健全完善中国特色社会主义的根本制度、基本制度、重要制度和其他各方面制度为基础，坚决破除各方面体制机制障碍，充分释放制度潜能，努力把我们的制度优势转化为治理效能和发展动能。

把握整体性。新一轮改革仍强调以经济体制改革为牵引，协同推进政治、经济、文化、社会、生态以及其他方面的全方位改革，重大基础性改革与重要牵引性改革是"两个轮子"，要求各项改革举措实现在微观与宏观、局部和整体、地方和中央、短期和长期、特殊和一般之间的相互衔接、上下配套、左右联动、内外兼顾，达到"整体大于局部之和"的系统集成效果，实现改革的整体突破。

加强协同性。在坚持改革的目标导向、问题导向、效果导向一致的基础上，必须做到各项改革措施政策取向上的一致性、实施过程中的协同性、成效上的相互增益性，实现改革效益的集成。这更要求改革政策能与宏观政策、产业政策、社会政策等协同配套、同向发力，坚决打破部门分割与群体分割的利益固化藩篱，强化政策耦合效应，减少政策各行其是、相互掣肘和传递之间的信息衰减，防止和克服合成谬误。

更加注重突出重点

毛泽东同志曾指出，事物的矛盾法则，即对立统一规律，是自然和社会的根本法则。主要矛盾是起主导性、决定性作用的矛盾，决定着事物发展的全局，它的解决将带动其他一切矛盾的解决；抓住矛盾的主要方面，才能把握事物的本质和主流。为了推动事物的发展，就要善于抓重点，抓关键，抓问题。

习近平总书记坚持唯物辩证法的立场指出，"在任何工作中，我们既要讲两点论，又要讲重点论，没有主次，不加区别，眉毛胡子一把抓，是做不好工作的"，强调进一步全面深化改革要抓住主要矛盾和矛盾的主要方面；要奔着问题去、盯着问题改，坚决破除妨碍推进中国式现代化的思想观念和体制机制弊端，着力破解深层次体制机制障碍和结构性矛盾，不断为中国式现代化注入强劲动力、提供有力制度保障。①

谋划新一轮改革，就必须聚焦全面建设社会主义现代化国家中的重大问题，着眼牵一发而动全身的关键问题，持续深化重点领域和关键环节改革，推动生产关系和生产力、上层建筑和经济基础、国家治理和社会发展更好相适应，引领改革向更深层次推进。

着力解决制约高水平社会主义市场经济体制建设的卡点堵点问题。高质量发展是新时代的硬道理。当前我国市场体系还不健全、发育还不充分，超大规模市场优势还不凸显，制约贯彻落实新发展理念、推进高质量发展的堵点卡点瘀点还不少。必须进一步优化产权保护、市场准入、公平竞争、社会信用等市场经济基础性制度，勇于创新和发展我国社会主义市场经济理论，尤其要适应加快发展新质生产力的新要求，着力打通在科技、教育、人才体制机制上束缚新质生产力发展的种种壁垒关隘，建立高标准市场体系，创新要素配置方式，让各类先进优质生产要素向发展新质生产力顺畅流动。

着力解决发展环境和民生领域的痛点难点问题。民生是社会和谐之本，民生领域与人民群众的生活息息相关。民生决定民心，民心是最大的政治，直接关乎中国式现代化的发展环境。当前我国社会矛盾最集中、社会焦虑最突出、社会凝聚力最薄弱的问题都体现在民生领域，必须从人民的整体利益、根本利益、长远利益出发谋划和推进民生领域改革，从老百姓最关心的就业、增收、入学、就医、住房、办事、托幼养老以及生命财产安全等急难愁盼中找准改革的发力点和突破口，使新一轮改革让人民群众有更多获得感、幸福感、安全感。

要着力解决有悖社会公平正义的焦点热点问题。公平正义是中国特色社会主义的本质要求。新一轮改革要以促进社会公平正义、增进人民福祉，实现全体人民共同富裕为出发点和落脚点，切实完善社会主义分配制度，既结合中国国情，又顺应世界潮流，规范收入分配秩序，规范财富积累机制，切实健全覆盖全民、统筹城乡、公平统一、安全规范、可及可享可持续的社会保障制度，

---

① 习近平在十八届中央政治局第二十次集体学习时的讲话 [J]. 求是，2019（1）：7–8.

坚决消除当前党政机关和企事业单位的社会保障水平差距，切实解决城乡、地区、行业之间在基本公共服务上的差距，坚决破除各种特权思想和特权行为，让公平正义的阳光普照全社会。

更加注重改革实效

真抓实干抓落实，既是我们党的优良传统，也是我们改革开放以来创造经济奇迹的宝贵经验和重要方法。列宁就讲过，"一个行动胜过一打纲领"。一步实际运动远比一打纲领更重要。习近平总书记指出，"中国的今天，是中国人民干出来的"，"伟大梦想不是等得来、喊得来的，而是拼出来、干出来的"。[①] 他强调，改革要重谋划，更要重落实。要以钉钉子精神抓改革落实，既要积极主动，更要扎实稳健，明确优先序，把握时度效，尽力而为、量力而行，不能脱离实际。

首先，科学研判形势顺应发展大势。必须深刻把握我国社会主要矛盾变化带来的深刻社会变革新形势和我国发展进入战略机遇和风险挑战并存的新态势，改革思路要解放思想、开放胸襟，更要实事求是，一切从实际出发，在权衡利弊中趋利避害；改革举措要着眼当前目标长远，统筹短期应对和中长期发展，更加积极主动应对不稳定不确定因素，加快弥补短板弱项，厚植发展优势，赢得战略主动。

其次，牢固树立正确政绩观创造性推进改革。加强党对全面深化改革开放的领导是实现强国建设、民族复兴之中国式现代化宏伟目标的根本保证。各级党政干部要坚持党中央对改革的集中统一领导，牢固践行正确政绩观，牢固树立全国一盘棋思想，不断增强辩证思维、战略思维、法治思维，对党中央确定的改革举措，既不能打折扣，搞选择性执行，也不能顾此失彼，偏执一方，急功近利，避免把长期目标短期化、系统目标碎片化、协同目标本位化，勇做改革的务实派实干家。

最后，充分尊重人民的首创精神。改革的最终成效是由人民来检验的。人民是历史的创造者，是我们的力量源泉。新一轮改革的最终成效是要让中国式现代化成果更多更公平惠及全体人民。改革开放之所以得到广大人民群众衷心拥护和积极参与，最根本的原因在于我们一开始就使改革开放事业深深扎根于人民群众之中。只有充分调动群众推进改革的积极性、主动性、创造性，就能让最广大人民智慧和力量凝聚到改革上来，同人民一道把改革推向前进。

---

① 习近平．论中国共产党历史［M］．北京：人民出版社，2021：236.

以历史主动精神把全面
深化改革引向深入*

  盛夏时节，万物蓬勃。2024 年 7 月 15 日至 18 日，党的二十届三中全会在北京召开。这次会议是在我们党带领人民以中国式现代化全面推进强国建设、民族复兴伟业的关键时期召开的一次极为重要的会议。这次全会既是党的十八届三中全会以来全面深化改革的实践续篇，也是新征程推进中国式现代化的时代新篇，将深入分析推进中国式现代化面临的新情况新问题，紧紧围绕中国式现代化对进一步全面深化改革作出总体部署和战略安排，向世界展示以习近平同志为核心的党中央完善和发展中国特色社会主义制度、推进国家治理体系和治理能力现代化的历史主动，以进一步全面深化改革开辟中国式现代化广阔前景的坚强决心。

  一部改革开放史是我们以历史主动推动改革不断向更深层次挺进、开放向更高水平迈进的恢宏历史。改革开放是我们党的一次伟大觉醒，正是这个伟大觉醒孕育了我们党从理论到实践的伟大创造。46 年前，党召开十一届三中全会，我们基于对党和国家前途命运的深刻考量，解放思想、实事求是，作出实行改革开放的历史性决策，解放和发展了社会生产力。经过持续推进改革开放，我国实现了从高度集中的计划经济体制到充满活力的社会主义市场经济体制、从封闭半封闭到全方位开放的历史性转变。11 年前，党召开十八届三中全会，我们基于改革进入攻坚期和深水区，进一步解放思想、锐意创新，以更大的政治勇气和智慧推进全面深化改革，实现改革由局部探索、破冰突围到系统集成、全面深化的转变，各领域基础性制度框架基本确立，许多领域实现历史性变革、系统性重塑、整体性重构，在中华大地上描绘出"无边光景一时新"的壮阔图景。

  中华民族伟大复兴战略全局和世界百年未有之大变局这"两个大局"，是中国特色社会主义进入新时代我国经济社会发展新的时代背景。要有效应对当

---

* 本文原载《学习时报·学习评论》2024 年 7 月 15 日。

今世界百年变局加速演进、世界进入新的动荡变革期的各种风险挑战，必须把推进中国式现代化作为最大的政治，必须坚持依靠改革开放增强发展内生动力。4月30日，中央政治局会议综合研判世情、国情、党情、民情的新变化新趋势，用"六个必然要求"深刻阐释了新时代新征程上继续把改革推向前进的重大意义，要求全党必须自觉把改革摆在更加突出位置，紧紧围绕推进中国式现代化进一步全面深化改革。在历史前进的逻辑中前进、在时代发展的潮流中发展，我们必须进一步解放思想、解放和发展社会生产力、解放和增强社会活力，自觉遵循客观规律，更加注重以制度建设为主线，加强顶层设计、总体谋划，破立并举、先立后破，坚决破除妨碍推进中国式现代化的思想观念和体制机制弊端，不断为中国式现代化注入强劲动力、提供有力制度保障。

进取者的脚步，永远不会停滞于既得的成就、陶醉于已有的荣光。切实解决前进道路上的现实矛盾和困难，更要求我们发扬历史主动精神，敢啃改革的硬骨头、勇涉改革的激流险滩，义无反顾推进改革。人民有所呼、改革有所应；问题在哪里，改革就要到哪里。抓改革、促发展，归根到底是为了让人民过上更好的日子。推进新一轮全面深化改革，必须坚持守正创新，坚定正确方向，把牢价值取向，突出改革重点，讲求方式方法，从人民的整体利益、根本利益、长远利益出发，尊重人民主体地位和首创精神，着力解决制约构建新发展格局和推动高质量发展的卡点堵点问题，着力解决发展环境和民生领域的痛点难点问题，着力解决有悖社会公平正义的焦点热点问题，正确处理好经济和社会、政府和市场、效率和公平、活力和秩序、发展和安全等重大关系，以全面深化改革新成效、现代化建设新成果更多更公平惠及全体人民来有力回击国际上所谓中国"改革停滞论""改革倒退论"等曲解和噪声。

风正扬帆，新途起航。改革开放已走过千山万水，但仍需跋山涉水。46年改革开放的巨大成功为我国推进高质量发展、实现中国式现代化赢得了宝贵经验，新时代以来全面深化改革又为推进中国式现代化提供了坚实的物质基础、坚强的制度保证和充实的精神力量。历史将不断昭示，改革开放是当代中国最显著的特征、最壮丽的气象；改革开放是决定当代中国命运的关键一招，也必将是以中国式现代化全面推进中华民族伟大复兴的关键一招。

深刻认识文化与经济互动的
实践、理路与创新 *

"上有天堂下有苏杭，苏杭都是在经济发展上走在前列的城市。文化很发达的地方，经济照样走在前面。可以研究一下这里面的人文经济学。"① 2023 年全国两会上，习近平总书记在参加江苏代表团审议时，从一个地方人文与经济发展相互促进、融合发展的鲜活案例出发，基于问题意识和系统观念的哲学逻辑，给我国文化思想战线乃至哲学社会科学领域出了一个大题目，也出了一个好题目。

党的二十大报告指出，中国式现代化是物质文明和精神文明相协调的现代化。物质富足、精神富有是社会主义现代化的根本要求。站在以中国式现代化实现强国建设、民族复兴伟业的战略高度，一个正在强起来的中华民族要实现创造人类文明新形态的历史使命，我们必须深刻认识文化与经济之间的关系，深入研究和总结文化与经济融合发展的基本规律，立足国情，从悠久的中华优秀传统文化中汲取智慧，努力构建具有中国特色自主知识体系的人文经济学，在中国式现代化新时代新征程中，用更大的力度，以经济的发展厚实我国文化基础，以人文的滋养提升经济高质量发展的质的含量，在高水平上推动我国物质文明和精神文明相互促进、相得益彰。

充分认识文化发展对经济发展的促进作用

文化会激发一个民族创造力、增强民族自信心、提升国民整体素质，对全民族固本铸魂具有极为重要的意义。同时，文化对经济社会发展也有着多方面的深远影响，是经济增长、社会进步、教育发展、民族精神和国际交流的重要组成。伴随着社会科技进步，文化事业日益融入经济发展，极大地推动了社会

---

　* 本文原载人民日报社主管、主办的《人民论坛》杂志 2024 年第 14 期（总第 789 期），2024 年 7 月 31 日出刊。原文以中央党校（国家行政学院）研究员署名刊发。发表时题目为《在经济与文化交融互动中推动高质量发展》。

　① 习近平在参加江苏代表团审议时强调 牢牢把握高质量发展这个首要任务 [N]. 人民日报, 2023 – 03 – 06 (1).

文化消费和文化产业发展，为促进经济增长、优化经济结构、形成新的发展动力提供支撑。从国际发展趋势上看，文化竞争力创新力越来越成为一个国家软实力的重要标志，成为彰显国家制度竞争优势的关键因素。

从我国来看，改革开放以来特别是党的十八大以来，我们党始终坚持物质文明与精神文明两手抓、两手硬，在强调发展是硬道理的同时，大力推动社会主义文化繁荣发展，走出了一条具有中国特色的社会主义文化发展与经济发展相互促进的新发展路子。一方面，我国经济持续快速增长，创造了经济发展奇迹；另一方面，文化事业和文化产业也全面繁荣发展，为人民提供了更多更好的精神食粮。在我国进入新发展阶段，由于文化产业资源消耗低、环境污染少、科技含量高，具有低碳经济、绿色经济的特点，对推动国民经济转型升级、满足人民对美好生活需要、实现高质量发展正在发挥越来越重要的作用。

仅从一组数据就可以看出，我国文化发展对国民经济增长作出日益明显的贡献：据国家统计局资料，从 2012 年至 2022 年十年间，我国文化产业增加值占 GDP 的比重由 3.48% 提高到 4.46%，对 GDP 增量的贡献年平均超过 6.0%，占比呈逐年提高的态势。2023 年全国规模以上文化及相关产业企业实现营业收入近 13 万亿元，同比增长 8.2%，实现利润同比增长 30.9%。其中，文化核心领域实现营业收入的贡献率为 93.3%；文化服务业实现营业收入增速明显快于全国规模以上服务业企业整体水平。特别是近年来，文化新业态新模式蓬勃发展，对全部规上文化企业营收增长贡献率高达 70.9%，像可穿戴智能文化设备制造、数字出版、多媒体游戏动漫和数字出版软件开发、互联网搜索服务、娱乐用智能无人飞行器制造、互联网其他信息服务 6 个行业营收和利润增速明显，既增强了文化产业内在韧性，为经济增长蓄积了新基础、提供了新动能，又以创新的文化产品和服务供给创造了城乡居民文化消费新需求，成为疫情平稳转段后实施扩大内需战略的重要推动力，助力我国经济回升向好。

从中国人民大学文化产业研究院发布的 2023 年中国省市文化产业发展指数看，经济发达省份和近年来经济快速增长的省市，其文化产业发展指数均排在前列，北京、广东、浙江、上海、山东、江苏、四川、河南、福建、安徽的文化产业发展指数位居前十，这可以充分佐证经济发展和文化发展的高度相关性。

数据也显示：经济稳定发展与文化发展耦合度也日渐增高。经济发展会推进文化产业规模化、集约化、品牌化，推动文化产业与科技金融快速融合，由此释放文化新消费、新业态、新服务对经济增长的溢出效应。近年来，在我国经济回稳向好态势下，全国文化消费市场强劲复苏，人均教育文化娱乐消费支出高速增长。2023 年，全国居民人均教育文化娱乐消费支出达到 2904 元，增长17.6%，占人均消费支出的比重为 10.8%；国内出游人次达到 48.91 亿人，同比增长 93.3%；国内游客出游总花费 4.91 万亿元，同比增长 140.3%。文化消费增加、文旅产业发展创新又进一步激发了城市经济活力、助推国家乡村振兴重大战略有力实施。像淄博烧烤、哈尔滨冰雪经济等文旅新消费热点爆款频出、热度居高不下；一些农村地区大力开展以文化产业赋能乡村振兴，村超、村BA、村晚等文旅热点不断涌现，既增强了地方文化品牌价值，促进了文旅深度融合，又带动了当地社会经济发展。2023 年贵州黔东南榕江县"村超"赛事期间，实现旅游综合收入 38.34 亿元，农特产品销售额 4.01 亿元，同比增长 57.92%。

以国际视野看，当今经济发达国家都十分重视文化发展对经济发展和国家竞争中的作用，文化被提升为与资本、资源、管理等战略要素相同的地位，成为发展中的关键要素之一，制定文化产业政策和文化发展战略成为提高国家和城市竞争力的主要路径。像美、英、日、韩等国文化产业增加值占国内生产总值比重都超过了 15%，成为国家经济的支柱性产业。

文化产业是美国最具国际竞争力的重要产业之一，是美国国家财富和国际竞争优势的重要源泉。据有关资料，美国非营利性文化艺术产业每年直接或间接拉动的经济效益为 369 亿美元，提供了 130 万个就业机会。文化艺术表演、艺术博物馆、影视、图书、音乐唱片等文化行业一直领先于世界。自 20 世纪 70 年代以来，美国为了保护蓬勃发展的文化产业，采取一系列法律措施，不断加强版权保护，促进了美国国际版权贸易快速发展，其版权产品在国际市场取得强大竞争优势。美国文化产业的成长壮大，不仅极大推动了美国经济的发展，一定意义上也成就了其在国际上的"文化霸权"，美国也以此不断向世界其他国家和地区输出其价值观念，以"文化霸权"实现其"经济霸权"和"政治霸权"的目的。

曾经号称"日不落帝国"的英国在"二战"后也一直重视发展文化创意产业，其规模与金融业相当，成为其国家六大战略经济产业之一和国家经济最具活力的部分，比如，其音乐产业在世界上的地位仅次于美国，每年能为英国带来很大出口利润。以浪漫文化著称的法国多年来以维护民族文化发展其文化产业，法国政府以政府投入和市场运营，大力发展法国戏剧、博物馆与历史名胜等文化行业，政府每年都拨出几十亿欧元用于兴建图书馆、博物馆、剧场等文化设施。以工业制造闻名的德国则融合制造业文化发展会展经济，卓越的会展业成为德国文化产业中的亮点，其会展业年均营业额约 23 亿欧元左右，每年有近 10 万德国人从事与博览会有关的工作，综合经济效益达 205 亿欧元。欧盟成立以来作为一个统一体，一直强调文化与社会发展的一体化，不断加大文化产业投入发展文化创造，文艺影视传播和跨文化对话，在推动欧盟经济复苏中实现多民族文化的生态平衡。

与我们文化背景相近的日韩两国也高度重视发展文化产业。日本的文化内容产业一直是该国高成长产业，动漫、游戏软件等具有代表性的日本内容产业在世界很有影响，日本动画片产业占世界份额的 65%，其每年向美国出口的动画片金额是其对美出口钢铁总额的 3 倍。韩国以"文化立国"为基本方针，把文化产业作为实现 21 世纪文化大国、知识经济强国目标的战略性产业，其文化产业份额在韩国经济中也是举足轻重。

深刻理解文化与经济相互耦合的理论逻辑

通过一系列数据和经济指标，我们只是从现象上认识文化发展对经济发展的促进作用，但要认识和把握文化与经济相互促进、相互耦合的本质所在，还需要从其内生机理和理论逻辑上加以理解。

从文化的定义上说，文化是相对于经济、政治而言的人类全部精神活动及其表现方式。文化首先是一种社会现象，它是由人类长期生产活动和社会实践创造表现出来的语言文字、风土人情、传统习俗、生活方式、宗教信仰、伦理道德，以及科学技术、社会秩序、法律制度，乃至于价值观念、审美情趣、精神图腾等。文化又是一种历史现象，是人类社会与历史的积淀，凝结在物质之中又游离于物质之外，体现为被人们普遍认可又能为国家和民族传承、传播的意识形态，是人类在不断认识自我、改造自我、认识自然和改造自然的过程中对客观世界感性上的知识与经验的升华。显然，文化的范畴要远大于经济、政治概念。因而，论及文化对经济的影响或作用，既要基于物质文明，又要超越物质文明。概而言之，文化是人类文明演进中在一定的物质生产方式基础上发生和发展的社会精神生活形式的总和。

在人类历史中，文化与经济是时而相互促进，时而相互阻碍的。虽然文化的形成与人类的经济行为有着不可分割的联系，但在成形之后会固化为相当长时期的社会意识形态，并潜移默化地融入当时当地的社会制度、社会规范和社会秩序，进而影响整个社会的经济行为和价值观念。比如，我国封建时代长期尊崇儒家思想，宣扬"君子喻于义，小人喻于利"，封建文化为人们从商活动贴上了"义"与"利"不相容的道德标签，文化上对逐利的鄙视大大抑制了中国商业社会的发展。其实，西方资本主义文明兴起之前也是如此，传统西方社会对于商业活动和商人印象也大多是负面的，特别是在漫长的中世纪里，神学高于一切，公开标榜追求物质利益是魔鬼附身。只有到了 15 世纪、16 世纪，西方社会掀起宗教改革和思想启蒙运动，形成了新教伦理精神，文化变革才荡涤了长期以来重农抑商的社会价值观，为近代资本主义发展扫清了障碍，催生出新的商业文明，原本为上流社会不齿的经济社会活跃了起来，资本主义文化从此引领了欧洲工业文明进程、市场经济社会的发育，乃至于基于资本扩张本性的殖民主义文化的输出。

资本主义经济学鼻祖亚当·斯密一部划时代著作《国富论》奠定了自由市场经济的理论基础，揭示了基于利己主义推动经济增长的内在动因和本质。同时，他的另一部伟大作品《道德情操论》又以道德伦理视角，论述了具有利己主义本性的个人应该怎样控制其感情和行为，以及怎样建立一个具有确定行为准则的社会来约束资本社会的贪婪和欲望膨胀。一定意义上说，在人类社会开始真正进入商业文明时代，斯密就深刻阐释了人文精神与商业社会经济发展的对立统一关系，孕育了人文经济学的思想萌芽。

自此以后的古典经济学、新古典经济学、新古典综合学派等过于注重经济理性，崇尚工具主义，将复杂的经济生活和经济运行抽象为简单的供求关系和竞争法则，各种现实世界中的"非理性"因素，如历史、习俗、伦理、文化意识、制度冲突等，都被尽可能地排除在主流经济学研究框架之外，尽管现实中政治、法律、伦理等文化价值观等对经济体系的影响和作用不可忽视，但新古典经济学假定这些文化因素均是外生给定的，因而对经济绩效不产生影响。这就使得西方主流经济学日益成为一门抽象的语言而丧失了实际内容。

经过几次伤筋动骨的经济大危机之后，越来越多的经济学家在 20 世纪 30 年代美国经济学家康芒斯撰写的"制度经济学"基础上，以罗纳德·科斯、道格拉斯·诺思等为代表的新制度经济学派将制度作为经济运行过程中的一个内生变量，把经济活动置于整个社会关系和制度体系中进行审视，尝试从习俗、观念、法律、历史等诸方面寻探究其对个人和群体偏好及行为产生的影响，实际上，这就是基于文化的大范畴来研究各种制度因素对经济行为和经济发展的影响，以及经济发展如何影响各制度因素的演变。后来的经济学家阿夫纳·格雷夫进一步通过国别比较研究揭示了文化在决定制度性结构、促进路径依赖的形成以及阻碍社会制度被成功采用等方面的重要作用，分析了文化信念对社会组织以及秩序安排的构建与变迁的影响，指出了在历史进程中不同的文化信念和文化背景对经济发展具有重大意义。德国社会学家马克斯·韦伯则更清晰地指出，经济制度、经济发展的实践是基于文化意义上变革的。文化不仅起到了推动某一种特定经济制度出现的作用，同时也为经济的发展提供了价值依据。

进入 21 世纪，世界已经发生巨大变化。随着经济全球化和互联网信息技术的迅猛发展，文化与经济的关系日益紧密，文化与经济全球一体化的进程势不可挡。在经济领域中，文化作为商品的比重大为增加，各种文化形态以各种文化产品和文化服务的形式日益融入经济发展进程，并嵌入各种社会制度，既以产业化的方式推动着经济发展，又以文化价值观的渗透推进社会制度的变迁。过去那种只专注以经济论经济、以文化论文化，已经不可能理解飞速变化的经济社会，深入研究人文与经济之间的内在关系，便成为各国经济学家、文化学家、政治学家共同面对的极为复杂的哲学社会科学门类。

事实上，有"千年第一思想家"之誉的马克思早就深刻揭示了人类历史进程中文化与经济的关系。马克思主义认为，经济基础决定上层建筑。经济是基础，文化属于上层建筑，上层建筑必然影响经济基础。马克思指出，在不同的经济和社会环境中，人们生产不同的思想和文化，思想文化建设虽然决定于经济基础，但又对经济基础发生反作用。先进的思想文化一旦被群众掌握，就会转化为强大的物质力量；反之，落后的、错误的观念如果不破除，就会成为社会发展进步的桎梏。正是立足于辩证唯物主义和历史唯物主义的科学立场，充满着人文主义的关怀，马克思主义人文经济思想源于那个时代但又超越了那个时代，成为当今中国研究好、开创好新的人文经济学的理论基础和精神内核。

驱动文化与经济两个轮子助推中国式现代化

今天的中国已经日益走近世界舞台的中央，我们离中华民族复兴的目标比历史上任何时候都近。党的二十大擘画了以中国式现代化全面推进强国建设、民族复兴伟业的宏伟目标。在中国式现代化新征程上，文化繁荣和经济发展是并驾齐驱的两个轮子。没有强大的物质基础，现代化强国目标就难以实现；没有中华文化的繁荣兴盛，也没有中华民族的伟大复兴。我们需要站在新的历史方位，进一步深刻理解文化与经济的关系，不断推进文化与经济融合发展的实践创新、理论创新，为创造人类文明新形态作出贡献。

我们有深厚的文化积淀。我们既要看到在传统社会，中华文化中确有不少禁锢思想束缚了经济社会发展和人的独立创造精神，但经过历史进程的大浪淘沙，中华传统文化长期蕴积而成的天下为公、天下大同的社会理想，民为邦本、为政以德的治理经验，九州共贯、多元一体的大一统传统，修齐治平、兴亡有责的家国情怀，厚德载物、明德弘道的精神追求，富民厚生、义利兼顾的经济伦理，天人合一、万物并育的生态理念，实事求是、知行合一的哲学思想，执两用中、守中致和的思维方法，讲信修睦、亲仁善邻的交往之道，革故鼎新、辉光日新的创新精神等优秀品质，不仅共同塑造出中华文明的突出特性，锤炼出中华民族不惧新挑战、勇于接受新事物的进取精神和无畏品格，也为新时代的商业文明提供了丰厚的人文滋养，是我们今天要构建高水平社会主义市场经济体制、实现高质量发展、实现国家治理能力和治理水平现代化的重要精神力量。

我们有高远的发展目标。中国式现代化是物质文明和精神文明相协调的现代化，是全体人民共同富裕的现代化。习近平总书记指出，"中国式现代化既要物质财富极大丰富，也要精神财富极大丰富、在思想文化上自信自强。"实现中国式现代化，促进全体人民共同富裕，确保社会公平正义，就必须保障物质文明和精神文明相互协调、相互促进。一方面，我们要以创新引领加快发展新质生产力，加快发展方式转变，优化经济结构，实现经济高质量发展，不断厚植现代化的物质基础，不断夯实人民幸福生活的物质条件；另一方面，要顺应人民日益增长的精神文化需求，大力发展社会主义先进文化，加快文化事业和文化产业繁荣发展，让全体人民始终拥有团结奋斗的思想基础、开拓进取的主动精神、健康向上的价值追求，不断提高全社会文明程度，促进人的全面发展。

我们要为人类发展作出更大贡献。资本主义世界以资本为中心，通过战争、殖民、掠夺称霸世界，造成全球经济政治格局的严重分化和世界经济发展的不平等不均衡。中国式现代化是走和平发展道路的现代化，我们始终坚持以人民为中心的发展思想，秉承包容、互惠、共赢原则，致力于构建人类命运共同体，以海纳百川的博大胸怀汲取人类一切文明进步成果，以守正创新精神，建设中华民族现代文明。中国正在以自己的和平发展为世界发展创造新机遇，以努力创造人类文明新形态为人类作出更大贡献。

在中国式现代化新时代新征程上，我们有能力也应该有信心书写好具有中国特色的人文经济学，为习近平总书记提出的这样一个时代课题交上满意答卷。

高水平社会主义市场经济体制"高"在哪里[*]

党的二十届三中全会审议通过的《中共中央关于进一步全面深化改革、推进中国式现代化的决定》，多次提及构建"高水平社会主义市场经济体制"。高水平社会主义市场经济体制是中国式现代化的重要保障。必须更好发挥市场机制作用，既"放得活"又"管得住"，激发全社会内生动力和创新活力。

党的二十届三中全会审议通过的《中共中央关于进一步全面深化改革、推进中国式现代化的决定》（以下简称《决定》），紧扣中国式现代化，谋划和部署进一步全面深化改革。《决定》将"到二〇三五年，全面建成高水平社会主义市场经济体制"列入进一步全面深化改革总目标。《决定》提出的"七个聚焦"的第一个就是聚焦"构建高水平社会主义市场经济体制"，在部署进一步全面深化改革的具体任务中，强调"高水平社会主义市场经济体制是中国式现代化的重要保障"。

《决定》提出，必须更好发挥市场机制作用，创造更加公平、更有活力的市场环境，实现资源配置效率最优化和效益最大化，既"放得活"又"管得住"，更好维护市场秩序、弥补市场失灵，畅通国民经济循环，激发全社会内生动力和创新活力。

《决定》为什么要把构建高水平社会主义市场经济体制摆在突出位置，作为进一步全面深化改革总体部署的重中之重？高水平社会主义市场经济体制究竟"高"在哪里？怎样实现这样一个重要目标呢？对此，我们需要认真理解并扎实推进。

充分认识构建高水平社会主义市场经济体制的迫切性

在社会主义条件下发展市场经济，是我们党的一个伟大创举。改革开放以

---

* 本文原载中共广东省委机关刊《南方》杂志 2024 年第 14 期，2024 年 7 月 25 日出刊。

来，我们党坚持解放思想、实事求是、锐意改革、开拓创新，深刻认识社会主义初级阶段的经济规律，把社会主义制度优越性同市场经济一般规律有机结合起来，建立了社会主义市场经济体制，丰富和发展了社会主义基本经济制度，极大地解放和发展了社会生产力，成功开辟了中国特色社会主义道路。党的十八大以来，中国特色社会主义进入新时代，我们党继续坚持社会主义市场经济改革方向，不断深化对社会主义市场经济的规律性认识，将社会主义市场经济体制上升为基本经济制度。我们从广度和深度上推进市场化改革，市场主体活力进一步增强，市场体系和宏观调控体系持续完善，各方面制度更加成熟更加定型取得明显成效，以此推动我国经济实力、科技实力、综合国力迈上新的台阶。

实践充分证明，社会主义市场经济体制的建立和完善，极大调动了亿万人民的创造性、极大促进了生产力发展、有力增强了党和国家的生机活力，是中国特色社会主义的重大理论和实践创新。

当前我国进入新发展阶段，面对纷繁复杂的国际国内形势，面对新一轮科技革命和产业变革，面对人民群众新期待，必须继续把改革推向前进。

党的二十大报告着眼全面建设社会主义现代化国家的历史任务，作出"构建高水平社会主义市场经济体制"的战略部署。《决定》要求坚持守正创新，坚持中国特色社会主义不动摇，紧跟时代步伐，顺应实践发展，突出问题导向，在新的起点上推进理论创新、实践创新、制度创新、文化创新以及其他各方面创新。习近平总书记就《决定》起草的有关情况向全会作说明时强调，进一步全面深化改革要"抓住重点，突出体制机制改革，突出战略性、全局性重大改革，突出经济体制改革牵引作用，凸显改革引领作用"。

把构建高水平社会主义市场经济体制摆在突出位置，对经济体制改革重点领域和关键环节作出部署，就是抓住了新一轮全面深化改革的主要矛盾和矛盾的主要方面，聚焦到了我国发展中的重点难点问题，直接关乎中国式现代化的顺利推进，具有重要的战略性、全局性意义。

首先从问题导向来看，改革开放以来特别是党的十八届三中全会以来，我国社会主义市场经济体制在实践中日渐完善，取得明显成效。但也要看到，目前我国市场体系仍不健全、市场发育还不充分，政府和市场的关系还没有完全理顺，还存在市场激励不足、要素流动不畅、资源配置效率不高、微观经济活力不强等问题，亟须以高水平社会主义市场经济体制为主攻方向进一步深化改革，形成高标准市场体系，不断提高资源配置效率，激发各类市场主体活力，培育和壮大经济发展新动能，为延续经济增长与追赶势头营造良好体制环境。

其次从突出重点来看，深化经济体制改革仍是进一步全面深化改革的重点。

构建高水平社会主义市场经济体制，体现了以经济体制改革为牵引，更加注重系统集成、更加注重突出重点、更加注重改革实效的思路。随着社会主要矛盾发生变化，我国经济已由高速增长阶段转向高质量发展阶段，高质量发展是全面建设社会主义现代化的首要任务。只有构建高水平社会主义市场经济体制，才能充分发挥市场在资源配置中的决定性作用，更好发挥政府作用，进一步完善社会主义基本经济制度，加快建成现代化经济体系，构建全国统一大市场，完善市场经济基础制度，切实破除束缚中国式现代化发展的各种体制机制弊端，为实现高质量发展提供充满生机活力的经济体制保障。

最后从国家治理来看，进一步全面深化改革的总目标是继续完善和发展中国特色社会主义制度，推进国家治理体系和治理能力现代化。构建高水平社会主义市场经济体制是国家治理体系和治理能力现代化的题中应有之义，国家制度的现代化必然需要成熟的市场经济制度作为基石。只有构建高水平社会主义市场经济体制，才能推动经济体制改革重点领域和关键环节取得新突破，进而带动政治、文化、社会、生态文明等方面深化改革取得新进展，从而推动生产关系和生产力、上层建筑和经济基础、国家治理和社会发展更好相适应，推动中国特色社会主义制度更加成熟更加定型，不断把我们的显著制度优势转化为强大的国家治理效能。

充分把握高水平社会主义市场经济体制的科学内涵

按照党的二十大报告关于"构建高水平社会主义市场经济体制"的部署，《决定》以制度建设为主线，从体制改革的角度，围绕激发市场主体活力、构建全国统一大市场、完善市场经济基础制度、健全宏观经济治理体系等方面作出全面部署。

需要注意的是，在内容布局上，《决定》第二部分从突出发挥市场机制的作用谈高水平社会主义市场经济体制的构建，第三部分至第七部分的内容也都贯穿着高水平社会主义市场经济体制建设的重要内容，我们必须贯穿起来加以领会。要从《决定》中这六个部分对各项经济体制重点领域关键环节的改革部署和要求上，系统地认识高水平社会主义市场经济的"高水平"的丰富内涵。简而言之，这个"高水平"的"高"最主要体现在以下几个方面。

"高水平"必须具有充满活力、竞争力和创新力的市场经济主体。《决定》从社会主义基本经济制度构成中的所有制经济主体，对公有制经济和非公有制经济发展提出明确要求，继续强调坚持和落实"两个毫不动摇"。突出强调公有制经济要通过深化国资国企改革，找准战略定位，聚焦核心功能，做强做优做大；坚持致力于为非公有制经济发展营造良好环境和提供更多机会的方针政策，强调要制定民营经济促进法。要确保各种所有制经济依法平等使用生产要素、公平参与市场竞争、同等受到法律保护，促进各种所有制经济优势互补、共同发展，加快建设更多世界一流企业。

"高水平"必须形成竞争有序、公开透明、规则统一、要素畅通流动的全国统一大市场。《决定》突出强调更好发挥市场机制作用，就是说供求机制、竞争机制、价格机制必须发挥在资源配置中的决定性作用，让价格信号引导实现资源配置效率最优化和效益最大化。还必须完善要素市场制度和规则，切实打破各种市场壁垒，坚决反对行政性垄断和不正当竞争，推动劳动、资本、土地、知识、技术、管理、数据等生产要素在城乡之间、地区之间、行业之间畅通流动，实现由市场评价贡献、按贡献决定报酬的机制，从而实现各类资源高效配置、市场潜力充分释放。这里当然要包括推进高水平对外开放，以制度性开放接轨国际经贸规则，在加快构建新发展格局中推进两个市场两种资源充分利用。完善市场经济基础制度是建设统一大市场的基础。这些年来，由于我国市场经济基础制度还不够健全完善，阻碍了市场经济主体发展的活力，必须进一步深化改革，切实完善产权保护制度、公平的市场监管制度、统一的标准制度、开放的市场准入制度和退出制度等，确保以法治规范竞争市场的确定性应对各种权力干扰、市场周期的不确定性。

"高水平"必须具有健全的宏观经济治理体系。正确处理政府与市场的关系一直是市场经济体制的核心问题。《决定》基于党的十八届三中全会的表述，再次强调科学的宏观调控、有效的政府治理是发挥社会主义市场经济体制优势的内在要求。只有有为政府和有效市场有机结合，才能发挥好政府"有形之手"和市场"无形之手"相互配合的作用，能弥补市场失灵，也能实现既"放得活"又"管得住"。为此，《决定》更突出强调，要完善国家战略规划体系和政策统筹协调机制，增强国家战略宏观引导、统筹协调功能。围绕实施国家发展规划、重大战略促进财政、货币、产业、价格、就业等政策协同发力，优化各类增量资源配置和存量结构调整，增强宏观政策取向一致性，这就是"管得住"。同时，适应我国进入发展新阶段特别是面向新经济新业态发展，进一步统筹推进财税、金融等重点领域改革，着力点在于充分调动中央和地方两个积极性，实现财权和事权更加匹配；着力加强金融监管，防范化解重大经济金融风险；着力发展实体经济、保障和改善民生，这就是"放得活"。其中，探索实行国家宏观资产负债表管理和制定金融法是两个重要看点。

"高水平"也体现在与高质量发展相互对应。《决定》专门围绕加快发展新质生产力、加快形成同新质生产力更相适应的生产关系，部署了健全推动经济高质量发展体制机制、构建支持全面创新体制机制两个部分，这本身就内嵌于高水平社会主义市场经济体制建设之中，既是顺势而为，也是主动作为。

　　构建高水平社会主义市场经济体制是一项艰辛的任务。从时间节点上看，《决定》部署的各项改革任务要在 2029 年新中国成立 80 周年之际全部完成，这也是为到 2035 年我国要实现基本现代化、全面建成高水平社会主义市场经济体制打下扎实基础，时间紧迫，但使命光荣。我们要以钉钉子精神抓好改革落实，敢啃改革的硬骨头，勇涉改革的激流险滩，以历史主动精神和改革创新精神，书写好属于我们这代人的改革新篇。

把改革的战略部署转化为发展的强大动力（智说改革）*

党的二十届三中全会审议通过的《中共中央关于进一步全面深化改革、推进中国式现代化的决定》（以下简称《决定》），科学谋划了围绕中国式现代化进一步全面深化改革的总体部署，明确了进一步全面深化改革的指导思想、总目标、重大原则，重点部署了未来五年的重大改革举措，是指导新征程上进一步全面深化改革的纲领性文件。

《决定》是一份凝聚全党智慧、广泛集中民意，充分体现党制定重大路线方针政策的科学决策、民主决策过程，彰显了以习近平同志为核心的党中央将改革进行到底的坚强决心和强烈使命担当，对以中国式现代化全面推进强国建设、民族复兴伟业具有重大而深远的意义。

1. 感知四方面鲜明特点

深入学习《决定》，应深刻感知整体内容呈现出的四方面鲜明特点。

一是方向性。《决定》坚持正确政治方向，明确进一步全面深化改革的指导思想，就是要坚持党的基本理论和党的最新创新理论，坚持解放思想、实事求是、与时俱进、求真务实。总目标是继续完善和发展中国特色社会主义制度，推进国家治理体系和治理能力现代化，充分体现了"改什么、不改什么，改哪里、如何改"的战略清醒，强调"党的领导是进一步全面深化改革、推进中国式现代化的根本保证"。

二是承继性。党的十八届三中全会确定了全面深化改革的基本路线，并在十多年的改革实践中实现了各领域基础性制度框架的基本建立，许多领域实现历史性变革、系统性重塑、整体性重构，总体完成了党的十八届三中全会确定的改革任务目标。《决定》在这个基础上继续将各项改革推向前进、引向深入。对照两次会议要求，在重点领域和关键环节的改革部署上是基本一致的，重点

---

* 本文原载《中国经济时报·智库》2024 年 8 月 18 日。

都是突出以经济体制改革为牵引推进全面深化改革。但《决定》的重点是顺应中国式现代化的新要求，对进一步全面深化改革进行部署。

三是创新性。实践在发展，改革创新必须向前推进。《决定》在总目标下确定"七个聚焦"的重点改革方向，全面部署了适应中国式现代化发展新要求的300多项改革任务。创新充分体现在各项改革部署之中。比如，《决定》更鲜明地提出"构建高水平社会主义市场经济体制"；围绕加快新质生产力发展并形成与之相适应的新型生产关系，将"健全推动经济高质量发展体制机制""构建支持全面创新体制机制"放在改革更加突出的位置。比如，随着全民民主和法治意识进一步提升，《决定》部署了"健全全过程人民民主制度体系""完善中国特色社会主义法治体系"的改革任务。再如，《决定》突出统筹发展和安全，强调要"推进国家安全体系和能力现代化""持续深化国防和军队改革"等。

四是将制度建设贯穿始终。制度具有根本性、长远性和战略性。《决定》的总目标强调"继续完善和发展中国特色社会主义制度，推进国家治理体系和治理能力现代化"，并从经济、政治、文化、社会、生态、国家安全、国防和军队、党的建设等14个方面对进一步全面深化改革作出系统部署。从《决定》全文可以看出，"制度""体系""体制机制"等贯穿其间，一些改革使用了"构建"，一些改革使用了"健全""完善"，一些改革使用了"深化"，说明进一步全面深化改革更加注重系统集成，更加注重突出重点，更加注重改革实效，该立的立，该进的进，目的就是要把各方面的制度体系建设得更加成熟更加定型，切实把制度优势更好地转化为国家治理效能。

2. 深刻理解目标部署

在阐述进一步全面深化改革的重要性和必要性时，《决定》在总结改革开放以来特别是新时代以来我国改革开放取得重大成就的基础上，以"六个必然要求"全面分析了新一轮全面深化改革面对的世情、国情、民情、党情正在发生的深刻变化，明确提出，面对纷繁复杂的国际国内形势，面对新一轮科技革命和产业变革，面对人民群众的新期待，必须自觉地把改革摆在更加突出位置，紧紧围绕推进中国式现代化进一步全面深化改革。《决定》认为，中国式现代化是在改革开放中不断推进的，也必将在改革开放中开辟广阔前景，充分体现了党完善和发展中国特色社会主义制度、推进国家治理体系和治理能力现代化的历史主动。

《决定》按照党的二十大擘画的两个阶段全面建成社会主义现代化强国的宏伟目标，前后衔接，确定了未来五年的改革目标，明确"到二〇二九年中华人民共和国成立八十周年时，完成本决定提出的改革任务""到二〇三五年，全面建成高水平社会主义市场经济体制，中国特色社会主义制度更加完善，基本实现国家治理体系和治理能力现代化，基本实现社会主义现代化，为到本世纪中叶全面建成社会主义现代化强国奠定坚实基础"。从现在开始到 2029 年，也就 5 年时间，到 2035 年也就 10 年时间，可谓时间紧迫、任务艰巨，这充分彰显了以习近平同志为核心的党中央将改革进行到底的坚强决心和强烈使命担当。

我们党善于总结历史经验，以史为鉴、开创未来。《决定》总结和运用改革开放以来特别是新时代全面深化改革的宝贵经验，形成了进一步全面深化改革必须贯彻的"六个坚持"，强调要坚持党的全面领导、坚持以人民为中心、坚持守正创新、坚持以制度建设为主线、坚持全面依法治国、坚持系统观念。这六个原则是不可分割的有机整体，相辅相成，相得益彰。其中，坚持党的全面领导为进一步全面深化改革提供根本保证，坚持以人民为中心为进一步全面深化改革明确根本立场、把牢价值取向、提供不竭动力，坚持守正创新是进一步全面深化改革的显著标识，坚持以制度建设为主线彰显进一步全面深化改革的内在要求，坚持全面依法治国是进一步全面深化改革的重要保障，坚持系统观念为进一步全面深化改革提供基础方法。贯彻好这六条原则，才能确保进一步全面深化改革向着以中国式现代化全面推进强国建设、民族复兴伟业波澜壮阔的宏伟目标行稳致远。

《决定》一系列具体的改革部署、改革任务，既充分体现了改革的问题导向，紧紧抓住我国改革的主要矛盾和矛盾的主要方面，聚焦推进中国式现代化需要破解的重大体制机制问题，着力解决制约构建新发展格局和推动高质量发展的卡点堵点问题，着力解决发展环境和民生领域的痛点难点问题，着力解决有悖社会公平正义的焦点热点问题；又强化了改革的系统集成，在正确处理好经济和社会、政府和市场、效率和公平、活力和秩序、发展和安全等重大关系上，《决定》充分展现了改革顶层设计的系统性、整体性、协同性。

希望这一系列改革能够落实到位，更好地解放和发展社会生产力、激发和增强社会活力，让最广大群众实实在在地增强获得感、幸福感和安全感。

3. 以"钉钉子精神"抓落实

《决定》指出，党的领导是进一步全面深化改革、推进中国式现代化的根本保证。推进新一轮全面深化改革，我们党必须坚持用改革精神和严的标准管党治党，保持以党的自我革命引领社会革命的高度自觉，完善党的自我革命制度规范体系，不断推进党的自我净化、自我完善、自我革新、自我提高，确保党始终成为中国特色社会主义事业的坚强领导核心。

路线确定后，干部是最重要的。贯彻落实《决定》对党的制度建设改革的要求，就是要继续深化干部人事制度改革，鲜明树立选人用人正确导向，大力选拔政治过硬、敢于担当、锐意改革、实绩突出、清正廉洁的干部，健全防治形式主义、官僚主义制度机制和防治腐败体制机制，着力解决干部乱作为、不作为、不敢为、不善为问题。让广大党员干部特别是各级领导干部牢固树立和践行正确政绩观，激励干部开拓进取、干事创业。

《决定》擘画了进一步全面深化改革的新的战略路径、目标方向、路线图和时间表，是新的行动纲领。改革的新蓝图已经绘就，关键在于以"钉钉子精神"抓好改革落实。广大党员干部要深入学习《决定》精神，内化于心、外化于行。全党上下要齐心协力，真抓实干、担当作为，以时不我待的精神，抓好《决定》贯彻落实，切实把进一步全面深化改革的各项战略部署转化为推进中国式现代化的强大力量。

以进一步全面深化改革开创中国式现代化建设新局面[*]

——深入学习贯彻党的二十届三中全会《决定》精神

党的二十届三中全体会议是在以中国式现代化全面推进强国建设、民族复兴伟业的关键时期举行的一次十分重要的会议。全会审议通过了《中共中央关于进一步全面深化改革、推进中国式现代化的决定》（以下简称《决定》），科学谋划了围绕中国式现代化进一步全面深化改革的总体部署，明确了进一步全面深化改革的指导思想、总目标、重大原则，重点部署了未来五年的重大改革举措，是指导新征程上进一步全面深化改革的纲领性文件，彰显了以习近平同志为核心的党中央将改革进行到底的坚强决心和强烈使命担当，是对新时代新征程举什么旗、走什么路的再宣示，对以中国式现代化全面推进强国建设、民族复兴伟业具有重大而深远的意义。

当前和今后一个时期深入学习和认真贯彻《决定》精神是重大政治任务，我们必须继续发扬历史主动精神和改革创新精神，以进一步全面深化改革开创中国式现代化建设新局面。

深刻认识三中全会以改革为主题的重大现实意义

从1978年我们党作出改革开放的历史性决策以来，每五年的党中央全体会议第三次会议都是围绕党的中心任务谋划和部署改革，其中有3个"三中全会"备受瞩目、十分重要。

第一个就是1978年召开的党的十一届三中全会，开启了改革开放和社会主义现代化建设新时期，是划时代的。党的十一届三中全会我们党基于对党和国家前途命运的深刻把握，以实践是检验真理的唯一标准的思想大讨论为起步，

---

* 本文原载安徽《决策》杂志2024年第7期（总第407期），刊发时题目为《开创中国式现代化建设新局面》。

开启了我国改革开放的历史征程。经过持续推进改革开放，我国实现了从高度集中的计划经济体制到充满活力的社会主义市场经济体制、从封闭半封闭到全方位开放的历史性转变。

第二个就是 2013 年召开的党的十八届三中全会，开启了新时代全面深化改革、系统整体设计推进改革的新征程，是划时代的。党的十八届三中全会我们党基于改革进入攻坚期和深水区，以更强的思想解放力度、更大的政治勇气、更有为的历史担当推进全面深化改革，实现改革由局部探索、破冰突围到系统集成、全面深化的转变，各领域基础性制度框架基本确立，许多领域实现历史性变革、系统性重塑、整体性重构，开创了我国改革开放新局面。

第三个就是刚刚闭幕的党的二十届三中全会，紧扣推进中国式现代化问题，研究和部署进一步全面深化改革。习近平总书记就《中共中央关于进一步全面深化改革、推进中国式现代化的决定》起草的有关情况向全会所作的说明，从凝聚人心、汇聚力量，实现新时代新征程党的中心任务，完善和发展中国特色社会主义制度、推进国家治理体系和治理能力现代化，推动高质量发展、更好适应我国社会主要矛盾变化，应对重大风险挑战、推动党和国家事业行稳致远四个方面，深刻阐释了中国式现代化新时代新征程上进一步全面深化改革的迫切性和必要性，贯穿历史和现实，统筹国际和国内，兼顾当前和长远，宣示了我们党坚定地以改革为发展的动力，进一步解放和发展社会生产力、激发和增强社会活力，推动生产关系和生产力、上层建筑和经济基础、国家治理和社会发展更好相适应，为中国式现代化提供强大动力和制度保障，也向国内国际释放出我们党坚定不移高举改革开放旗帜的强烈信号。

党的二十届三中全会，谱写了进一步全面深化改革、推进中国式现代化的时代新篇，也是划时代的，必将载入党和人民的史册。

充满改革气息的《决定》是科学决策、民主决策的时代结晶

党的二十届三中全会审议通过的《决定》凝聚了全党智慧。从新华社发布的《决定》诞生记，可以充分看出，《决定》稿整个起草过程，是一个民主决策、科学决策的过程，发扬民主、集思广益贯穿全过程。

去年 11 月底，党中央成立 70 多名同志组成文件起草组，总书记亲自担任组长，并下发通知，在党内外一定范围征求会议议题意见。年底，中央政治局会议部署安排 16 个重点课题调研组，安排 55 家中央有关部门和单位对 38 个重点课题进行调研，此后形成 78 份调研报告。去年年底，党中央还就全会议题上门听取党和国家有关领导同志和省部级主要领导同志意见，一对一单独访谈，形成一人一稿的访谈记录，总书记对访谈报告逐一审看，最重要意见进行批注。

在《决定》初稿完成后，今年4月30日中央政治局召开会议，确定了三中全会召开的时间核会议主题，在5月7日下发决定征求意见稿，广泛征求各方面意见。

此后，总书记还主持召开党外人士座谈会、主持召开企业和专家座谈会，进一步汇集各方面意见建议，截至5月30日，各地区各部门各方面共对《决定》稿提出修改意见1911条。党中央经过认真研究，能吸收的尽量吸收，作出221处修改。

2024年7月15日至18日，三中全会胜利召开。出席全会的199名中央委员、165名候补中央委员，还有列席会议的同志，分成10个组，深入交流讨论、提出意见建议。经过充分讨论，与会同志共提出修改意见205条。党中央和总书记对修改建议又进行了适当吸收，最后在会议闭幕式上审议通过了《中共中央关于进一步全面深化改革、推进中国式现代化的决定》，在22日傍晚由新华社向国内外发布全文。

据公开报道，在7个多月时间里，《决定》起草组对稿件文本认真推敲、细致打磨，过程稿多达38次。从重大论断、重大举措，到文字表述、遣词用句，力争务实严谨、精准到位。其间，习近平总书记3次主持召开中央政治局常委会会议、2次主持召开中央政治局会议审议全会有关文件，精心审阅批改文件起草组上报的每一稿，多次作出重要指示批示。

整个《决定》稿融汇了党的十八大以来习近平总书记重要讲话、相关重要文件、各地区各部门各单位反馈意见建议、专题调研报告、访谈材料、课题研究报告等材料，系统梳理了重点领域和关键环节的重要改革举措，汇总形成改革举措台账和清单，为决定稿的起草提供坚实的理论和实践依据。

就此，一份凝聚全党智慧、广泛集中民意，充分体现我们党制定重大路线方针政策的科学决策、民主决策过程的《决定》新鲜问世了。这样一份划时代的纲领性文件必将指引中国式现代化新进程上进一步全面深化改革沿着正确的方向稳步前行。

把握决定稿的总体框架、逻辑脉络和鲜明特点

《决定》稿框架清晰，主题鲜明，内容全面，重点突出，脉络严密。整个《决定》两万多字，分成三大板块15个部分，一共60条。

第一板块也是第1部分，全面阐释了进一步全面深化改革、推进中国式现代化的重大意义、指导思想、总目标、基本原则和总体要求。第二板块从第2部分到第14部分，按照"五位一体"总体布局和"四个全面"战略布局围绕经济、政治、文化、社会、生态文明、国家安全、国防和军队等方面部署具体

改革任务。第三板块是第 15 部分，重点强调加强党对改革的领导、深化党的建设制度改革、党风廉政建设和反腐败斗争。

深入学习《决定》，会深刻感知整个内容体现这个几个鲜明特点：

一是方向性。《决定》坚持正确政治方向，明确进一步全面深化改革的指导思想，就是要坚持党的基本理论和党的最新创新理论，坚持解放思想、实事求是、与时俱进、求真务实。总目标是继续完善和发展中国特色社会主义制度，推进国家治理体系和治理能力现代化，充分体现了"改什么、不改什么，改哪里、如何改"的战略清醒，强调"党的领导是进一步全面深化改革、推进中国式现代化的根本保证"。

二是承继性。党的十八届三中全会确定了全面深化改革的基本路线，并在十多年的改革实践中实现了各领域基础性制度框架基本建立，许多领域实现历史性变革、系统性重塑、整体性重构，总体完成党的十八届三中全会确定的改革任务的目标。二十届三中全会《决定》就是在这个基础上继续将各项改革推向前进、引向深入。对照前后两个《决定》文本，在重点领域和关键环节的改革部署上是基本一致的，重点都是突出以经济体制改革为牵引推进全面深化改革。但这次《决定》重点是顺应中国式现代化的新要求，对进一步全面深化改革进行部署。

三是创新性。实践在发展，改革创新必须向前推进。《决定》在总目标下确定"七个聚焦"的重点改革方向，全面部署了适应中国式现代化形势发展新要求的 300 多项改革任务。创新充分体现在各项改革部署之中。比如，《决定》更鲜明地提出"构建高水平社会主义市场经济体制"；围绕加快新质生产力发展并形成与之相适应的新型生产关系，将"健全推动经济高质量发展体制机制""构建支持全面创新体制机制"放在改革更加突出的位置。比如，随着全民民主和法治意识进一步提升，《决定》部署了"健全全过程人民民主制度体系""完善中国特色社会主义法治体系"的改革任务。再比如，《决定》突出统筹发展和安全，强调要"推进国家安全体系和能力现代化""持续深化国防和军队改革"，等等。

四是将制度建设贯穿始终。制度具有根本性、长远性和战略性。《决定》的总目标强调"继续完善和发展中国特色社会主义制度，推进国家治理体系和治理能力现代化"，并从经济、政治、文化、社会、生态、国家安全、国防和军队、党的建设等 14 个方面对进一步全面深化改革作出系统部署。从《决定》全文可以看出，"制度""体系""体制机制"等贯穿其间，一些改革使用了"构建"，一些改革使用了"健全""完善"，一些改革使用了"深化"，说明我们进一步全面深化改革更加注重系统集成，更加注重突出重点，更加注重改革实效，该立的立，该进的进，目的就是要把各方面的制度体系建设得更加成熟、更加定型，切实把我们的制度优势更好地转化为国家治理效能。

深刻理解进一步全面深化改革的重大意义、总目标、基本原则和各项改革部署

《决定》的总论部分全面阐释了进一步全面深化改革的重大意义、总体目标、基本原则，认真学习和深入领会极为重要。

在阐述进一步全面深化改革的重要性和必要性时，《决定》在总结改革开放以来特别是新时代以来我国改革开放取得重大成就的基础上，以"六个必然要求"全面分析了新一轮全面深化改革面对的世情、国情、民情、党情正在发生的深刻变化，明确提出，面对纷繁复杂的国际国内形势，面对新一轮科技革命和产业变革，面对人民群众新期待，必须自觉把改革摆在更加突出位置，紧紧围绕推进中国式现代化进一步全面深化改革。《决定》认为，中国式现代化是在改革开放中不断推进的，也必将在改革开放中开辟广阔前景，充分体现了我们党完善和发展中国特色社会主义制度、推进国家治理体系和治理能力现代化的历史主动。

《决定》按照党的二十大擘画的两个阶段全面建成社会主义现代化强国的宏伟目标，前后衔接，确定了未来五年的改革目标，明确"到二〇二九年中华人民共和国成立八十周年时，完成本决定提出的改革任务"，为到"到二〇三五年，全面建成高水平社会主义市场经济体制，中国特色社会主义制度更加完善，基本实现国家治理体系和治理能力现代化，基本实现社会主义现代化，为到本世纪中叶全面建成社会主义现代化强国奠定坚实基础"。从现在开始到2029年也就5年时间，到2035年也就10年，可谓时间紧迫、任务艰巨，这充分彰显了以习近平同志为核心的党中央将改革进行到底的坚强决心和强烈使命担当。

我们党善于总结历史经验，以史为鉴，开创未来。《决定》总结和运用改革开放以来特别是新时代全面深化改革的宝贵经验，形成了进一步全面深化改革必须贯彻的"六个坚持"，强调要坚持党的全面领导、坚持以人民为中心、坚持守正创新、坚持以制度建设为主线、坚持全面依法治国、坚持系统观念。这六个原则是不可分割的有机整体，相辅相成，相得益彰。其中，坚持党的全面领导为进一步全面深化改革提供根本保证，坚持以人民为中心为进一步全面深化改革明确根本立场、把牢价值取向、提供不竭动力，坚持守正创新是进一步全面深化改革的显著标识，坚持以制度建设为主线彰显进一步全面深化改革的内在要求，坚持全面依法治国是进一步全面深化改革的重要保障，坚持系统观念为进一步全面深化改革提供基础方法。贯彻好这六条原则，才能确保进一

步全面深化改革向着以中国式现代化全面推进强国建设、民族复兴伟业波澜壮阔的宏伟目标行稳致远。

《决定》的分论部分，也就是从报告的第 2 部分至第 14 部分，即从第 5 条至第 56 条，呼应总目标的"七个聚焦"，对经济、政治、文化、民生、生态文明、国家安全、国防和军队建设领域的体制机制改革进行了全面的、逐项的、具体的改革任务部署，这是需要我们认真研读、全面领会，并要切实落实到各领域各地区各部门下一步推进进一步全面深化改革的进程中。在今后的改革工作中，有关部门应按照《决定》的具体部署，出台落实文件和具体的配套细则。

从对《决定》分论的学习中，我们会明显地看到，有关经济体制改革涉及"构建高水平社会主义市场经济体制""健全推动经济高质量发展体制机制""构建支持全面创新体制机制""健全宏观经济治理体系""完善城乡融合发展体制机制""完善高水平对外开放体制机制"六大部分，在《决定》中几乎占有一半篇幅。这充分说明新一轮全面深化改革继续注重发挥经济体制改革牵引作用，体现了我们党牢牢把握坚持以经济建设为中心，把坚持高质量发展作为新时代的硬道理，坚持把中国式现代化作为最大的政治的时代要求。

以经济体制改革为牵引，凸显改革引领作用，在统筹推进"五位一体"总体布局、协调推进"四个全面"战略布局框架下统筹部署经济体制改革和其他各领域改革，注重统筹发展和安全，在《决定》的第 8 部分至第 14 部分一共24 条，也都作出详细的部署。

这一系列具体的改革部署、改革任务，即充分体现了改革的问题导向，紧紧抓住我国改革的主要矛盾和矛盾的主要方面，聚焦推进中国式现代化需要破解的重大体制机制问题，着力解决制约构建新发展格局和推动高质量发展的卡点堵点问题，着力解决发展环境和民生领域的痛点难点问题，着力解决有悖社会公平正义的焦点热点问题；又强化了改革的系统集成，在正确处理好经济和社会、政府和市场、效率和公平、活力和秩序、发展和安全等重大关系上，《决定》充分展现了改革顶层设计的系统性、整体性、协同性。

当然，整个《决定》顺应时代要求、人民愿望、现实需要，推出了一系列针对性、实操性、创新性很强的改革新举措，我们都需要深刻理解和领会。比如，对市场经济主体关心的，《决定》提出，要开展国有经济增加值核算，加快建立民营企业信用状况综合评价体系，完善主要由市场供求关系决定要素价格机制、防止政府对价格形成的不当干预，完善推动高质量发展激励约束机制等；在健全宏观经济治理方面，《决定》提出，要探索实行国家宏观资产负债表管理、增强地方自主财力、适当扩大地方税收权限，制定金融法，健全投资和融资相协调的资本市场功能等；为新经济新业态所关注的，《决定》提出，鼓励和规范发展风险投资、发展耐心资本，加快建立数据产权确认、市场交易、权益分配等制度。对老百姓最关注的方面，《决定》提出，加快建立租售并举的住房制度，强化基层医疗卫生服务，创造适合老年人的多样化个性化就业岗位，推进互助性养老服务，按照自愿弹性原则稳妥有序推进渐进式延迟法定退休年龄改革，等等。

希望这一系列改革能够落实到位，更好地解放和发展社会生产力、激发和增强社会活力，让最广大群众实实在在地增强获得感、幸福感和安全感。

坚持党对改革的全面领导以钉钉子精神抓落实

《决定》的第 15 部分也是第三板块，对新时代党的制度建设改革进行部署。

坚持党的全面领导，坚定维护党中央权威和集中统一领导，发挥党总揽全局、协调各方的领导核心作用，把党的领导贯穿改革各方面全过程，确保改革始终沿着正确政治方向前进，这是改革开放以来我们取得的最宝贵经验。

《决定》指出，党的领导是进一步全面深化改革、推进中国式现代化的根本保证。推进新一轮全面深化改革，我们党必须坚持用改革精神和严的标准管党治党，保持以党的自我革命引领社会革命的高度自觉，完善党的自我革命制度规范体系，不断推进党的自我净化、自我完善、自我革新、自我提高，确保党始终成为中国特色社会主义事业的坚强领导核心。

路线确定后，干部是最重要的。贯彻落实《决定》对党的制度建设改革的要求，就是要继续深化干部人事制度改革，鲜明树立选人用人正确导向，大力选拔政治过硬、敢于担当、锐意改革、实绩突出、清正廉洁的干部，健全防治形式主义、官僚主义制度机制和防治腐败体制机制，着力解决干部乱作为、不作为、不敢为、不善为问题。让广大党员干部特别是各级领导干部牢固树立和践行正确政绩观，激励干部开拓进取、干事创业。

《决定》擘画了进一步全面深化改革的新的战略路径、目标方向、路线图和时间表，是新的行动纲领。改革的新蓝图已经绘就，关键在于以钉钉子精神抓好改革落实。

习近平总书记强调，"干事业就要有钉钉子精神，抓铁有痕、踏石留印，稳扎稳打向前走，过了一山再登一峰，跨过一沟再越一壑，不断通过化解难题开创工作新局面。"广大党员干部要深入学习《决定》精神，内化于心，外化于行。全党上下要齐心协力，真抓实干、担当作为，以时不我待的精神，抓好《决定》贯彻落实，切实把进一步全面深化改革的各项战略部署转化为推进中国式现代化的强大力量。

充分激发全社会
创新创造活力 *

党的二十届三中全会通过的《中共中央关于进一步全面深化改革、推进中国式现代化的决定》（以下简称《决定》）将"构建支持全面创新体制机制"作为进一步全面深化改革的重要内容，充分体现了以习近平同志为核心的党中央更加突出创新在我国现代化建设全局中的核心地位和以改革促创新促发展的鲜明战略导向。我们要深入学习领会《决定》精神，贯彻落实"构建支持全面创新体制机制"的各项改革部署改革举措，深化教育综合改革、深化科技体制改革、深化人才发展体制机制改革，着力统筹推进教育科技人才体制机制一体改革，充分激发全社会创新创造活力，为实现到2035年进入创新型国家前列的目标不懈努力。

充分认识"全面创新"在推进中国式现代化进程中的重大现实意义

《决定》第一次提出了"全面创新"的重要概念，对"构建支持全面创新体制机制"进行了系统性部署。这既是对我国创新发展实践的规律性认识的进一步深化，也是推进中国式现代化对以创新引领国家整体发展提出的更高、更紧迫性要求。

落实"全面创新"就是要将深入实施科教兴国战略、人才强国战略、创新驱动战略贯穿现代化国家建设各个领域各个环节，加快形成面向未来的创新型经济结构和发展模式；就是要突出教育、科技、人才三大领域一体化的体制机制改革，厚植我国创新发展的基础性制度优势，破解推动创新发展的各种难题；就是要充分调动政府、市场、企业、社会各方面推动创新的积极性、主动性、创造性，让一切创新要素顺畅流动、一切创新源泉充分涌流，在全社会形成浓厚的创新文化，构建起鼓励创新、包容失败的良好创新生态。

推动"全面创新"有利于抵御当前经济下行压力、激发经济发展新动能。

---

* 本文原载《深圳特区报·理论周刊》2024年8月20日。

受当前外部环境变化带来不利因素增多和我国经济面临周期性、结构性和体制性矛盾交织的影响，经济仍面临一定的下行压力。比如，今年二季度经济增长速度为4.7%，比一季度增长速度5.3%有所收敛。但我们也看到，具有新质生产力特点的装备制造业增加值增长7.8%、高技术制造业增加值增长8.7%；高技术制造业和高技术服务业投资分别增长10.1%、11.7%，也远高于全国固定资产投资同比增长水平。这是近年来我国经济运行的突出特征，也是我国经济结构加快转型升级的重要趋势。在传统驱动经济增长的"三驾马车"力量日渐式微的态势下，必须把创新发展作为第一动力，不断塑造发展新动能新优势，增强经济持续回升向好态势。改革是发展的动力。构建支持全面创新体制机制，推动"全面创新"，能够最大限度解放和激发科技作为第一生产力所蕴藏的巨大潜能。以科技创新推动产业创新，加快建设现代产业体系，全面推进经济结构向智能化、绿色化、高端化转型，持续推动经济实现质的有效提升和量的合理增长。

推动"全面创新"有利于攻克"卡脖子"瓶颈、以高水平科技自立自强把握发展主动，实现从科技大国向科技强国跃升。经过多年努力，我国科技整体水平大幅提升，科技事业发展取得长足进步。近年来，我国基础前沿研究实现新突破，在量子科技、生命科学、物质科学、空间科学等领域取得一批重大原创成果并跻身世界先进行列，一些重要领域正由"跟跑者"向"并行者""领跑者"转变。但也要清醒认识到，我国科技创新基础还不牢，自主创新特别是原创力还不强，某些关键领域核心技术比如高端芯片、发动机、工业软件等受制于人的格局没有从根本上改变，顶尖科技人才尚显不足等。推动"全面创新"，能够促进技术革命性突破、生产要素创新性配置、产业深度转型升级，实现劳动者、劳动资料、劳动对象优化组合和更新跃升，催生新产业、新模式、新动能，促进以高技术、高效能、高质量为特征的新质生产力加快发展，在攻克关键核心技术"卡脖子"瓶颈中抢占科技制高点，在日趋激烈的大国博弈和创新竞争中抢占先机，在全球创新版图和经济格局重塑中把握战略主动，推动我国科技实力实现质的飞跃。

推动"全面创新"有利于更好地把制度优势转化为国家治理效能，保障中国式现代化进程行稳致远。制度带有根本性、全局性、稳定性和长期性特点。推动"全面创新"，构建支持全面创新体制机制，就是以深化改革为动力，破除制约科技创新、教育创新、人才发展创新的制度藩篱，全面增强我国科技实力和创新能力。通过深化教育综合改革、科技体制改革、人才发展体制机制改革，形成适应中国式现代化、适应新质生产力发展得更稳定、可预期的制度安排、治理规范和政策路径，从而释放全社会创造潜能、激发全社会创新活力，更好把我国的教育优势、人才优势、制度优势转化为发展优势、竞争优势和显著的治理效能,为中国式现代化提供坚实的制度保障。

准确理解构建支持全面创新体制机制的各项改革部署和重点任务

《决定》在第四部分第 13 条至第 15 条,围绕构建支持全面创新体制机制,着重对教育、科技、人才三大领域的体制机制改革作出统一部署,确立了一系列改革措施,其着力点在于进一步明确改革目标、完善制度安排、落实实践主体、强化政策保障和营造良好环境,最鲜明的特点就是强调教育、科技、人才三大领域的一体化改革,这也是构建支持全面创新体制机制的关键点。我们应当将三者贯通起来全面理解、推进落实。

改革目的更为聚焦。教育、科技、人才是中国式现代化的基础性、战略性支撑。中国式现代化离不开教育现代化、科技现代化、人才现代化。《决定》将"中国特色社会主义制度更加完善,基本实现国家治理体系和治理能力现代化,基本实现社会主义现代化"作为改革总目标的重要内容。深化教育综合改革,目的是全面贯彻党的教育方针,培养一大批德智体美劳全面发展的社会主义建设者和接班人,落实好立德树人根本任务,实现教育强国。中国式现代化关键是科技现代化,深化科技体制改革,目的是要促进高水平科技自立自强,提升国家创新体系整体效能,实现科技强国。深化人才发展体制机制改革,目的是要落实培养造就大批德才兼备的高素质人才这个国家和民族长远发展大计,加快建设规模宏大、结构合理、素质优良的人才队伍,实现人才强国。建成教育强国、科技强国、人才强国,统一于基本实现社会主义现代化的目标。

制度安排更加成熟。制度安排既是为了实现战略目标,又是要通过新的组织设计破旧立新,释放体制机制活力。从加快建设高质量教育体系着眼,《决定》对统筹推进育人方式、办学模式、管理体制、保障机制改革进行了全方位制度设计。按照"四个面向"要求,《决定》布局了优化重大科技创新组织机制,统筹强化关键核心技术攻关,深化科技体制改革,推动科技创新力量、要素配置、人才队伍体系化、建制化、协同化。《决定》还从实施更加积极、更加开放、更加有效的人才政策着力,深化人才发展体制机制改革,把各方面优秀人才集聚到党和人民事业中来。

实践主体更加鲜明。谁来组织、谁来推进落实是进一步全面深化改革的关键。围绕教育、科技、人才体制机制一体改革,《决定》突出了政府规划引领和改革主体的作用。在教育领域,强调优化高等教育布局、优化区域教育资源配置,健全德智体美劳全面培养体系等。在科技领域,强调加强国家战略科技力量建设,改进科技计划管理,强化企业科技创新主体地位,深化科技成果转化机制改革；在人才发展领域，强调加快建设国家高水平人才高地和吸引集聚人才平台，完善人才有序流动机制等。

政策措施更加有力。政策具有很强的激励约束作用。《决定》回应长期以来相关部门和人民群众普遍关心的重要诉求，提出了一系列重要的改革措施和政策导向。比如，针对目前教育资源不均衡问题，《决定》提出要建立同人口变化相协调的基本公共教育服务供给机制，完善义务教育优质均衡推进机制，探索逐步扩大免费教育范围等。针对我国基础研究投入不足问题，《决定》提出加强有组织的基础研究，完善竞争性支持和稳定支持相结合的基础研究投入机制，完善中央财政科技经费分配和管理使用机制等。针对人才激励不足问题，《决定》提出坚持向用人主体授权、建立以创新能力、质量、实效、贡献为导向的人才评价体系，这将有助于为人才松绑。

环境营造更加包容。拥有一个开放包容的创新环境是改革开放的鲜明标识。《决定》提出，推进高水平教育开放，鼓励国外高水平理工类大学来华合作办学。扩大国际科技交流合作，鼓励在华设立国际科技组织，优化高校、科研院所、科技社团对外专业交流合作管理机制。完善海外引进人才支持保障机制，形成具有国际竞争力的人才制度体系。探索建立高技术人才移民制度。随着我国推进高水平对外开放，这些举措对我国创新环境都必将产生深远的影响。

统筹推进教育科技人才体制机制一体改革需要处理好的几个关系

构建支持全面创新体制机制，是一项系统性工程，也是一项创新性工程。以进一步全面深化教育、科技、人才三大领域的体制机制改革，根本上是要破除束缚创新发展的思想观念和体制机制障碍，充分释放三大领域乃至全社会的创造创新活力。学习贯彻落实《决定》精神，统筹推进教育科技人才体制机制一体改革，要坚持以制度建设为主线，牢固树立系统观念和辩证思维，着重处理好这样几个重要关系。

处理好政府、市场、企业之间的关系。构建高水平社会主义市场经济体制，充分发挥市场在资源配置中的决定性作用，更好发挥政府作用，是《决定》确定的重要目标。创新本身是公共产品，具有突出的战略引领性和市场竞争性，必须发挥好政府"有形之手"和市场"无形之手"共同促进创新的作用。《决定》强调，"健全新型举国体制，提升国家创新体系整体效能。"这是我们应时应变的战略性抉择。新中国成立以来特别是改革开放以来，我国从成功研制"两弹一星"启动，到有序实施"863"计划，到近年来实现"中国天眼""量子卫星""嫦娥四号""北斗卫星组网"等一系列重大科技突破，我们在利用举国体制和探索新型举国体制推动科技创新上取得了比较成熟的经验。像美国这样的科技强国从"二战"时期推进"曼哈顿"计划到近年来基于大国博弈和抢占科技竞争主动权的战略需要，在逐步强化联邦政府在国家创新体系中的主导作用，也需要客观审视、充分借鉴。我们既要发挥我国集中力量办大事的制度优势，强化党和国家作为重大科技创新领导者、规划者、组织者的作用，也要立足我国超大规模的市场优势，用好市场机制对科技研发方向、路线选择、资源配置的筛选作用，更加突出企业科技创新的主体地位，不断推动企业主导的产学研深度融合。

处理好规划、组织、落实之间的关系。《决定》指出，完善国家战略规划体系和政策统筹协调机制，构建国家战略制定和实施机制，强化规划衔接落实机制。这对统筹推进教育科技人才体制机制一体改革，构建支持全面创新体制机制十分重要。在规划层面，教育领域改革要突出教育的先导性功能，推动教育理念、体系、制度、治理等变革，以适应科技创新策源地和人才培养主阵地的需要；科技领域改革要围绕制约高水平科技自立自强等"卡脖子"问题改革攻坚；人才领域改革要在人才引育用留的机制性障碍上取得突破。在组织层面，要优化高等教育布局，分类推进高校改革，建立科技发展、国家战略需求牵引的学科设置调整机制和人才培养模式；强化国家战略科技力量，统筹各类创新平台建设，加强创新资源统筹和力量组织，推动创新链产业链资金链人才链深度融合；实行更加积极、更加开放、更加有效的人才政策，创新人才培养模式，加快形成具有国际竞争力的人才制度体系。在落实层面，要落实三大领域各项改革的主体责任，坚持上下协同、条块结合，科学制定改革任务书、时间表、优先序，以钉钉子精神抓好改革落实。

处理好激励、考核、评价之间的关系。人才是创新的主体，也是新质生产力发展最活跃的因素。科技创新靠人才，人才培养靠教育，教育、科技、人才内在一致、相互支撑。要通过深化教育科技人才体制机制一体改革，健全符合教书育人规律、创新发展规律和人才成长规律的分类评价体系和考核机制，让有利于人才成长的培养机制、有利于人尽其才的使用机制、有利于人才各展其能的激励机制、有利于人才脱颖而出的竞争机制共同发挥作用。各地区各部门领导干部要有识才的慧眼、爱才的诚意、用才的胆识、容才的雅量、聚才的良方，在全社会真正营造起鼓励大胆创新、勇于创新、包容创新的良好氛围，为各类人才在中国式现代化新征程上施展才华、实现自身价值搭建更加广阔的舞台。

写好实践续篇与时代新篇（思想纵横）*

改革开放是党和人民事业大踏步赶上时代的重要法宝。党的二十届三中全会研究进一步全面深化改革、推进中国式现代化问题，彰显了以习近平同志为核心的党中央将改革进行到底的坚强决心和强烈使命担当。进一步全面深化改革，既是党的十八届三中全会以来全面深化改革的实践续篇，也是新征程推进中国式现代化的时代新篇。

党的十八大以来，中国特色社会主义进入新时代。面对国内外环境发生的极为广泛而深刻的变化，面对我国发展面临的一系列突出矛盾和挑战，以习近平同志为核心的党中央团结带领全党全军全国各族人民，以伟大的历史主动、巨大的政治勇气、强烈的责任担当全面深化改革。2013 年 11 月，具有划时代意义的党的十八届三中全会召开，波澜壮阔、气势如虹的全面深化改革由此开启。党的十八届三中全会对经济体制、政治体制、文化体制、社会体制、生态文明体制、国防和军队改革和党的建设制度改革作出部署，实现改革由局部探索、破冰突围到系统集成、全面深化的转变，开创了我国改革开放新局面。实践充分证明，全面深化改革有力解决了各领域各方面体制性障碍、机制性梗阻、政策性创新问题，取得历史性伟大成就，使中国特色社会主义制度优势进一步彰显。

实践发展永无止境，解放思想永无止境，改革开放也永无止境。面对纷繁复杂的国际国内形势，面对新一轮科技革命和产业变革，面对人民群众新期待，必须继续把改革推向前进。特别要看到，完善和发展中国特色社会主义制度是一个动态过程，必然随着实践发展而不断发展，我们还需要不断破解深层次体制机制障碍和结构性矛盾。改革只有进行时、没有完成时。党的二十届三中全会对新时代新征程上推动全面深化改革向广度和深度进军进行总动员、总部署。从"全面深化改革"到"进一步全面深化改革"，从"完善和发展中国特色社

---

* 本文原载《人民日报·理论版》2024 年 8 月 22 日。

会主义制度，推进国家治理体系和治理能力现代化"到"继续完善和发展中国特色社会主义制度，推进国家治理体系和治理能力现代化"，从"六个紧紧围绕"到"七个聚焦"……进一步全面深化改革与党的十八届三中全会以来全面深化改革一脉相承又与时俱进，体现连续性和阶段性相统一，必将续写全面深化改革的实践续篇。

改革开放与中国式现代化休戚相关。中国式现代化是在改革开放中不断推进的，也必将在改革开放中开辟广阔前景。当前和今后一个时期是以中国式现代化全面推进强国建设、民族复兴伟业的关键时期。应当看到，推进中国式现代化是一项探索性事业，还有许多未知领域，需要我们在实践中大胆探索，以改革创新推动事业发展。党的二十大对推进中国式现代化作出战略部署，要把这些战略部署落到实处，把中国式现代化蓝图变为现实，根本在于进一步全面深化改革，不断完善各方面体制机制，为推进中国式现代化提供制度保障。党的二十届三中全会紧紧围绕推进中国式现代化这个主题，着力抓住推进中国式现代化需要破解的重大体制机制问题谋划改革，为中国式现代化提供强大动力和制度保障，必将以进一步全面深化改革开辟中国式现代化广阔前景。比如，党的二十届三中全会《决定》强调教育、科技、人才是中国式现代化的基础性、战略性支撑，对构建支持全面创新体制机制作出战略部署；强调城乡融合发展是中国式现代化的必然要求，对完善城乡融合发展体制机制作出战略部署；强调开放是中国式现代化的鲜明标识，对完善高水平对外开放体制机制作出战略部署；等等。由此可见，进一步全面深化改革是新征程推进中国式现代化的时代新篇。我们要写好这一时代新篇，不断推进中国式现代化取得新进展、新突破。

写好实践续篇与时代新篇，关键是要学习好贯彻好党的二十届三中全会精神，以钉钉子精神抓好各项改革任务落实，把进一步全面深化改革的战略部署转化为推进中国式现代化的强大力量。

书写中国式现代化的美丽风景和万千气象*

——评"中国式现代化的故事"丛书

翻阅"中国式现代化的故事"丛书会让读者自然感受到这样几个突出特点：一是"读起来很轻松"；二是"看起来很愉悦"；三是"想起来很入理"；四是"读起来很有用"。

以中国式现代化全面推进强国建设、民族复兴伟业是党的二十大擘画的战略目标，以改革创新的历史主动全面推进中国式现代化是我们这一代人的时代标识。

中国式现代化是前无古人的伟大而艰巨的事业，既宏伟壮阔，又是具体的、生动的、具象的、实践的。党的二十大深刻阐释了中国式现代化的中国特色和本质要求。当前，全国各地区各行业正满怀豪情，以奋斗者的姿态、以开拓创新的举措，以实实在在的行动诠释着中国式现代化的中国特色，展示着中国式现代化新征程的坚实步伐和奋进力量，书写着中国式现代化新征程上的亮丽风景和万千气象。

伟大的时代需要伟大的叙事，需要生动的故事，需要铭刻历史的印迹。这既赋予广大图书出版人新的历史使命，又给出版界推出一批观照中国式现代化实践的精品力作创造了广阔的市场机会。中共中央党校出版集团国家行政学院出版社今年以来精心策划推出的"中国式现代化的故事"丛书就是这样一套紧扣时代、顺应时势、把握机遇的图书精品佳作，目前已经正式出版发行了中国式现代化的北京故事、上海故事、天津故事、重庆故事、安徽故事、吉林故事、贵州故事等系列图书，可谓独树一帜、精彩纷呈。这套丛书一经问世，就在图

---

* 本文原载《中国经济时报·智库》2024年9月13日。

书市场引起了广泛关注，广受读者好评，并获得 2024 年度国家出版基金项目支持。

认真翻阅这套丛书，读者会自然感受到这样几个突出特点。

一是"读起来很轻松"。本丛书最鲜明的特色就是"讲故事"。丛书的策划设计主题就是"中国式现代化的地方故事"，每本书又都是聚焦所记述的大都市和重点省市在中国式现代化新征程上，根植地方历史文化和发展实际，探索推进经济社会各领域高质量发展的生动实践，以讲故事的笔调和文风，构筑起一个个现实场景，力求让读者不自觉地融入当地经济社会发展的现实情境之中，在一个个典型案例、创新做法、务实举措的生动叙事和娓娓道来中，轻松地感知当地党和政府带领人民群众牢记"国之大者"，展现出的创新创业的激情、干事担当的作风、造福地方的决心。比如，读"北京故事"，你可以从著名的"动批"和"大红门服装批发市场"的搬迁故事中看到作为首善之区的北京如何牵住"牛鼻子"，加快疏解非首都功能，着力解决"大城市病"，促进京津冀协同发展，拓展协同发展新空间的战略远见；读上海故事，你可以从浦东新区如何构筑"一网通办"丰富场景的故事中，深悉国际化的大上海从全球数字政府建设的"追赶者"一跃成为"领跑者"的原因所在；读安徽故事，你可以从近年来安徽省委省政府以科技创新为抓手推动全省产业转型升级的一个个招商引智的故事中，体会一个曾经落后的中部省份何以跻身长三角科创大省的背后机理；等等。

二是"看起来很愉悦"。如果把这套已经出版的丛书一字排开，从观感上可以说是色泽亮丽、引人注目。目前，丛书至今已出版八本地方现代化故事，均采用四色印刷，使用了勒口外翻的现代设计，主标题采用烫金，英文字镂空，封底封面连成一条线，均使用地方城市标志性图案或整幅图片横贯，大气端庄，一气呵成，极具视觉感染力；内封使用了该地标志性建筑文化符号的手绘图，并配以该地的城市精神为旁白。全书内文也精选了多张代表地方城市经济社会发展最新成就的大幅图片，具有很好的观赏性。尤其是丛书书名力求考究、富有诗意。比如，北京故事的主标题为"京华新篇"，上海故事、重庆故事、天津故事、安徽故事、合肥故事、吉林故事、贵州故事分别取名为"为什么是上海""行千里致广大""津韵华章""皖美超越""科创先锋""白山松水""黔力无限"等，让读者既能领略地方历史文化风貌，又能感受这些地方推进中国式现代化的豪情。

三是"想起来很入理"。本丛书的每一本，都是记述这些大城市或省域进入新时代以来，按照"五位一体"的总体布局和"四个全面"的战略布局全面推进当地经济社会高质量发展的行进过程，突出了各地完整、准确、全面贯彻新发展理念，加快构建新发展格局、加快培育发展新质生产力方面取得的新进展、新成绩、新收获，既反映了地域特色，又体现出全国一盘棋的战略思维，生动展示了新时代以来各省份在以习近平同志为核心的党中央坚强领导下解放思想、实事求是、与时俱进、开拓创新的精神风貌和巨大成就，充分揭示了党的全面领导的制度力量和党的最新创新理论的思想伟力。从每本书讲述的精彩的发展故事中，可以感受到各地取得的宝贵经验、实践探索、方式方法，都是可以相互借鉴，也是可以相互启发的，这些故事所蕴含的基本价值、基本规律，恰恰是当代中国式现代化新进程中的闪光点，是各地干部群众开拓创新的智慧结晶，而这一切又共同奏响了中国式现代化的主旋律，书写出了中国式现代化新征程的美好篇章。

四是"读起来很有用"。这套丛书由中共中央党校（国家行政学院）中国式现代化研究中心主任张占斌教授担纲总主编，他对全书的架构进行了总谋划总设计。更难能可贵的是，这套丛书充分调动了各地党校系统的专家学者全力参与每一分册的撰稿工作，这些本地的专家教授既富有深厚学养，又长期关注和研究当前经济社会发展情况，因此，每本书都是资料翔实，言之有据，论之有理，将理论和实际、历史和现实、发展和未来有机结合在一起，这就很好地做到了"将论文写在大地上"，也进一步促进了专家学者将研究主题贴近地方、贴近民情、贴近生活。正是如此，这套丛书可以成为广大读者了解一省一市一地的"经济地理蓝皮书"或者"社会发展汇总图"，其研究价值、史料价值、文化价值自然在讲故事中"跃然纸上"了。

值得关注的是，《江苏故事》《云南故事》《广州故事》《南京故事》《黄山故事》《北京朝阳故事》等图书也将由国家行政学院出版社陆续出版发行，它们将继续丰富中国式现代化的地方故事系列的知识宝库，以更加丰富的形式、更为活泼的风格，讲好中国式现代化的生动故事，尽显中国式现代化的美丽风景和万千气象，铭记下伟大时代征程上广大奋斗者、开拓者、创新者的历史足音。让我们拭目以待。

全面客观冷静看待
当前经济形势 *

中央政治局 9 月 26 日召开会议，分析研究当前经济形势，对下一步经济工作作出一系列重要部署。会议强调，要全面客观冷静看待当前经济形势，正视困难、坚定信心，切实增强做好经济工作的责任感和紧迫感。这释放出努力完成全年经济社会发展目标任务的强烈政策信号。

今年以来，面对错综复杂的国际国内形势，以习近平同志为核心的党中央团结带领全国各族人民攻坚克难、沉着应对，我国经济运行呈现总体平稳、稳中有进态势，社会大局保持稳定。同时也要看到，当前经济运行也出现了一些新情况新问题，突出表现在，外部环境变化带来的不利影响增多，国内有效需求依然不足，新旧动能转换存在阵痛，推动经济稳定运行面临一些困难和挑战。

科学认识经济形势，准确把握经济规律，是做好经济工作的基本前提，也是我们实施有效宏观治理的重要经验。如何正确看待当前经济形势，会议强调要"全面""客观""冷静"，这是应该坚持的系统观念和辩证思维。既要看短期波动之"形"，也要观长期发展之"势"；既要看经济增长之"量"，也要看转型之"效"、发展之"质"。

说到"全面"，就是看待经济走势不仅要看"形"，更要看"势"。今年一季度国内经济增长 5.3%，二季度增长 4.7%，上半年 GDP 同比增长 5%，但从目前数据看，驱动经济增长的"三驾马车"的动力均有所减弱，三季度、四季度经济增长的"形"可能有所波动。会议指出，我国经济的基本面及市场广阔、经济韧性强、潜力大等有利条件并未改变，这才是中国经济发展的"势"，我们要"不畏浮云遮望眼"。

说到"客观"，就是要本着实事求是的精神，既要看到我国经济发展潜能和新的动能，也要正视当前经济运行中客观存在的问题。比如，市场经济主体活力还不充分，特别是中小微企业还有不少经营困难；统一大市场建设尚存在

---

* 本文原载《学习时报·学习评论》2024 年 9 月 30 日。

不少阻隔，市场要素流动不够通畅；财政货币政策实施力度和传导机制仍待强化，尤其是当前市场预期不够稳，集中反映在广大消费者和投资者对信贷市场、房地产市场、资本市场等信心不足，广大城乡居民增收渠道不宽，等等。对此，我们不能视而不见、久议不决，避免一些小问题演化成大的系统性风险。

说到"冷静"，就是要有定力，冷静观察，谋定而后动。决定中国经济前途命运的，一定程度上取决于我们对待问题的态度、应对问题的办法、解决问题的决心。化解当前经济运行中的矛盾和问题，需要科学制定时度效相适应的一揽子经济政策，该果断出台的政策抓紧出台，该有力推进的政策必须加快落地落细，绝不能消极畏难、无的放矢，但也不能盲目冒进、草率行事。这首先要尊重经济运行的内在规律，推出经济政策和非经济性政策要注重协调，注意先立后破，加强一致性评估；其次要充分倾听群众意见、高度重视市场反馈、及时相机调整，这样才能做到"任凭风浪起，我自岿然不动"。

做到了"全面""客观""冷静"看待当前经济形势，我们做好经济工作就有了信心基础，也才能正视困难，更能够有的放矢、抓住重点、实施政策。而最重要的就是，各地区各部门要认真贯彻落实党中央决策部署，切实担负起做好经济工作的各项责任，坚持全国一盘棋思想，主动作为、积极作为、创造性作为，真正将"时时放心不下"的责任感转化为"事事心中有底"的行动力，用实干推动经济持续回升向好和保持社会大局稳定，坚定当好贯彻党中央决策部署的执行者、行动派、实干家。

据此，这次会议突出强调了"干字当头、众志成城"。我们即将迎来新中国成立75周年华诞。75年峥嵘岁月，我们国家取得世人瞩目的伟大成就，中国特色社会主义事业无比广阔，就是靠"干"出来的，就是依靠凝聚起亿万人民群众的智慧和力量，团结一心、众志成城、奋力拼搏，谱写出了中华民族伟大复兴不可逆转的壮丽史诗。从以中国式现代化全面推进强国建设、民族复兴伟业的宽广视野看，当前我国经济运行中出现的一些矛盾和困难，只不过是细波微澜，只是发展中的问题。坚定信心、同心同德、改革创新、埋头苦干，中国经济发展前景必然更加光明。

深刻认识进一步全面深化改革的
时代方位和实践逻辑*

　　党的二十届三中全会在推进中国式现代化新征程上为进一步全面深化改革明确了重大目标、重大原则、重大举措，具有划时代意义。立足中国式现代化新征程，全面审视进一步全面深化改革的时代方位，需要以大历史观观照现实，以新的历史观审视全面深化改革，从历史经验中汲取智慧，夯实改革创新的文化基础，厚实推进改革的历史主动精神；需要以新的战略观审视进一步全面深化改革，把握推进改革的战略布局，确保改革始终沿着正确方向前行；需要以新的发展观审视进一步全面深化改革，促进改革与发展良性互动，不断以改革激发全社会创新动力。从改革方法论上深化对改革的规律性认识，需要紧扣中国式现代化，不断深化对全面深化改革的规律性认识；需要正确理解"六个坚持"的相互关系，把握好全面深化改革的实践逻辑；需要把握好"六个坚持"重大原则，以钉钉子精神把全会部署的各项改革任务落到实处。

　　党的二十届三中全会是在以中国式现代化全面推进强国建设、民族复兴伟业的关键时期举行的一次重要会议。全会审议通过的《中共中央关于进一步全面深化改革、推进中国式现代化的决定》（以下简称《决定》），科学谋划了围绕中国式现代化进一步全面深化改革的总体部署，明确了进一步全面深化改革的指导思想、总目标、重大原则、重大举措，是指导中国式现代化新征程上进一步全面深化改革的纲领性文件，又一次矗立起新时代中国改革开放的里程碑。深入学习领会《决定》精神，我们必须深刻全面认识继续推进改革的时代方位，准确把握推进进一步全面深化改革的实践逻辑，切实提高我们对《决定》通篇贯穿的当代中国改革的认识论、方法论的理解，从而更加主动、更加自觉、更加全面、更加准确地贯彻落实《决定》部署的一系列重大改革任务，为实现《决定》提出的目标任务作出坚持不懈努力。

---

　　* 本文原载学术期刊《新视野》2024年第5期，2024年10月9日出刊。

一、立足中国式现代化新征程，全面把握进一步全面深化改革的时代方位

习近平总书记在党的二十届三中全会上，就《决定》审议稿向全会所作的说明中用"四个迫切需要"，即"这是凝聚人心、汇聚力量，实现新时代新征程党的中心任务的迫切需要。……这是完善和发展中国特色社会主义制度、推进国家治理体系和治理能力现代化的迫切需要。……这是推动高质量发展、更好适应我国社会主要矛盾变化的迫切需要。……这是应对重大风险挑战、推动党和国家事业行稳致远的迫切需要"。① 深刻阐释了以"进一步全面深化改革、推进中国式现代化问题"为全会议题的全局考量。《决定》在第一部分总论中，又以"六个必然要求"，即"这是坚持和完善中国特色社会主义制度、推进国家治理体系和治理能力现代化的必然要求，是贯彻新发展理念、更好适应我国社会主要矛盾变化的必然要求，是坚持以人民为中心、让现代化建设成果更多更公平惠及全体人民的必然要求，是应对重大风险挑战、推动党和国家事业行稳致远的必然要求，是推动构建人类命运共同体、在百年变局加速演进中赢得战略主动的必然要求，是深入推进新时代党的建设新的伟大工程、建设更加坚强有力的马克思主义政党的必然要求"。② 全面阐释了全党必须自觉把改革摆在更加突出的位置，紧紧围绕推进中国式现代化进一步全面深化改革的重大意义。"四个迫切需要"是围绕会议主题即中国式现代化谈全面深化改革的迫切性，强调"围绕党的中心任务谋划和部署改革，是党领导改革开放的成功经验"。"六个必然要求"是基于当今世情、国情、党情深刻变化的新形势新挑战，紧扣推进中国式现代化发展目标，更加细致地分析谋划和推进进一步全面深化改革的重要性和必要性。基于这"四个迫切需要"和"六个必然要求"的学习理解，再结合深入学习习近平新时代中国特色社会主义思想和党的十八大以来习近平总书记关于全面深化改革的一系列新思想、新观点、新论断，有助于我们深刻领悟《决定》的划时代意义，以更加自觉的历史主动精神和改革创新精神把改革推向前进。

（一）以新的历史观审视进一步全面深化改革，弘扬改革的历史主动精神

习近平总书记在2021年党史学习教育动员大会上指出，"树立大历史观，从历史长河、时代大潮、全球风云中分析演变机理、探究历史规律，提出因应的战略策略，增强工作的系统性、预见性、创造性"，并强调，"进一步把握历

---

① 习近平. 关于《中共中央关于进一步全面深化改革 推进中国式现代化的决定》的说明［N］. 人民日报，2024 - 07 - 22（1）.
② 中共中央关于进一步全面深化改革 推进中国式现代化的决定［N］. 人民日报，2024 - 07 - 22（1）.

史发展规律和大势，始终掌握党和国家事业发展的历史主动"。以大历史观观照现实，以新的历史观审视改革，我们可以从中汲取智慧，厚实推进改革的历史主动精神。

1. 中华民族具有变革创新的文化基因

几千年前，中华民族的先民们就秉持"周虽旧邦，其命维新"的精神，开启了缔造中华文明的伟大实践，以变革和开放精神，催生了历史上无数变法变革图强运动，创造了革故鼎新、辉光日新的中华物质文明、精神文明和政治文明。"中华文明的创新性，从根本上决定了中华民族守正不守旧、尊古不复古的进取精神，决定了中华民族不惧新挑战、勇于接受新事物的无畏品格。"① "以数千年大历史观之，变革和开放总体上是中国的历史常态。中华民族以改革开放的姿态继续走向未来，有着深远的历史渊源、深厚的文化根基。"②

自信才能自强。有文化自信的民族，才能立得住、站得稳、行得远。中国式现代化是中华民族的旧邦新命。中国式现代化赋予中华文明以现代力量，中华文明赋予中国式现代化以深厚底蕴。在新的起点上继续推动文化繁荣、建设文化强国、建设中华民族现代文明，是我们在新时代新的文化使命。《决定》为此提出，必须增强文化自信，发展社会主义先进文化，弘扬革命文化，传承中华优秀传统文化，激发全民族文化创新创造活力。

2. 改革开放是党和国家事业大踏步赶上时代的重要法宝

改革开放是我们党的一次伟大觉醒。依靠改革开放，党和人民大踏步赶上了时代。党的十八大以来，中国特色社会主义进入新时代，我国社会主要矛盾发生深刻变化。以习近平同志为核心的党中央面对实践发展中日益显现的深层次体制机制问题和利益固化的藩篱，以更大的政治勇气和智慧推进全面深化改革。党的十八届三中全会以经济体制改革为牵引全面推进经济体制、政治体制、文化体制、社会体制、生态文明体制、国防和军队改革和党的建设制度改革，实现改革由局部探索、破冰突围到系统集成、全面深化的转变，各领域基础性制度框架基本建立，许多领域实现历史性变革、系统性重塑、整体性重构，依靠全面深化改革，新时代党和国家事业取得历史性成就、发生历史性变革。实践证明，改革开放是决定当代中国命运的关键一招。

党的二十大制定了以中国式现代化实现强国建设、民族复兴伟业的宏伟蓝图，对推进中国式现代化作出战略部署。面对纷繁复杂的国际国内形势，面对新一轮科技革命和产业变革，面对人民群众新期待，党的二十届三中全会继续高扬改革开放旗帜，科学谋划了围绕中国式现代化进一步全面深化改革的总体

① 习近平. 在文化传承发展座谈会上的讲话 [J]. 求是，2023（17）：5.
② 习近平. 在庆祝改革开放四十周年大会上的讲话，论中国共产党历史 [M]. 北京：人民出版社，2021：235.

部署，继续把改革推向前进。历史将再次证明：中国式现代化是在改革开放中不断推进的，也必将在改革开放中开辟广阔前景。

3. 以海纳百川的胸怀借鉴吸收人类一切优秀文明成果

现代化在人类文明进步中是一个漫长的历史过程。自 18 世纪、19 世纪英国开启资本主义工业革命，人类现代化进程实现了质的跃迁。马克思恩格斯作为人类现代化的见证者、参与者，对现代化进行过总结反思，也科学预言了现代化的内在矛盾、前途命运，为世界各民族的现代化之路作出了预言和设计。马克思恩格斯认为，一方面，人类社会的现代化阶段是发展过程的一次飞跃，具有同以往各个历史发展阶段所完全不同的重要特征；另一方面，现代化不等于生活方式的改进和社会福祉的增值。为此，马克思提出了跨越"卡夫丁峡谷"的设想。这就是"马克思恩格斯所设想的把现代化分为两个大阶段：第一阶段是资本主义现代化阶段，第二阶段则是共产主义（含社会主义）现代化阶段"。①

当今世界，多重挑战和危机交织叠加，世界经济复苏艰难，发展鸿沟不断拉大，生态环境持续恶化，冷战思维阴魂不散，人类社会现代化进程又一次来到历史的十字路口。因此，习近平总书记发出了"现代化之问"：两极分化还是共同富裕？物质至上还是物质精神协调发展？竭泽而渔还是人与自然和谐共生？零和博弈还是合作共赢？照抄照搬别国模式还是立足自身国情自主发展？我们究竟需要什么样的现代化？怎样才能实现现代化？面对这一系列的现代化之问，政党作为引领和推动现代化进程的重要力量，有责任作出回答。党的二十大报告指出，中国式现代化必须既基于自身国情、又借鉴各国经验，既传承历史文化、又融合现代文明，既造福中国人民、又促进世界共同发展。

（二）以新的战略观审视进一步全面深化改革，把握推进改革的战略布局

战略问题是一个政党、一个国家的根本性问题。战略就是从全局、长远、大势上对国家发展所处的发展环境、发展阶段作出全面判断并作出审时度势的战略决策。战略上判断得准确，战略上谋划得科学，战略上赢得主动，党和人民事业就大有希望。习近平总书记指出："推进中国式现代化是一个系统工程，需要统筹兼顾、系统谋划、整体推进，正确处理好顶层设计与实践探索、战略与策略、守正与创新、效率与公平、活力与秩序、自立自强与对外开放等一系列重大关系。"② 就此明确提出了推进中国式现代化需要把握的新的战略观："要增强战略的前瞻性，准确把握事物发展的必然趋势，敏锐洞悉前进道路上可

---

① 王永贵. 论马克思恩格斯的现代化思想［J］. 马克思主义研究，2021（1）：58.
② 习近平在学习贯彻党的二十大精神研讨班开班式上发表重要讲话强调：正确理解和大力推进中国式现代化［N］. 人民日报，2023－02－08（1）.

能出现的机遇和挑战，以科学的战略预见未来、引领未来。要增强战略的全局性，谋划战略目标、制定战略举措、作出战略部署，都要着眼于解决事关党和国家事业兴衰成败、牵一发而动全身的重大问题。要增强战略的稳定性，战略一经形成，就要长期坚持、一抓到底、善作善成，不要随意改变。要把战略的原则性和策略的灵活性有机结合起来，灵活机动、随机应变、临机决断，在因地制宜、因势而动、顺势而为中把握战略主动。"① 站在新的时代背景下，进一步全面深化改革必须树立新的战略观，在国家战略目标指引下应变适变，根据国家竞争力和国际地位的变化，妥善处理战略和策略关系，把握改革的战略主动。

1. 在世界百年未有之大变局中把握改革的战略主动

进入 21 世纪以来，新一轮科技革命和产业变革加速发展，世界贸易和产业分工格局发生重大调整，国际力量对比呈现趋势性变迁。2008 年国际金融危机后，全球市场收缩，世界经济陷入持续低迷，国际经济大循环动能弱化。近年来，西方主要国家民粹主义盛行、贸易保护主义抬头，经济全球化遭遇逆流。世界正处于一个旧秩序难以为继，而新秩序尚未建立的半失序状态，也进入一个加速演变的动荡变革期。尤其是随着改革开放以来中国综合国力日渐强盛，大国地位日益凸显，也引致国际局势"东升西降""南升北降"趋势明显，国际权力重心日益转移，大国博弈更趋复杂。

面对当前世界百年未有之大变局加速演进，局部冲突和动荡频发，全球性问题加剧，来自外部的打压遏制不断升级的情况，我们必须充分认清我国发展进入战略机遇和风险挑战并存、不确定难预料因素增多的时期，要依靠进一步全面深化改革，用完善的制度防范化解风险、有效应对挑战，始终把握改革的战略主动，在危机中育新机、于变局中开新局。

2. 在适应我国进入新发展阶段中把握改革的战略主动

新发展阶段是我国全面建设社会主义现代化国家、向第二个百年奋斗目标进军的新阶段，在我国发展进程中具有里程碑意义。新中国成立以来，从我们党制定的第一个五年计划到第十四个五年规划，一以贯之的主题是把我国建设成为社会主义现代化国家，尽管其间遭遇过一些意想不到的困难和挫折，但建设社会主义现代化国家的意志和决心始终没有动摇。在这个过程中，我们党对建设社会主义现代化国家在认识上不断深入、在战略上不断成熟、在实践上不断丰富，加速了我国现代化发展进程，为新发展阶段全面建设社会主义现代化国家奠定了实践基础、理论基础、制度基础。

---

① 习近平在学习贯彻党的二十大精神研讨班开班式上发表重要讲话强调：正确理解和大力推进中国式现代化［N］. 人民日报，2023－02－08（1）.

经过新中国成立以来特别是改革开放 40 多年的不懈奋斗，现如今，我国经济实力、科技实力、综合国力和人民生活水平都跃上了新的大台阶，成为世界第二大经济体、第一大工业国、第一大货物贸易国、第一大外汇储备国。由此，我国社会主要矛盾也转化为人民日益增长的美好生活需要和不平衡不充分发展之间的矛盾。解决现阶段我国社会主要矛盾是一场深刻的变革。我们必须看到，当前我国发展面临的主要问题是，创新能力不适应高质量发展要求，农业基础还不稳固，城乡区域发展和收入分配差距较大，生态环保任重道远，民生保障存在短板，社会治理还有弱项。发展不平衡主要是各区域各领域各方面存在失衡现象，制约了整体发展水平提升；发展不充分主要是我国全面实现社会主义现代化还有相当长的路要走，发展任务仍然很重。这既是社会主要矛盾变化的反映，也是发展中的问题，必须把握改革的战略主动，进一步全面深化改革，从体制机制上着力解决。

3. 在统筹"五位一体"总体布局和"四个全面"战略布局中把握改革的战略主动

党的十八大以来，中国特色社会主义进入新时代。以习近平同志为核心的党中央把握历史大势和时代潮流，掌握党和国家事业发展的历史主动，统筹把握中华民族伟大复兴战略全局和世界百年未有之大变局，在中国特色社会主义的整体部署上，创造性地提出统筹推进"五位一体"总体布局、协调推进"四个全面"战略布局，从全局上确立了新时代坚持和发展中国特色社会主义的战略规划和部署。"五位一体"总体布局和"四个全面"战略布局相互促进、统筹联动，是对我国改革开放和社会主义现代化建设的顶层设计，体现出我们党对中国特色社会主义建设规律的认识达到了新高度。《决定》在进一步全面深化改革的指导思想中，继续强调，统筹推进"五位一体"总体布局，协调推进"四个全面"战略布局，以经济体制改革为牵引，以促进社会公平正义、增进人民福祉为出发点和落脚点，更加注重系统集成，更加注重突出重点，更加注重改革实效，推动生产关系和生产力、上层建筑和经济基础、国家治理和社会发展更好相适应。这就要求我们把握改革的战略主动，进一步全面深化改革，为中国式现代化提供强大动力和制度保障。

（三）以新的发展观审视进一步全面深化改革，不断以改革激发全社会创新动力

发展是解决中国一切问题的基础和关键。改革开放以来，"发展才是硬道理"成为深入人心、嵌入历史的时代话语，成为解码"中国奇迹"的秘诀，"发展是党执政兴国的第一要务"成为全党的共识。改革是发展的动力。在全面推进中国式现代化新征程上，我们要树立起新的发展观，将改革切实贯穿到

高质量发展各个领域各个环节，以进一步全面深化改革点燃推进高质量发展的新引擎。

1. 牢固树立高质量发展这个新时代的硬道理

党的十九大提出，我国已由高速增长阶段转向高质量发展阶段。党的二十大将高质量发展作为全面建设社会主义现代化国家的首要任务。坚持把高质量发展作为新时代的硬道理是新发展阶段推进中国式现代化的必然要求。

依靠进一步全面深化改革，构建高水平社会主义市场经济体制，推动实现高质量发展，可以锻造我国经济发展的韧性，加快质量变革、效率变革、动力变革，全面提升劳动生产率和全要素生产率，不断增强我国经济竞争力、创新力、抗风险能力，推动经济实现质的有效提升和量的合理增长，可以激发我国经济发展的活力，正确处理政府和市场的关系，健全宏观经济治理体系，充分激发各类经营主体的内生动力，畅通国内经济循环，加快形成全国统一大市场，可以释放我国经济发展潜能，推动深化供给侧结构性改革和着力扩大有效需求协同发力，发挥我国超大规模市场和强大生产能力的优势，形成消费和投资相互促进的良性循环，在不断满足人民高品质生活需要上实现供求关系新的动态平衡。

2. 不折不扣完整准确地贯彻新发展理念

《决定》以新发展理念引领改革，以制度建设为主线，部署300多项改革任务，充分体现了着力构建和完善落实创新、协调、绿色、开放、共享五大发展理念的体制机制。

创新是高质量发展的第一动力，在我国现代化建设全局中处于核心地位。《决定》单列两个部分，部署健全推动经济高质量发展体制机制和构建支持全面创新体制机制，特别强调，健全因地制宜发展新质生产力体制机制，健全相关规则和政策加快形成同新质生产力更相适应的生产关系；构建支持全面创新体制机制，统筹推进教育科技人才体制机制一体改革，为中国式现代化提供基础性、战略性支撑。协调是高质量发展的内生特点。《决定》提出，完善实施区域协调发展战略机制，完善城乡融合发展体制机制。绿色是高质量发展的普遍形态。《决定》提出，深化生态文明体制改革，加快完善落实绿水青山就是金山银山理念的体制机制。开放是高质量发展的必由之路。《决定》提出，完善高水平对外开放体制机制，建设更高水平开放型经济新体制。共享是高质量发展的根本目的。《决定》从收入分配、就业、社会保障、医疗卫生、人口发展等人民最关心最直接最现实的利益问题出发，部署健全保障和改善民生制度体系，完善基本公共服务制度体系，不断满足人民对美好生活的向往。

3. 更加注重统筹发展和安全，防范化解各类风险

国家安全是中国式现代化行稳致远的重要基础。安全是发展的前提，发展

是安全的保障。全面推进中国式现代化，必须更加注重统筹发展和安全，切实防范化解各类重大风险。《决定》全面贯彻总体国家安全观，部署了推进国家安全体系和能力现代化各项任务，着力完善维护国家安全体制机制，实现高质量发展和高水平安全良性互动，切实保障国家长治久安。

推进高质量的安全发展措施全方位贯穿于《决定》的诸多领域多个方面。国防和军队现代化是中国式现代化的重要组成部分，是国家安全的重要保障。为此，《决定》提出，持续深化国防和军队改革，健全一体化国家战略体系和能力建设工作机制等。《决定》聚焦提高党的领导水平和长期执政能力，强调深化党的建设制度改革，健全全面从严治党体系，深入推进党风廉政建设和反腐败斗争，健全政治监督具体化、精准化、常态化机制。

正是依靠这一系列体制机制改革，确保高质量发展和高水平安全良性互动，全面推进中国式现代化行稳致远。

二、从改革方法论上深化对改革的规律性认识，把握进一步全面深化改革的实践逻辑

全面认识进一步全面深化改革的时代方位，有助于我们深刻理解将改革继续推向前进的极端重要性，这是解决进一步深化改革"为什么"的问题。那么，进一步深化改革"为谁改""向什么方向改""改什么""怎么改"也是必须回答好的改革实践问题，这就需要我们深刻理解推进新一轮全面深化改革的实践逻辑。

"为谁改"是逻辑起点和落脚点，"向什么方向改"是要确定改革的战略目标，"改什么"是改革实践的重要内容，"怎么改"是必须把握的改革原则。我们要在不断总结改革的历史经验基础上，加深对改革的规律性认识，丰富和发展当代中国改革的认识论、方法论，确保进一步全面深化改革沿着正确的方向向前推进。

（一）不断深化对全面深化改革的规律性认识

规律性是客观事物相互作用中所固有的、稳定的规定性，是客观的，不以人们意志为转移的。在改革开放的历史进程中，我们党总是善于发现和总结党和国家事业发展的一系列规律，自觉尊重和运用这些规律性认识解决前进道路上的各种矛盾和问题，并将其上升为必须牢牢把握的重大原则，不断推进党和国家事业向前发展。

从我国改革发展的规律性认识看，我国改革开放以来探索形成了一系列重要经验和方法。习近平总书记在2018年庆祝改革开放四十周年大会上的讲话中用"九个必须坚持"全面总结了改革开放四十年积累的宝贵经验。其中"第九

个坚持"是从改革方法论角度强调，"必须坚持辩证唯物主义和历史唯物主义世界观和方法论"，指出，"我们坚持加强党的领导和尊重人民首创精神相结合，坚持'摸着石头过河'和顶层设计相结合，坚持问题导向和目标导向相统一，坚持试点先行和全面推进相促进，既鼓励大胆试、大胆闯，又坚持实事求是、善作善成，确保了改革开放行稳致远"。要求全党倍加珍惜，长期坚持这些弥足珍贵的精神财富。"前进道路上，我们要增强战略思维、辩证思维、创新思维、法治思维、底线思维，加强宏观思考和顶层设计，坚持问题导向，聚焦我国发展面临的突出矛盾和问题，深入调查研究，鼓励基层大胆探索，坚持改革决策和立法决策相衔接，不断提高改革决策的科学性。我们要拿出抓铁有痕、踏石留印的韧劲，以钉钉子精神抓好落实，确保各项重大改革举措落到实处。我们既要敢为天下先、敢闯敢试，又要积极稳妥、蹄疾步稳，把改革发展稳定统一起来，坚持方向不变、道路不偏、力度不减，推动新时代改革开放走得更稳、走得更远。"

这既是对40多年来中国改革经验的全面总结，又是立足新时代改革实践对改革规律性认识的不断深化，形成了改革开放以来最丰富、最全面、最系统的改革方法论，为全面深化改革提供了科学指导和行动指南。党的二十大擘画了以中国式现代化实现强国建设、民族复兴伟业的宏伟蓝图。党的二十大报告从继续推进实践基础上的理论创新的角度，提出了"坚持人民至上、坚持自信自立、坚持守正创新、坚持问题导向、坚持系统观念、坚持胸怀天下"的"六个坚持"，这是我们党对在实践中能够不断谱写马克思主义中国化时代化新篇章的规律性认识。以这样的规律性认识指导中国式现代化的新实践，就必须牢牢把握"坚持和加强党的全面领导、坚持中国特色社会主义道路、坚持以人民为中心的发展思想、坚持改革开放、坚持发扬斗争精神"这五个重大原则。2023年末召开的中央经济工作会议，分析我国进入新发展阶段的新形势新挑战，对做好新时代经济工作的规律性认识进行了新的总结概括，提出了"必须把坚持高质量发展作为新时代的硬道理，必须坚持深化供给侧结构性改革和着力扩大有效需求协同发力，必须坚持依靠改革开放增强发展内生动力，必须坚持高质量发展和高水平安全良性互动，必须把推进中国式现代化作为最大的政治"的新要求。

2024年2月19日，习近平总书记在中央全面深化改革委员会第四次会议上指出，谋划进一步深化改革，"既是党的十八届三中全会以来全面深化改革的实践续篇，也是新征程推进中国式现代化的时代新篇。要坚持用改革开放这个关键一招解决发展中的问题、应对前进道路上的风险挑战……要科学谋划进一步全面深化改革重大举措，聚焦妨碍中国式现代化顺利推进的体制机制障碍，明确改革的战略重点、优先顺序、主攻方向、推进方式，突出改革问题导向，突出各领域重点改革任务。改革举措要有鲜明指向性，奔着解决最突出的问题去，改革味要浓、成色要足。要充分调动各方面改革积极性，进一步凝聚改革共识，举全党全国之力抓好重大改革任务推进和落实，广泛听取各方面意见和建议，及时总结基层和群众创造的新鲜经验，激励广大党员、干部担当作为，推动形成勇于创新、真抓实干、开拓奋进的浓厚改革氛围。"①

承继40多年改革开放的历史经验，贯彻落实党的二十大精神，紧扣推进中国式现代化的现实需要，党的二十届三中全会通过的《决定》在总结和运用改革开放以来，特别是新时代全面深化改革的宝贵经验基础上，提出了"坚持党的全面领导、坚持以人民为中心、坚持守正创新、坚持以制度建设为主线、坚持全面依法治国、坚持系统观念"的"六个坚持"原则。这是着眼于进一步全面深化改革必须把握的重大原则。"六个坚持"原则在表述上贯彻了党的二十大报告强调的推进中国式现代化必须牢牢把握的五个重大原则，充分反映了实践创新基础上的理论创新，充分体现了习近平总书记关于全面深化改革的一系列新思想、新观点、新论断，集中体现了习近平新时代中国特色社会主义思想的世界观和方法论，是对进一步全面深化改革的最新的规律性认识。

（二）正确理解"六个坚持"揭示的进一步全面深化改革的实践逻辑

"六个坚持"重大原则及其相互关系深刻体现了进一步全面深化改革的实践逻辑。在"六个坚持"重大原则中，"坚持以人民为中心"是进一步全面深化改革的逻辑起点。《决定》在指导思想中指出，以促进社会公平正义、增进人民福祉为出发点和落脚点；在总目标的"七个聚焦"提出，发展全过程人民民主，推动人民当家作主制度更加健全；丰富人民精神文化生活；提高人民生活品质，推动人的全面发展、全体人民共同富裕取得更为明显的实质性进展。人民有所呼、改革有所应。改革是为了人民，改革也要依靠人民，尊重人民主体地位和首创精神，改革成果要由人民共享。这是由我们党的宗旨决定的，是中国共产党的初心使命，也是进一步全面深化改革必须把牢的价值取向和根本立场。

"坚持守正创新"呼应了"向什么方向改"的战略目标。改革开放是有方向、有立场、有原则的，必须坚持正确方向，沿着正确道路推进。改什么、不改什么，关乎方向和道路，方向决定道路，道路决定命运。我们的方向就是不断推动社会主义制度自我完善和发展，而不是对社会主义制度改弦易张，这就

---

① 习近平主持召开中央全面深化改革委员会第四次会议强调 增强土地要素对优势地区高质量发展保障能力 进一步提升基层应急管理能力 [N]. 人民日报，2024-02-20（1）.

是"守正"。《决定》坚持中国特色社会主义不动摇，将继续完善和发展中国特色社会主义制度，推进国家治理体系和治理能力现代化作为进一步全面深化改革的总目标。同时强调"创新"，要紧跟时代步伐，顺应实践发展，突出问题导向，在新的起点上推进理论创新、实践创新、制度创新、文化创新以及其他各方面创新。

针对进一步全面深化改革"改什么"，《决定》提出"坚持以制度建设为主线"，要筑牢根本制度，完善基本制度，创新重要制度。通读《决定》60条、部署的300多项改革，以制度建设为主线，通篇贯穿着"构建""建立""规范""完善""推进""深化"等关键词，都是涉及体制机制、制度体系的内容，其中有的是对过去改革举措的完善和提升，有的是根据实践需要和试点探索新提出的改革举措。这一系列改革部署就是要夯实各个领域的制度基础、坚决破除不适应新时代发展要求的体制机制弊端，该立得立、该进得进、该完善的必须完善，该规范的必须规范，这充分体现了进一步全面深化改革既是实践续篇，更是时代新篇。

"坚持守正创新""坚持全面依法治国""坚持系统观念"共同体现了进一步全面深化改革"怎么改"的新时代改革方法论。改革要在实践基础上不断创新，但又要在法治轨道上深化改革，做到改革和法治相统一，重大改革于法有据、及时把改革成果上升为法律制度；要突出问题导向，抓住重点，强化系统集成，加强对改革整体谋划、系统布局，使各方面改革相互配合、协同高效，切实增强改革系统性、整体性、协同性。

"坚持党的全面领导"被置于进一步全面深化改革的"六个坚持"原则之首。党的领导是中国特色社会主义最本质的特征和中国特色社会主义制度的最大优势，是进一步全面深化改革、推进中国式现代化的根本保证。把党的领导贯穿改革各方面全过程，才能确保其他各项原则落实落地，才能确保改革始终沿着正确政治方向前进。坚持党中央对进一步全面深化改革的集中统一领导是实现《决定》部署的各项改革目标任务的最根本要求，也是其最底层的逻辑。

"六个坚持"是我们必须把握的重大原则，相辅相成、相得益彰，在推进进一步全面深化改革中应当作为不可分割的有机整体全面贯彻。

（三）以钉钉子精神把《决定》部署的各项改革任务落到实处

《决定》紧扣中国式现代化问题，确定了"七个聚焦"的改革目标，部署了进一步全面深化改革的路线图、时间表、任务书。时间紧迫，任务艰巨。我们要继续发扬历史主动精神和改革创新精神，顺应时代要求，回应人民关切，把牢重大原则，不断深化对改革的规律性认识，以钉钉子精神创造性落实《决定》部署的各项改革任务。

一是坚持党的全面领导。发挥党总揽改革全局、协调各方的领导核心作用，需要进一步深化党的建设制度改革，完善党中央重大决策部署落实机制，确保党中央令行禁止，调动起全党抓改革、促发展的积极性、主动性、创造性。路线确定后，干部就是决定的因素。以进一步全面深化改革推进中国式现代化，对党员干部推动高质量发展本领、服务群众本领、防范化解风险本领提出了更高要求，要通过深化干部人事制度改革，让那些牢固树立和践行正确政绩观、理想坚定、政治过硬、敢于担当、锐意改革、实绩突出、清正廉洁的干部涌现出来，要坚决纠治形式主义、官僚主义，着力解决一些党员干部不思进取、肆意躺平、乱作为、不作为、不敢为、不善为等问题，以实绩实效和人民群众满意度检验改革。

二是坚持以人民为中心。从人民整体利益、根本利益、长远利益出发谋划和推进改革，才能真正赢得人民对改革的支持。当前，人民群众在就业、教育、医疗、住房、收入分配、社会保障、劳动保护、应对人口老龄化和少子化等方面还存在诸多急难愁盼问题。要落实《决定》提出的健全保障和改善民生制度体系要求，想人民所想、急人民所急，拿出真刀真枪的改革举措，特别是尽最大努力消除城乡之间、地区之间、行业之间的现实差距，让改革成果、现代化建设成果更多更公平地惠及全体人民，推动人的全面发展、全体人民共同富裕取得更为明显的实质性进展。

三是坚持守正创新。坚持马克思主义在意识形态领域的指导地位不动摇、坚持中国特色社会主义不动摇、坚持改革开放不动摇，既不走封闭僵化的老路，也不走改旗易帜的邪路，不在道路和方向等根本问题上犯颠覆性错误，这是改革必须坚守的底线。进一步全面深化改革本身也是创新，要按照《决定》提出的构建高水平社会主义市场经济体制的改革部署，充分发挥市场在资源配置中的决定性作用，更好发挥政府作用，切实为各类经济主体创造更加公平、更加规范、更有活力的市场环境，让各类生产要素畅通流动、实现资源高效配置、充分释放市场潜力，尤其要落实好坚持致力于为民营经济发展营造良好环境和提供更多机会的方针政策，促进民营经济持续健康发展。要紧紧抓住新一轮科技革命和产业变革的难得机遇，因地制宜加快发展新质生产力，加快形成同新质生产力更相适应的生产关系，不断塑造我国发展的新动能新优势，让创新成为新时代改革开放最鲜明的标识。

四是坚持以制度建设为主线。制度建设关乎党和国家事业发展的根本性、全局性、稳定性、长期性问题。《决定》部署的300多项改革，在筑牢根本制度，完善基本制度前提下，重在创新经济、政治、文化、社会、生态文明、国防和党的建设等各方面制度，构建系统完备、科学规范、运行有效的制度体系。

改革是有成本的，也具有很强的关联性、外部性、预期性特点。在改革的制度安排上要加强顶层设计、总体谋划、相互衔接、把握节奏，着力改革不适应实践发展要求的制度规则，做到破立并举、先立后破，切实稳定社会预期，减少改革阵痛，降低制度性交易成本。制度的生命力还在于执行，那些已被实践证明行之有效的改革举措，就需要坚决贯彻落实。

五是坚持全面依法治国。法治是支撑现代化国家建设的根本。增强改革的穿透力离不开法治固根本、稳预期、利长远的保障作用。改革开放后特别是新时代以来，我们党坚定不移走中国特色社会主义法治道路，在法治下推进改革、在改革中完善法治。当前在全面深化改革进程中，还存在这样那样的难题矛盾，根本上还是法治体系不完善、依法治国不到位的问题。推进中国式现代化，必须进一步做到改革和法治相统一，以改革引领法治、以良法促进善治，切实完善中国特色社会主义法治体系，不断提高运用法治思维和法治方式深化改革、推动发展、化解矛盾、维护稳定、应对风险的能力。

六是坚持系统观念。改革开放是一个系统工程。改革开放后，特别是新时代以来，我们党以全局观念和系统思维谋划推进改革，以经济体制改革为牵引统筹谋划、有序破解各领域各方面体制性障碍、机制性梗阻。进一步全面深化改革强调"全面"和"深化"，就必须正确处理好经济和社会、政府和市场、效率和公平、活力和秩序、发展和安全等重大关系，要求更加注重系统集成，更加注重突出重点，更加注重改革实效，着重形成推进改革的合力。同时，在制定改革政策和落实改革举措中，要切实防止简单思维，那种单打一、搞一刀切，机械式照搬照套的做法要坚决避免。

三、结语

中国式现代化是强国建设、民族复兴的必由之路，是前无古人的开创性事业。站在全面推进中国式现代化新的起点上，党的二十届三中全会紧扣中国式现代化谋划和部署进一步全面深化改革，具有重大现实意义和深远历史意义。我们从历史观、战略观、发展观来认识进一步全面深化改革的时代方位，能够更加深刻理解以进一步全面深化改革，厚实我们的制度基础，破解各种思想观念和体制机制弊端，进一步解放思想、解放和发展生产力、增强全社会活力创造力的重要性和迫切性。

以大历史观审视进一步全面深化改革，有助于我们从历史更替中汲取国家治理兴亡成败的经验智慧，始终弘扬中华民族变革创新精神，切实把握进一步全面深化改革的历史主动。以大战略观审视进一步全面深化改革，有助于我们在纷繁复杂、风云变幻的世界格局演变中，审时度势，把握全局，保持定力，切实增强进一步全面深化改革的战略主动。以大发展观审视进一步全面深化改革，有助于我们坚定把发展作为解决前进道路上一切问题的关键，以新发展理念引领改革，以改革激发高质量发展的活力动力，统筹推进高质量发展和高水平安全相互促进，从而赢得发展的主动。《决定》提出的进一步全面深化改革必须贯彻的"六个坚持"重大原则，是对改革的规律性认识，是全党的智慧结晶，是把改革继续稳步推向前进的实践逻辑和重要的认识论和方法论。切实贯彻落实《决定》精神，必须把握好这些重大原则，更加注重系统集成，更加注重突出重点，更加注重改革实效，切实提高党对进一步全面深化改革、推进中国式现代化的领导水平。

中国式现代化是在改革开放中不断推进的，党的二十届三中全会又一次吹响了中国改革开放的时代号角，全党上下深入领会全会精神，不折不扣地贯彻落实全会精神，就一定能够在改革开放中不断开辟推进中国式现代化更加广阔的前景。

努力实现全年经济社会发展目标任务 *

抓住时机，快速推进政策落实落细落到位，但又必须充分尊重经济运行的内在规律和宏观调控的运行机理，不能盲目冒进、草率行事，需要注重政策协调，加强一致性评估，增强政策合力，发挥政策的最大效应。

习近平总书记日前在湖北考察调研时强调："各项工作特别是经济工作要进一步抓紧抓实，努力实现全年经济社会发展目标。"① 努力实现 2024 年全年经济社会发展目标任务，是当前经济工作的重中之重。我们要坚定信心，主动作为，善作善成。

必须全面客观冷静看待和分析当前经济形势

今年是实现"十四五"规划目标任务的关键一年。2024 年《政府工作报告》综合考虑国内外形势和各方面因素，兼顾需要和可能，提出了全年发展主要预期目标。其中，确定全年国内生产总值（GDP）增长预期目标在 5% 左右。这既充分考虑了当前促进就业增收、防范化解风险等需要，也考虑了经济增长潜力和支撑条件，并与"十四五"规划收官和谋划"十五五"规划相衔接。在我国经济总量基数已经超过 127 万亿元的情况下，实现 5% 的年增长率并不容易，需要全国上下积极进取、奋发有为，为之付出艰苦努力。

2024 年以来，我国经济运行面临更加严峻复杂的形势。从国际形势看，我国发展的外部环境变乱交织，地缘政治变化增加了世界经济的不确定不稳定性，主要经济体宏观政策转向和西方社会针对我国进出口贸易的打压遏制日益加剧。从国内形势看，我国经济仍处在发展方式、结构调整转型的关键阶段，周期性、

---

* 本文原载《中国青年报·理论版》2024 年 11 月 17 日。

① 习近平对社会工作作出重要指示强调 坚定不移走中国特色社会主义社会治理之路 推动新时代社会工作高质量发展［N］. 人民日报，2024－11－07（1）.

结构性、体制性矛盾相互叠加，调整的阵痛正在释放，经济下行压力仍然较大，宏观数据和不同主体的微观感受也出现一定的"温差"。

面对今年我国经济运行出现的一些新的情况和问题，以习近平同志为核心的党中央总揽全局，正视困难，沉着应对，科学决策，及时加大宏观调控力度，着力深化改革开放、扩大国内需求、优化经济结构，保障和改善民生，防范化解风险，经济运行保持了总体平稳、稳中有进的良好态势，高质量发展扎实推进。科学认识经济形势，准确把握经济规律，是做好经济工作的基本前提，也是实施有效宏观治理的重要经验。中央政治局会议强调，要全面客观冷静看待当前经济形势。

"全面"就是既要看经济短期波动之"形"，也要观长期发展之"势"；既要看经济增长之"量"，也要看结构调整之"质"。以经济总量分析，据国家统计局公开数据，今年前三季度我国国内生产总值同比增长 4.8%。其中，一季度同比增长 5.3%，二季度同比增长 4.7%，三季度同比增长 4.6%。虽然从同比看，季度 GDP 增速在缓慢下行，但从环比看，三季度 GDP 环比增长 0.9%，高于二季度的 0.7%，经济增长正在出现边际改善。以结构分析，在消费上，随着以旧换新政策效应显现，城镇居民改善型消费明显上升，9 月新能源乘用车、家用电器和音像器材类商品零售量分别增长 51% 和 20.5%，中秋国庆假期文旅消费明显活跃；在投资上，9 月固定资产投资增速在连续多月下滑后首次止跌回稳，高技术产业和先进制造业投资增长依然保持较快态势。在创新上，新质生产力发展成效明显，前三季度集成电路产量、出口额分别增长 26%、22%。在进出口上，前三季度我国进出口贸易增长保持基本稳定，服贸会、进博会盛大开展，广聚各国客商。这些都是我国经济出现的积极变化，发展新动能新优势正在蓄积力量。

"客观"就是要充分认识到我国有着超大规模的市场优势，具有经济韧性强、人力资本充足、发展回旋余地大、制度优势明显等有利条件，我国经济发展的基本面始终没有改变。这是我们坚定发展信心的坚实基础。但同时，我国改革发展中还存在不少躲不开、绕不过的问题。比如，新冠疫情留下的"疮疤效应"尚未完全修复，要进一步稳定经济主体预期、增强信心、激发经营活力。中小微企业可能存在经营困难，要不断推动生产要素流动通畅。对这些情况我们要本着实事求是的态度加以正视。

"冷静"就是能够保持定力，冷静观察形势变化，超前布局，谋定而后动。中国发展进步的命运始终牢牢掌握在自己手中。决定中国经济前途命运的，关键在于我们对待问题的态度、应对问题的办法、解决问题的决心。我们要集中精力办好自己的事，化压力为动力，以改革创新精神着力化解当前经济运行中的矛盾和问题，科学制定时度效相适应的一揽子经济政策，该果断出台的政策抓紧出台，该有力推进的政策必须加快落地，绝不能消极畏难、无的放矢，只有这样我们才能做到"任凭风浪起，我自岿然不动"。

切实用好一揽子增量政策发挥政策最大效应

为努力完成全年经济社会发展目标任务，中央政治局会议明确要求，要抓住重点、主动作为，有效落实存量政策，加力推出增量政策，进一步提高政策措施的针对性、有效性。中央各部门协同发力，系统推进一揽子增量政策。比如，推出降低存款准备金率和政策利率、降低存量房贷利率和统一房贷最低首付比例、创设新的货币政策工具支持股票市场稳定发展等一系列强有力政策；针对当前经济运行中的新情况新问题，提出在有效落实既有存量政策的同时，围绕加大宏观政策逆周期调节、扩大国内有效需求、加大助企帮扶力度、推动房地产市场止跌回稳、提振资本市场等五个方面，加力推出一揽子增量政策；推出一揽子财政增量政策，包括较大规模增加债务额度加力支持地方化解政府债务风险，发行特别国债支持国有大型商业银行补充核心一级资本，叠加运用地方政府专项债券、专项资金、税收政策等工具支持推动房地产市场止跌回稳，加大对重点群体的支持保障力度；提出"四个取消、四个降低、两个增加"政策，确保房地产市场健康发展。十四届全国人大常委会第十二次会议表决通过《全国人民代表大会常务委员会关于批准〈国务院关于提请审议增加地方政府债务限额置换存量隐性债务的议案〉的决议》。这项决定将直接增加地方化债规模10万亿元，未来几年将大大缓解地方政府化债压力。

一个时期以来高密度、大力度、快节奏地推出并逐项实施一揽子增量政策，打出了政策"组合拳"，这在我国宏观调控历史上是前所未有的，释放出强烈的促增长、稳预期、激活力、控风险的信号。一揽子增量政策安排，既重视发力解决当前经济运行存在的困难和问题，着眼于巩固短期经济回升向好的基础，更关注、更重视解决经济中长期发展中的重大问题，其政策思路就是将短期宏观调控和长期发展结合起来，为实现我国经济高质量发展和高水平安全提供有力的政策支持。

好的政策要取得好效果，关键在于实践层面的贯彻执行。破解当前经济运行的矛盾和问题客观存在"窗口期"，各方面要抓住时机，快速推进政策落实落细落到位，但又必须充分尊重经济运行的内在规律和宏观调控的运行机理，不能盲目冒进、草率行事，需要注重政策协调，加强一致性评估，增强政策合力，发挥政策的最大效应。

用改革创新激发全社会积极性主动性创造性

在经济运行中存在的矛盾和问题，归根结底还是要依靠发展来解决。问题促发展，发展出题目，改革做文章，落实作保证。

进一步全面深化改革。党的二十届三中全会擘画了未来五年全面深化改革的路线图、时间表、任务书，为实现经济高质量发展和社会长治久安提供了强大动力和制度保障。我们要坚定不移以改革为动力，加快构建高水平社会主义市场经济体制，因地制宜加快发展新质生产力，建成现代化经济体系，为推动高质量发展提供坚实的制度支撑。

以钉钉子精神抓落实。各地区各部门要不折不扣贯彻落实党中央决策部署，切实担负起做好经济工作的各项责任，坚持全国一盘棋思想，主动作为、积极作为、创造性作为。领导干部要增强政治责任感和历史使命感，以攻坚克难、迎难而上的政治勇气，直面矛盾问题不回避，铲除顽瘴痼疾不含糊，应对风险挑战不退缩，真正将"时时放心不下"的责任感转化为"事事心中有底"的行动力创造力。

激发全社会创新活力。士气宜鼓不宜泄。要充分调动一切积极因素，广泛凝聚共识，切实做好改革发展的舆论引导工作，加强正面宣传，唱响主旋律、传递正能量，筑牢全党全社会共抓改革共促发展的思想基础、群众基础，激发全社会推动高质量发展的积极性主动性创造性。

我们要把思想和行动统一到党中央的科学判断和决策部署上来，只争朝夕，奋力开拓，努力实现2024年全年经济社会发展目标任务，为明年经济工作打下良好基础。

善于用科学方法
推进改革*

推进中国式现代化是一项全新的事业，艰巨性和复杂性前所未有，前进道路上必然会遇到各种矛盾和风险挑战。把宏伟蓝图变为美好现实，根本在于以进一步全面深化改革坚决破除妨碍推进中国式现代化的思想观念和体制机制弊端，通过改革创新来推动事业发展。

2024 年 10 月 29 日，习近平总书记在省部级主要领导干部学习贯彻党的二十届三中全会精神专题研讨班开班式上发表重要讲话，强调"要善于运用科学的方法推进改革，系统布局、谋定而动"。①

习近平总书记深刻阐释进一步全面深化改革要把握好的关系：坚持改革和法治相统一，坚持破和立的辩证统一，坚持改革和开放相统一，处理好部署和落实的关系。习近平总书记的重要讲话立意高远、思想深邃、论述精辟、内涵丰富，对于我们全面准确理解党的二十届三中全会精神，在新征程上推动改革行稳致远、推动各项改革举措精准落地见效，具有十分重要的意义。

充分认识掌握科学方法对推进改革的重要性

善于总结实践，注重把握规律，提炼科学方法，是改革开放以来特别是新时代以来我们党能够成功开创我国改革开放新局面的宝贵经验和关键所在。

党的十八大以来，以习近平同志为核心的党中央坚持全局观念和系统思维，科学谋划改革的战略重点、优先顺序、主攻方向、工作机制、推进方式，推动全面深化改革从夯基垒台、立柱架梁到全面推进、厚积成势，再到系统集成、协同高效，不断在新起点上实现新突破。在新的改革实践基础上，以习近平同

---

* 本文原载《深圳特区报·理论周刊》2024 年 11 月 18 日。

① 习近平在省部级主要领导干部学习贯彻党的二十届三中全会精神专题研讨班开班式上发表重要讲话强调 深入学习贯彻党的二十届三中全会精神 凝心聚力推动改革行稳致远［N］. 人民日报, 2024－10－30（1）.

志为核心的党中央不断深化对改革规律的认识，增强改革系统性、整体性、协同性，形成改革开放以来最丰富、最全面、最系统的改革方法论，为进一步全面深化改革提供了科学指引。

新时代全面深化改革涉及经济社会发展各领域，呈现出影响范围广、触及利益深、攻坚难度大、关联性联动性强等新情况新特点，改革任务之全面、内容之深刻、影响之广泛前所未有。习近平总书记深刻指出，"改革开放是一个系统工程，必须坚持全面改革，在各项改革协同配合中推进"。注重系统性、整体性、协同性是全面深化改革的内在要求，也是推进改革的重要科学方法。在进一步推进全面深化改革中，就更需要坚持正确的思想方法，坚持辩证法，处理好解放思想和实事求是的关系、整体推进和重点突破的关系、全局和局部的关系、顶层设计和摸着石头过河的关系、胆子要大和步子要稳的关系、改革发展稳定的关系。这些重要论述是指导改革实践的重要方法论。新时代全面深化改革取得了重大实践成果、制度成果、理论成果，也为新征程进一步全面深化改革提供了坚实基础和宝贵经验。

坚持好运用好科学方法是推动改革行稳致远的关键所在

党的二十届三中全会明确提出，进一步全面深化改革必须坚持党的全面领导、坚持以人民为中心、坚持守正创新、坚持以制度建设为主线、坚持全面依法治国、坚持系统观念的"六个坚持"原则。这"六个坚持"的原则是管总的、管方向、管立场的，是进一步全面深化改革的行为准则和实践逻辑。

这次在省部级主要领导干部学习贯彻党的二十届三中全会精神专题研讨班开班式上，习近平总书记提出要坚持改革和法治相统一，要坚持破和立的辩证统一，要坚持改革和开放相统一，要处理好部署和落实的关系，既是对进一步全面深化改革原则的切实践行，也体现了新一轮改革更加注重系统集成，更加注重突出重点，更加注重改革实效的现实要求，具有鲜明的导向性、针对性，是善于运用科学的方法推进改革的生动体现。贯彻落实好习近平总书记重要讲话精神，就要深刻理解一系列改革的重大关系，坚持好运用好科学方法推动改革。

要坚持守正创新。我们的改革是有方向、有原则的。新征程上进一步全面深化改革，是在中国特色社会主义道路上不断前进的改革，要继续完善和发展中国特色社会主义制度，推进国家治理体系和治理能力现代化。既不走封闭僵化的老路，也不走改旗易帜的邪路，该改的坚决改，不该改的不改，改革者必须始终保持政治上的清醒，在方向问题上自觉做到不偏向、不动摇，才能确保改革沿着正确方向行稳致远。推进中国式现代化是一项全新的事业，艰巨性和复杂性前所未有，前进道路上必然会遇到各种矛盾和风险挑战。把宏伟蓝图变为美好现实，根本在于以进一步全面深化改革坚决破除妨碍推进中国式现代化的思想观念和体制机制弊端，通过改革创新来推动事业发展。

要坚持改革和法治相统一。新征程上全面深化改革是要推动各方面制度更加成熟更加定型，让法治固根本、稳预期、利长远的保障作用得到充分发挥。以改革之力完善法治，及时把改革成果上升为法律制度，不断完善中国特色社会主义法治体系，才能助力改革排除阻力，用法治的利剑为改革披荆斩棘，增强改革的执行力和穿透力。法治既为改革塑造基本秩序，改革要依法有据，善于运用法治思维和法治方式推进改革，切实平等保护全体公民和法人的合法权益，维护社会公平正义。

要坚持破和立的辩证统一。改革是一个破旧立新的过程，破是手段，立是目的。近些年来，一些地方一些部门在促进发展方式转变、推动产业升级、调整部门利益关系、推动制度改革上急功近利、追求一劳永逸、搞一刀切，"未立先破"或"只破不立"，带来了不少"后遗症"。进一步全面深化改革要把握好"立"和"破"的承接顺序和辩证关系，突出破立并举、先立后破，该立的要积极主动立起来，该破的在立的基础上及时破。立得住，立得稳、才能破得好，行得通、真管用，必须正确对待改革中的利益关系调整和个人利害得失，在破立统一中实现改革蹄疾步稳。

要坚持改革和开放相统一。改革越深入，对开放水平的要求就越高；开放水平越高，对改革的促进作用就越大。面对日趋复杂的国际政治经济格局变化，我国发展环境面临更加严峻的外部挑战，坚持以我为主，加快构建新发展格局，把国家发展放在自己力量的基点上，牢牢掌握发展主动权。但这绝不是搞封闭，必须在新的起点上实现高水平对外开放，稳步扩大制度型开放，充分释放超大规模市场优势和韧性，尽快形成竞争新动能新优势，促进高质量发展、深层次改革，不断拓展中国式现代化的发展空间。

要处理好部署和落实的关系。党的二十届三中全会紧扣中国式现代化，凝聚全党智慧、回应人民关切，围绕改革总目标，提出重要改革举措。"一分部署、九分落实。"我们应当深刻把握进一步全面深化改革的指导思想、总体目标、重大原则、科学方法，坚定改革信心、把准改革方向、强化改革责任、汇聚改革合力，建立健全责任明晰、链条完整、环环相扣的工作机制，因地制宜、因势利导，抓好改革任务落实。

思想创新篇

Ideological Innovation

思想是行动的引领，理论是实践的指南。一百多年来，指引中国社会变革和发展的正确思想和理论不是从天上掉下来的，而是一代代中国共产党人在深刻认识中国国情、深刻把握人类社会发展规律中形成了符合中国发展实际的科学思想、科学理论，开辟了一条以中国式现代化全面推进中华民族伟大复兴的正确道路。

马克思主义科学理论从中国共产党成立之初就鲜明地写在自己的旗帜上，成为立党立国、兴党强国的根本指导思想。中国共产党在长期的革命斗争中深刻认识到，中国人民和中华民族从近代以后的深重苦难走向伟大复兴的光明前景，从来没有教科书，更没有现成答案，必须把马克思主义基本原理同中国具体实际相结合、同中华优秀传统文化相结合，不断开辟马克思主义中国化时代化新境界，才能正确回答时代和实践提出的重大问题，不断回答中国之问、世界之问、人民之问、时代之问。

新时代党的创新理论以全新视野深化对执政党执政规律、社会主义建设规律、人类社会发展规律的认识，在中国式现代化时代征程上焕发出新的蓬勃生机和旺盛活力，成为近些年来我们能够战胜一系列来自政治、经济、意识形态、自然界等各方面风险挑战的强大思想武器。

本篇收录了作者从 2021 年至 2024 年初在中央媒体、地方媒体刊发的反映党的创新理论思想演进、丰富发展、不断创新等文章和述评，忠实体现了中国共产党与时俱进的理论成果和强大的思想魅力。

2021 年

每个人都了不起，
世界将了不起[*]

　　新年前夕，国家主席习近平发表了二○二一年新年贺词。这已经成为每个中国人每逢跨年之际最期盼读到、最让人心潮澎湃的精彩文字，文中的金句佳语也会以最快速度传遍神州大地。

　　"每个人都了不起！"短短的七个字不仅生动揭示了刚刚过去的这极不平凡的一年，全中国人民在以习近平同志为核心的党中央坚强领导下与新冠疫情顽强斗争所展示出来的伟大抗疫精神，也有力地展现了无数人以生命赴使命、用挚爱护苍生，将涓滴之力汇聚而成磅礴伟力。三百多个日子的艰苦卓绝、共克时艰和守望相助，诠释的是"人民至上、生命至上"的人间大爱，书写的是"众志成城、坚韧不拔"的抗疫史诗，也无可辩驳地再次证明了一个普遍的真理：只要我们党同人民心连心、同呼吸、共命运，只要全国各族人民同心同德、艰苦奋斗，就没有任何力量能够撼动我们伟大祖国的伟大复兴，就没有任何力量能够阻挡中国人民和中华民族的前进步伐！

　　"每个人都了不起！"彰显了人民是历史的创造者、人民是真正的英雄。过往历史已经证明，波澜壮阔的中华民族发展史是中国人民书写的，博大精深的中华文明是中国人民创造的。就在这过去的一年，面对突如其来的新冠疫情，从白衣天使到人民子弟兵，从科研人员到社区工作者，从志愿者到工程建设者，从古稀老人到"90 后""00 后"青年一代，更有身在其中的九千多万名普通共产党员，以大爱、以坚守、以担当、以牺牲，构筑起守护生命的铜墙铁壁，凝固起自强不息的民族精神。每个普通人在患难之际的平凡之举，铸就的却是人性的伟大，成就的却是英雄的慷慨和壮烈。由此，艰难方显勇毅，磨砺始得玉

---

　　* 本文原载光明网 2021 年 1 月 3 日。

成。"每个人都了不起！"就是赞颂中国人民了不起，就是赞颂中国人民伟大的创造精神、伟大的奋斗精神、伟大的团结精神、伟大的梦想精神了不起。而这种精神深深根植于中国人民的禀赋之中，在特殊时点、特殊岁月总是能够被激发出来并转化为风雨无阻、高歌行进的奋斗力量。

"每个人都了不起！"共鸣的是中国人民的奋斗意志。平凡不是平庸，平凡也能够铸就伟大，奋斗可以成就英雄。历经 8 年，我们以愚公移山之志啃下了最难啃的"硬骨头"，攻克了深度贫困的最后堡垒，创造了人类反贫困史上的伟大奇迹。历经 40 多年，十几亿中国人民自信自强、锐意进取、开拓创新，绘就了一幅只争朝夕、生机勃勃的中国改革开放的生动图景；历经 70 多年，几代中国人民战天斗地，干出了社会主义、开辟了中国特色社会主义道路，实现了中华民族从站起来、富起来到强起来的伟大飞跃。正是依靠每一个人在平凡岗位上脚踏实地的奋斗，我们创造了经济快速发展和社会长期稳定的历史性奇迹，让中华民族巍然屹立于世界的东方，中华民族比历史上任何时期都接近伟大复兴的目标。这样令世人瞩目、为世人钦羡的伟大正是每一个平凡中国人共同铸就的。每个人在平凡工作中的了不起，就书写了中国人民的了不起，就成就了中华民族的了不起，就彰显了中国的了不起。

"每个人都了不起！"融汇的是天下一家的博大胸襟。当代中国人民的努力也是这个世界的精彩。尽管当今世界正处于百年未有之大变局，而中华民族也处于伟大复兴的前行道路上。中国人民是爱好和平、以天下为己任的民族，中国倡导人类命运共同体理念。在经济全球化遭遇逆流、疫情大流行冲击世界经济的极度不确定不稳定形势下，中国人民以勤劳勇敢、不屈不挠，以不断奋进改变命运、不断追求幸福生活期盼的确定性应对各种不确定性，为世界经济恢复增长贡献超过 1/3。"大道不孤，天下一家。"世界各国人民只要携起手来，风雨同舟，不仅驱散的是疫情阴霾，还能最大程度地抵御各种风险挑战，建设更加美好的地球家园。包括 14 亿中国人民在内的全世界人民经过共同努力，这个星球上每一个普通人都能够发出一束光、照亮每一个人，世界发展前景就会无比光明。

凡是过往，皆为序章。在新年钟声敲响的时候，我们每个人都是一个了不起的人，正是因为我们的了不起，美好世界的明天一定会了不起。

把握决定"三个新"的基本逻辑[*]

习近平总书记在省部级主要领导干部学习贯彻党的十九届五中全会精神专题研讨班开班式上发表的重要讲话中指出，进入新发展阶段、贯彻新发展理念、构建新发展格局，是由我国经济社会发展的理论逻辑、历史逻辑、现实逻辑决定的。进入新发展阶段明确了我国发展的历史方位，贯彻新发展理念明确了我国现代化建设的指导原则，构建新发展格局明确了我国经济现代化的路径选择。[①] 习近平总书记的重要讲话贯通过去、现在和将来，贯通理论、实践和发展，对进入新发展阶段、贯彻新发展理念、构建新发展格局这"三个新"作出清晰的定位。

从理论逻辑来看，我们党是马克思主义政党，辩证唯物主义和历史唯物主义是我们党始终坚持和运用的世界观和方法论。在革命、建设、改革各个历史时期，我们党就是坚持和运用马克思主义关于世界的物质性及其发展规律和关于人类社会发展的自然性、历史性及其相关规律，紧密结合中国国情，来系统、具体、历史地分析中国社会运动及其发展规律的，并在认识世界和改造世界的过程中不断把握规律、积极运用规律，据此观大势、谋全局、干实事，推动了党和人民事业取得一个又一个胜利。正确认识党和人民事业所处的历史方位和发展阶段，是我们党明确阶段性中心任务、制定路线方针政策的根本依据，也是我们党领导革命、建设、改革不断取得胜利的重要经验。进入新发展阶段，就是我们党统筹中华民族伟大复兴战略全局和当今世界百年未有之大变局，对当前我国所处历史方位作出的重大判断。新发展理念是在深刻分析国内外发展大势的基础上形成的，集中反映了我们党对经济社会发展规律认识的深化，随着新时代我国社会主要矛盾发生历史性变化，必须贯彻新发展理念，引领和解决我国发展中的突出矛盾和问题。构建新发展格局是应对当前我国发展环境和

---

* 本文原载光明网·理论频道 2021 年 1 月 15 日。

① 深入学习坚决贯彻党的十九届五中全会精神 确保全面建设社会主义现代化国家开好局［N］. 人民日报，2021 - 01 - 12（1）.

条件变化主动作出的重大战略抉择，通过构建新发展格局，加快推动一系列重大战略贯彻实施，推动实现高质量发展目标。因此，"三个新"是因时而动、顺势而为，是符合我国社会发展内在规律的理论推演。

从历史逻辑来看，经过新中国成立70多年来特别是改革开放40多年的快速发展，我们党带领人民经过不懈奋斗迎来了从站起来、富起来到强起来的历史性跨越，这个过程都是我们党带领人民致力于实现国家现代化目标的历史过程。当前，中国特色社会主义进入新时代，到去年年末，决战决胜脱贫攻坚目标如期完成，全面建成小康社会胜利在望，在实现第一个百年奋斗目标之后，我们要乘势而上开启全面建设社会主义现代化国家新征程、向第二个百年奋斗目标进军，这标志着我国进入了一个新发展阶段。面对新阶段新特征新要求，发展仍然是我们党执政兴国的第一要务，是解决我国一切问题的基础和关键。我们党领导人民治国理政，很重要的一个方面就是要回答好实现什么样的发展、怎样实现发展这个重大问题。党的十八大以来，我们党对经济形势进行科学判断，对经济社会发展提出了许多重大理论和理念，对发展理念和思路作出及时调整，其中新发展理念是最重要、最主要的，引导我国经济发展取得了历史性成就、发生了历史性变革。新发展理念回答了关于发展的目的、动力、方式、路径等一系列理论和实践问题，是开启全面建设社会主义现代化国家的思想引领。历史经验证明，办好自己的事，把发展的立足点放在国内，是一个大国经济发展的必然要求。经过改革开放40多年的坚实发展，我们已经形成广阔的国内市场，齐全的国民经济体系，雄厚的物质基础、人才储备和治理优势，我们需要在新发展阶段构建新发展格局，以国内大循环为主体、国内国际双循环相互促进，实行高水平对外开放，塑造我国参与国际合作和竞争新优势。因此，"三个新"是从量变到质变的动态发展过程，是顺应时势变化不断梯次递进的历史必然。

从现实逻辑来看，当今世界正经历百年未有之大变局，中华民族伟大复兴正处于关键阶段。任由国际风云变幻，但时与势在我们一边。当前和今后一个时期，虽然我国发展仍然处于重要战略机遇期，但机遇和挑战都有新的发展变化，机遇和挑战之大都前所未有，总体上机遇大于挑战。我们必须准确研判形势，认清历史方位，抓住重要时间窗口期，着力解决社会主要矛盾，破解制约发展的各种体制机制弊端，调动一切可以调动的积极因素，团结一切可以团结的力量，充分激发全社会活力和创造力。按照党的十九届五中全会擘画的宏伟蓝图，立足新发展阶段、贯彻新发展理念、构建新发展格局，立足自身发展，不断增强我们的生存力、竞争力、发展力、持续力，全力办好自己的事，锲而不舍地实现我们的既定目标。因此，"三个新"是破解发展难题、厚植发展优势的主动作为，是开启新局接续奋斗的现实抉择。

全面把握"三个新"的科学内涵[*]

　　1月11日，习近平总书记在省部级主要领导干部学习贯彻党的十九届五中全会精神专题研讨班开班式上发表重要讲话，从理论和实际、历史和现实、国内和国际相结合的高度，分析了进入新发展阶段的理论依据、历史依据、现实依据，阐述了深入贯彻新发展理念的新要求，阐明了加快构建新发展格局的主攻方向，对于我们统一思想、提高站位、开阔视野，全面贯彻党的十九届五中全会精神，确保全面建设社会主义现代化国家开好局、起好步，在新发展阶段实现新的更高目标提供了思想遵循和行动指南，必须深入领会、全面理解和贯彻践行。

　　过去的一年，习近平总书记站在党和国家事业发展的战略高度，观大势、谋全局，在不同场合提出和阐释新发展阶段、新发展理念、新发展格局，全党对这"三个新"的认识不断丰富、不断深化。"三个新"也成为贯穿十九届五中全会关于规划建议的逻辑主线和核心要义。这次习近平总书记在省部级主要领导干部专题研讨班开班式上发表的重要讲话，对"三个新"的思想内涵、相互关系和时代价值作出了最全面、最系统、最体系化的理论阐释，是在我国开启全面建设现代化重要时点上，对习近平新时代中国特色社会主义思想宝库的进一步丰富和发展。

　　要从更宽广的时空视野上认识新发展阶段。习近平总书记以马克思主义战略家的眼光作出我国进入了一个新发展阶段的重大战略判断，明确指出，"新发展阶段是我国社会主义发展进程中的一个重要阶段""新发展阶段是社会主义初级阶段中的一个阶段，同时是其中经过几十年积累、站到了新的起点上的一个阶段"。新发展阶段也是未来30年我们完成建设社会主义现代化国家目标历史宏愿的新阶段。这就预示着，在这样一个阶段，我国仍处于并将长期处于社会主义初级阶段的基本国情没有变、我国是世界上最大发展中国家的国际地位

---

　　* 本文原载中国网2021年1月16日。

没有变，我们仍然要牢牢把握社会主义初级阶段这个基本国情和最大实际，继续坚持中国特色社会主义道路，牢牢坚持党的基本路线这个党和国家的生命线、人民的幸福线，更加着力于发展，更加谦虚谨慎、艰苦奋斗，更加积极有为、始终洋溢着全社会的蓬勃生机活力，通过阶梯式递进、不断发展进步、通过量的积累和质的飞跃，让我国社会主义从初级阶段向更高阶段迈进，最后全面实现国家现代化。"其作始也简，其将毕也必巨。"全党全国人民必须付出更为艰巨、更为艰苦的努力。

要从更深厚的思想根基上理解新发展理念。习近平总书记指出，"全党必须完整、准确、全面贯彻新发展理念。"理念是行动的先导，从根本上决定着发展成效乃至成败。党的十八大以来我国经济发展取得历史性成就、发生历史性变革，新发展理念被证明是科学的思想引导。在新发展阶段，我们更要从政治视野、用政治眼光来理解新发展理念是一个系统的理论体系，将其作为我们党关于发展的政治立场、价值导向、发展模式、发展道路等重大政治问题来全面深刻把握。总书记指出的要从根本宗旨、从问题导向、从忧患意识三个方面把握新发展理念，清晰指明了必须要从思想根基上牢固树立正确的发展观、现代化观，根本解决好发展"为了谁、依靠谁、我是谁"的问题。我们的发展必须坚持以人民为中心，始终坚持发展为了人民、发展依靠人民、发展成果由人民共享。坚守住了这个"根"与"魂"，我们的人民立场才能始终坚定、价值导向始终不会偏离；我们的发展模式才会更加集约、更加高效、更求质量；发展道路上我们才能不惧任何风险挑战，敢于斗争善于斗争，随时能够应对更加复杂的挑战，全面做强自己。

要从更高远的发展目标上推进新发展格局。加快构建以国内大循环为主体、国内国际双循环相互促进的新发展格局，是"十四五"规划建议提出的一项关系我国发展全局的重大战略任务，需要从全局高度准确把握和积极推进。新发展格局是适应我国经济发展阶段变化的主动选择，是应对错综复杂的国际环境变化的战略举措，是发挥我国超大规模经济体优势的内在要求，是塑造我国参与国际合作和竞争新优势的必然途径。构建新发展格局也是要贯穿于新发展阶段全过程，要按照"十四五"时期的主攻方向，着力畅通国民经济循环，实现高水平的自立自强，提升国民经济整体效能，以强大的国内经济循环体系稳固国内基本盘，以更高水平的对外开放促进国内国际双循环，实现更高质量、更有效率、更加公平、更可持续、更为安全的发展。

深刻领悟新发展阶段、新发展理念、新发展格局*

习近平总书记在省部级主要领导干部学习贯彻党的十九届五中全会精神专题研讨班开班式上发表重要讲话，深刻阐释了我国经济社会发展进入新发展阶段、贯彻新发展理念、构建新发展格局的理论逻辑、历史逻辑、现实逻辑，对党的十九届五中全会明确提出的"准确把握新发展阶段，深入贯彻新发展理念，加快构建新发展格局"作出最完整、最全面、最精辟的概括，为推动"十四五"时期高质量发展，确保全面建设社会主义现代化国家开好局、起好步，在新发展阶段实现新的更高目标提供了思想遵循和行动指南，必须深入领会、全面理解和贯彻践行。

把握"三大逻辑"

习近平总书记在省部级主要领导干部专题研讨班开班式上发表重要讲话指出，"进入新发展阶段、贯彻新发展理念、构建新发展格局，是由我国经济社会发展的理论逻辑、历史逻辑、现实逻辑决定的。进入新发展阶段明确了我国发展的历史方位，贯彻新发展理念明确了我国现代化建设的指导原则，构建新发展格局明确了我国经济现代化的路径选择。"① 总书记的重要讲话贯通过去、现在和将来，贯通理论、实践和发展，对新发展阶段、新发展理念、新发展格局三者的关系作出清晰的定位，也系统分析了决定这三者的"三大逻辑"。

从理论逻辑来看，我们党是马克思主义政党，马克思主义辩证唯物主义和历史唯物主义是我们党始终坚持和运用的世界观和方法论。正确认识党和人民事业所处的历史方位和发展阶段，是我们党明确阶段性中心任务、制定路线方针政策的根本依据，也是我们党领导革命、建设、改革不断取得胜利的重要

---

* 本文原载《中国青年报·思想者》2021 年 1 月 18 日。
① 深入学习坚决贯彻党的十九届五中全会精神 确保全面建设社会主义现代化国家开好局 [N]. 人民日报，2021 - 01 - 12 (1).

经验。

进入新发展阶段，就是我们党统筹当今世界百年未有之大变局和中华民族伟大复兴战略全局"两个大局"，对当前我国所处历史方位作出的重大判断。新发展理念是在深刻分析国内外发展大势的基础上形成的，集中反映了我们党对经济社会发展规律认识的深化，随着新时代我国社会主要矛盾发生历史性变化，必须贯彻新发展理念，引领和解决我国发展中的突出矛盾和问题。构建新发展格局是应对当前我国发展环境和条件变化主动作出的重大战略抉择，通过构建新发展格局，加快推动一系列重大战略贯彻实施。这是因时而动、顺势而为，是符合我国社会发展内在规律的逻辑必然。

从历史逻辑来看，经过新中国成立70多年来特别是改革开放40多年的快速发展，我们党带领人民经过不懈奋斗迎来了从站起来、富起来到强起来的历史性跨越，这个过程都是我们党带领人民致力于国家现代化目标的历史过程。当前，中国特色社会主义进入新时代，到去年年末，决战决胜脱贫攻坚目标如期完成，全面建成小康社会胜利在望，在实现第一个百年奋斗目标之后，我们要乘势而上开启全面建设社会主义现代化国家新征程、向第二个百年奋斗目标进军，这标志着我国进入了一个新发展阶段。

面对新阶段新特征新要求，发展仍然是我们党执政兴国的第一要务，是解决我国一切问题的基础和关键。我们党领导人民治国理政，很重要的一个方面就是要回答好实现什么样的发展、怎样实现发展这个重大问题。党的十八大以来，我们党对经济形势进行科学判断，对经济社会发展提出了许多重大理论和理念，对发展理念和思路作出及时调整，其中新发展理念是最重要、最主要的，引导我国经济发展取得了历史性成就、发生了历史性变革。新发展理念回答了关于发展的目的、动力、方式、路径等一系列理论和实践问题，是开启全面建设社会主义现代化国家的思想引领。历史经验证明，办好自己的事，把发展的立足点放在国内，是一个大国经济发展的必然要求。经过改革开放40多年的坚实发展，我们已经形成广阔的国内市场，齐全的国民经济体系，雄厚的物质基础、人才储备和治理优势，我们需要在新发展阶段构建新发展格局，以国内大循环为主体、国内国际双循环相互促进，实行高水平对外开放，塑造我国参与国际合作和竞争新优势。

从现实逻辑来看，当今世界正经历百年未有之大变局，中华民族伟大复兴正处于关键阶段。任由国际风云变幻，但时与势在我们一边。当前和今后一个时期，虽然我国发展仍然处于重要战略机遇期，但机遇和挑战都有新的发展变化，机遇和挑战之大都前所未有，总体上机遇大于挑战。我们必须准确研判形势，认清历史方位，抓住重要时间窗口期，着力解决社会主要矛盾，破解制约发展的各种体制机制弊端，调动一切可以调动的积极因素，团结一切可以团结的力量，充分激发全社会活力和创造力。按照党的十九届五中全会擘画的宏伟蓝图，立足新发展阶段、贯彻新发展理念、构建新发展格局，立足自身发展，不断增强我们的生存力、竞争力、发展力、持续力，全力办好自己的事，锲而不舍实现我们的既定目标。

全面理解丰富内涵

过去的一年，习近平总书记站在党和国家事业发展的战略高度，观大势、谋全局，在不同场合提出和阐释新发展阶段、新发展理念、新发展格局，全党的认识不断丰富、不断深化，也成为贯穿十九届五中全会关于规划建议的逻辑主线和核心要义。这次习近平总书记在省部级主要领导干部专题研讨班开班式上发表的重要讲话，对新发展阶段、新发展理念、新发展格局的思想内涵、相互关系和时代价值作出了最全面、最系统、最体系化的理论阐释，是在我国开启全面建设现代化重要时点上，对习近平新时代中国特色社会主义思想宝库的进一步丰富和发展。

要从更宽广的时空视野上认识新发展阶段。习近平总书记以马克思主义战略家的眼光作出我国进入了一个新发展阶段的重大战略判断，明确指出，"新发展阶段是我国社会主义发展进程中的一个重要阶段"，"新发展阶段是社会主义初级阶段中的一个阶段，同时是其中经过几十年积累、站到了新的起点上的一个阶段"。新发展阶段也是未来30年我们完成建设社会主义现代化国家目标历史宏愿的新阶段。这就预示着，在这样一个阶段，我国仍处于并将长期处于社会主义初级阶段的基本国情没有变、我国是世界上最大发展中国家的国际地位没有变，我们仍然要牢牢把握社会主义初级阶段这个基本国情和最大实际，继续坚持中国特色社会主义道路，牢牢坚持党的基本路线这个党和国家的生命线、人民的幸福线，更加着力于发展，更加谦虚谨慎、艰苦奋斗，更加积极有为、始终洋溢着全社会的蓬勃生机活力，通过阶梯式递进、不断发展进步、日益接近质的飞跃的量的积累和发展变化，让我国社会主义从初级阶段向更高阶段迈进，最后全面实现国家现代化。"其作始也简，其将毕也必巨。"全党全国人民必须付出更为艰巨、更为艰苦的努力。

要从更深厚的思想根基上理解新发展理念。习近平总书记指出，"全党必须完整、准确、全面贯彻新发展理念"。理念是行动的先导，从根本上决定着发展成效乃至成败。党的十八大以来我国经济发展取得历史性成就、发生历史性变革，新发展理念被证明是科学的思想引导。在新发展阶段，我们更要从政治视野、用政治眼光来理解新发展理念是一个系统的理论体系，将其作为我们党关于发展的政治立场、价值导向、发展模式、发展道路等重大政治问题来全面深刻把握。总书记指出的要从根本宗旨、问题导向、忧患意识三个方面把握新发展理念，清晰指明了要从思想根基上必须牢固树立正确的发展观、正确的现代化观，根本解决好发展"为了谁、依靠谁、我是谁"的问题。我们的发展必须坚持以人民为中心，始终坚持发展为了人民、发展依靠人民、发展成果由人民共享，坚守住了这个"根"与"魂"，我们的人民立场才能始终坚定、价值导向始终不会偏离；我们的发展模式才会更加集约、更加高效、更求质量；发展道路上我们才能不惧任何风险挑战，敢于斗争善于斗争，随时能够应对更加复杂困难，全面做强自己。

要从更高远的发展目标上推进新发展格局。习近平总书记指出，"加快构建以国内大循环为主体、国内国际双循环相互促进的新发展格局，是'十四五'规划《建议》提出的一项关系我国发展全局的重大战略任务，需要从全局高度准确把握和积极推进"。新发展格局是适应我国经济发展阶段变化的主动选择、是应对错综复杂的国际环境变化的战略举措，是发挥我国超大规模经济体优势的内在要求，是塑造我国参与国际合作和竞争新优势的必然途径。构建新发展格局也要贯穿于新发展阶段全过程，要按照"十四五"时期的主攻方向，着力畅通国民经济循环，实现高水平的自立自强，提升国民经济整体效能，以强大的国内经济循环体系稳固国内基本盘，以更高水平的对外开放促进国内国际双循环，实现更高质量、更有效率、更加公平、更可持续、更为安全的发展。

为什么要从根本宗旨
把握新发展理念 *

　　理念是行动的先导，发展理念根本上决定着发展成效乃至成败。新发展理念是引领全面建设社会主义现代化国家的行动先导，决定着未来 30 年实现社会主义现代化强国宏伟目标整个进程的发展观、现代化观。

　　在"十四五"开局第一年，在全面建设社会主义现代化国家起步年，习近平总书记就在开年之初的省部级主要领导干部学习贯彻党的十九届五中全会精神专题研讨班开班式上深刻阐释新发展理念，要求全党必须完整、准确、全面贯彻新发展理念，要从发展的政治立场、价值导向、发展模式、发展道路等重大政治问题的视角来深刻把握新发展理念。这为我们进入新发展阶段、贯彻新发展理念、构建新发展格局，提供了思想遵循、发展遵循和方法遵循。

　　完整、准确、全面贯彻新发展理念，首要的就是从根本宗旨上把握新发展理念，从更深层的思想根基上理解新发展理念。习近平总书记强调，为人民谋幸福、为民族谋复兴，这既是我们党领导现代化建设的出发点和落脚点，也是新发展理念的"根"和"魂"。只有始终坚守为人民谋幸福、为民族谋复兴这个"根"和"魂"，坚持全心全意为人民服务这个根本宗旨，我们党在政治立场上才能永固坚定，价值导向上才不会须臾偏离；我们的发展目标才能始终从人民利益出发，不断顺应人民对美好生活的新期待，坚持发展为了人民、发展依靠人民、发展成果由人民共享；我们的发展模式才能实现更高质量、更有效率、更加公平、更可持续、更为安全；我们在发展道路上也才能不惧任何风险挑战，趋利避害、行稳致远。

　　我们党领导人民治国理政，很重要的一个方面就是要回答好为什么人发展、实现什么样的发展、怎样实现发展这个重大问题。新发展理念不是凭空得来的，是在深刻总结国内外发展经验教训的基础上形成的，也是在深刻分析国内外发展大势的基础上形成的，是针对我国发展中的突出矛盾和问题提出来的，集中

---

　　* 本文原载《学习时报·学习评论》2021 年 1 月 29 日。

反映了我们党对共产党执政规律、社会主义建设规律、人类社会发展规律认识的深化，全面体现了坚持以人民为中心的发展思想。党的十八大以来，我们党对发展形势进行科学判断，对经济社会发展提出许多重大理论和理念，对发展理念和思路作出及时调整，其中新发展理念是最重要、最主要的，引导我国经济发展取得历史性成就、发生历史性变革。实践证明：新发展理念是科学的思想引领，更是一个不断丰富和发展的系统的理论体系，是一个能够回答关于发展的目的、动力、方式、路径等一系列理论和实践问题的重大创新。十九届五中全会将"坚持以人民为中心""坚持新发展理念"列入"十四五"时期经济社会发展必须遵循的原则之中，就是要更好地引领社会主义现代化国家建设。

"治国有常，而利民为本。"在我国社会主义从初级阶段向更高阶段迈进的历史进程中，新发展理念要落地生根、变成普遍行动，关键在各级领导干部的思想认识，关键在从根本宗旨上把握新发展理念。为此，各级领导干部就要在思想观念上始终把人民利益放在最高位置，树立正确的政绩观，解决好发展"为了谁、依靠谁、我是谁"的根本问题，从灵魂深处确立对新发展理念的自觉和自信；在目标规划上要满足人民群众对美好生活的向往，坚持共同富裕方向，不断增强人民群众获得感、幸福感、安全感；在制度安排上要彰显社会公平正义，统筹考虑需要和可能，按照经济社会发展规律循序渐进，自觉主动解决地区差距、城乡差距、收入差距等问题，使发展成果更多更公平惠及全体人民；在实现路径上就要把新发展理念落实落细在经济社会发展各个环节、贯穿在党领导现代化建设全过程，从促进人的全面发展上崇尚创新、注重协调、倡导绿色、厚植开放、推进共享。各级干部还要心怀"国之大者"，既要善于从政治眼光观察和分析经济社会问题，努力成为贯彻新发展理念的行家里手，又要坚持人民主体地位，充分调动人民群众积极性、主动性、创造性，举全民之力、汇全民之智集聚起全面建设社会主义现代化国家的磅礴力量。

心中始终装着人民，发展理念坚如磐石，现代化发展就有动力。

推进网络强国建设的
重要思想遵循[*]

近日出版发行的《习近平关于网络强国论述摘编》收录了习近平总书记从党的十八大以来关于重视互联网、发展互联网、治理互联网，实施网络强国战略的一系列重要论述，充分体现了习近平总书记对新的信息技术革命发展趋势的深刻洞察，对加速推动我国在信息领域核心技术突破的深思熟虑，对统筹推进我国网信事业发展和安全的远见卓识，是"十四五"时期加快建设我国网络强国的重要思想遵循和方向引领。

互联网成为影响世界的重要力量，得网络者得天下

早在 2014 年 2 月召开的中央网络安全和信息化领导小组第一次会议上，习近平总书记就高瞻远瞩地对全球互联网发展态势作出全面分析。他指出，"当今世界，信息技术革命日新月异，对国际政治、经济、文化、社会、军事等领域发展产生了深刻影响。信息化和经济全球化相互促进，互联网已经融入社会生活方方面面，深刻改变了人们的生产和生活方式。我国正处在这个大潮之中，受到的影响越来越深"，"网络信息是跨国界流动的，信息流引领技术流、资金流、人才流，信息资源日益成为重要生产要素和社会财富，信息掌握的多寡成为国家软实力和竞争力的重要标志"。

基于我国已成为网络大国的基本现实，习近平总书记强调，网络安全和信息化是事关国家安全和国家发展、事关广大人民群众工作生活的重大战略问题，要从国际国内大势出发，总体布局，统筹各方，创新发展，并首次提出，要"努力把我国建设成为网络强国"。"十三五"规划纲要中专门列出《拓展网络经济空间》一篇，强调要"牢牢把握信息技术变革趋势，实施网络强国战略，加快建设数字中国，推动信息技术与经济社会发展深度融合，加快推动信息经济发展壮大"。

---

* 本文原载中国网 2021 年 1 月 31 日。

习近平在中共中央政治局第三十六次集体学习时讲话指出，"世界经济加速向以网络信息技术产业为重要内容的经济活动转变。我们要把握这一历史契机，以信息化培育新动能，用新动能推动新发展"，"推动互联网和实体经济深度融合，加快传统产业数字化、智能化，做大做强数字经济，拓展经济发展新空间"。

党的十九大将"网络强国"作为国家战略。在2018年4月召开的全国网络安全和信息化工作会议上，习近平总书记再次强调，"当今世界，一场新的全方位综合国力竞争正在全球展开。能不能适应和引领互联网发展，成为决定大国兴衰的一个关键。世界各大国均把信息化作为国家战略重点和优先发展方向，围绕网络空间发展主导权、制网权的争夺日趋激烈，世界权力图谱因信息化而被重新绘制，互联网成为影响世界的重要力量。当今世界，谁掌握了互联网，谁就把握住了时代主动权；谁轻视互联网，谁就会被时代所抛弃。一定程度上可以说，得网络者得天下"。

从一系列论述中可以看出，这些年来，以习近平同志为核心的党中央高度重视互联网，认识非常深刻，站位十分高远，并作出一系列重大决策和部署，形成了网络强国战略思想，有力推动了我国网信事业取得历史性成就，正在走出一条中国特色治网之路。

把"命门"掌握在自己手中，加速推动信息领域核心技术突破

习近平总书记十分重视核心技术和互联网技术发展。可以说，对我国互联网发展现状和问题短板，他看得十分透彻，也切中要害地把握了破题的关键。他在历次网络安全和信息化工作座谈会讲话中，数十次提到"技术"一词；在世界互联网大会的历次讲话和贺信中，"技术"也是一以贯之的关键词。他一针见血地指出：互联网核心技术是我们最大的"命门"，核心技术受制于人是我们最大的隐患。一个互联网企业即便规模再大、市值再高，如果核心元器件严重依赖外国，供应链的"命门"掌握在别人手里，那就好比在别人的墙基上砌房子，再大再漂亮也可能经不起风雨，甚至会不堪一击。

他强调，"关键核心技术是国之重器"，"要紧紧牵住核心技术自主创新这个'牛鼻子'，抓紧突破网络发展的前沿技术和具有国际竞争力的关键核心技术，加快推进国产自主可控替代计划，构建安全可控的信息技术体系"，"要下定决心、保持恒心、找准重心，加速推动信息领域核心技术突破"，"我们要掌握我国互联网发展主动权，保障互联网安全、国家安全，就必须突破核心技术这个难题，争取在某些领域、某些方面实现'弯道超车'"。

他还特别指出，"科研和经济不能搞成'两张皮'，要着力推进核心技术成

果转化和产业化"，"要加强信息基础设施建设，强化信息资源深度整合，打通经济社会发展的信息'大动脉'"。

维护国家网络安全，共同构建网络空间命运共同体

重视互联网、发展互联网，落脚点还在于用好互联网、善于治理好互联网，让互联网更好地服务于党和国家利益，造福广大人民。维护好国家网络安全就十分重要。

习近平总书记强调："网络安全和信息化对一个国家很多领域都是牵一发而动全身的，要认清我们面临的形势和任务，充分认识做好工作的重要性和紧迫性，因势而谋，应势而动，顺势而为"，"没有网络安全就没有国家安全，就没有经济社会稳定运行，广大人民群众利益也难以得到保障"，"过不了互联网这一关，就过不了长期执政这一关"，"网信事业发展必须贯彻以人民为中心的发展思想，把增进人民福祉作为信息化发展的出发点和落脚点，让人民群众在信息化发展中有更多获得感、幸福感、安全感"。这一系列重要论述可谓振聋发聩、掷地有声。

习近平总书记始终强调，要加强党对网信工作的集中统一领导，确保网信事业始终沿着正确方向前进。他要求各级领导干部要主动适应信息化要求，强化互联网思维，不断提高对互联网规律的把握能力、对网络舆论的引导能力、对信息化发展的驾驭能力、对网络安全的保障能力。

为此，要"全天候全方位感知网络安全态势"，要高度重视网络意识形态安全风险。习近平总书记强调，"掌握网络意识形态主导权，就是守护国家的主权和政权。各级党委和党员干部要把维护网络意识形态安全作为守土尽责的重要使命"，"坚决打赢网络意识形态斗争，切实维护以政权安全、制度安全为核心的国家政治安全"，"要坚持依法治网、依法办网、依法上网，让互联网在法治轨道上健康运行"。

对于主流新闻媒体，习近平总书记要求推动媒体融合向纵深推进。他强调，"正能量是总要求，管得住是硬道理，用得好是真本事"，"使互联网这个最大变量变成事业发展的最大增量"，"面对全球一张网，需要全国一盘棋"，"网上网下要形成同心圆……就是在党的领导下，动员全国各族人民，调动各方面积极性，共同为实现中华民族伟大复兴的中国梦而奋斗"。

在构建人类命运共同体进程中，互联网自然不能缺席。习近平总书记深刻地指出，"网络空间是人类共同的活动空间，网络空间前途命运应由世界各国共同掌握。各国应该加强沟通、扩大共识、深化合作，共同构建网络空间命运共同体"，"中国愿意同世界各国携手努力，本着相互尊重、相互信任的原则，深

化国际合作，尊重网络主权，维护网络安全，共同构建和平、安全、开放、合作的网络空间，建立多边、民主、透明的国际互联网治理体系"。

习近平总书记围绕重视互联网、发展互联网、治理互联网，高屋建瓴，深谋远虑，形成了丰富的网络强国战略思想。我们需要原原本本学习、吃透、消化、吸收，将其转化为推进我国网信事业高质量发展，实现网络强国目标的实际行动。

谱写新发展阶段
同舟共济新篇章*

2月1日，在中华民族传统节日辛丑牛年春节即将到来之际，习近平总书记同党外人士欢聚一堂，共迎新春。"在抗击疫情的非常时刻，各民主党派、工商联和无党派人士坚定不移同中国共产党想在一起、站在一起、干在一起，同舟共济、肝胆相照，为打赢疫情防控阻击战出主意、想办法，为中共中央科学决策、民主决策提供了重要参考。大家坚持问题导向，推动参政党建设展现了新面貌。大家克服疫情不利影响，通过多种形式深入开展脱贫攻坚民主监督，为对口省区完成脱贫攻坚任务贡献了智慧和力量。"① 习近平总书记对广大党外人士予以这样的高度评价。

长期以来，中国共产党与各民主党派、工商联和无党派人士长期共存、互相监督、肝胆相照、荣辱与共，坚持大统战工作格局，巩固和发展最广泛的爱国统一战线，谋求最大公约数，画出最大同心圆，形成了我国国家制度和国家治理体系的显著优势。

在过去一年，建言资政、汇集共识、凝聚力量，党外人士向执政党交出了合格答卷。新的一年，是实施"十四五"规划、开启全面建设社会主义现代化国家新征程的第一年。习近平总书记对党外人士又寄予了哪些厚望呢？着重表现在三个方面，也是三个重要看点。

一是突出讲政治。2020年年末到2021年年初，习近平总书记在党内重要会议上多次强调"政治三力"，要求党内党员干部特别是高级领导干部要不断提高政治判断力、政治领悟力、政治执行力。在这次与党外人士迎春会上，习近平总书记对广大党外人士也提出了这样的要求，要求各民主党派、工商联和无党派人士要不断提高政治判断力、政治领悟力、政治执行力，引导广大成员和所联系群众不断增进对中国共产党领导和中国特色社会主义的政治认同、思想认

---

*　本文原载光明网·学术频道2021年2月4日。

①　习近平同党外人士共迎新春［N］. 人民日报，2021-02-02（1）.

同、理论认同、情感认同，始终保持同中国共产党同心同德、团结奋斗的政治本色。可见，旗帜鲜明讲政治，不仅是中国共产党鲜明的政治优势，也是推进国家治理体系和治理能力现代化，充分发扬中国共产党领导的多党合作和政治协商制度优势的一个必选项。只有各民主党派"政治三力"提高了，才能提高研究谋划工作的政治站位、理论站位、时代站位，才能自觉做中国共产党的好参谋、好帮手、好同事。

二是高质量建言资政。十九届五中全会为我国未来5年及15年的发展指明了方向，为全面建设社会主义现代化国家擘画了宏伟蓝图。在当今世界面临百年未有之大变局和实现中华民族伟大复兴战略全局的关键时刻，各民主党派更需要充分发挥人才荟萃、智力密集的优势，在进入新发展阶段、贯彻新发展理念、构建新发展格局中作出新的贡献。习近平总书记要求广大党外人士多发挥党外知识分子的专业优势，多开展战略性、宏观性研究，为中共中央决策提供更多务实管用的对策建议。

三是加强自身建设。习近平总书记指出，今年将隆重庆祝中国共产党成立100周年。借此要在中国共产党内开展中共党史学习教育，激励全党不忘初心、牢记使命，在新时代不断加强党的建设。他要求各民主党派和无党派人士要结合庆祝中国共产党成立100周年，全面回顾同中国共产党团结合作的奋斗历程，发扬光荣传统，坚守合作初心，加强自身建设。一是思想建设。继续贯彻中共中央关于中国特色社会主义参政党建设的一系列决策部署，把思想政治建设摆在更加突出的位置，持续强化理论武装。二是队伍建设。不断加强自身建设和队伍建设，特别是工商联、无党派人士组织的队伍建设。只有这两个方面做得更好，才能在服务大局中更好地担当作为、履职尽责，才能更好地协助中国共产党和政府做好凝聚共识、化解矛盾、反映意见、维护稳定等工作，更好地为新时代坚持和发展中国特色社会主义凝心聚力。

"天上春来谁报人，江山气象一时新。"做中国特色社会主义事业的亲历者、实践者、维护者、捍卫者，是习近平总书记站在新的历史方位对广大党外人士提出的殷切期望。在中国共产党坚强领导下大家继续保持一往无前、不畏风雨的精神状态，形成海内外中华儿女心往一处想、劲往一处使的强大合力，不断巩固和发展大团结大联合局面，中国的未来必将更加美好，现代化国家的春意更加盎然。

吹响新闻舆论工作新征程上的时代号角*

习近平总书记2016年2月19日主持召开党的新闻舆论工作座谈会并发表重要讲话，即著名的"2·19"重要讲话。这篇重要讲话深刻阐述了做好党的新闻舆论工作的重大意义、职责使命、方针原则、创新发展等一系列重大问题，全面回答了党的新闻舆论工作为什么要牢牢坚持党性原则、应该坚持什么样的新闻观、为什么要坚持正确舆论导向和坚持正面宣传为主、怎样适应媒体形势发展加快构建舆论引导新格局等根本思想方法和重大战略导向问题。①

"2·19"重要讲话成为新闻舆论工作重要的思想引领，体现了总书记对新时代新闻舆论规律的深刻认识和新闻舆论态势发展的深层洞察。新闻舆论工作者牢记总书记嘱托、不负新时代新闻工作使命，在广泛的新闻舆论实践中贯彻践行、屡创佳绩，也从实践中深刻感悟和体会到总书记对做好新时代新闻舆论工作的高瞻远瞩和宽广视野。

坚持马克思主义新闻观，始终做到党性和人民性的统一

习近平总书记在"2·19"重要讲话中指出，做好党的新闻舆论工作，事关旗帜和道路，事关贯彻落实党的理论和路线方针政策，事关顺利推进党和国家各项事业，事关全党全国各族人民的凝聚力和向心力，事关党和国家前途命运。这"五个事关"将做好新时代党的新闻舆论工作的战略意义提到了前所未有的高度，给广大新闻舆论工作者极大的鼓舞和激励。紧扣这一战略地位，习近平总书记又提出了党的新闻舆论工作的"48字"职责和使命，为党的新闻舆论工作者指明了具体的工作方针和基本的工作原则。

其核心要义就是总书记指出的，党的新闻舆论工作要始终坚持把正确政治

---

* 本文原载中国网2021年2月18日。

① 习近平. 提高党的新闻舆论传播力引导力影响力公信力. 习近平谈治国理政（第二卷）[M]. 北京：外文出版社，2017：331-334.

方向放在第一位，牢牢坚持马克思主义新闻观。总书记强调，新闻观是新闻舆论工作的灵魂。"先立乎其大者，则其小者不能夺也。"这个"大"对党的新闻舆论工作来说，就是马克思主义新闻观，这是党的新闻舆论工作的"定盘星"。马克思主义新闻观就是做到党性和人民性的高度统一。坚持党性原则，最根本的是坚持党对新闻舆论工作的领导，党的舆论阵地必须姓党，必须成为党和人民的喉舌，必须自觉在思想上政治上行动上同党中央保持高度一致。党的新闻舆论工作又要坚持以人民为中心，始终为人民服务。因为我们党是以全心全意为人民服务为根本宗旨的，党性和人民性是高度统一的，体现党的意志就是体现人民的意志，宣传党的主张就是宣传人民的主张，坚持党性就是坚持人民性。只有坚持党性原则，坚持以人民为中心的工作导向，才能确保新闻舆论工作为党和人民服务。在具体实践中，就体现为党管宣传、党管意识形态、党管媒体，新闻舆论工作才会自觉"为党为民、激浊扬清、贵耳重目"。

五年来，广大新闻舆论工作者自觉遵循总书记教诲，坚持正确政治方向、秉承职责使命，取得骄人宣传成绩：积极深入宣传阐释习近平新时代中国特色社会主义思想，以春风化雨、深入浅出的鲜活传播方式让党的创新理论"进入寻常百姓家"，让广大党员干部真学真信用好二十一世纪中国化的马克思主义；将新闻报道扎实写在祖国大地上，热情讴歌各条战线在决战决胜脱贫攻坚、全面建成小康社会，推动科技自主创新、推进供给侧结构性改革、推动改革开放实现高质量发展方面的先进人物先进典型，弘扬主旋律，传播正能量；在应对不断升级的中美贸易摩擦，西方社会自新冠疫情暴发以来对中国的种种污名、"妖魔化"、"甩锅"等大是大非面前，准确把握舆论导向，及时澄清模糊意识，敢于交锋敢于亮剑，在"乱花渐欲迷人眼"的时局下保持了"乱云飞渡仍从容"的坚定政治定力和舆论引导能力等。这些成绩正是贯彻践行总书记重要讲话重要指示精神的实践成果。

坚持守正创新，适应媒体发展新形势主动变革创新发展

习近平总书记在"2·19"重要讲话中就前瞻性地指出，随着形势发展，党的新闻舆论工作必须创新理念、内容、体裁、形式、方法、手段、业态、体制、机制，增强针对性和实效性。要适应分众化、差异化传播趋势，加快构建舆论引导新格局。

五年来，新闻舆论格局正像总书记所判断的一样发生了许多革命性变化，尤其是互联网发展更是日新月异。这对新闻舆论工作既是巨大挑战，也是空前机遇。总书记高屋建瓴地指出，"过不了互联网这一关，就过不了长期执政这一关"。新闻舆论战线适应媒体形势新变化，主动把握互联网变化新规律，因势而

谋、应势而动、顺势而为，坚持守正创新，加快推动媒体深度融合，不断创新媒体发展新理念，推动舆论传播业态方式变化，把握好"两个舆论场"，加快推进新闻传播体制机制改革，主流媒体传播力、引导力、影响力、公信力在变革中不断增强，主流价值影响力版图不断扩大。尤其是互联网这个最大变量正在不断成为全体人民在理想信念、价值理念、道德观念上紧密团结的最大增量。

2020年为应对突如其来的新冠疫情的严峻冲击，在统筹疫情防控和经济社会发展工作中，新闻工作者冲锋陷阵、走在前列，在打赢疫情防控人民战争、总体战、阻击战中发挥了极为重要的作用，在统筹网上网下、国内国际、大事小事上做到了总书记要求的"强信心、暖人心、聚民心"，切实在思想意识上维护了群众利益、维护了社会大局稳定，这也成为提高新闻舆论战线面对复杂形势牢牢占据舆论引导、思想引领、凝聚共识、弘扬正气的传播制高点能力和水平的一次重要实践、重要检验和重要锻炼。

以战斗的姿态、战士的担当练就过硬新闻本领去迎接挑战

新的一年，中国进入"十四五"规划实施的新发展阶段，全面建设社会主义现代化国家新征程正式起步，中国发展前景无限美好。但面对百年未有之大变局和中华民族伟大复兴战略全局的关键时期，在前进道路上我们面临的考验只会越来越复杂，甚至会遇到难以想象的惊涛骇浪。新闻舆论战线也必然面临更艰巨的任务。

越是在复杂形势面前，新闻舆论工作越要牢牢坚持正面宣传为主。习近平总书记在"2·19"重要讲话中鲜明地指出，"团结稳定鼓劲、正面宣传为主，是党的新闻舆论工作必须遵循的基本方针……没有团结稳定，什么事情也办不成"。习近平总书记特别强调，在新闻舆论引导工作中，一方面要正确认识主流和支流、成绩和问题、全局和局部的关系，集中反映社会健康向上的本质，客观展示发展进步的全貌，使之同我国改革发展蓬勃向上态势相协调；另一方面要看到我们正在进行具有许多新的历史特点的伟大斗争，面临的挑战和困难前所未有，必须激发全党全社会团结奋进、攻坚克难的强大力量，调动各方面积极性、主动性、创造性。习近平总书记的这一要求是极富远见和实践意义的，也是对新闻舆论工作者提出的更高要求。

做好正面宣传，必须注重提高新闻舆论引导工作的质量和水平，增强新闻舆论传播的吸引力和感染力。为此，广大新闻舆论工作者一是必须坚持不懈用习近平新时代中国特色社会主义思想凝心铸魂，不断提高"脚力、眼力、脑力、笔力""四力"水平，自觉做党的政策主张的传播者、时代风云的记录者、社会进步的推动者、公平正义的守望者，守正创新、开拓进取。二是要切实提高

新闻舆论工作的斗争水平，在大是大非面前，切实提高政治站位，善于用政治眼光观察分析经济社会现象，不断提高政治判断力、政治领悟力、政治执行力，透过现象看本质，勇当战士、不当绅士，不做"骑墙派"和"看风派"，以战斗的姿态、战士的担当履行好新闻舆论工作的神圣职责和光荣使命，积极投身宣传思想领域斗争一线。

广大新闻舆论战线只有坚定全党全国人民团结奋斗的主心骨，唱响中国共产党好的主旋律，把握开启新征程、开创新局面的主基调，聚焦建成文化强国的主目标，打好外宣改革创新的主动仗，掌握维护意识形态安全的主导权，才能让迈上新征程的时代号角更加嘹亮，才能汇聚起全面建设社会主义现代化国家的强大力量。

发挥改革在构建
新发展格局中的关键作用 *

中央全面深化改革委员会第十八次会议部署 2021 年工作要点，明确提出了今年的改革目标、改革原则、改革着力点和改革方法论。会议强调，要发挥全面深化改革在构建新发展格局中的关键作用。要把加强改革系统集成、推动改革落地见效摆在更加突出的位置，要有系统观念、要有辩证思维、要有创新意识、要有钉钉子精神。

系统观念就是要把握整体和全局发挥改革整体效应

党的十九届五中全会将坚持系统观念作为"十四五"时期我国进入新发展阶段后经济社会发展必须遵循的重要原则之一，强调坚持系统观念，要加强前瞻性思考、全局性谋划、战略性布局、整体性推进。这也是"十四五"时期推进全面深化改革必须遵循的重要原则。

经过 40 多年的改革开放特别是党的十八大以来，我们加强党对全面深化改革的集中统一领导，以全局观念和系统思维谋划推进改革，开创了以改革开放推动党和国家各项事业取得历史性成就、发生历史性变革的新局面。我国改革也从前期夯基垒台、立柱架梁，到中期全面推进、积厚成势，再到现阶段加强系统集成、协同高效，蹄疾步稳、有力有序解决各领域各方面体制性障碍、机制性梗阻、政策性创新问题，实现了由局部探索、破冰突围到系统协调、全面深化的历史性转变。现在，我们进入了开启建设社会主义现代化国家的新发展阶段，完整、准确、全面贯彻新发展理念，加快构建以国内大循环为主体、国际国内循环相互促进的新发展格局，这是一项宏大而极其复杂的系统工程，仍然需要通过接续改革、全面深化改革为构建新发展格局提供体制机制保障。

进入新发展阶段的全面深化改革，需要顶层设计和整体谋划。过去的改革着力于经济体制改革，更多的是单兵突进，现在改革进入深水区，经济、政治、

---

* 本文原载《中国青年报·思想者》2021 年 3 月 1 日。

文化、社会、生态文明等各领域改革之间紧密联系、相互交融，任何一个领域的改革都会牵动其他领域，同时也需要其他领域改革密切配合。如果各领域之间的改革相互不配套，甚至相互牵扯，全面深化改革就很难推进，效果就会大打折扣。所以，改革零敲碎打调整不行，碎片化修补也不行，必须对各项改革的关联性、系统性、可行性进行研究，开展联合作战，推动各领域改革联动集成、协同配合。

因此，改革设计者要注重统筹国内国际两个大局，办好发展安全两件大事，加强改革政策统筹、进度统筹、效果统筹，以全面深化改革实现发展质量、结构、规模、速度、效益、安全相统一，发挥改革的整体效应。改革执行者要勇于打破利益固化的藩篱、消除局部和部门本位主义，坚持全国一盘棋，不断提高政治判断力、政治领悟力、政治执行力，在思想上行动上同党中央保持高度一致，识大体、谋整体、顾全局，主动识变、求变、应变。

辩证思维就是要突出问题和重点抓住关键突破攻坚

习近平总书记在看待改革问题时，总是强调"要有强烈的问题意识，以重大问题为导向"。在阐述全面深化改革时，强调要坚持"两点论"，一分为二看问题。善于抓住关键、找准重点，就能洞察事物发展的规律。问题在哪里，改革就要到哪里。改革是由问题倒逼而产生的，又在不断解决问题中得以深化。

立足新发展阶段，坚持两点论和重点论相统一，坚持问题导向，就要扭住新发展格局的目标任务，解决影响贯彻新发展理念、构建新发展格局的突出问题，解决影响人民群众生产生活的突出问题。中央深改委第十八次会议重点强调了当前和今后一个时期要围绕实现高水平自立自强、围绕畅通经济循环、围绕扩大内需、围绕实现高水平对外开放、围绕推动全面绿色转型五个方面深化改革。这五个方面既集中体现了"十四五"时期经济社会发展主要任务和重大部署，也是中央经济工作会议确定的今年经济工作重点。这五个方面也都是目前制约我国现代化发展的突出矛盾，是必须要啃的改革硬骨头，必须要攻克的改革难关，更是完整、准确、全面贯彻新发展理念的关键所在。全面深化改革的着力点必须与此紧密配套、环环相扣。

比如，在科技创新领域，一方面我们要看到我国科技实力已跃上新的大台阶，在许多方面处于全球并跑、领跑位置，但另一方面又要清醒认识，一些重要领域和关键核心技术还受制于人，亟待突破产业瓶颈，确保我国产业链供应链安全，这就需要发挥新型举国体制优势，坚决破除影响和制约科技核心竞争力提升的体制机制障碍，加快攻克重要领域"卡脖子"技术，牢牢把握创新发展主动权，实现高水平自立自强。再比如，要深化土地制度、户籍制度改革，健全区域协调发展体制机制和城乡融合发展体制机制，加快推进以人为核心的新型城镇化步伐，才能促进城乡经济循环等。可以说，完整、准确、全面贯彻新发展理念，就是要推动改革向更深层次挺进，重点坚决破除影响和制约创新发展、协调发展、绿色发展、开放发展、共享发展的一系列体制机制障碍，才能畅通国民经济循环、顺畅地构建起新发展格局，增强人民群众获得感、幸福感、安全感，实现高质量发展、促进中国经济行稳致远。

围绕这五个方面的突出矛盾和问题深化改革，实现了重点突破，就会引领我国改革向纵深推进，就是将贯彻新发展理念落到了实处。

创新意识就是要不拘套路和陈规立足实际尊重创造

习近平总书记在去年年末主持召开中央深改委第十七次会议就指出，这些年改革工作，我们坚持以思想理论创新引领改革实践创新，以总结实践经验推动思想理论丰富和发展，从改革的总体目标、主攻方向、重点任务、方法路径等方面提出一系列具有突破性、战略性、指导性的重要思想和重大论断。我们坚持加强党的领导和尊重人民首创精神相结合，坚持顶层设计和摸着石头过河相协调，坚持试点先行和全面推进相促进，推动全社会形成改革创新活力竞相迸发、充分涌流的生动局面。① 可以说，正是因为我们党始终有创新意识，成就了这一场思想理论的深刻变革，成就了这一场人民广泛参与的深刻变革。

党的十八届三中全会以来，党中央以前所未有的决心和力度冲破思想观念的束缚，突破利益固化的藩篱，坚决破除各方面体制机制弊端，积极应对外部环境变化带来的风险挑战，开启了气势如虹、波澜壮阔的全面深化改革进程。许多领域实现历史性变革、系统性重塑、整体性重构，为推动形成系统完备、科学规范、运行有效的制度体系，使各方面制度更加成熟更加定型奠定了坚实基础。这成为创新引领改革实践的生动写照。

进入新发展阶段，中央深改委第十八次会议继续强调全面深化改革要树立创新意识，是基于改革的历史经验，更好应对错综复杂的国内外形势、加快构建新发展格局的必然要求。我们这样一个 14 亿人口的大国迈向现代化强国，这本身就是创新性事业，没有可以照搬的模式和现成的路径。在船到中游浪更急、人到半山路更陡的改革关口，更需要我们保持创新意识。我们必须摒弃不合时宜的思想观念，走出安于现状的路径依赖，善于打破陈规、不拘套路，继续激发敢为人先的锐气，以思想认识的新飞跃打开改革发展的新局面。为此，要大

---

① 习近平主持召开中央全面深化改革委员会第十七次会议强调 坚定改革信心汇聚改革合力 推动新发展阶段改革取得更大突破 [N]. 人民日报，2020－12－31（1）.

力尊重人民群众在改革上的首创精神，要积极鼓励地方基层在构建新发展格局的改革征程上勇于探路，率先突破、率先成势。

钉钉子精神就是要强化制度建设锲而不舍久久为功

党的十八大到十九大以来历次的中央深改委（领导小组）会议，习近平总书记总是强调改革归根到底要抓落实。他号召全党要发扬钉钉子精神，抓铁有痕、踏石留印。否则，再好的改革蓝图，如果只停留在口号上、传达在文件中，就是镜中花水中月。

中央深改委十八次会议就此着力强调制度建设。事实上，这些年的全面深化改革推动了我国国家制度和治理体系的深刻变革。我们始终突出制度建设这条主线，不断健全制度框架，筑牢根本制度、完善基本制度、创新重要制度。在抗击新冠疫情、决胜全面建成小康社会、决战脱贫攻坚、"十三五"规划实施、落实"六稳""六保"经济工作中，正是制度建设发挥了重要作用，改革的关键一招作用才得以充分彰显。

因此，发挥全面深化改革在构建新发展格局中的关键作用，根本上还是靠制度。紧紧抓好制度建设这条主线，就要落实落细改革主体责任。现在全面深化改革的方向目标清晰，战略部署明确，方法路径高效，改革工作的着力点，就是既要在原有制度基础上继续添砖加瓦，又要在现有制度框架内搞好精装修，切实打通制度堵点、抓好制度执行。以钉钉子精神锲而不舍、久久为功，夯实改革的制度根基，就能破解新发展格局的各种体制机制难题。

新征程，
再出发*

惊蛰时节，万物复苏，恰是一年春光好。

5000多名人大代表和政协委员汇聚北京，出席十三届全国人大四次会议和全国政协十三届四次会议。今年两会是在全国人民抗击疫情取得重大战略成果、喜迎中国共产党百年华诞，实施"十四五"规划、开启全面建设社会主义现代化国家新征程的重要时刻召开的，意义更加深远。代表委员将承载人民重托，充分发扬民主，立足新的历史方位，为擘画国家现代化发展新的宏伟蓝图群策群力。这是春天里的一次盛会。

两会是观察中国政治生活的重要窗口，是了解国家政策走向的风向标。两会前夕，人民网进行了一次广泛的民意调查，经过几百万网友投票，"依法治国""社会保障""乡村振兴""绿水青山""金融风险""教育改革""住有所居""数字化生活""社会治理"等热词依序跃然纸上。这些热词及排序，从一个侧面反映了当前人民群众所想所盼所愿，折射了老百姓最关注的烦心事操心事揪心事。民之所想，政之所向。这次两会的最大看点就是即将审议通过"十四五"规划纲要。按照党的十九届五中全会精神，"十四五"规划纲要将充分体现以人民为中心的发展思想，聚焦我国经济社会发展的突出问题和明显短板，回应人民群众诉求和期盼，为新的一年、今后五年乃至更长一个时期我国经济社会发展指明方向、明确政策、部署重大战略，为满足人民日益增长的美好生活需要作出回答。

"十四五"时期是我国进入新发展阶段的第一个五年。实施好"十四五"规划，关乎脱贫攻坚成果和全面建成小康社会巩固拓展、关乎站在"两个一百年"奋斗目标历史交汇点上开好局起好步、关乎我国经济社会更长远的持续健康发展。经过党中央充分谋划、全党全国人民集思广益，今年两会制定一个高瞻远瞩、贴近民心、务实管用、经得起历史检验的新的五年规划是完全可以预

---

* 本文原载《学习时报·学习评论》2021年3月5日。

期的。

我们有来自历史成就的坚实底气和信心。用五年规划引领经济社会发展，是我们党治国理政的一个重要方式。新中国成立以来，我国顺利实施了 13 个五年规划（计划）。国家统计局前不久发布，"十三五"规划主要目标任务已经完成。国内生产总值突破 100 万亿元，人均国内生产总值超过 1 万美元，这标志着我国经济实力、科技实力、综合国力又跃上一个新的大台阶。一系列数据背后，更是彰显了我国独特的政治优势、理论优势、制度优势、发展优势，经济社会发展依然有诸多有利条件，我们有信心、有底气、有能力谱写"两大奇迹"新篇章。

我们有针对现实形势的科学研判和布局。党的十九届五中全会明确，我国发展仍然处于重要战略机遇期。虽然机遇挑战都有新的发展变化，机遇和挑战之大前所未有，但我国发展的机遇仍大于挑战。我们能准确把握新发展阶段，以更加积极有为、始终洋溢着蓬勃生机活力的姿态推进阶梯式递进、不断发展进步、日益接近质的飞跃的量的积累和发展变化。我们能从根本宗旨、问题导向、忧患意识出发完整、准确、全面贯彻新发展理念。我们能激发改革创新动力，加快构建以国内大循环为主体、国内国际双循环相互促进的新发展格局，时与势在我们一边。我们能够牢牢把握发展主动权。

我们有憧憬光明前景的无限执着和决心。全党以开展党史学习教育为契机，回望过往奋斗路，眺望前方奋进路，大力弘扬党的光荣传统和优良作风，赓续共产党人精神血脉；各级干部以追求"我将无我，不负人民"为精神境界，立足两个大局，心怀"国之大者"，投身"复兴大业"，不断提高政治判断力、政治领悟力、政治执行力，不断提高把握新发展阶段、贯彻新发展理念、构建新发展格局的政治能力、战略眼光、专业水平；全国人民在党的领导下上下同心、汇聚磅礴伟力，前进道路上就没有不可战胜的困难。

春天里相约两会，必然收获满满。从春天起步，踏上新的征程。春天里，我们扬帆启航再出发，向着更加美好的未来前进。预祝两会圆满成功。

长期科学实践中积累的
宝贵精神财富*

一部科学史，也是一部书写科学家精神的历史。新中国成立以来，我国一代代科学工作者立足祖国大地、根植中华文明、成就科学事业，用智慧、汗水和鲜血凝聚形成科学家精神这一丰碑，即"胸怀祖国、服务人民的爱国精神，勇攀高峰、敢为人先的创新精神，追求真理、严谨治学的求实精神，淡泊名利、潜心研究的奉献精神，集智攻关、团结协作的协同精神，甘为人梯、奖掖后学的育人精神"。这六个方面相互贯穿，相互支撑，既传承精神血脉，又蕴含时代特点，是激励科学工作者攀登科学高峰、建设科技强国的强大精神动力。习近平总书记在科学家座谈会上指出："科学成就离不开精神支撑。科学家精神是科技工作者在长期科学实践中积累的宝贵精神财富。"① 进入新时代，踏上强国富民新征程，实现科技自立自强新使命，需要广大科技工作者赓续老一代科学家宝贵精神财富，大力弘扬科学家精神，以更加昂扬的精神状态和奋斗姿态，积极投身建设世界科技强国的宏伟事业。

1. 以爱国精神为灵魂，胸怀报国之志，增进人民福祉

爱国主义是中华民族精神的核心。厚植爱国精神，是科技工作者的立德之源、立功之本。胸怀祖国、服务人民的爱国精神，生动展示了我国科学家矢志报国、服务人民的高尚情怀和优秀品质，是个人智趣、人生价值和国家使命在科学家身上的有机统一。

格物致知是科学家的本性追求，但科学研究绝不是"躲进小楼成一统"，任何真正的科学发现和科技创新，都不是在远离现实的乌托邦中为科学而科学的单纯智力活动，而是在解决时代、国家、社会和人民面对的现实问题中不断发展的鲜活实践。科学没有国界，但科学家有自己的祖国，维护国家利益、人

---

* 本文原载《光明日报》2021年4月14日。
① 习近平在科学家座谈会上的讲话［N］．人民日报，2020－09－12（2）．

民利益是科学家的责任与担当。我国知识分子历来有浓厚的家国情怀和强烈的社会责任感。《礼记·大学》就将格物、致知、诚意、正心、修身、齐家、治国、平天下列为"八目"。"为天地立心、为生民立命、为往圣继绝学、为万世开太平""苟利国家生死以，岂因祸福避趋之"等思想，是一代又一代中国知识分子的人生追求。科学家是知识分子中的优秀代表。从李四光、钱学森、钱三强、邓稼先等一大批为建设新中国不懈奋斗的老一辈科学家，到陈景润、黄大年、南仁东等一代代新中国培养起来的杰出科学家，无一不是爱国科学家的典范。他们秉持国家利益和人民利益至上，主动肩负起历史重任，把自己的科学追求融入建设社会主义现代化国家的伟大事业，鞠躬尽瘁、矢志报国，为祖国和人民作出彪炳史册的重大科技贡献，以实际行动为"科学无国界、科学家有祖国"作出最生动注脚，谱写了精彩的人生篇章。

2. 以创新精神为禀赋，不断攻坚克难，勇于开拓创造

人类对自然规律的认知没有止境，科学探知和科技创新也永无止境。勇攀高峰、敢为人先的创新精神，展示出我国科学家在科学探索中敢于登顶的志气、在科技创新中敢为人先的自信。既意味着要有在科学大道上不畏艰险、沿着陡峭山路攀登抵达光辉顶点的不懈韧劲；也意味着要有挑战前人所未知，敢于提出新理论、开辟新领域、探寻新路径，在独创独有上下功夫、在屡败屡试中求真知的雄心壮志。

中华民族是富有创新精神的民族，创新精神是中华民族最鲜明的禀赋，也是实现创新驱动发展战略不可或缺的精神特质。在绵延五千年的文明进程中，中华民族曾为人类发展创造了闻名于世的科技成果。新中国成立到改革开放特别是党的十八大以来，我国科技发展成就举世瞩目，人工合成结晶牛胰岛素、高温超导、纳米科技、人类基因组测序……基础科学领域实现一系列突破；"两弹一星"、超级杂交水稻、汉字激光照排、探月工程、量子通信、北斗导航、载人深潜、高速铁路……工程技术领域取得大量世界领先成果。这些成就的获得，离不开一批又一批优秀科学家勇攀科学高峰、敢为天下先的创新精神。一代代科学家通过不断创新，为把我国建设成为一个有世界影响的大国奠定了重要基础。当前，我国科技事业加速发展，一些重要领域跻身世界先进行列，某些前沿方向开始进入并行、领跑阶段，正处于从量的积累向质的飞跃、点的突破向系统能力提升的重要时期。但也要看到，我国自主创新能力不强、关键核心技术受制于人的局面尚未根本改变，创造新产业、引领新发展的科技储备远远不够，产业还处于全球价值链中低端，军事、安全领域高科技方面同发达国家仍有较大差距。因此，必须把发展基点放在创新上，通过创新培育发展新动力、

塑造更多发挥先发优势的引领型发展，做到人有我有、人有我强、人强我优，在新时代以科技创新引领构建新发展格局。

3. 以求实精神为本分，追求科学真理，做事脚踏实地

科学活动是探究事物本质和演化规律的过程，科研工作是不断观察、思考、假设、试验、求证、归纳的复杂过程，唯实唯真才是立足之本。我国科学家所展现出的追求真理、严谨治学的求实精神，在于始终坚持独立思辨、严格求证的科学原则，不迷信学术权威，不盲从既有学说，在于始终坚持立德为先、诚信为本的学术品行，彰显科学伦理的真善美。

从地心说到日心说，从牛顿力学到相对论，科学先驱们演绎了不惧权威、敢于破壁的科学史话。在我国的科学家中，这样求真务实、探究真理的事例也举不胜举。屠呦呦带领团队数十年如一日，无数次试验，一次次失败，不断筛选、改进提取方法，终于发现青蒿素，让"一株小草改变了世界"，解决了全球数亿疟疾患者的困扰。张弥曼勇于向国外导师挑战，推动人类对生物进化史的认知进入新阶段。袁隆平经过多地多年试种，才给出海水稻也能在盐碱地里获得丰收的科学结论。中国工程院院士杜祥琬在回忆自己跟随老一辈科学家研制"两弹一星"的激情岁月时说："我至今记得科研楼走廊里'三老'和'四严'的标语——做老实人、说老实话、办老实事；严格、严肃、严谨、严密。""三老""四严"就是求实精神的具体体现。

4. 以奉献精神为品质，不求浮华名利，坚守宁静致远

古人讲，"淡泊明志，宁静致远"。不计较名利、不困于浮华，才能一门心思做好学问；只有心无旁骛，耐得住寂寞，才能宁静致远，做出突破性成果。淡泊名利、潜心研究的奉献精神，展示出科学家静心笃志、埋头治学，板凳甘坐十年冷、宝剑锋从磨砺出的初心与坚守，体现的是科学家高风亮节、无怨无悔的高尚人格。

习近平总书记指出："科学家的优势不仅靠智力，更主要的是专注和勤奋，经过长期探索而在某个领域形成优势。"科学研究是长期的事业，有其自身规律，特别是一些基础研究投入大、周期长，甚至从成果诞生到得到广泛认可，需要经受很长时间考验。因此，推动科研进步尤其是创造一流科研成果，不可能一蹴而就，只有坚持不懈、循序渐进、久久为功，方能实现由量变到质变的突破。新中国成立以来，我国许多优秀科学家能成为"干惊天动地事，做隐姓埋名人"的民族英雄，就在于能够长期勤奋钻研，不因困难退缩，不慕虚荣，不计名利。邓稼先一生为中国核武器、原子武器的研发默默奉献；黄旭华30年

"水下长征"，为研制核潜艇无怨无悔；王选历经 18 年，把全部精力投入汉字信息处理与激光照排研制，几乎放弃所有节假日，功成名就后把所获奖金全部捐赠或设立人才奖励基金，自己却俭朴节约，手表修了多次也不买新的，一副眼镜更是戴到去世；张伯礼带领研究团队奔赴武汉抗疫一线，以多年临床经验指导科学抗疫，他说，"科学研究是一个养兵千日、用兵一时的创新事业"。正是这些科学家埋头科研、无私奉献，为我国科学事业发展树起一座座历史丰碑。

5. 以协同精神为支撑，发挥群智群力，实现联合攻关

科技领域协同攻关，既是适应经济全球化趋势之必然，也是当今学科融合加速、创新要素集聚、科学研究集成所必须。我国科学家展现出的集智攻关、团结协作的协同精神，蕴含了强化跨界融合、倡导团队精神、建立协作机制的重要性，凸显了我国集中力量办大事的制度优势，有利于优化配置科技资源，推动关键领域集中攻关。

现代科学发展日新月异，其发展的深度、广度和复杂程度前所未有，各学科间不断交叉融合、多技术多产业跨界融合正成为常态。随着经济全球化的发展，商品、技术、信息、数据、人才等要素流动更为频繁，国际国内科学家之间、科研机构和政府之间、产学研用各部门之间在重大科技项目中日益需要加强合作、推进协同、促进融合。事实上，集智攻关、团结协作始终是我国科学界的优良传统。20 世纪 50 年代，杨振宁、李政道提出了宇称不守恒定律，并最终在吴健雄的实验下得到确证，就是科学史上一则集智攻关的佳话；为找到抗疟新药青蒿素，60 多家单位、数以千计的科研工作者参与 523 个项目，艰苦攻关 13 年，终偿所愿；为实施"两弹一星"工程，无数科技工作者隐姓埋名、投身戈壁，付出青春甚至生命，铸就大国重器，奠定国防基石；为编纂《中国植物志》，80 多家单位、300 多位作者、160 多位绘图者，历时 45 年最终完成。近年来，我国载人航天、高铁研发、北斗导航、载人深潜、FAST 天眼工程等，都是依靠团队联合攻关、发挥群智群力集体智慧的结晶。

6. 以育人精神为风尚，注重学养传承，砥砺后人奋进

历史上伟大科学家的魅力和胸怀以及年轻人的努力和超越，对一个学科甚至一个学派的发展至为关键。科学是一项承前启后、不断超越的伟业，是甘当人梯的前辈和不断超越的后辈教学相长的过程，人才资源在科技创新中有着最优先的位置，育人关乎科技事业长远发展。我国一代代科学家在潜心研究的同时，把发现、培养、举荐青年人才作为一项重要责任，言传身教，慧眼识英，为拔尖创新人才脱颖而出铺路搭桥、为科学事业可持续发展培养人才。这种甘

为人梯、奖掖后学的育人精神，体现的是科学家们为事业发展无私奉献的博大胸怀和历史担当。

"一年之计，莫如树谷；十年之计，莫如树木；终身之计，莫如树人"，创新是第一动力，人才是第一资源。多年来，我国科学家不仅以自己的勤勉和学识为国家科学事业作出不凡业绩，更是甘做"铺路石"，勇当领路人，为一代代青年才俊接续成长、施展才华提供广阔舞台。钱学森是中国航天早期人才培养的开拓者，他自编教材，亲自为大学生和青年科技人员讲授"导弹概论""星际航行概论"课程，作为主要负责人开办力学研究班，培养了新中国第一批导弹和航空航天专业人才；气象学家竺可桢在学术生命最旺盛的时候，觉得办教育更为重要，就到浙江大学去担任校长，并培养出中国第一批气象学家；吴征镒在获得国家最高科技奖后感言："我愿做垫脚石，让后人继续攀登高峰。"正是由于一代代科学家发扬甘为人梯、奖掖后学的育人精神，我国科技事业才得以薪火相传、人才辈出。

铭记嘱托 繁荣发展新时代中国哲学社会科学 *

习近平总书记在 2016 年 5 月 17 日召开的哲学社会科学工作座谈会发表重要讲话，5 年后的今天我们结合当前正在全党开展的党史学习教育，结合为开启全面建设社会主义现代化强国新征程，我们再次认真研读这篇重要讲话，更需要强大的哲学社会科学理论指导的现实需要，会更加深刻感到总书记 5 年前的这篇重要讲话是高屋建瓴、视野开阔、博大精深的，具有极强的理论指引性和现实针对性，会更加深刻领悟到总书记 "5·17" 讲话的远见卓识和思想穿透力。

总书记 "5·17" 讲话重点谈了如何充分认识哲学社会科学在坚持和发展中国特色社会主义中的重大意义，为什么要坚持马克思主义在我国哲学社会科学领域的指导地位，怎样加快构建中国特色哲学社会科学，为什么要加强和改善党对哲学社会科学工作的领导这四个方面问题，[①] 概而言之，就是系统阐释和回答了中国特色社会主义进入新时代，坚持和发展中国特色社会主义需要构建什么样的当代中国哲学社会科学，怎样繁荣和发展具有中国气派、中国品格、中国话语体系的当代中国哲学社会科学的重大理论和实践问题，这篇讲话是新时代繁荣和发展中国哲学社会科学的思想引领和行动指南，是一篇闪耀着马克思主义立场观点方法之真理力量的光辉文献。据此，我们从三个方面更加深入理解和把握其思想精髓。

第一个方面，要解决 "为什么" 的思想认识

总书记在 "5·17" 重要讲话中指出，哲学社会科学是人们认识世界、改造世界的重要工具，是推动历史发展和社会进步的重要力量，其发展水平反映

---

* 本文原载中国网·传习录 2021 年 5 月 25 日。

① 习近平. 加快构建中国特色哲学社会科学. 习近平谈治国理政（第二卷）［M］. 北京：外文出版社，2017：338－348.

了一个民族的思维能力、精神品格、文明素质，体现了一个国家的综合国力和国际竞争力。这就深刻阐明了哲学社会科学不仅是人类在社会发展进程中对人与自然、人与社会、人与人关系不断深刻认识和规律把握的思想智慧结晶，也是推动人类社会不断向前进步的思想引领，不论历史怎样向前发展、生产力和生产关系怎样演进，哲学社会科学始终告诉人类怎样正确处理好与其所处的世界的关系，理解人类从哪里来、要向哪里去。

问题是时代的声音，人类社会发展是在不断解决问题中前行的。哲学社会科学就是要解决人类发展的现实困惑和问题，在这一过程中，哲学社会科学不仅引领人类的文明进步方向，也实现着自身体系的构建、完善和发展。人类社会每一次重大跃进，人类文明每一次重大发展，都离不开哲学社会科学的知识变革和思想先导。马克思有一句至理名言，"哲学家只是用不同的方式解释世界，而问题在于改造世界。"这也深刻指明了哲学社会科学在现实社会中的思想价值和工具价值，必须随着时代发展而发展，在解决问题中塑造其科学性、指导性和时代性。习近平总书记在这篇讲话中就以深邃的历史眼光、纵览古今中外哲学社会科学发展的历史脉络，通过透彻的分析比较，得出结论：一个国家的发展水平，既取决于自然科学发展水平，也取决于哲学社会科学发展水平。一个没有发达的自然科学的国家不可能走在世界前列，一个没有繁荣的哲学社会科学的国家也不可能走在世界前列。

以五千多年中华文明史来看，古老的中国哲学思想为中华文明提供了重要内容和丰富的治国理政智慧，为古人认识世界、改造世界提供了重要依据，也为人类文明作出了重大贡献。在近现代中国，特别是中国共产党走上历史舞台的中央，带领中国人民抗击"三座大山"的欺凌压迫，寻求民族独立和人民解放的革命征程中，中国共产党人始终高度重视和运用科学理论和为实践检验的正确的哲学社会科学来了解社会、改造社会，进行社会革命，取得了新民主主义革命、社会主义革命和建设、改革开放和社会主义现代化建设的不断胜利，成功开辟了中国特色社会主义道路，一定意义上正是科学的哲学社会科学体系在中国大地上的伟大实践和伟大发展。

进入新时代的当代中国，正处于世界百年未有之大变局和中华民族伟大复兴的战略全局，我国哲学社会科学地位更加重要、任务更加繁重。总书记在重要讲话中深刻分析时与势，从"四个迫切需要"强调了哲学社会科学要更好地发挥作用，并高屋建瓴地指出：社会大变革的时代，一定是哲学社会科学大发展的时代。当代中国正经历着我国历史上最为广泛而深刻的社会变革，也正在进行着人类历史上最为宏大而独特的实践创新。这种前无古人的伟大实践，必将给理论创造、学术繁荣提供强大动力和广阔空间。

第二个方面，要解决"是什么"的思想认识

坚持以马克思主义为指导，是中国共产党区别于其他政党的鲜明标志，也是当代中国哲学社会科学区别于其他哲学社会科学的根本标志。坚持马克思主义在我国哲学社会科学领域的指导地位，具有深刻的理论逻辑、历史逻辑、实践逻辑和价值逻辑。总书记在"5·17"重要讲话中全面阐释了繁荣和发展中国哲学社会科学必须旗帜鲜明坚持马克思主义指导地位的根本问题。

在理论逻辑上，总书记指出，马克思主义深刻揭示了自然界、人类社会、人类思维发展的普遍规律，为人类社会发展进步指明了方向；马克思主义坚持实现人民解放、维护人民利益的立场，以实现人的自由而全面的发展和全人类解放为己任，反映了人类对理想社会的美好憧憬；马克思主义揭示了事物的本质、内在联系及发展规律，是"伟大的认识工具"，是人们观察世界、分析问题的有力思想武器。在人类思想史上，还没有一种理论像马克思主义那样对人类文明进步产生如此广泛而巨大的影响。马克思主义尽管诞生在一个半多世纪之前，但历史和现实都证明它是科学的理论，迄今依然有着强大生命力。

在历史逻辑上，总书记指出，当代中国哲学社会科学是以马克思主义进入我国为起点的，是在马克思主义指导下逐步发展起来的。十月革命一声炮响，给中国送来了马克思列宁主义。马克思主义进入中国，既引发了中华文明深刻变革，也走过了一个逐步中国化的过程。在革命、建设、改革各个历史时期，我们党坚持马克思主义基本原理同中国具体实际相结合，运用马克思主义立场、观点、方法研究解决各种重大理论和实践问题，不断推进马克思主义中国化，我国哲学社会科学始终坚持以马克思主义为指导，在实践和发展中也塑造了具有中国特色的哲学社会科学体系，充分体现了近现代以来我国发展历程赋予的规定性和必然性。

在实践逻辑上，我国广大哲学社会科学工作者自觉坚持以马克思主义为指导，自觉把中国特色社会主义理论体系贯穿研究、实践全过程，转化为清醒的理论自觉、坚定的政治信念、科学的思维方法。在当今坚持和发展中国特色社会主义进程中，仍不断在实践和理论上进行探索、用发展着的理论指导发展着的实践。

第三个方面，要解决"怎么做"的思想认识

总书记"5·17"重要讲话也清晰分析了当前我国哲学社会科学研究中存在的问题。总书记鲜明指出，马克思主义中国化虽然取得了重大成果，但还远未结束。我国哲学社会科学的一项重要任务就是继续推进马克思主义中国化、

时代化、大众化，继续发展 21 世纪马克思主义、当代中国马克思主义。面对社会思想观念和价值取向日趋活跃、主流和非主流同时并存、社会思潮纷纭激荡的新形势，我国哲学社会科学地位更加重要、任务更加繁重。

尤其需要看到，目前仍有一些同志对马克思主义理解不深、理解不透，在运用马克思主义立场、观点、方法上功力不足、高水平成果不多，在建设以马克思主义为指导的学科体系、学术体系、话语体系上功力不足、高水平成果不多。在实际工作中，在有的领域中马克思主义被边缘化、空泛化、标签化，在一些学科中"失语"、教材中"失踪"、论坛上"失声"，等等。

为此，总书记指出，构建中国特色哲学社会科学必须要体现继承性、民族性；体现原创性、时代性；体现系统性、专业性。他要求，我国广大哲学社会科学工作者坚持以马克思主义为指导，首先要解决真懂真信的问题。对马克思主义的学习和研究，不能采取浅尝辄止、蜻蜓点水的态度，不下大气力、不下苦功夫是难以掌握真谛、融会贯通的。核心是要解决好为什么人的问题。他强调，为什么人的问题是哲学社会科学研究的根本性、原则性问题。广大哲学社会科学工作者要坚持人民是历史创造者的观点，树立为人民做学问的理想，尊重人民主体地位，聚焦人民实践创造，自觉把个人学术追求同国家和民族发展紧紧联系在一起，努力多出经得起实践、人民、历史检验的研究成果。最终要落实到怎么用上来。他指出，马克思主义具有与时俱进的理论品质。新形势下，坚持马克思主义，最重要的是坚持马克思主义基本原理和贯穿其中的立场、观点、方法，把坚持马克思主义和发展马克思主义统一起来，结合新的实践不断作出新的理论创造。最后，总书记还强调，哲学社会科学事业是党和人民的重要事业，哲学社会科学战线是党和人民的重要战线。加强和改善党对哲学社会科学工作的领导，是繁荣发展我国哲学社会科学事业的根本保证。

这是一个需要理论而且一定能够产生理论的时代，这是一个需要思想而且一定能够产生思想的时代。在今天中华民族全面迈向现代化强国历史进程这样一个伟大时代，哲学社会科学具有不可替代的重要地位，哲学社会科学工作者具有不可替代的重要作用。广大哲学社会科学工作者要铭记总书记的谆谆教诲，有理想、有抱负，立时代之潮头、通古今之变化、发思想之先声，积极为党和人民述学立论、建言献策，担负起历史赋予的光荣使命。

奔着最紧急最紧迫的问题去 *

习近平总书记在中国科学院第二十次院士大会、中国工程院第十五次院士大会和中国科协第十次全国代表大会上发表重要讲话，全面分析国际科技创新竞争态势，深入研判国内外发展形势，针对我国科技事业面临的突出问题和挑战，强调要坚持把科技创新摆在国家发展全局的核心位置，把科技自立自强作为国家发展的战略支撑。① 讲话通篇贯穿着问题意识，指出要从经济社会发展和国家安全面临的实际问题中凝练科学问题；科技攻关要坚持问题导向，奔着最紧急最紧迫的问题去；广大科技工作者要研究真问题、真研究问题；等等。

问题是时代的声音，也引领着科技进步和社会发展的方向。坚持问题导向是马克思主义最优良的方法论传统和最鲜明的方法论特征。马克思曾说过，"一个问题，只有当它被提出来时，意味着解决问题的条件已经具备了"。习近平总书记指出，"我们中国共产党人干革命、搞建设、抓改革，从来都是为了解决中国的现实问题。"开启全面建设社会主义现代化国家新征程，立足新发展阶段、贯彻新发展理念、构建新发展格局，我们更要有强烈的问题意识，以重大问题为导向，奔着最紧急最紧迫的问题去，着力推动解决制约我国高质量发展面临的一系列突出矛盾和问题。

坚持问题导向，最重要的在于科学分析现实问题、善于研究真问题，长于在解决实际问题中发现真问题。科学问题千千万万，不可穷尽。真问题是有价值的问题，是有助于人类探索未知、求索真理的问题，是着眼于国家需求、社会需要，人民期待的实际问题。过去曾有人研究所谓水变油的问题，又有人探究永动机的问题，后来证明其只是出于一时的猎奇、为博取眼球或出于某种商业炒作或市场利益，虚构了社会需求、炮制了虚幻的社会现象；更有一些所谓科学研究或论文直接违背学术道德和科学伦理，制造了各种伪命题、伪科学，

---

* 本文原载《学习时报·学习评论》2021 年 5 月 31 日。

① 习近平. 习近平谈治国理政（第四卷）［M］. 北京：外文出版社，2022：196－203.

这不仅浪费了人力物力，还污染了学术空气，都不符合科学精神。当前，新一轮科技革命和产业变革突飞猛进，科学研究范式正在发生深刻变革，这为广大科技工作者大展宏图提供了难得机遇。我们必须集中精力，面向世界科技前沿、面向经济主战场、面向国家重大需求、面向人民生命健康，把握大趋势、探究真问题；从经济社会发展和国家安全面临的实际问题中凝练科学问题，瞄准"卡脖子"的关键核心技术难题，坚决打赢关键核心技术攻坚战；在努力实现高水平科技自立自强中，直面真问题，解决真难题，肩负起时代赋予的重任。

坚持问题导向，最关键的还是要真研究问题。科技工作者要保持战略定力、耐得住性子，少一点急功近利，少一点心浮气躁。邓稼先、袁隆平、屠呦呦等我国一大批老一辈科学家数十年如一日、板凳甘坐十年冷，一辈子淡泊名利、静心笃志、心无旁骛，下得"数十年磨一剑"的苦功夫，瞄准世界一流，解决实际问题，实现了科技报国之志。新一代科技人员要以他们为榜样，大力弘扬科学家精神，潜心笃学，按照总书记要求的那样，少参加各类应景性、应酬性活动，不要把大量时间花在一些无谓的迎来送往活动上，花在不必要的评审评价活动上，花在形式主义、官僚主义的种种活动上……完善激励制度也非常重要，需要进一步推进科技体制改革，最大程度释放科技生产力。总书记讲，创新不问出身，英雄不论出处。这次院士大会科协大会进一步强调坚持质量、绩效、贡献为核心的评价导向，建立健全符合科研活动规律的评价制度。"破四唯"和"立新标"并举，推进实行"揭榜挂帅""赛马"制等好的制度设计，必然能让科研单位和科研人员从烦琐、不必要的体制机制束缚中解放出来，让想干事、能干事、干成事的科技领军人才脱颖而出挂帅出征，有真才实学的科技人员自然英雄大有用武之地。

只要致力于研究真问题、潜心于真研究问题，我国科技自立自强的路子必将愈加广阔。

三江源·
祁连山·青海湖*

　　雄踞"世界屋脊"的青海省是个高颜值的地方。其颜值之高，在于拥有"中华水塔"之誉的三江源、绵延千里的祁连山、一碧万顷的青海湖，"一源一山一湖"相互贯穿，浑然天成青藏高原山川河流之壮美。其颜值之高，更在于这里是我国西北地区国家生态安全屏障的重要组成部分，其独特而不可替代的生态地位，愈发凸显三江源、祁连山、青海湖的战略价值。

　　习近平总书记高度重视青海经济社会发展，近年来步履走过三江源、祁连山、青海湖，念兹在兹的是这里的生态环境和保护工作。2016 年在考察青海时他就明确指出，"青海最大的价值在生态、最大的责任在生态、最大的潜力也在生态"。今年两会在参加青海代表团审议时，习近平总书记进一步要求青海承担好维护生态安全、保护三江源、保护"中华水塔"的重大使命，对国家、对民族、对子孙后代负责。前不久再次视察青海时，习近平总书记强调，进入新发展阶段、贯彻新发展理念、构建新发展格局，青海的生态安全地位、国土安全地位、资源能源安全地位显得更加重要，他尤其强调，"保护好青海生态环境，是'国之大者'"。这不只是对青海一地一域而言的，而是放眼全国，着眼长远，对各级领导干部完整准确全面贯彻新发展理念，在新发展阶段自觉守住自然生态安全边界，推动形成人与自然和谐发展现代化建设新格局提出的更高要求，体现了正确的发展观、现代化观。

　　生态是大自然留给我们的宝藏，也是推进现代化发展的丰厚资源和财富。习近平总书记指出的"保护生态环境就是保护生产力，改善生态环境就是发展生产力"这一重要论述深刻地阐明了生态环境与生产力之间的关系，体现了我们党对生态文明建设客观规律的准确把握。党的十八大以来，坚持绿水青山就是金山银山的理念深入人心，我国生态环境明显改善，生态文明建设取得丰硕成果。但也要看到，仍然有一些地方一些部门只算小账不算大账，只算眼前账

＊ 本文原载《学习时报·学习评论》2021 年 6 月 18 日。

不算长远账，只算地区账不算国家账，只算经济账不算民生账，或只重政绩，或急功近利，或徇私枉法，置生态环境保护责任于不顾，无视环境承载力，盲目上马高污染或落后淘汰的工业项目，甚至在限制开发区、禁止开发区或自然保护区开发房地产项目等，破坏了生态环境安全，影响了人民福祉。近年来，习近平总书记就对青海祁连山自然保护区和木里矿区破坏性开采、对秦岭生态环境保护和秦岭违建别墅严重破坏生态问题作出重要批示指示，案件得到严厉查处，责任人得到法律追究，教训极为深刻。这次青海考察，习近平总书记再次强调，对生态环境保护，对一些破坏生态环境的事件，发现一起查处一起，不能搞下不为例；问题要抓好整改，不留尾巴、不留遗憾。

保护好生态环境是"国之大者"，这是现代化新征程上各级领导干部的使命担当。胸怀"国之大者"，就是要切实贯彻落实习近平生态文明思想，在坚持尊重自然、顺应自然、保护自然上树立战略眼光，看得远一点、想得深一点；在推动绿色发展、促进经济社会发展全面绿色转型上多打全局大算盘、算好民生福祉账、算清子孙后代账。归根结底，就是要从党和国家事业大局出发，站在党中央的高度、立足人民立场，顺应新发展阶段的新要求，更加完整、准确、全面贯彻新发展理念，始终把生态环境保护作为高质量发展的基本前提和刚性约束，努力建设人与自然和谐共生的现代化。

西部歌王王洛宾当年汲取青海原生态之灵气创作了脍炙人口的《在那遥远的地方》，今天，美丽的三江源、祁连山、青海湖依旧在那里。我们这一代人能够自觉担负起保护好山川河流自然之美的历史责任，幸福就不会遥远。

以绿色传奇
诠释美丽中国*

8月23日，习近平总书记来到塞罕坝机械林场考察调研。习近平总书记在同林场职工代表亲切交流时强调，你们做的事非常有示范意义，对全国生态文明建设具有激励作用和深远影响。① 塞罕坝精神是中国共产党精神谱系的组成部分。全党全国人民要发扬这种精神，把绿色经济和生态文明发展好。塞罕坝要更加深刻地理解生态文明理念，再接再厉，二次创业，在新征程上再建功立业。

塞罕坝无疑是一本最好的现实教科书。

据资料上记载：位于河北省最北部围场县境内的塞罕坝，其名意为"美丽的高岭"。因为历史上这里地域广袤、树木参天，辽金时期就被称为"千里松林"，可谓"林苍苍，树茫茫，风吹草低见牛羊"。但清朝后期由于国力衰退，日本侵略者掠夺性采伐以及没有节制的农牧活动等，这里的树木被采伐殆尽，大片森林荡然无存。到新中国成立前夕，塞罕坝已蜕变为"天苍苍，野茫茫，风吹沙起好荒凉"的沙地荒原。

20世纪60年代，国家在这里建立塞罕坝机械林场，下决心战天斗地，在这里造林育林、抵御风沙、恢复生态。那时候的塞罕坝自然环境十分恶劣、交通完全闭塞，生产生活条件基本缺乏。

经过塞罕坝几代人半个多世纪的艰苦奋斗，如今的塞罕坝在140万亩的总经营面积上成功营造了112万亩人工林，森林覆盖率由建场初期的11.4%提高到80%，林木总蓄积量达到1012万立方米……塞罕坝人以青春、汗水甚至血肉之躯，在茫茫的塞北荒原上建起了全国面积最大、集中连片的人工林海，筑起为京津阻沙涵水的"绿色长城"，创造了一个变荒原为林海、让沙漠成绿洲的

＊ 本文原载光明网·理论频道2021年8月26日。

① 习近平在河北承德考察时强调 贯彻新发展理念弘扬塞罕坝精神 努力完成全年经济社会发展主要目标任务[N]. 人民日报，2021－08－26（1）.

绿色奇迹。

这三个时点跨越百十年，塞罕坝生态环境何以一个多世纪能够发生翻天覆地的变化？塞罕坝人何以半个多世纪经历几代人接力传承，就能书写出一部感天动地的绿色传奇？

我们说，历史、地理和环境生态虽然有其自在的演化逻辑，但人的力量一旦有好的制度条件是可以最大限度地激发出来的，人的精神在好的社会环境下又是能焕发出无穷力量的。塞罕坝和塞罕坝人就是有了这样的好的制度条件和社会环境。正是在中国共产党的领导下，塞罕坝和塞罕坝人坚持走中国特色社会主义道路，坚定不移走生态优先、绿色发展之路，不仅创造了变茫茫荒原为百万亩人工林海的绿色传奇，极大地厚实了塞罕坝地区社会资源的地域价值，更是铸就了塞罕坝精神，印证了"绿水青山就是金山银山"的发展思想，为中国特色社会主义生态文明建设积累了丰厚经验。

塞罕坝三个时代、三个场景的巨大变迁，其根本原因就在于我们拥有一个始终坚持以人民为中心的执政党，在这样一个政党领导下开创了一个能够不断满足人民日益增长的对美好生活需要的成功道路和伟大制度，在这样的制度下人民能够团结奋斗、顽强拼搏、凝聚起"敢教日月换新天"的磅礴伟力。

党的十八大以来，习近平总书记对河北塞罕坝林场建设者感人事迹作出重要指示，并在全国脱贫攻坚总结表彰大会上为全国脱贫攻坚楷模荣誉称号获得者河北省塞罕坝机械林场颁奖。这是对塞罕坝人半个世纪以来创造的历史奇迹的最大褒奖，是对塞罕坝精神的最大肯定。

塞罕坝精神是塞罕坝也是我们这个时代最为可贵的精神财富之一，是中国共产党精神谱系的组成部分，也是中国精神在新时代的最生动写照。其可贵就在于塞罕坝林场几代党员干部和职工始终忠于党，忠于党和人民赋予的光荣使命，他们用心血、汗水甚至生命践行着对党的绝对忠诚，用生动实践深刻诠释了对党绝对忠诚的内涵，对党绝对忠诚成为塞罕坝精神的时代内核。其可贵就在于一代代塞罕坝奋斗者为了长远发展默默付出、无怨无悔、艰苦创业，面对困难迎头而上，面对风险挺身而出，面对责任敢于担当，不急一时之功、不计一己之利，以"功成不必在我"的高尚情怀，正确处理个人与集体的关系、局部与全局的关系、当前与长远的关系，在治理环境污染、推进生态修复上多做打基础、利长远的工作，多干经得起历史、实践和人民检验的事情。其可贵就在于几代塞罕坝人自觉遵循生态建设规律，坚持向绿色要发展、向绿色要未来，面对荒山秃岭，塞罕坝人坚信"今天有一棵松，明天就会有亿万棵松"，他们像保护眼睛一样保护生态环境，像对待生命一样对待生态环境，坚定不移地走加快转型、绿色发展、跨越提升新路，从而实现了从"一棵松"到百万亩人工林海的历史跨越。塞罕坝每棵树的年轮里都记载着生态文明建设的进程，阐释着绿色发展的理念。

正如习近平总书记在庆祝中国共产党成立 100 周年大会上的重要讲话中指出，新的征程上，要坚持人与自然和谐共生，协同推进人民富裕、国家强盛、中国美丽。这是中国式现代化新道路的宏伟目标，也是一条必须依靠持之以恒、脚踏实地、坚韧不拔、努力前行的奋斗之路。我们要弘扬塞罕坝精神，努力书写新时代的绿色传奇、奋斗传奇，用久久为功的耐力和定力向全世界诠释"美丽中国"建设的新伟业。

打赢打好构建新发展格局
这场攻坚战持久战 *

　　构建以国内大循环为主体、国内国际双循环相互促进的新发展格局，是以习近平同志为核心的党中央着眼于我国长远发展和长治久安作出的重大战略部署，是对"十四五"和未来更长时期我国经济社会发展战略、路径作出的重大调整完善。基于一个时期以来的探索实践，习近平总书记在近日召开的中央全面深化改革委员会第二十次会议上着重强调，加快构建新发展格局，是一场需要保持顽强斗志和战略定力的攻坚战、持久战。这更深刻地指出了构建新发展格局的艰巨性、复杂性、持久性，也预示着构建新发展格局是把握未来发展主动权必须要打赢打好的一场新的重大战役。

　　从 2020 年 4 月习近平总书记首次提出新发展格局的概念，到后来提出"逐步形成""加快形成"新发展格局的一系列重要论断，再到党的十九届五中全会对构建新发展格局作出全面部署，今年两会通过的"十四五"规划和 2035 年远景目标纲要对构建新发展格局作出全面布局，可以说，我们对构建新发展格局的战略意义和实践路径理解越来越清晰、越来越深化，工作部署越来越扎实。各地区各部门按照党中央的决策部署，积极探索、主动作为，不断融入和服务加快构建新发展格局这个"大棋局"。总的来看，工作开局是好的。但同时，当前也面临不少需要抓紧解决和克服的突出问题。

　　这些突出问题主要表现在，一些地方只片面强调"以国内大循环为主体"或者"国内国际双循环"单一方面；一些地方各自为政、画地为牢，只考虑搞自己的小循环；一些部门什么都想自己干、搞重复建设，不顾客观实际和产业基础，专盯"高大上"项目；还有一些地方一讲扩大内需，又开始搞盲目借贷扩大投资、过度刺激消费，甚至又去大搞高能耗、高排放的项目，等等。出现这些突出问题的根源，还是在于一些地方一些部门对把握新发展阶段、贯彻新发展理念、构建新发展格局理解不全面、不透彻、不到位，思想认识尚滞后于

---

　　* 本文原载《学习时报·学习评论》2021 年 7 月 23 日。

中央的要求、形势的发展。

加快构建新发展格局，是一场需要保持顽强斗志和战略定力的攻坚战、持久战。强调这是一场攻坚战，表明构建新发展格局这场战役更加艰巨复杂，必须坚决克服各种束缚发展的思想认识藩篱，坚决破除各种旧的体制机制障碍，坚决摆脱过去发展模式的路径依赖，唯有继续激发攻坚克难、改革创新的顽强斗志才能赢；强调这是一场持久战，表明构建新发展格局这场战役将贯穿全面建设社会主义现代化国家全过程，绝不会一蹴而就，更不是一日之功，必须在应对未来各种可以预见和难以预见的惊涛骇浪中经受住考验，非保持坚定的战略定力、非稳扎稳打久久为功不可得。

打赢打好构建新发展格局这场攻坚战、持久战，核心在于更加坚定的思想自觉。始终把满足国内需要、改善人民生活品质摆在更加突出位置，坚持全国一盘棋，自觉把本地区本部门工作纳入构建新发展格局中统筹考虑和谋划，推动全国市场统一、部门高效联动、区域协同发展。关键在于精准务实的创新举措。坚持以问题为导向，在加快科技自立自强、促进经济循环畅通、扩大内需、推动绿色发展、实行高水平对外开放等方面集中攻关、持续改革，有效纾解重点堵点难点，以重点突破带动引领新发展格局的战略转型，以强化底线思维守住新发展格局的安全底线。基础在于真抓实干的奋发劲头。广大党员干部要有"功成不必在我、功成必定有我"的境界，在融入和服务新发展格局中绝不能脱离实际硬干，绝不能相互攀比蛮干，更不能为了出政绩不顾条件什么都想干。

积极促进构建新发展格局的战略转型*

打赢打好一场战役，制定正确的战略是至关重要的。

习近平总书记强调，加快构建新发展格局，是一场需要保持顽强斗志和战略定力的攻坚战、持久战。这意味着加快构建新发展格局是战略意义上的重大部署，是基于我国进入新发展阶段这个历史方位主动作出的战略安排。

战略是管总的，是全局性的、系统性的、方向性的。正确的经济发展战略导向，是我国经济长期稳定发展的重要保证。改革开放后，我们顺应经济全球化趋势，实施出口导向型发展战略，有效激活了国内生产要素。面对亚洲金融危机和国际金融危机两次大的冲击，我们实施扩大内需战略，有效应对了外部冲击，推动经济发展向国内需求主导转变。党的十八大以来，适应国际国内政治经济环境的重大变化，我们推进和深化供给侧结构性改革，有效改善了供求关系。新发展阶段，党中央提出构建新发展格局的重大战略，这是供给侧结构性改革的递进深化，也是对以往发展战略的整合提升，更是适应新发展阶段新特征新要求在战略目标、战略思路、战略部署、战略路径上的一次全方位转型。各地区各部门必须深入领会其核心要义，立足当前，着眼长远，谋划全局，切实把握我国未来发展主动权，在各种可以预见和难以预见的惊涛骇浪中增强我们的生存力、竞争力、发展力、持续力。

把握积极促进加快构建新发展格局的战略转型，必须明晰"转什么""怎么转""从哪里转"的问题。

当前，我国社会主要矛盾已经转化为人民日益增长的美好生活需要和不平衡不充分的发展之间的矛盾，发展中的矛盾和问题集中体现在发展质量上。当今世界正经历百年未有之大变局，我国发展的外部环境日趋复杂，要积极应对外部环境变化带来的风险挑战，关键在于办好自己的事情，提高国际竞争力，增强国家综合实力和抵御风险能力，有效维护国家安全。这都要求经济、社会、

文化、生态等各领域必须把发展质量问题摆在更为突出的位置。

随着需求结构、产业结构、技术条件和要素禀赋的变化，发展理念必须与时俱进，发展思路必须统筹协调。这就要求必须更加完整、准确、全面贯彻新发展理念，以便更深入地理解新发展理念来推动战略转型。各地区各部门不能不顾国际格局和形势变化、不顾各地客观实际和产业基础、不统筹考虑需要和可能，继续固守旧思路，恪守旧路径，依循旧模式。比如，一强调扩大需求，就到处铺摊子、上项目；一强调"内循环"，就搞区域小市场小循环；一讲解决"卡脖子"难题，就企图什么都自己干。为此，必须处理好自立自强和开放合作的关系，处理好区域发展和全国大市场的关系，处理好积极参与国际分工和保障国家安全的关系，处理好绿色转型和补强拉长产业链供应链的关系，等等。

以重点突破带动引领发展格局的战略转型是一条重要经验。要坚持问题导向，选取真正的重点堵点难点集中攻关，突出针对性和可操作性。当前构建新发展格局的关键在于经济循环畅通无阻，要促进各种生产要素的组合在生产、分配、流通、消费各环节有机衔接，增强供给体系的韧性，形成供求在高水平的动态平衡。要统筹推进重要领域和关键环节改革，持续深化供给侧结构性改革，注重需求侧管理，切实提高资源配置效率；要更好发挥中央、地方和全社会各方面积极性，中央注重加强顶层设计，地方和部门找准服务和融入新发展格局的切入点。近日，中央发布重磅文件支持浦东新区打造社会主义现代化建设引领区、支持浙江高质量发展建设共同富裕示范区、新时代推动中部地区高质量发展等，都是以重点突破带动引领发展格局战略转型的重要举措。

坚决守住新发展
格局的安全底线[*]

一场突如其来的汛期大雨肆虐，河南等地持续遭遇强降雨，郑州等城市发生严重内涝，一些河流出现超警水位。汛期灾情给受灾地区群众造成很大损失。党中央始终把保障人民群众生命财产安全放在第一位，号召各级党员干部坚持人民至上、生命至上，全力以赴、攻坚克难，最大限度减少人员伤亡和财产损失。

我国是自然灾害频发的国家，每年汛期，国家都把防汛作为重要大事来抓。因为防汛救灾不仅直接关系到人民的生命财产安全，也关系到粮食安全、经济安全、社会安全乃至国家安全。这次河南汛期发生洪灾，有不少教训值得吸取，也让我们再一次深刻认识到安全发展的极端重要性。

安全是发展的前提，发展是安全的保障。构建新发展格局是我国进入新发展阶段实现经济现代化的路径选择，是把握我国未来发展主动权的重大战略。构建新发展格局依然要强调发展，但没有安全发展一切发展成果都会毁于一旦。习近平总书记指出，当前和今后一个时期是我国各类矛盾和风险易发期，各种可以预见和难以预见的风险因素明显增多。告诫我们必须坚持统筹发展和安全，把安全发展贯穿国家现代化发展各领域和全过程；要树立底线思维，把困难估计得更充分一些，把风险思考得更深入一些。就此，"办好发展安全两件大事""实现更为安全的发展"写入了"十四五"时期经济社会发展必须遵循的基本原则，"十四五"规划也专门设置一篇部署"统筹发展和安全"。这表明，统筹发展和安全已经成为构建新发展格局这个重大战略不可或缺的重要内容。

习近平总书记在中央全面深化改革委员会第二十次会议上从加快构建新发展格局是一场需要保持顽强斗志和战略定力的攻坚战、持久战的角度，进一步强调要强化底线思维，有效防范应对重点领域潜在风险，守住新发展格局的安全底线。守住这个"安全底线"，预示着只有统筹好发展和安全，才能顺利构

＊ 本文原载《学习时报·学习评论》2021 年 8 月 4 日。

建新发展格局。守住这个"安全底线"，也预示着必须始终保持顽强斗志，才能防范有效化解影响我国现代化进程的各类风险挑战；必须始终保持战略定力，才能有效实施国家安全战略，维护和塑造国家安全，筑牢国家安全屏障，才能确保社会主义现代化事业顺利推进、行稳致远。

仅从经济层面考量，当前我国在重要产业、基础设施、战略资源、重大科技等关键领域自主可控和产业链供应链稳定安全方面仍然有一些短板，在种子安全、粮食安全、能源安全等方面还有一些弱项，在维护金融安全、防范外资大进大出、防止资本无序扩张和野蛮生长、遏制一些地方和企业隐性债务等方面还有一些漏洞，从国家长治久安出发，我们必须守住国家经济安全的底线。再进而广之，面对波谲云诡的国际形势、复杂多变的外部环境、艰巨繁重的改革发展稳定任务，我们在政治、意识形态、科技、生态环境、社会治理、安全生产和公共安全、党的建设等诸多领域也还存在一些重大风险隐患。习近平总书记就多次强调，我们必须始终保持高度警惕，既要高度警惕"黑天鹅"事件，也要防范"灰犀牛"事件。防范化解这一系列显性或隐性风险，就是我们构建新发展格局的安全底线，就是必须坚决守住、守好的风险底线。

当前全球疫情仍在持续流变，国内外发展环境中安全形势更加严峻复杂。如何守住新发展格局的安全底线？各级党委和政府应当立足"两个大局"，牢记"国之大者"，始终坚持总体国家安全观，以人民安全为宗旨，以政治安全为根本，以经济安全为基础，以军事、科技、文化、社会安全为保障，敢于担当，敢负责任，不断增强应急处突能力，不断提升国家安全能力，切实打好防范和抵御风险的有准备之战，切实打好化险为夷、转危为机的战略主动战。

进一步提高应急处突的
见识和胆识*

近一个时期一些碎片式风险事件接续出现，让人们有些糟心。比如，河南郑州等地区遭遇汛期特大暴雨灾害造成不小损失；还比如，有关部门部署整顿在线教育行业被舆情误导，引发国内资本市场剧烈震荡，等等。这些事件虽然是偶发性的、局部性的，但具有比较明显的风险特征，客观上对经济社会稳定产生了一定冲击。有关部门和地区积极应对这些突发事件，及时主动采取措施，比较好地管控了风险蔓延，事件的处理正在向好的方向发展。

不过反思这些风险事件的发生机理和深层原因，的确揭示了我国经济社会快速发展进程中客观存在的一些周期性的、结构性的、体制性的矛盾和问题，但更暴露了我们一些领导干部在应对紧急事件、处理突发危机方面尚存在的不少能力短板和知识弱项。

当今世界正经历百年未有之大变局。我们面对更加复杂多变的国际形势和艰巨繁重的国内改革发展稳定任务，前进的道路上会有各种艰难险阻，可以预料和难以预料的风险挑战也更多更大。增强风险意识，下好先手棋、打好主动仗，做好随时应对各种风险挑战的准备，比以往任何时候都更加重要。对各级领导干部特别是年轻领导干部来说，切实提高应急处突能力也变得十分紧迫。习近平总书记将"提高应急处突能力"作为对中青年干部应对当前复杂形势、完成艰巨任务，解决实际问题必须提高的"七个方面能力"的重要能力之一，要求年轻干部努力成为所在工作领域的行家里手，要不断提高应急处突的见识和胆识，极具远见卓识。

见识是应急处突能力的知识基础和实践要求。领导干部首先要牢固树立底线思维，时刻做到居安思危，增强前瞻意识和忧患意识，宁可把形势想得更复杂一点，把挑战看得更严峻一点，做到有备无患、心中有数；其次，对可能发生的和已经到来的各种风险挑战，能够处变不惊，遇事不慌，做到分类施策、

---

* 本文原载《学习时报·学习评论》2021 年 8 月 12 日。

精准拆弹，有效掌控局势、及时化解危机；最后，在平时就要历练心智，做好基本训练和知识积累，做好各种工作预案。在重大突发事件来临之时，面对来自方方面面的困难与矛盾，与正常工作程序的决策和执行相比，年轻干部的心理紧张程度和心理承受压力往往很大，如果没有长期的实践历练和专业心理训练，就很难精准预判、快速反应和协调处置。当然，还要紧密结合应对风险实践，查找工作和体制机制上的漏洞，及时予以完善。

胆识是应急处突能力的重要支撑和责任要求。我们正处于中华民族伟大复兴的关键时刻，必须进行具有许多新的历史特点的伟大斗争。习近平总书记始终要求新时代干部必须发扬斗争精神、坚定斗争意志，增强斗争本领。当严峻形势和风险挑战摆在面前时，领导干部的胆识就体现在骨头硬，不胆怯、不当逃兵，敢于出击、敢战能胜的坚韧意志上，体现在"关键时刻冲得上、危难关头豁得出"的担当本色上，体现在大是大非面前敢于亮剑，在歪风邪气面前敢于坚决斗争的高超本领上。在应对河南郑州等地区洪涝灾害时，我们就看到了不少党员干部、解放军和武警官兵临危不惧、冲锋在前、勇于担当的胆识和锐气。

古人有诗云：大事难事看担当，逆境顺境看襟度，临喜临怒看涵养，群行群止看识见。在不断提高应急处突能力上，领导干部常修见识、常砺胆识，应是此中之味啊！

谱写中国人民
美好生活的奋斗篇章*

　　"全面建成小康社会，是迈向中华民族伟大复兴的关键一步。100 年来，中国共产党团结带领中国人民顽强拼搏，几代人一以贯之、接续奋斗，从'小康之家'到'小康社会'，从'总体小康'到'全面小康'，从'全面建设'到'全面建成'，小康目标不断实现，小康梦想成为现实。"国庆前夕，国务院新闻办公室发表的《中国的全面小康》白皮书开篇这样写道。

　　这份白皮书全面记录了中国共产党一百年来带领中国人民全面建成小康社会的伟大历程，系统介绍了中国全面建成小康社会的探索实践，为世界爱好和平和发展的各国人民分享中国式现代化建设经验提供了宝贵的发展蓝本。

　　通读这份近 2.8 万字的白皮书，最启人心扉的重要字眼就是中国人民的"苦干"、中华民族的"奋斗"、中国共产党人的"担当"。

全面小康社会是全体中国人民辛辛苦苦干出来的

　　正如白皮书鲜明指出的，"全面小康是奋斗出来的小康"。中国的全面小康是中国人民依靠自己的辛劳和智慧，辛辛苦苦干出来的，拼搏奋斗出来的。

　　小康是中华民族的千年梦想和夙愿。千百年来，中国人民一直梦想实现小康。近代以后，为摆脱中华民族身陷半殖民地半封建社会和国家蒙辱、人民蒙难、文明蒙尘的悲惨命运，中国人民始终不屈不挠、奋力抗争，始终为过上幸福美好的生活不懈奋斗。

　　对于中国这样一个有着 14 亿多人口的大国，好日子等不来、要不来，唯有奋斗，别无他路。中国人民具有勤劳勇敢，吃苦耐劳，梦想美好生活的优秀品质。为把小康的美好愿景变成现实，亿万中国人民始终不懈奋斗。

　　新中国成立后，面对满目疮痍、一穷二白的烂摊子，从城市到农村，从工业农业战线到科技战线，中国人民在物质条件极其匮乏的状况下，发扬革命加

---

　　* 本文原载中国网 2021 年 10 月 7 日。

拼命的优良传统和"一不怕苦，二不怕死"的革命精神，吃大苦、耐大劳，自力更生、艰苦创业、发愤图强，用双手和双肩战天斗地，用鲜血和汗水改天换地，新中国从废墟上迅速站起，创造了社会主义革命和建设的伟大成就，实现了中华民族有史以来最为广泛而深刻的社会变革，实现了从一穷二白、人口众多的东方大国大步迈进社会主义社会的伟大飞跃。

进入改革开放新时期，中国人民以"杀出一条血路"的胆魄和勇气，敢闯敢试、敢为人先，在中国大地上掀起前所未有的改革热潮，实现了从高度集中的计划经济体制到充满活力的社会主义市场经济体制、从封闭半封闭到全方位开放的历史性转变，实现了从生产力相对落后的状况到经济总量跃居世界第二的历史性突破，实现了人民生活从温饱不足到总体小康、奔向全面小康的历史性跨越，用自己的辛劳和汗水一砖一瓦建造起中国现代化的高楼大厦。

进入中国特色社会主义新时代，中国人民弘扬伟大创造精神、伟大奋斗精神、伟大团结精神、伟大梦想精神，自信自强、守正创新，撸起袖子加油干，一张蓝图绘到底，攻克一个个难关，战胜一个个困难，创造了新时代中国特色社会主义的伟大成就，缔造了让世界刮目相看的人间奇迹。中华民族迎来了从站起来、富起来到强起来的伟大飞跃，实现中华民族伟大复兴进入了不可逆转的历史进程。

人民是历史的创造者，是真正的英雄。中国的小康美好生活，是中国人民创造的；全面小康社会的壮丽史诗，是中国人民书写的。在全面建成小康社会的伟大征程中，每个中国人都拼搏奋斗、追梦圆梦，努力成为最好的自己，把平凡做成了不起，把不可能变成了可能，在发展自己的同时也奉献社会、贡献国家。全面建成小康社会的伟大成就，是中国人民用自己的双手创造的，是一代又一代中国人民接力奋斗创造的。

中国共产党的领导是中国全面建成小康社会的根本保证

100 年前，中国共产党一经诞生，就把为中国人民谋幸福、为中华民族谋复兴确立为自己的初心使命。100 年来，中国共产党始终把人民对美好生活的向往作为奋斗目标，团结带领人民接续奋斗、艰苦奋斗、不懈奋斗，不断向着全面建成小康社会迈进。

经过新民主主义革命、社会主义建设、改革开放新时期、中国特色社会主义新时代的艰辛努力，中国共产党团结带领中国人民，白手起家、自力更生、艰苦奋斗，干出了一片新天地，让一个底子薄、基础弱、国情复杂的大国，全面建成惠及十几亿人口的小康社会，在中华大地上实现了千百年来梦寐以求的小康，实现中华民族伟大复兴迈出了关键一步。全面建成小康社会这一伟大历程极不平凡、极不容易，实践充分证明：中国共产党是中国人民过上好日子的领路人；中国共产党的领导是中国全面建成小康社会的根本保证；没有中国共产党的领导，就没有中国人民的全面建成小康社会。

中华民族近代以来 180 多年的历史、中国共产党成立以来 100 年的历史、中华人民共和国成立以来 70 多年的历史都充分证明，没有中国共产党，就没有新中国，就没有今天的全面建成小康社会，也就没有中华民族伟大复兴。历史和人民选择了中国共产党。中国共产党根基在人民、血脉在人民、力量在人民。中国共产党始终代表最广大人民根本利益，与人民休戚与共、生死相依，没有任何自己特殊的利益，从来不代表任何利益集团、任何权势团体、任何特权阶层的利益。只有中国共产党才能坚持全心全意为人民服务的根本宗旨，才能团结带领中国人民不断为美好生活而奋斗。中国共产党领导是中国特色社会主义最本质的特征，是中国特色社会主义制度的最大优势，是党和国家的根本所在、命脉所在，是全国各族人民的利益所系、命运所系。

全面建成小康社会是中国式现代化道路的鲜明特征，也是前无古人的伟大创造。在中国这样一个人口众多和发展落后的大国，建设全面惠及十几亿人口的更高水平的小康社会，道路问题是最根本的问题。

中国共产党将马克思主义作为立党立国的根本指导思想，始终坚持实事求是，从中国实际出发，用马克思主义观察时代、把握时代、引领时代，洞察时代大势，尊重发展规律，把握历史主动，坚持独立自主，坚持中国的事情按照中国的特点、中国的实际来办，走出了一条符合国情、顺应时代发展潮流的中国特色社会主义道路。这条道路，既以经济建设为中心，又全面推进经济、政治、文化、社会、生态文明以及其他各方面建设；既坚持四项基本原则，又坚持改革开放；既不断解放和发展生产力，又促进人的全面发展、逐步实现全体人民共同富裕。

建设小康社会，事关人民切身利益，事关中华民族伟大复兴战略全局，政策和策略至关重要。在全面建成小康社会的艰辛探索中，党始终科学分析当前面临的形势，准确把握内外条件，既着重加强战略谋划和顶层设计，统筹全面小康的奋斗目标、发展动力、实现路径、机遇挑战等关键因素，坚持系统观念，坚持前瞻性思考、全局性谋划、战略性布局、整体性推进，使小康社会建设在正确路线指引下向前推进；又能始终锚定全面小康目标，科学制定和实现阶段性目标，采取渐进策略，使小康社会建设能够分阶段、稳定连贯地持续推进。一步一个脚印，久久为功，持续用力，使全面小康目标一步步成为现实。

在全面建成小康社会的艰苦探索中，中国共产党能不断总结经验，对为什么建设小康、建设什么样的小康、怎样建成小康的认识不断深化，在研究规律、把握规律、遵循规律、运用规律中开创经济、政治、文化、社会、生态文明建设等全方位发展的行之有效的路子，不断提升小康社会建设的成色和成效。中国共产党也能准确把握不同历史时期中国社会的主要矛盾，有针对性地制定政策措施，在解决矛盾问题、化解风险挑战中推动小康社会建设和发展。中国共产党还始终以改革开放精神为全面小康注入动力、释放活力，在改革开放中推进发展，实现了改革、发展、稳定的有机统一，使小康社会建设在中国与世界联系互动中推进。

正是因为中国共产党领导人民始终坚持以自力更生为主的方针，把发展的主动权牢牢掌握在自己手中，始终坚持解放思想、锐意创新，充分发挥出中国特色社会主义制度优势，才能把亿万人民团结和凝聚起来，汇聚起小康社会建设的磅礴力量，在几十年时间里走完发达国家几百年的现代化历程，创造了世所罕见的经济快速发展奇迹和社会长期稳定奇迹，也使得全面小康社会成为全面发展的小康、全体人民的小康、具有世界意义的小康。

全面建成小康社会不是终点，而是新生活、新奋斗的起点

习近平总书记强调："全面建成小康社会不是终点，而是新生活、新奋斗的起点。"①

这份白皮书的结束语写道：全面建成小康社会，实现了中国现代化建设的阶段性目标，中华民族伟大复兴迈出了关键一步。站在新的历史起点上，中国共产党团结带领中国人民，意气风发地踏上了全面建设社会主义现代化国家、实现中华民族伟大复兴的新征程。

站在新的历史起点上，面对当今世界正经历的百年未有之大变局与世纪疫情交织叠加，经济全球化遭遇逆流，全球深层次矛盾突出，不稳定性不确定性增加，维护世界和平、促进共同发展尚有更多挑战的新态势；面对中国发展不平衡不充分问题仍然突出的新形势；面对到2035年中国要基本实现社会主义现代化、到21世纪中叶中国要建成富强民主文明和谐美丽的社会主义现代化强国，从让全体人民的共同富裕取得更为明显的实质性进展到基本实现基本富裕，让全体人民享有更加幸福安康的现代化生活的新目标绝不会是一件轻轻松松的任务。越是接近宏伟目标民族复兴越不会一帆风顺，也越充满风险挑战乃至惊涛骇浪。

前路不会平坦，但前景光明辽阔。中国共产党还要担负起更大的责任团结带领人民接续奋斗、继续奋斗，需要为之付出更加艰巨、更加艰苦的努力，不断把为人民造福事业推向前进。但我们也坚信：有全面建成小康社会的伟大历程和宝贵经验，有全体中国人民的勤劳智慧和苦干实干，有中国共产党的坚强领导和全国人民的紧密团结和同心奋斗，我们一定能够到达光辉的彼岸、创造人类历史上更大的中国奇迹。

---

① 国家主席习近平发表二〇二二年新年贺词［N］. 人民日报, 2022－01－01（1）.

有五星红旗的地方，
就有信仰的灯塔*

国庆前夕，孟晚舟归国。经历风雨，安归故里，她感谢祖国人民的支持，她深感祖国的强大，在走下飞机时说出让人心动的佳句："有五星红旗的地方，就有信仰的灯塔"，"如果信仰有颜色，那一定是中国红"，这应该是她发自内心的由衷表达。

再回想起几十年前，一大批像钱学森、钱三强等优秀科学家不恋美国优厚的生活环境毅然回到祖国，参加社会主义国家建设，也是这种信念的力量、这一信仰的灯塔照耀了他们的人生之路，光照他们的人生岁月，在祖国大地上绽放出了人生的精彩。祖国才是他们最心安的地方。

岁月如梭，新中国成立至今72年，五星红旗在天安门广场一直高高飘扬。五星红旗象征着伟大祖国；五星红旗鲜艳的红色，是无数革命先烈抛头颅洒热血，为中华民族独立和人民解放，付出宝贵生命用鲜血染红的，也是无数社会主义建设者、改革者、创新者在中国共产党坚强领导下，为了国家繁荣和人民幸福，72年来自力更生、艰苦奋斗、锐意创新，在砥砺前行中不断为中国红增添着新的鲜艳和夺目的光彩。如今，中国特色社会主义进入新时代，中国人民以自强自立夯实了十足的民族底气骨气志气，中华民族迎来了从站起来、富起来到强起来的伟大飞跃，中华民族伟大复兴进入了不可逆转的历史进程。

支撑起一代代社会主义革命者、建设者、改革者、创新者背后的精神力量就是信仰的力量。信仰信念在任何时候都至关重要。今年国庆期间，屡创票房纪录新高的两部影片《长津湖》和《我和我的父辈》，就生动展示了信仰的力量。

电影《长津湖》以长津湖战役为背景，讲述了一个志愿军连队在极寒严酷环境下坚守阵地奋勇杀敌，为长津湖战役胜利作出重要贡献的感人故事，悲壮地展现了70多年前中国人民志愿军将士服从命令、视死如归的革命精神和不惧

---

* 本文原载光明网·理论频道2021年10月9日。

强敌、敢于战斗的英雄气概，这场正义之战也为人类战争史留下了一场足以惊天地泣鬼神的史诗般的战役奇迹。这个奇迹是中国人的爱国主义精神，中华民族的民族精神，和人民军队的英雄主义精神的集中彰显。

电影《我和我的父辈》以四个不同时代为背景，通过四个故事生动描绘了抗日战争时期革命前辈为了夺取抗战胜利，以血肉之躯抵御侵略者残酷的侵略取得了最后的抗战胜利；中国航天人不畏艰辛、成功研制中国首颗人造卫星体现出的科学求实和坚韧不拔精神；改革开放时期在平凡的工作岗位上改革者敢于创新、搏击商海的开拓进取精神；新时代的中国人立足科技自立自强富有想象力地观瞻现代、眺望未来的豪放胸襟。四组"我和父辈"的小故事，从不同维度展现了父辈们在艰苦卓绝环境下坚定理想信念和与祖国同进、为国家争光的时代心声，进而描绘了一百年来中国共产党团结带领中国人民筚路蓝缕、开创未来的光辉发展历程。其间所淬炼出的伟大精神图谱，正是一代代中华儿女为实现中华民族伟大复兴中国梦的力量源泉。

今年是中国共产党成立 100 周年。习近平总书记在庆祝中国共产党成立 100 周年纪念大会上鲜明指出，一百年前，中国共产党的先驱们创建了中国共产党，形成了坚持真理、坚守理想，践行初心、担当使命，不怕牺牲、英勇斗争，对党忠诚、不负人民的伟大建党精神，这是中国共产党的精神之源。一百年来，中国共产党弘扬伟大建党精神，在长期奋斗中构建起中国共产党人的精神谱系，锤炼出鲜明的政治品格。

就在今年国庆期间，党中央批准中央宣传部梳理的第一批纳入中国共产党人精神谱系的伟大精神，在中华人民共和国成立 72 周年之际予以发布。这一系列伟大精神，纵观中国社会主义革命、建设、改革和中国特色社会主义新时代各个历史时期，集中彰显了中华民族和中国人民长期以来形成的伟大创造精神、伟大奋斗精神、伟大团结精神、伟大梦想精神，彰显了一代又一代中国共产党人"为有牺牲多壮志，敢教日月换新天"的奋斗精神。这一系列伟大精神正在汇聚起 14 亿中国人民为实现中华民族伟大复兴中国梦的磅礴伟力。

党的十八大以来，习近平总书记多次强调理想与信念对各级党员干部树立正确人生观、价值观的极端重要性。习近平总书记指出，革命理想高于天。理想信念是共产党人精神上的"钙"，没有理想信念，理想信念不坚定，精神上就会"缺钙"，就会得"软骨病"。① 当前，中国特色社会主义进入发展的关键期，改革进入爬坡过坎的攻坚区、深水区，多元思想交流碰撞，诱惑与挑战花样翻新，一些党员干部的思想道德"防线"不断下滑乃至崩塌。党的十八大以

---

① 习近平在主持十八届中央政治局第一次集体学习时的讲话. 习近平谈治国理政（第一卷）[M]. 北京：外文出版社，2014：15.

来，我们也痛心地看到，多名高级领导干部因腐败问题被审查，不少党员干部因违纪违规受到组织处理。

纵观这诸多党员干部甚至是高级党员领导干部被查处，究其根本都是因为理想信念出了问题，违背初心使命、丧失理想信念，直接导致了他们政治蜕变、经济贪婪、生活腐化，最后滑向违法犯罪的深渊。

因此，习近平总书记不断强调，理想信念动摇是最危险的动摇，理想信念滑坡是最危险的滑坡。在 2021 年秋季学期中央党校（国家行政学院）中青年干部培训班开班式上的重要讲话中，习近平总书记再次强调，理想信念是中国共产党人的精神支柱和政治灵魂，也是保持党的团结统一的思想基础。党员干部有了坚定理想信念，才能经得住各种考验，走得稳、走得远；没有理想信念，或者理想信念不坚定，就经不起风吹浪打，关键时刻就会私心杂念丛生，甚至临阵脱逃。他告诫中青年干部，形成坚定理想信念，既不是一蹴而就的，也不是一劳永逸的，而是要在斗争实践中不断砥砺、经受考验。他要求年轻干部牢记，坚定理想信念是终身课题，需要常修常炼，要信一辈子、守一辈子。

以史为鉴，正如习近平总书记在"七一"重要讲话中指出的，中国共产党之所以能够经受一次次挫折而又一次次奋起，从一个胜利走向另一个胜利，"归根到底在于心中的远大理想和革命信念始终坚定执着，始终闪耀着火热的光芒。"

开创未来，全体共产党人更有这份责任，更应有这份担当，坚守住我们的理想信念，在统筹中华民族伟大复兴战略全局和当今世界面临百年未有之大变局中，始终树牢"四个意识"、坚定"四个自信"、做到"两个维护"，牢记"国之大者"，奋进在实现第二个百年目标的宏伟进程中，继续为实现人民对美好生活的向往不懈努力，努力为党和人民争取更大荣光。

庆祝国庆，是为了更好地铭记新中国历史。共和国的今天来之不易；还看今朝，祖国的未来将更为璀璨。一代人有一代人的光荣和使命，以信念为灯塔，以奋斗为路径，点亮灯塔、追梦前行，为五星红旗的鲜艳红色着上我们这一代人的时代亮色！

紧紧把握新一轮科技创新浪潮的时代脉搏[*]

2021 年 9 月下旬，在北京和浙江乌镇举办了两场引世人瞩目的国际性科技论坛。一场是 2021 中关村论坛，另一场是 2021 年世界互联网大会乌镇峰会。这一北一南的两场平行论坛具有共同的时代背景与问题导向，即深入探讨在世界百年变局和世纪疫情交织叠加、世界经济复苏面临严峻挑战的情势下如何深化科技创新以破解当今全球性难题；同时又紧紧把握时代脉搏，聚焦新一轮数字科技革命浪潮带来的深刻变革，推进智慧社会发展，主动迈向数字文明新时代。

国家主席习近平同志以视频讲话或致信方式对这两场科技高峰论坛表示了祝贺。在贺词中习近平主席站在当今科技创新的战略制高点和科技文明的道义制高点，深刻阐释了顺应发展新趋势、抓住变革新机遇、应对时代新挑战，国际社会更迫切需要携起手来，通过科技创新和开放合作，共同探索解决重要全球性问题的鲜明的中国理念、中国主张和中国路径，其宗旨就是要让科技创新更好增进人类福祉，以加快构建科技文明新形态推动构建人类命运共同体。

问题是时代的声音。当前，世界百年未有之大变局加速演进，新冠疫情影响广泛深远，世界经济复苏面临严峻挑战，问题又最突出地表现在经济全球化遭遇逆流，单边主义、保护主义、霸权主义对世界和平与发展构成威胁，治理赤字、信任赤字、发展赤字、和平赤字有增无减，公共卫生、恐怖主义、气候变化、网络安全等非传统安全威胁持续蔓延等发展困境。与此同时，基于新一轮信息化发展浪潮尤其以数字技术发展为引领的世界科技革命和产业变革正孕育兴起，正在对世界经济政治格局、产业形态、人们生活方式等带来深刻影响，也正日益重塑着世界科技竞争格局、改变国家力量对比。科学技术从来没有像今天这样深刻影响着国家前途命运，从来没有像今天这样深刻影响着人民生活福祉。

---

[*] 本文原载《学习时报·学习评论》2021 年 10 月 18 日。

人类文明发展史已经表明，科技创新是人类社会发展的重要引擎，科技创新成果是人类文明的共同财富，也是应对许多全球性挑战的有力武器。面对当今世界发展中的新矛盾新问题新挑战，解决问题的金钥匙就是习近平主席所倡导的，世界各国要"通过科技创新共同探索解决重要全球性问题的途径和方法，共同应对时代挑战，共同促进人类和平与发展的崇高事业"。①

科技创新的目的要以激发发展活力为本源。新一轮科技创新的典型特征是数字经济的飞速发展，这两场论坛的共同聚焦都是以数字技术的创新运用应对发展难题、厚植发展优势。数字技术正以新理念、新业态、新模式全面融入人类经济、政治、文化、社会、生态文明建设各领域和全过程，深度改造了传统生产函数，为各国带来新的发展机遇。一场突如其来的新冠疫情严重束缚了全球产业链供应链，但疫情之下数字经济的蓬勃发展为人类破解时空阻隔、助力经济复苏发挥了不可替代的作用，也彰显了人类更广阔的发展空间。

科技创新的目标是要构建现代文明新范式。我们正在迈向数字文明新时代，这个新时代的深刻内涵在于文明范式的革命性重塑。科技总是一把双刃剑，关键在于世界各国怎样坚守科技发展伦理、规范科技发展秩序、激发科技向善的力量。中国政府倡导担起为人类谋进步的历史责任，激发数字经济活力，增强数字政府效能，优化数字社会环境，构建数字合作格局，筑牢数字安全屏障，让数字文明造福各国人民。近半年来，我们出台一系列平台经济领域的反垄断和反不正当竞争措施，打击网络不法行为，鼓励各类互联网企业恪守商业伦理、履行社会责任，在促进互联网产业和数字经济健康发展上走在了前列。

科技创新的路径是促进世界各国通力协作。习近平主席多次倡导，大家一起发展才是真发展，可持续发展才是好发展。中国政府始终以更加开放的态度致力于推动全球科技创新协作，积极参与全球创新网络和完善全球科技治理，主动发起全球性创新议题，为携手构建包括网络空间命运共同体在内的人类命运共同体作出了不懈的努力。世界需要包容性增长，任何利用技术独占而产生的霸凌、傲慢和偏见是与人类文明发展背道而驰的。只有推动全球科技创新协作，推动构建人类命运共同体才是人类走向美好未来的光明正道。

---

① 习近平向 2021 中关村论坛视频致贺 [N]．人民日报，2021-09-25 (1).

六中全会《决议》是
新时代的宣言书 *

　　中国共产党是一个高度重视总结历史经验、也善于总结历史经验的马克思主义执政党。每到重要历史时刻和重大历史关头，党都要回顾历史、总结经验，从历史中汲取继续前进的智慧和力量。在中国共产党的一百年历史中，曾先后制定了两个历史决议，对推进和引领党的事业发展起了重要作用。刚刚闭幕的党的十九届六中全会审议通过的《中共中央关于党的百年奋斗重大成就和历史经验的决议》（以下简称《决议》），是党的历史上第三个历史决议。这是一篇闪耀着马克思主义真理光辉的纲领性文献，也标志着中国共产党成功实现第一个百年目标、意气风发踏上实现第二个百年目标征程的新的里程碑。

　　深刻认识党的十九届六中全会通过的这份《决议》的历史性贡献，对于在新的历史起点上推动全党统一思想、统一意志、统一行动，以史为鉴，开创未来，具有重大现实意义和深远的历史意义。

　　六中全会《决议》充分展示了中国共产党的历史自信。在中国共产党的历史上，在1945年制定了《关于若干历史问题的决议》，在1981年制定了《关于建国以来党的若干历史问题的决议》。这两个决议都结合当时时代发展要求，对过往历史经验和教训进行了深刻总结，坚持了真理，修正了谬误，起到了凝聚全党共识、团结一致向前看的重大作用，推进和引领党的事业继续向前发展。这次六中全会《决议》承前启后，重点着眼于总结党的百年奋斗重大成就和历史经验，体现了中国共产党坚持唯物史观和正确党史观，充分彰显了中国共产党的历史自觉和历史自信，意在以史为鉴，开创未来。

　　六中全会《决议》系统概括了党的百年奋斗的五个方面的历史意义，也可以说是历史性贡献。我们正确地看待历史，需要一定的时间宽度和历史厚度。只有在整个人类发展的历史长河中，才能透视历史运动的本质和时代发展的方向。中国共产党一百年的历史，历尽千辛万苦，走过苦难辉煌，党团结带领中

---

　　* 本文原载中国网 2021 年 11 月 18 日。

国人民以英勇顽强的奋斗书写了中华民族几千年历史上最恢宏的史诗，为中国人民、中华民族乃至人类文明发展作出了巨大贡献。《决议》围绕中国人民、中国道路、马克思主义、世界历史进程、党的自身建设五个方面对党的百年奋斗的历史意义、世界意义作了高屋建瓴的概括。这五个方面跨越时空，内涵丰富，厚植底气，充分彰显了中国共产党的领导是党和国家的根本所在、命运所在，是全国各族人民的利益所系、命运所系，中国共产党无愧为伟大光荣正确的党。

六中全会《决议》以"十个坚持"全面总结了党百年奋斗的宝贵历史经验。这"十个坚持"即坚持党的领导，坚持人民至上，坚持理论创新，坚持独立自主，坚持中国道路，坚持胸怀天下，坚持开拓创新，坚持敢于斗争，坚持统一战线，坚持自我革命。"十个坚持"是系统完整、相互贯通的统一体，是中国共产党经历革命、建设、改革、复兴的各个历史时期淬炼凝聚的实践成果，饱含着成功和失败，凝结着鲜血和汗水，充满着智慧和勇毅，是历史发展的结果，是历史实践的产物，历史奋斗的结晶，是历史规律的昭示，也锻造了中国共产党百炼成钢的优秀品质，深刻揭示了党和人民事业不断成功的根本保证，揭示了党始终立于不败之地的力量源泉，揭示了党始终掌握历史主动的根本原因，揭示了党永葆先进性和纯洁性、始终走在时代前列的根本途径。

六中全会《决议》浓墨重彩书写了党进入中国特色社会主义新时代领导中国人民取得的历史性成就、发生的历史性变革，强调了"两个确立"对新时代党和国家事业发展、对推进中华民族伟大复兴历史进程具有决定性意义。《决议》深刻阐释了确立习近平同志党中央的核心、全党的核心地位，是时代呼唤、历史选择、民心所向；确立习近平新时代中国特色社会主义思想的指导地位，中国共产党就能在中华民族伟大复兴战略全局和世界百年未有之大变局深度演进互动的复杂条件下，坚持正确前进方向，乘风破浪不迷航；就能始终把握发展规律，运用科学世界观和方法论谋划事业发展、应对风险挑战，带领全国各族人民不断开辟中华民族伟大复兴的光明前景。

六中全会《决议》更是党带领中国人民继续开创美好未来的新时代新征程上的宣言书和行动令。《决议》宣示指出，中国共产党立志于中华民族千秋伟业，百年恰是风华正茂。过去一百年，党向人民、向历史交出了一份优异的答卷。现在，党团结带领中国人民又踏上了实现第二个百年奋斗目标的新赶考之路。《决议》号召全党必须牢记中国共产党是什么、要干什么这个根本问题，把握历史发展大势，坚定理想信念，牢记初心使命，始终谦虚谨慎、不骄不躁、艰苦奋斗，不为任何风险所惧，不为任何干扰所惑，决不在根本性问题上出现颠覆性错误；必须铭记生于忧患、死于安乐，常怀远虑、居安思危，继续推进新时代党的建设新的伟大工程，做到难不住、压不垮。

深刻领会六中全会《决议》的重大里程碑意义，我们就能以咬定青山不放松的执着奋力实现既定目标，以行百里者半九十的清醒不懈推进中华民族伟大复兴，中国特色社会主义事业的航船必将劈波斩浪、一往无前。

领导经济工作为什么
要做到"三个敬畏"*

2021年中央经济工作会议提出,"领导干部要提高领导经济工作的专业能力",要"加强经济学知识、科技知识学习"。同时,又强调了领导干部要"敬畏历史、敬畏文化、敬畏生态",做到慎重决策、慎重用权。①

做好经济工作,领导干部当然要懂经济,有必要的专业知识和专业能力,这是基本要求。每年中央经济工作会议在这方面强调得很多,比如,要不断加强学习能力、提高知识本领,改进工作作风等。今年话风有了一些新的变化,要求领导干部能够更多地从历史、从文化、从生态的角度去思考经济问题、做好经济工作,这无疑是以更宽的视野、更高的境界,对领导干部做好经济工作的综合能力、素质修养、行为作风提出了新的要求。会议为此提出"三个敬畏",其内涵是丰富的、极有针对性的,其意味也是深长的。

所谓敬畏,是指人们对待一种事物、一种观念、一种状态等发自内心的心理或情感态度,因为这样的事物、观念等具有超越时空、难以撼动的力量,足以让我们崇拜、敬重,也足以让我们畏惧、难以或不能逾越,进而直接影响人们的行为选择。历史、文化、生态作为对象物就是这样的客观存在,就有这样的强大力量。做经济工作,考虑较多的是投入产出,计较的是利益得失,能很快看得见摸得着,教科书中说的"经济人"就指这样的属性。但领导干部是领导经济工作,不是一般的"经济人",面对资源要素稀缺,虽然也要算账而且要精打细算,但也必须算大账、算整体账、算长远账,这就需要领导者有历史眼光,有文化站位,有生态格局。对历史、对文化、对生态能心存敬畏,就能自觉把握好哪些能做应该做,哪些不能做绝对不可做,行自然会有所止。因此,做经济决策就要倍感千钧重,不能拍脑袋;推进经济工作就须权衡细掂量,不要瞎指挥。

---

* 本文原载《学习时报·学习评论》2021年12月24日。

① 中央经济工作会议在北京举行 [N]. 人民日报,2021-12-11 (1).

敬畏历史，就是因为厚重的历史过程饱含着古今中外的经验教训，我们不能违背历史已经证明了的事物发展的内在规律性。历史潮流浩浩荡荡，顺之则昌逆之则亡，说的就是这个道理。这次中央经济工作会议提出，要正确认识和把握资本的特性和行为规律。资本是市场经济中最活跃的要素，但天然具有扩张性。我国现在发展社会主义市场经济，必然会有各种形态的资本。我们就要发挥资本作为生产要素的积极作用，同时又要有效控制其消极作用。为资本设置"红绿灯"，就是尊重了资本运行的历史规律，对此不能有模糊认识。

敬畏文化，就是因为绵延千年积淀下来的优秀传统文化已经成为民族的基因，根植于人的内心，潜移默化地影响人们的思想方式和行为方式，我们应当自觉尊重百姓日用而不觉的文化价值观。在经济工作中，我们就要崇尚唯实笃行，注重协调平衡，讲求开源节流，时时防患于未然等。比如，促进共同富裕是一个长期的历史过程，要久久为功、稳步朝着这个目标迈进，但不要期待"一口吃个胖子"；实现碳达峰碳中和是推动高质量发展的内在要求，要坚定不移推进，但不可能毕其功于一役。这样在工作中就可以防止简单化、片面化、单打一甚至乱作为。

敬畏生态，就是要尊重自然、顺应自然、保护自然。恩格斯早有名言，"我们不要过分陶醉于我们人类对自然界的胜利。对于每一次这样的胜利，自然界都对我们进行报复。"人类对大自然的伤害最终会伤及人类自身，这是无法抗拒的自然规律。"万物各得其和以生，各得其养以成。"因此，在经济发展和环境治理上，必须牢固树立人与自然生命共同体的理念。

当然，敬畏历史、敬畏文化、敬畏生态这"三个敬畏"内涵是相互贯通的，逻辑是相互一致的，既反映一种态度，也体现为一种行为准则。做好经济工作的出发点和落脚点还要悟透以人民为中心的发展思想，各级领导干部做决策、定政策、行主张、推措施，一切都要从最广大人民群众的根本利益出发，坚持正确政绩观，切实将各项决策建立在系统思维、科学谋划、调查研究基础上，切实把人民赋予的权力用来造福于人民。

改革开放以来中国现代化发展模式的鲜明特点 *

摘要： 中国现代化不是既有现代化路径的翻版，而是一条符合本国国情、顺应人民期待、顺乎世界潮流的道路。改革开放是实现国家强国战略的最重要动力，政府主导型现代化模式可以成为理解中国现代化模式的一个重要而鲜明的特色。要加快构建更高水平的适合现代化道路的更加完备更加成熟的体制机制，为强国之路提供坚强的制度支撑。

人类历史发展到今天，现代化可以说是各国致力于实现的共同目标，但因为各国的历史文化、地缘政治、制度选择等不同，现代化发展并没有统一的模式，同时人们对包含现代化在内的文明进步内涵的认知和理解，也是随着生产生活方式的变化、科学技术的进步和社会发展进程而不断演变、丰富和深化的。从工业文明以来已有的现代化发展路径看，中国能在短短几十年时间走完发达国家几百年走过的工业化历程，的确是一个可圈可点、具有鲜明特色、值得总结的中国模式。认识中国现代化模式可以有多个角度，以政府力量为主导驱动市场内在力量迸发，并通过主动市场化改革和渐进式对外开放融入世界发展进程来理解中国现代化道路就是一个重要视角。

中国现代化不是既有现代化路径的翻版

正确审视中国现代化道路，首先需要以历史和比较的眼光看待世界各国现代化进程及路径。从经济发展史来看，世界各国的现代化道路都具有突出的时代背景、国别特点和阶段特色，并没有统一的模式可循。

当今我们认识的所谓现代化肇始于欧美国家。欧美的现代化起源于 18 世纪、19 世纪的工业革命。工业技术革命不仅极大地解放了欧美国家的社会生产

　＊ 本文原载人民日报社主管、主办的《人民论坛》杂志 2021 年第 8 期，原文以中央党校（国家行政学院）习近平新时代中国特色社会主义思想研究中心研究员署名刊发。

力，也极大地推动了封建社会向现代资本主义社会的制度变革。早于欧洲工业革命的文艺复兴激发了欧洲人自我意识和科学人文精神的觉醒，根植于古老欧洲文明中的城邦制度又与工业革命同步兴起的亚当·斯密自由市场精神相契合，推进了社会分工、市场交易、契约制度和资本主义的快速发展，新生资产阶级对利润的疯狂追逐和资本的嗜血性、扩张性，以殖民主义的形式突破地域障碍、以铁蹄和强权方式将贸易由国内市场推向世界市场。一定意义上说，欧美资本主义国家资本积累和工业化进程是在血淋淋的掠夺中完成的，其中，两次世界大战又成为推动工业技术的广泛渗透和运用、推进欧美工业体系快速形成的有力助推器。这些综合因素不仅为欧美国家工业化、现代化奠定了产业基础、物质基础、市场基础，也不断孕育和发展了资本主义市场经济体系，使得欧美发达国家一直成为工业革命的引领者。

二战后日本和亚洲"四小龙"崛起，这些国家和地区形成了独特的现代化道路。这些国家和地区都是二战后在以美国为代表的西方势力的扶持下成长起来的，他们在政治制度上实行资本主义制度，在经济发展上实施后发国家的赶超战略。由于这些国家和地区地缘狭小，工业基础比较薄弱，在经济起飞阶段大都采取出口导向的外向型经济战略，一开始就对接西方国家的市场体系，既承接了西方发达国家的产业转移和市场经济模式，能够比较快地建立起具有比较优势的出口加工产业和贸易体系，又能开放式地借鉴西方国家政治制度和社会福利制度，从而促进经济社会发展和当地人民生活的改善。可以说，它们的现代化进程就是西方市场经济制度在这些地区的翻版。当然，日本和亚洲"四小龙"都深受浓厚的东方文化影响，政府能够发挥推进工业化进程的主导作用，而且全社会比较重视学习、教育和人才培养。这些综合因素加速了这些国家和地区的现代化进程，创造了一时的经济奇迹。

还有一类国家现代化发展模式是二战后兴起的社会主义阵营采用的高度集权式的计划经济模式。以苏联为代表的社会主义国家利用超强的政府行政力量在短时间内完成了国家的重工业化进程，尤其是苏联在二战前就实施了军事政策及新经济政策，为后来国家的重工业化和建立比较齐全的国民经济体系奠定了基础，在二战后随着工业体系的进一步发展，成为能够与西方势力抗衡的重要力量。这其中，像曾经的南斯拉夫、匈牙利等国家在一个时期还采取了放松政府管制的适度市场化改革措施，激发了企业主体活力，提高了人民生活水平。但后来终因体制僵化和过于闭关锁国，经济发展到一定阶段陷入了停滞，现代化进程走得并不顺利。

中国的现代化是一个发展中大国的现代化，具有自身的显著特点。中国的现代化是在极度艰难曲折中进行的，近现代以来无数仁人志士一直为实现国家现代化的梦想进行艰苦卓绝的探索。但在 20 世纪上半叶，中国深陷半殖民地半封建社会的泥沼，反帝反封建反官僚资本主义成为这半个世纪中国寻求民族独立和人民解放的首要任务。历史和人民选择了中国共产党。中国人民在中国共产党领导下经过浴血奋战、顽强斗争，推翻了压在头上的"三座大山"，建立了新中国，开启了中国的现代化道路。新中国成立后，在一穷二白的基础上，将中国建设成为一个工业化、现代化国家，谈何容易，更是前无古人。但中国共产党始终牢记初心使命，紧紧依靠人民，不断推进自我革命和社会变革，依靠独立自主、自力更生、艰苦奋斗，走出了一条既不同于西方发达国家，也不同于传统社会主义国家的工业化、现代化之路。这是一条始终植根中华文化、立足中国发展实际，又能不断汲取当代人类文明成果，循序渐进实现国家繁荣富强和人民共同富裕的中国特色现代化之路。一个拥有五千年文明历史的大国要实现国家现代化，不可能是任何既成现代化路径的简单翻版，只能走一条符合本国国情、顺应人民期待、顺乎世界潮流的道路。

改革开放以来中国现代化发展模式的价值

20 世纪 70 年代末 80 年代初，基于对党和国家前途命运的深刻把握，基于对社会主义革命和建设实践的深刻总结，基于对时代潮流的深刻洞察，基于对人民群众期盼和需要的深刻体悟，我们党作出实行改革开放的历史性决策，开启了改革开放新时期，中国的现代化事业有了划时代的意义。梳理中国现代化经验尤其是从对具有典型意义的改革开放后经济起飞阶段的实践路径观察，改革开放是实现强国目标的最重要动力，政府主导型现代化模式可以成为理解中国现代化模式的一个重要而鲜明的特色。对此可从以下四个角度分析：

一是改革开放以来的许多突破性改革虽然源于基层创造，但政府驱动发挥了关键作用。许多文本对中国改革开放路径的起步选择习惯用"摸着石头过河"来形容。其实基于当时的国内实际，就是要打破过于僵化的旧的体制机制束缚，从局部试验带动整体改革的方式，逐步探索从高度集中的计划经济体制转向社会主义市场经济体制，以经济主体的内生动力促进社会生产力的解放。20 世纪 80 年代初的改革从农村实行家庭联产承包责任制、促进社队企业快速发展到后来苏南乡镇企业异军突起开始，再从农村改革推向城市改革，对国营企业进行分阶段的放权让利，再到探索所有制改革和对生产资料生活资料的价格改革，与此同时在沿海地区实施外向型出口加工的开放战略，通过大规模吸引外资、逐步放开国内市场，吸收国外先进技术和管理经验，促进中国制造业的规模形成和梯次转型升级。基层改革的大量鲜活经验，内生于经济主体的创造，但在改革的每一步都离不开政府的有力引导、政策支持和放手推动。从中央到地方各级政府总是不失时机地推进各项改革的先行先试、率先突破并逐步推广，如农村改革、企业改革、城市综合改革和特区开放，都体现出以增量改革带动存量改革，以"双轨制改革"寻找改革的利益博弈均衡点的特点。按照制度经济学的概念，各级政府的力量同时推进了诱致性制度变迁和强制性制度变迁。虽然各种改革路径不是先期就能设定的，但政府能够尊重经济发展的内在规律，既勇于借鉴现代化国家经济起飞阶段的成熟经验，又积极鼓励改革的先行者大胆试大胆闯，充分释放了市场主体的创造力和社会活力，进而形成生机勃勃的改革参照系而带来了"改革的福利效应"。"试点—总结—提升—推广"成为中国改革开放的特有路径，形成了"政府主导 + 市场力量"的双驱动。

二是党和政府善于利用规划和战略的引领作用，在基于经济社会发展阶段性特征把握的基础上循序渐进推进战略目标的实现。新中国成立70多年来，从"一五"到"五五"五个五年计划实施，建立起了我国独立完整的工业体系与国民经济体系，初步实现了工业、农业、国防和科技的现代化；从"六五"到"十三五"八个五年规划（计划）实施，完成了从计划经济体制下的单纯指令性计划发展国家经济向社会主义市场经济体制下规划经济社会发展目标、注重发挥政府规划指引和驱动市场主体内生动力相结合来实施国家发展战略的转变。在国家规划的引领下，经济社会发展的阶段目标阶梯式递进，实现从量的积累到质的飞跃。实现从解决人民温饱问题到人民生活总体上达到小康水平再到决胜全面建成小康社会取得决定性成就，提前实现现代化"三步走""新三步走"战略目标，都不是一个自发、被动、不用费多大气力自然而然就可以跨过的阶段，而是依靠党和政府科学把握形势，结合国家生产力发展水平和战略任务要求，前瞻性地描绘经济社会发展远景，对国家重大建设项目、生产力布局、国民经济重要比例关系和社会事业等作出符合实际的规划指引，制定正确的改革开放路线图和时间表，形成了动态更替、积极有为、始终洋溢着蓬勃生机活力的发展历程。

三是恰当地利用地方政府竞争，妥善处理中央和地方的关系，不断完善基于垂直型政府管理的激励约束机制。改革开放初期，中国区域经济发展需要各级政府发挥地方优势，运用各种生产要素推进地方经济社会发展，事实上形成相互促进、比学赶帮的经济竞争态势。中央对地方的政绩考核和地方干部晋升以经济指标的升降作为考核激励目标，一定程度上调动了地方发展经济的积极性，但是这也暴露出不少弊端。然而随着改革的深入，各级政府树立正确发展理念与正确政绩观、形成科学有效的干部激励约束机制，坚持"全国一盘棋"思想开始蔚然成风。

　　四是通过不断完善制度体系，促进改革程序和秩序的规范化、法治化、制度化。中国过往到现阶段的现代化进程基于改革开放释放的巨大动能。党和政府主动谋划改革、加强顶层设计、善于进行理论创新，这是我国政治制度的独有优势。纵观 40 多年来的改革，我们党始终坚持以思想理论创新引领改革实践创新，以总结实践经验推动思想理论丰富和发展，从改革的总体目标、主攻方向、重点任务、方法路径等方面提出了一系列具有突破性、战略性、指导性的重要思想，又通过加强党对全面深化改革的集中统一领导，以全局观念、系统思维、法治观念谋划推进改革，从前期夯基垒台、立柱架梁，到中期全面推进、积厚成势，再到现阶段加强系统集成、协同高效，蹄疾步稳、有力有序解决各领域各方面体制性障碍、机制性梗阻、政策性创新问题，实现由局部探索、破冰突围到系统协调、全面推进国家制度和治理体系的深刻变革。无论从改革广度和深度还是改革的实际检验看，党和政府主动推进改革并取得重大成就，具有鲜明的时代性和实践性。改革"关键一招"作用得到充分发挥。

　　在我国改革开放实践中，我们党能够始终解放思想、开拓创新，不唯本本主义，不为各种教条束缚，基于现实国情针对不同阶段实际进行探索和创新。我们能够遵循经济发展内在规律，坚持社会主义市场经济改革方向，不断完善社会主义市场经济体系，充分发挥市场在资源配置中的决定性作用，更好发挥政府作用，加快完善政府治理，以经济体制改革为牵引推动政治、文化、社会、生态文明等全方位各领域的深化改革，推进国家治理体系和治理能力现代化，对现代化道路、现代化理论作出实际贡献。

　　需要把握的是，党和政府必须始终认清国家现代化的最终目的是促进人的全面发展、促进社会公平公正、实现人和制度的现代化。党和政府只有坚持以人民为中心的发展思想来推进改革扩大开放，坚持加强党的领导和尊重人民首创精神相结合，坚持顶层设计和摸着石头过河相协调，坚持试点先行和全面推进相促进，抓住人民最关心最直接最现实的利益问题推进重点领域改革，不断增强人民群众获得感、幸福感、安全感，才能释放全社会活力，才能获得人民群众的最有力支持和拥护，才能形成一个富有韧性、更加定型、更加成熟的现代化国家制度和治理体系。

实现第二个百年奋斗目标需要完备的制度支撑

　　"十四五"时期，中国进入新发展阶段，这是一个由社会主义初级阶段向更高水平发展阶段迈进的过程，是一个由经济大国向经济强国转变的过程，是一个由中等收入国家走向高收入国家的过程。党的十九大报告指出，"中国特色社会主义道路、理论、制度、文化不断发展，拓展了发展中国家走向现代化的途径，给世界上那些既希望加快发展又希望保持自身独立性的国家和民族提供了全新选择，为解决人类问题贡献了中国智慧和中国方案"。未来，中华民族将以更加昂扬的姿态屹立于世界民族之林。

但与此同时，也正是因为中国用几十年时间走完了发达国家几百年走过的工业化历程，中国作为大国的崛起已成为不可阻挡的力量，改变了当今世界政治经济格局，成为当今世界百年未有之大变局的重要力量。因此，未来在建设现代化国家的道路上，中国将直接面对西方发达国家在资源、资本、技术和市场制度等方面的竞争，同时也会面对更多追赶型国家在要素流动全球化布局中的多层次"夹层化"的角逐。可以说，在实现第二个百年奋斗目标的历史进程中，危与机并存。我们要始终保持清醒头脑，未雨绸缪，善于在危机中育先机，于变局中开新局，加快构建更高水平的适合现代化道路的更加完备更加成熟的体制机制，为强国之路提供坚强的制度支撑。

要更好发挥我国政治制度优势。在坚持中国特色社会主义道路中加快推进国家治理体系和治理能力现代化，按照统筹"五位一体"总体布局和"四个全面"战略布局，推动各方面制度更加成熟更加定型，彰显中国共产党领导和我国社会主义制度的政治优势。

要进一步推动经济高质量发展。在新发展理念引领下，坚持以改革开放创新为动力，加快建设现代化经济体系、高标准市场体系和高水平开放型经济新体制，充分发挥市场在资源配置中的决定性作用，更好发挥政府作用，推动有效市场和有为政府更好结合，在构建以国内大循环为主体、国内国际双循环相互促进的新发展格局中完善基本经济制度，使我国经济发展韧性、超大规模经济体优势和潜力得到充分挖掘。

要进一步激发全社会创造力和发展活力。始终以不断满足人民对美好生活向往、扎实推动共同富裕、实现人的全面发展为目标，调动一切可以调动的积极因素，团结一切可以团结的力量，充分激发市场主体活力和人民的创造精神。中国人民是善于学习的人民，中华民族是善于包容互鉴的民族，我们既要立足自身，扎实做好自己的事情，又要放眼世界，广泛吸收人类各种文明成果，在不断学习中让劳动、知识、技术、管理、资本的活力竞相迸发，使中华民族源远流长的深厚文化积淀和团结、创新、奋斗、梦想的文化自信力量充分释放。

以历史视角认识
改革开放的时代价值*

　　改革开放是决定当代中国命运的关键一招。在中国共产党迎来百年华诞这一重要的历史时刻。我们以历史的视角审视改革开放在中国共产党领导人民开创具有中国特色的国家现代化道路中的历史地位和深远影响，能够更深刻地感悟，改革开放是我们党的一个伟大历史性抉择，是我们党的一次伟大历史觉醒。

　　改革开放是中国共产党人的革命气质和精神品格的时代呈现。纵观一部中国共产党历史，实际上也是一部革命史。我们党是以马克思主义为指导的政党，革命性是马克思主义政党的本质属性，天然地根植于中国共产党的内在气质和精神品格之中。为了实现人类美好社会的目标，一百年来，中国共产党带领人民坚定理想信念，保持革命意志，艰苦卓绝、砥砺前行，实现了中华民族有史以来最为广泛深刻的社会变革。这一壮美的历史画卷，展示的是中国共产党不断推进伟大社会革命同时又勇于进行自我革命的非凡过程。

　　邓小平同志讲改革开放是中国的"第二次革命"，习近平总书记指出，"改革开放是中国人民和中华民族发展史上一次伟大革命"。① 革命不都是轰轰烈烈的，不都表现为战争年代的血雨腥风、与敌对势力的兵刃相接、与异己分子的阶级对立，而更多的是在和平年代执政党能够主动对旧有体制革故鼎新，对思想藩篱有力冲破，对固化利益坚决调整。中国共产党之所以建党百年依然风华正茂，改革开放之所以历经曲折演绎出辉煌乐章，在于我们党始终将推进社会革命与勇于自我革命统一起来，将革命与执政贯通起来，实现从制度到人的自我净化、自我完善、自我革新、自我提高。改革开放就其任务、性质、前途而言，贯穿于党领导人民进行伟大社会革命的全过程，既是对具有深远历史渊源、深厚文化根基的中华民族充满变革和开放精神的自然传承，更是中国共产党人内在的革命气质和精神品格的时代呈现，因为中国共产党能始终保持这种革命

---

　　* 本文为《改革开放新实践丛书》总序（代拟稿），重庆大学出版社 2021 年版。
　　① 习近平. 论中国共产党历史［M］. 北京：中央文献出版社，2021：214.

精神，不断激发改革开放精神，在持续革命中担起执政使命，在长期执政中实现革命伟业，引领中华民族以改革开放的姿态继续走向未来。

改革开放是实现中国现代化发展愿景的必然选择和强大动力。现代化是近现代以来无数中华儿女中的仁人志士毕生追求的梦想，但在帝国主义、封建主义、官僚资本主义"三座大山"压迫下的半殖民地半封建的中国，找到中国的现代化道路是何其艰难，唯有先取得民族独立、人民解放，实行国家统一、社会稳定，中国的现代化才有可能。一百年来，我们党团结带领人民实现中国从几千年封建专制向人民民主的伟大飞跃，实现中华民族由近代不断衰落到根本扭转命运、持续走向繁荣富强的伟大飞跃；实现中国大踏步赶上时代、开辟中国特色思想道路的伟大飞跃，都是致力于探索中国的现代化道路。

改革开放，坚决破除阻碍国家和民族发展的一切思想和体制障碍，让党和人民事业始终充满奋勇前进的强大动力，孕育了我们党从理论到实践的伟大创造，走出了全面建成小康社会的中国式现代化道路，拓展了发展中国家走向现代化的途径，为解决人类现代化发展进程中的各种问题贡献了中国智慧和中国方案。党的十九大形成了从全面建成小康社会到基本实现现代化，再到全面建成社会主义现代化强国的战略安排，改革开放依然是实现中国现代化发展愿景的必然选择和前行动力，是实现中华民族伟大复兴中国梦的时代强音。

改革开放是顺应变革大势集中力量办好自己的事的有效路径。习近平总书记指出，今天，我们比历史上任何时期都更接近、更有信心和能力实现中华民族伟大复兴的目标。中华民族伟大复兴，绝不是轻轻松松、敲锣打鼓就能实现的。[①] 当前，我们面对世界百年未有之大变局和中华民族伟大复兴战略全局，正处于实现两个百年目标的历史交汇点。

改革开放已走过千山万水，但仍需跋山涉水。我们绝不能有半点骄傲自满、故步自封，也绝不能有丝毫犹豫不决、徘徊彷徨。进入新发展阶段、贯彻新发展理念、构建新发展格局，是我国经济社会发展的新逻辑，站在新的历史方位的改革开放面临着更加紧迫的新形势新任务。新发展阶段是一个动态的、积极有为、始终洋溢着蓬勃生机活力的过程，改革呈现全面发力、多点突破、蹄疾步稳、纵深推进的新局面，要着力增强改革的系统性、整体性、协同性，着力重大制度创新，不断完善和发展中国特色社会主义制度，推进国家治理体系和治理能力现代化；开放呈现全方位、多层次、宽领域，要着力更高水平的对外开放，不断推动共建人类命运共同体。我们要从根本宗旨、问题导向、忧患意识，完整、准确、全面贯彻新发展理念，以正确的发展观、现代化观，不断增

---

① 习近平. 决胜全面建成小康社会 夺取新时代中国特色社会主义伟大胜利——在中国共产党第十九次全国代表大会上的报告（2017年10月18日）[M]. 北京：人民出版社，2017：15.

强人民群众的获得感、幸福感、安全感。要从全局高度积极推进构建以国内大循环为主体、国内国际双循环相互促进的新发展格局，集中力量办好自己的事，通过深化改革打通经济循环过程中的堵点、断点、瘀点，畅通国民经济循环，实现经济在高水平上的动态平衡，提升国民经济整体效能；通过深化开放以国际循环提升国内大循环效率和水平，重塑我国参与国际合作和竞争的新优势。

由上观之，改革开放首先体现的是一种精神，始终保持改革开放的革命精神，我们才会有清醒的历史自觉和开辟前进道路的勇气；其次体现的是一种方略，蕴藏其中的就是鲜明的马克思主义立场观点方法，始终坚持辩证唯物主义和历史唯物主义，才会不断解放思想、实事求是，依靠人民、服务人民；最后体现的是着眼现实，必须始终从实际出发着力解决好自己的问题。概而言之，改革开放既是方法论，更是实践论，这正是其时代价值所在，也是其永恒魅力所在。

在中国共产党成立 100 周年之际，重庆大学出版社立足新发展阶段、贯彻新发展理念、构建新发展格局，聚焦新时代改革开放新的伟大实践，推出《改革开放新实践丛书》。编委会组织一批学有所长、思想敏锐的中青年专家学者，围绕长三角一体化、粤港澳大湾区、黄河流域生态保护和高质量发展、海南自由贸易港、成渝地区双城经济圈、新时代西部大开发、脱贫攻坚、乡村振兴、创新驱动发展、中国城市群、国家级新区等 11 个主题，贯穿历史和现实，兼具理论与实际，较好阐释了新时代改革开放的时代价值、丰硕成果和实践路径，更是习近平新时代中国特色社会主义思想在当代中国现代化进程中新实践新图景的生动展示，是基于百年党史背景下对改革开放时代价值的新叙事新表达。这是难能可贵的，也是献给建党百年华诞的最好礼物。

以问题为导向创建
中国特色社会主义政治经济学 *

马克思说过：问题就是时代的口号。一个先进的政党，总是善于在众声喧哗中听清楚时代的声音，解决时代提出的问题。坚持问题导向是马克思主义的鲜明特点。习近平总书记指出，要立足我国国情和我国发展实践，揭示新特点新规律，提炼和总结我国经济发展实践的规律性成果，把实践经验上升为系统化的经济学说，不断开拓当代中国马克思主义政治经济学新境界。① 其实就指出了要以中国发展实践中的问题为导向，形成指导中国实践的理论体系，构建起中国特色社会主义政治经济学的理论大厦。那么，作为一名马克思主义哲学社会科学工作者，更要具有深厚的问题意识，以问题为导向进行理论思考、构筑理论体系、形成理论话语，更要在实践中发现问题，在探索中提出问题，以历史勇气直面问题，以责任担当研究问题，以学术智慧回答问题，为创新中国特色社会主义政治经济学提供绵薄之力。

政治经济学基本问题就是回答实践发展中需要研究的现实问题

根据历史教科书的总结和陈述，"政治经济学"的提法出现于 17 世纪初，源于希腊文中"城邦、国家以及经济"与"经济学"组成的复合词。法国重商主义者蒙克莱田在 1615 年出版的《献给国王和王后的政治经济学》一书中首次使用这一词语，目的是说他所论述的经济问题已经超出了自然经济的范畴。在 17 世纪中叶以后，首先在英国，然后在法国，工场手工业逐渐发展成为工业生产的主要形式。这需要从理论上说明生产、分配的规律。由此产生了以斯密和李嘉图为主要代表的古典政治经济学。古典政治经济学的兴起和发展，使政治经济学研究的重点转向生产领域和包括流通领域在内的社会再生产过程。

---

　　* 本文为参加湖北省社会科学院《理论月刊》杂志 2021 年初举办的"创立中国特色社会主义政治经济学"专题视频会议上的发言稿。

① 习近平在中共中央政治局第二十八次集体学习时强调 立足我国国情和我国发展实践 发展当代中国马克思主义政治经济学［N］. 人民日报，2015－11－25 (1).

18 世纪末到 19 世纪初，生产逐渐由工场手工业向机器大工业过渡，劳资矛盾逐渐凸显。1825 年经济危机的爆发，使资本主义初期的经济秩序的内在矛盾日益显露出来。面临这种形势，资产者们更加需要的是对现存经济秩序的辩护。适应这种需要，产生了以萨伊等为代表的政治经济学。

19 世纪上半叶，在生产方式形成时期，产生了以西斯蒙第为代表的经济学，它抨击了资本主义制度，揭露了资本主义的矛盾，但是它们不了解产生的原因，只是站在维护小私有制的立场来反对私有制。在其经济学产生的同时，也产生了英法空想社会主义。

19 世纪 40 年代初，马克思和恩格斯在批判地继承了古典经济学的基础上创立了马克思主义政治经济学。马克思主义经典作家运用唯物史观将经济学发展和演变的历史划分为古典经济学和经济学两个历史时期。在新的科学的基础上，经济学发生了革命性的变革。纯粹经济学家在研究对象上强调资源配置、供求关系、边际效应，在研究方法上也形成了自在的经济学逻辑体系，并逐渐强化数理工具的应用，成为我们现在经济学教科书中的一整套经济学理论。

而马克思主义政治经济学是用唯物史观对经济学的性质、研究对象和研究方法尤其是对资本主义社会生产关系的演变加以深刻剖析，特别是受到 18 世纪发展起来的政治、社会经济发展阶段的影响，着力于以历史的生产关系或一定的社会生产关系为研究对象，形成了对社会生产关系及其发展规律生产和再生产中人和人的关系作为自己研究对象的一门独立的历史经济学科。像马克思所强调的，"政治经济学不是工艺学""生产也不只是特殊的生产，而始终是一定的社会体即社会的主体在或广或窄的由各生产部门组成的总体中活动着。科学的叙述对现实运动的关系，也还不是这里所要说的生产一般，特殊生产部门，生产的总体。"① 恩格斯也指出，"政治经济学，从最广的意义上说，是研究人类社会中支配物质生活资料的生产和交换的规律的科学。"②

马克思恩格斯作为社会主义政治经济学的奠基者，他们通过对资本主义生产方式矛盾运动规律和发展趋势的深刻分析，揭示了未来共产主义和社会主义经济关系的基本特征，其主要内容包括：实现人的自由全面发展，建立自由人的联合体；消灭私有制，生产资料社会占有；共产主义高级阶段实行按需分配，低级阶段实行按劳分配；对社会生产实行有计划的调节；消除城乡和工农差别，实现城乡融合；阶级和国家的消亡，对人的统治将由对物的管理和对生产过程的领导所代替；各国人民之间的民族分隔和对立日益消失；向社会主义的过渡需要一个较长的时期，在过渡时期可以采取合作制、商品生产等多种中介形式。

---

① 马克思. 政治经济学批判［M］. 北京：人民出版社，1971：12.
② 恩格斯. 反杜林论［M］. 北京：人民出版社，1963：8.

马克思恩格斯的这些理论，揭示了社会发展的一般趋势和社会主义革命的基本目标，是社会主义革命和社会主义建设的重要指南。但这些理论只是社会主义政治经济学的起点，而不是它的完成形态，更不是它的终结，因而在实践中需要不断地检验、丰富和发展。

20 世纪 30 年代以后，苏联建立了社会主义经济制度，形成了社会主义经济的最初模式即高度集中的计划经济体制，与此相适应的传统社会主义政治经济学逐步形成，并在 20 世纪 50 年代苏联社会主义政治经济学教科书中得到了系统的表达。其主要观点是：生产资料公有制是社会主义生产关系的基础，公有制有两种形式，即国家所有制和合作社集体所有制；社会主义的基本经济规律是，用在高度技术基础上使生产不断增长和不断完善的办法，来保证最大限度地满足整个社会经常增长的物质和文化需要；国民经济有计划按比例发展的规律是社会主义经济中调节社会主义经济的主要规律；按劳分配是社会主义经济最基本的分配形式和重要的经济规律。①

传统社会主义政治经济学对社会主义经济制度的实现形式和运行机制作了最初的探索，对社会主义经济理论的具体内容和内在规律作了具体的阐发，为社会主义经济制度的建立和发展作出了巨大贡献，丰富发展了马克思恩格斯经典的社会主义经济理论。但也有不少片面甚至错误的东西，主要是，把马克思恩格斯对于社会主义经济关系的最一般、最抽象的规定，与社会主义经济关系的具体形式或具体模式相混同，把计划经济体制当作了社会主义的本质，从而犯了教条主义的错误。

中国共产党始终坚持对马克思主义政治经济学的学习研究和运用。新中国成立后，以毛泽东为代表的中国共产党人领导全国人民，创造性地实现了由新民主主义到社会主义的转变，确立了社会主义基本制度，努力探索适合国情的社会主义经济建设道路，提出了发展社会主义经济的一系列独创性理论观点，如：以农业为基础，工业为主导，农、轻、重工业协调发展；统筹兼顾、适当安排，注意综合平衡；实行中央与地方并举，充分发挥两个积极性；处理好国家、集体和个人的关系，使各方各得其所；建设独立的比较完整的工业体系和国民经济体系，全面实现农业、工业、国防和科学技术的现代化；自力更生为主，争取外援为辅，等等。这些理论观点，是对马克思主义政治经济学的创造性发展。毛泽东高度重视社会主义政治经济学的发展，多次号召全党干部学习研究政治经济学，并对苏联社会主义政治经济学教科书进行了深入的研究，肯定了其正确的方面，指出其存在的缺点错误，发表了许多真知灼见，对中国特

---

① 苏联科学经济研究所. 政治经济学教科书［M］. 北京：人民出版社，1955：45－130.

色社会主义政治经济学的创立进行了探索。

党的十一届三中全会以来，我们党把马克思主义政治经济学基本原理同改革开放新的实践结合起来，不断丰富和发展马克思主义政治经济学。1984 年 10 月《中共中央关于经济体制改革的决定》通过之后，邓小平评价这个决定"写出一个政治经济学的初稿，是马克思主义基本原理和中国社会主义实践相结合的政治经济学"。[1] 30 多年以来，中国特色社会主义政治经济学随着实践的发展而不断发展，形成了许多重要理论成果，包括：关于社会主义本质理论，关于科学发展理论，关于经济体制改革理论，关于实行"三步走战略"理论，关于社会主义初级阶段基本经济制度理论，关于社会主义基本分配制度理论，关于社会主义市场经济理论，关于对外开放理论，关于走中国特色新型工业化道路、中国特色自主创新道路、中国特色新型城镇化道路和中国特色农业现代化道路理论，关于建设社会主义新农村的理论，等等。这些理论成果，是适应当代中国国情和时代特点的政治经济学，不仅有力指导了我国经济发展实践，而且开拓了马克思主义政治经济学新境界。

总体上看，按照马克思主义政治经济学原理指导的社会主义实践，根植于政治制度演变阶段的特征，不断发展的社会主义政治经济学理论始终要回答社会主义制度建立和完善过程中一系列新的问题、新的矛盾、新的实践，既要守正又要创新。

中国特色社会主义的丰富实践是政治经济学理论研究的"富矿"

理论源于实践，抽象于发展中的问题，又要用来指导实践，解决发展中的问题。创建符合实际需要的中国特色社会主义政治经济学，是马克思主义政治经济学基本理论与中国特色社会主义建设事业紧密结合，形成指导中国特色社会主义经济建设的理论框架和理论基础。

党的十八大以来，中国特色社会主义进入新时代，以习近平同志为核心的党中央根据时代和实践的要求，及时总结新的生动实践，不断推进理论创新，围绕发展中国特色社会主义经济提出了一系列新的重大战略思想，在发展理念、所有制、分配体制、政府职能、市场机制、宏观调控、产业结构、企业治理结构、民生保障、社会治理等重大问题上提出了许多重要论断。比如，关于社会主义本质的理论，关于社会主义初级阶段基本经济制度的理论，关于创新、协调、绿色、开放、共享发展的理论，关于发展社会主义市场经济、使市场在资源配置中起决定性作用和更好发挥政府作用的理论，关于我国经济发展进入新

① 邓小平. 邓小平文选（第三卷）[M]. 北京：人民出版社，1993：83.

常态、深化供给侧结构性改革、推动经济高质量发展的理论，关于推动新型工业化、信息化、城镇化、农业现代化同步发展和区域协调发展的理论，关于农民承包的土地具有所有权、承包权、经营权属性的理论，关于用好国际国内两个市场、两种资源的理论，关于加快形成以国内大循环为主体、国内国际双循环相互促进的新发展格局的理论，关于促进社会公平正义、逐步实现全体人民共同富裕的理论，关于统筹发展和安全的理论，等等。这些战略思想和理论观点，回答了当代中国实现什么样的发展、怎样发展的现实问题，不仅有力指导了我国经济发展实践，也进一步丰富发展了中国特色社会主义政治经济学，书写了当代中国马克思主义政治经济学的新篇章。

正如习近平在 2020 年 8 月 24 日主持召开的经济社会领域专家座谈会上的讲话中指出的，新时代改革开放和社会主义现代化建设的丰富实践是理论研究的"富矿"，我国经济社会领域理论工作者大有可为。① 面对错综复杂的国内外经济形势，面对形形色色的经济现象，学习领会马克思主义政治经济学基本原理和方法论，有利于我们掌握科学的经济分析方法，认识经济运动过程，把握经济发展规律，提高驾驭社会主义市场经济能力，准确回答新时代我国经济发展的理论和实践问题。

始终以问题为导向创新中国特色社会主义政治经济学理论体系

新时代中国特色社会主义政治经济学既要体现马克思主义政治经济学的基本理论和科学社会主义的基本原则，又要体现当代中国国情和时代特点，同时必须遵循社会经济发展的一般规律，超越传统社会主义政治经济学的理论框架，为推动马克思主义政治经济学的创新发展，丰富人类经济思想的宝库，贡献中国经济学者的智慧。

这里就必须更加强调，以问题为导向创新中国特色社会主义政治经济学理论体系。问题是创新的起点，也是创新的动力源。对中国特色社会主义政治经济学来说，起导向作用的问题就是时代问题。只有聆听时代的声音，回应时代的呼唤，认真研究解决所处时代重大而紧迫的问题，才能推动理论创新。

一是要进一步聚焦生产力发展问题。生产力和生产关系的分析是马克思主义政治经济学的范式。中国特色社会主义政治经济学的研究对象的基础是社会生产力。当前，我国仍处于社会主义初级阶段，生产力还没有达到发达资本主义国家的水平，如果政治经济学研究不关注生产力，会使政治经济学研究的范围和领域越来越窄，对中国经济的解释能力及指导作用越来越小，难以科学地

（左侧竖排书名）循着现代化的逻辑——一个经济学人的时事观察（2021－2024 年）

指导中国特色社会主义进程。中国特色社会主义政治经济学对生产力的研究应有三个层次的内容：一是解放生产力，涉及的是促进生产力发展的生产关系调整和经济体制的改革；二是发展生产力，涉及的是生产力各种要素的动员和协同作用；三是保护生产力，涉及的是生态环境的保护和改善。构建中国特色社会主义政治经济学理论体系，就是要建立解放、发展和保护生产力的系统化的经济学说。

二是进一步聚焦新型生产关系。制度分析是研究社会主义经济关系的本质和规律，阐述社会主义经济制度的质的规定性和制度的实现形式。公有制为主体多种所有制经济共同发展，按劳分配为主体多种分配方式并存以及社会主义市场经济体制，分别从生产、分配和交换三个方面构成社会主义基本经济制度。中国特色社会主义政治经济学要把基本经济制度研究学理化、系统化，但不能就此而止。如果不研究经济制度的实现形式，政治经济学所阐述的原理只能是空中楼阁。把社会主义基本经济制度优势更好转化为国家经济治理效能，关键在于基本经济制度实现形式的完善。根据党的十九大提出的完善产权制度要求，所有制的研究要深入到产权层面，涉及：以现代产权制度为核心建立现代企业制度；依靠产权流转做大做强做优国有资本和民营资本；国资管理转向管资本为主；农地制度实行所有权、承包权和经营权的三权分置。分配制度的实现形式是各种生产要素参与收入分配的机制：劳动、资本、土地、知识、技术、管理数据等要素按投入、按贡献、按市场供求参与收入分配。党的十九届四中全会将其概括为"市场评价贡献""贡献决定报酬"。这体现分配的效率原则，应在此基础上研究按劳分配为主体在各种生产要素参与收入分配中的实现问题。

三是要进一步聚焦新时代发展。改革开放以来，中国经济持续高速增长，成为世界第二大经济体，经济发展水平由低收入阶段转到上中等收入阶段。经过多年的高速增长，潜在的增长要素已经得到了充分释放，主要表现为：农村剩余劳动力支持的低成本劳动力供给明显减少；支持高投资、高储蓄的人口红利明显减少，物质要素供给的不可持续问题越来越突出，能源、资源、环境的瓶颈约束正在制约经济增长。发展难题也由此凸显：传统的依靠资源投入的发展动力衰减，资源环境供给紧张，经济结构失衡，开放的质量不高，收入差距扩大导致人民对经济发展的获得感不足。在此背景下，经济发展就要由高速增长转向高质量发展阶段。相关的重大政治经济学理论问题就是经济发展方式转变和高质量发展问题，既涉及制度创新，又涉及经济运行、资源配置和经济发展等方面的理论创新。特别是如何阐释好进入新时代我社会主要矛盾深刻变化带来的发展问题。当前我国社会主要矛盾已经转化为人民日益增长的美好生活需要和不平衡不充分的发展之间的矛盾，美好生活需要不仅对物质文化生活提出了更高要求，而且在民主、法治、公平、正义、安全、环境等方面的要求日益增长，人民美好生活需要得到满足的制约因素是发展的不平衡不充分，因此发展生产力的着力点是解决发展不平衡不充分的问题，涉及发展的规模、速度、质量、效率和结构和开放与安全等诸方面的理论研究。

在创新中国特色社会主义政治经济学研究中坚持问题导向，我们要注意克服两种倾向。第一，摆脱先验论倾向。由先验的理论出发求证先验的理论，只能形成脱离实际的教条，无法解释现实的经济问题。第二，克服简单套用西方模型的研究倾向。一些学者在西方经济学的框架下，采用西方经济学范式和通用的数学模型，简单套入中国数据进行研究、发表论文，这种依据数学模型的抽象分析，没有从中国现实经济问题出发，难以形成科学客观的研究成果，更谈不上中国特色社会主义政治经济学的理论创新。中国特色社会主义政治经济学研究不排斥模型分析方法，但不能简单套用西方模型解释中国问题，需要始终以中国重大改革和发展问题为导向进行理论创新。

新时代全面深化改革的成就、路径和方法论意义述要*

  党的十八大以来近十年，以习近平同志为核心的党中央统揽全局，以战略视野和问题导向，着力于全面深化改革，以改革创新为动力，推动经济社会发展取得历史性成就、发生历史性变革，在 30 多年改革开放的经验成果基础上，形成了更加全面系统的改革思想，更加厚实了改革方法论的理论基石。改革思想成为习近平新时代中国特色社会主义思想的重要组成部分，也为构建中国特色社会主义政治经济学做出了原创性贡献。对照党的十一届三中全会以来的改革进程，系统梳理党的十八届三中全会以来全面深化改革的实践历程、理论逻辑和方法论意义，有助于在开启全面建设社会主义现代化国家新征程上，进一步增强改革动力活力，为适应新发展阶段、贯彻新发展理念、构建新发展格局、实现高质量发展提供坚实的制度保障。本文以学习党的十九届六中全会《决议》为基础，以史为鉴、开创未来，概述了改革开放以来两个阶段推进深化改革历史进程的理论逻辑、实践基础、方法路径。

  改革开放是党在新的时代条件下带领全国各族人民进行的新的伟大革命，是决定当代中国命运的关键一招，也是实现中华民族伟大复兴的关键一招。改革开放成为当代中国最鲜明的特色。党的十九届六中全会审议通过的《中共中央关于党的百年奋斗重大成就和历史经验的决议》（以下简称《决议》），以宏阔的历史视野回顾了我国波澜壮阔的改革开放进程，深刻揭示了改革开放对我国社会发展进步、坚持和发展中国特色社会主义具有的重大意义，并将其思想精髓和实践成果进一步抽象，上升到了历史贡献和历史经验的高度。

  《决议》指出，"党的十一届三中全会以后，我国改革开放走过波澜壮阔的历程，取得举世瞩目的成就。""党的十一届三中全会是划时代的，开启了改革

  * 本文原载《成都党校（成都行政学院）学报》2021 年第 138 期，2021 年 12 月 28 日出刊，学习党的十九届六中全会《决议》精神专稿。

开放和社会主义现代化建设新时期。党的十八届三中全会也是划时代的，实现改革由局部探索、破冰突围到系统集成、全面深化的转变，开创了我国改革开放新局面。"《决议》以党的十一届三中全会和党的十八届三中全会这两个标志性会议作为时间节点，既指明了我国改革开放的历史起点，又内含着我国改革开放的时空接续性和历史递延性，更是突出了党的十八大以来以习近平同志为核心的党中央推进全面深化改革的新的历史实践和取得的重大成就，对我们踏上建设社会主义现代化国家新征程，继续推进全面深化改革提供了可资借鉴的重要实践价值、理论价值和方法论意义。本文以学习理解《决议》为基础，在承继我国改革开放历史成就和经验的基础上，着重梳理党的十八大以来我国全面深化改革的实践路径、制度设计和科学方法，以史为鉴，开创未来。为新的历史起点上推进高水平改革开放提供认识论基础。

一、十一届三中全会以来改革的实践基础、理论逻辑和路径探索

2018 年是改革开放 40 周年，习近平总书记在庆祝改革开放 40 周年大会上发表重要讲话，全面总结了 40 年改革开放的重大实践意义和理论贡献。党的十九届六中全会《决议》在"进行改革开放和社会主义现代化建设""开创中国特色社会主义新时代"两个部分中以更宽广的历史视角对我国改革开放历程进行了深入总结。习近平总书记的重要讲话和《决议》对我们深刻认识党的十一届三中全会开启的改革开放和社会主义现代化建设新时期具有重要指导意义。

（一）党的十一届三中全会到党的十八大前的改革实践和重点突破

习近平总书记指出，"党的十一届三中全会是在党和国家面临何去何从的重大历史关头召开的"。当时的历史背景是，在苏美两个超级大国战略角逐推演下，世界经济快速发展，科技进步日新月异，西方发达资本主义国家和一批亚太新兴经济体顺应第三次工业革命的浪潮，进行了经济结构、产业结构、企业组织结构的深刻调整，各自的国家综合实力、技术能力和产业竞争力大幅提升，人民生活水平有了较快增长。而这时的中国刚刚经历"文化大革命"十年内乱，由此导致我国经济濒临崩溃的边缘，人民温饱都成问题，国家建设百业待兴。邓小平同志当时有句名言，"如果现在再不实行改革，我们的现代化事业和社会主义事业就会被葬送"。

在邓小平同志领导下和老一辈革命家支持下，全党全社会以真理标准问题大讨论撬动起思想解放的杠杆，在国家面对生死存亡的重大历史关口召开了党的十一届三中全会。此次会议深刻总结我国社会主义建设正反两方面经验，借鉴世界社会主义历史经验，冲破长期"左"的错误的严重束缚，批评"两个凡是"的错误方针，重新确立马克思主义的思想路线、政治路线、组织路线，党

作出把党和国家工作中心从"以阶级斗争为纲"转移到经济建设上来、实行改革开放的历史性决策，从此，我国改革开放拉开了大幕。

党的十一届三中全会，实现了新中国成立以来党的历史上具有深远意义的伟大转折。我们党作出实行改革开放的历史性决策，是基于对党和国家前途命运的深刻把握，是基于对社会主义革命和建设实践的深刻总结，是基于对时代潮流的深刻洞察，是基于对人民群众期盼和需要的深刻体悟。

从那时起，我们党坚持以经济建设为中心，坚持发展是硬道理，解放思想、实事求是，大胆地试、勇敢地改，探索出了一条适合当时生产力发展实际的改革之路。改革从农村实行家庭联产承包责任制率先突破，逐步转向城市经济体制改革并全面铺开；从乡镇企业异军突起、发展个体私营经济到从实行国营企业承包制、股份制改革搞好国营大中小企业、深化国资国企改革，推进了从单一公有制到公有制为主体、多种所有制经济共同发展，逐步建立和完善基本经济制度和分配制度。确立了社会主义市场经济的改革方向，探索建立从商品、劳动力、技术、资本到期货等多层次生产要素市场，更大程度更广范围发挥市场在资源配置中的基础性作用，从微观领域的价格体系改革到宏观领域的财政税收改革、货币金融体制改革、建立和完善宏观调控体系，不断形成和发展符合中国国情、充满生机活力的体制机制。党把对外开放确立为基本国策，从兴办深圳等经济特区、开发开放浦东、推动沿海沿边沿江沿线和内陆中心城市对外开放到加入世界贸易组织，从"引进来"到"走出去"，充分利用国际国内两个市场、两种资源。党坚决推进经济体制改革，同时进行政治、文化、社会等各领域体制改革，推进党的建设制度改革。从党的十二大到党的十七大，经过持续推进改革开放，我国实现了从高度集中的计划经济体制到充满活力的社会主义市场经济体制、从封闭半封闭到全方位开放的历史性转变。

（二）20世纪80年代以来以经济体制改革为重心的改革的理论逻辑

按照马克思主义关于生产力和生产关系的基本理论，生产力与生产关系的对立统一构成生产方式，在这个统一体中，生产力的发展会引起生产关系的部分性质变化。在一定生产关系根本性质不变的前提下，生产关系的某些环节可能随着生产力的发展而发生局部的调整和变化。在这一阶段，生产关系在根本性质上就不适应生产力发展的要求，成为生产力发展的阻碍，这时就应该进行社会变革。生产力的发展状况决定着生产关系可能变化的程度。而变革生产关系归根结底是为了解放生产力，因此生产关系方面的每一种变革，都要适应生产力发展状况的要求。生产力与生产关系相互促进，乃至于由此形成的经济基础与上层建筑的同步适应的制度安排是实现经济发展的重要因素。生产力和生产关系的矛盾运动、经济基础与上层建筑的矛盾运动共同成为社会经济制度发展演变的根本动力。首先的是马克思关于生产力与生产关系的矛盾运动对制度变迁影响的思想，指导我们在实践中促进我们不断深化生产力与生产关系的制度改革来推动经济发展，做到制度改革始终坚持生产关系适应生产力水平的方向，制度改革始终坚持以促进生产力发展为根本。这就揭示了社会经济过程和制度演变的内在规律，也是决定 20 世纪 80 年代以来我国以经济体制改革为牵引的社会经济改革的理论基础。邓小平同志说，"贫穷不是社会主义"，改革就是要解放和发展生产力，"我们要赶上时代，这是改革要达到的目的"。

从 20 世纪 80 年代，大量西方经济学思想引入国内后，我国正处于对社会主义本质的重新认识和探索从高度集中的计划经济转向商品经济、从国内封闭经济走向开放经济的路径选择之中，所谓"转轨＋新兴"成为这个阶段我国经济发展的主要特征。经济理论界利用西方经济学理论的合理成分研究、解释、探索我国经济体制改革的基本路径，着重点集中在由计划经济向市场经济转变中如何解决好资源配置方式的根本转变上。在微观领域，要通过权利的释放给企业主体更多的自主权，使其成为自主经营、自负盈亏、自担风险的市场主体，并逐步清晰不同所有制结构的产权关系；在市场领域，建立基于价格机制、供求机制、竞争机制的市场体系，依靠价格信号重塑市场主体的分工与交换关系；在宏观领域，建立适应经济发展、协调中央和地方关系的财政税收体系，建构以中央银行、商业银行、各类信用社为主体的金融体系，在此基础上建立起财政货币政策可以发挥作用的宏观调控体系。同时，适应融入经济全球化进程，发挥后发优势参与全球经济分工体系，以开放的思维促进国内经济体制的转轨。在传统计划经济和建立市场经济的"破"与"立"中在理论层面研究改革的成本、决策的偏好、行为主体的适应性选择和激发改革的动力机制等，也产生了不少可资借鉴的理论成果。

（三）这一时期改革实践和理论探索为后续改革提供了重要经验和启示

回溯党的十一届三中全会至党的十八大之前的改革历程，我们积累了宝贵的改革经验，以改革开放为动力极大地解放和发展了我国生产力。仅从经济总量上来看，1978 年我国境内 GDP 只有 3643 亿元，到 2012 年我国 GDP 总量达到 519322 亿元，1978 年至 2012 年年均经济增长率达到 8.13%，先后超过德国、日本，成为世界第二大经济体，经济发展取得巨大进步，充分彰显了改革开放的巨大力量。

首先，自下而上的改革与自上而下的改革相驱动。20 世纪 80 年代源起于安徽小岗村农民冒着政治风险探索农村家庭联产承包责任制，显示了基层农民为了生存发展所激发的生产创造性，后得到中央和地方领导同志的支持，有效激发了农村生产力。农村改革起步于自下而上的改革激情但同时又得到自上而下的政策推动。此后改革扩展到城市的企业改革，20 世纪 80 年代起步于东北地区中小国营企业探索企业承包制、租赁制改革也是源自基层企业职工的大胆创造（当年《经济日报》深入报道东北的"关广梅现象"、"小机"斗"大机"的企业改革），伴随江浙一带的乡镇企业、民营经济的蓬勃发展，进一步展示了基层干部群众在改革领域绽放出来的无限活力。可以说，20 世纪 80 年代、90 年代我国各领域改革开放的艰苦卓绝的探索，都表现为基层群众自下而上的改革蒙醒、改革创造与中央到地方自上而下的政策包容、政策驱动的相互促进，书写了改革开放新时期激动人心的改革篇章。

其次，以增量改革、边际改革入手推动制度变迁。面对改革起步时期受制于经济体制转轨的种种思想观念、体制机制的束缚，改革多是从增量改革开始。比如，通过"利改税"、允许承包制试点，逐步在乡镇企业、国营中小企业扩大生产经营权开始推进企业改革，允许民营经济率先发展起来；比如，由试点开始在沿海地区开放国门、引进外资的探索，进一步扩展到长三角、珠三角等经济发达地区的开发开放试点等；还有，在 20 世纪 80 年代后期，在推进价格改革和所有制改革的政策选项中，从"价格双轨制"起步到后来构建宏观调控体系的各类改革，都是中央到地方政府主动推进非制度性变迁和制度性变迁的结果，从而逐步建立起以价格机制为基础的市场体系，生产要素流动和配置得到优化，生产要素潜能和活力得以激发。所有这些探索，为社会主义市场经济体制的塑造和最终被中央确定为改革方向提供了试验基础。实践证明，增量改革、边际改革是在既定体制框架中改革成本最小的，体制冲击最低的，社会包容度最充分的，也能产生最有效的改革示范效应，以试点的、局部的改革有力推进了整体改革和推动顶层设计的制度安排。

最后，以经济体制改革为牵引不断推动理论创新。改革开放以来，我们党深刻认识到，开创改革开放和社会主义现代化建设，必须以理论创新引领事业发展。在改革理论的创新上始终基于实践创新的成果，并通过政策的引领为进一步推进改革深化理论认识、积累经验和新的实践指导。1984 年 10 月，党的十二届三中全会通过《中共中央关于经济体制改革的决定》（以下简称《决定》）提出，改革是为了建立充满生机的社会主义经济体制、建立自觉运用价值规律的计划体制发展社会主义商品经济、加强党的领导保证改革的顺利进行等重要理念。认为改革计划体制首先要突破把计划经济同商品经济对立起来的传统观念，明确认识社会主义计划经济必须自觉依据和运用价值规律，是在公有制基础上的有计划的商品经济；商品经济的充分发展，是社会经济发展的不可逾越的阶段，是实现我国经济现代化的必要条件。1993 年 11 月，党的十四届三中全会通过《中共中央关于建立社会主义市场经济体制若干问题的决定》

（以下简称《决定》）确立了社会主义市场经济体制的改革目标和基本框架，把党的十四大确定的经济体制改革的目标和基本原则加以系统化、具体化，确立了社会主义初级阶段公有制为主体、多种所有制经济共同发展的基本经济制度和按劳分配为主、多种分配方式并存的分配制度。并强调转变政府职能，建立健全宏观经济调控体系；深化对外经济体制改革，进一步扩大对外开放；加强和改善党的领导等。党的十四届三中全会通过的《决定》要求全党为20世纪末初步建立社会主义市场经济体制而奋斗，成为20世纪90年代进行经济体制改革的行动纲领。2003年10月，党的十六届三中全会通过《中共中央关于完善社会主义市场经济体制若干问题的决定》（以下简称《决定》），针对我国处于社会主义初级阶段，经济体制还不完善，生产力发展仍面临诸多体制性障碍，要适应经济全球化和科技进步加快的国际环境，适应全面建设小康社会的新形势，提出必须加快推进改革，继续探索社会主义制度和市场经济有机结合的途径和方式，统筹推进各项改革，努力实现宏观经济改革和微观经济改革相协调，经济领域改革和社会领域改革相协调，城市改革和农村改革相协调，经济体制改革和政治体制改革相协调。党的十六届三中全会通过的《决定》确立了深化经济体制改革、完善社会主义市场经济体制的原则、目标和任务，强调坚持社会主义市场经济的改革方向，注重制度建设和体制创新；坚持尊重群众的首创精神，充分发挥中央和地方两个积极性；坚持正确处理改革发展稳定的关系，有重点、有步骤地推进改革；坚持统筹兼顾，协调好改革进程中的各种利益关系等，并着重强调，党的领导是顺利推进改革的根本保证，全党要自觉适应社会主义市场经济发展的新形势，改革和完善党的领导方式和执政方式，坚持谋全局、把方向、管大事，着眼于我国基本国情，坚持一切从实际出发，因地制宜，把改革的力度、发展的速度和社会可承受的程度统一起来。改革开放进程中的这三个《决定》的重要意义在于，既保证了充分发挥改革激发社会主义市场经济的内在活力的作用，又始终保持我国改革的正确方向。

总体上看，在党的十一届三中全会到党的十八大前的35年，我们党以巨大的政治勇气，锐意推进经济体制、政治体制、文化体制、社会体制、生态文明体制和党的建设制度改革，不断扩大开放，决心之大、变革之深、影响之广前所未有，成就举世瞩目。最重要的是，我们坚持党的领导，贯彻党的基本路线，不走封闭僵化的老路，不走改旗易帜的邪路，坚定走中国特色社会主义道路，始终确保改革正确方向；坚持解放思想、实事求是、与时俱进、求真务实，一切从实际出发，总结国内成功做法，借鉴国外有益经验，勇于推进理论和实践创新；坚持以人为本，尊重人民主体地位，发挥群众首创精神，紧紧依靠人民推动改革，促进人的全面发展；坚持正确处理改革发展稳定关系，胆子要大、步子要稳，加强顶层设计和摸着石头过河相结合，整体推进和重点突破相促进，提高改革决策科学性，广泛凝聚共识，形成了巨大的改革合力，赢得了最广大人民群众对改革的支持和拥护。

二、全面审视十八届三中全会以来全面深化改革进程的成就、特点和方法论意义

以党的十八届三中全会为标志，以习近平同志为核心的党中央带领人民进入中国特色社会主义新时代，也开启了全面深化改革、系统整体设计推进改革的新时代，开创了我国改革开放的全新局面。

2013年11月党的十八届三中全会审议通过《中共中央关于全面深化改革若干重大问题的决定》在论述全面深化改革的重大意义和指导思想中指出，"当前，我国发展进入新阶段，改革进入攻坚期和深水区。必须以强烈的历史使命感，最大限度集中全党全社会智慧，最大限度调动一切积极因素，敢于啃硬骨头，敢于涉险滩，以更大决心冲破思想观念的束缚、突破利益固化的藩篱，推动中国特色社会主义制度自我完善和发展"。

党的十九届六中全会《决议》指出，"随着实践发展，一些深层次体制机制问题和利益固化的藩篱日益显现，改革进入攻坚期和深水区。党中央深刻认识到，实践发展永无止境，解放思想永无止境，改革开放也永无止境，改革只有进行时、没有完成时，停顿和倒退没有出路，必须以更大的政治勇气和智慧推进全面深化改革，敢于啃硬骨头，敢于涉险滩，突出制度建设，注重改革关联性和耦合性，真枪真刀推进改革，有效破除各方面体制机制弊端"。

这两段表述揭示了党的十八大以来我们党推进全面深化改革的历史新起点。十八届三中全会明确指出，全面深化改革的总目标是完善和发展中国特色社会主义制度，推进国家治理体系和治理能力现代化。为此，要坚决破除各方面体制机制弊端，在重要领域和关键环节改革上取得决定性成果，形成系统完备、科学规范、运行有效的制度体系，使各方面制度更加成熟更加定型，努力开拓中国特色社会主义事业更加广阔的前景。

（一）全面深化改革推动党和国家事业发生全方位、深层次、根本性的深刻变革

党的十一届三中全会以来的35年，我们用改革的办法解决了党和国家事业发展中的一系列问题。同时，在认识世界和改造世界的过程中，旧的问题解决了，新的问题又会产生，制度总是需要不断完善，因而改革既不可能一蹴而就，也不可能一劳永逸。党的十八大以来，面对进入中国特色社会主义新时代具有许多新的历史特点的伟大斗争，面对一场坚持和发展中国特色社会主义制度不

断自我完善的深刻革命，面对一个个更加尖锐复杂需要攻坚克难的改革难题，习近平总书记亲自谋划、亲自部署、亲自推动在更高起点、更高层次、更高目标上推进全面深化改革，主要领域改革主体框架基本确立，全面深化改革展现了新作为、实现了新突破，推动党和国家事业发生全方位、深层次、根本性的深刻变革，开创了改革开放事业的新篇章。

党的十八届三中全会通过的《中共中央关于全面深化改革若干重大问题的决定》针对党的十八大后国内外发生极为广泛而深刻的变化、我国发展面对的一系列突出矛盾和问题，深刻剖析了我国改革发展稳定面临的重大理论和实践问题，提出了全面深化改革的指导思想、目标任务、重大原则，描绘了全面深化改革的新蓝图、新愿景、新目标，汇集了全面深化改革的新思想、新论断、新举措，反映了社会呼声、社会诉求、社会期盼，形成了改革理论和政策的一系列重大突破，凝聚了全党全社会关于全面深化改革的思想共识和行动智慧。按照十八届三中全会谋划的改革目标、思路和路径，八年来，全面深化改革从夯基垒台、立柱架梁到全面推进、积厚成势，再到系统集成、协同高效，各领域基础性制度框架基本确立，许多领域实现历史性变革、系统性重塑、整体性重构，为实现中华民族伟大复兴提供了充满新的生机活力的体制制度保证。其突出成果表现在：

在经济体制改革领域。经济建设始终是党和国家的中心工作，党中央始终坚持发展是解决我国所有问题的关键这个重大战略判断，坚持社会主义市场经济改革方向，始终以经济体制改革历来是改革的重点为牵引推进全面深化改革，着力构建市场机制有效、微观主体有活力、宏观调控有度的经济体制。党的十八届三中全会作出"充分发挥市场在资源配置中的决定性作用、更好发挥政府作用"的重大论断。围绕坚持和完善社会主义基本经济制度，习近平总书记多次主持中央深改委会议审议相关改革方案，坚持"两个毫不动摇"，明确"两个一以贯之"，强调国有企业是中国特色社会主义的重要物质基础和政治基础，作出国资国企改革的顶层设计，对国有企业进行分类改革稳妥推进国企混合所有制改革。持续推进"放管服"改革，优化政策环境，强调民营经济是"自己人"，支持非公有制经济健康发展，依法保护产权，弘扬企业家精神，全面实施市场准入负面清单，我国营商环境全球排名从 2012 年的第 96 位跃升至第 31 位。党的十九届四中全会将社会主义市场经济体制纳入基本经济制度，党中央先后审议通过《关于新时代加快完善社会主义市场经济体制的意见》《关于构建更加完善的要素市场化配置体制机制的意见》，着力在经济体制关键性基础性重大改革上突破创新，努力实现企业准入畅通、要素自由流动、市场开放有序、竞争充分、秩序规范的市场体系。与此同时，建设更高水平开放型经济体制，以更高水平开放推动形成国内国际双循环新发展格局。以自贸试验区建设为契机，对标国际高水平经贸规则推动制度性开放，打造国内大循环中心节点。推动共建"一带一路"倡议有效拓展，签署区域全面经济伙伴关系协定等，积极参与多边经贸谈判和合作等，为推动高质量发展、构建新发展格局提供了有力的制度支撑。党的十九大以来，围绕决胜全面建设小康社会、聚焦三大攻坚战的重点领域和关键环节，推出了一批重大体制机制改革举措，为如期实现脱贫攻坚任务、全面建成小康社会提供了根本的制度保障。

在政治体制改革领域。坚定不移发展社会主义民主政治，走中国特色社会主义政治发展道路，坚持人民民主地位，发展全过程人民民主，用制度体系保证人民当家作主。党的十九届三中全会专门研究部署党和国家机构改革。这轮改革规模之大、涉及面之广、难度之大前所未有，在习近平总书记亲自领导指挥下，仅用一年对时间总体完成改革任务，实现了对党和国家机构的系统性、整体性、重构性变革，优化了党中央决策议事协调，加强了党对深化改革、依法治国、经济、外交、审计、教育等重大工作的领导，优化调整了政府机构设置和职能配置，解决了一些长期未能解决的交叉重叠问题。还着眼于服务方便人民群众、符合基层事务特点，构建了简约高效的基层管理体制。同时深化综合行政执法改革，完善市场监管和执法体制。

在文化体制改革领域。党的十九届四中全会确立坚持马克思主义在意识形态领域指导地位的根本制度。围绕之一根本制度，建立健全意识形态工作责任制，牢牢掌握意识形态工作主动权主导权。持续完善用党的创新理论武装全党、教育人民工作体系，围绕弘扬中华优秀传统文化、传承红色基因、坚定文化自信、建设社会主义核心价值观、社会主义文化强国深化文化体制改革。中央深改组审议通过《深化文化体制改革实施方案》，明确了新一轮文化体制改革的路线图、时间表、任务书。完善公共文化服务体系，深化影视业综合改革、国有文化院团改革等。

在社会体制改革领域。始终抓住人民群众最关心最直接最现实的利益问题，聚焦民生短板弱项推进民生领域重大改革和制度建设。加快健全覆盖全民、统筹城乡、公平统一、可持续的多层次社会保障体系，全面实施全民参保计划，建立统一的城乡居民基本养老保险制度，推进机关事业单位养老保险制度改革，按期实现养老保险基金省级统筹，继而推进全国统筹，基本养老保险覆盖10亿人，整合城乡居民基本医保制度，建成了世界上最大规模的基本医疗保障网，参保人数超过13.6亿人，参保率稳定在95%以上。为解决广大人民群众"看病难看病贵"问题，深入实施医疗、医保、医药"三医"联动改革，推动以治病为中心向以健康为中心转变。中央深改组审议通过《关于城市公立医院综合改革试点的指导意见》《关于建立现代医院管理制度的指导意见》等。为应对突如其来的新冠疫情冲击影响，从体制机制上创新和完善重大疫情防控举措，健全国家公共卫生应急管理体系，中央政治局审议通过了《疾病预防控制体系改革方案》，包括应急保障体系在内的系列改革正在稳妥有序地组织实施。

在生态文明体制改革领域。党的十八大以来，习近平总书记以大无畏的决心魄力，作出加快生态文明建设、走绿色发展之路的重大战略部署，主持审议通过了《关于加快推进生态文明建设的意见》和《生态文明体制改革总体方案》，系统部署推进生态文明体制改革，建立中央生态环境保护督查制度，"多规合一"试点推动全国空间规划改革，统筹划定落实生态保护红线、永久基本农田、城镇开发边界三条控制线，全面建立河长制湖长制林长制、党政领导干部生态环境损害终身追究制度等一大批重大改革举措，以国家公园为主体的自然保护地体系逐步建立，主体功能区保护生态环境体系建设有力推进。2020年党中央就实现碳达峰碳中和作出重大战略部署，提出"3060"实现目标，纳入生态文明建设整体布局。

在全面从严治党体制机制改革领域。全面深化改革紧紧围绕坚持党的领导、加强党的建设、全面从严治党，坚决维护党中央权威，健全总揽全局、协调各方的党的领导制度体系，把党的领导落实到国家治理各领域各方面各环节。建立健全了从中央委员会到地方党委、党的工作机关、基层党组织等全方位的党内法规体系，党内法规已基本实现了党的工作领域全覆盖。特别是，党的十八大以来，党中央从制定中央八项规定及其实施细则入手，把纠正"四风"融入党内法规，深化纪检监察体制改革，建立巡视制度，健全一整套法规政策体系。制定实施整治形式主义、官僚主义专项工作意见，规范党政领导干部配偶、子女等经商办企业行为，依规依纪依法一体推进不敢腐、不能腐、不想腐，党风廉政建设取得深得民心的重大成效。

党的十八大以来，在习近平总书记亲自领导和指挥下，国防和军队改革也取得历史性突破，军队领导指挥体制、现代军事力量体系、军事政策制度实现根本性重构，为强军事业注入强大动力。健全独立自主的和平外交政策体系，"一带一路"建设突破西方国家种种阻挠，推动构建人类命运共同体迈出重要步伐。

总体来看，按照党的十八届三中全会确定的适应新时代要求的推进全面深化改革的总体部署，从以经济体制改革为主到全面深化经济、政治、文化、社会、生态文明体制和党的建设制度改革，党和国家机构改革、行政管理体制改革、依法治国体制改革、司法体制改革、外事体制改革、社会治理体制改革、生态环境督察体制改革、国家安全体制改革、国防和军队改革、党的领导和党的建设制度改革、纪检监察制度改革等一系列重大改革扎实推进，各项便民、惠民、利民举措持续实施，使改革开放成为当代中国最显著的特征、最壮丽的气象。

（二）党的十八届三中全会以来党中央领导全面深化改革的鲜明特点

如果说党的十一届三中全会拉开了我国改革开放的大幕，党和国家事业处于命运抉择的关口，不改革中国就没有出路，那么，党的十八届三中全会开启的全面深化改革就是党主动顺应历史潮流、把握历史主动的重大战略抉择。过去 35 年的改革开放历程充分证明了改革开放是决定当代中国命运的关键抉择，是党和人民事业大踏步赶上时代的重要法宝。我们党认识到，实践发展永无止境，解放思想永无止境，改革开放永无止境。面对新形势新任务，全面建成小康社会，进而建成富强民主文明和谐美丽的社会主义现代化国家，实现中华民族谋复兴的中国梦，必须在新的历史起点上全面深化改革，不断增强中国特色社会主义道路自信、理论自信、制度自信和文化自信。

因此，党的十八届三中全会以来的全面深化改革具有鲜明的时代特点。

以鲜明的改革创新理论为指导。党的十八大以来，习近平总书记高瞻远瞩、谋篇布局，以巨大的政治勇气和非凡的政治智慧，从全面深化改革的战略定位、总体目标、价值取向、主攻方向、重点任务、方法路径等方面，开创性提出一系列具有突破性、战略性、指导性的重要思想，科学回答了举什么旗、走什么路，在新时代为什么要全面深化改革、怎样推进全面深化改革等一系列重大理论和实践问题，把中国特色社会主义改革理论和改革实践推进到新的广度和深度，以全新的改革思想引领党和国家事业的伟大变革。全面深化改革总目标成为党的十九届六中全会《决议》中全新阐释习近平新时代中国特色社会主义思想内涵"十个明确"的重要组成部分，全面深化改革也是中国特色社会主义事业战略布局的重要内容。可以说，习近平改革思想是习近平经济思想的重要体现，极大丰富了习近平新时代中国特色社会主义思想的理论宝库，也为形成中国特色社会主义政治经济学提供了理论支撑，在引领新时代全面深化改革取得重大成就中彰显了具有说服力的强大真理力量。

构建完善的改革领导体制机制。党的十八大以来，习近平总书记亲自挂帅，加强党对全面深化改革的集中统一领导。党的十八届三中全会后，党中央成立全面深化改革领导小组，这是我们党第一次在党中央层面成立专司改革工作的决策议事协调机构，到党的十九大，共举行专题会议 39 次。党的十九届三中全会围绕健全党对重大工作的领导体制机制，决定将中央深改组改成委员会，截至 2021 年 12 月，共举行 23 次会议。这 60 多次会议，将改革的总体设计、统筹协调、整体推进、督促落实紧紧抓在党中央手中，议题充分体现改革的"全面"，覆盖面涉及经济体制、政治体制、文化体制、社会体制、党的建设体制机制等各个方面；充分体现改革的"深化"，每一项改革于法有据、切中要害，针对当前谋划长远，为全面深化改革提供了最强有力的领导保障。

以问题为导向破解体制性障碍。问题是时代的声音。改革也是由问题倒逼而产生的，又在不断解决问题中得以深化。党的十八届三中全会面对新形势新任务新要求，以强烈的问题意识，以重大问题为导向，着力推动解决我国发展面临的一系列突出矛盾和关键问题。习近平总书记在这个《决定》说明中鲜明指出了关键在于"六个进一步"，即全面深化改革，关键是要进一步形成公平竞争的发展环境，进一步增强经济社会发展活力，进一步提高政府效率和效能，进一步实现社会公平正义，进一步促进社会和谐稳定，进一步提高党的领导水平和执政能力，改革的总目标就是完善和发展中国特色社会主义制度，推进国家治理体系和治理能力现代化。这样就将问题导向和目标导向紧密联系在一起，全面深化改革由"问题"出发，坚持问题导向，奔着问题去，跟着问题走，哪里出现新问题，改革就跟进到哪里，着重点是解决体制性的深层次障碍、克服机制性的梗阻问题，落脚点在于完善"体制机制"，推进制度性建设，实现国家治理现代化，增强全社会发展活力和创新活力。

2020年12月30日习近平总书记在主持召开中央全面深化改革委员会第17次会议上的讲话指出，"回顾这些年改革工作，我们提出的一系列创新理论、采取的一系列重大举措、取得的一系列重大突破，都是革命性的，开创了以改革开放推动党和国家各项事业取得历史性成就、发生历史性变革的新局面"。并为此评价，这是一场思想理论的深刻变革，这是一场改革组织方式的深刻变革，这是一场国家制度和治理体系的深刻变革，这是一场人民广泛参与的深刻变革。

（三）新时代全面深化改革的方法论意义

习近平总书记在庆祝改革开放四十周年大会上的讲话从九个方面总结了改革开放四十年积累的宝贵经验，其中第九条指出了改革的方法论，即"必须坚持辩证唯物主义和历史唯物主义世界观和方法论，正确处理改革发展稳定关系"，强调了改革开放40年的实践启示，即"五个坚持"：坚持加强党的领导和尊重人民首创精神相结合，坚持"摸着石头过河"和顶层设计相结合，坚持问题导向和目标导向相统一，坚持试点先行和全面推进相促进，既鼓励大胆试、大胆闯，又坚持实事求是、善作善成。

党的十九届六中全会《决定》进而指出，党的十八届三中全会以来，"实现改革由局部探索、破冰突围到系统集成、全面深化的转变，开创了我国改革开放新局面"，"党坚持改革正确方向，以促进社会公平正义、增进人民福祉为出发点和落脚点，突出问题导向，聚焦进一步解放思想、解放和发展社会生产力、解放和增强社会活力，加强顶层设计和整体谋划，增强改革的系统性、整体性、协同性，激发人民首创精神，推动重要领域和关键环节改革走实走深。党推动改革全面发力、多点突破、蹄疾步稳、纵深推进，从夯基垒台、立柱架梁到全面推进、积厚成势，再到系统集成、协同高效，各领域基础性制度框架基本确立，许多领域实现历史性变革、系统性重塑、整体性重构"。这也鲜明揭示了这一阶段改革的方法论。

特别是党的十八大、十九大以来，习近平总书记在历次中央深改组和深改委会议上的重要讲话，充分体现了对改革方略的卓著思考和深刻洞见，具有极强的方法论指导意义，概述起来主要表现为：

改革的大局观。在 2014 年 1 月 22 日召开的中央全面深化改革领导小组第一次会议上，习近平总书记指出，全面深化改革"要善于观大势、谋大事，站在国内国际两个大局、党和国家工作大局、全面深化改革全局来思考和研究问题"，"要牢牢把握改革正确方向，在涉及道路、理论、制度等根本性问题上，在大是大非面前，必须立场坚定、旗帜鲜明"，"要把握大局、审时度势、统筹兼顾、科学实施，充分调动各方积极性，坚定不移朝着全面深化改革目标前进"。大局是什么？就是党的领导，就是举什么旗、走什么路。改革开放史充分证明，改革事业的成功必须有坚强核心和正确领导。全面深化改革必须加强和改善党的领导，充分发挥党纵览全局、协调各方的领导核心作用；坚决维护党中央权威，确保政令畅通，坚定不移实现党中央改革决策；健全完善党领导改革工作机制，推动各地区各部门自上而下构建集中统一的改革领导体制、务实高效的改革决策机制、上下联动的统筹协调机制、有力有序的督查落实机制，形成上下贯通、横向联动、纵向到底的改革工作格局。习近平总书记多次指出，"治大国若烹小鲜"。我国是一个大国，决不能在根本性上出现颠覆性错误，一旦出现就无法挽回、无法弥补。党的十八大以来，以习近平同志为核心的党中央牢牢把握改革开放的前进方向，这个大方向就是坚持中国共产党领导和社会主义制度不能动摇，改革改什么、怎么改始终以是否符合完善和发展中国特色社会主义制度、推进国家治理体系和治理能力现代化的总目标为根本尺度，该改的、能改的坚决改，不该改的、不能改的坚决不改。把准了前进方向，全面深化改革事业就能行稳致远。习近平总书记也多次要求各级领导干部正确把握改革大局，服从和服务改革大局，正确看待局部利益关系调整，坚定改革决心和信心，形成推动改革的思想自觉和行动自觉；不论在哪个层级推进改革、开展工作，都要坚持在大局下谋划、在大势中推进、在大事上作为。

改革的系统观。新时代全面深化改革，不止与经济体制一隅，更不限于一时一事，而是涉及党和国家工作全局，涉及经济体制、政治体制、文化体制、社会体制、生态文明体制和党的建设制度方方面面，是一个复杂的系统工程，必须依靠系统思维统筹谋划深化改革的各个方面各个层次，需要把握好整体和重点、全局和局部、主要矛盾和矛盾的主要方面等一一对应的辩证关系。推进改革要树立系统思想，推动有条件的地方和领域实现改革举措系统集成。要把住顶层设计和路线图，注重改革举措配套组合，使各项改革举措不断向中心目标靠拢。要牢固树立改革全局观，面对改革的复杂形势和繁重任务，要牵住改革"牛鼻子"，顶层设计要立足全局，加强改革政策统筹、进度统筹、效果统筹，发挥改革整体效应，既抓重要领域、重要任务、重要试点，又抓关键主体、关键环节、关键节点。关系全局的改革，特别是涉及重大制度创新的改革，要统一行动，任何时候不能放松、不能滞后。对探路性质的改革试点要观照全局，准确把握改革试点方向，把制度创新作为核心任务，大胆探索，积极作为，及时总结经验，把基层改革创新中发现的问题、解决的方法、蕴含的规律及时形成理性认识，推动面上的制度创新，发挥好试点对全局性改革的示范、突破、带动作用。

改革的协同观。改革越深入越要注意协同，既抓改革方案协同，也抓改革落实协同，更抓改革效果协同，促进各项改革举措在政策取向上相互配合、在实施过程中相互促进、在改革成效上相得益彰，朝着全面深化改革总目标聚焦发力。推进改革既要管宏观，也要统筹好中观、微观，改革政策各个环节要衔接配合、协同配套，使改革与宏观经济运行和解决人民群众关心的突出问题协同推进。改革能不能做到协同推进，方案设计是前提。要加强对改革方案的整体规划，既统筹考虑战略、战役层面的问题，又统筹考虑战斗、战术层面的问题。涉及政策配套的改革方案，相互要留有制度接口，时间节点要能衔接得上。涉及落实标准、责任分工的，能细化的要尽可能细化，能明确下来的要尽量明确下来，能统一标准的要尽可能统一标准，让部门和地方好操作、好落实。抓改革方案落实，还要发挥好部门和地方两个积极性，形成上下联动、条块结合的工作推进机制。改革牵头部门要担负起牵头抓总的责任，及时协调相关部门解决意见分歧、相互掣肘等问题。各有关方面对已经出台的改革方案要经常"回头看"，既要看相关联的改革方案配套出台和落实情况，又要评估改革总体成效，对拖了后腿的要用力拽上去，对偏离目标的要赶紧拉回来。

改革的法理观。全面深化改革需要法治保障，全面推进依法治国也需要深化改革。习近平总书记指出，凡属重大改革都要于法有据。在整个改革过程中，都要高度重视运用法治思维和法治方式，发挥法治的引领和推动作用，确保在法治轨道上推进改革、在改革中完善法治。要实现立法和改革决策相衔接，做到重大改革于法有据、立法主动适应改革发展需要。在研究改革方案和改革措施时，要同步考虑改革涉及的立法问题，及时提出立法需求和立法建议。实践证明行之有效的，要及时上升为法律。实践条件还不成熟、需要先行先试的，要按照法定程序作出授权。对不适应改革要求的法律法规，要及时修改和废止。

改革的人民观。人民群众是改革经验的创造者，也是改革成果的受益者。改革开放在认识和实践上的每一次突破和发展，无不来自人民群众的实践和智慧。改革也要始终坚持人民立场。习近平总书记指出，改革任务越繁重，我们越要依靠人民群众支持和参与，善于通过提出和贯彻正确的改革措施带领人民前进，善于从人民的实践创造和发展要求中完善改革的政策主张。研究、思考、确定全面深化改革的思路和重大举措，必须进行全面深入的调查研究。要下功夫查找突出问题和现实困难，下功夫发现基层的有益探索，下功夫了解党内外对改革的各种意见和建议，下功夫了解群众的所想所盼，精准把脉、精确制导，为方案制定接地气、攒底气。制定各项改革任务都要坚持以影响经济社会发展的重大问题为导向，立足于经济社会发展的瓶颈约、群众反映强烈的突出问题，努力破除体制机制障碍。对重大改革尤其是涉及人民群众切身利益的改革决策，还要建立社会稳定评估机制。遇到关系复杂、牵涉面广、矛盾突出的改革，要及时深入了解群众实际生活情况怎么样，群众诉求是什么，改革能给群众带来的利益有多少，从人民利益出发谋划思路、制定举措、推进落实，切实把以人民为中心的发展思想体现在经济社会发展各个环节，做到老百姓关心什么、期盼什么，改革就要抓住什么、推进什么，通过改革给人民群众带来更多获得感。

改革的渐进观。改革是一种利益格局的调整，改的是体制机制，动的是既得利益，不真刀真枪干不行。随着改革不断推进，对利益关系的触及越来越深，对改革涉及利益调整中可能出现的困难和问题，困难要一个一个克服，问题要一个一个解决，不要期待一蹴而就，既敢于出招又善于应招，做到"蹄疾而步稳"。要根据改革举措的轻重缓急、难易程度、推进条件，部署改革推进的步骤和次序，把握好重大改革的次序，优先推进基础性改革，抓好各项配套改革的稳步推进。比如，党的十八届三中、四中全会推出的重要改革举措都实施了中长期规划，做到了改革的总目标和阶段性目标有机衔接，以施工图方式明确了改革举措的改革路径、成果形式、时间进度，在蹄疾步稳中确保改革改有所进、改有所成。要增强改革定力、保持改革韧劲，加强思想引导，注重研究改革遇到的新情况新问题，锲而不舍、坚韧不拔，提高改革精确发力和精准落地能力。要坚持实事求是，在改革的实施方案上要上连天线、下接地气，各项指标要切实可行，实施措施要务实管用，拿起来就能干；在改革推进上要讲求战略战术，注意方式方法，做到成熟一个推进一个，办一件事成一件事；在评价改革成效上要坚持群众立场，关键要看办成了多少事，解决了多少实际问题，群众到底认不认可、满不满意。要坚持改革质量和讲求效率，速度是效率，方法对头是效率，减少失误也是效率。对滞后的工作要倒排工期，迎头赶上，对一些难度大的改革，主要负责同志要亲自推动，跟踪进度，敲钟问响。要坚持锐意进取，发扬敢为天下先的改革精神，对改革中的阻力要敢于破除。

改革的务实观。改革是一场革命，必须有坚忍不拔的毅力，以真抓促落实、以实干求实效。勇于自我革命，是我们党最鲜明的品格，也是我们党的政治优势。改革的本质是创新，推进改革事业最要不得的是思想僵化、故步自封，最重要的是解放思想、刀刃向内。以习近平同志为核心的党中央把全面从严治党贯穿全面深化改革全过程各环节，以党的建设提升政治判断力、政治领悟力、政治执行力，强化各级党政干部抓改革促落实的责任，要求各级党委和政府主要负责同志亲自抓改革，重要改革亲自部署、重大方案亲自把关、关键环节亲自协调、落实情况亲自督查，引导广大党员干部特别是领导干部大力弘扬实事求是、求真务实精神，理解改革要实，谋划改革要实，落实改革也要实，既当改革的促进派，又当改革的实干家。

同时，加大改革创新在干部考核和提拔任用中的权重，建立健全改革容错纠错机制，形成允许改革有失误、但不允许不改革的鲜明导向，要坚决克服改革中的形式主义、官僚主义突出问题，促进各级干部发扬钉钉子精神，坚持一分部署、九分落实，抓铁有痕、踏石留印，促进各项改革落地见效。

当然，我们还可以从更多的层面学习领悟习近平总书记全面深化改革的重要思想及其贯穿其中的改革方法论的哲学意蕴，这些宝贵思想既是改革实践的规律性总结，也是改革理论的重大创新，丰富和发展了习近平经济思想，也为构建中国特色社会主义政治经济学提供了重要理论支撑，是新时代引领我国高水平改革开放的科学指导和基本遵循，进一步深化习近平改革思想，对于我们坚守初心使命、赓续伟大的改革开放精神，增强推进全面深化改革开放的政治自觉、思想自觉、行动自觉具有重要的现实意义和深远的历史意义。

三、面向现代化目标的全面深化改革的战略方向和价值取向

党的十九届六中全会《决议》指出，"中国共产党立志于中华民族千秋伟业，百年恰是风华正茂。过去一百年，党向人民、向历史交出了一份优异的答卷。现在，党团结带领中国人民又踏上了实现第二个百年奋斗目标新的赶考之路"。我们要按照党的十九大对实现第二个百年奋斗目标作出分两个阶段推进的战略安排，奋力实现建成社会主义现代化强国的宏伟目标，让中华民族以更加昂扬的姿态屹立于世界民族之林。但同时，中华民族伟大复兴绝不是轻轻松松、敲锣打鼓就能实现的，前进道路上仍然存在可以预料和难以预料的各种风险挑战；我国仍处于并将长期处于社会主义初级阶段，我国仍然是世界最大的发展中国家，我们要下大力气解决人民日益增长的美好生活需要和不平衡不充分的发展之间的矛盾。我们要不为任何风险所惧，不为任何干扰所惑，决不在根本性问题上出现颠覆性错误，又要以咬定青山不放松的执着奋力实现既定目标，以行百里者半九十的清醒不懈推进中华民族伟大复兴。这就是今天我们所处的新的历史方位。

立足新的历史发展方位，我们需要清醒认识到，我国发展到今天，发展和

改革已经高度融合，发展前进一步就需要改革前进一步，改革不断前进也能为发展提供强劲动力。在前进的道路上，我们依然要高举改革开放的旗帜，大力弘扬改革创新精神，立足党和国家工作大局谋划推进改革，充分发挥改革的突破性和先导性作用，继续在重要领域和关键环节推出重大改革，切实提高改革行动能力，坚持社会主义市场经济的改革方向，坚持和发展中国特色社会主义，着力推进国家治理体系和治理能力现代化，着力推进各方面制度更加成熟更加定型，依靠改革为社会主义现代化提供持续动力。

要坚定不移以习近平新时代中国特色社会主义思想指引新征程上的改革。深刻领悟党的十八大以来习近平总书记围绕全面深化改革作出的一系列重大判断重大论述重大部署，以为实践证明了的科学的改革方法论指导新的改革实践。坚守无论改什么、改到哪一步，都要坚持党对改革的集中统一领导不能变，完善和发展中国特色社会主义制度、推进国家治理体系和治理能力现代化的总目标不能变，坚持以人民为中心的改革价值取向不能变。

要充分发挥全面深化改革在构建新发展格局中的关键作用。全面深化改革同完整、准确、全面贯彻新发展理念、构建国内国际双循环新发展格局、实现高质量发展、促进实现全体人民共同富裕紧密关联。要坚持问题导向，更加精准地出台改革方案，加快推进有利于创新发展、协调发展、绿色发展、开放发展、共享发展的体制机制创新，加快推进有利于提高资源配置效率、提高发展质量和效益的体制机制创新，加快推进有利于充分调动各方面积极性的体制机制创新；要坚持目标导向，推进改革系统集成、协同高效，牢牢抓住制度建设这条主线，体现针对性、操作性、实效性；要坚持结果导向，以更加坚定的思想自觉、精准务实的举措、真抓实干的劲头，推动更深层次改革、更高水平开放取得新的突破性进展。

要适应我们这样一个14亿人口的大国实现现代化可能带来的国际政治经济格局的新变化。始终顺应历史潮流、把握历史主动，把防风险、打基础、惠民生、利长远的各项改革有机统一起来，把前进道路上的改革发展稳定有机统一起来，以敢于啃硬骨头、敢于涉险滩的担当和勇气，坚决破除利益固化的藩篱、破除妨碍发展的体制机制弊端，保持顽强的改革斗志和战略定力应对各种可以预见和难以预见的风险与挑战，不断增强我们的生存力、竞争力、发展力、持续力。

要始终尊重人民群众在改革进程中的首创精神。人民是真正的英雄，是历史的创造者，要不断形成广大人民群众积极投身改革的浓厚氛围，不断增强人民群众在改革发展中的获得感、幸福感、安全感，汇聚起人民推进全面深化改革的磅礴伟力。

改革只有进行时、没有完成时。

2022 年

做到"三个敬畏"要悟透以人民为中心的发展思想*

阅读提要：

"三个敬畏"要求领导干部能更多地从历史、文化、生态的角度思考经济问题、做好经济工作，这是对新时代领导干部做好经济工作的综合能力、素质修养、工作作风提出的更高要求。

做好经济工作，必须有历史眼光、有文化站位、有生态格局，把握好哪些能做应该做，哪些不能做绝对不可做，自觉地尊重事物发展的内在规律，这样做经济决策就会感到责重千钧，不会拍脑袋，推进经济工作就会多权衡细掂量，避免简单化。

中央经济工作会议提出："领导干部要加强经济学知识、科技知识学习，特别是要悟透以人民为中心的发展思想，坚持正确政绩观，敬畏历史、敬畏文化、敬畏生态，慎重决策、慎重用权。"① "三个敬畏"，要求领导干部能更多地从历史、文化、生态的角度思考经济问题、做好经济工作，这是对新时代领导干部做好经济工作的综合能力、素质修养、工作作风提出的更高要求。

1. 敬畏历史就是要自觉遵循经济发展规律

敬畏历史，就是因为厚重的历史饱含着古今中外社会发展中的许多成功经验，也有不少失败的教训，其中最重要的，就是要自觉尊重事物发展的内在规律。规律是不以人的意志为转移的，这其实是正确看待历史、敬重历史的一种科学世界观。我们不能违背历史已经证明了的事物发展的内在规律性，否则我

---

* 本文原载《湖北日报·理论版》2022 年 1 月 7 日。
① 中央经济工作会议在北京举行［N］. 人民日报，2021－12－11（1）.

们就要吃苦头，就会错失发展机遇，付出沉重代价。这里需要把握三条：

能科学准确认识发展阶段、清醒把握历史方位。改革开放后，我们党深刻认识到我国仍处于社会主义初级阶段，我国仍是最大的发展中国家，发展经济是我们的首要任务，要尽快提高人民生活水平，必须解放思想、勇于创新，敢于破除一切体制机制弊端。党的十八大以来，中国特色社会主义进入新时代，这是我国发展新的历史方位，党把握认识新常态、适应新常态、引领新常态这一经济发展的大逻辑，提出新发展理念，深化供给侧结构性改革；在实现"两个一百年"奋斗目标的历史交汇点上，准确认识我国进入新发展阶段，作出加快构建新发展格局、推进高质量发展、促进全体人民共同富裕的重大战略部署，这都顺应了历史发展大势，把握了历史主动。

要坚持通过发展来解决前进中的各种矛盾和问题。只有正确认识不同发展阶段的社会主要矛盾，才能找准破解发展难题的金钥匙。新时代我国社会主要矛盾是人民日益增长的美好生活需要和不平衡不充分的发展之间的矛盾，这就必须坚持以人民为中心的发展思想，不断促进人的全面发展、全体人民共同富裕。在我国社会主义制度下，必须坚决防止两极分化，促进共同富裕，这是社会主义的本质要求，是中国式现代化的重要特征，在这一点上不能有丝毫含糊，但实现全体人民共同富裕的基础还是要靠发展，不断解放和发展生产力，不断创造和积累社会财富，只有通过全体人民共同奋斗把"蛋糕"做大做好，才能稳步朝着这个目标迈进。

须紧紧依靠人民创造历史，由人民来检验发展成色。习近平总书记多次强调："人民是历史的创造者，是真正的英雄。"党和人民百年奋斗的历史经验充分证明：党的根基在人民、血脉在人民、力量在人民，人民是党执政兴国的最大底气。始终坚持全心全意为人民服务的根本宗旨，坚持党的群众路线，坚持发展为了人民、发展依靠人民，发展成果由人民共享，发展成色由人民检验，我们党才能立于不败之地，才能始终赢得人民拥护和支持。

2. 敬畏文化就是要牢固坚守传统文化价值

敬畏文化，就是因为绵延千年积淀下来的中华优秀传统文化已经成为中华民族的基因，根植于人的内心，潜移默化地影响人们的思想方式和行为方式。从文化视野看，中华民族能够在人类历史发展进程中，遇顺境从容淡定、遇逆境奋进崛起，正是来自中华优秀传统文化的持久滋养，贯穿其中的思想理念、传统美德、人文精神，决定着中华民族的思维方式和性格禀赋，极大激发了人民的创新创造活力，为中华民族生生不息、发展壮大提供了强大精神支撑。

就做好经济工作而言，中华优秀传统文化中崇尚唯实笃行、知行合一，注重协调平衡、和谐共生，讲求开源节流、俭约自守，时时恪守底线、防患于未然等重要思想，蕴含着许多朴素唯物主义、朴素辩证法等，如果不能坚守这些文化价值，在做经济工作中就会犯命令主义、机械主义、简单主义等错误，就会经常性地陷入工作片面化、搞"一刀切"或单打一的思想窠臼。

笃实是中国优秀传统文化中提倡的一种文化精神。《礼记》有言："博学之、审问之、慎思之、明辨之、笃行之。"指的就是干事创业要脚踏实地、迈稳步子，夯实根基、久久为功。比如，要把促进全体人民共同富裕作为一个长期的历史过程，必须一步一个脚印，不能急于求成，更不要期待"一口吃个胖子"。比如，既要认识推进碳达峰碳中和是推动高质量发展的内在要求，要坚定不移推进，但不可能毕其功于一役，不能超越规律搞运动式减碳。比如，在城市开发建设中，我们要做好物质文化遗产和非物质文化遗产的保护，维系好中华文明的传统根脉，传承和弘扬好中华优秀传统文化，这就必须正确把握经济发展与文化遗产保护之间的辩证关系，城市发展要以保护文脉为前提，不要搞大拆大建，不能过度商业化。在中央经济工作会议和今年的新年贺词中，习近平总书记提到，要保持战略定力和耐心，"致广大而尽精微"，充分体现了对我们优秀传统文化价值观的尊重。

3. 敬畏生态就是要注重保护自然生态环境

敬畏生态，就是要尊重自然、顺应自然、保护自然，解决好经济发展和环境治理的辩证关系。不能因为短期经济指标，重新上马一些重污染工业项目；不能在城市更新过程中，不顾城市自然生态、历史风貌和市民情感，搞破坏性"建设"。领导干部必须算大账、整体账、长远账，不能把经济发展与生态保护割裂开来，更不能对立起来，要坚持在发展中保护、在保护中发展，统筹发展和安全，切实树牢人与自然生命共同体的理念，人不负青山，青山定不负人。

人与自然是生命共同体，生态环境没有替代品，用之不觉，失之难存。当人类合理利用、友好保护自然时，自然的回报常常是慷慨的；当人类无序开发、粗暴掠夺自然时，自然的惩罚必然是无情的。恩格斯早有名言："我们不要过分陶醉于我们人类对自然界的胜利。对于每一次这样的胜利，自然界都对我们进行报复。"人类对大自然的伤害最终会伤及人类自身，这是不可违背的自然规律。习近平总书记指出"绿水青山就是金山银山"，阐明的就是经济发展与生态保护的关系，揭示了保护生态环境就是保护生产力，改善生态环境就是发展生产力的朴素道理。在推进经济发展中，我们敬畏生态，就是要把经济活动、人的行为限制在自然资源和生态环境能够承受的限度内，像对待生命一样对待生态环境，多谋打基础、利长远的善事，多干保护自然、修复生态的实事，多做治山理水、显山露水的好事，坚持生态惠民、生态利民、生态为民，不断满足人民日益增长的优美生态环境需要。

当然，"三个敬畏"内涵是相互贯通的，逻辑是一致的，既反映一种态度，也体现一种行为准则。新时代领导干部做好经济工作，必须有历史眼光、有文化站位、有生态格局，把握好哪些能做应该做，哪些不能做绝对不可做，自觉地尊重事物发展的内在规律，这样做经济决策就会感到责重千钧，不会拍脑袋，推进经济工作就会多权衡细掂量，避免简单化。

做好经济工作的出发点和落脚点是要悟透以人民为中心的发展思想，从根本宗旨上、从问题导向上、从忧患意识上完整、准确、全面贯彻新发展理念，各级领导干部作决策、定政策、行主张、推措施，一切都要从最广大人民的根本利益出发，坚持正确政绩观，切实将各项决策建立在系统思维、科学谋划、调查研究基础上，切实把人民赋予的权力用来造福于人民。

深悟历史经验 坚定历史自信 把握历史主动*

习近平总书记新年伊始在中央党校（国家行政学院）举办的省部级主要领导干部专题研讨班上讲授了"第一课"，围绕深入领会党的十九届六中全会精神，着重谈了推进马克思主义中国化时代化、正确把握社会主要矛盾和中心任务、重视战略策略问题、永葆党的马克思主义政党本色、党史学习教育常态化长效化等五个重要问题。这五大问题集中体现了党中央对党的百年奋斗历史的新认识，贯穿着六中全会精神，体现了理论与实践、方法与行动、宗旨与使命、担当与作为等唯物辩证法的基本立场。深刻把握其中的思想精髓，有利于全党更好认识和把握党的百年奋斗重大成就和历史经验，有利于我们以史为鉴、开创未来，以更好地运用历史经验、更加坚定的历史自信、更为主动的历史自觉，在实现党的第二个百年奋斗目标的新征程上再创辉煌。

深悟历史经验的精髓

了解历史才能看得远，理解历史才能走得远。党的十九届六中全会坚持唯物史观和正确党史观，全面回溯了气壮山河的党的百年奋斗历程，深刻总结了党的百年奋斗重大成就和历史经验，作出党的历史上第三个历史决议。这份具有里程碑意义的历史决议，既实事求是、尊重历史，又旗帜鲜明、与时俱进，充分体现了党的十八大以来党中央关于党的历史的新认识。

对党的历史的新认识，体现在党对百年奋斗始终不渝的主题主线的清晰把握，体现在党对拥有坚强领导核心和科学理论指导至关重要的深刻认知，体现在党团结带领人民坚持走符合中国国情的正确道路的坚定信心，体现在党在各个历史时期认清阶段性社会主要矛盾和中心任务并制定正确战略策略的深刻洞察，体现在党始终以自我革命精神永葆生机活力的历史自觉。在历史决议中将这一系列新认识浓缩为具有根本性和长远指导意义的十条历史经验。这十条宝

---

* 本文原载《中国青年报·思想者》，2022 年 1 月 18 日。

贵经验，揭示了党和人民事业不断成功的根本保证，揭示了党始终立于不败之地的力量源泉，揭示了党始终掌握历史主动的根本原因，揭示了党永葆先进性和纯洁性、始终走在时代前列的根本途径。

在这次省部级主要领导干部专题研讨班上，习近平总书记则进一步聚焦思想引领、主要矛盾、战略策略、自我革命、学史践行五个重要问题，指出这都是贯穿全会决议的重要内容，强调要"注重分析研究和总结""一定要深入学习、全面领会"。可以说，这五个问题是对十条历史经验的思想凝练，是对党的历史新认识的思想升华，蕴含着深刻的理论逻辑、实践逻辑、历史逻辑和党自身建设逻辑，是过去我们为什么能够成功、未来怎样继续成功的关键所在。

拥有科学理论的政党，才拥有真理的力量；科学理论指导的事业，才拥有光明前途。习近平总书记在专题研讨班上的讲话中指出，"一个民族要走在时代前列，就一刻不能没有理论思维，一刻不能没有正确思想指引"。中国共产党是以马克思主义科学理论武装起来的政党，一部党的历史就是不断进行思想建党、理论强党的历史。党的百年奋斗历程取得重大成就、党从胜利走向胜利的实践证明：中国共产党为什么能，中国特色社会主义为什么好，归根到底是因为马克思主义行；马克思主义是我们认识世界、把握规律、追求真理、改造世界的强大思想武器，是我们党和国家必须始终遵循的指导思想。

找到正确的发展道路、沿着正确的方向前进，取决于党能否准确认识和把握社会主要矛盾、确定中心任务；取决于党能否在重大历史关头从战略上认识、分析、判断面临的重大历史课题，把准正确的历史方位，制定正确的政治战略策略。这事实上是指明：在掌握了科学真理和进行了理论武装之后，要如何解决好由"知"入"行"的问题，就是要用马克思主义的立场观点方法，准确认清各个历史阶段的社会主要矛盾和中心任务，并就此制定科学的战略策略。习近平总书记在讲话中结合党的百年奋斗历程正反两方面经验，对这两个重大问题进行了鞭辟入里的分析，阐明了如何由知而行，做到知行合一，去"行什么""怎么行"的基本道理。

中国共产党是领导我们事业的核心力量。党的百年奋斗历史和现实都证明，没有中国共产党，就没有新中国，就没有中华民族伟大复兴。但先进的马克思主义政党不是天生的，而是在不断自我革命中淬炼而成的。习近平总书记在讲话中指出："在百年奋斗历程中，党领导人民取得一个又一个伟大成就、战胜一个又一个艰难险阻，历经千锤百炼仍朝气蓬勃，得到人民群众支持和拥护，原因就在于党敢于直面自身存在的问题，勇于自我革命。"

科学思想指引，抓准主要矛盾，战略关乎全局，强党夯实根基，这些都是历史经验的精髓，需要深研悟透。

保持历史自信的坚定

波澜壮阔的党的百年奋斗历程中，党领导人民进行革命、建设、改革，为国家和民族建立了伟大历史功绩，实现中华民族伟大复兴进入了不可扭转的历史进程。这是党始终能够把握历史发展规律和大势，汇聚起坚定历史自信、创造历史伟业的磅礴力量的结果。

这一历史自信首先来自坚定的理论自信。马克思主义为人类社会发展进步指明了方向，也是中国共产党的灵魂和旗帜。马克思主义在中国的广泛传播催生了中国共产党，马克思主义使我们党拥有了科学的世界观和方法论，拥有了认识世界、改造世界的强大思想武器。习近平总书记在讲话中指出，"马克思主义能不能在实践中发挥作用，关键在于能否把马克思主义基本原理同中国实际和时代特征结合起来"，"马克思主义理论不是教条，而是行动指南，必须随着实践的变化而发展"。一百年来，我们党坚持把马克思主义基本原理同中国具体实际相结合、同中华优秀传统文化相结合，不断推进党的理论创新，用马克思主义真理的力量激活了中华民族历经几千年创造的伟大文明，使中华文明再次迸发出强大精神力量。

这一历史自信又来自深刻的历史洞察。不同的历史方位、不同的发展阶段，社会主要矛盾和中心任务都不同。习近平总书记指出："什么时候社会主要矛盾和中心任务判断准确，党和人民事业就顺利发展，否则党和人民事业就会遭受挫折。"六中全会决议对新民主主义革命时期、社会主义革命和建设时期、改革开放和社会主义现代化建设时期，中国特色社会主义新时代党如何准确抓住社会主要矛盾、确定中心任务都作出了深刻分析总结，也从正反两方面经验教训中验证了这一历史结论。在抓住各个时期主要矛盾后，党制定正确的战略策略十分关键。为此，习近平总书记指出："战略问题是一个政党、一个国家的根本性问题。战略上判断得准确，战略上谋划得科学，战略上赢得主动，党和人民事业就大有希望。"深研第三个历史决议，可以清晰地看到，党在革命、建设、改革各个时期，总是立足于历史方位，从全局、长远、大势上制定科学的战略策略，把战略的坚定性和策略的灵活性紧密结合起来，在战略上谋划全局，在策略上化解矛盾，推动党和国家事业一步一个脚印、一步一个台阶向前发展，战胜了一个又一个看似不可攻破的困难，成功从胜利走向胜利。

这一历史自信还来自自我革命的品质。勇于自我革命是中国共产党区别于其他政党的显著标志，自我革命精神是党永葆青春活力的强大支撑，也是中国共产党能够跳出历史周期率的第二个答案。习近平总书记在讲话中强调，只有勇于自我革命，才能始终保持先进性和纯洁性，不断增强创造力、凝聚力、战斗力，永葆马克思主义政党本色。

把握历史主动的自觉

中国特色社会主义进入新时代，这是实现中华民族伟大复兴中国梦的时代，是我国日益走近世界舞台中央、不断为人类做出更大贡献的时代，但中华民族伟大复兴绝不是轻轻松松、敲锣打鼓就能实现的，也绝不是一马平川、朝夕之间就能达到的。

习近平总书记在讲话中指出："当代中国正在经历人类历史上最为宏大而独特的实践创新，改革发展稳定任务之重、矛盾风险挑战之多、治国理政考验之大都前所未有，世界百年未有之大变局深刻变化前所未有，提出了大量亟待回答的理论和实践课题。"为此，我们更需要顺应历史大势，把握历史主动，勇于站在人类发展前沿，聆听人民心声，回应现实需要，科学回答好新时代的中国之问、世界之问、人民之问、时代之问。

把握历史主动，就要坚持用马克思主义之"矢"去射新时代中国之"的"。习近平总书记强调，面对快速变化的世界和中国，如果墨守成规、思想僵化，没有理论创新的勇气，不仅党和国家事业无法继续前进，马克思主义也会失去生命力、说服力。而只有坚持解放思想、实事求是、守正创新，更好把坚持马克思主义和发展马克思主义统一起来，不断推进马克思主义基本原理同中国具体实际相结合、同中华优秀传统文化相结合，才能续写出马克思主义中国化时代化的新篇章。

把握历史主动，就要拥有全局观和战略策略观，坚定道路方向不动摇。习近平总书记着重强调了矛盾观和战略思维。大国之大，也有大国之重。面对复杂形势、复杂矛盾、繁重任务，要紧紧围绕当今社会主要矛盾和中心任务，对各种矛盾做到了然于胸，优先解决主要矛盾和矛盾的主要方面。各地区各部门确定工作思路、工作部署、政策措施，不能没有主次，不加区别，眉毛胡子一把抓；要善于从战略上看问题、想问题，胸怀"国之大者"，自觉同党的理论和路线方针政策对标对表、及时校准偏差，确保执行党中央作出的战略决策不偏向、不变通、不走样。

把握历史主动，就要始终有正视问题的自觉和刀刃向内的勇气。习近平总书记强调，在新的历史条件下，要永葆党的马克思主义政党本色，永葆党清正廉洁的政治本色，永葆党的自我革命精神，牢记为谁执政、为谁用权、为谁谋利这个根本问题上，不断增强全面从严治党永远在路上的政治自觉，决不能滋生已经严到位的厌倦情绪。

把握历史主动，就要不断巩固拓展党史学习教育成果。习近平总书记强调要建立常态化长效化制度机制，深入推进党史学习教育。只有学懂弄通党百年奋斗的光辉历程，学懂弄通党坚守初心使命的执着奋斗，学懂弄通党百年奋斗的历史意义和历史经验，学懂弄通以史为鉴、开创未来的重要要求，将学史明理、学史增信、学史崇德、学史力行落到实处，全党才能更加坚定、更加自觉地践行初心使命，在新时代更好坚持和发展中国特色社会主义。

大道如砥、行者无疆。深刻理解习近平总书记在省部级主要领导干部专题研讨班上的重要讲话精神，进一步深研细读党的六中全会决议，深刻把握贯穿其中的历史逻辑、理论逻辑、实践逻辑，必将激励我们继续埋头苦干、勇毅前行，在新时代新征程意气风发地开创中华民族伟大复兴更加壮阔的未来。

战略问题是一个政党、一个国家的根本性问题 *

习近平总书记在省部级主要领导干部学习贯彻党的十九届六中全会精神专题研讨班开班式上指出，注重分析和总结党在百年奋斗历程中对战略策略的研究和把握，是贯穿全会决议的一个重要内容，我们一定要深入学习、全面领会，强调战略问题是一个政党、一个国家的根本性问题。①

我们党是高度重视战略策略问题的政党

回溯党的百年奋斗历程，党带领人民无论是在浴血奋战、百折不挠的新民主主义革命时期，还是在自力更生、发愤图强的社会主义革命和建设时期；无论是在解放思想、锐意进取的改革开放和社会主义现代化建设新时期，还是在自信自强、守正创新的中国特色社会主义新时代，都始终把握各个历史时期的社会发展特点，顺应历史发展规律和大势，深刻判断战略形势，深刻研判战略格局，正确谋划战略策略，始终赢得战略主动。在党的百年奋斗历史进程中，我们党也锻炼成为一个具有高度战略思维、富有战略远见的伟大政党。

战略是一种从全局、长远、大势上考虑谋划实现全局目标的规划，并按照这一目标制定各个阶段应时而变的策略体系和形成的整体思维。党和国家的缔造者毛泽东同志就是伟大的战略家，开创了中国共产党战略思维的优良传统，并创造了从战略上解决中国革命问题、从战略上解决中国革命战争问题、从战略上解决中国人民抗日战争问题的光辉范例，由其创立的人民战争战略思想、持久战战略思想、游击战争战略思想，及其战略运筹、战略决断和战略指导，对中国革命取得成功起了决定性作用。

这从党的十九届六中全会通过的党的第三个历史性决议中就可以看出。在

＊ 本文原载光明网 2022 年 1 月 21 日，原题为《牢牢掌握战略主动权，奋力创造新的时代辉煌》。

① 继续把党史总结学习教育宣传引向深入 更好把握和运用党的百年奋斗历史经验 [N]. 人民日报，2022－01－12（1）.

新民主主义革命时期，毛泽东同志带领但党创造性地提出从进攻大城市转为向农村进军，实行正确的抗日民族统一战线政策，领导广大军民面对国民党反动派悍然发动的全面内战，逐步由积极防御转向战略进攻，最后打败反动派，建立了新中国。进入社会主义革命和建设时期，毛泽东同志又深刻分析中国国情和中国实际，带领党提出了过渡时期的总路线，完成了新民主主义社会向社会主义社会的过渡；面对外国列强对中国的各种封锁，审时度势调整外交战略，提出划分三个世界的战略，在国际社会赢得了主动。社会主义革命和建设发生的广泛而深刻的社会变革，为改革开放奠定了根本政治前提和制度基础。

进入改革开放和社会主义现代化建设新时期，邓小平同志也是伟大的战略家。受命于危难之际，面对百废待兴、百端待举，邓小平同志从党和国家的根本利益和长远利益出发，在千头万绪中首先抓住具有总开关意义的思想路线问题，倡导解放思想，以重新确立和恢复党的实事求是的思想路线，带领党作出把党和国家工作中心转移到经济建设上来、实行改革开放的历史性决策，实现党和国家工作中心战略转移，提出了社会主义初级阶段理论，贫穷不是社会主义，发展才是硬道理，社会主义也可以搞市场经济，领导制度、组织制度问题带有根本性、全局性、稳定性和长期性等等重大战略论断，提出和平与发展是当今时代的主题，并结合改革开放实际制定了到 21 世纪中叶分三步走、基本实现社会主义现代化的发展战略，形成了系统的建设中国特色社会主义的战略思想，为推进党和国家事业向前发展提供了充满活力的体制保证和快速发展的物质条件，让中国大踏步赶上了时代。

党的十八大以来，中国特色社会主义进入新时代。习近平总书记以非凡的战略智慧、巨大的政治勇气、强烈的责任担当，带领党观大势、谋全局、抓大事，统筹把握中华民族伟大复兴战略全局和世界百年未有之大变局，明确要坚持党的基本理论、基本路线、基本方略，统揽伟大斗争、伟大工程、伟大事业、伟大梦想，提出增强"四个意识"、坚定"四个自信"、做到"两个维护"，提出统筹推进"五位一体"总体布局、协调推进"四个全面"战略布局，坚持稳中求进工作总基调，提出一系列原创性的治国理政新理念新思想新战略，出台一系列重大方针政策，推出一系列重大举措，推进一系列重大工作，战胜一系列重大风险挑战，解决了许多长期想解决而没有解决的难题，办成了许多过去想办而没有办成的大事，推动党和国家事业取得历史性成就、发生历史性变革，实现中华民族伟大复兴进入了不可逆转的历史进程。

一百年来党的艰苦卓绝的奋斗历程充分证明，我们党在正确理论和英明领袖的指引下，党总是能够在重大历史关头从战略上认识、分析、判断面临的重大历史课题，制定正确的政治战略策略，从而战胜了无数风险挑战，攻克了一个又一个看似不可攻破的难关，创造了一个又一个彪炳史册的人间奇迹，使我们党不断从胜利走向胜利。

面对百年变局必须牢牢掌握战略主动权

党的十九届六中全会决议在第七部分"新时代的中国共产党"中写道："今天，我们比历史上任何时期都更接近、更有信心和能力实现中华民族伟大复兴的目标，同时中华民族伟大复兴绝不是轻轻松松、敲锣打鼓就能实现的，前进道路上仍然存在可以预料和难以预料的各种风险挑战。"

现在，我们党正带领中国人民踏上实现第二个百年奋斗目标新的赶考之路，要按照党的十九大作出的两个阶段推进的战略安排，继续推进中国式的现代化，促进全体人民共同富裕，实现全面建成社会主义现代化强国的宏伟目标。同时，也必须清醒地看到，我国仍处于社会主义初级阶段，我国仍是世界上最大的发展中国家，社会主要矛盾是人民日益增长的美好生活需要和不平衡不充分的发展之间的矛盾。我国也正处于世界百年未有之大变局的深刻演变的国际环境之中。这是我们面临的新的历史方位。

更加错综复杂和充满不确定、不稳定、不平衡的国内外形势，要求我们党必须进一步强化战略思维，更加深刻地认识战略问题，谋划战略问题，制定科学的战略策略，保持战略定力，赢得新的战略主动。

一是从中央到地方都要自觉地从历史长河、时代大潮、全球风云中悟透演变机理、探究历史规律，放眼全局谋一域、把握形势谋大事，把谋事和谋势、谋当下和谋未来统一起来，正确处理战略和策略的辩证统一关系，把战略的坚定性和策略的灵活性结合起来。因应情势发展变化，及时调整战略策略，牢牢掌握战略主动权，增强工作的系统性、预见性、创造性。

二是各地区各部门确定工作思路、工作部署、政策措施，要胸怀"国之大者"，一切以党和国家的根本利益出发，坚持以人民为中心的发展思想，自觉同党的理论和路线方针政策对标对表、及时校准偏差，党中央作出的战略决策必须无条件执行，确保不偏向、不变通、不走样，切实把党中央的决策部署全面完整准确地落到实处。

三是全党都要深刻领悟党的十九届六中全会作出的"两个确立"的决定性意义。实践充分证明，重大历史关头，重大考验面前，党中央的判断力、决策力、行动力具有决定性作用。百年党史给我们的一个重要启示就是，坚决维护党中央的核心、全党的核心是党在重大时刻凝聚共识、果断抉择的关键，是党团结统一、胜利前进的重要保证。在新的赶考之路上，我们要不断提高政治判断力、政治领悟力、政治执行力，自觉增强"四个意识"、坚定"四个自信"、做到"两个维护"，捍卫"两个确立"，更加紧密地团结在以习近平同志为核心的党中央周围，奋力创造新的时代辉煌。

循着现代化的逻辑——一个经济学人的时事观察（2021－2024年）

世界期待中国，
中国奉献精彩[*]

北京冬奥会、冬残奥会开幕已进入倒计时。随着时钟向着开幕式时刻越来越近，世界对中国也越来越期待。

习近平总书记在今年的新年贺词中指出，我们将竭诚为世界奉献一届奥运盛会。新年伊始，他再次到北京考察2022年冬奥会、冬残奥会筹办备赛最后的准备工作，为确保北京冬奥会、冬残奥会圆满成功在各个细微处都提出了明确指示和要求，表示中国完全有信心、有能力为世界奉献一届精彩、非凡、卓越的奥运盛会。

世界在期待什么？在2021年7月20日国际奥委会第138次全会上表决通过了巴赫主席的新倡议：在奥林匹克格言"更快、更高、更强"后面，再加入一个词"Together"（译为"更团结"）。四个词在一起的呈现形式是"更快、更高、更强——更团结"。巴赫主席为此解释说，"这不仅是为了应对新冠疫情，更是为了应对我们面临的巨大挑战。当今世界彼此依靠，单靠个体已经无法解决这些挑战。我们需要在一起共同应对，我们需要更团结"。是的，在世界遭遇百年变局和世纪疫情冲击下，世界人民期待奥运健儿在运动场上以更快、更高、更强的竞技绽放向上突破的力量；期待各国运动员在五环旗的辉映下相互激励、相互鼓舞、相互成就，再一次诠释卓越、友谊、尊重和团结的奥林匹克精神；期待世界各国能够以体育团结世界，通过冬奥会的赛场将和平、友谊、进步的种子播撒向四面八方，用体育精神把世界凝聚在一起；期待以中国智慧、中国方案、中国力量与奥林匹克运动携手前行，为创造一个更加美好的世界注入澎湃动力。

中国准备得如何？办好北京冬奥会、冬残奥会，是中国政府向国际社会作出的庄严承诺。从2017年至今，习近平总书记先后五次考察冬奥会运动场馆，对各项赛事准备工作亲临指导。经过几年来艰苦努力，中国高质量地完成了新

---

* 本文原载《学习时报·学习评论》2022年1月28日。

馆建设和场馆改造。京张高铁、京礼高速等城际交通网络已构建起北京和张家口的"一小时城市圈"。赛事组织方想运动员之所想、办运动员之所需，不断完善管理方案，优化服务流程，健全应急预案等，为各类运动员精细安排了方便、快捷、精准、细致的生活服务设施和安全保障措施，一个安全、温馨、舒适的"运动员之家"正翘首迎接来自全世界的优秀冰雪运动员。更有中国政府倡导的"带动三亿人参与冰雪运动"正在从愿景变成现实，中国人民积极投身冰雪健身活动，被全面激发出来的"大众上冰雪"的巨大热情为成功举办北京冬奥会营造出浓厚的社会氛围。

我们将怎样呈现？从冬奥场馆建设改造到交通运输网络、从赛场运动设施到运动员起居生活、从比赛各个环节安排到赛后场馆资源利用，可以说，每一个细微处都充分彰显了中国坚持绿色办奥、共享办奥、开放办奥、廉洁办奥的理念，突出显示了科技、智慧、绿色、节俭的特色。冬奥筹办 6 年多来各项实实在在的建设成果，不仅融入鲜明的中国元素，成为展示中国文化独特魅力和科技创新的重要窗口，也从多个侧面诠释着奥林匹克运动的精神价值和时代意义。可以预期，北京冬奥会作为新时代一座宏大体育竞技舞台，将充分展示冰雪运动健儿为梦想和荣誉奋进的精彩。我们也将借此春风，尽情讲好各国奥运健儿激情拼搏的故事，讲好中国筹办北京冬奥会、冬残奥会的故事，讲好中国人民热情好客的故事，增强中华儿女实现中华民族伟大复兴的信心，树立中华民族致力于推动构建人类命运共同体，阳光、富强、开放的良好形象，增进各国人民对中国的了解和认识。一届精彩、非凡、卓越的北京冬奥盛会必将全面、立体、生动地展示出一个坚韧不拔、欣欣向荣的中国。

奥运之父顾拜旦在其著名的《体育颂》中写道，"啊，体育，天神的欢娱，生命的动力。你像高山之巅出现的晨曦，照亮了昏暗的大地"；"啊，体育，你就是和平！你在有节制、有组织、有技艺的体力较量中产生，使全世界的青年学会相互尊重和学习，使不同民族特质成为高尚而公平竞赛的动力！"今天波谲云诡的世界，正需要这种生命的动力和和平的力量。让我们点燃冰雪运动的火炬，汇聚每个人的力量，携起手来一起向未来，共创美好明天。

正确政绩观
究竟来自哪里 *

"树立和践行正确政绩观，起决定性作用的是党性。只有党性坚强、摒弃私心杂念，才能保证政绩观不出偏差。"① 习近平总书记在 2022 年春季学期中央党校（国家行政学院）中青年干部培训班开班式上发表重要讲话，给年轻干部们提出新的重要要求。

2019 年以来，习近平总书记已经连续六次来到中央党校给中青班学员讲授"开学第一课"。每次的主题虽然各有侧重，但相互贯通、一脉相承。在今年春季开学的这期中青班开班式上，习近平总书记突出强调了政绩观问题。连同"筑牢理想信念根基，守住拒腐防变防线，树立和践行正确政绩观，练就过硬本领，发扬担当和斗争精神，贯彻党的群众路线，锤炼对党忠诚的政治品格，树立不负人民的家国情怀，追求高尚纯粹的思想境界"几个方面并列在一起，要求广大年轻干部"树立和践行正确政绩观"。

政绩观是什么？年轻干部要树立什么样的政绩观？怎样树立和践行正确的政绩观？习近平总书记在"开学第一课"中可谓语重心长、字字千钧。这既是迈上全面建设社会主义现代化国家新征程广大中青年干部必须确立的正确思想观念，也是在当前改革发展稳定任务异常繁重的形势下年轻干部经常需要面对、也很容易出现偏差的重要问题。

政绩是领导干部从政、干事、作为取得实实在在业绩的直接体现，对年轻干部而言，取得政绩是不断进步的基础，也是获得组织肯定、赢得人民信任、积累执政经验、提升工作本领的重要检验。生逢伟大新时代，党和国家事业发展的光明前景为广大年轻干部成长成才提供了广阔舞台，但如何看待政绩、应该树立什么样的政绩观，直接决定着能否成为可堪大用、能担重任的党和国家

---

* 本文原载中国网·观点中国 2022 年 3 月 5 日，原题为《树立正确政绩观，在新征程上留下无悔奋斗足迹》，本文改编后又刊发于《学习时报·学习评论》2022 年 4 月 8 日。
① 筑牢理想信念根基树立践行正确政绩观 在新时代新征程上留下无悔的奋斗足迹［N］. 人民日报，2022－03－02（1）.

栋梁之材。如果一些年轻干部只是把在工作中取得一些政绩作为进一步晋升、当更大的"官"的阶梯，如果把取得一些政绩与牟个人私利、打个人利益的小算盘紧密结合，如果为取得一些成绩只顾眼前、不谋长远，或者只做面子文章、数字文章、局部文章而不从党和国家事业大局考量、不谋党和人民利益，就会出现偏差、出问题甚至走上违纪违法的邪路，这不仅会毁掉个人前程，也会影响党和国家事业接续发展、薪火相传。

什么是正确的政绩观？习近平总书记在这次中青班讲话中一语道明，"共产党人必须牢记，为民造福是最大政绩。我们谋划推进工作，一定要坚持全心全意为人民服务的根本宗旨，坚持以人民为中心的发展思想，坚持发展为了人民、发展依靠人民、发展成果由人民共享，把好事实事做到群众心坎上"。

政绩就是为人民办实事好事。好的政绩从哪里来？习近平总书记指出，"哪里有人民需要，哪里就能做出好事实事，哪里就能创造业绩。"

政绩好不好？习近平总书记强调，就是"要看群众实际感受，由群众来评判"，而且"有些事情是不是好事实事，不能只看群众眼前的需求，还要看是否会有后遗症，是否会'解决一个问题，留下十个遗憾'"。

正确的政绩观究竟从哪里来？年轻干部首先是要充分认识和牢记中国共产党是什么、要干什么这个根本问题。与此同时，还要充分认清从政为官究竟是为了什么的问题。习近平总书记在前次中青班上的讲话中就明确指出："共产党的干部要坚持当'老百姓的官'，把自己也当成老百姓，不要做官当老爷，在这一点上，年轻干部从一开始就要想清楚，而且要终身牢记。"① 这是年轻干部成长道路中必须系好系牢的"第一粒扣子"，是为官从政必须解决好的思想源头问题，只有"摒弃私心杂念"，"才能保证政绩观不出偏差"。

当然，树立和践行正确的政绩观不是一件容易的事情，必须系统地解决好年轻干部从政的世界观价值观人生观问题。这次习近平总书记在中青班上的重要讲话事实上是全面阐释了为官做人做事的世界观和方法论，饱含着对年轻干部的殷切期望，为广大年轻干部健康成长指明了努力方向，归结起来就是总书记指出的"起决定性作用的是党性"。

在现实生活中，我们就时常看到，一些年轻干部急功近利，在对贯彻落实中央大政方针上理解不透彻、不自觉、不坚定，有的停留在口号上表态上，有的不顾实际瞎指挥、乱作为；有的处处牟私利、谋近利，在解决群众急难愁盼问题上不务实不落实；甚至有的年轻干部甘于被"围猎"，与资本相勾连，沦陷到利益交换、权钱交易之中，甚至一些年轻干部"刚踏上仕途就误入了歧

① 习近平在中央党校（国家行政学院）中青年干部培训班开班式上发表重要讲话强调 信念坚定对党忠诚实事求是担当作为 努力成为可堪大用能担重任的栋梁之材 [N]. 人民日报，2021 - 09 - 02 (1).

途"等。其根源在于理想信念不牢、理论修养不够、宗旨意识淡漠、政治定力不坚，造成了价值观走偏、权力观扭曲、人生观迷失……说到底就是党性不强。

而坚强的党性正是来自坚定的理想信念，来自锤炼对党忠诚的政治品格，来自对党的创新理论的深学悟透，来自坚决守住守牢拒腐防变防线，来自不负人民的家国情怀，来自高尚纯粹的思想境界等，广大年轻干部只有常修常炼、常悟常进，不断在斗争中经风雨见世面，才能经得起大浪淘沙的考验。

所以，树立和践行正确的政绩观是年轻干部成长过程中莫大的事情，一定意义上也是检验年轻干部是否能够成为忠诚干净担当的好干部的试金石。广大中青年干部只有深入学习领会好总书记"开学第一课"的思想精髓，筑牢理想信念根基，树立践行正确政绩观，才能在新时代新征程上留下无悔的奋斗足迹。

从有形有感有效的工作中
铸牢中华民族共同体意识*

"铸牢中华民族共同体意识，既要做看得见、摸得着的工作，也要做大量'润物细无声'的事情。""各项工作都要往实里抓、往细里做，要有形、有感、有效。"① 这是习近平总书记近日参加他所在的十三届全国人大五次会议内蒙古代表团审议时强调的一个鲜明主题，体现了他对做好新时代党的民族工作的殷切期望。

内蒙古自治区是在中国共产党领导下成立的第一个省级少数民族自治区，是我国民族区域自治制度的发源地，具有民族团结的光荣传统。党的十八大以来，习近平总书记两次到内蒙古考察调研。党的十九大以来，习近平总书记连续五次参加十三届全国人大会议内蒙古代表团审议，就"民族团结""边疆安宁""环境保护""文化传承"等多个方面作出重要指示，突出强调要铸牢中华民族共同体意识。内蒙古自治区党委政府不负习近平总书记嘱托，谱写了内蒙古民族团结进步事业新篇章。

铸牢中华民族共同体意识是马克思主义民族理论中国化的最新成果，是习近平新时代中国特色社会主义思想的重要组成部分，是实现中华民族伟大复兴中国梦的必然要求，也是开启全面建设社会主义现代化国家新征程的重要保证。习近平总书记以深远的历史眼光、站在中华民族团结进步的战略高度，深刻指出，"我国是统一的多民族国家，各民族团结和谐，则国家兴旺、社会安定、人民幸福；反之，则国家衰败、社会动荡、人民遭殃"，强调这是深刻总结历史经验教训得出的重要结论。

民族团结是我国各族人民的生命线。一部中国史就是一部各民族交融汇聚成多元一体中华民族的发展史，就是各民族共同缔造、发展、巩固统一的伟大

---

* 本文原载《学习时报·学习评论》2022年3月7日。

① 习近平在参加内蒙古代表团审议时强调 不断巩固中华民族共同体思想基础 共同建设伟大祖国 共同创造美好生活［N］. 人民日报，2022－03－06（1）.

祖国的历史。历史深刻表明，各民族只有把自己的命运同整个中华民族的命运紧紧连在一起，才有前途，才有希望。新中国成立以来，中国人民能够取得令世人瞩目的伟大成就、中华民族能够从容自信地傲然屹立于世界民族之林，就在于各族人民不断增强对伟大祖国、中华民族、中华文化、中国共产党、中国特色社会主义的高度认同，构筑起各民族共同的精神家园，铸牢了中华民族共同体意识，形成了中华民族大团结的生动局面。这也正是习近平总书记一再强调加强民族团结、巩固思想基础的根本所在。

中华民族共同体意识是国家统一之基、民族团结之本、精神力量之魂。铸牢中华民族共同体意识，就是要引导各族人民牢固树立休戚与共、荣辱与共、生死与共、命运与共的共同体理念。不断巩固中华民族共同体思想基础，最根本的是要促进各民族团结奋斗共同建设伟大祖国，共同创造美好生活。习近平总书记为此强调，铸牢中华民族共同体意识，既要做看得见、摸得着的工作，也要做大量"润物细无声"的事情；推进中华民族共有精神家园建设，促进各民族交往交流交融，各项工作都要往实里抓、往细里做，要有形、有感、有效。

做到有形，各级党委和政府、各族干部就要全面理解和贯彻党的民族理论和民族政策，紧紧抓住新时代党的民族工作的主线，自觉从党和国家工作大局、从中华民族整体利益的高度想问题、作决策、抓工作，有利于铸牢中华民族共同体意识的工作就要多做，不利于铸牢中华民族共同体意识的事情坚决不做。做到有感，就要把铸牢中华民族共同体意识的工作要求细致入微地体现在历史文化宣传教育、公共文化设施建设、城市标志性建筑建设、旅游景观陈列等诸多方面，在全社会形成推进中华民族共同体意识建设的浓厚思想文化氛围。做到有效，就要贯穿在党团结带领各族人民依靠共同奋斗，让改革发展成果更多更公平惠及各族人民，不断增强各族人民的获得感、幸福感、安全感的具体收获之中。

团结是金，团结就是力量。促进各民族在中华民族大家庭中像石榴籽一样紧紧抱在一起，就一定能够汇聚起实现中华民族伟大复兴的磅礴力量。

以坚定的历史自信
牢牢把握历史主动[*]

全党开展党史学习教育以来，习近平总书记在多个场合强调要坚定历史自信、掌握历史主动。党的十九届六中全会通过的党的历史上第三个历史性决议，以宏阔的视野深刻揭示了我们党百年奋斗的重大成绩和历史经验，为全党坚定历史自信提供了坚实的思想基础。习近平总书记在党的十九届六中全会第二次全体会议、今年省部级主要领导干部专题研讨班开班式和十九届中央纪委六次全会上发表重要讲话时进一步强调全党要坚定历史自信，并将其作为推进党史学习、教育、宣传的重要内容。深入学习领会总书记这一系列重要讲话精神，深刻领悟坚定历史自信、掌握历史主动的丰富思想内涵，对于我们以史为鉴、开创未来，在全面建成社会主义现代化强国新征程上创造新的历史伟业具有十分重要的意义。

深刻理解历史自信和历史主动的思想内涵和相互关系

在党的百年华诞之际我们党为什么要郑重提出"坚定历史自信"？为什么要着重强调"掌握历史主动"？深刻理解其间的时代意蕴和内在逻辑十分必要。

党的历史是最生动、最有说服力的教科书和清新剂、营养剂。习近平总书记指出："我们党的历史是中国近现代以来历史最为可歌可泣的篇章，历史在人民探索和奋斗中造就了中国共产党，我们党团结带领人民又造就了历史悠久的中华文明新的历史辉煌。"^① 党的十九届六中全会通过的《中共中央关于党的百年奋斗重大成就和历史经验的决议》（以下简称《决议》）就是这样一部全景书写党的百年奋斗壮阔历程的生动历史教材。《决议》回望党艰苦卓绝的百年奋斗路，眺望中华民族伟大复兴的前行路，展现党百年矢志不渝的初心使命和取

---

* 本文原载《中国纪检监察》2022 年第 7 期（封面文章），学习强国转发（点击率超过 600 万次），本文受到中央纪委有关领导批示。

① 习近平在党史学习教育动员大会上的讲话（2021 年 2 月 20 日）[J]. 求是，2021（7）：5.

得的伟大成就，彰显了我们党高度的历史自觉和历史自信。

历史自信，是根植于一个政党对历史发展方向进行认知的不可撼动的内在心理品格和精神力量，也可以拓展地说，历史自信是一个国家能从历史发展周期中深刻把握国运兴衰存亡的历史规律，是一个民族能从自己的历史发展轨迹中深刻理解命脉赓续的历史逻辑，是一个政党能从治国理政的成败得失中深刻汲取顺势顺民的历史智慧的思想自觉。历史自信是在长期的历史运动中不断把握历史规律、通透历史逻辑、汲取历史智慧孕育而成的，又是在纷繁复杂的历史演进中经过磨砺、觉醒、觉悟，最后上升为推动历史前行的执着信仰和信念。一个国家、一个民族、一个政党要振兴，就必须在历史前进的逻辑中前进、在时代发展的潮流中发展，就必须拥有坚定的历史自信。

历史主动，则是一个国家国民和政党自觉顺应历史发展、尊重历史规律，积极洞察时代、把握时代、引领时代的强烈的使命担当和不畏万难所压倒的精神气质。具体可以表现为，面对历史的大变迁和时代的大转换，勇于破解历史难题和发展变局，敢于坚持真理、修正错误，主动解决历史遗留问题，敢于担当历史责任、善于激发和团结全社会积极力量，始终站在历史正确的一边，推动历史朝着正确方向前进的主动精神、积极精神、进取精神、勇敢精神和担当精神。

历史自信和历史主动是紧密相连、相互耦合和互相支撑的。

历史自信和历史主动在形成源头上一致。二者都是基于对历史发展逻辑的清醒认识，对历史发展规律的深刻把握，是客观世界在主观世界的正确映射，对人类文明进步和社会历史发展方向抱有共同的信心。历史自信的孕育、形成和夯实，需要一个国家和民族经过厚重的历史文化熏陶，才能明晰自己在人类史、国别史、文化史、世界史的地位和走向，看清社会历史发展的本来面目，从而树立起把握真理、站稳立场、坚定信念的历史自觉。历史主动也根植于深厚的文化历史，在穿透历史的各种迷雾和应对时事纷扰中形成深刻的历史认知，从而能积极顺应历史逻辑，尊重历史规律，主动把握历史大势，积极推进历史向善向上向前发展。

历史自信和历史主动在实践发展中同向。历史自信和历史主动都不是一蹴而成的，都要在长期的历史实践中经过历史发展长河的不断磨砺，才能有历史自信的心理基础和历史主动的心理支撑。二者又是伴随着历史前行的脚步，着力于观照现实、面向未来。历史自信在办好当代的事、自己的事、现实的事情中不断积蓄和拓展，历史主动也是在把握当下、解决现实矛盾中回应时代关切、发出时代声音，从而掌握时代的主动权。

历史自信和历史主动在精神气质上互进。历史自信和历史主动都是从历史经验中获得了智慧，在历史精神中汲取了力量，在历史演进中淬炼成共同的积极进取、百折不挠、迎难而上、奋斗拼搏、勇毅担当的精神品格。历史自信为历史主动奠定了信念基础，历史主动夯实了历史自信的精神基石。

"对历史进程的认识越全面，对历史规律的把握越深刻，党的历史智慧越丰富，对前途的掌握就越主动。"① 去年全党开展党史学习教育，习近平总书记强调全党要学史明理、学史增信、学史崇德、学史力行，就是为了增加历史自信、增进团结统一、增强斗争精神。在新征程上我们党继续强调要把党史学习教育宣传引向深入，巩固拓展党史学习教育成果，就是要更好把握和运用百年奋斗历史经验，在不断坚定历史自信中更好把握历史主动。

从党的百年奋斗辉煌历程中坚定历史自信的思想自觉

习近平总书记指出，"当今世界，要说哪个政党、哪个国家、哪个民族能够自信的话，那中国共产党、中华人民共和国、中华民族是最有理由自信的"。习近平总书记对我们党的历史自信的表述铿锵有力、掷地有声。党的第三个历史决议也充分显示了我们党高度的历史自信，向党内外、国内外展示了一个百年大党的清醒和成熟。

中国共产党的历史自信究竟来自哪里？深入领会党的十九届六中全会精神，纵览党的百年奋斗取得的举世瞩目的重大成就，积累的极其宝贵的历史和对人类文明进步做出的历史性贡献，是可以清晰认识这份历史自信的精神源泉的，这份历史自信是道路自信、理论自信、制度自信、文化自信的集成写照。

这份历史自信来自党始终不渝坚定走符合中国国情实现民族复兴之路的道路自信。中华民族有五千多年文明历史，创造了灿烂的中华文明，为人类作出了卓越贡献，成为世界上伟大的民族。但近现代以来受长期封建制度桎梏和外族入侵，中国沦为半殖民地半封建社会，国家蒙辱、人民蒙难、文明蒙尘，中华民族遭受前所未有的劫难。为了拯救民族危亡，中国人民奋起反抗，仁人志士奔走呐喊，但找不到救亡图存、民族复兴的道路。中国共产党一经成立，就把为中国人民谋幸福、为中华民族谋复兴确立为自己的初心使命。一百年来，党团结带领人民进行的一切奋斗、一切牺牲、一切创造，都是为了实现中华民族伟大复兴这个主题。围绕这个主题，我们创造了新民主主义革命、社会主义革命和建设、改革开放和社会主义现代化建设、新时代中国特色社会主义的伟大成就。

历史证明，只有在中国共产党领导下，我们的国家才能彻底改变积贫积弱

---

① 中共中央政治局召开专题民主生活会强调 弘扬伟大建党精神坚持党的百年奋斗历史经验 增加历史自信增进团结统一增强斗争精神［N］. 人民日报，2021 - 12 - 29 (1).

的面貌，我们的民族才彻底从沉沦中奋起，我们的人民才彻底摆脱备受剥削被压迫的地位、真正掌握自己的命运；只有走党和人民历尽千辛万苦、付出巨大牺牲开辟的中国特色社会主义道路，中华民族才迎来了站起来、富起来到强起来的伟大飞跃。基于历史自信，《决议》指出，我们既不走封闭僵化的老路，也不走改旗易帜的邪路，坚定不移地走中国特色社会主义道路。

这份历史自信来自党不断结合中国实践推进马克思主义中国化时代化的理论自信。一个民族要走在时代前列，就一刻不能没有理论思维，一刻不能没有正确的思想指引。马克思主义作为科学真理，极大推进了人类文明进程，也深刻改变了中国，为中国革命、建设、改革提供了强大思想武器。中国共产党把马克思主义写在自己的旗帜上，作为立党立国、兴党强国的指导思想。但党深刻认识到，马克思主义理论不是教条，而是行动指南，马克思主义要在实践中发挥作用，关键在于把马克思主义基本原理同中国实际、时代特征、中华优秀传统文化结合起来。一百年来，中国共产党始终坚持用马克思主义基本原理，坚持实事求是，从中国实际出发，洞察时代大势，把握历史主动，进行艰辛探索，创立了毛泽东思想、形成中国特色社会主义理论体系、创立习近平新时代中国特色社会主义思想，在不断推进马克思主义中国化时代化中实现了党的创新理论的历史飞跃。

历史证明，中国共产党之所以在一次次求索、一次次挫折、一次次开拓中完成中国其他各种政治力量不可能完成的艰巨任务，根本在于把握了解放思想、实事求是、与时俱进的马克思主义的活的灵魂，在于让马克思主义中国化落地生根、本土化深入人心，用马克思主义之"矢"去射中国实际之"的"，科学回答了中国之问、世界之问、人民之问、时代之问。基于历史自信，《决议》指出，我们不是简单延续我国历史文化的母版，不是简单套用马克思经典作家设想的母版，不是其他社会主义实践的再版，也不是国外现代化的翻版。不断推动马克思主义中国化时代化，才能让马克思主义在中国大地上展现出更强大、有说服力的真理力量。

这份历史自信来自党坚定不移坚持完善中国制度模式和国家治理体系的制度自信。制度是关系党和国家事业发展的根本性、全局性、稳定性、长期性问题。制度优势是一个国家的最大优势，制度竞争是国家间最根本的竞争。制度稳则国家稳。一个国家选择什么样的国家制度和国家治理体系，是由这个国家的历史文化、社会性质、经济发展水平决定的。中国特色社会主义制度是人类制度文明史上的伟大创造，既体现了科学社会主义基本原则，又植根中国大地、具有深厚中华文化根基，具有鲜明的中国特色、民族特色、时代特色。其无可比拟的先进性和具有的多方面显著优势，已经为新中国成立以来特别是改革开放以来党领导人民创造的世所罕见的经济快速发展和社会长期稳定两大奇迹作出最好的注脚。

历史证明，在人类文明发展史上，没有任何一种国家制度和国家治理体系能够在这样短的历史时期内，在经济上极大解放和发展社会生产力、极大解放和增强社会活力，使改革发展成果更多更公平惠及全体人民；在政治上保证人民当家作主，体现人民共同意志，发展全过程人民民主，保证人民安居乐业；在国家治理上确保国家机器有效运行、保障国家安全并永葆党和国家生机活力。基于历史自信，我们能坚定地说，鞋子合不合脚，只有穿的人才知道。中国特色社会主义制度好不好、优越不优越，中国人民最清楚，也最有发言权。在这个重大政治问题上我们一定要有定力、有主见，决不能自失主张、自乱阵脚。

这份历史自信来自党厚植文化沃土、汲取历史智慧、激扬中国精神的文化自信。一个民族的历史与其文化是相伴相生，并生生不息的。中华民族不间断的五千年文明史绽放出璀璨的文化，在世世代代生产生活中凝练出修齐治平、自强不息，天下大同、协和万邦，尊时守位、知常达变，开物成务、建功立业等深厚的历史智慧，中国人民根植历史文化沃土形成了伟大创造精神、伟大奋斗精神、伟大团结精神、伟大梦想精神，中国共产党也融汇并铸就了伟大建党精神，并在长期奋斗中构建起中国共产党人的精神谱系。

就此，中国共产党人的历史自信，既是对取得百年奋斗成就的自信，也是对传承中国精神的自信。我们敢于创造，走前人没有走过的路，探索了适合中国国情的发展道路、发展模式和国家制度；我们勇于奋斗，无论遭遇多么严重的挫折和损失，总能依靠自己的力量绝处逢生，团结一切可以团结的力量，战胜困难、修正错误、走向光明；我们敢于斗争、勇于以自我革命推进伟大的社会革命，不断清除损害党的先进性和纯洁性的因素，不断清除侵蚀党的健康肌体的病毒，确保党不变质、不变色、不变味，确保党在新时代坚持和发展中国特色社会主义的历史进程中始终成为坚强领导核心。

立足新的历史方位以坚定的历史自信去掌握历史主动

历史是过去的现实，现实是未来的历史。今天，我们比历史上任何时期都更接近、更有信心和能力实现中华民族伟大复兴的目标。过去一百年，党向人民向历史交出了一份优异的答卷。现在，党团结带领中国人民又踏上了实现第二个百年奋斗目标新的赶考之路。当前我们正处于中华民族伟大复兴的关键时期和当今世界百年未有之大变局的历史方位。越是接近目标，越是形势严峻，越是任务艰巨，越是要在对历史智慧的总结运用中更加坚定历史自信，在党和国家事业发展中把握历史主动。

始终牢记"中国共产党是什么、干什么"这个根本问题，在认清自己是什么中掌握历史主动。中国共产党是中国工人阶级的先锋队，同时是中国人民和中华民族的先锋队，是中国特色社会主义事业的领导核心。马克思主义政党的根本性质和所肩负的伟大历史使命，决定了中国共产党所要掌握的历史主动，要始终牢记江山就是人民，人民就是江山，坚持一切为了人民、发展依靠人民、发展成由人民共享，坚定不移走全体人民共同富裕道路，赢得人民衷心拥护和坚定支持，凝聚起共同创造历史伟业和美好生活的磅礴力量。

必须铭记生于忧患、死于安乐，常怀远虑、居安思危，在清醒的历史认知中掌握历史主动。我们千万不能在一片喝彩声、赞扬声中丧失革命精神和斗志，逐渐陷入安于现状、不思进取、贪图享乐的状态，而是要牢记船到中流浪更急、人到半山路更陡，把握历史发展大势，坚定理想信念，牢记初心使命，始终谦虚谨慎、不骄不躁、艰苦奋斗，从伟大胜利中激发奋进力量，从弯路挫折中吸取历史教训，不为任何风险所惧，不为任何干扰所惑，决不在根本性问题上出现颠覆性错误，以咬定青山不放松的执着奋力实现既定目标，以行百里者半九十的清醒不懈推进中华民族伟大复兴。

牢固坚持党的团结统一和坚持党中央集中统一领导，在坚定的政治自觉中掌握历史主动。党的十八大以来，以习近平同志为核心的党中央领导全党全国人民砥砺前行，全面建成小康社会目标如期实现，党和国家事业取得历史性成就、发生历史性变革，彰显了中国特色社会主义的强大生机活力，党心军心民心空前凝聚振奋，为实现中华民族伟大复兴提供了更为完善的制度保证、更为坚实的物质基础、更为主动的精神力量。面向未来，踏上新的赶考之路，必须毫不动摇地捍卫"两个确立"、做到"两个维护"，始终绷紧政治这根弦，站稳政治立场、保持政治定力，善于从政治上观察形势、明确方向，才能"任凭风浪起，稳坐钓鱼船"，才能肩负起实现中华民族伟大复兴的历史使命。

心中装着百姓，手中握有真理，脚踏人间正道，继续书写中国特色社会主义伟大事业的历史新篇章。

为构建新发展格局提供坚实基础和有力支撑的好规划*

我国古代经济名著《盐铁论》中有句名言，"明者因时而变，知者随时而制"，意思是说，聪明人会根据时代的变化而改变策略，智慧的人会随着世事变化而制定法则。在市场监管部门深入实施《"十三五"市场监管规划》之后的五年，又一部高质量的《"十四五"市场监管现代化规划》在今年初出台。比较前后这两个规划，虽然题目中仅仅多了"现代化"一个词，但恰恰体现了我国市场监管工作历史性地迈上了一个新水平，这也是市场监管部门适应新时代新要求的应时之制、顺势之举。

新规划着眼"创新和完善市场监管，推进市场监管现代化"，将贯彻落实"十四五"规划提出的"建设高标准市场体系、加快转变政府职能"要求细化实化具体化。新规划以过去五年我国市场监管工作取得的明显成效为基础，针对当前市场监管面临的新形势新问题新挑战，面向加快构建高水平社会主义市场经济体制的新要求，面向建设职责明确、依法行政的政府治理现代化，在指导思想、基本原则、主要目标、重点任务和组织保障诸方面都进行了与时俱进的发展和创新，提出了一系列含金量十足、具有可操作性的高质量的重大举措，必将进一步推动完善我国现代化市场监管机制，促进我国超大规模市场优化提升，为构建新发展格局提供坚实基础和有力支撑。

这个新规划"好"就好在完整准确全面地贯彻新发展理念。习近平总书记指出，新发展理念阐明了我们党关于发展的政治立场、价值导向、发展模式、发展道路等重大政治问题，要从根本宗旨、问题导向、忧患意识上把握新发展理念。新规划明确提出要围绕人民群众需求，坚守质量安全底线，强化消费者权益保护，提升市场监管领域政务服务水平；依靠人民推进监管，自觉接受人民监督，形成市场监管社会共治合力的基本原则，将增进人民福祉作为新时代市场监管工作的出发点和落脚点，并切实贯穿到充分激发市场主体活力、营造

---

* 本文原载《市场监督管理》2022年第7期。

公平竞争市场环境、促进市场循环充分畅通、服务高质量发展、强化消费者权益保护、全面提高市场综合监管效能等六大重点任务的各个环节。

这个新规划"好"就好在以改革创新推进市场高质量发展。规划提出，要继续深入推进"放管服"改革，深化商事制度改革，完善市场主体支持政策，更大激发市场主体活力和发展内生动力；通过完善质量政策和技术体系，建设适配现代化经济体系的质量基础设施，深入实施质量提升行动；通过更充分运用互联网、云计算、大数据、人工智能等现代技术手段以强化科技支撑，来不断创新丰富监管工具，提高市场监管基础制度的科学化水平等，从而加快提升我国市场监管效能。

这个新规划"好"就好在以法治精神和系统思维完善制度。规划围绕"大市场、大质量、大监管"一体推进市场监管体系完善和效能提升的思路，提出要加快推动市场监管制度机制不断成熟定型。规划在加快推动市场监管领域法律法规制度完善和统一，在加强市场监管与经济调控相协同，在统筹行业管理和综合监管、事前事中事后监管，统筹发挥市场、政府、社会等各方作用等多个层面都提出了更为扎实的举措，这将进一步依法规范政府监管行为，切实提高市场规制能力，从而为激发市场活力营造出更加稳定公平透明可预期的制度环境，为维护市场主体合法权益、消费者权益保护提供更为有力的法治保障。

一部好的规划关键在落实。李克强总理在今年政府工作报告中要求各级政府及其工作人员必须恪尽职守、勤政为民。建设一个高效、有序、统一、安全的超大规模市场和国民经济畅通运行的新发展格局，离不开市场监管部门全体工作人员的艰苦努力。只要市场监管部门全体同志以锲而不舍的精神恪尽职守，用苦干实干来践行承诺，就一定能够落实好这个新规划，开创"十四五"时期我国市场监管现代化的新局面。

再说"时时放心不下"的责任感*

2022 年 5 月 6 日本报曾发表评论员文章《对"时时放心不下"来源的追问》，对习近平总书记在 4 月 29 日中央政治局会议上强调的"各级领导干部在工作中要有'时时放心不下'的责任感"一段话中"时时放心不下"这几个字的来源进行了溯源和追问。文章追根溯源、立意高远，既回溯了我们党许多老一辈无产阶级革命家为了党和人民的事业始终具有的殚精竭虑、竭诚奉献的精神品格、呈现出来的对人民、对工作"时时放心不下"的精神境界，也揭示了习近平总书记当年在地方工作期间总是心系人民、率先垂范，对党的事业和人民群众的利益一直抱有的"时时放心不下"的工作态度和执着情怀。文章启迪每一位党员干部要以领袖为榜样，始终把"国之大者"放在心上，以"时时放心不下"的责任感做好自己所承担的工作。

"时时放心不下"的责任感，寄托着共产党人的人民情怀，承载着共产党人的初心使命，彰显了共产党人的鲜明品格，更主要的在于大变局时代的时势之催，新时代要求每一位党员干部必须更加担负起适变应变领变的历史责任，更要保持时不我待的现实工作态度。

从战略方位上讲，当前我国所处的新的历史方位，是中华民族伟大复兴战略全局与世界百年未有之大变局历史性交织、两个百年目标历史性交汇的关键时点。一方面，实现中华民族伟大复兴进入了不可逆转的历史进程，今天我们比历史上任何时期都更接近、更有信心和能力实现中华民族伟大复兴的目标。另一方面，我们现在所处的又是一个船到中流浪更急、人到半山路更陡的时候，是一个愈进愈难、愈进愈险而又不进则退、非进不可的时候。在前进道路上我们面临的风险考验只会越来越复杂，甚至会遇到难以想象的惊涛骇浪。全党必须进行具有许多新的历史特点的伟大斗争，任何贪图享受、消极懈怠、回避矛盾的思想和行为都是错误的，总想过太平日子、不想斗争也是不切实际的。党

---

* 本文原载《学习时报·学习评论》2022 年 6 月 10 日。

把干部放在各个岗位上就是要担当干事，而不是做官享福。面对艰巨复杂的改革发展稳定任务，"时时放心不下"的责任感，就要体现在党员干部的干事担事上，要时刻做到发扬历史主动精神，在机遇面前主动出击，不犹豫、不观望；在困难面前迎难而上，不推诿、不逃避；在风险面前积极应对，不畏缩、不躲闪。

从人民诉求看，虽然我们已经全面建成小康社会，但我国发展的不平衡不充分还制约着满足人民日益增长的美好生活新期待，现实生活中还存在着各种制约发展的落后思想观念和体制机制障碍。要着力解决社会主要矛盾和人民群众急难愁盼问题，要维护社会公平正义，推动人的全面发展、全体人民共同富裕，实现国家现代化，仍需要每一位党员干部付出更为艰巨、更为扎实、更为艰苦的努力。大国之大，也有大国之重。千头万绪的事，说到底是千家万户的事。"时时放心不下"的责任感，就要求党员干部像总书记那样始终抱有"民之所忧，我必念之；民之所盼，我必行之"的人民情怀，始终把人民放在心中的最高位置。

从眼下工作着眼，高效统筹疫情防控和经济社会发展也要求每一位党员干部有着"时时放心不下"的责任感。目前我国疫情防控态势正在向好的方向发展，但全球疫情仍处于高位，病毒还在不断变异，疫情的最终走向还存在很大不确定性，远没有到可以松口气、歇歇脚的时候。一方面，各地区各部门党员干部要坚决把思想和行动统一到党中央决策部署上来，克服麻痹思想、厌战情绪、侥幸心理、松劲心态，以时不我待的精神、分秒必争的行动抓实抓细疫情防控各项工作。另一方面，要加快进度、加大力度、不折不扣落实落细党中央稳经济一揽子措施，努力推动经济回归正常轨道、确保宏观经济大盘的稳定。"时时放心不下"的责任感就要具体落实在保市场主体保就业、保产业链供应链稳定、保初级产品供给安全、保基本民生等各项紧迫工作中。

当然，有"时时放心不下"的责任感，也不是让每一位党员干部始终处在焦虑之中，从而陷入对困难工作望而生畏，对复杂工作单打碎敲的事务主义。这里最重要的还是保持战略定力，恒定信心耐心，善抓主要矛盾，细究事物规律，讲求科学方法，既胸怀"国之大者"，又"致广大而尽精微"，一件事情接着一件事情办、一年接着一年干，抓一件成一件，积小胜为大胜，任何艰难险阻就都挡不住中国发展的前进步伐。

习近平经济思想对当代中国经济发展道路的鲜明回答 *

习近平经济思想是习近平新时代中国特色社会主义思想的重要组成部分，系统回答了新时代我国经济发展的根本保证、根本立场、历史方位、指导原则、主题主线、根本动力、战略举措、工作方法等基本问题，形成一套科学完整、逻辑严密的经济理论体系，是党的十八大以来以习近平同志为核心的党中央运用马克思主义基本原理指导我国经济发展实践形成的重大理论成果。习近平经济思想坚持马克思主义理论与当代中国发展实践相结合，坚持马克思主义认识论和方法论相统一，彰显出深厚的马克思主义哲学意蕴。习近平经济思想有根植于新中国成立以来党治理大国经济的历史经验，紧扣党的十八大以来我国经济发展的实际，在不断的实践创新、理论创新中形成、丰富和发展的，为我们深刻认识和把握新时代中国经济发展规律提供了强大的理论指导和实践指引。

一、习近平经济思想的形成脉络和科学体系

在 2012 年 11 月 15 日，习近平同志刚刚担任党的总书记后，在十八届中央政治局常委同中外记者见面会上就鲜明地指出，"人民对美好生活的向往，就是我们的奋斗目标。我们的责任，就是要团结带领全党全国各族人民，继续解放思想，坚持改革开放，不断解放和发展社会生产力，努力解决群众的生产生活困难，坚定不移走共同富裕的道路"。这就清晰阐明了新一届党中央践行党的初心使命，继续担负起把发展作为解决中国一切问题的基础和关键的历史责任。

发展就是要搞好经济建设。党的十八大以来，以习近平同志为核心的党中央始终把经济建设作为党的中心工作。习近平总书记在 2013 年就指出，"党的十一届三中全会以来，我们党始终坚持以经济建设为中心，集中精力把经济建设搞上去、把人民生活搞上去。只要国内外大势没有发生根本变化，坚持以经

＊ 本文原载《成都市委党校（成都行政学院）学报》2022 年第 3 期（总第 141 期），2022 年 6 月 28 日出刊。本文收录于魏礼群主编的《中国改革与发展热点问题研究（2023）》，商务印书馆 2023 年版。

济建设为中心就不能也不应该改变。这是坚持党的基本路线 100 年不动摇的根本要求，也是解决当代中国一切问题的根本要求。"

从 2012～2022 年近十年来，国际形势发生了很大变化，国内面临改革发展稳定的新任务，以习近平同志为核心的党中央坚持以经济为中心不动摇，对做好新形势下的经济工作进行了大量富有成效的思考和探索，不断总结和深化我国经济发展的规律性认识，作出一系列治理经济的新思想新论断新战略，推动我国经济发展取得历史性成就、经济改革发生历史性变化，在实践中也逐步形成了习近平经济思想。

2017 年 10 月召开的党的十九大报告确立了习近平新时代中国特色社会主义思想，阐释了新时代治国理政新思想的丰富内涵，这其中贯穿着指导新时代经济工作的新思想、新理念、新方略。2017 年 12 月召开的中央经济工作会议，用"七个坚持"首次概述了习近平新时代中国特色社会主义经济思想。既表明了如何看待新时代我国经济发展的阶段性特征（即坚持适应把握引领经济发展新常态），又阐释了我们正确认识阶段性特征应该具有的方法论（即坚持正确工作策略和方法）；既指明了我们应对的战略策略路径（即坚持问题导向部署经济发展新战略，发挥有效市场和有为政府的双驱动作用，着力推进供给侧结构性改革），又阐明了我们的政治优势制度保障和发展的出发点落脚点（即坚持加强党对经济工作的集中统一领导，坚持以人民为中心的发展思想）。

2021 年 11 月召开的党的十九届六中全会通过党的历史上第三个历史决议，在十九大报告基础上，将习近平新时代中国特色社会主义思想的核心内容从"八个明确"提炼为"十个明确"，其中在新增的第 7 条即"明确必须坚持和完善社会主义基本经济制度，使市场在资源配置中起决定性作用，更好发挥政府作用，把握新发展阶段，贯彻创新、协调、绿色、开放、共享的新发展理念，加快构建以国内大循环为主体、国内国际双循环相互促进的新发展格局，推动高质量发展，统筹发展和安全"，对习近平新时代中国特色社会主义经济思想作出高度概括，就此也凝练为"习近平经济思想"的最新表述。2021 年 12 月召开的中央经济工作会议提出，"进入新发展阶段，我国发展内外环境发生深刻变化，面临许多新的重大理论和实践问题，需要正确认识和把握。"这进一步要求随着我国发展进程向前推进，对习近平经济思想的仍然要作出新的丰富和拓展。

总体来看，党的十八大以来的 10 年，党针对做好在新的历史条件下经济工作开展的一系列实践探索和总结、做出的一系列理论思考和深化，坚持马克思主义立场观点方法，坚持运用马克思主义政治经济学原理认识发展中的中国经济问题，系统回答了新时代坚持和发展中国特色社会主义要走什么样的中国经济发展道路、怎样走中国经济发展道路的重大时代课题，由此也创立形成了习近平经济思想。习近平经济思想的丰富内容，涉及对新时代中国特色社会主义基本经济制度的本质特征，社会主义市场经济体制的改革和完善，新时代中国经济发展的理念、战略、模式、动力和路径，中国特色社会主义经济运行框架和宏观调控体系创新，新的国际形势下的对外开放格局，社会主义现代化建设的政治保证，等等，是一套与时俱进、科学完整、逻辑严密的经济理论体系。其鲜明的理论特征就是人民性、实践性、创新性、开放性和发展性。

习近平经济思想的形成脉络和丰富的思想内涵见诸这 10 年来党的代表大会、中央经济工作会议，中央财经委（组）、中央全面深化改革委（组）、中央政治局集体学习、省部级领导干部专题研讨班等重要会议上习近平总书记发表的一系列重要讲话中，也融汇于党的十八大以来党中央推动经济发展的各项重大政策、重大方针、重大部署之中。习近平经济思想的现实指导作用突出体现在立足我国发展新的历史方位，应对国内外发展环境的不断变化，"怎么看"中国经济发展阶段和面临的现实矛盾和问题，要继续保持我国经济健康持续发展应当"怎么办"、应该"怎么干"的思想方法和行动方略上。

二、习近平经济思想对新时代中国经济发展阶段"怎么看"作出了回答

科学认识形势，准确研判大势，是做好经济工作的基本前提。从我们党成立一百年的发展历程看，党带领人民无论是在干革命、搞建设，还是在促改革、谋发展的各个历史时期，都始终高度重视对国内外形势的分析与研判，这已成为我们党的优良传统，也是党治国理政的重要经验。我们党之所以能够领导中国革命、建设、改革事业从胜利走向胜利，一个重要原因也是及时对党和人民事业所处的历史方位作出科学判断。党的十八大以来，每年的中央经济工作会议首先都要对中国经济发展所处的国内外环境进行全面分析。

2012 年 12 月召开的中央经济工作会议指出，"现在，我们站在了更高的起点上。"这个高起点是什么？自 2008 年源自美国的一场百年不遇的国际金融危机深刻改变了世界经济格局，世界经济由危机前的快速发展期进入深度转型调整期，世界经济复苏艰难前行；中国经济经过 30 多年的改革开放大大增强了国家综合竞争力，特别是加入世界贸易组织之后深度融入经济全球化进程，形成了富有韧性的超大规模国内市场，同时也形成了具有独特竞争力的"中国之治"的治理优势，全球经济重心由西向东转移的大格局特征愈加明显。但在我国发展形成难得的机遇和有利条件的同时，我国发展的不平衡、不协调、不可持续问题日渐突出。为此，这会议对新起点的发展环境作出重要判断：我国发展仍处于重要战略机遇期但重要战略机遇期的内涵和条件发生了很大变化，既

要紧紧抓住用好这个战略机遇期，又要增强忧患意识，因势利导，顺势而为，努力在风云变幻的国际环境中谋求更大的国家利益。

2013 年 12 月召开的中央经济工作会议进一步强调，国际金融危机影响具有长期性，国际市场争夺更趋激烈，必须顺势而为、转变思路。要冷静扎实办好自己的事，大力推进改革创新，把发展的强大动力和内需的巨大潜力释放出来，以转变经济发展方式的主动、调整经济结构的主动、改革开放的主动，赢得在经济发展上的主动和国际竞争中的主动。

后来的事实也验证了这一判断。2012 年后世界经济急剧变化，我国经济在前行中深层次矛盾更加凸显，直接表现就是经济增长速度开始出现持续下行。面对过去我国经济高增长态势渐行渐远，经济界有许多担忧，对此，习近平总书记在 2014 年 12 月召开的中央经济工作会议上指出，"分析和看待这个问题，必须历史地、辩证地认识我国经济发展的阶段性特征。"党中央此前已作出一个明确判断，即我国经济发展正处于增长速度换挡期、结构调整阵痛期、前期政策消化期"三期叠加"阶段，标志着我国经济发展进入新常态。此次会议上，习近平总书记强调经济工作就要适应经济发展新常态，并深刻分析了经济新常态的九个方面趋势性变化，这些趋势性变化既是新常态的外在特征，又是新常态的内在动因。这一系列实实在在的变化，要求中国经济必须加快转变经济发展方式，从规模速度型粗放增长转向质量效益型集约增长；必须加快经济结构调整，从增量扩能为主转向调整存量、做优增量；必须增强经济发展新动力，从传统比较优势转向打造新的竞争优势，这是不以人的意志为转移的，是经济发展内在规律的驱使。习近平总书记就此强调，"认识新常态，适应新常态，引领新常态，是当前和今后一个时期我国发展的大逻辑"。

党的十八大以来，党中央深刻把握经济发展新常态的阶段性特征，坚持观大势、谋全局、干实事，成功驾驭了我国经济发展大局，顺利完成"十二五"规划任务，在新的历史起点上开创了经济社会发展新局面，同时对我国经济发展新阶段也有了更加全面深刻的认识。2017 年 10 月召开的党的十九大报告从社会主要矛盾已经发生全局性历史性变化的高度认识中国特色社会主义进入新时代，在这个新时代，中国社会要着力解决的社会主要矛盾是人民日益增长的美好生活需要和不平衡不充分的发展之间的矛盾。我国经济也由高速增长阶段转向高质量发展阶段，必须要对转变发展方式、优化经济结构、转换增长动力进行攻关。党的十九大指出，建设现代化经济体系是跨越关口的迫切要求和我国发展的战略目标。2017 年中央经济工作会议进一步指出，推动高质量发展，是保持经济持续健康发展的必然要求，是适应我国社会主要矛盾变化和全面建成小康社会、全面建设社会主义现代化国家的必然要求，是遵循经济规律发展的必然要求。"高质量发展阶段"成为党的十九大后深刻把握我国经济发展阶段的基本认识。在2018年初中央政治局集体学习时，习近平总书记从建设创新引领协同发展的产业体系、统一开放竞争有序的市场体系、体现效率促进公平的收入分配体系、彰显优势协调联动的城乡区域体系、资源节约环境友好的绿色发展体系、多元平衡安全高效的全面开放体系、充分发挥市场作用更好发挥政府作用的经济体制等七个方面对建设一个什么样的现代化经济体系作出了系统阐述。

党的十九大以来的5年，国际形势更加波谲云诡，扑朔迷离，百年变局和世纪疫情相互交织。伴随着中国经济稳健快速发展，中国之变也带来了世界之变、历史之变、时代之变。世界百年未有之大变局进入加速演变期，新冠疫情大流行影响广泛深远，经济全球化遭遇逆流，一些国家单边主义、保护主义盛行；国际经济、科技、文化、安全、政治等格局都在深刻调整，世界进入动荡变革期，中国发展的外部环境日趋错综复杂。

这5年，面对外部大国挑战和新冠疫情肆虐，我们集中精力做好自己的事情，党团结带领人民直面挑战，迎难而上，付出巨大努力，实现了"十三五"规划任务，阶段性地打赢疫情防控阻击战，脱贫攻坚任务如期实现，实现全面建成小康社会第一个百年目标，我国经济发展又迈上了一个新阶段。习近平总书记在2020年8月主持召开经济社会领域专家座谈会时首次提出"新发展阶段"概念，指出："'十四五'时期是我国全面建成小康社会、实现第一个百年奋斗目标之后，乘势而上开启全面建设社会主义现代化国家新征程、向第二个百年奋斗目标进军的第一个五年，我国将进入新发展阶段。"

新发展阶段是以习近平同志为核心的党中央对"十四五"时期我国所处历史方位做出的新的重大论断，体现了习近平总书记和党中央对深刻变化的国内外环境的清醒认识和科学把握，为党和国家在新阶段谋划新发展提供了根本遵循。

党的十九届五中全会将新发展阶段的判断写入党的文件并作为"十四五"规划对发展环境认识的基本依据。习近平总书记从理论依据、历史依据和现实依据，对我国进入新发展阶段这一战略判断作了深刻阐释。新发展阶段就是在我们实现第一个百年目标后向建成社会主义现代化强国迈进的第二个百年目标的新阶段，既是社会主义初级阶段我国发展的要求，也是我国社会主义初级阶段向更高阶段迈进的要求，是由量的积累和发展变化实现质的飞跃过程。归结起来，新发展阶段就是要实现人口规模巨大的现代化、全体人民共同富裕的现代化、物质文明和精神文明相协调的现代化、人与自然和谐共生的现代化、走和平发展道路的现代化。要以开创中国式现代化、创造人类文明新形态推进中华民族伟大复兴，为人类文明发展做出中国更大的贡献。

按照马克思主义唯物辩证法，运动时是物质的存在方式，发展是事物前进的变化或上升过程，意味着新事物代替旧事物。这其中就蕴含着对立统一规律、量变质变规律和否定之否定规律。中国经济发展阶段正是中国社会不断演化的自然历史过程，既要看到自然条件、社会条件乃至精神条件在变化，又要发挥主观能动性，做到历史规律的决定性和现实的人的主观能动性的统一。习近平总书记坚持以马克思主义立场观点方法看待中国经济发展阶段量到质的变化，科学认识发展阶段中出现的各种矛盾和问题，既有全局观，又把握两点论，要求我们辩证看待新发展阶段的新机遇新挑战，深刻认识我国社会主要矛盾发展变化带来的新特征新要求新挑战，在顺应大势中把握问题关键，在准确识变中主动求变。其间蕴含的哲学智慧是习近平经济思想体系中对中国经济发展理论作出的重要贡献。

三、习近平经济思想对解决中国经济发展新阶段的现实问题"怎么办"做出了回答

经济发展阶段变了，经济发展环境变了，经济发展条件出现了很大变化，经济运行格局、运行机制和社会资源要素配置方式也都发生了很大改变，经济生活随之也会出现一系列转型发展中的新矛盾新问题，这就需要确立新的发展指导思想、新的发展理念和制定新的发展战略、发展路径。

一是要有根本的理念转变，以正确理念指导行动。2017年12月中央经济工作会议指出，我们"在实践中形成了以新发展理念为主要内容的习近平新时代中国特色社会主义经济思想"。"新发展理念"是习近平经济思想的核心内容，是引领新时代中国经济发展道路、开创中国式现代化的思想准绳。

习近平总书记指出，理念是行动的先导。发展理念是战略性、纲领性、引领性的东西，是发展思路、发展方向、发展着力点的集中体现。发展理念搞对了，目标任务就好定了，政策举措跟着也就好定了。党的十八大以来，以习近平同志为核心的党中央深刻总结国内外发展经验教训，深刻分析我国经济发展新常态、实现高质量发展进程中的各种资源约束和体制机制障碍，坚持以问题为导向，着力认识和解决我国经济发展中的矛盾和难题，创造性地提出了创新、协调、绿色、开放、共享的五大发展发展理念。新发展理念是促进我国转变发展方式根本转变的思想基础，是厚植发展优势、破解发展难题的行动指南。

进入我国新的发展方位，我国发展中的突出矛盾和问题究竟是什么？我们根据这十年中央经济工作会议对国内经济运行中出现的问题做出的分析归纳，可以从时间线上看出这些矛盾和问题的突出表现和演化历程。

2012 年的中央经济工作会议表述为，"我国发展仍面临不少风险和挑战，不平衡、不协调、不可持续问题依然突出，经济增长下行压力和产能相对过剩的矛盾有所加剧，企业生产经营成本上升和创新能力不足的问题并存，金融领域存在潜在风险，经济发展和资源环境的矛盾仍然突出"。2013 年的中央经济工作会议表述为，"经济运行存在下行压力，部分行业产能过剩问题严重，保障粮食安全难度加大，宏观债务水平持续上升，结构性就业矛盾突出，生态环境恶化、食品药品质量堪忧、社会治安状况不佳等突出问题仍没有缓解"。2014 年的中央经济工作会议表述为，"我国经济运行仍面临不少困难和挑战，经济下行压力较大，结构调整阵痛显现，企业生产经营困难增多，部分经济风险显现"。2015 年的中央经济工作会议表述为，"由于多方面因素影响和国内外条件变化，经济发展仍然面临一些突出矛盾和问题，必须高度重视，采取有力措施加以化解"。2016 年的中央经济工作会议表述为，"我国经济运行仍存在不少突出矛盾和问题，产能过剩和需求结构升级矛盾突出，经济增长内生动力不足，金融风险有所积聚，部分地区困难增多等"。2017 年的中央经济工作会议表述为，"按照党的十九大的要求，今后 3 年要重点抓好决胜全面建成小康社会的防范化解重大风险、精准脱贫、污染防治三大攻坚战。"2018 年的中央经济工作会议表述为，"要看到经济运行稳中有变、变中有忧，外部环境复杂严峻，经济面临下行压力。这些问题是前进中的问题，既有短期的也有长期的，既有周期性的也有结构性的"。2019 年的中央经济工作会议表述为，"我国正处在转变发展方式、优化经济结构、转换增长动力的攻关期，结构性、体制性、周期性问题相互交织，'三期叠加'影响持续深化，经济下行压力加大"。2020 年的中央经济工作会议表述为，"疫情变化和外部环境存在诸多不确定性，我国经济恢复基础尚不牢固。明年世界经济形势仍然复杂严峻，复苏不稳定不平衡，疫情冲击导致的各类衍生风险不容忽视"。2021 年的中央经济工作会议表述为，"必须看到我国经济发展面临需求收缩、供给冲击、预期转弱三重压力。世纪疫情冲击下，百年变局加速演进，外部环境更趋复杂严峻和不确定"。2022 年 4 月中央政治局分析一季度经济形势和经济工作时指出，"新冠肺炎疫情和乌克兰危机导致风险挑战增多，我国经济发展环境的复杂性、严峻性、不确定性上升，稳增长、稳就业、稳物价面临新的挑战"。

纵览这十年我国经济发展和经济运行中存在的突出问题，虽然每一年每一阶段重点不同表现不同，但可以看出，结构性问题始终是困扰中国经济发展的主要症结，叠加周期性、体制性、外部变化冲击和突发公共事件扰动因素，致使这些年来中国经济增长下行压力增大、发展动力不足、区域行业城乡差距拉大、资源环境压力增大、经济风险多发等，归根结底就在于我国发展的不平衡不充分的发展制约。

习近平总书记这十年来始终强调创新发展是第一动力。只有依靠创新才能实现科技强国，打破核心基础"卡脖子"问题，在科技高水平自立自强中确保我国产业链供应链自主可控问题，并着力"四个面向"实施创新驱动发展战略，坚定不移实施人才强国战略，努力打造我国世界主要科学中心和创新高地。始终强调要打破地方和部门割据，畅通全国统一大市场，形成区域、行业、城乡之间的协调发展，实施乡村振兴战略，推动形成优势互补高质量发展的区域经济布局。始终强调绿水青山就是金山银山，将生态环境治理作为关系党的使命宗旨的重大政治问题和关系民生的重大社会问题，深刻揭示了保护生态环境就是保护生产力、改善生态环境就是发展生产力的道理。始终强调要实行更加积极主动的开放战略，中国开放的大门会越开越大，不断完善互利共赢、多元平衡、安全高效的开放型经济体系，在构建国内国际双循环的新发展格局中营造新的国际合作竞争优势，让中国市场成为世界的市场、共享的市场、大家的市场。始终强调在发展中保障和改善民生，抓住人民最关心最直接最现实的利益问题，解决好人民群众在教育、医疗、就业、住房、社会保障等急难愁盼问题，量力而行、尽力而为，在共建共享共治中实现社会公平正义，让人民群众有更多获得感幸福感安全感。

因为新发展理念回答的是关于发展的目的、动力、方式、路径等一系列理论和实践问题，与习近平经济思想系统回答我国经济发展的根本保证、根本立场、根本动力、战略举措、工作方法等基本问题相呼应，在发展的政治立场、价值导向、发展模式、发展道路等思想路线上内涵相一致，所以新发展理念既是解决中国经济发展道路的思想指引，也是具体的工作要求。

二是深刻把握规律性认识，不断夯实政治制度优势。规律是事物在发展过程中所固有的本质的必然的联系，是人们认识世界的依据、改造世界的遵循。在认识世界和改造世界的过程中不断把握规律、积极运用规律，是我们党团结带领人民取得一个又一个胜利的重要法宝。党的十八大以来的10年，以习近平同志为核心的党中央不断深化对社会主义经济建设规律的认识，这些规律性认识构成了习近平经济思想的重要的方法论内容。

党的十八大以来的5年党对我国经济发展的规律性认识总结，形成了"七个坚持"的规律性认识，党的十九大之后的5年，在前期认识的基础上结合新的发展环境变化，进一步总结和深化。2018年中央经济工作会议提出："一年来，我们在实践中深化了对做好新形势下经济工作的规律性认识：必须坚持党中央集中统一领导，发挥掌舵领航作用；必须从长期大势认识当前形势，认清我国长期向好发展前景；必须精准把握宏观调控的度，主动预调微调、强化政策协同；必须及时回应社会关切，有针对性主动引导市场预期；必须充分调动各方面积极性，形成全局工作强大合力。"2019年中央经济工作会议提出："在工作中，我们形成一些重要认识：必须科学稳健把握宏观政策逆周期调节力度，增强微观主体活力，把供给侧结构性改革主线贯穿于宏观调控全过程；必须从系统论出发优化经济治理方式，加强全局观念，在多重目标中寻求动态平衡；必须善于通过改革破除发展面临的体制机制障碍，激活蛰伏的发展潜能，让各类市场主体在科技创新和国内国际市场竞争的第一线奋勇拼搏；必须强化风险意识，牢牢守住不发生系统性风险的底线。"2020年中央经济工作会议提出："在统筹国内国际两个大局、统筹疫情防控和经济社会发展的实践中，我们深化了对在严峻挑战下做好经济工作的规律性认识：党中央权威是危难时刻全党全国各族人民迎难而上的根本依靠；人民至上是作出正确抉择的根本前提；制度优势是形成共克时艰磅礴力量的根本保障；科学决策和创造性应对是化危为机的根本方法；科技自立自强是促进发展大局的根本支撑。"2021年中央经济工作会议提出"在应对风险挑战的实践中，我们进一步积累了对做好经济工作的规律性认识"即"四个必须"（必须坚持党中央集中统一领导，必须坚持高质量发展，必须坚持稳中求进，必须加强统筹协调，坚持系统观念）。2022年两会上，习近平总书记在参加代表委员审议时进一步提出"五个必由之路"和"五个战略性有利条件"，其中一样蕴含着对当前我国经济发展规律的科学认识。

提炼这些规律性认识的思想结晶，起引领作用的就是把党对经济工作的全面领导，这是我国经济发展的根本保证。加强党对经济工作的全面领导，已经成为坚持和发展中国特色社会主义，推进国家治理能力和治理现代化的重要组成部分，是我们做好经济工作的独特的优势所在、关键所在、根本所在。从现代国家治理角度来认识党的领导，是其他市场经济国家不具有的制度优势。这一点在打赢脱贫攻坚战、全面建成小康社会、统筹疫情防控和经济社会发展以及应对各种外部风险挑战上作出了有力证明。

起支撑作用的就是坚持以人民为中心的发展思想，这是我国经济发展的根本立场。这既是社会主义本质要求，也是中国特色社会主义政治经济学的基本落脚点，更是科学社会主义的基本原则。人民是创造历史的真正动力，改革发展成果只有为人民共享，这才是经济发展的根本目的，也只有在发展的基础上汇聚起亿万人民创造历史的磅礴力量，才能最终实现人的全面发展。

起指导作用的就是坚持正确策略和方法，这是做好经济工作的重要方法论。党的十八大以来至今的十年，每年中央经济工作会议都强调坚持稳中求进工作总基调，要正确处理好稳和进的辩证关系，并将其作为治国理政的重要原则；强调坚持系统观念，经济工作要着眼于加强前瞻性思考、全局性谋划、战略型布局、整体性推进，坚持目标导向、问题导向、结果导向的统一；还要树立底线思维，更加注重防范化解重大风险挑战，实现发展质量、结构、规模、速度、效益、安全相统一。近十年来，我们应对中美贸易摩擦、金融市场风险、新冠疫情冲击等，能在危机中育先机，在变局中开新局，就是执行正确策略的结果。只有始终把握历史的主动，才能牢牢把握未来发展的主动权。

三是实施国家发展重大战略，以正确战略循序实现目标。习近平总书记在2022年1月省部级主要领导干部学习贯彻十九届六中全会精神专题研讨班上发表重要讲话时指出，"战略问题是一个政党、一个国家的根本性问题"，"战略是从全局、长远、大势上作出判断和决策"，"要善于进行战略思维，善于从战略上看问题、想问题"，"一百年来，党总是能够在重大历史关头从战略上认识、分析、判断面临的重大历史课题，制定正确的政治战略策略，这是党战胜无数风险挑战、不断从胜利走向胜利的有力保证"。

新中国成立以来，我们党紧密结合中国国情和发展实际，通过编制五年发展规划和中长期规划融入国家发展战略，实现了国家现代化继承的一个又一个阶段性战略目标。这也成为我们党治国理政、领导经济社会发展的一种重要方式。新中国成立到改革开放前，我们为实现"四个现代化"不懈努力；改革开放以来，我们确立了现代化发展的"三步走"战略目标；党的十八大、十九大以来，党中央统筹推进"五位一体"总体布局和"四个全面"战略布局，部署实施了一系列重大发展战略，为全面建成小康社会、开启建设全面现代化国家奠定了扎实基础，现在我们又踏上了实现国家现代化的"两步走"战略新征程。我们就要立足新发展阶段，面对更加复杂的国内外环境制定正确的发展战略，实现一个经济大国向经济强国推进，比如，实施数字经济发展战略，扩大内需战略、强大市场战略、高水平对外开放战略、促进共同富裕发展战略，等等，并要为实现既定战略目标和解决突出问题而不断进行战略调整和突破，在把握战略全局中实施正确的行动策略。

战略和策略又是辩证统一的，这里最重要的就是宏观经济政策的科学制定和策略性把握。近些年，面对外部冲击，我们灵活调整经济政策，实施逆周期调节和跨周期调节，注重财政政策、货币政策、就业政策等协调配套，统筹消费、投资、进出口政策相互促进，自觉把战略的坚定性和策略的灵活性结合起来，始终保持政策的工具箱储备充足，并能有效把握政策出台节奏、力度、效度，为存量调整和增量补给留出余地、腾出空间。

四、习近平经济思想对实现中国经济发展高质量发展"怎么干"做出了回答

新时代中国经济发展，核心点就是要实现从"有没有"到"好不好"的高质量发展。2017 年中央经济工作会议就提出，推动高质量发展是当前和今后一个时期确定发展思路、制定经济政策、实施宏观调控的根本要求。此后的几年，高质量发展一直是经济工作的主题。进入建设现代化国家新征程，把握新发展阶段、贯彻新发展理念、构建新发展格局，其落脚点也是实现高质量发展。如何实现中国经济高质量发展，也就是"怎么干"的问题，习近平经济思想为此指明了正确方向、提供了根本遵循。

一是深化供给侧结构性改革，以创新驱动为引领破解制约高质量发展的瓶颈。2014 年中央经济工作会议在分析我国经济发展进入新常态的趋势性特征中的消费需求新变化时就指出，"过去我国消费具有明显的模仿型排浪式特征，现在模仿型排浪式消费阶段基本结束，个性化、多样化消费渐成主流，保证产品质量安全、通过创新供给激活需求的重要性显著上升"，因此，从资源配置模式和宏观调控方式看，必须全面把握总供求关系新变化，科学进行宏观调控。2015 年中央经济工作会议提出，"推进供给侧结构性改革，是适应和引领经济发展新常态的重大创新，是适应国际金融危机发生后综合国力竞争新形势的主动选择，是适应我国经济发展新常态的必然要求"，要"着力加强结构性改革，在适度扩大总需求的同时，去产能、去库存、去杠杆、降成本、补短板，提高供给体系质量和效率"。2016 年中央经济工作会议开始强调，要坚持以推进供给侧结构性改革为主线，指出供给侧结构性改革的最终目的是满足需求，主攻方向是提高供给质量，根本途径是深化改革。深化供给侧结构性改革成为做好经济工作的一条主线。

而要使供求关系在新的水平上实现均衡，推动经济发展质量变革、效率变革、动力变革，关键是要依靠科技创新这个推动社会生产生活方式变革的主要力量。党的十八届五中全会将"创新"列在新发展理念的首位，强调"把创新摆在国家发展全局的核心位置，让创新贯穿党和国家一切工作"。党的十九届五中全会明确指出，"把科技自立自强作为国家发展的战略支撑"。习近平总书记强调，"构建新发展格局最本质的特征是实现高水平的自立自强"。只有抓住创新这个第一动力，不断推进科技创新、组织创新、制度创新乃至文化创新，才能有效提高劳动生产率，提高全要素生产率，提高经济潜在增长率，牢牢掌握未来中国经济发展的主动权。

二是坚持加快构建新发展格局，着力打通经济运行的各种堵点痛点，畅通国民经济循环。加快构建以国内大循环为主体、国内国际双循环相互促进的新发展格局是动荡的国际经济环境下中国经济发展的必然选择。从根本上说，构建新发展格局，是适应我国发展新阶段要求、贯彻新发展理念的战略抉择，也是统筹中华民族伟大复兴战略全局和世界百年未有之大变局"两个大局"、统筹发展和安全两件大事的必然要求。

当今世界地缘政治局势震荡，非传统安全风险加速集聚，"黑天鹅""灰犀牛"现象多发频发，不确定不稳定因素明显增加。比如，金融、债务、房地产等领域长期积累的矛盾问题凸显，平台公司滥用市场支配地位、资本无序扩张等新问题也不断涌现，如何引导资本健康发展问题，防范由此产生的各种或衍生风险引发经济波动引人关注和思考。习近平总书记多次强调，"安全是发展的前提，发展是安全的保障"，"要做好较长时间应对外部环境变化的思想准备和工作准备"。这一方面，要牢牢守住安全发展这条底线，把安全发展贯穿到经济发展的各领域全过程，坚持底线思维，时时防止各类"黑天鹅""灰犀牛"事件发生。当前是当前统筹推进新冠疫情防控和经济社会发展，要确保产业链供应链稳定安全，实现高质量发展和高水平安全的良性互动与动态平衡。另一方面，要坚持扩大内需这个战略基点，依托国内大市场优势，加快畅通国民经济循环，以做强做大全国统一大市场的坚实支撑主动应对和战胜可以预料和难以预料的风险挑战。同时，要实行更高水平的对外开放，着力优化市场化、法治化、国际化营商环境，不断推动实现强劲、可持续、平衡、包容增长，从而塑造我国国际经济合作和竞争新优势。

三是坚持深化改革开放，不断为中国经济发展持续提供动力和活力。40多年改革开放实践证明，改革是解放和发展社会生产力的关键。改革开放以来，我们坚持和发展社会主义基本经济制度，发挥社会主义市场经济体制优势，正确处理政府、市场、企业、社会的关系，做到有为政府和有效市场相互促进。

党的十八大以来，习近平总书记关于全面深化改革发表一系列重要论断和思想，核心就是要把改革推向深入。党的十八届三中全会深化了对社会主义市场经济的认识，将市场在资源配置中的"基础性作用"提高为"决定性作用"并强调了要"更好发挥政府作用"。党的十九届五中全会进一步将所有制形式、分配方式和完善社会主义市场经济体制"三位一体"共同确立为我国社会主义基本经济制度。这就非常明确地表明：我们要坚定不移推进社会主义市场经济的改革方向，要坚持"两个毫不动摇"，充分调动一切市场经济主体的活力和创造力，为形成一个公平开放、竞争有序的全国大市场畅通一切要素流动，要让劳动、资本、技术、数据、土地等一切生产要素的潜能和活力充分迸发和涌流，同时要继续大力推动有效市场和有为政府更好结合，确保国民经济循环畅通，制度化地推进国家经济治理水平和治理能力现代化，推动全面深化改革开放向广度和深度进军，持续激发社会主义市场经济体制的活力。

四是扎实推动共同富裕，促进社会公平正义，实现人的全面发展。党的十八大以来，党中央把握发展阶段新变化，把逐步实现全体人民共同富裕摆在更加重要的位置上，推动区域协调发展，采取有力措施保障和改善民生，打赢脱贫攻坚战，全面建成小康社会，为促进共同富裕创造了良好条件。现在，已经到了扎实推动共同富裕的历史阶段。

2012 年 11 月，在十八届中央政治局常委同中外记者见面时，习近平总书记就指出，要坚定不移走共同富裕的道路。在党的十八届五中全会上，习近平总书记强调坚持以人民为中心的发展思想；党的十九届五中全会首次提出到 2035 年"全体人民共同富裕取得更为明显的实质性进展"。在庆祝中国共产党成立 100 周年大会上，习近平总书记要求："着力解决发展不平衡不充分问题和人民群众急难愁盼问题，推动人的全面发展、全体人民共同富裕取得更为明显的实质性进展！"习近平总书记在《求是》杂志发表"扎实推动共同富裕"的文章中更深刻地指出，"共同富裕是社会主义的本质要求，是中国式现代化的重要特征"。他强调，坚持以人民为中心的发展思想，就是要在高质量发展中促进共同富裕。只有正确处理效率和公平的关系，构建起初次分配、再分配、三次分配协调配套的基础性制度安排，形成中间大、两头小的橄榄型分配结构，才能实现社会公平正义，促进人的全面发展，使全体人民朝着共同富裕目标扎实迈进。

总的来说，习近平经济思想是在党的十八大以来的十年我国丰富的经济实践渐进形成、不断丰富和发展的，是运用马克思主义政治经济学的基本立场、基本原理和基本方法，紧密结合中国发展实践，汲取各类经济学的有益智慧，作出了大量原创性的理论贡献，在中国特色社会主义经济建设的生动实践中得到了检验，彰显出真理的伟力，为开拓中国特色社会主义政治经济学新境界作出了有益探索。

实践在不断发展，理论自然也要与时俱进。当前世界百年未有之大变局加速演进，世界进入新的动荡变革期，我国发展内外环境发生深刻变化，坚持和发展中国特色社会主义理论和实践提出了大量亟待解决的新问题，中国经济发展也面临许多新的重大理论和实践问题，广大经济战线的理论工作者要学思践悟习近平经济思想，以中国为观照、以时代为观照，立足中国实际，解决中国问题，自觉以回答中国之问、世界之问、人民之问、时代之问为学术己任，为新时代中国经济发展道路不断作出学术贡献和智力支撑。

读懂用好
《习近平谈治国理政》第四卷[*]

  《习近平谈治国理政》第四卷近日正式出版发行。中宣部、中组部发出通知要求各级党委（党组）理论学习中心组把这本书纳入学习计划。认真学习《习近平谈治国理政》第四卷是用习近平新时代中国特色社会主义思想武装全党、教育人民的一项重大政治任务。对广大党员干部来说，这是筑牢理想信念、提高理论素养、增强政治能力的重要途径。对普通群众来说，这本书也是帮助大家了解当前国事、把握发展大势、增强时势洞察力的一本案头好书。只要原原本本地读，认认真真地读，必然开卷有益，大有裨益。

  亲历亲闻近些年国际风云变幻、世事纷繁变迁的人们，都有这样的感觉：有太多的事情令人感动，有太多的不易催人思考。我们经常讲，当今世界，百年变局和世纪疫情相互叠加，全球政治经济动荡不安，中国发展的外部环境充满着不稳定不确定性，面对着世所罕见、史所罕见的风险挑战；国内经济也面临周期性因素和结构性因素叠加、短期问题和长期问题交织、外部冲击和新冠疫情冲击碰头等多重困难。但值得我们欣慰的是：中国经济总能顶风逆浪、攻坚克难，在曲折中始终保持了稳中有进的向好态势，发展韧劲十足，成为动荡中的世界经济坚实的"稳定器"和"压舱石"。那么，其背后的机理究竟何在？让我们充满信心的是，以习近平同志为核心的党中央始终把握历史主动，统筹国内国际两个大局、统筹疫情防控和经济社会发展、统筹发展和安全，团结带领中国人民自信自强、迎难而上，如期打赢脱贫攻坚战、如期全面建成小康社会、实现了第一个百年奋斗目标，又开启了全面建设社会主义现代化国家、实现第二个百年奋斗目标新征程。那么，其背后的力量究竟何在？

  读懂用好《习近平谈治国理政》第四卷，并结合《习近平谈治国理政》前三卷一起系统学习，我们就能找到这些问题的答案，获得中国发展的成功密码，也能在深度阅读中更加深切感知科学真理的现实穿透力和强大说服力。

---

  * 本文原载《学习时报·学习评论》2022 年 7 月 18 日。

读懂用好《习近平谈治国理政》第四卷，首先是把握其精神脉络。全书以习近平新时代中国特色社会主义思想的理论框架为基础，立足"五位一体"总体布局和"四个全面"战略布局，深刻揭示了习近平新时代中国特色社会主义思想"十个明确"的丰富思想内涵，彰显出鲜明的政治性、人民性、科学性、实践性、开放性、民族性的理论品格。

其次是紧扣时代发展特征。全书 21 个专题，109 篇文章，集中展示了习近平总书记面对新的国内国际形势，立足两个大局，在领导党和国家应变局、开新局的伟大实践中，对关系新时代党和国家事业发展的重大现实问题进行的新的深邃思考和科学判断，提出的一系列原创性的治国理政新理念新思想新战略，进一步科学回答了中国之问、世界之问、人民之问、时代之问，展现了马克思主义中国化的与时俱进和坚实步伐。

再次是体悟真理的说服力。《习近平谈治国理政》第四卷延续前三卷的清新文风和叙事风格，无论是论述宏大的党的基本理论、基本路线、基本方略，还是直面党和国家事业发展中的重大矛盾和挑战，抑或是"一枝一叶总关情"地回应民生诉求百姓关切，习近平总书记都能举重若轻，在旁征博引中、在循循善诱中给出入情入理的分析，深入浅出的阐释。这为我们准确理解历史的中国、认知现实的中国、读懂发展的中国，打开了新的"思想之窗"，为广大读者深刻理解中国为什么能在危机中育新机、于变局中开新局，深刻理解中国之路、中国之治、中国之理为什么能够成功提供了"思想之钥"。

当然，读书的至高境界贵在掌握思想方法，能知其然也知其所以然，知其所以然更知其所以必然。《习近平谈治国理政》第一卷至第四卷都始终贯穿着马克思主义科学的立场观点方法，处处蕴含着系统思维、辩证思维、底线思维等哲学智慧，既是方法论，又是实践论，彰显出强大的思想力量。跳出字里行间，掩卷凝思，我们也更能体味到一个大国领袖治国理政的远见卓识、夙夜在公的精神风范、勇于担当的政治魄力和丹心为民的家国情怀，从而让我们更加深刻领悟"两个确立"的决定性意义，更加坚定用习近平新时代中国特色社会主义思想武装头脑、指导实践、推动工作，更加自觉用党的创新理论解决中国发展的实际问题，真正做到虔诚而执着、至信而深厚、笃行而不怠。

"7·26" 重要讲话：举旗定向
审时度势 继往开来 *

2022 年 7 月 26 日至 27 日，省部级主要领导干部"学习习近平总书记重要讲话精神，迎接党的二十大"专题研讨班在北京举行。中共中央总书记、国家主席、中央军委主席习近平发表重要讲话（以下简称"'7·26'重要讲话"）。"7·26"重要讲话为下半年即将召开的党的二十大主题主线定了基调，为全面建设社会主义现代化国家新征程指引了方向，为中国共产党在新征程上举什么旗、走什么路、以什么样的精神状态、朝着什么样的目标继续前进作了明确宣示，为未来五年中国共产党团结带领人民奋力谱写全面建设社会主义现代化国家崭新篇章提供了行动纲领。①

在五年一度的中国共产党全国代表大会召开前夕，习近平总书记召集省部级主要领导干部举行专题研讨班并发表重要讲话，是多年来的惯例。总书记在专题研讨班上发表的重要讲话就是为党代会定基调、指方向、明确中心任务，对全党统一思想、统一步调、统一行动提供了基本遵循。习近平总书记"7·26"重要讲话作出的一系列新思想新论断新战略，揭示了党的二十大报告的主题主线和战略任务，必须深入理解、细细揣摩，掌握精髓要领。

举旗定向。"7·26"重要讲话用"三个事关"描述了党的二十大在党的历史上的重大意义和重要地位。在进入全面建设社会主义现代化国家新征程的关键时刻，召开的党的二十大之所以十分重要，就在于其"事关党和国家事业继往开来，事关中国特色社会主义前途命运，事关中华民族伟大复兴"。

党的二十大要明确宣示在新征程上中国共产党要"举什么旗、走什么路、以什么样的精神状态、朝着什么样的目标继续前进"这样极其重要的方向性问题，要"科学谋划未来 5 年乃至更长时期党和国家事业发展的目标任务和大政

---

* 本文原载中国网 2022 年 7 月 30 日。

① 高举中国特色社会主义伟大旗帜 奋力谱写全面建设社会主义现代化国家崭新篇章［N］. 人民日报，2022－07－28（1）.

方针"，继续团结和激励全国各族人民为夺取中国特色社会主义新胜利而奋斗。

——举什么旗，就是高举中国特色社会主义伟大旗帜，坚持以马克思主义中国化时代化最新成果为指导。

——走什么路，就是继续走坚持和发展中国特色社会主义道路。走自己的路，是中国共产党的全部理论和实践立足点，更是中国共产党百年奋斗得出的历史结论。中国特色社会主义是党和人民历经千辛万苦、付出巨大代价取得的根本成就，是实现中华民族伟大复兴的正确道路。中国共产党和中国人民将在自己选择的道路上昂首阔步走下去，把中国发展进步的命运牢牢掌握在自己手中。

——以什么样的精神状态、朝着什么样的目标继续前进，就是中国共产党带领人民要坚定中国特色社会主义道路自信、理论自信、制度自信、文化自信，继续踔厉奋发、勇毅前行、团结奋斗，奋力谱写全面建设社会主义现代化国家崭新篇章，坚定不移推进中华民族伟大复兴历史进程。

审时度势。习近平总书记在"7·26"重要讲话中指出，"谋划和推进党和国家各项工作，必须深入分析国际国内大势，科学把握我们面临的战略机遇和风险挑战"。"7·26"重要讲话用"三个变""五个新"刻画了新征程上的中国发展面对的国际国内形势，就是当前世界百年未有之大变局加速演进，世界之变、时代之变、历史之变的特征更加明显。中国发展面临新的战略机遇、新的战略任务、新的战略阶段、新的战略要求、新的战略环境，需要应对的风险和挑战、需要解决的矛盾和问题比以往更加错综复杂。

——我们仍然有充分的战略机遇，这主要基于中国已拥有的更为完善的制度保证、更为坚实的物质基础、更为主动的精神力量。去年召开的中国共产党第十九届中央委员会第六次全体会议，全面系统总结了党的十八大以来在以习近平同志为核心的党中央坚强领导下，推动党和国家事业在 13 个方面取得的历史性成就、发生的历史性变革，彰显了中国特色社会主义的强大生机活力。

"7·26"重要讲话又一次高度概括了自党的十八大以来的十年取得的不凡伟业、发生的伟大变革，鲜明指出"新时代 10 年的伟大变革，在党史、新中国史、改革开放史、社会主义发展史、中华民族发展史上具有里程碑意义"。

这个里程碑意义就在于，中国共产党全面贯彻了党的基本理论、基本路线、基本方略，采取了一系列战略性举措，推进了一系列变革性实践，实现了一系列突破性进展，取得了一系列标志性成果，攻克了许多长期想解决而没有解决的难题，办成了许多事关党和国家长远发展的大事要事，经受住了来自政治、经济、意识形态、自然界等方面的风险挑战考验。特别是在党的十九大以来极不寻常、极不平凡的 5 年中，党中央统筹中华民族伟大复兴战略全局和世界百年未有之大变局，有效应对严峻复杂的国际形势和接踵而至的巨大风险挑战；统筹经济发展和疫情防控取得世界上最好的成果；统筹发展和安全，牢牢掌握了中国发展和安全主动权。改革发展稳定、内政外交国防、治党治国治军等党和国家的各项事业都取得了历史性成就、发生了历史性变革，全党全国各族人民以奋发有为的精神把新时代中国特色社会主义推向前进。

——我们面临着更为严峻的风险挑战。"7·26"重要讲话再次强调，10年来，我们遭遇的风险挑战风高浪急，有时甚至是惊涛骇浪，各种风险挑战接踵而至，其复杂性严峻性前所未有。中华民族伟大复兴不是轻轻松松、敲锣打鼓就能实现的，必须勇于进行具有许多新的历史特点的伟大斗争，准备付出更为艰巨、更为艰苦的努力。

为此，习近平总书记告诫全党，必须增强忧患意识，坚持底线思维，坚定斗争意志，增强斗争本领，以正确的战略策略应变局、育新机、开新局，依靠顽强斗争打开事业发展新天地，最根本的是要把我们自己的事情做好。要坚定信心、迎难而上，一仗接着一仗打。

继往开来。习近平总书记在"7·26"重要讲话中明确指出，党的二十大要对全面建成社会主义现代化强国两步走战略安排进行宏观展望。未来5年是全面建设社会主义现代化国家开局起步的关键时期，搞好这5年的发展对于实现第二个百年奋斗目标至关重要。党的二十大将重点部署未来5年的战略任务和重大举措。

其核心就是要牢牢把握新时代新征程党的中心任务，提出新的思路、新的战略、新的举措，继续统筹推进"五位一体"总体布局、协调推进"四个全面"战略布局。工作重心就是要紧紧抓住解决不平衡不充分的发展问题，着力在补短板、强弱项、固底板、扬优势上下功夫。可以预见，党的二十大将围绕新征程上中国社会主要矛盾和中心任务，确立新的战略策略，为全面建成社会主义现代化强国制定出科学的行动纲领。

中国共产党将根据国内外新形势新变化和实践新发展，继续深入回答一系列重大理论和实践问题，在新时代伟大实践中不断开辟马克思主义中国化时代化新境界；将坚持以中国式现代化推进中华民族伟大复兴，既不走封闭僵化的老路，也不走改旗易帜的邪路，坚持把国家和民族发展放在自己力量的基点上、把中国发展进步的命运牢牢掌握在自己手中；将永葆"赶考"的清醒和坚定，持之以恒推进全面从严治党，深入推进新时代党的建设新的伟大工程，以党的自我革命引领社会革命；坚持全心全意为人民服务的根本宗旨，始终保持同人民群众的血肉联系，始终接受人民批评和监督，始终同人民同呼吸、共命运、心连心。

　　"7·26"重要讲话为新时代新征程党和国家事业发展明确了大政方针和行动纲领，具有很强的政治性、理论性、指导性，全党要深刻领悟"两个确立"的决定性意义，把思想和行动统一到习近平总书记重要讲话精神上来，统一到党中央决策部署上来，坚定发展信心，勇当历史责任、勇于开创未来，以更加坚定的历史主动、更加昂扬的精神状态、敢于斗争的意志品格、勇于担当的工作作风，踔厉奋发、勇毅前行、团结奋斗，奋力谱写全面建设社会主义现代化国家崭新篇章。

新时代 10 年伟大变革
具有里程碑意义*

习近平总书记在省部级主要领导干部"学习习近平总书记重要讲话精神，迎接党的二十大"专题研讨班上发表重要讲话，全面总结了从党的十八大开始中国特色社会主义进入新时代以来的 10 年，党和国家事业取得的历史性成就、发生的历史性变革，非常鲜明地指出，新时代 10 年的伟大变革，在党史、新中国史、改革开放史、社会主义发展史、中华民族发展史上具有里程碑意义。我们要深入理解、深刻认识。

我们清晰记得，10 年前，习近平总书记在 2012 年 11 月 15 日带领十八届中央政治局常委同中外记者见面时，铿锵有力地发出"人民对美好生活的向往，就是我们的奋斗目标"的历史最强音。自此，以习近平同志为核心的党中央肩负起对民族的责任、对人民的责任、对党的责任，团结带领中国人民接过历史的接力棒、为实现中华民族伟大复兴而努力奋斗。

十年弹指一挥间。习近平总书记洪亮的声音音犹在耳。10 年来中华大地发生了撼动历史、惊天动地的巨大变化。在飞逝的时光里，每一个身在其中的中国人亲历亲闻、感同身受，这是一个坚韧不拔、欣欣向荣的中国；绝大多数老百姓期盼有更好的教育、更稳定的工作、更满意的收入、更舒适的居住条件、更优美的环境、更可靠的社会保障的美好向往逐步成为现实，人民生活已进入相对殷实富足阶段，这是一个从富起来到强起来的中国；新时代 10 年来的伟大变革，见证着党和国家事业赓续传承、经济生活日新月异、社会发展充满生机，这是一个呈现光明前景的中国。

最能刻画这 10 年来党和国家事业取得历史性成就的是，我们实现了第一个百年奋斗目标，在中华大地上全面建成了小康社会，历史性地解决了绝对贫困问题。我国经济总量由 2012 年的 53.9 万亿元上升到 2021 年的 114.4 万亿元，占世界经济比重从 11.3% 上升到超过 18%，人均国内生产总值从 6300 美元上

---

* 本文原载《学习时报·学习评论》2022 年 8 月 3 日。

升到超过 1.2 万美元。

最能体现这 10 年来党和国家事业发生历史性变革的是，党中央采取一系列战略性举措，推进一系列变革性实践，实现一系列突破性进展，取得一系列标志性成果，攻克了许多长期没有解决的难题，办成了许多事关长远的大事要事，经受住了来自政治、经济、意识形态、自然界等方面的风险挑战考验。特别是党的十九大以来极不寻常、极不平凡的 5 年，党中央统筹中华民族伟大复兴战略全局和世界百年未有之大变局，统筹经济发展和疫情防控，统筹发展和安全，团结带领全党全军全国各族人民有效应对严峻复杂的国际形势和接踵而至的巨大风险挑战，以奋发有为的精神把新时代中国特色社会主义推向前进。

这 10 年的伟大成就、伟大变革背后，反映的是我国发展理念、发展方式、发展动力、发展路径的巨大转换，展示的是以习近平同志为核心的党中央带领亿万人民经千难而百折不挠、历万险而矢志不渝成就的百年大党恢宏气象，揭示的是实现中华民族伟大复兴有了更为完善的制度保证、更为坚实的物质基础、更为主动的精神力量。

10 年来党和国家事业恢宏发展的成就充分证明："两个确立"是时代呼唤、历史选择、民心所向。有习近平总书记领航掌舵，有习近平新时代中国特色社会主义思想科学指引，沿着坚持和发展中国特色社会主义的正确道路，坚持以中国式现代化推进中华民族伟大复兴；坚持把国家和民族发展放在自己力量的基点上、把中国发展进步的命运牢牢掌握在自己手中；坚持以正确的战略策略应变局、育新机、开新局，依靠顽强斗争打开事业发展新天地；坚持党同人民群众的血肉联系、始终与人民想在一起、干在一起；坚持以党的自我革命引领社会革命，党和人民就能无难不克、无敌不胜、无坚不摧。

慎易以避难，敬细以远大。习近平总书记再次强调，中华民族伟大复兴不是轻轻松松、敲锣打鼓就能实现的，必须勇于进行具有许多新的历史特点的伟大斗争，准备付出更为艰巨、更为艰苦的努力。现在，我们踏上了全面建设社会主义现代化国家、向第二个百年奋斗目标进军新的赶考之路。

即将召开的党的二十大，是在进入全面建设社会主义现代化国家新征程的关键时刻召开的一次十分重要的大会。全党要高举中国特色社会主义伟大旗帜，深入学习习近平总书记重要讲话精神，深刻领悟"两个确立"的决定性意义，牢牢把握新时代新征程党的中心任务，以更加坚定的历史主动、更加昂扬的精神状态、敢于斗争的意志品格、勇于担当的工作作风，踔厉奋发、勇毅前行、团结奋斗，奋力谱写全面建设社会主义现代化国家崭新篇章。

以理论学习新高度
开创工作新局面 *

—— 读懂读好
《习近平谈治国理政》第四卷

《习近平谈治国理政》第四卷最近出版发行，这是一本十分厚重的著作。

这一卷本生动记录了自 2022 年 2 月以来，面对百年变局和世纪疫情相互叠加、世界进入新的动荡变革期的复杂局面，面对世所罕见、史所罕见的风险挑战，以习近平同志为核心的党中央统筹国内国际两个大局，统筹疫情防控和经济社会发展，统筹发展和安全，团结带领全党全国各族人民有效应对严峻复杂的国际形势、战胜接踵而至的巨大风险挑战，不仅开展了抗击疫情人民战争、总体战、阻击战，而且打赢了脱贫攻坚战，在中华大地上全面建成小康社会、开启全面建设社会主义现代化国家新征程的这一波澜壮阔的伟大实践过程，是全面系统反映习近平新时代中国特色社会主义思想的权威著作。

深入学习《习近平谈治国理政》第四卷，读懂读好《习近平谈治国理政》第四卷，有助于全党深刻理解马克思主义中国化的最新成果，有助于用党的最新创新理论武装头脑、指导实践、推动工作，以科学真理凝聚起全面建设社会主义现代化国家的磅礴力量。

开辟理论创新新境界、实现历史新飞跃的权威著作

《习近平谈治国理政》（第四卷）收入了习近平总书记在 2020 年 2 月 3 日至 2022 年 5 月 10 日的讲话、谈话、演讲、致辞、指示、贺信等 109 篇，图片 45 幅，分为 21 个专题。

要把这本厚重的著作从厚读薄，我们就必须首先从全书的篇章结构和文章布局安排中入手，切实把握全书的逻辑框架和理论脉络。总体上说，全书 21 个

---

* 本文原载《成都日报·理论周刊》2022 年 8 月 31 日，原题为《以理论学习新高度开创工作新局面》。

专题事实上可以鲜明地划分为四大板块。

书中的第 1 专题至第 4 专题是第一板块，集中体现了全书的思想引领和核心的思想方法，这四个专题的大标题分别是"掌握历史主动，在新时代更好坚持和发展中国特色社会主义""坚持党的全面领导""始终坚持人民至上""坚持敢于斗争"，这"四个坚持"是我们党立足新时代新征程对党和国家事业发展的规律性的认识和总结。

中国特色社会主义是改革开放以来党的全部理论和实践的主题，是党和人民历经千辛万苦、付出巨大代价取得的根本成就。站在新的时代方位，把握历史主动，就必须更好坚持和发展中国特色社会主义这个鲜明主题。思想核心就是要坚持党的全面领导。党的领导是党和国家的根本所在、命脉所在，是全国各族人民的利益所系、命运所系。中国特色社会主义最本质的特征是中国共产党领导，中国特色社会主义制度的最大优势是中国共产党领导，党的领导是党和国家事业不断发展的定海神针。新时代新征程上必须把党的全面领导贯彻落实到国家治理各领域各方面各环节。始终坚持人民至上是我们党治国理政的基本立场。民心是最大的政治，人民是我们党执政的最大底气。打江山、守江山，守的是人民的心，共产党就是给人民办事的，必须做到"民之所忧我必念之，民之所盼我必行之"。坚持敢于斗争是应对当今世界百年未有之大变局必须保持的精神状态，实现中华民族伟大复兴必须坚持斗争精神，进行具有许多新的历史特点的伟大斗争，不断增强进行伟大斗争的意志和本领，依靠斗争赢得未来。在新的伟大实践中，我们党正是把握了"四个坚持"的规律性认识，这"四个坚持"也贯穿于全书阐释的党治国理政的方方面面。

全书的第 5 专题至第 17 专题是第二板块，也是全书的主体内容，体现的是中国特色社会主义事业"五位一体"的总体布局和"四个全面"的战略布局。这一板块突出强调了应对复杂局面，如何统筹疫情防控和经济社会发展，如何在开启现代化建设新征程上，把握新发展阶段，贯彻新发展理念，构建新发展格局，坚定不移走高质量发展之路，扎实推动全体人民共同富裕，以及进一步推动政治建设、文化建设、社会建设、生态文明建设和内政外交国防建设。这一板块的思想精髓，集中展现的就是，建设社会主义现代化国家最根本的是要把我们自己的事情做好，坚持把国家和民族发展放在自己力量的基点上、把中国发展进步的命运牢牢掌握在自己手中，坚持以中国式现代化推进中华民族伟大复兴。

第 18 专题至第 20 专题是第三板块，充分体现了我们党为推动构建人类命运共同体、共建美好世界作出的最新贡献。面对"世界怎么了""人类向何处去"的时代之问、世界之问，中国党和政府鲜明提出弘扬全人类共同价值，推动构建人类命运共同体的全新理念，致力于完善全球治理，践行真正的多边主义，并以推动"一带一路"建设高质量发展的中国行动回答世界之问，贡献出中国智慧、中国方案，让多边主义的火炬照亮人类前行之路，共创后疫情时代美好世界。

第 21 专题是全书第四板块，展示的是新时代中国共产党加强自身建设担负起新的历史使命，以伟大自我革命引领伟大社会变革。这一专题选用的重要文章从新时代党的组织路线、反腐败斗争、党史学习教育、人才培养、全面从严治党、增进团结统一分揭示我们党进行自我革命的极端重要性，生动剖析了"自我革命是我们党跳出历史周期率的第二个答案"，勇于自我革命是我们党区别于其他政党的显著标志。我们党必须以伟大自我革命引领伟大社会革命，以伟大社会革命促进伟大自我革命，才能确保党在新时代坚持和发展中国特色社会主义的历史进程中始终成为坚强领导核心。

按照这样的逻辑脉络深入研读习近平总书记的这 109 篇文章，我们就可以深刻理解当代中国共产党人和中国人民过去为什么能够成功、未来怎样才能继续成功的根本道理，就可以深化对中国之路、中国之治、中国之理的系统认知，就可以进一步科学回答中国之问、世界之问、人民之问、时代之问；也可以从中深刻感悟习近平总书记作为一个大党领袖、大国领袖在领导党和人民应变局、开新局的伟大实践中对关系新时代党和国家事业发展的一系列重大理论和实践问题进行的新的深邃思考和科学判断，做出的一系列原创性的治国理政新理念新思想新战略，深刻感知习近平总书记对开辟理论创新新境界、实现马克思主义中国化新的飞跃的巨大贡献，从而更加深刻领悟"两个确立"的决定性意义。

通读第一卷到第四卷，深悟党的创新理论思想精髓

习近平总书记在 7 月 26 日在京举办的省部级主要领导干部"学习习近平总书记重要讲话精神，迎接党的二十大"专题研讨班上发表重要讲话时指出，从党的十八大开始，中国特色社会主义进入新时代。新时代 10 年的伟大变革，在党史、新中国史、改革开放史、社会主义发展史、中华民族发展史上具有里程碑意义。这 10 年来，我们党贯彻党的创新理论、党的基本路线、基本方略，采取一系列战略性举措，推进一系列变革性实践，实现一系列突破性进展，取得一系列标志性成果，攻克了许多长期没有解决的难题，办成了许多事关长远的大事要事，经受住了来自政治、经济、意识形态、自然界等方面的风险挑战考验，党和国家事业取得历史性成就、发生历史性变革。在这 10 年伟大变革中，最有标志性的重大成就就是马克思主义中国化实现了新的历史飞跃即形成了

习近平新时代中国特色社会主义思想。

2014 年 10 月出版《习近平谈治国理政》第一卷，2017 年 11 月出版《习近平谈治国理政》第二卷，2020 年 6 月出版《习近平谈治国理政》第三卷，到今年 6 月出版《习近平谈治国理政》第四卷，这四卷本一共收录的 379 篇各种题材的总书记文章，正是系统展示了新时代的 10 年，习近平总书记立足我国发展新的历史方位，紧密结合新的时代条件和实践要求，坚持解放思想、实事求是、守正创新，对党和国家事业发展做出的一系列原创性的治国理政新理念新思想新战略，生动体现了习近平新时代中国特色社会主义思想的孕育形成、探索深化、体系建构和走向成熟完善的整个发展过程。习近平新时代中国特色社会主义思想是一个系统全面、逻辑严密、内涵丰富、内在统一的科学理论体系，因此，要完整准确全面理解习近平新时代中国特色社会主义思想这一当代中国马克思主义、二十一世纪马克思主义，就必须将《习近平谈治国理政》的第一卷到第四卷紧密结合起来，作为一个整体系统研读、系统理解，就此我们才可以深刻认识到，一个科学理论不是从天上掉下来的，而是深深扎根于实践的土壤、紧跟时代发展，不断深化规律认识，不断从实践到理论、再由理论到实践的过程。

仅以经济发展而言，在第一卷中，习近平总书记就明确提出，在充分肯定我国经济社会发展基本面是健康的前提下，决不能低估当前和今后一个时期所面临的风险挑战，强调"经济增长必须是实实在在和没有水分的增长"。在第二卷中，总书记深刻指出，"经济工作要适应经济发展新常态"，要"适应、把握、引领经济发展新常态"，"以新的发展理念引领发展"，"推进供给侧结构性改革"。在第三卷中，总书记鲜明指出，"我国经济已由高增长阶段转向高质量发展阶段"，要"加快建设现代化经济体系"，推动经济高质量发展。第四卷中，总书记进一步明确，"准确把握新发展阶段""深入贯彻新发展理念""加快构建新发展格局""坚定不移走高质量发展之路"，要"正确认识和把握我国发展重大理论和实践问题"等。正是基于我国经济发展在新的时代背景这样一个变革逻辑，在实践中形成和发展了习近平经济思想，成为党不断探索社会主义经济发展道路的宝贵思想结晶，也成为推动我国经济高质量发展、全面建设社会主义现代化国家的科学指南。

在政治建设、文化建设、社会建设、生态文明建设和党的建设等治国理政各个领域各个方面，也是一样，只要我们循着四卷本的篇章安排和思想脉络，都可以看出，党的最新创新理论始终是与时俱进的，是不断丰富、深化和拓展的，是在实践创新基础上逐渐构建起了思想理论的宏伟大厦，彰显出当代中国马克思主义更强大、更有说服力的真理力量。

坚持理论联系实际，切实在学懂弄通做实上下功夫

认真学习《习近平谈治国理政》第四卷，是用习近平新时代中国特色社会主义思想武装全党、教育人民的重大政治任务。广大党员、干部必须原原本本读原著学原文、悟原理知原义，真正做到虔诚而执着、至信而深厚，切实在学懂弄通做实上下功夫。

首先，要做到知其言更知其义、知其然更知其所以然。《习近平谈治国理政》四卷本贯穿着马克思主义的立场观点方法，充分展现了习近平新时代中国特色社会主义思想的世界观和方法论。学懂弄通科学理论就要掌握其思想真谛，要努力把握蕴含其中的辩证唯物主义和历史唯物主义和科学的哲学思维，真正掌握其中的道理学理哲理。

其次，要坚持理论联系实际的马克思主义学风。在工作实践中要自觉用习近平新时代中国特色社会主义思想武装头脑、指导实践，推动工作，结合全面做好当前改革发展稳定各方面工作、高效做好统筹疫情防控和经济社会发展工作，坚定不移推动经济社会高质量发展，不折不扣地把党中央决策部署的各项任务落实落细落地，切实把学习成果转化为奋进新征程、建功新时代的工作举措和实际成效。

最后，要深刻领悟"两个确立"的决定性意义，不断提高政治判断力、政治领悟力、政治执行力。认真研读《习近平谈治国理政》第一卷至第四卷，跳出字里行间，掩卷凝思，我们更能体味到一个大国领袖治国理政的远见卓识、夙夜在公的精神风范、勇于担当的政治魄力和丹心为民的家国情怀，这也让我们真正做到虔诚而执着、至信而深厚，从而更加紧密团结在以习近平同志为核心的党中央周围，更加坚定以习近平新时代中国特色社会主义思想为科学指引，踔厉奋斗，笃行不怠，汇聚起全面建设社会主义现代化国家的磅礴力量，以实际行动迎接党的二十大胜利召开。

新思想新战略领航
新时代新征程[*]

10 月 16 日，中国共产党第二十次全国代表大会在金秋北京开幕。这次大会是在全党全国各族人民迈上全面建设社会主义现代化国家新征程、向第二个百年奋斗目标进军的关键时刻召开的一次十分重要的大会。习近平代表第十九届中央委员会向大会作的工作报告更是万众瞩目。

尽管习近平总书记在今年 7 月 26 日举办的省部级主要领导干部专题研讨班上已经对党的二十大报告的主题以及中国共产党在新时代新征程上将"举什么旗、走什么路、以什么样的精神状态、朝着什么样的目标"作出了提纲挈领的概述，党的二十大报告将作出怎样更加明晰的表述、作出怎样新的重大论断、提出怎样新的发展战略和宏观部署，仍为全党全国各族人民所期待。

"三个务必"是新征程上全党必须肩负的历史担当

习近平总书记在党的二十大报告中明确提出的"三个务必"引发广泛关注，即"全党同志务必不忘初心、牢记使命，务必谦虚谨慎、艰苦奋斗，务必敢于斗争、善于斗争，坚定历史自信，增强历史主动，谱写新时代中国特色社会主义更加绚丽的华章"。①

73 年前，在中国共产党即将赢得革命全面胜利的前夕，毛泽东同志在党的七届二中全会上提出，全党在胜利面前要保持清醒头脑，在夺取全国政权后要经受住执政的考验，务必使同志们继续地保持谦虚、谨慎、不骄、不躁的作风，务必使同志们继续地保持艰苦奋斗的作风。自党的十八大开始，中国特色社会主义进入新时代，习近平总书记多次要求全党同志要继续牢记这"两个务必"。

面对新时代一系列更加错综复杂的国情世情党情的深刻变化，面对来自经

---

* 本文原载中国网 2022 年 10 月 17 日。

① 习近平.高举中国特色社会主义伟大旗帜 为全面建设社会主义现代化国家而团结奋斗——在中国共产党第二十次全国代表大会上的报告 [M].北京：人民出版社，2022：1-2.

济、政治、意识形态、自然领域的各种风险挑战，以习近平同志为核心的党中央始终保持历史的清醒，善于把握历史主动，紧紧依靠人民团结奋斗，进行了新时代 10 年的伟大变革，党和国家事业取得历史性成就、发生历史性变革，实现中华民族伟大复兴进入了不可逆转的历史进程。就是在这样的历史时刻，习近平总书记审时度势、高瞻远瞩，鲜明地提出了"全党同志务必不忘初心、牢记使命，务必谦虚谨慎、艰苦奋斗，务必敢于斗争、善于斗争"。

这"三个务必"是对中国共产党走过百年奋斗历程特别是新时代 10 年伟大变革取得伟大成就的历史性总结，是中国共产党立志于中华民族千秋伟业，致力于人类和平与发展崇高事业的必然要求，是充分彰显中国共产党坚定历史自信，增强历史主动，继续谱写新时代中国特色社会主义更加绚丽华章的信心和底气所在。

新时代 10 年伟大变革的里程碑意义充分体现为"三个历史性胜利"

党的二十大报告中正式写入"新时代十年的伟大变革，在党史、新中国史、改革开放史、社会主义发展史、中华民族发展史上具有里程碑意义"。习近平总书记在党的二十大报告中回顾了党的十八大以来，党和国家事业取得的历史性成就。这 10 年的伟大成就、伟大变革将铭刻在党的历史上。这 10 年的伟大里程碑意义就在于，"这是中国共产党和中国人民团结奋斗赢得的历史性胜利，是彪炳中华民族发展史册的历史性胜利，也是对世界具有深远影响的历史性胜利"。

这"三个历史性胜利"，不仅生动体现在这 10 年来以习近平同志为核心的党中央带领全国人民在改革发展稳定、治党治国治军、内政外交国防等领域提出的新思想新理念新实践上，也具体体现在我们党团结带领全国各族人民攻克了许多长期没有解决的难题，办成了许多事关长远的大事要事，推动党和国家事业取得举世瞩目重大成就上，还充分体现在中国共产党和中国人民正信心百倍推进中华民族从站起来、富起来到强起来的伟大飞跃上。中国人民的前进动力更加强大、奋斗精神更加昂扬、必胜信念更加坚定；科学社会主义在 21 世纪的中国焕发出新的蓬勃生机，中国式现代化为人类实现现代化提供了新的选择；中国共产党和中国人民为解决人类面临的共同问题提供更多更好的中国智慧、中国方案、中国力量，为人类和平与发展崇高事业作出新的更大贡献。这"三个历史性胜利"是中国共产党的历史性胜利，是中国人民的历史性胜利，是中华民族的历史性胜利，是中国道路的历史性胜利。

中国化时代化的马克思主义是中国共产党赢得胜利的根本思想保证

习近平总书记在党的二十大报告中深刻指出，"马克思主义是我们立党立国、兴党兴国的根本指导思想。实践告诉我们，中国共产党为什么能，中国特色社会主义为什么好，归根到底是马克思主义行，是中国化时代化的马克思主义行"。自全党开展党史学习教育以来，习近平总书记多次强调思想建党、理论强党的极端重要性。在党的二十大报告中，习近平总书记更加鲜明地提出"中国化时代化的马克思主义行"这样的重大论断，并且强调，"拥有马克思主义科学理论指导是我们党坚定信仰信念、把握历史主动的根本所在"。

坚持理论创新是中国共产党在百年奋斗中取得的一条重要的宝贵经验。自党的十八大以来，以习近平同志为核心的党中央勇于进行理论探索和创新。习近平总书记以马克思主义理论家、思想家的远见卓识，以全新的视野深化对共产党执政规律、社会主义建设规律、人类社会发展规律的认识，把马克思主义基本原理同中国具体实际相结合、同中华优秀传统文化相结合，坚持运用辩证唯物主义、历史唯物主义的世界观和方法论，全面正确回答了中国共产党立足新的历史方位提出的一系列重大理论和实践问题，创立了习近平新时代中国特色社会主义思想，开辟了 21 世纪马克思主义中国化时代化的全新境界，在 21 世纪保持了马克思主义在中国的蓬勃生机和旺盛活力。党的二十大报告对党的最新理论创新成果作出全面概述，让全党更加深刻领悟党的创新理论的深刻思想内涵和理论精髓，并将长期坚持，不断丰富发展。

习近平总书记在二十大报告中鲜明地指出，要在新时代不断谱写马克思主义中国化时代化新篇章，继续推进实践基础上的理论创新，关键是把握好新时代中国特色社会主义思想的世界观和方法论，坚持好、运用好贯穿其中的立场观点方法。这就是要把握好"六个坚持"，即坚持人民至上，坚持自信自立，坚持守正创新，坚持问题导向，坚持系统观念，坚持胸怀天下。这样一个更高层面的思想概括，将极大调动全党全面把握推进党和国家各项事业的科学思想方法，牢固树立对马克思主义的坚定信仰、对中国特色社会主义的坚定信念，坚定道路自信、理论自信、制度自信、文化自信，在不断解决问题、破解难题中自觉进行前瞻性思考、全局性谋划、整体性推进，不断开辟马克思主义中国化时代化的全新境界。

以中国式现代化全面推进中华民族伟大复兴

习近平总书记在党的二十大报告中指出了新时代新征程中国共产党的使命任务：团结带领全国各族人民全面建成社会主义现代化强国、实现第二个百年奋斗目标，以中国式现代化全面推进中华民族伟大复兴。

自 2021 年以来，习近平总书记在多个场合清晰地指出了中国式现代化的丰富内涵和行动路径。党的二十大将"中国式现代化，是中国共产党领导的社会主义现代化"写入党代会报告，使之成为实现全面建设社会主义现代化国家"两步走"战略的行动纲领和思想指南。

习近平总书记在二十大报告中第一次全面对中国式现代化的本质要求作出了深刻阐释，即中国式现代化是"坚持中国共产党领导，坚持中国特色社会主义，实现高质量发展，发展全过程人民民主，丰富人民精神世界，实现全体人民共同富裕，促进人与自然和谐共生，推动构建人类命运共同体，创造人类文明新形态"。这既清晰地表明了中国式现代化的本质属性和内在要求，也深刻指明了中国式现代化的核心要义和发展方向。

在未来五年乃至更长历史时期内，中国要实现社会主义基本现代化和全面现代化就是要按照这样的核心要求，布局重大战略，推进重大工程、实施重大部署，就是要牢牢把握"坚持和加强党的全面领导，坚持中国特色社会主义道路，坚持以人民为中心的发展思想，坚持深化改革开放，坚持发扬斗争精神"这五个重大原则，既不走封闭僵化的老路，也不走改旗易帜的邪路，不断增强全党全国各族人民的志气、骨气、底气，不信邪、不怕鬼、不怕压，知难而进、迎难而上，统筹发展和安全，全力战胜前进道路上各种困难和挑战，依靠顽强斗争打开事业发展新天地。

正如习近平总书记在二十大报告中指出的：全面建设社会主义现代化国家，是一项伟大而艰巨的事业，前途光明，任重道远。党的二十大报告从经济、政治、文化、社会、生态文明建设、国家安全、军队建设、"一国两制"、大国外交等治国理政各方面，擘画了中国现代化建设的宏伟蓝图，战略部署更加鲜明、战略任务更加坚实。全党和全国人民从现在开始，就要深刻学习理解和贯彻落实党的二十大精神，深刻把握习近平总书记立足新时代新征程提出的一系列新思想新理念新论断，深刻领悟"两个确立"的决定性意义，牢记空谈误国、实干兴邦，坚定信心、同心同德，埋头苦干、奋勇前进，用新的伟大奋斗创造新的伟业，为全面建设社会主义现代化国家、全面推进中华民族伟大复兴掀开历史新的一页。

中国式现代化的
"中国式样"*

党的二十大在秋高气爽的北京胜利召开。党的二十大是在全党全国各族人民意气风发迈上全面建设社会主义现代化国家新征程、向第二个百年奋斗目标进军的关键时刻召开的一次十分重要的大会。

习近平总书记在党的二十大报告中郑重宣示："从现在起，中国共产党的中心任务就是团结带领全国各族人民全面建设社会主义现代化强国、实现第二个百年奋斗目标，以中国式现代化全面推进中华民族伟大复兴。"①

新的历史时点、新的历史伟业，中国式现代化昭示出中华民族伟大复兴极为光明的前景。

走出自己的路：中国共产党成功推进和拓展了中国式现代化

建设美好社会、实现现代化曾是近代以来中国人民矢志奋斗的伟大梦想。但在三座大山压迫下的半封建半殖民地的旧中国，不可能实现这一理想。以为中国人民谋幸福、为中华民族谋复兴为初心使命的中国共产党诞生后，中国革命的面貌从此焕然一新，中国的现代化和民族复兴才有了历史的可能。

经过二十八年浴血奋斗，中国共产党领导中国人民创造了新民主主义革命的伟大成就，成立了人民当家作主的中华人民共和国，实现了民族独立和人民解放，彻底结束了旧中国半殖民地半封建社会的历史，实现了中国从几千年封建专制政治向人民民主的伟大飞跃，就此开启了实现国家富强和人民幸福的崭新历程。中国发展从此进入了新纪元，中国的现代化也从此进入了新纪元，中国共产党将实现中国式现代化始终作为至为重要的执政目标。新中国的成立，为中国走上现代化国家的道路创造了根本社会条件。为了探索适合中国国情的

---

* 本文原载安徽省政府《决策》月刊 2022 年第 10 期。
① 习近平. 高举中国特色社会主义伟大旗帜 为全面建设社会主义现代化国家而团结奋斗——在中国共产党第二十次全国代表大会上的报告 [M]. 北京：人民出版社，2022：47.

现代化的道路，党带领人民经过社会主义革命和建设时期、开启改革开放和社会主义现代化建设新时期的艰辛探索，党和人民终于找到了实现中国式现代化、坚持和发展中国特色社会主义的唯一正确的道路。

党的十八大以来，中国特色社会主义进入新时代。新时代的十年，以习近平同志为核心的党中央面对一个时期影响党长期执政、国家长治久安、人民幸福安康的突出矛盾和问题，以巨大的政治勇气锐意进取、攻坚克难，义无反顾进行具有许多新的历史特点的伟大斗争，全面贯彻党的基本理论、基本路线、基本方略，采取一系列战略性，推进一系列变革性实践，实现一系列突破性进展，取得一系列标准性成果，经受住了来自政治、经济、意识形态、自然界等方面的风险挑战考验，党和国家事业取得历史性成就、发生历史性变革，推动我国迈上全面建设社会主义现代化国家新征程。

正如习近平总书记在党的二十大报告中指出的，"新时代十年的伟大变革，在党史、新中国史、改革开放史、社会主义发展史、中华民族发展史上具有里程碑意义"。这个里程碑意义不仅充分体现在走过百年奋斗历程的中国共产党在革命性锻造中更加坚强有力，中国人民的前进动力更加强大，中国发展具备了更为坚实的物质基础、更为完善的制度保证，实现中华民族伟大复兴进入了不可逆转的历史进程，也充分体现在科学社会主义在 21 世纪的中国焕发出新的蓬勃生机，中国式现代化为人类实现现代化提供了新的选择。

习近平总书记指出，"在新中国成立特别是改革开放以来长期探索和实践基础上，经过十八大以来在理论和实践上的创新突破，我们党成功推进和拓展了中国式现代化"。事实已充分证明：中国共产党带领中国人民开创的这条中国式现代化道路，为解决人类面临的共同问题提供了更多更好的中国智慧、中国方案、中国力量，为人类和平与发展崇高事业作出了新的更大的贡献。

看清前行的路：深刻把握中国式现代化的中国特色和本质要求

习近平总书记在二十大报告中指出："中国式现代化，是中国共产党领导的社会主义现代化，既有各国现代化的共同特征，更有基于自己国情的中国特色。"

这就把"中国式现代化"最鲜明特点和最本质特征，即"中国共产党领导"和"社会主义的"充分体现出来了。

中国式现代化始终是在中国共产党坚强领导下进行的。中国共产党一经成立，就把为中国人民谋幸福、为中华民族谋复兴确立为自己的初心使命。党领导人民创造了新民主主义革命、社会主义革命和建设伟大成就之后，开辟、探索和发展了中国特色社会主义。中国特色社会主义是党和人民历经千辛万苦、付出巨大代价取得的根本成就，是实现中华民族伟大复兴的正确道路。中国共产党领导是中国特色社会主义最本质特征，是中国特色社会主义制度的最大优势，是党和国家命运的根本所在、命运所在。正是在中国共产党领导下，我们坚持和发展中国特色社会主义，推动了物质文明、政治文明、精神文明、社会文明、生态文明协调发展，创造了中国式现代化新道路，创造了人类文明新形态。

中国式现代化始终是充分体现社会主义本质属性的。中国特色社会主义是社会主义而不是其他什么主义。公平正义是社会主义的本质特点，共同富裕是社会主义的本质要求，是中国式现代化的重要特征。新中国成立以来特别是改革开放以来，党紧紧依靠人民创造历史，尊重人民首创精神，坚持全心全意为人民服务的根本宗旨，以最广大人民根本利益为我们一切工作的出发点和落脚点，顺应民心、尊重民意、关注民情、致力民生，既通过提出并贯彻正确的理论和路线方针政策带领人民前进，又从人民实践创造和发展要求中获得前进动力，让人民共享改革开放成果，激励人民更加自觉地投身改革开放和社会主义现代化建设事业。中国特色社会主义进入新时代，党践行以人民为中心的发展思想，发展全过程人民民主，维护社会公平正义，着力解决发展不平衡不充分问题和人民群众急难愁盼问题，推动人的全面发展、全体人民共同富裕取得更为明显的实质性进展。

以此为基础，习近平总书记在党的二十大报告中，对中国式现代化是人口规模巨大的现代化、是全体人民共同富裕的现代化、是物质文明和精神文明相协调的现代化、是人与自然和谐共生的现代化、是走和平发展道路的现代化五个方面的科学内涵第一次做出了全面、精辟的阐释，并深刻揭示了继续走好中国式现代化的方向指引和辩证思维。比如，正是因为我们要完成14亿多人口整体迈进现代化社会，其艰巨性和复杂性前所未有，我们就必须始终从国情出发想问题、做决策、办事情，既不好高骛远，也不因循守旧，要保持历史耐心，坚持稳中求进、循序渐进、持续推进。共同富裕是中国特色社会主义的本质属性，就必须把实现人民对美好生活向往作为现代化建设的出发点和落脚点，着力维护和促进社会公平正义，着力促进全体人民共同富裕，坚决防止两极分化。物质富足和精神富有是社会主义现代化的根本要求，就要不断厚植现代化物质基础，又要大力发展社会主义先进文化，促进物的全面丰富和人的全面发展。人与自然是生命共同体，必须坚定不移走生产发展、生活富裕、生态良好的文明发展道路，实现中华民族永续发展。必须坚定站在历史正确的一边、站在人类文明进步的一边，在坚定维护世界和平与发展中谋求自身发展，又以自身发展更好维护世界和平与发展。

只有深刻领悟中国式现代化的文明法则，看清楚了中国式现代化的前行道路，才能实现习近平总书记在报告中深刻阐释的中国式现代化 9 个方面本质要求，这就是坚持中国共产党领导，坚持中国特色社会主义，实现高质量发展，发展全过程人民民主，丰富人民精神世界，实现全体人民共同富裕，促进人与自然和谐共生，推动构建人类命运共同体，创造人类文明新形态。

走新路开新局：以中国式现代化全面推进中华民族伟大复兴

习近平总书记在党的十九大、十九届五中全会确立的全面建设社会主义现代化国家宏伟蓝图的基础上，在党的二十大中再次明确了全面建设社会主义现代化强国"两步走"的战略目标，对未来 5 年的目标任务和到 2035 年我国发展的总体目标做出更加清晰的擘画。这是新的历史起点上继续推进和拓展中国式现代化道路、创造人类文明新形态的新的伟大实践，是要继续探索新路开创新局，最终以中国式现代化全面推进中华民族伟大复兴。

习近平总书记深刻指出，全面建设社会主义现代化国家，是一项伟大而艰巨的事业，前途光明，任重道远。我们必须增强忧患意识，坚持底线思维，做到居安思危、未雨绸缪，准备经受风高浪急甚至惊涛骇浪的重大考验。为此，就需要牢牢把握走好未来中国式现代化的重大原则，即坚持和加强党的全面领导，坚持中国特色社会主义道路，坚持以人民为中心的发展思想，坚持深化改革开放，坚持发扬斗争精神。

党的二十大报告围绕"五位一体"总体布局和"四个全面"战略布局出发，从改革发展稳定、治党治国治军、内政外交国防各个方面对新时代中国式现代化的推进作出战略谋划，做出战略部署：在经济建设上，将高质量发展作为全面建设社会主义现代化国家的首要任务，完整准确全面贯彻新发展理念，加快构建新发展格局。将教育、科技、人才作为全面建设社会主义现代化国家的基础性、战略性支撑，深入实施科教兴国战略、人才强国战略、创新驱动发展战略，开辟发展新领域新赛道，不断塑造发展新动能新优势。在政治建设上，发展全过程人民民主，保障人民当家作主，坚定不移走中国特色社会主义政治发展道路。在法治建设上，坚持全面依法治国，推进法治中国建设，确保在法治轨道上全面建设社会主义现代化国家。在文化建设上，推进文化自信自强，激发全民族文化创新创造活力，增强实现中华民族伟大复兴的精神力量。在社会建设上，增进民生福祉，提高人民生活品质。在生态文明建设上，推动绿色发展，促进人与自然和谐共生。在国家安全上，推进国家安全体系和能力现代化，坚决维护国家安全和社会稳定。在国防和军队建设上，实现建军一百年奋斗目标，开创国防和军队现代化。在党的建设上，坚定不移全面从严治党，深入推进新时代党的建设新的伟大工程，以党的自我革命引领社会革命，等等。

党的二十大报告深刻阐述了中国式现代化的中国特色和本质要求，深刻阐明了未来中国式现代化更加广阔的发展图景。只要中国式现代化之路始终扎根中国大地，切合中国实际，基于中国国情，体现中国特色，始终把国家和民族发展放在自己力量的基点上、把中国发展进步的命运牢牢掌握在自己手中，中华民族伟大复兴号巨轮就一定能乘风破浪、扬帆远航。

归根到底是中国化时代化的马克思主义行 *

习近平总书记在党的二十大报告中鲜明指出："马克思主义是我们立党立国、兴党兴国的根本指导思想。实践告诉我们，中国共产党为什么能，中国特色社会主义为什么好，归根到底是马克思主义行，是中国化时代化的马克思主义行。"2021 年庆祝中国共产党成立 100 周年大会上，习近平总书记在回顾中国共产党百年奋斗光辉历程时就指出："中国共产党为什么能，中国特色社会主义为什么好，归根到底是因为马克思主义行！"党的二十大报告第二部分在连贯强调这三句话后面又递进了一句"是中国化时代化的马克思主义行"，这充分彰显了我们党不断推进马克思主义中国化时代化、用马克思主义中国化的科学理论引领伟大实践的历史自觉和理论自信。

在人类思想史上，没有一种思想理论像马克思主义那样对人类产生了如此广泛而深刻的影响。马克思主义作为科学和实践的理论，创造性地揭示了人类社会发展规律、指引着人民改造世界的行动，极大推进了人类文明进程。马克思主义既深刻改变了世界，也深刻改变了中国。一百多年前，中国共产党一经成立，就把马克思主义写在自己的旗帜上，马克思主义的命运自此就同中国共产党的命运、中国人民的命运、中华民族的命运紧紧连在一起。马克思主义为我们党成功领导中国革命、建设、改革提供了强大思想武器。

但正如恩格斯深刻指出的，"马克思的整个世界观不是教义，而是方法。它提供的不是现成的教条，而是进一步研究的出发点和供这种研究使用的方法"。① 早在 1937 年毛泽东同志针对党内存在的"本本主义"倾向，第一次提出"马克思主义中国化"的重大命题，深刻指出，马克思主义是"放之四海而皆准"的真理，不能"当作教条"，不仅要了解其"一般规律的结论"，更要学习其"观察问题和解决问题的立场和方法"。毛泽东大声疾呼"教条主义必须

---

* 本文原载《学习时报·学习评论》2022 年 10 月 21 日，原题为《中国化时代化的马克思主义为什么行》。

① 恩格斯. 恩格斯论历史唯物主义书信选编［M］. 北京：人民出版社，2021：22.

休息，而代之以新鲜活泼的、为中国老百姓所喜闻乐见的中国作风和中国气派"，要求全党"使马克思主义在中国具体化，使之在其每一表现中带着必须有的中国的特性"。①

改革开放初期，党领导和支持开展真理标准问题大讨论，从新的实践和时代特征出发坚持和发展马克思主义。邓小平同志振聋发聩地指出，"一个党，一个国家，一个民族，如果一切从本本出发，思想僵化，迷信盛行，那它就不能前进，它的生机就停止了"。

从党的十八大开始中国特色社会主义进入新时代，习近平总书记结合我们党艰辛探索中国革命、建设、改革的非凡历程，以强烈的历史使命感发出号召："我们要准确把握时代大势，勇于站在人类发展前沿，聆听人民心声，回应现实需要，坚持解放思想、实事求是、守正创新，更好把坚持马克思主义和发展马克思主义统一起来，坚持用马克思主义之'矢'去射新时代中国之'的'，继续推进马克思主义基本原理同中国具体实际相结合、同中华优秀传统文化相结合，使马克思主义呈现出更多中国特色、中国风格、中国气派。"②

中国化时代化的马克思主义为什么行？党的百年奋斗取得重大成就已经充分证明：我们党的历史就是一部不断推进马克思主义中国化时代化的历史，就是一部不断推进理论创新、进行理论创造的历史。党之所以能够领导人民在一次次求索、一次次挫折、一次次开拓中完成中国其他各种政治力量不可能完成的艰巨任务，根本在于坚持解放思想、实事求是、与时俱进、求真务实，不断推进理论创新、进行理论创造，不断推进马克思主义中国化时代化。

中国化时代化的马克思主义为什么行？新时代的 10 年，面对各种接踵而至的风险挑战艰巨考验，党团结带领人民推进党和国家事业取得历史性成就、发生历史性变革，再一次给出无可辩驳的证明：只有不断推进马克思主义基本原理同中国具体实际相结合、同中华优秀传统文化相结合，只有坚持运用好马克思主义辩证唯物主义和历史唯物主义，我们党就能回答好中国之问、世界之问、人民之问、时代之问，作出符合中国实际和时代要求的正确回答，得出符合客观规律的科学认识，形成与时俱进的理论成果，更好地指导中国实践。

中国化时代化的马克思主义为什么行？中国共产党已经深刻认识到：马克思主义理论绝不是教条而是行动指南，必须随着实践发展而发展，必须中国化才能落地生根、本土化才能深入人心。马克思主义在新时代新征程的中国大地上必将继续展现出更强大、更有说服力的真理力量。

① 毛泽东选集（第二卷）[M]. 北京：人民出版社，1991：534.
② 继续把党史总结学习教育宣传引向深入 更好把握和运用党的百年奋斗历史经验 [N]. 人民日报，2022-01-12 (1).

实践没有止境，理论创新没有止境。习近平总书记在党的二十大报告中进一步深刻指出，"推进马克思主义中国化时代化是一个追求真理、揭示真理、笃行真理的过程"。今天，党团结带领人民正意气风发以中国式现代化全面推进中华民族伟大复兴，这是前无古人的新的伟业。全党将更加深刻把握习近平新时代中国特色社会主义思想这一当代马克思主义、21世纪马克思主义的世界观和方法论，坚持好、运用好贯穿其中的坚持人民至上、坚持自信自立、坚持守正创新、坚持问题导向、坚持系统观念、坚持胸怀天下的立场观点方法，自觉担负起当代中国共产党人的庄严历史责任，在新的伟大奋斗中一定能谱写出马克思主义中国化时代化崭新篇章。

紧紧抓住全面建设
社会主义现代化国家的首要任务 *

党的二十大报告明确宣示："从现在起，中国共产党的中心任务就是团结带领全国各族人民全面建成社会主义现代化强国、实现第二个百年奋斗目标，以中国式现代化全面推进中华民族伟大复兴。"这清晰表明，从现在开始到21世纪中叶，我们党一切工作的重心就是实现国家的现代化。报告又接着强调，"高质量发展是全面建设社会主义现代化国家的首要任务"，并把"实现高质量发展"作为中国式现代化本质要求的重要内容之一。

我们必须深刻理解二十大报告作出的这个重大论断，紧紧抓住高质量发展这个全面建设社会主义现代化国家的首要任务，积极顺应我国发展新的战略机遇、新的战略任务、新的战略阶段、新的战略要求、新的战略环境，完整准确全面贯彻新发展理念，加快构建新发展格局，在中国式现代化新的历史进程中努力实现全方位全过程各领域的高质量发展。

高质量发展是根据我国发展阶段、发展环境、发展条件变化作出的科学判断

"我国经济已由高速增长阶段转向高质量发展阶段"是党的十九大作出的一个重大判断。党中央作出这一重大判断是保持我国经济持续健康发展的必然要求，是适应我国社会主要矛盾变化和全面建成小康社会、全面建设社会主义现代化国家的必然要求，也是遵循经济规律发展的必然要求。在党的十九届五中全会上，习近平总书记就制定国民经济和社会发展第十四个五年规划和2035年远景目标的建议说明时进一步强调，"'十四五'时期经济社会发展要以推动高质量发展为主题，这是根据我国发展阶段、发展环境、发展条件变化作出的科学判断"，"当前，我国主要矛盾已经转化为人民日益增长的美好生活需要和不平衡不充分的发展之间的矛盾，发展中的矛盾和问题集中体现在发展质量上。

---

* 本文原载于《重庆日报·思想周刊》2022年11月17日。

这就要求我们必须把发展质量问题摆在更为突出的位置，着力提升发展质量和效益"。

这次党的二十大报告再次重申，"发展是党执政兴国的第一要务。没有坚实的物质技术基础，就不可能全面建成社会主义现代化强国"。报告进一步将"高质量发展"作为全面建设社会主义现代化国家的首要任务，列为中国式现代化的本质要求之一，可见，高质量发展将贯穿未来我国现代化国家建设的整个过程。我们可以从这几个方面加以理解。

新时代十年的伟大变革为高质量发展创造了厚实的发展条件。党的十八大以来，中国特色社会主义进入新时代，经过 10 年的接续奋斗，党和国家事业取得历史性成就、发生历史性变革，我国发展站在了新的更高的历史起点上。2021 年我国国内生产总值达到 114 万亿元，占全球经济比重上升到 18.5%，多年来对世界经济增长贡献率年均达到约 30%，稳居世界第二大经济体地位；人均国内生产总值增加到 1.25 万美元，接近高收入国家门槛；全球创新指数排在第 11 位；城镇化率达到 64.7%。我国已成为制造业第一大国、货物贸易第一大国、商品消费第二大国、外资流入第二大国，外汇储备多年位居世界第一。十年来的持续快速发展和全面深化改革，我国经济发展平衡性、协调性、可持续性明显增强，中国特色社会主义制度更加成熟更加定型，更大范围、更宽领域、更深层次对外开放格局已经形成。一个 14 亿多人口、4 亿多中等收入群体的超大规模市场和需求潜力为未来发展创造了巨大空间。有了这些厚实的发展条件，推进高质量发展、建设现代化国家就更有底气更有保障。

实现两步走的新的战略任务必须坚定不移走高质量发展之路。党的二十大按照两步走战略安排提出了未来 5 年、到 2035 年以及 21 世纪中叶我国发展的战略任务。在总体目标上，到 2035 年我国要达到中等发达国家水平、基本实现现代化，到 21 世纪中叶我国要成为综合国力和国际影响力领先的社会主义现代化强国。要实现这样的阶段性战略任务，对照目前国际公认的现代化发展水平标准，仅从经济增长量的角度上，我国人均国内生产总值基于现有基础在未来十几年就要近乎翻一番，到 21 世纪中叶还要再翻一番。而从目前情况看，我国与发达国家在许多经济和民生指标方面仍有较大差距，所以任务还是十分艰巨的。再依靠过去那种粗放式发展模式、低水平重复建设和单纯数量扩张肯定是不行的，只有以质取胜、不断塑造新的竞争优势，才能支撑长期持续健康发展。所以，党的二十大报告提出，要推动经济实现质的有效提升和量的合理增长。我们必须充分认识、科学统筹未来我国经济发展质和量的关系，必须在持续实现质的有效提升的同时，持续实现经济量的合理增长。因此，只有坚定不移走高质量发展之路，以量的增长为质的提升提供重要基础，以质的提升为量的增长提供持续动力，不断做大做强中国经济，才能有效巩固社会主义现代化的物质基础和制度基础。

我国发展面临的新的战略环境只有依靠高质量发展应变求变。党的二十大报告对我国未来发展面临的国内外环境做出了深刻分析。从国际上看，当前世界百年未有之大变局加速演进，新一轮科技革命和产业变革深入发展，国际力量对比深刻调整。世界之变、时代之变、历史之变正以前所未有的方式展开，世界进入新的动荡变革期，人类社会面临前所未有的挑战。从国内看，虽然我国进入全面建设社会主义现代化国家的新发展阶段，实现中华民族伟大复兴进入了不可逆转的历史进程，但我国仍然处于社会主义初级阶段、仍然是世界上最大的发展中国家。在前进道路上，我国改革发展稳定还面临不少深层次矛盾躲不开、绕不过，比如，今后一个时期我国人口总量和结构变化对潜在经济增长率形成明显制约，城乡区域发展和收入分配差距依然较大，发展不平衡不充分问题仍然突出，我国人均资源占有量少的基本国情还没有改变，来自外部势力的各种打压遏制随时可能升级，等等。在中国式现代化进程中，要实现物质文明、政治文明、精神文明、社会文明、生态文明协调发展，我国面临其他国家都不曾遇到的各种压力和严峻挑战。党的二十大报告指出，我国发展进入战略机遇和风险挑战并存、不确定难预料因素增多的时期，各种"黑天鹅""灰犀牛"事件随时可能发生。所以，我们必须保持战略定力，增强历史自信，主动识变应变求变，依靠各个方面的高质量发展，着力解决发展不平衡不充分的问题，着力消除高质量发展的卡点瓶颈，着力冲破体制机制藩篱，着力化解可以预见和难以预见的风险挑战，才能把发展的战略基点和自主权牢牢掌握在自己手中。

现代化新征程的发展必须是完整、准确、全面贯彻新发展理念的高质量发展

我们党领导人民治国理政，很重要的一个方面就是要回答好实现什么样的发展、怎样实现发展这个重大问题。开启全面建设社会主义现代化国家新征程，我们依然要回答好这个问题。习近平总书记指出，"发展理念是发展行动的先导，是管全局、管根本、管方向、管长远的东西，是发展思路、发展方向、发展着力点的集中体现"，"发展理念是否对头，从根本上决定着发展成效乃至成败"。所以，发展理念是至关重要的。

党的十八大以来，我们党对经济形势进行科学判断，对发展理念和思路作出及时调整，创造性地提出创新、协调、绿色、开放、共享五大发展理念。这是一个系统的理论体系，回答了关于发展的目的、动力、方式、路径等一系列

理论和实践问题，阐明了我们党关于发展的政治立场、价值导向、发展模式、发展道路等重大政治问题。党中央把贯彻新发展理念作为关系我国发展全局的一场深刻变革，强调不能简单以生产总值增长率论英雄，必须实现创新成为第一动力、协调成为内生特点、绿色成为普遍形态、开放成为必由之路、共享成为根本目的的高质量发展，推动经济发展质量变革、效率变革、动力变革。这十年来，贯彻新发展理念已经成为全党上下的共识，并在实践中取得了丰硕成果。

党的二十大报告部署了全面建设社会主义现代化国家的经济发展战略，再次着重强调了"必须完整、准确、全面贯彻新发展理念"。这充分表明，建设现代化国家，推动高质量发展，关键还是要完整、准确、全面贯彻新发展理念。加快构建新发展格局，着力推动高质量发展为主题，核心要义就是要从根本宗旨把握新发展理念，从问题导向把握新发展理念，从忧患意识把握新发展理念。我们必须自觉把新发展理念贯穿到建设现代化国家的全过程各方面。

推动创新成为发展的第一动力。创新发展是我们应对发展环境变化、增强发展动力、把握发展主动权的根本之策。党的二十大报告强调，必须坚持科技是第一生产力、人才是第一资源、创新是第一动力；坚持创新在我国现代化建设全局中的核心地位。这就要求进一步完善科技创新体系，健全社会主义市场经济条件下的新型举国体制，强化国家战略科技力量。坚持"四个面向"，加快实现高水平科技自立自强，以国家战略需求为导向，积聚力量进行原创性引领性科技攻关，坚决打赢关键核心技术攻坚战，力争实现我国整体科技水平从跟跑向并行、领跑的战略型转变，在重要领域成为领跑者，在新兴前沿交叉领域成为开拓者，创造更多竞争优势。牢固树立人才引领发展的战略地位，加快建设世界重要人才中心和创新高地，着力形成人才国际竞争的比较优势。

推动协调成为发展的内生特点。我国幅员辽阔、人口众多，各地区自然资源禀赋差别之大在世界上是少有的，统筹区域发展从来都是一个重大问题，这也是推动中国经济高质量发展必须破解的难题。但同时也要看到，促进推动区域协调发展其实蕴含着高质量发展的巨大潜能。党的二十大报告强调，要深入实施区域协调发展战略、区域重大战略、主体功能区战略、新型城镇化战略，优化重大生产力布局，构建优势互补、高质量发展的区域经济布局和国土空间体系。通过促进区域协调发展，不断缩小城乡之间、地区之间、经济社会之间等发展的不平衡、不协调，将会释放区域经济发展的巨大活力，形成推动全局高质量发展的新的动力源。

推动绿色成为发展的普遍形态。党的二十大报告指出，尊重自然、顺应自然、保护自然，是全面建设社会主义现代化国家的内在要求。这些年来，我们坚决贯彻习近平生态文明思想，"绿水青山就是金山银山"的理念已经深入人心，我国生态环境保护发生历史性、转折性、全局性变化。绿色是高质量发展的底色，既满足人民日益增长的优美生态环境需要，也能够积聚新的发展动能。中国式现代化必须站在人与自然和谐共生的高度来谋划发展，坚持走生产发展、生活富裕、生态良好的文明发展之路，协同推进生态优先、节约集约、绿色低碳发展，也是经济发展提质增效的重要潜力所在。

推动开放成为发展的必由之路。开放是人类文明进步的重要动力，也是世界繁荣发展的必由之路。尽管当前经济全球化遭遇逆流，但基本趋势不可阻挡。党的二十大报告强调，中国坚持对外开放的基本国策，坚定奉行互利共赢的开放战略，坚持经济全球化正确方向。习近平总书记在第五届中国国际进口博览会开幕式致辞中表示，中国将推动各国各方共享中国大市场机遇，加快建设强大国内市场；将推动各国各方共享制度型开放机遇，稳步扩大规则、规制、管理、标准等制度型开放；将推动各国各方共享深化国际合作机遇，全面深入参与世界贸易组织改革谈判，推动贸易和投资自由化便利化，促进国际宏观经济政策协调，共同培育全球发展新动能。通过增强国内国际两个市场两种资源联动效应，既可以锻造我国高质量市场主体，也可以促进经济实现质升量增，而且中国高水平的对外开放既为自身繁荣也为世界发展提供新的机遇。

推动共享成为发展的根本目的。党的二十大报告强调，中国式现代化的本质要求是实现全体人民共同富裕。中国式现代化前进道路上，坚持以人民为中心的发展思想，不断实现发展为了人民、发展依靠人民、发展成果由人民共享，让现代化建设成果更多更公平惠及全体人民。这是激发全体人民团结奋斗、凝心聚力开创未来的不竭动力。当前，人民群众在教育、医疗、养老、住房、食品药品安全、收入分配、基本公共服务等方面还存在许多短板弱项，这也是我国高质量发展必须解决的现实问题。而问题就是发展空间。我们必须紧紧抓住人民最关心最直接最现实的利益问题，坚持尽力而为、量力而行，坚持在发展中保障和改善民生，正确处理效率和公平的关系，努力增进民生福祉，提高人民生活品质，推动全体人民共同富裕取得更为明显的实质性进展，不断实现人民对美好生活的向往。

有效统筹发展和安全。国家现代化离不开国家安全体系和能力现代化。党的二十大报告强调，国家安全是民族复兴的根基，社会稳定是国家强盛的前提。我国现代化发展正面临国际环境和国内条件发生深刻而复杂变化的新形势，我们必须增强忧患意识，坚持底线思维，做到居安思危、未雨绸缪，坚持统筹发展和安全，坚持发展和安全并重，确保粮食、能源资源、重要产业链供应链安全，提升战略性资源供应保障能力，维护金融稳定和安全。这既要以高质量发展提升国家安全实力，又要深入推进国家安全思路、体制、手段创新，营造有利于经济社会发展的安全环境，努力实现高质量发展和高水平安全的良性互动。

坚持以推动高质量发展为主题，推进扩大内需战略与深化供给侧结构性改革

党的二十大报告强调，未来五年是全面建设社会主义现代化国家开局起步的关键时期，其主要目标任务之一，就是经济高质量发展要取得新突破，构建新发展格局和建设现代化经济体系取得重大进展。这既是保持新冠疫情暴发以来我国采取一系列积极有效、应变适变的经济政策连续性的客观需要，也是着眼当前又兼顾长远的战略性考量，更是为实现两步走战略目标夯实和巩固既有经济基础、市场基础、制度基础的历史性过程。

其着力点也是发力点就是"加快构建新发展格局、着力推动高质量发展"，其重要抓手就是报告强调的要"把实施扩大内需战略同深化供给侧结构性改革有机结合起来"。

坚持实施扩大内需的战略进一步扩大有效需求。党的二十大报告强调，要着力扩大内需，增强消费对经济发展的基础性作用和投资对优化供给结构的关键作用。新冠疫情以来，我国面临需求收缩、供给冲击、预期转弱三重压力。但我国 14 亿人口的超大规模市场仍长期存在，消费需求和投资需求潜力巨大，我们必须充分挖掘超大规模国内市场给我国经济发展带来的显著规模经济优势、创新发展优势和抗冲击能力优势，加快培育完整的内需体系，增强国内大循环内生动力和可靠性，提升国际循环质量和水平。

继续深化供给侧结构性改革提高供求的适配性。近年来我国经济运行主要矛盾从总需求不足转为供给结构不适应需求结构的变化。矛盾的主要方面转到供给侧。通过持续深化供给侧结构性改革，我国供给体系质量和效益明显提升，但要不断满足人民群众对美好生活的向往看，还是要坚持深化供给侧结构性改革这条主线，不断推动新产业、新技术、新产品、新业态发展，推动有效需求与有效供给高水平动态平衡，以新供给创造新需求，形成经济发展的不竭动力。

稳定宏观经济大盘保持政策连续增强市场预期。近些年受新冠疫情冲击和国内外经济环境复杂变化影响，我国经济下行压力加大。国家推出一系列稳经济一揽子措施，充分发挥宏观政策调控作用，实施逆周期调节和跨周期调节相结合，但从长远来看，必须平衡好总量性、结构性、周期性经济波动影响，切实加强财政政策和货币政策协调配合，健全宏观经济治理体系，积极发挥国家发展规划的战略导向作用，既要守住不发生系统性风险底线，又要增强宏观政策的前瞻性、科学性、连续性，适度创新宏观政策工具，着力稳定市场主体

预期。

　　坚定不移地坚持和完善社会主义基本经济制度。党的二十大报告强调坚持社会主义市场经济改革方向，坚持高水平对外开放。这就需要坚持和完善社会主义基本经济制度。社会主义市场经济是我们党的伟大创举，是不断增强社会主义现代化动力和活力的制度保障，需要始终不渝坚持下去。要继续坚持"两个毫不动摇"，充分激发各类市场主体的积极性创造性，同时要依法规范和引导资本健康发展；要加快构建全国统一大市场，深化要素市场化改革，完善公平竞争制度、加强产权和知识产权保护，着力畅通经济循环；促进有效市场和有为政府有机结合，着力解决市场体系不完善、政府干预过多和监管不到位的问题。

　　加快建设现代化产业体系完善现代化经济体系。党的十九大就提出，建设现代化经济体系是跨越关口的迫切要求和我国发展的战略目标，要着力加快建设实体经济、科技创新、现代金融、人力资源协同发展的产业体系。党的二十大报告强调，要加快建设现代化经济体系，着力提高全要素生产率，着力提升产业链供应链韧性和安全水平，着力推进城乡融合和区域协调发展，推动经济实现质的有效提升和量的合理增长。实现着"三个着力"根本还是要建设现代化产业体系，把发展经济的着力点放在实体经济上，加快推进数字经济背景下的新型工业化，以新一代科技革命和产业变革推进制造强国、质量强国、航天强国、交通强国、网络强国、数字中国建设。

深刻把握中国式现代化的
哲学观和方法论[*]

党的二十大报告第一次全面阐释了中国式现代化的中国特色、本质要求、丰富内涵和必须牢牢把握的重大原则，充分揭示了以马克思主义哲学观和方法论指引中国式现代化的实践路径，按照"五位一体"总体布局和"四个全面"战略布局的战略要求部署了未来五年和今后一个时期继续推进中国式现代化的各项重大目标任务。全面深入学习贯彻党的二十大精神，要深刻把握中国式现代化的哲学观和方法论，不断实现人民对美好幸福生活的向往，着力促进全体人民共同富裕，创造人类文明新形态。

习近平总书记在党的二十大报告中向全党和全国人民发出了新的号令，就是"从现在起，中国共产党的中心任务就是团结带领全国各族人民全面建成社会主义现代化强国、实现第二个百年目标，以中国式现代化全面推进中华民族伟大复兴"。① 党的二十大报告是一篇闪耀着马克思主义真理光辉的纲领性文献，也是党团结带领人民继续朝着实现中华民族伟大复兴宏伟目标前进的政治宣言和行动纲领，清晰标定了以中国式现代化实现全面建成社会主义现代化强国、实现第二个百年目标的基本路径和战略坐标，这不仅将进一步丰富和拓展中国式现代化，也将为各国现代化提供新的发展模式和发展机遇，为开创人类文明新形态不断贡献中国智慧、中国方案。

从哲学观的视野深刻认识中国式现代化的本质

在党的二十大报告中，习近平总书记深刻阐释了中国式现代化的思想内涵、中国特色、本质要求以及在前进道路上推进中国式现代化必须把握的五个重大

---

* 本文原载人民日报社主管、主办的《人民论坛》杂志 2022 年第 22 期。

① 习近平. 高举中国特色社会主义伟大旗帜 为全面建设社会主义现代化国家而团结奋斗——在中国共产党第二十次全国代表大会上的报告 [M]. 北京：人民出版社，2022：47.

原则，在擘画未来五年乃至更长一个时期国家重大发展战略和目标任务中事实上也提出了推进中国式现代化的实践路径。针对中国式现代化的这一系列新思想新论断新战略为实现第二个百年目标、在21世纪中叶全面建成社会主义现代化强国提供了思想指南和行动纲领。

习近平总书记指出："在新中国成立特别是改革开放以来长期探索和实践基础上，经过十八大以来在理论和实践上的创新突破，我们党成功推进和拓展了中国式现代化。"这就表明，中国式现代化不仅是一个生动的、实践的、具体的运动过程，也直接蕴含着大量的理论思维，是一个需要科学理论指引实践提升的创新理论过程。

应该说，中国式现代化贯穿着马克思主义关于人类发展前途命运的哲学观点，充盈着辩证唯物主义和历史唯物主义的世界观和方法论，既体现了我们党把马克思主义发展观、人文观、现代化观与当代中国的现代化发展实际紧密结合，在汲取人类现代化进程的丰厚成果上做出的理论和实践上的创新突破，也反映了我们党自觉运用马克思主义科学的世界观和方法论并融通中华优秀传统文化精粹而成的宇宙观、天下观、社会观、道德观等紧密结合，贯通马克思主义思想精髓和中华文化智慧、中国人民日用而不觉的共同价值追求做出的理论和实践上的创造性转化、创造性突破。

哲学观是人们对世界和人生的总的看法。科学的哲学观是对世界发展和人类命运的科学态度和规律性认识，并指引人类世界沿着自然规律、社会发展规律揭示的正确方向前行。在人类发展的历史长河中，许多哲学家都对人、自然、社会发展及其相互关系具有很深刻的思考，其中一个重要内容就是对人类命运和发展方向进行深入思考，对人类走向美好社会有着很多美好设想。现代化作为一种美好社会的状态、一种对美好社会追求的目标乃至于作为走向美好社会的一种途径，自然也成为哲学家们进行哲学思考和认知现代的哲学观的重要组成部分。

作为哲学家的早期空想社会主义者基于对资本主义私有制和资本剥削劳动的批判，设想了未来美好社会的蓝图，不过只是用文学描述方式勾画出一个社会共有、人人劳动、按需分配的理想社会图景，但都没有基于丰富的社会实践而真正揭示出社会发展规律，更不可能找到实现理想的有效途径。而只有马克思对所处的时代和世界进行了深入考察，在对既存社会制度深刻批判的基础上创建了唯物史观和剩余价值学说，既揭示了人类社会发展规律，也通过深刻揭开资本家剥削工人阶级背后的秘密，淋漓尽致地揭示了资本主义运行的特殊规律，这样就透视出历史运动的本质和时代发展的方向，为无产阶级以自己的力量登上历史舞台、推翻资本主义制度，把剥削的劳动从资本的压榨下解放出来，实现做人的尊严，提供了行动方向，进而为实现人的全面解放，作为一个整体从必然王国迈向自由王国飞跃提供了实现途径，尽管这需要一个相当长的历史过程。在资本主义制度运行两百年后，这个过程还在以新的方式向前推进。但无论如何，马克思主义经典作家在深邃的社会思考和丰富的社会实践中深刻把握了社会制度和社会形态的演变规律，以马克思主义这一科学的、实践的理论第一次站在人民的立场上探求人类历史发展规律和人类自由解放的道路，并描绘了人类未来美好社会"将是这样一个联合体，在那里，每个人的自由发展是一切人的自由发展的条件"①。从哲学观来看，人类社会发展形态，绝不是为物所奴役、为物的生产而生产，一切生产力发展和社会的进步，最终的归宿就是人自身的解放和人的自由发展。

正确看待人类社会发展的本质和未来是十分必要的，但更重要的不是空谈理想而是方法路径，这也是马克思主义将空想社会主义学术推进到科学社会主义作出的巨大贡献。科学哲学观的生命力就在于是实践的、人本的，正如马克思所言："哲学家们只是用不同的方式解释世界，问题在于改变世界。"

改造世界就需要凭借社会生产力，并推动社会生产力的极大发展，进而重塑社会生产关系和上层建筑，形成符合社会发展规律的现代观。马克思主义经典作家在用科学的世界观哲学观不断深入考察其所处的早期资本主义时代基础上，就形成了鲜明的马克思主义现代观，认为资本主义社会的出现使人类社会进入到一个新时代，他们最早提出了一系列关于"现代"的概念，比如，现代资产阶级社会、现代国家政权、现代大工业、现代生产力、现代生产关系，等等。马克思就鲜明地提出："现代生产方式在它的最初时期即工场手工业时期，只是在现代生产方式的各种条件在中世纪内已经形成的地方，才得到了发展。"他也把大工业所创造的发达的世界市场和城市称为"现代化的世界市场"和"现代化大工业城市"。

马克思恩格斯对资本主义制度下运用生产力推动社会进步作出了高度评价，即"资产阶级在它的不到一百年的阶级统治中所创造的生产力，比过去一切世代创造的全部生产力还要多、还要大"。这一蕴含着极大爆发力、创造力的社会生产力进步，又客观地表现为基于蒸汽机、电气化等科技进步为基础的社会化大生产，提高社会资源有效配置和实现效率革命的社会分工，市场价格机制广泛运用促进的世界贸易和国际市场的形成，以及自然打破城乡分割、地域分割的城市化进程，等等。这一系列现代化要素的集成，不仅推进了资本主义制度作为社会进步的一个发展形态快速摧毁了陈旧的封建社会制度，也以其旺盛的

① 马克思，恩格斯．共产党宣言［M］．中共中央马克思 恩格斯 列宁 斯大林著作编译局，译．北京：人民出版社，1964：46.

生命力造就了资产阶级的文明，实现了人类社会现代化发展过程的一次飞跃。

就此，马克思主义从关注"现代"因素，重视社会生产力的巨大作用，到全面认识社会"现代化"，开始研究"现代化路径"对社会形态变迁的实质意义，形成了朴实的马克思主义现代化观，这一字之差，体现的恰恰是在新世界改造旧世界的过程中要深刻认识如何正确处理人与自然、人与社会、人与物的本质关系问题，如果解决不好，即使资本主义制度实现了生产力的极大解放，但最终助推生产力发展的人这个最活跃的因素，却陷入了被物质、被资本、被技术所奴役、所挟持的境地。这在马克思恩格斯对资本主义现代化本质进行反思时就可以看到。比如，早期资本主义原始积累充满了掠夺、奴役和血腥，工人的悲惨境遇成为恩格斯笔下常见的场景，人对自然的"征服"更招致了自然界更加猛烈的报复，生产资料私有制和社会化大生产之间矛盾愈演愈烈，不断加剧资本主义社会危机。这种建立在掠夺、欺诈、战争废墟上的现代化模式，最终只是饮鸩止渴的虚假繁荣，加剧了资本主义的危机。所以，在对资本主义现代化过程进行深刻的批判中，马克思恩格斯认为，现代化绝不只是人们生活方式的改进和社会福祉的增值，资本主义现代化历史过程，也绝不是社会现代化的唯一途径。马克思主义经典作家深刻认识到，资本主义现代化只能带来对人的异化，物欲膨胀、金钱至上的世界只能扼杀人的全面发展。他们所设想的要达到的未来理想社会，是需要通过技术的现代化、制度的现代化乃至人的现代化途径，实现人的全面、自由、充分的发展，挣脱对人的和物的依赖，使人的发展真正为个人所驾驭。这就是马克思主义现代化观的哲学本质所在。

恩格斯还提出现代化的两个大阶段：第一阶段是资本主义现代化阶段，第二阶段则是共产主义（含社会主义）现代化阶段。共产主义现代化阶段是比资本主义"更高级的以每个人全面而自由发展为基本原则的社会形式"，这是超越资本主义生产关系的现代化，"通过社会生产，不仅可能保证一切社会成员有富足的和一天比一天充裕的物质生活，而且还可能保证他们的体力和智力获得充分的自由的发展和运用"，进而"每个人的自由发展是一切人的自由发展的条件"。① 显然，人类到共产主义阶段才能够实现物的全面丰富和人的全面发展，这才是人类美好社会的终极价值，也是人类走向真正需要的现代化的归祉。

从第一阶段迈向第二阶段，马克思主义提出要跨越一道"卡夫丁峡谷"，但如何跨越，他们并没有给出成熟的路径，这就留给了20世纪以来蓬勃发展的国际共产主义运动。在俄国"十月革命"后许多具有社会主义倾向的民族国家一直在探索这样的现代化道路，其中历经艰难曲折，甚至有失败的教训。但只

---

① 马克思，恩格斯. 共产党宣言 [M]. 中共中央马克思 恩格斯 列宁 斯大林著作编译局，译. 北京：人民出版社，1964：36-46.

有中国共产党领导的中国社会主义革命和建设运动，探索出了一条具有鲜明中国特色的中国式现代化道路。中国不仅确立了社会主义制度，实现了人民当家作主，还成功开辟了中国特色社会主义道路，仅用几十年时间就走完发达国家几百年走过的工业化历程，创造了70多年的经济快速发展和社会长期稳定两大奇迹，实现了跨越"卡夫丁峡谷"的中国式的伟大一跃。

中国共产党把马克思主义作为立党立国、兴党兴国的根本指导思想，始终坚持全心全意为人民服务的根本宗旨，坚持发展为了人民、发展依靠人民、发展成果由人民共享，坚定不移走全体人民共同富裕道路。经过70多年的伟大实践和理论创新，我们不仅成功推进和拓展了中国式现代化，拓展了发展中国家走向现代化的途径，给世界上那些既希望加快发展又希望保持自身独立性的国家和民族提供了全新选择，也让马克思主义现代化观的科学性、人民性、时代性在中国大地上得到了充分实践、充分检验、充分彰显。

党的二十大报告站在建设现代化国家新的历史起点，强调我们需要继续推进的中国式现代化是人口规模巨大的现代化、是全体人民共同富裕的现代化、是物质文明和精神文明相协调的现代化、是人与自然和谐共生的现代化、是走和平发展道路的现代化，这五个现代化内涵的核心要义就是对现代化进程中"人的价值"的充分凸显。归根结底，中国式现代化就是始终贯彻以人民为中心的发展，就是对马克思主义现代化观哲学本意的最好图示。

从方法论的运用坚持不懈推进中国式现代化

习近平总书记经常讲，"鞋子合不合脚，只有穿的人才知道"。关于中国式现代化道路，习近平总书记鲜明指出，"世界上既不存在定于一尊的现代化模式，也不存在放之四海而皆准的现代化标准"。①

全面建设社会主义现代化国家，是一项伟大而艰巨的事业；中国式现代化，也是一项前无古人的伟大事业，没有先例可循、没有现成的模式可以照搬照套。在前进道路上，必须坚持运用马克思主义哲学辩证唯物主义和历史唯物主义的基本原理和基本方法，正确回答中国式现代化进程中提出的新的重大理论和实践问题。既不走封闭僵化的老路，也不走改旗易帜的邪路，坚持把国家和民族发展放在自己力量的基点上、把中国发展进步的命运牢牢掌握在自己手中。

首先，必须把握好"六个坚持"和"五个重大原则"的基本方法论。在党的二十大报告中，习近平总书记在强调不断谱写马克思主义中国化时代化新篇章时，提出要把握好贯穿习近平新时代中国特色社会主义思想的立场观点方法，

---

① 习近平．新发展阶段贯彻新发展理念必然要求构建新发展格局［J］．求是，2022（17）：10．

即"坚持人民至上、坚持自信自立、坚持守正创新、坚持问题导向、坚持系统观念、坚持胸怀天下"这"六个坚持";在推进中国式现代化前进道路上强调要牢牢把握"坚持和加强党的全面领导、坚持中国特色社会主义道路、坚持以人民为中心的发展思想、坚持深化改革开放、坚持发扬斗争精神"这"五个重大原则"。"六个必须"和"五个重大原则"充分体现了马克思主义唯物史观,是推进中国式现代化的理论指引和实践方法,二者侧重点虽然不同但相辅相成,方向一致。"六个坚持"虽然是推动理论创新、不断开辟马克思主义中国化时代化必须把握的基本要求,但同样是以理论创新来打开中国式现代化的正确方式,是确保中国式现代化行稳致远的规律性认识;而"五个重大原则"是要求我们在现代化进程中,无论面临怎样的风险挑战考验,都能始终保持战略定力,坚定不移走自己的路,是确保把中国发展进步的命运牢牢掌握在中国人自己手中的必然要求和实践路径。深刻把握好贯穿"六个必须"和"五个重大原则"的思想理念、实践立场、辩证思维和基本原则,中国式现代化的中国特色就越来越鲜明、信心就越来越坚定、道路就越来越宽广。

其次,始终尊重人的价值,切实维护社会公正。人是社会生产力中最积极、最活跃的因素,人民性是马克思主义的本质属性。作为马克思主义执政党的中国共产党领导人民推进中国式现代化,本质上就是为了人民幸福,要让现代化发展成果更多更公平地惠及人民。人民是中国共产党执政兴国的最大底气,也是推进中国式现代化的最大优势。习近平总书记阐释的中国式现代化五方面的中国特色,紧紧围绕的是人民,出发点和落脚点也在于人民。许多现代化理论将现代化阐释为技术现代化、制度现代化和人的现代化,其最终目标还是人的现代化。随着我国社会主要矛盾发生深刻变革,在物质方面不断富足的情况下,更多地表现为人在精神层面、社会公平正义层面、法治保障人的尊严层面、人能在相对自由环境中实现自我价值层面等还有诸多不平衡不充分。而且按照两步走战略目标,中国式现代化是人口规模巨大的现代化、是全体人民共同富裕的现代化。这其中要客观面对和解决的矛盾问题,其艰巨性、复杂性、矛盾性可想而知,前所未有,也史无前例。就此,想问题、作决策、办事情,就必须坚持一切从实际出发,一切从国情出发,一切从人民群众实实在在的急难愁盼出发。在战略选择上,坚持以人民为中心的发展思想,着力维护和促进社会公平正义,把实现人民对美好生活的向往作为现代化建设的出发点和落脚点;在战略路径上,既不好高骛远也不因循守旧,既要尽力而为又要量力而行,保持战略定力、保持历史耐心,坚持稳中求进、循序渐进、持续推进。同时,要把握人民愿望、尊重人民创造、集中人民智慧,人民是推动历史进步的真正力量。

再次,既要坚定自信自立,又要不断推陈出新。正如二十大报告指出的,中国人民和中华民族从近代以后的深重苦难走向伟大复兴的光明前景，从来就没有教科书，更没有现成答案。党的百年奋斗成功道路是党领导人民独立自主探索开辟出来的，马克思主义的中国篇章是中国共产党人依靠自身力量实践出来的，贯穿其中的一个基本点就是中国的问题必须由中国人自己来解答。对我们选择的道路、认同的理论、坚守的理想目标，必须永葆志气、骨气、底气，坚持自信自立，坚持道不变、志不改。但同时，要紧跟时代步伐，顺应实践发展，以满腔热忱对待一切新生事物，以科学的态度对待科学、以真理的精神追求真理，敢于说前人没有说过的新话，敢于干前人没有干过的事情，以海纳百川的宽阔胸襟借鉴吸收人类一切优秀文明成果。

最后，时刻保持清醒冷静，战略统筹谋划未来。党的二十大报告对我国现代化进程中面对的新的发展环境、新的发展条件都做出了科学判断：国际上，当前世界之变、时代之变、历史之变正以前所未有的方式展开，人类社会面临前所未有的挑战，世界又一次站在历史的十字路口。在国内，改革发展稳定面临许多躲不过绕不开的深层次矛盾，我国发展进入战略机遇和风险挑战并存、不确定难预料因素增多的时期，各种"黑天鹅""灰犀牛"事件随时可能发生；对执政党，面临的"四大风险""四大考验"还长期存在等。我们必须增强忧患意识，坚持底线思维，做到居安思危、未雨绸缪，必须时刻保持解决大党独有难题的清醒和坚定，准备经受风高浪急甚至惊涛骇浪的重大考验。要坚持以问题为导向，不断提高各级领导干部直面问题破解难题解决复杂问题的能力水平。要加强战略谋划，进行前瞻性思考、全局性谋划、整体性推进党和国家各项事业。要坚持深化改革开放，着力破解深层次体制机制障碍，不断增强社会主义现代化建设的动力和活力；坚定站在历史正确的一边，坚定奉行互利共赢的开放战略，在坚定维护世界和平与发展中谋求自身发展，又以自身发展更好维护世界和平与发展。

党的二十大报告深刻阐述了中国式现代化的思想内涵、中国特色、本质要求和基本原则，深刻阐明了未来中国式现代化更加广阔的发展图景。只要中国式现代化之路始终扎根中国大地，切合中国实际，基于中国国情，体现中国特色，始终把国家和民族发展放在自己力量的基点上、把中国发展进步的命运牢牢掌握在自己手中，中华民族伟大复兴号巨轮就一定能乘风破浪、扬帆远航。

坚持好运用好贯穿党的
创新理论的立场观点方法[*]

党的二十大报告指出，"不断谱写马克思主义中国化时代化新篇章，是当代中国共产党人的庄严历史责任。继续推进实践基础上的理论创新，首先要把握好新时代中国特色社会主义思想的世界观和方法论，坚持好、运用好贯穿其中的立场观点方法"。①

基于当代中国发展的生实践创新和理论创新特别是系统总结新时代十年伟大变革的生动实践和历史结论，党的二十大报告第一次全面概括了贯穿于党的最新创新理论的世界观和方法论，即必须坚持人民至上、必须坚持自信自立、必须坚持守正创新、必须坚持问题导向、必须坚持系统观念、必须坚持胸怀天下这"六个必须坚持"，为习近平新时代中国特色社会主义思想这一当代马克思主义、21世纪的马克思主义的思想精髓提供了更加丰满的哲学解释，体现了党的最新创新理论更加鲜明的立场观点方法。在全面建设社会主义现代化国家新征程上，只有坚持好运用好"六个必须坚持"体现的立场观点方法，我们就能在新时代伟大实践中不断开辟马克思主义中国化时代化新境界，不断回答好前进道路上的中国之问、世界之问、人民之问、时代之问。

充分认识马克思主义的世界观和方法论、科学把握其中的立场观点方法

所谓世界观，就是人们对整个世界以及人和世界关系的总的看法和根本观点。所谓方法论，就是人们认识世界、改造世界的最一般、最根本的思维方式、思维理念和基本途径。总起来讲，世界观主要是解决世界"是什么""怎么样"的问题，方法论主要是解决"怎么办"的问题。

---

* 本文原载《中国纪检监察报·理论周刊》2022年12月22日，原文以中央党校（国家行政学院）出版集团党委委员、中国行政体制改革研究会理事署名刊发。

① 习近平. 高举中国特色社会主义伟大旗帜 为全面建设社会主义现代化国家而团结奋斗——在中国共产党第二十次全国代表大会上的报告 [M]. 北京：人民出版社，2022：18.

在人类文明进步的历史长河中，人类将对世界的看法通过归纳和演绎上升为一种特定的理论形态、形成具有理论逻辑的知识体系，这就形成为哲学。而世界观的基本问题是如何看待意识和物质、思维和存在的关系，根据对这两个问题的不同解答，形成了两种根本对立的世界观类型即唯心主义世界观和唯物主义世界观，进而形成了唯物主义哲学和唯心主义哲学。一般说来，有什么样的世界观就有什么样的哲学方法论，就形成了具有天壤之别的认识世界、解释世界、改造世界的认识思维和实践方法，也体现为根本不同的价值立场。

在人类思想史上，没有一种思想理论像马克思主义那样对人类产生了如此广泛而深刻的影响。马克思主义哲学包括辩证唯物主义和历史唯物主义，是马克思主义哲学的世界观和方法论，是其立场、观点、方法的集中体现，也是马克思主义学说的思想基础。马克思主义世界观第一次、以正确的实践解释了自然和社会以及思维发展的普遍规律，实现了唯物主义和辩证法，唯物主义自然观以及唯物主义历史观的高度统一。对于客观世界，马克思主义世界观认为，世界统一于物质性，世界所有的具体事物，都是物质运动的不同的表现形式。物质的作用很大，决定着精神，而精神主要是客观世界的物质在大脑中的反映；对于社会历史，马克思主义世界观认为，社会的存在决定社会意识，经济基础决定上层建筑。马克思经过多年的实践分析与论证，科学地论证了资本主义必然会灭亡，社会主义胜利，是历史的潮流，是社会发展的必然规律。

马克思主义认为，"哲学家们只是用不同的方式解释世界，而问题在于改变世界。"马克思创立了科学的实践观，并在实践的基础上实现了认识论和价值论的统一。认识就是求真，把握世界的本质；价值是求善，追求崇高的理想。马克思主义认为，只有实践才能检验我们的认识是否正确，也只有实践才能评价我们的价值是否崇高。实践不仅是检验真理的标准，而且是价值评价的尺度。

就此，马克思主义"不是世界之外的遐想"，而"是自己时代精神的精华"。马克思主义哲学尽管诞生在一个半世纪之前，但由于它深刻揭示了客观世界特别是人类社会发展规律，被历史和实践证明是科学的理论。习近平总书记在纪念马克思诞辰200周年大会上的讲话中指出，马克思主义是科学的理论，创造性地揭示了人类社会发展规律；马克思主义是人民的理论，第一次创立了人民实现自身解放的思想体系；马克思主义是实践的理论，指引着人民改造世界的行动；马克思主义是不断发展的开放的理论，始终站在时代前沿。实践充分证明：马克思主义的世界观和方法论，是最科学、最进步的世界观和方法论，是无产阶级用来认识世界以及改造世界的思想武器。

马克思主义不仅深刻改变了世界，也深刻改变了中国。中国共产党一经成立，就把马克思主义写在自己的旗帜上。马克思主义成为我们立党立国、兴党兴国的根本指导思想，是我们党的灵魂和旗帜。一百多年来，在革命、建设、改革各个历史时期，我们党运用马克思主义辩证唯物主义和历史唯物主义的世界观和方法论，系统、具体、历史地分析中国社会运动及其发展规律，在认识世界和改造世界过程中不断把握规律、积极运用规律，推动党和人民事业取得了一个又一个胜利，也实现了我们在各个历史时期党的理论创新的历史性飞跃，不断开辟了当代中国马克思主义发展新境界。

习近平总书记指出，从《共产党宣言》发表到今天，170 年过去了，人类社会发生了翻天覆地的变化，但马克思主义所阐述的一般原理整个来说仍然是完全正确的。我们要坚持和运用辩证唯物主义和历史唯物主义的世界观和方法论，坚持和运用马克思主义立场、观点、方法，坚持和运用马克思主义关于世界的物质性及其发展规律，关于人类社会发展的自然性、历史性及其相关规律，关于人的解放和自由全面发展的规律，关于认识的本质及其发展规律等原理，坚持和运用马克思主义的实践观、群众观、阶级观、发展观、矛盾观，真正把马克思主义这个看家本领学精悟透用好。①

新时代中国特色社会主义思想是运用马克思主义世界观方法论的光辉典范

党的二十大报告指出，"拥有马克思主义科学理论指导是我们党坚定理想信念、把握历史主动的根本所在"，"推进马克思主义中国化时代化是一个追求真理、揭示真理、笃行真理的过程"。

新时代十年的伟大变革，党团结带领人民取得的一个最重要的历史性成就就是创立了习近平新时代中国特色社会主义思想。坚持不懈用这一创新理论武装头脑、指导实践、推动工作，为新时代党和国家事业发展提供了根本遵循。习近平新时代中国特色社会主义思想的形成、丰富和发展，始终坚持马克思主义马克思主义辩证唯物主义和历史唯物主义，贯穿着马克思主义的立场、观点和方法，是运用马克思主义世界观和方法论指导当代中国伟大实践的光辉典范。

党的十八大以来，国内外形势新变化和实践新要求，迫切需要我们从理论和实践的结合上深入回答关系党和国家事业发展、党治国理政的一系列重大时代课题。习近平总书记对其进行了深邃思考和科学判断，以全新的视野深化对共产党执政规律、社会主义建设规律、人类社会发展规律的认识，就新时代坚持和发展什么样的中国特色社会主义、怎样坚持和发展中国特色社会主义，建设什么样的社会主义现代化强国、怎样建设社会主义现代化强国，建设什么样

① 习近平在纪念马克思诞辰二百周年大会上的讲话（2018 年 5 月 4 日），论中国共产党历史［M］．北京：中央文献出版社，2021：193 - 212．

的长期执政的马克思主义政党、怎样建设长期执政的马克思主义政党等重大时代课题，提出一系列原创性的治国理政新理念新思想新战略，取得重大理论创新成果，集中体现为习近平新时代中国特色社会主义思想。党的二十大报告指出，党的十九大、十九届六中全会提出的"十个明确""十四个坚持""十三个方面成就"概括了这一思想的主要内容。

习近平新时代中国特色社会主义思想是当代中国马克思主义、21世纪马克思主义，是中华文化和中国精神的时代精华，实现了马克思主义中国化新的飞跃。

实现了马克思主义认识论和价值论的统一。世界物质统一性原理是辩证唯物主义最基本、最核心的观点，是马克思主义哲学的基石。党的创新理论始终坚持一切从实际出发，从社会主义初级阶段的基本国情出发，准确把握当代中国发展阶段面临的国内外环境的新变化新特点，制定党的路线、方针、政策和行动方略，明确坚持和发展中国特色社会主义的阶段性目标任务；运用普遍联系的观点，明确"五位一体"总体布局和"四个全面"的战略布局，统筹国内国际两个大局、统筹国际国内两个市场循环、统筹发展和安全等。同时，运用精神变物质、物质变精神的辩证法，强调坚持共产主义理想和社会主义信念，建设具有强大凝聚力和引领力的社会主义意识形态，培育和弘扬社会主义核心价值观，铸就文化自信自强，用富有时代气息的中国精神凝聚中国力量。

实现了马克思主义矛盾论和实践论的统一。党的创新理论充分认识，矛盾是普遍存在的，是事物联系的实质内容和事物发展的根本动力。问题是时代的声音，是事物矛盾的表现形式。党的创新理论运用社会基本矛盾分析方法，以问题为导向，强化问题意识，强调通过全面深化改革处理新的发展阶段生产力和生产关系、经济基础和上层建筑相互作用、相互制约的关系，着力解决以人民日益增长的美好生活需要和不平衡不充分的发展之间的矛盾。强调实践的观点，紧紧围绕发展这个党执政兴国的第一要务，积极应变局开新局，顺应新发展阶段、贯彻新发展理念、加快构建新发展格局，推动高质量发展，依靠发展解决前进道路上的各种矛盾和困难，集中力量办好自己的事情，使我国社会主义制度优越性更加彰显，使中国特色社会主义道路越走越广阔。

实现了马克思主义发展性和开放性的统一。党的创新理论运用历史唯物主义观点，强调人民群众是历史的创造者，是真正的英雄。中国共产党根基在人民、血脉在人民、力量在人民。党要始终站稳人民立场，贯彻党的群众路线，尊重人民首创精神，践行以人民为中心的发展思想。强调运用唯物辩证法的根本方法，不断增强辩证思维能力，观察事物要坚持发展地而不是静止的、全面的而不是片面的、系统的而不是零散地、普遍联系地而不是孤立地，反对任何主观主义、形式主义、机械主义、教条主义、经验主义运用科学理论，强调马克思主义不是教条而是行动指南，必须随着发展而发展。同时，党的创新理论重视从源远流长、博大精深的中华优秀传统文化中获得滋养，又能以海纳百川的宽阔胸襟借鉴吸收人类文明一切优秀成果。

正是全面地、科学地、辩证地运用了马克思主义的世界观和发展论，习近平新时代中国特色社会主义思想彰显了科学性、人民性、实践性、时代性、开放性的理论品格，是经过实践检验、富有实践伟力的强大思想武器。

牢牢把握"六个必须坚持"回答好新时代新征程发展实践提出的新的问题

时代是思想之母，实践是理论之源。实践发展永无止境，我们认识真理、进行理论创新永无止境。党的二十大报告将必须坚持人民至上、必须坚持自信自立、不许坚持守正创新、必须坚持问题导向、不惜坚持系统观念、不许坚持胸怀天下"六个必须坚持"第一次概括为习近平新时代中国特色社会主义思想的世界观和方法论，揭示出贯穿党的创新理论其中的立场观点方法。这一概括本身就是理论创新的思想结晶，就生动体现了理论创新的方法魅力和实践归旨。

"六个必须坚持"深刻阐释了适应新时代踏上新征程我们的理论创新需要继续坚守的价值取向，需要站稳的基本立足点，需要把握原则方向，需要坚持的根本思想方法以及应该葆有的思想格局等，党的二十大报告对这"六个必须坚持"的思想内涵和精髓要义已经阐释得十分清楚，许多专家学者也从各方面作出了解读，正如习近平总书记在报告中对运用马克思主义科学的世界观和方法论解决中国问题时鲜明指出的，我们"不是要背诵和重复其具体结论和词句"，而是要"着眼解决新时代改革开放和社会主义现代化建设的实际问题，不断回答中国之问、世界之问、人民之问、时代之问"，这就是总书记一再强调的用马克思主义之"矢"去射新时代中国之"的"。这也应和了马克思所说的"问题在于改变世界"的基本观点。因此，坚持好运用好这"六个必须坚持"，关键在于把握好其中的思想方法，不断作出符合中国实际和时代要求的正确回答新的行动方略。

继续回答好中国之问。坚持和发展中国特色社会主义是改革开放以来我们全部理论和实践的主题，也是党百年奋斗得出的历史结论。这条道路是党独立自主、依靠自身力量探索实践开辟出来的，坚持这条道路才能造福人民、不断形成为人民所喜爱、所认同、所拥有的理论，不断书写马克思主义中国化时代化的新篇章。在全面建设社会主义现代化国家新征程上，必须高举中国特色社会主义伟大旗帜，坚持人民至上、坚持守正创新，坚持道不变、志不改，既不走封闭僵化的老路，也不走改旗易帜的邪路。

勇于回答好世界之问。当今世界之变、时代之变、历史之变正以前所未有的方式展开，世界又一次站在历史的十字路口。中国式现代化是中国共产党领导的社会主义现代化，既有各国现代化的共同特征，更有基于自己国情的中国特色。我们既要坚持自信自立，坚持古为今用、推陈出新，绝不照抄照搬、食洋不化，把马克思主义思想精髓同中华优秀传统文化精华贯通起来，同人民群众日用而不觉的共同价值观念融通起来，又能坚持胸怀天下，深刻洞察人类发展进步潮流，积极回应各国人民普遍关切，为解决人类面临的共同问题提供中国智慧中国答案。

坚持回答好人民之问。当代中国要解决的一切问题归根结底就是要不断实现人民对美好生活的向往，实践创新、理论创新、制度创新都是为了人民、造福人民。因此，我们必须坚持问题导向，坚持系统观念，始终站稳人民立场，一切从中国国情出发，切实把握人类社会发展规律，不断把现代化发展成果更多更公平地惠及人民，促进物的全民丰富和人的全面发展。

不断回答好时代之问。我们从事的中国式现代化是前无古人的伟大事业，艰巨性和复杂性前所未有。我们将继续面临着许多新的历史特点的伟大斗争，前进道路上随时要准备经受风高浪急甚至惊涛骇浪的重大考验。我们要坚持以科学的态度对待科学、以真理的精神追求真理，满腔热忱对待一切新事物，敢于说前人没有说过的新话，敢于干前人没有干过的事情，善于通过历史看现实，透过现象看本质，不断提高战略思维能力，不断增强志气、骨气、底气，依靠顽强斗争打开事业发展新天地，开创人类文明新形态。

网络强国建设必须充分彰显
"以人民为中心"*

在全党全国各族人民迈上全面建设社会主义现代化国家新征程、向第二个百年奋斗目标进军过程中，如何通过进一步走好网上群众路线，更好服务广大人民，增进民生福祉；更好汇集民智，营造建言文化？

新时代，我国网络生态持续向好，网民规模从 5.64 亿人增长到 10.32 亿人，成为名副其实的网络大国。但是，与网络强国相比，我国还有较大差距。

党的二十大报告指出，在全面建设社会主义现代化国家的新征程上，要加快建设网络强国、数字中国，构建新一代信息技术，加快发展数字经济，加强全媒体传播体系建设，塑造主流舆论新格局，健全网络综合治理体系，推动形成良好网络生态。报告强调，在前进道路上，"坚持以人民为中心的发展思想"是必须牢牢把握的重大原则之一，要维护人民根本利益，增进民生福祉，不断实现发展为了人民、发展依靠人民、发展成果由人民共享，让现代化建设成果更多更公平惠及全体人民。

建设网络强国，是现代化国家的题中之义和重要标志，必须践行以人民为中心的发展思想，以网络技术服务人民，以网络平台造福人民，以网络传播集中民智，以网络民主提升公共治理能力，以网络媒介密切党与人民血肉联系。

习近平总书记深刻指出："网络是一把双刃剑，一张图、一段视频经由全媒体几个小时就能形成爆发式传播，对舆论场造成很大影响。这种影响力，用好了造福国家和人民，用不好就可能带来难以预见的危害。"① 他要求各级党委政府必须科学认识网络传播规律，提高用网治网水平，使互联网这个最大变量变成事业发展的最大增量。要求党员干部全面把握媒体融合发展的趋势和规律，强调正能量是总要求，管得住是硬道理，用得好是真本事。这话非常通俗，但

---

* 本文原载人民网·理论频道 2022 年 12 月 23 日。

① 习近平. 加快推动媒体融合发展 构建全媒体传播格局 [J]. 求是，2019（6）：4－7.

要做到，却是对广大党员干部尤其是从事党的宣传思想工作的同志提出的非常高的要求。在现代化国家新征程上建设网络强国，这依然是思想遵循和指导原则。贯彻落实好这个要求，出发点和落脚点就是让网络为了人民、用网络造福人民。

首先，是要深刻把握互联网技术发展前沿和产业变革发展趋势。网络强国和数字中国建设，其核心还是在于网络技术的创新发展和广泛运用。党的二十大报告强调，深入实施科教兴国战略、人才强国战略、创新驱动发展战略，开辟发展新领域新赛道，不断塑造发展新动能新优势。由于既有科技基础研究能力方面的短板，又有国家创新体系整体效能提升方面的弱项，所以必须从提升原始创新能力、技术转化应用能力，以及科研管理体制改革等方面切实加大工作力度，科技、教育、人才三个方面紧密结合，从根本上重塑国家的创新文化、创新体制、创新生态。不彻底解决好束缚科技生产力、人才生产力的种种体制机制弊端和思想藩篱，我们就不能在网络强国建设上领先世界。这里最重要的就是发挥人才引领作用，尊重知识、尊重人才、尊重思想、尊重创造，而这赋予了"以人民为中心"更为实质的思想内涵。

其次，是要深刻把握互联网技术运用的规律。表现在产业发展领域，就是要加大力度促进新一代信息技术、人工智能、区块链等一批新的技术增长引擎与传统制造业、传统服务业、传统技术设施深度融合，极大解放和发展生产力，重塑发展新动力新优势；在知识传播、思想舆论、文化振兴等领域，就是要旗帜鲜明坚持正确的政治方向、舆论导向、价值取向，坚持移动优先战略，建设主流媒体移动传播平台，牢牢掌握舆论引导、思想引领、文化传承、服务人民的传播制高点，推进文化自信自强，建设具有强大凝聚力和引领力的社会主义意识形态，凝心聚力铸就社会主义文化新辉煌。

最后，是要深刻认识现代化新阶段互联网发展新态势下走好党的群众路线的基本规律。新的互联网时代为发展全过程人民民主，扩大人民有序政治参与，保证人民依法实行民主选举、民主协商、民主决策、民主管理、民主监督提供了广泛、便捷、公平的通道，提高全社会深度协商互动、意见充分表达、广泛凝聚共识有了比以往更普及更普惠的群众基础和制度机制。与此同时，党保持同人民群众血肉联系、自觉接受人民批评和自我批评比以往也有了更为通畅的交流平台。这里最根本的就在于各级党员干部心里是不是真正装有人民，是不是能够主动站稳人民立场、把握人民愿望、尊重人民创造、集中人民智慧。

所以，在网络强国建设新征程上，践行以人民为中心，就是走好新时代党的群众路线的一个试金石。

领航新征程的
行动指南*

——学习领会习近平总书记
"七一"重要讲话和党的十九届六中全会精神

2021 年是中国共产党历史上、中华民族历史上一个十分重要的年份，中国共产党迎来百年华诞。

这一年的 7 月 1 日，习近平总书记在庆祝中国共产党成立 100 周年大会上发表重要讲话（以下简称"七一重要讲话"），深情回顾中国共产党百年奋斗的光辉历程，高度评价一百年来中国共产党团结带领中国人民创造的伟大成就，精辟概括伟大建党精神，以史为鉴、开创未来，号召全体中国共产党员在新的赶考之路上努力为党和人民争取更大光荣。①

这一年的 11 月 8 日至 11 日，中国共产党第十九届中央委员会第六次全体会议胜利举行。全会审议通过了《中共中央关于党的百年奋斗重大成就和历史经验的决议》（以下简称《决议》）。这份历史性决议，聚焦总结党的百年奋斗重大成就和历史经验，突出中国特色社会主义新时代这个重点，体现了党中央对党的百年奋斗的新认识，是新时代中国共产党人牢记初心使命、坚持和发展中国特色社会主义的政治宣言，是以史为鉴、开创未来、实现中华民族伟大复兴的行动指南。②

习近平总书记"七一重要讲话"和党的十九届六中全会《决议》，都是纵观党的百年奋斗历史，贯穿马克思主义立场观点方法，体现了正确党史观和大历史观，全面梳理中国共产党一百年来的光辉历程和历史经验，是两篇闪耀着马克思主义真理光芒的纲领性文献。深入学习这两篇光辉文献，深刻把握这两篇历史性文献相互贯通的精神气韵，全面理解这两篇历史性文献一脉相承的思

---

* 本文原载《形势与政策》，人民日报出版社 2022 年版。

① 习近平. 在庆祝中国共产党成立 100 周年大会上的讲话 [N]. 人民日报，2021 – 07 – 02 (2).

② 中共十九届六中全会在北京举行 [N]. 人民日报，2021 – 11 – 12 (1).

想精髓，帮助我们从党的百年奋斗中看清楚过去我们为什么能够成功、弄明白未来我们怎样才能继续成功，有助于激励全党更加坚定、更加自觉地践行初心使命，在新时代更好坚持和发展中国特色社会主义，带领中国人民全国人民锚定实现第二个百年奋斗目标，意气风发在开创全面建设社会主义现代化强国、实现中华民族伟大复兴的新征程上创造新的辉煌。

全面领会两篇光辉文献的思想脉络深刻感悟党的百年奋斗的历史辉煌

（一）认真把握习近平总书记"七一重要讲话"的思想脉络

习近平总书记"七一重要讲话"，高屋建瓴、思想深刻、内涵丰富，具有很强的政治性、思想性、理论性，体现了深远的战略思维、强烈的历史担当、真挚的为民情怀，深刻理解这篇光辉文献，可以从"一个主题""四个伟大成就""五个庄严宣告""一个伟大精神""九个必须坚持""一个伟大号召"来宏观地把握这篇讲话的思想脉络。

习近平总书记在"七一重要讲话"中指出，"一百年来，中国共产党团结带领中国人民进行的一切奋斗、一切牺牲、一切创造，归结起来就是一个主题：实现中华民族伟大复兴"。① 为了这个主题，我们党都始终初心不改、矢志不渝，无论是弱小还是强大，无论是顺境还是逆境，都能团结带领人民不畏强敌、不惧风险、敢于斗争、勇于胜利。为了这个主题，不管形势和任务如何变化，不管遇到什么样的惊涛骇浪，我们党都始终把握历史主动、锚定奋斗目标，沿着正确方向坚定前行。为了这个主题，一代又一代中国共产党人，前仆后继、浴血奋战，艰苦奋斗、无私奉献，谱写了气吞山河的英雄壮歌。中国共产党牢记和践行为中国人民谋幸福、为中华民族谋复兴的初心使命，为了实现中华民族伟大复兴，成为贯穿党的百年奋斗史的一条红线。

习近平总书记在"七一重要讲话"中高度概括了党在一百年奋斗历程中经过新民主主义革命时期、社会主义革命和建设时期、改革开放和社会主义现代化建设时期、中国特色社会主义进入新时代四个历史阶段取得的"四个伟大成就"，作出了"五个庄严宣告"。② 习近平总书记回望党的百年奋斗历程，深刻指出，为了实现中华民族伟大复兴，我们党团结带领中国人民浴血奋战、百折不挠，创造了新民主主义革命的伟大成就，以英勇顽强的奋斗向世界庄严宣告，中国人民站起来了，中华民族任人宰割、饱受欺凌的时代一去不复返了！我们党团结带领中国人民自力更生、发愤图强，创造了社会主义革命和建设的伟大

①② 习近平. 在庆祝中国共产党成立 100 周年大会上的讲话［N］. 人民日报, 2021－07－02（2）.

成就，以英勇顽强的奋斗向世界庄严宣告，中国人民不但善于破坏一个旧世界、也善于建设一个新世界，只有社会主义才能救中国，只有社会主义才能发展中国！我们党团结带领中国人民解放思想、锐意进取，创造了改革开放和社会主义现代化建设的伟大成就，以英勇顽强的奋斗向世界庄严宣告，改革开放是决定当代中国前途命运的关键一招，中国大踏步赶上了时代！我们党团结带领中国人民自信自强、守正创新，统揽伟大斗争、伟大工程、伟大事业、伟大梦想，创造了新时代中国特色社会主义的伟大成就，以英勇顽强的奋斗向世界庄严宣告，我们实现了第一个百年奋斗目标，在中华大地上全面建成了小康社会，中华民族迎来了从站起来、富起来到强起来的伟大飞跃，实现中华民族伟大复兴进入了不可逆转的历史进程！

一百年来，正是中国共产党团结带领中国人民，以"为有牺牲多壮志，敢教日月换新天"的大无畏气概，开辟了伟大道路、创造了伟大事业、取得了伟大成就，书写了中华民族几千年历史上最恢宏的史诗，也必将载入中华民族发展史册、人类文明发展史册！

在全面总结党的百年奋斗光辉历程和伟大成就基础上，习近平总书记首次精辟概括了"坚持真理、坚守理想，践行初心、担当使命，不怕牺牲、英勇斗争，对党忠诚、不负人民的伟大建党精神"，鲜明指出，伟大建党精神是中国共产党的精神之源，在长期奋斗中构建起中国共产党人的精神谱系，锤炼出鲜明的政治品格。中国共产党人要继续弘扬光荣传统、赓续红色血脉，永远把伟大建党精神继承下去、发扬光大。

"七一重要讲话"用历史映照现实、远观未来，就是要让全党从党的百年奋斗中看清楚过去我们为什么能够成功、弄明白未来我们怎样才能继续成功，从而以史为鉴、开创未来。习近平总书记从"九个必须坚持"总结了党的百年奋斗取得的宝贵历史经验。

在"七一重要讲话"的最后，习近平总书记深刻指出，过去一百年，中国共产党向人民、向历史交出了一份优异的答卷。现在，中国共产党团结带领中国人民又踏上了实现第二个百年奋斗目标新的赶考之路。为此，习近平总书记代表党中央向全体中国共产党员发出号召："牢记初心使命，坚定理想信念，践行党的宗旨，永远保持同人民群众的血肉联系，始终同人民想在一起、干在一起，风雨同舟、同甘共苦，继续为实现人民对美好生活的向往不懈努力，努力为党和人民争取更大光荣！"这是历史的回响，更是时代的动员令。

（二）认真把握党的十九届六中全会《决议》的思想脉络

党的十九届六中全会《决议》，同样是以宏大的历史视野和精准的历史叙事，按照总结历史、把握规律、坚定信心、走向未来的要求，对波澜壮阔党的百年奋斗历程进行了全面总结。

整个《决议》共 3.9 万字，坚持辩证唯物主义和历史唯物主义的方法论，用具体历史的、客观全面的、联系发展的观点来看待党的历史，聚焦总结党的百年奋斗重大成就和历史经验，突出中国特色社会主义进入新时代党和国家事业取得的历史性成就、发生的历史性变革及新鲜经验，又注重对党的百年历史上重大事件、重要会议、重要人物的评价党中央已有结论相衔接，充分体现党中央对党的百年奋斗的新认识。

《决议》共分 7 个部分。序言部分概述了在中国共产党成立一百年这样一个重要历史时刻全面总结党的百年奋斗重大成就和历史经验"三个需要"的重大意义。然后，《决议》从第一部分到第四部分按照时间顺序，从我们党带领中国人民经历新民主主义革命时期、社会主义革命和建设时期、改革开放和社会主义现代化建设时期、中国特色社会主义进入新时代四个历史阶段党面临的主要任务、取得的四次伟大成就、实现的四次伟大飞跃、揭示出的深刻道理，鲜明展示了党和人民历尽千辛万苦、付出巨大牺牲，创造的一个又一个彪炳史册的人间奇迹和历史辉煌。

在这四个部分总结历史脉络中，《决议》以厚重的笔墨特别指出了理论创新对引领党和国家事业发展做出的卓著的思想理论贡献，《决议》指出：在新民主主义革命时期、社会主义革命和建设时期，创立的毛泽东思想，是马克思列宁主义在中国的创造性运用和发展，是被实践证明了的关于中国革命和建设的正确的理论原则和经验总结，是马克思主义中国化的第一次历史性飞跃。在改革开放和社会主义现代化建设新时期，形成的中国特色社会主义理论体系，从新的实践和时代特征出发坚持和发展马克思主义，科学回答了建设中国特色社会主义的发展道路、发展阶段、根本任务、发展动力、发展战略、政治保证、祖国统一、外交和国际战略、领导力量和依靠力量等一系列基本问题，实现了马克思主义中国化新的飞跃。中国特色社会主义进入新时代，创立的习近平新时代中国特色社会主义思想系统回答了新时代坚持和发展什么样的中国特色社会主义、怎样坚持和发展中国特色社会主义，建设什么样的社会主义现代化强国、怎样建设社会主义现代化强国，建设什么样的长期执政的马克思主义政党、怎样建设长期执政的马克思主义政党等重大时代课题，是当代中国马克思主义、21 世纪马克思主义，是中华文化和中国精神的时代精华，实现了马克思主义中国化新的飞跃。

《决议》第五部分则在全面回顾总结党的百年奋斗历程和重大成就基础上，以更宏阔的视角，从五个方面总结了党的百年奋斗的历史意义，即党的百年奋斗从根本上改变了中国人民的前途命运、开辟了实现中华民族伟大复兴的正确道路、展示了马克思主义的强大生命力、深刻影响了世界历史进程、锻造了走在时代前列的中国共产党，阐述党对中国人民、对中华民族、对马克思主义、对人类进步事业、对马克思主义政党建设所作的历史性贡献。这五条概括，既立足中华大地，又放眼人类未来，体现了中国共产党和中国人民、中华民族的关系，体现了中国共产党和马克思主义、世界社会主义、人类社会发展的关系，贯通了中国共产党百年奋斗的历史逻辑、理论逻辑、实践逻辑。

《决议》第六部分从"坚持党的领导、坚持人民至上、坚持理论创新、坚持独立自主、坚持中国道路、坚持胸怀天下、坚持开拓创新、坚持敢于斗争、坚持统一战线、坚持自我革命"概括了具有根本性和长远指导意义的十条历史经验，十条历史经验系统完整、相互贯通，深刻揭示了党和人民事业不断成功的根本保证、党始终立于不败之地的力量源泉、党始终掌握历史主动的根本原因、党永葆先进性和纯洁性、始终走在时代前列的根本途径。《决议》指出，这十条历史经验是经过长期实践积累的宝贵经验，是党和人民共同创造的精神财富，必须倍加珍惜、长期坚持，并在新时代实践中不断丰富和发展。

《决议》第七部分立足新的历史方位，指出了新时代的中国共产党要紧紧围绕实现第二个百年奋斗目标，以咬定青山不放松的执着奋力实现既定目标，以行百里者半九十的清醒不懈推进中华民族伟大复兴；必须坚持党的基本理论、基本路线、基本方略，立足新发展阶段、贯彻新发展理念、构建新发展格局、推动高质量发展，协同推进人民富裕、国家强盛、中国美丽；必须永远保持同人民群众的血肉联系，不断实现好、维护好、发展好最广大人民根本利益；必须铭记生于忧患、死于安乐，常怀远虑、居安思危，继续推进新时代党的建设新的伟大工程；必须抓好后继有人这个根本大计。

《决议》最后的结束语，号召全党全军全国各族人民勿忘昨天的苦难辉煌，无愧今天的使命担当，不负明天的伟大梦想，以史为鉴、开创未来，埋头苦干、勇毅前行，为实现第二个百年奋斗目标、实现中华民族伟大复兴的中国梦而不懈奋斗。

深刻领会党的十九届六中全会《决议》的精髓要义，可以用这样一组数字重点加以把握：把握一个"1"，即这是一个产生于中国特色社会主义新时代的党的历史性决议；把握两个"2"，即习近平新时代中国特色社会主义思想是马克思主义基本原理同中国具体实际相结合、同中华优秀传统文化相结合"两个结合"，《决议》作出的一个重大历史论断，即党确立习近平同志党中央的核心、全党的核心地位，确立习近平新时代中国特色社会主义思想的指导地位这"两个确立"；把握一个"3"即习近平新时代中国特色社会主义思想回答了三个重大时代课题；把握一个"4"即党百年奋斗的四个时期创造的四个伟大成就、实现了实践上的四次伟大飞跃；把握两个"5"即党百年奋斗的五大历史意义，新时代中国共产党人都要做到"五个必须"；把握两个"10"即习近平新时代中国特色社会主义思想内涵的"十个明确"，中国共产党百年奋斗积累的十条宝贵历史经验；把握一个"13"就是新时代党和国家事业在13个领域取得的历史性成就、发生的历史性变革。

深刻领悟过去我们为什么能够成功弄明白未来我们怎样才能继续成功

习近平总书记在"七一重要讲话"中指出，"以史为鉴，可以知兴替。我们要用历史映照现实、远观未来，从中国共产党的百年奋斗中看清楚过去我们为什么能够成功、弄明白未来我们怎样才能继续成功，从而在新的征程上更加坚定、更加自觉地牢记初心使命、开创美好未来。"①

党的十九届六中全会《决议》在开篇写道："总结党的百年奋斗重大成就和历史经验，是在建党百年历史条件下开启全面建设社会主义现代化国家新征程、在新时代坚持和发展中国特色社会主义的需要；是增强政治意识、大局意识、核心意识、看齐意识，坚定道路自信、理论自信、制度自信、文化自信，做到坚决维护习近平同志党中央的核心、全党的核心地位，坚决维护党中央权威和集中统一领导，确保全党步调一致向前进的需要；是推进党的自我革命、提高全党斗争本领和应对风险挑战能力、永葆党的生机活力、团结带领全国各族人民为实现中华民族伟大复兴的中国梦而继续奋斗的需要。"②

习近平总书记在"七一重要讲话"和党的十九届六中全会《决议》都是站在党的百年历史进程基础上，全面总结了党的百年奋斗取得的重大成就和宝贵历史经验，视野极其宽阔，内容极其丰富，思想极其深刻，无论是回溯一百年来党带领人民为了实现中华民族谋复兴这个主题历经苦难辉煌、玉汝于成的伟大奋斗历程，还是从全面总结以史为鉴、开创未来的"九个必须坚持"，概括中国共产党百年奋斗长期积累的具有根本性和长远指导意义的十条宝贵经验，其中最重要的就是准确回答好了这样三个问题，理解好了这三个问题，就能从党的百年奋斗中看清楚过去我们为什么能够成功、弄明白未来我们怎样才能继续成功。

（一）全党要牢记中国共产党是什么、要干什么这个根本问题

《决议》指出："全党要牢记中国共产党是什么、要干什么这个根本问题"。

① 习近平. 在庆祝中国共产党成立100周年大会上的讲话［N］. 人民日报，2021－07－02（2）.
② 中共中央关于党的百年奋斗重大成就和历史经验的决议［N］. 人民日报，2021－11－17（1）.

所谓根本问题，就是要深刻理解中国共产党的性质宗旨，就是要深刻理解中国共产党的初心使命，就是要深刻理解中国共产党是从哪里来、要到哪里去？

回答中国共产党是什么，关乎党的性质宗旨。《中国共产党章程》规定：中国共产党是中国工人阶级的先锋队，同时是中国人民和中华民族的先锋队，是中国特色社会主义事业的领导核心，代表中国先进生产力的发展要求，代表中国先进文化的前进方向，代表中国最广大人民的根本利益。2021 年 8 月，中宣部发布《中国共产党的历史使命与行动价值》，从党是全心全意为人民服务的政党、是为实现理想不懈奋斗的政党、是具有强大领导力执政力的政党、是始终保持旺盛生机和活力的政党、是为人类和平与发展贡献力量的政党五个方面，清晰回答了中国共产党是一个什么样的政党。

深刻理解中国共产党的性质宗旨，又需要理解中国共产党是从哪里来？

习近平总书记在"七一重要讲话"中指出，中华民族是世界上伟大的民族，有着 5000 多年源远流长的文明历史，为人类文明进步作出了不可磨灭的贡献。1840 年鸦片战争以后，中国逐步成为半殖民地半封建社会，国家蒙辱、人民蒙难、文明蒙尘，中华民族遭受了前所未有的劫难。从那时起，实现中华民族伟大复兴，就成为中国人民和中华民族最伟大的梦想。为了拯救民族危亡，中国人民奋起反抗，仁人志士奔走呐喊，太平天国运动、戊戌变法、义和团运动、辛亥革命接连而起，各种救国方案轮番出台，但都以失败而告终。中国迫切需要新的思想引领救亡运动，迫切需要新的组织凝聚革命力量。

十月革命一声炮响，给中国送来了马克思列宁主义。在中国人民和中华民族的伟大觉醒中，在马克思列宁主义同中国工人运动的紧密结合中，中国共产党应运而生。中国产生了共产党，这是开天辟地的大事变，深刻改变了近代以后中华民族发展的方向和进程，深刻改变了中国人民和中华民族的前途和命运，深刻改变了世界发展的趋势和格局。历史和人民选择了中国共产党。

习近平总书记在"七一重要讲话"中深刻指出，"中国共产党一经诞生，就把为中国人民谋幸福、为中华民族谋复兴确立为自己的初心使命"。不忘初心、方得始终，这个初心和使命是激励中国共产党人不断前进的根本动力。

回答中国共产党要干什么，关乎党的使命任务。深刻理解中国共产党的使命任务，就需要理解中国共产党带领中国人民和中华民族到哪里去？《中国共产党章程》明确，党的最高理想和最终目标是实现共产主义。实现共产主义是中国共产党人的远大理想，而在这一历史进程中，就是要牢固树立中国特色社会主义的共同理想，不断推进实现中华民族伟大复兴。

习近平总书记指出，一百年来，中国共产党团结带领中国人民进行的一切奋斗、一切牺牲、一切创造，归结起来就是一个主题：实现中华民族伟大复兴。

中国共产党从登上中国政治舞台的那一刻起，就始终不渝地为中国人民谋幸福、为中华民族谋复兴。为了实现中华民族伟大复兴，一百年来，不管形势和任务如何变化，不管遇到什么样的惊涛骇浪，我们党都始终把握历史主动、锚定奋斗目标，沿着正确方向坚定前行。

党的十九届六中全会《决议》指出："新民主主义革命时期，党面临的主要任务是，反对帝国主义、封建主义、官僚资本主义，争取民族独立、人民解放，为实现中华民族伟大复兴创造根本社会条件。"在革命斗争中，党弘扬坚持真理、坚守理想，践行初心、担当使命，不怕牺牲、英勇斗争，对党忠诚、不负人民的伟大建党精神，实施和推进党的建设伟大工程，提出着重从思想上建党的原则，坚持民主集中制，坚持理论联系实际、密切联系群众、批评和自我批评三大优良作风，形成统一战线、武装斗争、党的建设三大法宝，努力建设全国范围的、广大群众性的、思想上政治上组织上完全巩固的马克思主义政党。在这个时期，我们党在经济文化落后、农民占绝大多数的情况下，通过党的建设，特别是通过思想建党，确保党的性质，坚决地承担起反对帝国主义、封建主义、官僚资本主义的历史任务。经过北伐战争、土地革命战争、抗日战争、解放战争血与火的洗礼，党始终保持了政治本色，又完成了伟大的历史任务。

党的十九届六中全会《决议》指出："社会主义革命和建设时期，党面临的主要任务是，实现从新民主主义到社会主义的转变，进行社会主义革命，推进社会主义建设，为实现中华民族伟大复兴奠定根本政治前提和制度基础。"党充分预见到在全国执政面临的新挑战，早在解放战争取得全国胜利前夕召开的党的七届二中全会就向全党提出，务必继续保持谦虚、谨慎、不骄、不躁的作风，务必继续保持艰苦奋斗的作风。新中国成立后，党着重提出执政条件下党的建设的重大课题，从思想上组织上作风上加强党的建设、巩固党的领导。党开展整风整党，加强党内教育，整顿基层党组织，提高党员条件，反对官僚主义、命令主义和贪污浪费。党高度警惕并着力防范党员干部腐化变质，坚决惩治腐败。这些重要举措，增强了党的纯洁性和全党的团结，密切了党同人民群众的联系，积累了执政党建设的初步经验。在这一时期，我们党在执掌政权后，牢记"两个务必"，着力解决好"其兴也勃焉，其亡也忽焉"的历史性课题，始终保持了革命本色，团结带领人民艰苦奋斗，实现从新民主主义到社会主义的转变，进行社会主义革命，推进社会主义建设。

党的十九届六中全会《决议》指出："改革开放和社会主义现代化建设新时期，党面临的主要任务是，继续探索中国建设社会主义的正确道路，解放和发展社会生产力，使人民摆脱贫困、尽快富裕起来，为实现中华民族伟大复兴提供充满新的活力的体制保证和快速发展的物质条件。"党始终强调，治国必先治党，治党务必从严，聚精会神抓好党的建设，开创和推进党的建设新的伟大工程。党制定关于党内政治生活的若干准则，健全民主集中制，发扬党内民主，实现党内政治生活正常化；有计划有步骤地进行整党，着力解决党内思想不纯、作风不纯、组织不纯问题；按照革命化、年轻化、知识化、专业化方针加强干部队伍建设。党围绕解决好提高党的领导水平和执政水平、提高拒腐防变和抵御风险能力这两大历史性课题，以执政能力建设和先进性建设为主线，加强党同人民群众联系、加强和改进党的作风建设、加强党的执政能力建设，推进惩治和预防腐败体系建设。在这一时期，党带领人民实现了从生产力相对落后的状况到经济总量跃居世界第二的历史性突破，实现了人民生活从温饱不足到总体小康、奔向全面小康的历史性跨越，中国大踏步赶上了时代。

党的十九届六中全会《决议》指出："党的十八大以来，中国特色社会主义进入新时代。党面临的主要任务是，实现第一个百年奋斗目标，开启实现第二个百年奋斗目标新征程，朝着实现中华民族伟大复兴的宏伟目标继续前进。"在中国特色社会主义新时代，我们党面对世界百年未有之大变局，聚焦实现中华民族伟大复兴这一主题，强调要继续推进党的建设新的伟大工程，努力把党建设成为始终走在时代前列、人民衷心拥护、勇于自我革命、经得起各种风浪考验、朝气蓬勃的马克思主义执政党。按照这一要求，我们把全面加强党的领导作为新时代坚持和发展中国特色社会主义的根本保证，把全面从严治党纳入"四个全面"战略布局；全面推进党的政治建设、思想建设、组织建设、作风建设、纪律建设，把制度建设贯穿其中，深入推进反腐败斗争，不断提高党的建设质量，党的建设新的伟大工程呈现出崭新局面，党和国家事业取得历史性成就、发生历史性变革，中华民族迎来了从站起来、富起来到强起来的伟大飞跃。

一百年来，我们党正是始终牢记中国共产党是什么、要干什么这个根本问题，才能领导人民经过波澜壮阔的伟大斗争，让中国人民彻底摆脱了被欺负、被压迫、被奴役的命运，成为国家、社会和自己命运的主人，人民民主不断发展，十四亿多人口实现全面小康，中国人民对美好生活的向往不断变为现实。

我们党也深刻认识到：江山就是人民，人民就是江山，打江山、守江山，守的是人民的心。中国共产党根基在人民、血脉在人民、力量在人民。中国共产党始终代表最广大人民根本利益，与人民休戚与共、生死相依，没有任何自己特殊的利益，从来不代表任何利益集团、任何权势团体、任何特权阶层的利益。人民是党执政兴国的最大底气，民心是最大的政治。党的最大政治优势是密切联系群众，党执政后的最大危险是脱离群众。这是党立于不败之地的根本所在。"坚持人民至上"也成为党的百年奋斗取得的宝贵历史经验之一。

今天，中国人民更加自信、自立、自强，极大增强了志气、骨气、底气，在历史进程中积累的强大能量充分爆发出来，焕发出前所未有的历史主动精神、历史创造精神，正在信心百倍书写着新时代中国发展的伟大历史。

新的征程上，我们党只要紧紧依靠人民创造历史，坚持全心全意为人民服务的根本宗旨，站稳人民立场，贯彻党的群众路线，尊重人民首创精神，践行以人民为中心的发展思想，发展全过程人民民主，维护社会公平正义，着力解决发展不平衡不充分问题和人民群众急难愁盼问题，推动人的全面发展、全体人民共同富裕取得更为明显的实质性进展，就一定能够领导人民夺取中国特色社会主义新的更大胜利，任何想把中国共产党同中国人民分割开来、对立起来的企图就永远不会得逞。

（二）中国共产党为什么能、中国特色社会主义为什么好，归根结底是因为马克思主义行

思想就是力量。一个民族要走在时代前列，就一刻不能没有理论思维，一刻不能没有思想指引。

马克思主义创建了唯物史观和剩余价值学说，揭示了人类社会发展的一般规律，为人类指明了从必然王国向自由王国飞跃的途径，为人民指明了实现自由和解放的道路。马克思、恩格斯撰写的《共产党宣言》发表170年来，马克思主义在世界上得到广泛传播。在人类思想史上，没有一种思想理论像马克思主义那样对人类产生了如此广泛而深刻的影响。在马克思主义影响下，马克思主义政党在世界范围内如雨后春笋般建立和发展起来，人民第一次成为自己命运的主人，成为实现自身解放和全人类解放的根本政治力量。马克思主义以其真理的力量极大推进了人类文明进程，也深刻影响和改变了中国。

在近代中国最危急的时刻，马克思主义在中国的广泛传播催生了中国共产党，中国共产党人一经找到马克思主义，就将其写在党的旗帜上，成为我们立党立国的根本指导思想。一百年来，中国共产党坚持把马克思列宁主义同中国实际相结合，用博大胸怀吸收人类创造的一切优秀文明成果，用马克思主义中国化的科学理论引领伟大实践，用马克思主义真理的力量激活了中华民族历经几千年创造的伟大文明，使中华文明再次迸发出强大精神力量。实践证明，马克思主义是我们党认识世界、把握规律、追求真理、改造世界的强大思想武器。

习近平总书记在"七一重要讲话"中指出，中国共产党坚持马克思主义基本原理，坚持实事求是，从中国实际出发，洞察时代大势，把握历史主动，进行艰辛探索，不断推进马克思主义中国化时代化，指导中国人民不断推进伟大社会革命。

党的十九届六中全会《决议》深刻指出，马克思主义理论不是教条而是行

动指南，必须随着实践发展而发展，必须中国化才能落地生根、本土化才能深入人心。《决议》也深刻揭示了马克思主义中国化时代化的历史进程，深刻总结了马克思主义中国化的三次历史性飞跃。

《决议》指出：在革命斗争中，以毛泽东同志为主要代表的中国共产党人，把马克思列宁主义基本原理同中国具体实际相结合，对经过艰苦探索、付出巨大牺牲积累的一系列独创性经验作了理论概括，开辟了农村包围城市、武装夺取政权的正确革命道路，创立了毛泽东思想，为夺取新民主主义革命胜利指明了正确方向。在社会主义革命和建设时期，毛泽东同志提出把马克思列宁主义基本原理同中国具体实际进行"第二次结合"，提出关于社会主义建设的一系列重要思想，从而结合新的实际进一步丰富和发展毛泽东思想。毛泽东思想是马克思列宁主义在中国的创造性运用和发展，是被实践证明了的关于中国革命和建设的正确的理论原则和经验总结，是马克思主义中国化的第一次历史性飞跃，为党和人民事业发展提供了科学指引。

《决议》指出：党的十一届三中全会以后，以邓小平同志为主要代表的中国共产党人，团结带领全党全国各族人民，深刻总结新中国成立以来正反两方面经验，围绕什么是社会主义、怎样建设社会主义这一根本问题，借鉴世界社会主义历史经验，创立了邓小平理论。党的十三届四中全会以后，以江泽民同志为主要代表的中国共产党人，团结带领全党全国各族人民，坚持党的基本理论、基本路线，加深了对什么是社会主义、怎样建设社会主义和建设什么样的党、怎样建设党的认识，形成了"三个代表"重要思想。党的十六大以后，以胡锦涛同志为主要代表的中国共产党人，团结带领全党全国各族人民，在全面建设小康社会进程中推进实践创新、理论创新、制度创新，深刻认识和回答了新形势下实现什么样的发展、怎样发展等重大问题，形成了科学发展观。在改革开放和社会主义现代化建设新时期，党从新的实践和时代特征出发坚持和发展马克思主义，科学回答了建设中国特色社会主义的发展道路、发展阶段、根本任务、发展动力、发展战略、政治保证、祖国统一、外交和国际战略、领导力量和依靠力量等一系列基本问题，形成中国特色社会主义理论体系，实现了马克思主义中国化新的飞跃。

《决议》指出：党的十八大以来，中国特色社会主义进入新时代，这是我国发展新的历史方位。以习近平同志为核心的党中央，以伟大的历史主动精神、巨大的政治勇气、强烈的责任担当，统筹把握中华民族伟大复兴战略全局和世界百年未有之大变局国内国际两个大局，贯彻党的基本理论、基本路线、基本方略，统揽伟大斗争、伟大工程、伟大事业、伟大梦想，坚持稳中求进工作总基调，出台一系列重大方针政策，推出一系列重大举措，推进一系列重大工作，战胜一系列重大风险挑战，解决了许多长期想解决而没有解决的难题，办成了许多过去想办而没有办成的大事，推动党和国家事业取得历史性成就、发生历史性变革。

在实践创新的基础上，以习近平同志为主要代表的中国共产党人，坚持把马克思主义基本原理同中国具体实际相结合、同中华优秀传统文化相结合，坚持毛泽东思想、邓小平理论、"三个代表"重要思想、科学发展观，深刻总结并充分运用党成立以来的历史经验，从新的实际出发，创立了习近平新时代中国特色社会主义思想。

党的十八大以来，习近平总书记对关系新时代党和国家事业发展的一系列重大理论和实践问题进行了深邃思考和科学判断，就新时代坚持和发展什么样的中国特色社会主义、怎样坚持和发展中国特色社会主义，建设什么样的社会主义现代化强国、怎样建设社会主义现代化强国，建设什么样的长期执政的马克思主义政党、怎样建设长期执政的马克思主义政党等重大时代课题，提出一系列原创性的治国理政新理念新思想新战略，是习近平新时代中国特色社会主义思想的主要创立者。为此，《决议》指出：习近平新时代中国特色社会主义思想是当代中国马克思主义、21世纪马克思主义，是中华文化和中国精神的时代精华，实现了马克思主义中国化新的飞跃。

纵观我们党一百年来三次理论创新的历史性飞跃，充分显示：我们党之所以能够领导人民在一次次求索、一次次挫折、一次次开拓中完成中国其他各种政治力量不可能完成的艰巨任务，根本在于坚持解放思想、实事求是、与时俱进、求真务实，用马克思主义观察时代、把握时代、引领时代，坚持实践是检验真理的唯一标准，坚持一切从实际出发，及时回答时代之问、人民之问，不断推进马克思主义中国化时代化，用马克思主义中国化的科学理论引领伟大的社会革命，坚持和发展了中国特色社会主义这一实现中华民族伟大复兴的正确道路，创造了中国式现代化新道路，创造了人类文明新形态，从而展示了马克思主义的强大生命力，马克思主义的科学性和真理性在中国得到充分检验，马克思主义的人民性和实践性在中国得到充分贯彻，马克思主义的开放性和时代性在中国得到充分彰显。

党百年奋斗的实践充分证明：中国共产党为什么能，中国特色社会主义为什么好，归根到底是因为马克思主义行！坚持理论创新也成为党的百年奋斗重要历史经验之一。

党的十八大以来，以习近平同志为核心的党中央勇于结合新的实践不断推进理论创新、善于用新的理论指导新的实践，领导全党全军全国各族人民砥砺前行，全面建成小康社会目标如期实现，党和国家事业取得历史性成就、发生历史性变革，彰显了中国特色社会主义的强大生机活力，党心军心民心空前凝聚振奋，为实现中华民族伟大复兴提供了更为完善的制度保证、更为坚实的物质基础、更为主动的精神力量，中华民族迎来了从站起来、富起来到强起来的伟大飞跃，实现中华民族伟大复兴进入了不可逆转的历史进程。就此，《决议》作出一个重大论断：党确立习近平同志党中央的核心、全党的核心地位，确立习近平新时代中国特色社会主义思想的指导地位，反映了全党全军全国各族人民共同心愿，对新时代党和国家事业发展、对推进中华民族伟大复兴历史进程具有决定性意义。

（三）全党必须铭记生于忧患死于安乐，不断推进党的建设新的伟大工程

新华社记者在党的十九届六中全会侧记《为了更加伟大的胜利和荣光》一文中有这样一个纪实画面：习近平总书记在决议稿审议中与中央委员们专门提到了著名的"窑洞对"。习近平总书记说，我们党历史这么长、规模这么大、执政这么久，如何跳出治乱兴衰的历史周期率？毛泽东同志在延安窑洞里给出了第一个答案，这就是"只有让人民起来监督政府，政府才不敢松懈"；经过百年奋斗特别是党的十八大以来新的实践，我们党又给出了第二个答案，这就是自我革命。

习近平总书记强调，我们党历经百年、成就辉煌，党内党外、国内国外赞扬声很多。越是这样越要发扬自我革命精神，千万不能在一片喝彩声中迷失自我。

在"七一重要讲话"中，习近平总书记鲜明指出，"勇于自我革命是中国共产党区别于其他政党的显著标志。我们党历经千锤百炼而朝气蓬勃，一个很重要的原因就是我们始终坚持党要管党、全面从严治党，不断应对好自身在各个历史时期面临的风险考验，确保我们党在世界形势深刻变化的历史进程中始终走在时代前列，在应对国内外各种风险挑战的历史进程中始终成为全国人民的主心骨。"以史为鉴、开创未来，就必须不断推进党的建设新的伟大工程。

党的十八大以来，针对党内出现的管党不力、治党不严问题，有些党员、干部政治信仰出现严重危机，一些地方和部门选人用人风气不正，形式主义、官僚主义、享乐主义和奢靡之风盛行，特权思想和特权现象较为普遍存在。特别是存在严重影响党的形象和威信，严重损害党群干群关系的"七个有之"问题，习近平同志强调，打铁必须自身硬，办好中国的事情，关键在党，关键在党要管党、全面从严治党。以习近平同志为核心的党中央必须以加强党的长期执政能力建设、先进性和纯洁性建设为主线，以党的政治建设为统领，以坚定理想信念宗旨为根基，以调动全党积极性、主动性、创造性为着力点，不断提高党的建设质量。党中央从制定和落实中央八项规定破题，坚持从中央政治局

做起、从领导干部抓起，以上率下改进工作作风；以永远在路上的清醒和坚定，坚持严的主基调，突出抓住"关键少数"，落实主体责任和监督责任，强化监督执纪问责，把全面从严治党贯穿于党的建设各方面；坚持无禁区、全覆盖、零容忍，以猛药去疴、重典治乱的决心，以刮骨疗毒、壮士断腕的勇气，坚定不移"打虎""拍蝇""猎狐"，坚决整治群众身边腐败问题，深入开展国际追逃追赃，清除一切腐败分子。经过坚决斗争，全面从严治党的政治引领和政治保障作用充分发挥，党的自我净化、自我完善、自我革新、自我提高能力显著增强，管党治党宽松软状况得到根本扭转，反腐败斗争取得压倒性胜利并全面巩固，消除了党、国家、军队内部存在的严重隐患，党在革命性锻造中更加坚强。

党的十九届六中全会《决议》将"坚持自我革命"列入党的百年奋斗的重要历史经验之一，指出："勇于自我革命是中国共产党区别于其他政党的显著标志。自我革命精神是党永葆青春活力的强大支撑。先进的马克思主义政党不是天生的，而是在不断自我革命中淬炼而成的。党历经百年沧桑更加充满活力，其奥秘就在于始终坚持真理、修正错误。党的伟大不在于不犯错误，而在于从不讳疾忌医，积极开展批评和自我批评，敢于直面问题，勇于自我革命。"

习近平总书记在"七一重要讲话"中也鲜明指出，新的征程上，我们要牢记打铁必须自身硬的道理，增强全面从严治党永远在路上的政治自觉，以党的政治建设为统领，继续推进新时代党的建设新的伟大工程，不断严密党的组织体系，着力建设德才兼备的高素质干部队伍，坚定不移推进党风廉政建设和反腐败斗争，坚决清除一切损害党的先进性和纯洁性的因素，清除一切侵蚀党的健康肌体的病毒，确保党不变质、不变色、不变味，确保党在新时代坚持和发展中国特色社会主义的历史进程中始终成为坚强领导核心！

《决议》在第七部分要求新时代的中国共产党必须铭记生于忧患、死于安乐，常怀远虑、居安思危。要求全党同志勇敢面对党面临的长期执政考验、改革开放考验、市场经济考验、外部环境考验，坚决战胜精神懈怠的危险、能力不足的危险、脱离群众的危险、消极腐败的危险。必须保持越是艰险越向前的英雄气概，敢于斗争、善于斗争，逢山开道、遇水架桥，做到难不住、压不垮，推动中国特色社会主义事业航船劈波斩浪、一往无前。

广大青年要勇立潮头勇担历史使命成为堪当民族复兴重任的时代新人

青年兴则国家兴，青年强则国家强。青年一代有理想、有本领、有担当，国家就有前途，民族就有希望。

实现中华民族伟大复兴的中国梦是历史的、现实的，也是未来的。中华民族伟大复兴的中国梦终将在一代代青年的接力奋斗中变为现实。

习近平总书记在"七一重要讲话"中深情地指出，未来属于青年，希望寄予青年。一百年前，一群新青年高举马克思主义思想火炬，在风雨如晦的中国苦苦探寻民族复兴的前途。一百年来，在中国共产党的旗帜下，一代代中国青年把青春奋斗融入党和人民事业，成为实现中华民族伟大复兴的先锋力量。新时代的中国青年要以实现中华民族伟大复兴为己任，增强做中国人的志气、骨气、底气，不负时代，不负韶华，不负党和人民的殷切期望！

党的十九届六中全会《决议》也明确提出："党和人民事业发展需要一代代中国共产党人接续奋斗，必须抓好后继有人这个根本大计。"这里的后继有人最重要的就是广大青年人才。《决议》指出，要坚持用习近平新时代中国特色社会主义思想教育人，用党的理想信念凝聚人，用社会主义核心价值观培育人，用中华民族伟大复兴历史使命激励人，培养造就大批堪当时代重任的接班人。

——源源不断培养选拔德才兼备、忠诚干净担当的高素质专业化干部特别是优秀年轻干部，教育引导广大党员、干部自觉做习近平新时代中国特色社会主义思想的坚定信仰者和忠实实践者，牢记空谈误国、实干兴邦的道理，树立不负人民的家国情怀、追求崇高的思想境界、增强过硬的担当本领。

——源源不断把各方面先进分子特别是优秀青年吸收到党内来，教育引导青年党员永远以党的旗帜为旗帜、以党的方向为方向、以党的意志为意志，赓续党的红色血脉，弘扬党的优良传统，在斗争中经风雨、见世面、壮筋骨、长才干。

——源源不断培养造就爱国奉献、勇于创新的优秀人才，真心爱才、悉心育才、精心用才，把各方面优秀人才集聚到党和人民的伟大奋斗中来。

一百年前，中华民族呈现在世界面前的是一派衰败凋零的景象。今天，中华民族向世界展现的是一派欣欣向荣的气象，正以不可阻挡的步伐迈向伟大复兴。

过去一百年，中国共产党向人民、向历史交出了一份优异的答卷。现在，中国共产党团结带领中国人民又踏上了实现第二个百年奋斗目标新的赶考之路。

新时代为当代中国青年搭建了无比广阔的实现人生出彩的舞台。站在"两个一百年"的历史交汇点上，中华民族伟大复兴曙光在前、前途光明。同时，也面临着难得机遇，也面临着严峻挑战。越是接近奋斗目标、越是面对风险挑战，广大青年越要坚定理想信念，志存高远，脚踏实地，勇做时代的弄潮儿，在实现中国梦的生动实践中放飞青春梦想，在为人民利益的不懈奋斗中书写人生华章！

科学回答中国之问、世界之问、人民之问、时代之问*

《习近平谈治国理政》第四卷是一本帮助我们深入理解习近平新时代中国特色社会主义思想丰富内涵、精神要义和最新理论成果的十分厚重的著作。

该卷本生动记录了自2022年2月以来，面对百年变局和世纪疫情相互叠加、世界进入新的动荡变革期的复杂局面，面对世所罕见、史所罕见的风险挑战，以习近平同志为核心的党中央统筹国内国际两个大局，统筹疫情防控和经济社会发展，统筹发展和安全，团结带领全党全国各族人民自信自强、迎难而上，有效应对严峻复杂的国际国内形势、经受来自政治、经济、自然、意识形态等领域接踵而至的风险挑战考验，如期实现了脱贫攻坚任务，在中华大地上全面建成小康社会、实现第一个百年奋斗目标，开启全面建设社会主义现代化国家新征程这一波澜壮阔的伟大历史进程，这在中华民族伟大复兴历史进程种留下了浓墨重彩的一笔。

正如该书出版说明中所述，"习近平在领导党和人民应变局、开新局的伟大实践中，坚持解放思想、实事求是、守正创新，对关系新时代党和国家事业发展的一系列重大理论和实践问题进行新的深邃思考和科学判断，提出了一系列原创性的治国理政新理念新思想新战略，进一步科学回答了中国之问、世界之问、人民之问、时代之问"。[1]

深入研学《习近平谈治国理政》第四卷，读懂读好《习近平谈治国理政》第四卷，不仅有助于全党深刻理解马克思主义中国化的最新成果，有助于用党的最新创新理论武装头脑、指导实践、推动工作，更有助于我们深刻把握贯穿于习近平新时代中国特色社会主义思想的世界观与方法论，引领全党全国人民为全面建设社会主义现代化国家、实现第二个百年奋斗目标而团结奋斗。

＊ 本文原载《形势与政策》，人民日报出版社2022年版。

① 习近平谈治国理政（第四卷）［M］．北京：外文出版社，2022：2.

一、全面把握第四卷篇章结构，深刻领悟"两个确立"的决定性意义

打开《习近平谈治国理政》第四卷，我们首先需要全面把握第四卷的篇章结构和逻辑框架，这可以帮助我们清晰地理解全书的核心要义和总体思想。

第四卷收入了习近平总书记在2020年2月3日至2022年5月10日的讲话、谈话、演讲、致辞、指示、贺信等109篇，图片45幅，分为21个专题。从中心思想脉络看，全书21个专题事实上可以鲜明地划分为四大板块。

书中的第1专题至第4专题是第一板块，集中体现了全书的思想引领和核心的思想方法，这四个专题的大标题分别是"掌握历史主动，在新时代更好坚持和发展中国特色社会主义""坚持党的全面领导""始终坚持人民至上""坚持敢于斗争"，总结起来就是"四个坚持"。

这"四个坚持"实际上是我们党立足新时代新征程对党和国家事业发展规律性的认识和总结。中国特色社会主义是改革开放以来党的全部理论和实践的主题，是党和人民历经千辛万苦、付出巨大代价取得的根本成就。站在新的时代方位，把握历史主动，就必须更好坚持和发展中国特色社会主义这个鲜明主题。思想核心就是要坚持党的全面领导。党的领导是党和国家的根本所在、命脉所在，是全国各族人民的利益所系、命运所系。中国特色社会主义最本质的特征是中国共产党领导，中国特色社会主义制度的最大优势是中国共产党领导，党的领导是党和国家事业不断发展的定海神针。新时代新征程上必须把党的全面领导贯彻落实到国家治理各领域各方面各环节。始终坚持人民至上是我们党治国理政的基本立场。民心是最大的政治，人民是我们党执政的最大底气。打江山、守江山，守的是人民的心，共产党就是给人民办事的，必须做到"民之所忧我必念之，民之所盼我必行之"。坚持敢于斗争是应对当今世界百年未有之大变局必须保持的精神状态，实现中华民族伟大复兴必须坚持斗争精神，进行具有许多新的历史特点的伟大斗争，不断增强进行伟大斗争的意志和本领，依靠斗争赢得未来。

这"四个坚持"统领了全书的思想要义，贯穿于全书体现的我们党治国理政战略的方方面面，是新时代新征程上我们必须把握的实践主题、核心保障、鲜明立场、精神状态。在全面建设社会主义现代化国家新的伟大实践中，我们党只有切实把握好这"四个坚持"的规律性认识，就能够引领未来，勇毅前行。

全书的第5专题至第17专题是第二板块，也是全书的主体内容，体现的是中国特色社会主义事业"五位一体"的总体布局和"四个全面"的战略布局。

这一板块突出强调了应对复杂局面，如何统筹疫情防控和经济社会发展，如何在开启现代化建设新征程上，把握新发展阶段，贯彻新发展理念，构建新发展格局，坚定不移走高质量发展之路，扎实推动全体人民共同富裕，以及进一步推动政治建设、文化建设、社会建设、生态文明建设和内政外交国防建设。这一板块的思想精髓，集中展现的就是，建设社会主义现代化国家最根本的是要把我们自己的事情做好，坚持把国家和民族发展放在自己力量的基点上、把中国发展进步的命运牢牢掌握在自己手中，坚持以中国式现代化推进中华民族伟大复兴。

第 18 专题至第 20 专题是第三板块，充分体现了我们党为推动构建人类命运共同体、共建美好世界作出的最新贡献。面对"世界怎么了""人类向何处去"的时代之问、世界之问，中国党和政府鲜明提出弘扬全人类共同价值，推动构建人类命运共同体的全新理念，致力于完善全球治理，践行真正的多边主义，并以推动"一带一路"建设高质量发展的中国行动回答世界之问，贡献出中国智慧、中国方案，让多边主义的火炬照亮人类前行之路，共创后疫情时代美好世界。

第 21 专题是全书第四板块，展示的是新时代中国共产党加强自身建设担负起新的历史使命，以伟大自我革命引领伟大社会变革的思想自觉和时代使命。这一专题选用的重要文章从新时代党的组织路线、反腐败斗争、党史学习教育、人才培养、全面从严治党、增进团结统一分揭示我们党进行自我革命的极端重要性，生动剖析了"自我革命是我们党跳出历史周期率的第二个答案"，勇于自我革命是我们党区别于其他政党的显著标志。我们党必须以伟大自我革命引领伟大社会革命，以伟大社会革命促进伟大自我革命，才能确保党在新时代坚持和发展中国特色社会主义的历史进程中始终成为坚强领导核心。

按照这样的逻辑脉络，深入研读习近平总书记的这 109 篇文章，我们可以更加深刻理解当代中国共产党人和中国人民过去为什么能够成功、未来怎样才能继续成功的根本道理，可以更加深化对中国之路、中国之治、中国之理的系统认知，从而深刻感悟习近平总书记作为一个大党领袖、大国领袖在领导党和人民应变局、开新局的伟大实践中展示出的坚定的信仰信念、鲜明的人民立场、伟大的历史主动精神，巨大的政治勇气、非凡的政治智慧、强烈的责任担当，深刻领悟习近平总书记立足新时代做出的一系列原创性的治国理政新理念新思想新战略，深刻领悟习近平新时代中国特色社会主义思想的实践伟力，进而深刻领悟"两个确立"的决定性意义，在思想上政治上行动上自觉与以习近平同志为核心的党中央保持高度一致。

二、回答中国之问，在新时代更好坚持和发展中国特色社会主义

方向决定道路，道路决定命运。当代中国从哪里来，要到哪里去？事关党和国家的前途命运。这是立足中国特色社会主义新时代必须回答好的中国之问。在第四卷收录的习近平总书记《在庆祝中国共产党成立一百周年大会上的讲话》一文中明确指出，"走自己的路，是党的全部理论和实践立足点，更是党百年奋斗得出的历史结论。"习近平总书记强调，"中国特色社会主义是党和人民历尽千辛万苦、付出巨大代价取得的根本成就，是实现中华民族伟大复兴的正确道路。"

2021年我们党迎来百年华诞。中国共产党带领中国人民走过艰难困苦、玉汝于成、波澜壮阔的一百年。党的十九届六中全会坚持正确党史观、树立大历史观，准确把握党的历史发展的主题主线、主流本质，正确对待党在前进道路上经历的失误和曲折，从成功中吸取经验，从失误中吸取教训，不断开辟走向胜利的道路，作出我们党的第三个历史性决议。习近平总书记在关于这个历史性决议的说明中指出，党的百年奋斗从根本上改变了中国人民的命运、开辟了实现中华民族伟大复兴的正确道路、展示了马克思主义的强大生命力、深刻影响了世界历史进程、锻造了走在时代前列的中国共产党。

实践证明：中国特色社会主义道路符合中国实际。"鞋子合不合脚，自己穿了才知道"。一个国家的发展道路合不合适，只有这个国家的人民才最有发言权。历史和现实都告诉我们，只有社会主义才能救中国，只有中国特色社会主义才能发展中国，只有坚持和发展中国特色社会主义才能实现中华民族伟大复兴。这是历史的结论、人民的选择。习近平总书记指出，"中国特色社会主义，既坚持了科学社会主义基本原则，又根据时代条件赋予其鲜明的中国特色。这就是说，中国特色社会主义是社会主义，不是别的什么主义"。这彰显了我们党清醒的历史自觉和坚定的政治自信。

中国特色社会主义道路反映中国人民意愿。我们党一经成立就把为人民谋幸福、为民族谋复兴确立为自己的初心使命，党领导人民干革命、搞建设、抓改革，都是为人民谋利益，为了让人民过上好日子。中国特色社会主义道路是我们党着眼实现中国人民对幸福的追求和对美好生活的向往而开辟、拓展出来的人间正道。党在各个历史时期始终把人民利益放在最高位置，中国特色社会主义是改革开放以来党的全部理论和实践的主题，就是紧紧围绕人民群众的利益诉求，紧扣社会主要矛盾，不断满足人民对美好生活的需要想问题、做决策、定战略、办事情，中国特色社会主义道路才越走越宽广。

中国特色社会主义道路适应时代发展要求。一个时代有一个时代的课题。

习近平总书记指出，新中国成立后，我们党团结带领人民创造性完成社会主义改造，确立社会主义基本制度，大规模开展社会主义经济文化建设，中国人民不仅站起来了，而且站住了、站稳了，实现了从社会主义革命到社会主义建设的历史性跨越。进入历史新时期，我们党带领人民进行改革开放新的伟大革命，极大激发了广大人民群众的积极性、主动性、创造性，成功开辟了中国特色社会主义道路，使中国大踏步赶上时代，实现了社会主义现代化进程中新的历史性跨越，迎来了中华民族伟大复兴的光明前景。党的十八大以来，习近平总书记从历史和现实、国际和国内、理论和实践的结合上，就新时代坚持和发展中国特色社会主义提出一系列原创性的新理念新思想新战略，深刻回答了新时代坚持和发展什么样的中国特色社会主义、怎样坚持和发展中国特色社会主义这个重大时代课题，在坚持和发展中国特色社会主义"这篇大文章"中书写了浓墨重彩的篇章，实现中华民族伟大复兴进入了不可逆转的历史进程。

在第四卷收录的《新时代党和人民奋进的必由之路》一文中，习近平总书记指出，"中国特色社会主义是实现中华民族伟大复兴的必由之路"。这一重大论断进一步深刻揭示了中国特色社会主义是当代中国发展进步的根本方向。新时代新征程上，我们必须一以贯之坚持和发展中国特色社会主义，推动物质文明、政治文明、精神文明、社会文明、生态文明协调发展，创造中国式现代化新道路，创造人类文明新形态，以中国式现代化全面推进中华民族伟大复兴。

三、回答世界之问，站在历史正确的一边，推动构建人类命运共同体

当下，世界之变、时代之变、历史之变正以前所未有的方式展开，给人类提出了必须严肃对待的挑战。"世界怎么了？""我们怎么办？"是各国政府和人民需要回答的世界之问。

在第四卷收录的《高举多边主义旗帜，为建设美好世界作出应有贡献》一文中，习近平总书记深刻洞察了当今世界发生的变化。他分析，"环顾全球，疫情使各国人民生命安全和身体健康遭受巨大威胁，全球公共卫生体系面临严峻考验，人类社会正在经历百年来最严重的传染病大流行。国际贸易和投资急剧萎缩，人员、货物流动严重受阻，不稳定不确定因素层出不穷，世界经济正在经历20世纪30年代大萧条以来最严重的衰退。单边主义、保护主义、霸凌行径愈演愈烈，治理赤字、信任赤字、发展赤字、和平赤字有增无减。"但他同时表示，"我们坚信，和平与发展的时代主题没有改变，世界多极化和经济全球化的时代潮流也不可能逆转。我们要为人民福祉着想，秉持人类命运共同体理念，用实际行动为建设美好世界作出应有贡献。"

坚持胸怀天下。大道之行，天下为公。中国共产党百年奋斗得出的一条重要经验就是"坚持胸怀天下"。中国共产党始终以世界眼光关注人类前途命运，从人类发展大潮流、世界变化大格局、中国发展大历史正确认识和处理同外部世界的关系，坚持开放、不搞封闭，坚持互利共赢、不搞零和博弈，坚持主持公道、伸张正义，站在历史正确的一边，站在人类进步的一边。

在第四卷收录的相关文章篇目中，习近平总书记一再指出，"当今世界，任何单边主义、极端利己主义都是根本行不通的，任何脱钩、断供、极限施压的行径都是根本行不通的，任何搞'小圈子'、以意识形态划线挑动对立对抗也都是根本行不通的""一个分裂的世界无法应对人类面临的共同挑战，对抗将把人类引入死胡同。在这个问题上，人类付出过惨痛代价。殷鉴不远，我们决不能再走那条老路"。

习近平总书记指出，"历史总在不断前进，世界回不到从前。我们今天所作的每一个抉择、采取的每一项行动，都将决定世界的未来""世界上的问题错综复杂，解决问题的出路是维护和践行多边主义，推动构建人类命运共同体"。他强调，"多边主义的要义是国际上的事由大家共同商量着办，世界前途命运由各国共同掌握"。并发出倡议，"要秉持人类命运共同体理念，坚守和平、发展、公平、正义、民主、自由的全人类共同价值，摆脱意识形态偏见，最大程度增强合作机制、理念、政策的开放性和包容性，共同维护世界和平稳定。要建设开放型世界经济，坚定维护多边贸易体制，不搞歧视性、排他性标准、规则、体系，不搞割裂贸易、投资、技术的高墙壁垒"。

在《携手迎接挑战，合作开创未来》一文中，习近平总书记指出，"人类历史告诉我们，越是困难时刻，越要坚定信心。矛盾并不可怕，正是矛盾推动着人类社会进步。任何艰难曲折都不能阻挡历史前进的车轮。面对重重挑战，我们决不能丧失信心、犹疑退缩，而是要坚定信心、激流勇进""冲出迷雾走向光明，最强大的力量是同心合力，最有效的方法是和衷共济""困难和挑战进一步告诉我们，人类是休戚与共的命运共同体，各国要顺应和平、发展、合作、共赢的时代潮流，向着构建人类命运共同体的正确方向，携手迎接挑战、合作开创未来"。

中国党和政府非常明确地宣示，站在新的历史起点，中国将坚持走和平发展之路，始终做世界和平的建设者；坚持走改革开放之路，始终做全球发展的贡献者；坚持走多边主义之路，始终做国际秩序的维护者。中国通过维护世界和平发展自己，又通过自身发展维护世界和平，同世界上一切进步力量携手前进，不依附别人，不掠夺别人，永远不称霸。

"青山一道同云雨，明月何曾是两乡。"中国始终站在历史正确的一边，站在人类进步的一边，同世界各国人民一道，不断为人类文明进步贡献智慧和力量，推动历史车轮向着光明的前途前进。

四、回答人民之问，江山就是人民，人民就是江山

一场突如其来的新冠疫情打乱了人民群众正常生产生活，威胁着广大人民群众生命安全和身体健康，也给经济发展带来前所未有的冲击。越是遭遇困难和挑战，越能检验党和人民群众之间关系的成色。解决好人民群众急难愁盼问题是检验党全心全意为人民服务这一宗旨的试金石。从更宽视阈看，在新时代新征程上，如何解决好人民不断增长的美好生活需要同不平衡不充分的发展之间的矛盾，是党必须回答好的人民之问。

第四卷收录了自新冠疫情暴发以来习近平总书记亲自部署、亲自指挥打赢疫情防控人民战争的多篇重要讲话重要指示。在《使伟大抗疫精神转化为实现中华民族伟大复兴的强大力量》一文中，习近平总书记鲜明指出，"疫情无情人有情。人的生命是最宝贵的。在保护人民生命安全面前，我们必须不惜一切代价，我们也能够做到不惜一切代价，因为中国共产党的根本宗旨是全心全意为人民服务，我们的国家是人民当家作主的社会主义国家""每一个生命都得到全力护佑，人的生命、人的价值、人的尊严得到细心呵护。这是中国共产党执政为民理念的最好诠释！"

近年来，无论是抗击新冠疫情冲击，还是打赢脱贫攻坚战；无论是抵御经济下行压力，还是应对来自国际环境进入新的动荡变革；无论是推进绿色发展努力实现"双碳"目标，还是促进全体人民共同富裕迈出更为实质性进展，等等。坚持以人民为中心的发展思想始终成为习近平总书记治国理政方略的最鲜明特征。也可以说，人民情怀成为一条红线贯穿于《习近平谈治国理政》第四卷每一篇文章的字里行间。

习近平总书记鲜明指出，"中国共产党根基在人民、血脉在人民。坚持以人民为中心的发展思想，体现了党的理想信念、性质宗旨、初心使命，也是对党的百年奋斗历程和实践经验的深刻总结""江山就是人民，人民就是江山，打江山、守江山，守的是人民的心，就是要告诫全党同志，对我们这样一个长期执政的党而言，没有比忘记初心使命、脱离群众更大的危险"。

他强调，"中国共产党始终代表最广大人民的根本利益，与人民休戚与共、生死相依，没有任何自己特殊的利益，从来不代表任何利益集团、任何权势团体、任何特权阶层的利益""共产党就是给人民办事的，就是要让人民的生活一天天好起来，一年比一年好"，"中国共产党执政的唯一选择就是为人民群众做好事，为人民群众幸福生活拼搏、奉献、服务""只要我们始终同人民生死

相依、休戚与共，人民就会铁心跟党走，党就能长盛不衰""任何想把中国共产党同中国人民分割开来、对立起来的企图，都是不会得逞的！"

在 2022 年新年贺词中，习近平总书记深情地指出，"大国之大，也有大国之重。千头万绪的事，说到底是千家万户的事"。作为大国领袖，习近平总书记做到了身体力行，"民之所忧我必念之；民之所盼我必行之""我将无我，不负人民"更是成为贯穿于习近平总书记治国理政思想理念的全部写照。

五、回答时代之问，坚定不移走高质量发展之路

全面建成小康社会、实现第一个百年奋斗目标之后，我们党开启了全面建设社会主义现代化国家、实现第二个百年奋斗目标新的征程。在现代化国家建设新的起航之际，我们要继续实现什么样的发展？怎样实现发展？是我们党必须回答好的时代之问。

《习近平谈治国理政》第四卷的主体部分就是按照"五位一体"总体布局和"四个全面"战略布局，统筹国际国内两个大局、统筹疫情防控和经济社会发展、统筹发展和安全的总体考量，明确了在实现中华民族伟大复兴历史进程的大跨越中，要准确把握新发展阶段，完整准确全面贯彻新发展理念、加快构建新发展格局，努力在危机中育新机、于变局中开新局，坚定不移走高质量发展之路。

习近平总书记指出："正确认识党和人民事业所处的历史方位和发展阶段，是我们党明确阶段性中心任务、制定路线方针政策的根本依据，也是我们党领导革命、建设、改革不断取得胜利的重要经验。"

从全面建成小康社会到开启全面建设社会主义现代化国家新征程，标志着我国进入了一个新发展阶段。新发展阶段是社会主义初级阶段中的一个阶段，我们党要带领人民迎来从站起来、富起来到强起来历史性跨越的新阶段。这又是我国社会主义发展进程中的一个重要阶段。习近平总书记指出，"社会主义初级阶段不是一个静态、一成不变、停滞不前的阶段，也不是一个自发、被动、不用费多大气力自然而然就可以跨过的阶段，而是一个动态、积极有为、始终洋溢着蓬勃生机活力的过程，是一个阶梯式递进、不断发展进步、日益接近质的飞跃的量的积累和发展变化的过程"。新发展阶段将贯穿未来 30 年我们实现建设社会主义现代化国家的目标，从而实现我国社会主义从初级阶段向更高阶段迈进。

我们党领导人民治国理政，很重要的一个方面就是要回答好实现什么样的发展、怎样实现发展这个重大问题。习近平总书记指出："理念是行动的先导，一定的发展实践都是由一定的发展理念来引领的。发展理念是否对头，从根本上决定着发展成效乃至成败。"党的十八大以来，我们党对经济形势进行科学判

断，对经济社会发展提出了许多重大理论和理念，对发展理念和思路作出及时调整，其中新发展理念是最重要、最主要的，引导我国经济发展取得了历史性成就、发生了历史性变革。新发展理念是一个系统的理论体系，回答了关于发展的目的、动力、方式、路径等一系列理论和实践问题，阐明了我们党关于发展的政治立场、价值导向、发展模式、发展道路等重大政治问题。习近平总书记要求全党必须完整、准确、全面贯彻新发展理念，要从根本宗旨把握新发展理念，强调为人民谋幸福、为民族谋复兴，这既是我们党领导现代化建设的出发点和落脚点，也是新发展理念的"根"和"魂"。只有坚持以人民为中心的发展思想，坚持发展为了人民、发展依靠人民、发展成果由人民共享，才会有正确的发展观、现代化观。要从问题导向把握新发展理念，强调要根据新发展阶段的新要求，坚持问题导向，更加精准地贯彻新发展理念，举措要更加精准务实，切实解决好发展不平衡不充分的问题，真正实现高质量发展。要从忧患意识把握新发展理念，强调随着我国社会主要矛盾变化和国际力量对比深刻调整，必须增强忧患意识、坚持底线思维，随时准备应对更加复杂困难的局面，既要敢于斗争，也要善于斗争，全面做强自己。

加快构建以国内大循环为主体、国内国际双循环相互促进的新发展格局，是立足新时代一项关系我国发展全局的重大战略任务，是与时俱进提升我国经济发展水平的战略抉择，也是塑造我国国际经济合作和竞争新优势的战略抉择。构建新发展格局的关键是促进经济循环畅通无阻，最本质的特征是实现高水平的自立自强，其基础是加快培育完整内需体系，使建设超大规模的国内市场成为一个可持续的历史过程，其落脚点是实行高水平对外开放，塑造我国参与国际合作和竞争新优势。

习近平总书记深刻指出："进入新发展阶段、贯彻新发展理念、构建新发展格局，是由我国经济社会发展的理论逻辑、历史逻辑、现实逻辑决定的。进入新发展阶段明确了我国发展的历史方位，贯彻新发展理念明确了我国现代化建设的指导原则，构建新发展格局明确了我国经济现代化的路径选择。"

在全面建设社会主义现代化国家新征程中，我们必须积极顺应我国发展新的战略机遇、新的战略任务、新的战略阶段、新的战略要求、新的战略环境，完整准确全面贯彻新发展理念，加快构建新发展格局，在中国式现代化新的历史进程中努力实现全方位全过程各领域的高质量发展，以坚定不移走高质量发展之路，不断满足人民对美好生活的新期待。

六、将第四卷与前三卷紧密结合起来，切实在学懂弄通做实上下功夫

从党的十八大开始，中国特色社会主义进入新时代。这 10 年来，我们党贯

彻党的创新理论、党的基本路线、基本方略，采取一系列战略性举措，推进一系列变革性实践，实现一系列突破性进展，取得一系列标志性成果，攻克了许多长期没有解决的难题，办成了许多事关长远的大事要事，经受住了来自政治、经济、意识形态、自然界等方面的风险挑战考验，党和国家事业取得历史性成就、发生历史性变革。在这 10 年伟大变革中，最有标志性的重大成就就是创立了习近平新时代中国特色社会主义思想，实现了马克思主义中国化的新的历史飞跃。这一党的理论创新的整个过程就充分体现在《习近平谈治国理政》第一卷到第四卷中。

2014 年 10 月出版《习近平谈治国理政》第一卷，2017 年 11 月出版《习近平谈治国理政》第二卷，2020 年 6 月出版《习近平谈治国理政》第三卷，到今年 6 月出版《习近平谈治国理政》第四卷，这四卷本一共收录的 379 篇各种题材的总书记文章，正是系统展示了新时代的 10 年，习近平总书记立足我国发展新的历史方位，紧密结合新的时代条件和实践要求，坚持解放思想、实事求是、守正创新，对党和国家事业发展做出的一系列原创性的治国理政新理念新思想新战略，生动体现了习近平新时代中国特色社会主义思想的孕育形成、探索深化、体系建构和走向成熟完善的整个发展过程。习近平新时代中国特色社会主义思想是一个系统全面、逻辑严密、内涵丰富、内在统一的科学理论体系。因此，要完整准确全面理解习近平新时代中国特色社会主义思想这一当代中国马克思主义、21 世纪马克思主义，就必须将《习近平谈治国理政》的第一卷到第四卷紧密结合起来，作为一个整体系统研读、系统理解。

就此我们才可以深刻认识到，科学理论不是从天上掉下来的，而是深深扎根于实践的土壤、紧跟时代发展，从实践到理论、再由理论到实践的过程。我们循着四卷本的篇章安排和思想脉络，也完全可以看出，党的创新理论始终是与时俱进，不断丰富、深化和拓展的，是在实践创新基础上逐渐构建起了思想理论的宏伟大厦，彰显出当代中国马克思主义更强大、更有说服力的真理力量。

因此，广大党员干部需要将《习近平谈治国理政》从第一卷到第四卷结合在一起读，做到原原本本读原著学原文、悟原理知原义，真正做到虔诚而执着、至信而深厚，切实在学懂弄通做实上下功夫。

首先，努力做到知其言更知其义、知其然更知其所以然。《习近平谈治国理政》四卷本贯穿着马克思主义的立场观点方法，充分展现了习近平新时代中国特色社会主义思想的世界观和方法论。学懂弄通科学理论就要掌握其思想真谛，要努力把握蕴含其中的辩证唯物主义和历史唯物主义和科学的哲学思维，真正掌握其中的道理学理哲理。

其次，坚持理论联系实际的马克思主义学风。在工作实践中要自觉用习近平新时代中国特色社会主义思想武装头脑、指导实践，推动工作，结合全面做好当前改革发展稳定各方面工作、高效做好统筹疫情防控和经济社会发展工作，坚定不移推动经济社会高质量发展，不折不扣地把党中央决策部署的各项任务落实落细落地，切实把学习成果转化为奋进新征程、建功新时代的工作举措和实际成效。

最后，深刻领悟"两个确立"的决定性意义，不断提高政治判断力、政治领悟力、政治执行力。认真研读《习近平谈治国理政》第一卷至第四卷，跳出字里行间，掩卷凝思，我们更能体味到一个大国领袖治国理政的远见卓识、夙夜在公的精神风范、勇于担当的政治魄力和丹心为民的家国情怀，这也让我们真正做到虔诚而执着、至信而深厚，从而更加紧密团结在以习近平同志为核心的党中央周围，更加坚定以习近平新时代中国特色社会主义思想为科学指引，踔厉奋斗，笃行不怠，汇聚起全面建设社会主义现代化国家、实现第二个百年奋斗目标的磅礴力量。

2023 年

新时代大兴
调查研究的变与不变[*]

近日，中共中央办公厅下发《关于在全党大兴调查研究的工作方案》（以下简称《方案》）。《方案》立足新时代新方位，对全党为什么要开展大规模调查研究、就什么内容开展调查研究、怎么进行调查研究，通过调查研究要取得什么样的成效等一系列基本问题进行深入阐述、提出明确要求、作出全面部署，为在全党大兴调查研究之风提供了行动遵循。

调查研究是中国共产党的传家宝，也是中国共产党的优秀传统。毛泽东同志在革命早期就提出"没有调查就没有发言权"的重要思想，并开展了大量调查，为中国革命开辟了成功道路、指明了正确方向。习近平总书记也高度重视调查研究并身体力行，在他从政生涯中一直保持深入调查研究的工作习惯，为党员干部树立了典范。习近平总书记结合中国特色社会主义新时代的实践要求，提出"调查研究是谋事之基、成事之道，没有调查就没有发言权，没有调查就没有决策权"的重要论断，要求在全党大兴调查研究之风。

可以说，无论是在社会主义革命和建设时期，改革开放和社会主义新时期，还是在中国特色社会主义进入新时代之后，中国共产党通过深入调查研究，充分把握各个历史时期中国社会的基本国情，全面了解广大人民群众的愿望诉求，密切了党和人民群众的血肉联系，提高了党员干部为人民服务的能力本领，极大巩固了党的群众基础、极大厚实了党的执政根基，不断推动党和国家事业向前发展。

经过长期艰苦奋斗，中国共产党团结带领全国人民实现了全面建成小康社会第一个百年奋斗目标，正意气风发迈上全面建设社会主义现代化国家、实现

<small>* 本文原载中国网 2023 年 3 月 25 日，后转载于安徽省政府《决策》杂志 2023 年第 4 期。</small>

第二个百年奋斗目标的新征程。在这个时候，党中央提出要在全党大兴调查研究之风，既是新时代背景下深刻把握世情党情民情的迫切需要，也是凝心聚力扎实推进中国式现代化、推动全面建设社会主义现代化国家开好局起好步的必然要求，具有很强的现实针对性。与一百年来中国共产党在各个时期强调调查研究的时代背景和工作要求相比，这次要求在全党大兴调查研究之风，既有共同的实践特征，又有鲜明的时代特色，主要表现为这样几个"变"与"不变"。

时代在变、问题在变、要求在变

时代变化，调查研究必须顺时应势。《方案》开宗明义指出，当前，中国发展面临新的战略机遇、新的战略任务、新的战略阶段、新的战略要求、新的战略环境。世界百年未有之大变局加速演进，不确定、难预料因素增多，国内改革发展稳定面临不少深层次矛盾躲不开、绕不过，各种风险挑战、困难问题比以往更加严峻复杂。这也是党的二十大对当前和今后一个时期中国发展环境作出的正确判断。在进入新发展阶段，中国发展处于战略机遇和风险挑战并存、不确定难预料因素增多的时期，面对中华民族伟大复兴战略全局和当今世界百年未有之大变局，我们必须主动识变应变求变，主动防范化解风险，必须深刻把握大力推进中国式现代化新征程中的各种矛盾和问题，这就迫切需要通过调查研究把握中国式现代化的本质和规律，找到持续推进现代化发展、厚植发展优势、破解发展难题的新办法新路径。唯有深入扎实开展调查研究，才能顺时应势发现真问题。

问题变化，调查研究必须直击要害。问题是时代的声音。党的二十大明确了全面建成社会主义现代化强国的总的战略安排、提出了推进中国式现代化的战略路径。但实现人口规模巨大的中国式现代化是一项前无古人的伟大事业，其艰巨性和复杂性前所未有，发展途径和推进方式也必然具有新的特点、面临新的问题。《方案》提出，在全党大兴调查研究，就是要紧紧围绕全面贯彻落实党的二十大精神、推动高质量发展，直奔问题去，实行问题大梳理、难题大排查，着力打通贯彻执行中的堵点淤点难点。

《方案》确定了12个方面调查研究的主要内容，充分体现了落实"五位一体"总体布局和"四个全面"战略布局中的重大现实问题，唯有通过深入的调查研究，才能聚焦实践中遇到的新问题、改革发展稳定中存在的深层次问题、人民群众急难愁盼问题、国际变局中的重大问题、党的建设面临的突出问题，才能直击要害真解决问题。

要求在变，调查研究必须下足功夫。调查研究是一门学问，更是一种本领。党的二十大报告提出，建设堪当民族复兴重任的高素质干部队伍。这就必须适应新时代要求，不断增强干部推动高质量发展本领、服务群众本领、防范化解风险本领。领导干部想问题、作决策、办事情必须从新的国情民情出发，唯有深入调查研究，才能获得真知灼见的源头活水。在思想方法上，必须深刻领悟"两个确立"的决定性意义，不断深化对党的创新理论的认识和把握，娴熟掌握党的最新创新理论的世界观和方法论，坚持好运用好贯穿其间的立场观点方法，善于运用党的创新理论研究新情况、解决新问题、总结新经验、探索新规律。在实际工作中，必须坚持系统观念，深入实际、深入基层、深入群众，把握好全局和局部、当前和长远、宏观和微观、主要矛盾和次要矛盾、特殊和一般的关系，做好前瞻性思考、全局性谋划、整体性推进，必须扑下身子干实事、谋实招、求实效，使调查研究工作同中心工作和决策需要紧密结合起来，更好为科学决策服务，为提高党的执政能力和领导水平服务，为完成新时代新征程的使命任务服务。这比以往对领导干部调查研究提出的要求更高，必须下足功夫练就高质量的调查研究基本功。

宗旨不变、路线不变、目标不变

调查研究必须坚持以人民为中心的发展思想，为人民服务的宗旨没有变。中国共产党开展调查研究，本质上是就是践行为人民服务这个宗旨。中国共产党一经诞生就把为中国人民谋幸福、为中华民族谋复兴确立为自己的初心使命。一百年来，中国共产党能够从胜利走向胜利，就是始终践行初心使命，坚持全心全意为人民服务的根本宗旨，始终坚持人民至上。新时代新征程，尽管世情国情党情民情在变化、党和国家事业发展环境和条件在变化，但党的初心使命一直没有变，坚持走党的群众路线没有变。新时代我们在全党大兴调查研究，就是更好地密切党和人民的血肉联系，坚持以人民为中心的发展思想，从群众中来、到群众中去，不断增进同人民群众的感情，真诚倾听群众呼声、真实反映群众愿望、真情关心群众疾苦，自觉向群众学习、向实践学习，从人民的创造性实践中获得正确认识，把党的正确主张变为群众的自觉行动。以此不断实现人民对美好生活的新期待，让发展成果、现代化建设成果更多更公平惠及全体人民。

调查研究必须坚持理论联系实际的基本方法，实事求是的思想路线没有变。实事求是是党的思想路线的实质和核心。一切从实际出发，是实事求是思想路线的前提和基础；理论联系实际，是实事求是思想路线的根本途径和方法；在实践中检验真理和发展真理，是实事求是思想路线的验证条件和目的。在全党大兴调查研究之风，就是坚持实事求是的思想路线。革命战争年代，中国共产党坚持实事求是，找到了中国革命的正确道路；改革开放新时期，中国共产党坚持实事求是，开辟了中国特色社会主义的正确道路；中国特色社会主义新时代，中国共产党坚持实事求是，中华民族伟大复兴进入了不可逆转的历史进程。

今天，在全党大兴调查研究之风，就是应对新时代新征程前进路上的风浪考验、推进中国式现代化的有力举措。必须继续坚持实事求是，坚守党性原则，一切从实际出发，理论联系实际，听真话、察实情，坚持真理、修正错误，有一是一、有二是二，既报喜又报忧，不唯书、不唯上、只唯实；必须坚持问题导向，增强问题意识，敢于正视问题、善于发现问题，紧紧围绕做好事关全局的战略性调研、破解复杂难题的对策性调研、新时代新情况的前瞻性调研、重大工作项目的跟踪性调研、典型案例的解剖式调研、推动落实的督查式调研，真正把情况摸清、把问题找准、把对策提实，不断提出真正解决中国式现代化前进道路上各种矛盾和问题的新思路新办法。

调查研究必须贯彻党的建设总要求，提高党的凝聚力战斗力的目标没有变。贯彻落实新时代党的建设总要求，目的是要不断提高党的建设质量，把党建设成为始终走在时代前列、人民衷心拥护、勇于自我革命、经得起各种风浪考验、朝气蓬勃的马克思主义执政党，让党始终成为中国特色社会主义事业的坚强领导核心。在全党大兴调查研究，就是要时刻保持解决大党独有难题的清醒和坚定，切实回答好"六个如何始终"的大党独有难题，以深入开展调查研究，问计于群众、问计于实践，并以此作为切实转变各级领导干部工作作风、密切联系群众、提高履职本领、强化责任担当的有效途径，从而不断提高党的凝聚力战斗力，使党始终成为风雨来袭时全体人民最可靠的主心骨，确保拥有团结奋斗的强大政治凝聚力、发展自信心，集聚起万众一心、共克时艰的磅礴力量。

奋进新时代的思想力量
创造新伟业的行动指南[*]

——学好用好《习近平著作选读》第一卷、第二卷

《习近平著作选读》第一卷、第二卷（以下简称《选读》）近日在全国出版发行，这是党和国家政治生活中的一件大事，也是落实这次主题教育总要求之一的"学思想"的最权威学习读本。"学思想"在于开卷有益，首先就是要读好原著、细学原文、悟透原理。《选读》收入了习近平总书记在2012年11月至2022年10月的140多篇重要著作。认真学习和反复研读这些重要文献，深悟其理，得之于心，就可以让我们全面、系统地领会贯穿于党的最新创新理论既充盈其间又跃然纸上的思想深邃性、体系科学性、论理思辨性、语言鲜活性，帮助我们更加深刻感悟习近平新时代中国特色社会主义思想这一当代马克思主义、21世纪马克思主义的哲学智慧、真理力量和实践伟力，更加深刻领悟"两个确立"的决定性意义，更加自觉以习近平新时代中国特色社会主义思想武装头脑、指导实践、推动工作，在以中国式现代化全面推进中华民族伟大复兴历史新征程上自信自强、守正创新，踔厉奋发、勇毅前行，奋力开创新时代中国特色社会主义事业新局面。

思想的深邃性：正确回答时代之问、人民之问的当代马克思主义

一种思想要有力量、要有强大生命力，根本在于其能对所处的时代和世界进行深入洞察，能对人类社会发展规律进行深刻把握，找到人们实现美好理想的有效途径，从而成为指导人民认识世界和改造世界的强大思想武器。马克思说："共产党人的理论原理，决不是以这个或那个世界改革家所发明或发现的思想、原则为根据的"，"这些原理不过是现存的阶级斗争、我们眼前的历史运动

---

* 本文原载中共青海省委党校《青海学习报》2023年5月5日。

的真实关系的一般表述"。这就是说，科学理论必须能够正确回答时代和实践提出的重大问题。

我们党始终坚持理论创新，勇于结合新的实践不断推进理论创新、善于用新的理论指导新的实践，及时回答时代之问、人民之问，作出符合中国实际和时代要求的正确回答，得出符合客观规律的科学认识，形成与时俱进的理论成果，更好指导中国实践。习近平新时代中国特色社会主义思想就是集中反映了我们党在新时代十年伟大变革的丰富实践基础上，推进马克思主义中国化时代化取得的重大理论创新成果。

《选读》生动地展示了习近平新时代中国特色社会主义思想丰富的思想成果，其收录的重要著作全方位记录了党的十八大以来的十年，以习近平同志为核心的党中央团结带领全党全国各族人民进行伟大斗争、建设伟大工程、推进伟大事业、实现伟大梦想，推动党和国家事业取得历史性成就、发生历史性变革，开创中国特色社会主义新时代的历史进程。习近平总书记以马克思主义政治家、思想家、战略家的历史主动精神、非凡理论勇气、卓越政治智慧和强烈使命担当，深刻把握当代中国和世界的深刻变化，对关系新时代党和国家事业发展的一系列重大理论和实践问题进行了深邃思考和科学判断，对新时代我们继续走什么样的道路、怎样继续推进理论创新、坚持和发展怎样的制度、树立什么样的文化自信等引领方向、夯基立柱的根本问题，结合历史与现实、理论和实践、国际与国内、现象与本质，作出了逻辑严密的科学回答、进行了鞭辟入里的深入阐释，为习近平新时代中国特色社会主义思想的创立和发展发挥了决定性作用、作出了决定性贡献。这些著作以其思想的深邃性深刻揭示了党的最新创新理论的道理哲理学理，展示了科学真理的力量。

目标昭示未来。习近平总书记在《人民对美好生活的向往，就是我们的奋斗目标》和《实现中华民族伟大复兴是中华民族近代以来最伟大的梦想》中深刻阐释了"人民对美好生活的向往，就是我们的奋斗目标"，强调"责任重于泰山，事业任重道远"；深刻指出，实现中华民族伟大复兴中国梦"凝聚了几代中国人的夙愿，体现了中华民族和中国人民的整体利益，是每一个中华儿女的共同期盼"，充分展示了"现在我们比历史上任何时期都更接近中华民族伟大复兴的目标，比历史上任何时期都更有信心、有能力实现这个目标"的坚定意志和决心。

道路关乎命运。在《关于坚持和发展中国特色社会主义的几个问题》一文中，习近平总书记深刻分析了"道路问题是关系党的事业兴衰成败第一位的问题，道路就是党的生命"这个重大命题，以大量历史事实、从正反教训两面深邃地揭示出，"中国特色社会主义，是科学社会主义理论逻辑和中国社会发展历史逻辑的辩证统一，是根植于中国大地、反映中国人民意愿、适应中国和时代发展进步要求的科学社会主义，是全面建成小康社会、加快推进社会主义现代化、实现中华民族伟大复兴的必由之路"；旗帜鲜明地强调，"中国特色社会主义是社会主义而不是其他什么主义，科学社会主义基本原则不能丢"，"坚持和发展中国特色社会主义是一篇大文章……我们这一代共产党人的任务，就是继续把这篇大文章写下去"。

理论重在创新。在党的十九大报告中，习近平总书记指出，"实践没有止境，理论创新也没有止境"，"我们必须在理论上跟上时代，不断认识规律，不断推进理论创新、实践创新、制度创新、文化创新以及其他各方面创新"。在党的二十大报告中，习近平总书记指出，"推进马克思主义中国化时代化是一个追求真理、揭示真理、笃行真理的过程"，"不断谱写马克思主义中国化时代化新篇章，是当代中国共产党人的庄严历史使命"。在《加快构建中国特色哲学社会科学》一文中，习近平总书记突出强调，中国特色哲学社会科学要体现继承性民族性，体现原创性时代性，体现系统性专业性，要求"我国哲学社会科学应该以我们正在做的事情为中心，从我国改革发展的实践中挖掘新材料、发现新问题、提出新观点、构建新理论"，"不断推进学科体系、学术体系、话语体系建设和创新，努力构建一个全方位、全领域、全要素的哲学社会科学体系"，强调"一切刻舟求剑、照猫画虎、生搬硬套、依样画葫芦的做法都是无济于事的"。

制度优势是一个国家的最大优势，制度竞争是国家间最根本的竞争。习近平总书记在《坚持和完善中国特色社会主义制度、推进国家治理体系和治理能力现代化》一文中由古及今深刻分析了中国特色社会主义制度和国家治理体系生成的历史逻辑、理论逻辑、实践逻辑，鲜明指出，"中国特色社会主义制度和国家治理体系是以马克思主义为指导、植根中国大地、具有深厚中华文化根基、深得人民拥护的制度和治理体系，是党和人民长期奋斗、接力探索、历尽千辛万苦、付出巨大代价取得的根本成就"，必须倍加珍惜，毫不动摇坚持、与时俱进发展。他强调，"中国特色社会主义制度是一个严密完整的科学制度体系，起四梁八柱作用的是根本制度、基本制度、重要制度，其中具有统领地位的是党的领导制度"。习近平总书记明确指出，"中国特色社会主义制度好不好、优越不优越，中国人民最清楚，也最有发言权"。

文化是一个国家、一个民族的灵魂。在《要有高度的文化自信》一文中，习近平总书记深刻指出："文化自信，是更基础、更广泛、更深厚的自信，是更基本、更深沉、更持久的力量。坚定文化自信、是事关国运兴衰、事关文化安全、事关民族精神独立性的大问题。"他告诫文艺工作者，"任何一个时代的文艺，只有同国家和民族紧紧维系、休戚与共，才能发出振聋发聩的声音"。《宣传思想工作的使命任务》一文要求宣传思想战线"兴文化，就是要坚持中国特色社会主义文化发展道路，推动中华优秀传统文化创造性转化、创新性发展"。《培养德智体美劳全面发展的社会主义建设者和接班人》一文指出，学校"要把中华优秀传统文化教育作为固本铸魂的基础工程，贯穿人才培养全过程"，"让学生在底蕴深厚的课程教材中、在参观名胜古迹的亲身体验中，了解中华文化变迁，触摸中华文化脉络，感觉中华文化魅力，汲取中华文化精髓，让中华优秀传统文化基因一代代传承下去"。

可以说，道路自信、理论自信、制度自信、文化自信贯穿于《选读》众多文献的字里行间，充分展示了习近平总书记对党和国家前途命运的深邃思考，对党和国家事业发展的深谋远虑。

体系的科学性：全面展示党的最新创新理论的博大精深和鲜明特色

习近平新时代中国特色社会主义思想是当代马克思主义、21 世纪马克思主义，贯通马克思主义哲学、马克思主义政治经济学、科学社会主义，贯通历史、现在、未来，贯通改革发展稳定、内政外交国防、治党治国治军等各领域，是一个逻辑严密、内涵丰富、系统全面、博大精深的科学体系，为丰富发展马克思主义作出了原创性贡献，为传承发展中华优秀传统文化作出了历史性贡献，为推动人类文明进步作出了世界性贡献。

从《选读》两卷划分的时间节点看，分为党的十八大到党的十九大之前，党的十九大到党的二十大召开。一定意义上说，第一卷收录的 71 篇重要文献体现了党的创新理论形成发展过程，第二卷收录的 75 篇重要文献体现了党的创新理论的进一步丰富拓展过程。其精神要义是前后贯通的，思想精髓是一脉相承的。所有著述都是从不同侧面、不同角度，围绕不同主题，充分反映出新时代坚持和发展中国特色社会主义的总目标、总任务、总体布局、战略布局和发展方向、发展方式、发展动力、战略步骤、外部条件、政治保证等基本问题，充分揭示了以习近平同志为核心的党中央基于变化的国内外环境对经济、政治、法治、科技、文化、教育、民生、民族、宗教、社会、生态文明、国家安全、国防和军队、"一国两制"和祖国统一、统一战线、外交、党的建设等各方面作出的理论分析和政策指导。党的二十大报告指出，"十九大、十九届六中全会提出的'十个明确''十四个坚持''十三个方面成就'概括了这一思想的主要内容"，这些内容充分体现了党的创新理论的科学性、系统性和完整性，其最鲜明的特色又体现为党性和人民性的高度统一、实践性和开放性的有机结合。

中国共产党领导是习近平新时代中国特色社会主义思想的政治基石。《选读》的大量文献从新时代我们党治国理政的不同层面不同角度阐释了中国特色社会主义最本质的特征是坚持中国共产党领导。习近平总书记明确指出，"一定要认清，中国最大的国情就是中国共产党的领导。什么是中国特色？这就是中国特色"，"我国社会主义政治制度优越性的一个突出特点是党总揽全局、协调各方的领导核心作用，形象地说是'众星捧月'，这个'月'就是中国共产党"，"办好中国的事情，关键在党"。当然，党要始终成为中国特色社会主义事业的坚强领导核心，保持解决大党独有难题的清醒和坚定，就必须把党的政治建设摆在首位，严肃党内政治生活。推进全面从严治党，党必须勇于自我革命，推进党的建设新的伟大工程要一以贯之，重整行装再出发以永远在路上的执着把全面从严治党引向深入，探索出依靠党的自我革命跳出历史周期率的成功路径。党员干部尤其是党的高级干部要牢记"国之大者"，不断提高政治判断力、政治领悟力和政治执行力。

以人民为中心是习近平新时代中国特色社会主义思想的基本价值立场。《选读》的大量文献所阐述的我们党在新时代治国理政的出发点和落脚点就是坚持以人民为中心的发展思想。习近平总书记指出，人民对美好生活的向往就是我们的奋斗目标。我将无我、不负人民，不忘初心、牢记使命，是我们党保持人民性的生动写照。新时代的十年，我们实施全面深化改革推进高水平对外开放，打赢脱贫攻坚战全面建成小康社会，坚持和完善中国特色社会主义制度、推进国家治理体系和治理能力现代化，构筑"五位一体"总体布局和"四个全面"战略布局等，都是为了解决好新时代我国社会主要矛盾，为了推动人的全面发展、促进全体人民共同富裕。习近平总书记强调："一路走来，我们紧紧依靠人民交出了一份又一份载入史册的答卷。面向未来，我们仍然要依靠人民创造新的历史伟业""前进道路上，无论是风高浪急还是惊涛骇浪，人民永远是我们最坚实的依托、最强大的底气"。

实践性是习近平新时代中国特色社会主义思想的鲜明品格。马克思指出，"全部社会生活在本质上是实践的"，"哲学家们只是用不同的方式解释世界，问题在于改变世界"。党的创新理论始终正确认识党和人民事业所处的历史方位和发展阶段，明确提出了我国经济发展进入新常态，要准确把握新发展阶段，完整准确全面贯彻新发展理念，加快构建新发展格局，着力推进高质量发展，建设现代化经济体系的战略方位、发展理念和目标任务。强调要正确认识和把握我国发展重大理论和实践问题，在新的中国式现代化实践中重视战略策略问题。

开放性是习近平新时代中国特色社会主义思想的非凡气度。党的创新理论始终以世界眼光关注人类前途命运，从人类发展大潮流、世界变化大格局、中国发展大历史正确认识和处理同外部世界的关系，推动建设新型国际关系、推动构建人类命运共同体，倡导世界各国弘扬和平、发展、公平、正义、民主、自由的全人类价值，积极回应各国人民关切，为解决人类面临的共同问题作出贡献，以海纳百川的宽阔胸襟借鉴吸收一切人类文明成果，推动建设更加美好的世界。

论理的思辨性：深刻昭示观察世界、认识世界、改造世界的强大哲学智慧

学深悟透习近平新时代中国特色社会主义思想，关键在于深刻把握这一思想的世界观、方法论和贯穿其中的立场观点方法。党的二十大报告提出了继续推进理论创新的科学方法，要把握好"两个结合"，牢牢把握"六个必须坚持"，即必须坚持人民至上、必须坚持自信自立、必须坚持守正创新、必须坚持问题导向、必须坚持系统观念、必须坚持胸怀天下。只有准确把握包括"六个必须坚持"在内的新时代中国特色社会主义思想的立场观点方法，才能更好领会新时代中国特色社会主义思想的精髓要义，认识问题才站得高，分析问题才看得深，开展工作也才能把得准。

《选读》中的许多重要文献充分体现了习近平总书记坚持辩证唯物主义和历史唯物主义，灵活运用这"两个结合""六个必须坚持"的立场观点方法找准问题、分析问题、解决问题的科学思辨性和论理透彻性，体现了马克思主义理论家观察世界、认识世界、改造世界的强大哲学力量，为全党干部提供了鲜活范本。

比如，在《关于坚持和发展中国特色社会主义的几个问题》一文中，习近平总书记充分运用唯物史观，坚持人民至上，深刻阐释了"一个国家实现什么样的主义，关键在看这个主义能否解决这个国家面临的历史性课题"，揭示了"各国的发展道路应由各国人民选择"的基本道理；深刻阐明了正确对待我国改革开放前和改革开放后两个历史时期的正确主张。比如，在《经济工作要适应经济发展新常态》一文中，习近平总书记科学认识当前形势，准确研判未来走势，用对比的方法条分缕析我国经济发展新常态九个方面的趋势性变化，为当代中国发展经济学奠定了分析框架。再如，在《推动长江经济带发展需要正确把握的几个关系》一文中，习近平总书记充分运用问题导向、系统思维的方法，以点及面，深刻把握现象和本质、局部与整体、现实与未来等对应矛盾，站在区域协调发展战略高度透彻阐释了长江经济带高质量发展的战略导向。在《坚持党的新闻舆论工作的正确政治方向》一文中，习近平总书记坚持守正创新，深刻阐释了新闻舆论工作坚持党性与人民性的高度统一，从正反两面对坚持马克思主义新闻观、坚持正确舆论导向、坚持正面宣传为主等进行了全面、客观、入木三分的分析。

像这样充满论理思辨性、逻辑严密性和理论说服力的重要文献，在《选读》中可谓比比皆是。通过认真学习、反复阅读，足可以让我们在领略理论之美、逻辑之美、哲学之美中深切感悟党的创新理论的真理力量和实践伟力。

语言的鲜活性：生动体现博古通今的厚实文化积淀和中华文化的历史穿透力

《选读》的大量文献展示的鲜活文风也是足以令人称道的，让我们可以深刻领悟习近平新时代中国特色社会主义思想是中华文化和中国精神的时代精华。

习近平总书记爱读书、善读书，读书成为他的一种生活方式，通过读书厚积起来的融通古今中外的渊博知识，在《选读》的大量文献信手拈来的引经据典上得以精彩呈现；通过读书以及丰富的社会实践得来的真切感受，在《选读》的许多文献灵活使用的形象比喻中得以切中时弊。

《选读》的每篇文章都附有注释，其中大量的引文出处既来自许多马克思主义经典作家的重要论著，也来自厚重的中华优秀传统文化典籍。这些引文不仅大大增强了《选读》文献的思想魅力，也充分展示了中华优秀文化的历史穿透力和贯古通今的历史智慧。

比如，在《八项规定是改进作风的切入口和动员令》一文中，习近平总书记援用东汉《申鉴·政体》"善禁者，先禁其身而后人"，要求各级领导干部以身作则、率先垂范，落实好中央八项规定；用明代李坤《呻吟语·存心》"俭则约，约则百善俱兴；侈则肆，肆则百恶俱纵"强调勤俭是我们的传家宝，什么时候都不能丢掉。在《着力培养选拔党和人民需要的好干部》一文中，习近平总书记援用"尚贤者，政之本也""为政之要，莫先于用人"谈选拔好干部的重要性；用"志之所趋，无远勿届，穷山距海，不能限也。志之所向，无坚不入，锐兵精甲，不能御也"说明共产党干部坚定理想信念的重要性。

再如，在《群众路线是党的生命线和根本工作路线》一文中，习近平总书记深刻揭示了"四风"的具体表现。习近平总书记批评一些干部搞形式主义，有的下基层调研走马观花，下去就是为了出出镜、露露脸，坐在车子上，隔着玻璃看，只看"门面"和"窗口"，不看"后院"和"角落"，群众说是"调查研究隔层纸，政策执行隔座山"。在《确保我国粮食安全》一文中，习近平总书记强调要大兴农田水利，切实解决"有肥无水望天哭，有水无肥一半谷"靠天吃饭问题，指出，既要重视大兴水利工程这样的"大动脉"，也要重视田间地头的"毛细血管"，解决好农田灌溉"最后一公里"问题，等等。

习近平同志曾经指出，党风决定着文风，文风体现出党风。人们从文风状况中可以判断党的作风，评价党的形象，进而观察党的宗旨的贯彻落实情况。习近平总书记从党的建设战略高度强调，文风不正，危害极大。一切不良文风都是不符合党的性质、宗旨的，都是同党肩负的历史使命相背离的。大力纠正不良文风，积极倡导优良文风，已成为新形势下加强和改进党的作风建设一项重要任务。

我们认真研读《选读》，认真学习习近平总书记的语言魅力和文风，也能更加深入领会习近平新时代中国特色社会主义思想的文化精髓和广博深厚的精神力量。

坚守自信自立的
精神品格*

在辉煌的百余年奋斗历程中，我们党始终坚持自信自立，将马克思主义基本原理同中国具体实际相结合、同中华优秀传统文化相结合，不断开辟马克思主义中国化时代化新境界，中华民族迎来了从站起来、富起来到强起来的伟大飞跃，实现中华民族伟大复兴进入了不可逆转的历史进程。

"坚持自信自立"是习近平新时代中国特色社会主义思想世界观和方法论的重要内容，彰显出这一党的最新创新理论的非凡气度和精神品格。我们党在辉煌的百年奋斗历程中，正是依靠"坚持自信自立"，将马克思主义基本原理同中国具体实际相结合、同中华优秀传统文化相结合，从而不断开辟马克思主义中国化时代化新境界。深入开展学习贯彻习近平新时代中国特色社会主义思想主题教育，要求坚持好运用好贯穿其中的立场观点方法，在大力推进中国式现代化进程中永葆自信自立、牢牢掌握发展进步的主动权。

自信是中国共产党素有的精神气度

信心就是力量，自信方能自强。中国共产党强大的自信来自制度的优势、理论的支撑、文化的积淀和道路的成功实践，形成了我们对中国特色社会主义的道路自信、理论自信、制度自信、文化自信。

自信源自道路的成功实践。中国共产党一百年来始终坚持共产主义理想和社会主义信念，不忘初心、牢记使命，团结带领中国人民为争取民族独立、人民解放和实现国家富强、人民幸福而不懈奋斗，书写了中华民族几千年历史上最恢宏的史诗。

党的百年奋斗历程充分证明，中国共产党在革命性锻造中更加坚强有力；中国人民的前进动力更加强大、奋斗精神更加昂扬、必胜信念更加坚定，焕发

---

* 本文原载《湖南日报·理论周刊》2023 年 5 月 11 日。

出更为强烈的历史自觉和主动精神；中华民族伟大复兴进入了不可逆转的历史进程；21世纪的马克思主义在中国大地上展现出更为强大、更有说服力的真理力量。正如习近平总书记指出的："当今世界，要说哪个政党、哪个国家、哪个民族能够自信的话，那中国共产党、中华人民共和国、中华民族是最有理由自信的。"

自信源自真理的坚守。在人类思想史上，没有一种思想理论像马克思主义那样对人类产生了如此广泛而深刻的影响。马克思主义作为科学的理论，创造性地揭示了人类社会发展的一般规律，为人类指明了实现理想社会、从必然王国向自由王国飞跃的途径，为人民指明了实现自由和解放的道路。马克思主义是科学的理论，不仅深刻改变了世界，也深刻改变了中国。

中国共产党有着崇高的理想和坚定的信念，从成立之初，就把马克思主义写在自己的旗帜上。马克思主义作为我们立党立国、兴党兴国的根本指导思想，为中国革命、建设、改革等提供了强大思想武器，引领中国成功走上了全面建设社会主义现代化国家的康庄大道。对马克思主义的信仰、对共产主义远大理想和中国特色社会主义共同理想的信念，在今天已经成为中国共产党人的精神支柱和政治灵魂，是保持党的团结统一的思想基础，也是我们能够战胜前进道路上一切困难挑战的信心基石。习近平总书记指出："信仰、信念、信心，任何时候都至关重要。小到一个人、一个集体，大到一个政党、一个民族、一个国家，只要有信仰、信念、信心，就会愈挫愈奋、愈战愈勇。"实践证明，拥有马克思主义科学理论指导是我们党坚定信仰信念、把握历史主动的根本所在。

自信源自制度的优势。制度是关系党和国家事业发展的根本性、全局性、稳定性、长期性问题。纵观当今世界，制度优势是一个国家的最大优势，制度竞争是国家间最根本的竞争。世界上不存在完全相同的政治制度。也不存在适用于一切国家的政治制度模式，要从国情出发、从实践出发、从文化传承出发，不能想象突然就搬来一座政治制度上的"飞来峰"。中国特色社会主义制度体系，没有简单延续我国传统社会制度的母版，没有简单套用马克思主义经典作家设想的制度模板，也不是苏联等其他国家社会主义制度体系的再版，更不是西方国家现代制度体系的翻版，而是社会主义制度的中国版。

新中国成立以来特别是改革开放以来，我们党领导人民创造了世所罕见的经济快速发展奇迹和社会长期稳定奇迹，创造了符合中国国情的中国特色社会主义根本制度、基本制度、重要制度，为解放和发展社会生产力、解放和增强社会活力、永葆党和国家生机活力提供了有力保证。党的十八大以来，以习近平同志为核心的党中央在制度建设上深刻回答"坚持和巩固什么、完善和发展什么"这个重大课题，推动各方面制度更加成熟更加定型，战胜接踵而至的各种风险挑战，为坚定制度自信奠定了坚实基础。

自信根植于深厚的历史文化。作为人类历史上唯一一个绵延至今未曾中断的中华灿烂文明，深植于本国本民族历史文化沃土，中国人民既培育了"路漫漫其修远兮，吾将上下而求索"的奋斗精神，又形成了"天行健，君子以自强不息""地势坤，君子以厚德载物"的变革和开放精神以及"天下大同""协和万邦"的广博胸襟。诸如大禹治水、后羿射日、嫦娥奔月、女娲补天、愚公移山、夸父追日、精卫填海、盘古开天等神话与典故，都是对中华传统文化智慧和中国人民自尊自信的生动诠释。正是因为植根于中华民族血脉深处的这些自尊自信的文化基因，中华民族才能历经挫折而不屈、屡遭坎坷而不馁，中国人民才能创造出生生不息的中华文明，为人类文明进步事业作出重大贡献。

中国共产党是中华优秀传统文化的忠实继承者和弘扬者，一百年来，我们党坚定历史自信、文化自信，坚持古为今用、推陈出新，把马克思主义思想精髓同中华优秀传统文化精华贯通起来、同人民群众日用而不觉的共同价值观念融通起来，既夯实了马克思主义中国化时代化的历史基础和群众基础，让马克思主义在中国牢牢扎根；又不断赋予科学理论鲜明的中国特色中国价值，让新时代党的创新理论成为中华文化和中国精神的时代精华。

自立是我们立党立国的重要原则

马克思主义理论不是书斋里的学问，也不是教条。实践性和开放性是马克思主义理论区别于其他理论的显著特征。马克思主义的中国篇章是中国共产党人依靠自身力量实践出来的，贯穿其中的一个基本点就是中国的问题必须从中国基本国情出发，由中国人自己来解答。

中国共产党不断推动马克思主义中国化时代化，就是体现了这样的实践性和开放性，一切从实际出发着力解决中国的问题，不断回答中国之问、世界之问、人民之问、时代之问，作出符合中国实际和时代要求的正确回答。

新民主主义革命时期、社会主义革命和建设时期，毛泽东同志深刻指出，要"使马克思主义在中国具体化，使之在其每一表现中带着必须有的中国的特性，即是说，按照中国的特点去应用它，成为全党亟待了解并亟须解决的问题""必须使各级党的领导骨干都懂得，理论和实践这样密切地相结合，是我们共产党人区别于其他任何政党的显著标志之一"。毛泽东同志大力反对本本主义，大兴调查研究之风，坚决反对伪马克思主义学者"言必称希腊"，强调既要研究中国的现实斗争内容，也要研究中国的近代历史和古代历史，继承优秀传统文化，创造马克思主义的民族形式，倡导"中华民族的新文化"。

改革开放和社会主义现代化建设新时期，邓小平同志鲜明指出，"我们改革开放的成功，不是靠本本，而是靠实践，靠实事求是"，"一个党，一个国家，一个民族，如果一切从本本出发，思想僵化，迷信盛行，那它就不能前进，它的生机就停止了"。改革开放让中国大踏步赶上了时代。与此同时，他又强调，"中国的事情要按照中国的情况来办，要依靠中国人自己的力量来办。独立自主，自力更生，无论过去、现在和将来，都是我们的立足点"。

中国特色社会主义进入新时代，习近平总书记在全面总结党的百年奋斗重大成就和历史经验的历史性决议中，深刻地指出："人类历史上没有一个民族、一个国家可以通过依赖外部力量、照搬外国模式、跟在他人后面亦步亦趋实现强大和振兴。那样做的结果，不是必然遭遇失败，就是必然成为他人的附庸。"① 新时代十年伟大变革的成功实践再次证明，我们走出了一条符合中国实际、反映中国人民意愿、适应时代发展要求的中国特色社会主义道路。这条路走得对、走得通，也走得稳、走得好。

回溯我们党一百年来的艰辛探索历程，全面总结正反两方面经验教训，我们可以更加深刻地领悟：我们强调的自立应该是兼收并蓄上的自立，是要拓展世界眼光，深刻洞察人类进步潮流，积极回应世界普遍关切，能够以海纳百川的宽阔胸襟借鉴吸收人类一切优秀文明成果，拥有为解决人类面临的共同问题作出贡献的宽广胸怀，不能刻舟求剑、封闭僵化。我们强调的自立应该是自信基础上的自立，是要始终坚持马克思主义真理，坚守马克思主义信仰，在实践中勇于探索开辟符合自己国情的发展之路，不能照抄照搬、食洋不化。

今天我们踏上了全面建设社会主义现代化国家新征程，这是一项伟大而艰辛的事业，前途光明，任重道远。只要我们坚持独立自主、自力更生，既虚心学习借鉴国外的有益经验，又坚定民族自尊心和自信心，不信邪、不怕鬼、不怕压，不断从五千多年中华优秀传统文化中汲取养分，继续结合新的实践勇于推进理论创新、善于用新的理论指导新的实践，就一定能够把中国发展进步的命运始终牢牢掌握在自己手中，就一定能以中国式现代化创造人类文明新形态。

---

① 中共中央关于党的百年奋斗重大成就和历史经验的决议 [N]. 人民日报，2021－11－17（1）.

在民族复兴伟业中
绽放青春风采 *

当代青年要努力与时代同向同行，以真才实学服务人民，以创新创造贡献国家，把事业梦想和爱国情怀转化为不懈奋斗的动力，才会有海一样的胸怀、山一样的崇高、铁一般的意志，才能踩准新时代的节拍奏响精彩的青春旋律。

党的二十大报告明确指出，要以中国式现代化全面推进中华民族伟大复兴。青年是国家的前途，民族的希望。新时代新征程上的中国式现代化为当代中国青年施展才干搭建了无比广阔的舞台、为当代中国青年实现梦想展示了无比光明的前景。如何让青春在强国建设、民族复兴的伟大进程中点亮希望之光、绽放绚丽之花，是我们这一代中国青年必须回答好的时代课题、必须书写好的时代篇章。

努力与时代同向同行

青年最富有朝气、最富有梦想，但在涉世之初，面对多样的择业、事业、生活乃至于人生方向选择，青年也最容易懵懂、迷茫、彷徨，甚至失措。人生正确的打开方式应当是什么？这是每一名青年的入世之问。归根结底，这是一个价值观导向问题，是一个如何摆正"小我"和"大我"的关系问题，是一个如何正确认识自我奋斗和顺应时代发展的关系问题。

梁启超说过："何谓大我，我之群体是也。何谓小我，我之个体是也。"马克思也认为，人的本质不是单个人所固有的抽象物，在其现实性上，它是一切社会关系的总和。这就是说，我们每个人虽然都是一个独立个体，即"小我"；但每个人都是社会这个"大我"的一部分，任何人不可能脱离群体而单独存在、脱离时代而孤立发展。

青年的命运，从来都是同时代紧密相连的。马克思 1835 年秋天在他的中学

---

* 本文原载中共广东省委机关刊《南方·新青年特刊》2023 年 5 月 31 日。

毕业论文《青年在选择职业时的考虑》里写道，"在选择职业时，我们应该遵循的主要指针是人类的幸福和我们自身的完美"，"人类的天性本来就是这样的：人们只有为同时代人的完美、为他们的幸福而工作，才能使自己也达到完美"。青年马克思正是树立了为人类幸福而工作的志向，他创立的马克思主义理论源于那个时代又超越了那个时代，马克思一生为人类解放的崇高理想不懈奋斗，既成就了伟大的思想，也成就了伟大的人生。

马克思的青春誓言也激励了一代代有为的中国青年投身于时代洪流、推动民族复兴伟大事业中。一百多年前，当中华民族遭受前所未有的劫难时，一批批仁人志士为救国救民苦苦追寻。尤其是以李大钊、陈独秀、毛泽东为代表的爱国青年接受了马克思主义先进思想的洗礼，在新文化运动基础上极大地推进马克思主义在中国的传播，拉开新民主主义革命的序幕，唤起整个中华民族的"觉醒"。后又带动更大一批爱国"新青年"自觉抛弃"小我"的狭隘，跳出小家的羁绊，毅然投笔从戎，走上了致力于国家富强、民族独立、人民解放的革命道路，中国革命从此开辟了新纪元，中华民族复兴从此有了新的曙光。

回溯过往一百年，正是因为有着这样一批先进的中国青年将"小我"的命运融入国家、民族、人民的"大我"价值，真正把握了时代演变的大规律、顺应了时代发展的大趋势，自觉与时代同向同行，从而成为推动中国社会变革的急先锋，成为推动中华民族伟大复兴的坚定力量。

党的十八大以来，中国特色社会主义进入新时代，中华民族迎来了从站起来、富起来到强起来的伟大飞跃，迎来了实现中华民族伟大复兴的光明前景。新时代的光荣与梦想属于当代中国青年、新时代强国建设、民族复兴的使命任务也寄望于当代中国青年。

生逢其时，当代青年要像革命先驱一样，自觉把小我融入大我，敢于肩负起属于这一代人的使命和责任，努力与这个时代同向同行，以真才实学服务人民，以创新创造贡献国家，把事业梦想和爱国情怀转化为不懈奋斗的动力，才会有海一样的胸怀、山一样的崇高、铁一般的意志，才能踩准新时代的节拍，奏响精彩的青春旋律。

自觉肩负起历史责任

青年是整个社会力量中最积极、最有生气的力量。今天，新时代中国青年处在中华民族发展的最好时期，既面临着难得的建功立业的人生际遇，也面临着"天将降大任于是人也"的时代使命。习近平总书记强调："新时代中国青年运动的主题，新时代中国青年运动的方向，新时代中国青年的使命，就是坚持中国共产党领导，同人民一道，为实现'两个一百年'奋斗目标、实现中华民族伟大复兴的中国梦而奋斗。"①

党的二十大报告指出，"广大青年要坚定不移听党话、跟党走，怀抱梦想又脚踏实地，敢想敢为又善作善成，立志做有理想、敢担当、能吃苦、肯奋斗的新时代好青年"。② 这是党的召唤，也是时代的呼唤。今天，实现中华民族伟大复兴进入了不可逆转的历史进程，我们比历史上任何时期都更接近、更有信心和能力实现中华民族伟大复兴的目标。但这一宏伟目标，绝不是轻轻松松、敲锣打鼓就能实现的。

在以中国式现代化全面推进中华民族伟大复兴的前进道路上，时刻面对着世情、国情、民情、党情的深刻变化，随时可能发生各种"黑天鹅""灰犀牛"风险事件，我们必须准备经受风高浪急甚至惊涛骇浪的重大考验，准备付出更为艰巨更为艰苦的努力。

纵观人类发展史和中国近现代史，越是大变革的年代，越能燃起青春的激情、越能迸发青春的力量、越能激发青春的智慧。新时代中国青年要有这样的底气、骨气、志气，自觉以实现中华民族伟大复兴为己任，不辜负党的期望、人民期待、民族重托，不辜负我们这个伟大的变革时代。

底气来自我们厚重的文化历史底蕴。回望五千多年文明史，中华民族始终有着"自古英雄出少年"的传统，始终有着"长江后浪推前浪"的情怀，始终有着"少年强则国强，少年进步则国进步"的信念，始终有着"希望寄托在你们身上"的期待。正因为此，中华民族没有因历史悠久、饱经沧桑而落后于时代，更因为厚植自强不息、朝气蓬勃的青春品格不断塑造着"青春之中国"。

历史充分证明，千百年来，青春的力量，青春的涌动，青春的创造，始终是推动中华民族勇毅前行、屹立于世界民族之林的磅礴力量。

骨气来自我们丰硕的实践斗争成果。中国共产党自成立之初就立志于中华民族千秋伟业，始终代表广大青年、赢得广大青年、依靠广大青年。从中国共产党自身发展看，大多数都是在青年时代就满怀信仰和豪情加入了党组织，并为党和人民奋斗终身；党的队伍中始终活跃着怀抱崇高理想、充满奋斗精神的青年人，确保了我们党始终充满生机活力、党的事业薪火相传、中华民族永续发展。

在党的领导下，一代又一代中国青年积极投身革命、建设、改革、新时代伟大事业，把最美好的青春献给祖国和人民，谱写了一曲又一曲壮丽的青春之歌。实践充分证明，中国青年是有远大理想抱负、有深厚家国情怀、有伟大创

---

① 习近平. 在纪念五四运动 100 周年大会上的讲话 [N]. 人民日报，2019 - 05 - 01（2）.

② 习近平. 高举中国特色社会主义伟大旗帜 为全面建设社会主义现代化国家而团结奋斗——在中国共产党第二十次全国代表大会上的报告 [N]. 人民日报，2022 - 10 - 26（1）.

造力的青年。无论过去、现在还是未来，中国青年始终是实现中华民族伟大复兴的先锋力量。

志气来自我们新一代中国青年特有的精神风采。在新时代十年伟大变革中，脱贫攻坚第一线、抗击疫情最前列、科技攻关最前沿等，都闪现着一大批80后、90后甚至00后身先士卒、敢做善成的鲜活身影。这一代青年人以生动的事迹书写了亮丽的青春篇章，让我们对新时代的中国青年刮目相看，对中国青年的未来充满信心。

坚定理想信念的指引

当然，新一代中国青年成长于改革开放最好时期，成才于科技变革最迅猛年代，必然有着特定的时代烙印和身心特点，以"响鼓还要重锤"视之，寄望新一代中国青年还必须坚定理想信念。

理想是指引青年成长进步的灯塔，新时代中国青年必须要坚定对马克思主义的信仰、对中国特色社会主义的信念、对中华民族伟大复兴中国梦的信心，让理想信念在创业奋斗中升华，让青春在创新创造中闪光。

必须勇于担当作为。青年要保持初生牛犊不怕虎、越是艰险越向前的刚健勇毅，勇立时代潮头，争做时代先锋，在担当中历练，在尽责中成长，不断增强担当的意志和韧劲，提高担当的能力和本领。

必须能够吃苦耐劳。苦难成就辉煌。青年时代选择吃苦也就选择了收获，选择奉献也就选择了高尚，当代青年要把经受艰苦环境作为磨炼青春的机遇。刀在石上磨，人在事上练，只有磨砺才能铸就一生刚健自强、百折不挠的品格。

必须保持奋斗精神。奋斗是青春最亮丽的底色。民族复兴的使命要靠奋斗来实现，人生理想的风帆要靠奋斗来扬起。"自信人生二百年，会当水击三千里"。当代青年要在青春的赛道上接好历史的接力棒，奋力奔跑、跑出最好成绩，同时在奋斗中摸爬滚打，从中体察世间冷暖、民众忧乐、现实矛盾，从中找到人生真谛、生命价值、事业方向，从中懂得感恩党和国家、感恩社会和人民、感恩我们所处的时代，从而在民族复兴伟业中绽放青春风采。

真正把马克思主义
看家本领学到手*

习近平总书记在主题教育工作会议上明确提出，要牢牢把握"学思想、强党性、重实践、建新功"的总要求，"要全面学习领会新时代中国特色社会主义思想，全面系统掌握这一思想的基本观点、科学体系，把握好这一思想的世界观、方法论，坚持好、运用好贯穿其中的立场观点方法，不断增进对党的创新理论的政治认同、思想认同、理论认同、情感认同，真正把马克思主义看家本领学到手，自觉用新时代中国特色社会主义思想指导各项工作"。① 习近平总书记的重要讲话以及近一段时间围绕主题教育作出的一系列重要指示，对"为什么学""学什么""怎么学"进行了深刻阐释，为我们提供了最坚实的思想遵循。

深入领会习近平总书记重要讲话精神，首先必须落实好"学思想"这个第一位任务，真正学懂弄通习近平新时代中国特色社会主义思想这个当代中国马克思主义、21 世纪马克思主义，真正把马克思主义看家本领学到手，做到学思用贯通、知信行统一，在以学铸魂、以学增智、以学正风、以学促干方面取得实实在在的成效。

解决好为什么学的问题：党的理论创新每前进一步，理论武装就要跟进一步

理论是思想的基石、是实践的指引、是行动的指南，蕴藏着强大的力量。马克思在论述科学理论的巨大作用时，有一句精辟的论述，就是"批判的武器当然不能代替武器的批判，物质力量只能用物质力量来摧毁；但是理论一经掌握群众，也会变成物质力量"。马克思主义作为科学理论，正是在扬弃先哲们深邃思想的基础上进行了新的理论创新，创造性地揭示了人类社会发展规律，从

---

* 本文原载《中国纪检监察报·理论周刊》2023 年 6 月 8 日。
① 扎实抓好主题教育 为奋进新征程凝心聚力 [N]. 人民日报，2023 - 04 - 04 (1).

而为人们认识世界、改造世界提供了强大思想武器，为人们指明了实现自由和解放的道路。

中国共产党是用马克思主义理论武装起来的先进政党，从成立之初就注重思想建党、理论强党，这成为我们党的一个鲜明特色和宝贵经验。一百多年来，我们党坚持以科学理论引领、用科学理论武装，不断推进马克思主义中国化时代化，成就了伟大事业，书写出了中华民族伟大复兴的精彩华章。

早在新民主主义革命时期，党中央和毛泽东同志就号召全党同志联系中国革命实际，学习钻研马克思列宁主义理论，不断提高全党的理论水平和理论修养，坚决克服了前进道路上各种本本主义、教条主义对党的事业的侵扰。毛泽东同志曾一针见血地指出："指导一个伟大的革命运动的政党，如果没有革命理论，没有历史知识，没有对于实际运动的深刻的了解，要取得胜利是不可能的。"他还有一句名言，"如果我们党有一百个至二百个系统地而不是零碎地、实际地而不是空洞地学会了马克思列宁主义的同志，就会大大提高我们党的战斗力量"。在中国革命即将胜利之际，为适应新形势发展的需要，党中央编审了一套 12 本干部要学习的马列主义著作，毛泽东特地为这套书加了"干部必读"四个字。这对提高全党干部的马克思主义理论水平、经济工作和城市工作能力，发挥了非常重要的作用。新中国成立后，为搞好社会主义建设，毛泽东同志也多次倡导领导干部组织读书小组，深入研讨政治经济学教科书和马列主义经典篇目，要求对社会主义经济建设问题进行深入的理论思考。

进入改革开放和社会主义现代化建设新时期，邓小平同志、江泽民同志、胡锦涛同志几代领导人都要求全党加强理论学习，敦促党员干部学习、学习、再学习，实践、实践、再实践，并将建设马克思主义学习型政党作为战略任务。在推进改革开放的进程中，邓小平在多个场合反复强调，"在不断出现的新问题面前，我们党总是要学，我们共产党人总是要学，我们中国人民总是要学。谁也不能安于落后，落后就不能生存"。全党通过组织开展一系列卓有成效的学习活动，为党在新时期创造改革开放的伟大成就提供了强大的思想基础和精神动力。

党的十八大以来，中国特色社会主义进入新时代，我国发展环境、发展条件等发生了深刻变化，习近平总书记强调全党要加强理论学习、提升理论修养、增强理论思维。习近平总书记指出："中国共产党人依靠学习走到今天，也必然要依靠学习走向未来。"并要求"领导干部特别是高级干部要把系统掌握马克思主义基本理论作为看家本领""新干部、年轻干部尤其要抓好理论学习"。党的十八大以来，以习近平同志为核心的党中央充分运用在全党开展集中学习教育这一成熟经验和重要途径，先后部署完成了多次集中性学习教育活动，即

2013 年开展党的群众路线教育实践活动，2015 年开展"三严三实"专题教育，2016 年开展"两学一做"学习教育，2019 年开展"不忘初心、牢记使命"主题教育，2021 年开展党史学习教育，2023 年开展学习贯彻习近平新时代中国特色社会主义思想主题教育，其频度之密、力度之大，在百年党史上并不多见。这几次集中学习教育都是以思想教育打头，以理论学习为基础，着力解决党员干部学习不深入、思想不统一、行动跟不上的问题。集中学习教育既强化了理论武装，提高了政治能力，推进了自我革命，夯实了初心使命，也有力推动了全党思想上统一、政治上团结、行动上一致。

实践没有止境，理论创新当然也没有止境。基于新时代十年伟大变革的创新实践，我们党创立了习近平新时代中国特色社会主义思想，这一党的创新理论的形成、丰富、发展历经了 10 年的发展历程，伴随着这一历程，全党不断开展党的创新理论学习也历经了 10 年，取得了明显成效。但必须清醒地看到，新时代新征程，面对错综复杂的国际国内形势、艰巨繁重的改革发展稳定任务、各种不确定难预料的风险挑战，要实现党的二十大确定的战略目标，理论武装的任务仍然艰巨。习近平总书记深刻指出，"党的理论创新每前进一步，理论武装就要跟进一步"。这就迫切需要广大党员、干部特别是各级领导干部进一步深入学习贯彻习近平新时代中国特色社会主义思想。

党的二十大报告鲜明提出，坚持不懈用新时代中国特色社会主义思想凝心铸魂。用党的创新理论武装全党是党的思想建设的根本任务，也是新征程上推进思想建党、理论强党的紧迫任务。党中央将二十大之后的第一次主题教育确定以学习贯彻习近平新时代中国特色社会主义思想为主题，就是贯彻落实党的二十大精神，推动全党特别是领导干部不断把学习贯彻习近平新时代中国特色社会主义思想引向深入，就是要以不断丰富发展的党的创新理论指引全党凝心聚力实现新时代新征程中国共产党的使命任务。

解决好学什么的问题：全面系统完整把握党的创新理论的科学体和精髓要义

编辑出版《习近平著作选读》第一卷、第二卷（以下简称《选读》），这是党和国家政治生活中的一件大事。《选读》生动记录了党的十八大以来这十年，以习近平同志为核心的党中央领导人民开创中国特色社会主义新时代并不断夺取新胜利的伟大历史进程，集中反映了新时代中国共产党人推进马克思主义中国化时代化取得的重大理论创新成果，充分彰显了习近平新时代中国特色社会主义思想引领强国建设、民族复兴的真理力量和实践伟力，立体展现了中国共产党致力于推动建设美好世界的中国智慧和中国担当，是全党全国各族人民深入学习贯彻习近平新时代中国特色社会主义思想的权威教材。落实这次主题教育"学思想"要求，首先就要把收录在《选读》中的 147 篇重要文章重要著述原原本本、原汁原味、扎扎实实地学好学懂学透，以此推动学习贯彻习近平新时代中国特色社会主义思想进一步往深里走、往实里走、往心里走。

中央主题教育领导小组办公室等有关部门为配合这次主题教育，还编辑了《习近平新时代中国特色社会主义思想专题摘编》《习近平新时代中国特色社会主义思想学习纲要（2023 年版）》《习近平新时代中国特色社会主义思想的世界观和方法论专题摘编》《论党的自我革命》《习近平关于调查研究论述摘编》等辅导读本也是重要的参考书，我们需要紧密结合在一起对照学习、对比学习，起到相得益彰的作用。

要全面系统把握党的创新理论的科学体系。习近平新时代中国特色社会主义思想贯通马克思主义三大组成部分，贯通历史、现在、未来，贯通改革发展稳定、内政外交国防、治党治国治军等各领域，经过实践发展，已经成为一个逻辑严密、内涵丰富、系统全面、博大精深的科学体系。习近平总书记以伟大的马克思主义理论家的雄才伟略，紧扣当代中国、当代世界发展大势深刻回答了"三大时代课题"、深化认识了"三大规律"，为丰富发展马克思主义作出了原创性贡献，为传承发展中华优秀传统文化作出了历史性贡献，为推动人类文明进步作出了世界性贡献。《选读》的每一篇文章都是从不同侧面不同角度细释了体现党的创新理论"十个明确""十四个坚持""十三个方面成就"的主要思想内容和实践要求，我们必须以普遍联系的方法、整体把握的视角、融会贯通的方式放在整个科学体系中来认识和理解，切忌碎片化、片面性，不能只见树木、不见森林。

要深入领会党的创新理论的世界观方法论。习近平新时代中国特色社会主义思想是坚持运用马克思主义辩证唯物主义和历史唯物主义的活的典范。通过认真学习、反复研读《选读》中充盈着论理思辨性、逻辑严密性、理论说服力的重要文献，可以让我们在领略理论之美、逻辑之美、哲学之美中，深刻感悟习近平总书记灵活运用"六个必须坚持"的立场观点方法找准时代问题、分析现实问题、解决矛盾问题的理论彻底性，深切感知运用马克思主义世界观和方法论来观察世界、认识世界、改造世界的强大哲学力量。党的创新理论的形成发展过程为全党学哲学用哲学提供了鲜活范本。

要与时俱进跟进党的创新理论的持续丰富发展。实践在不断发展，理论创新也在持续推进。习近平总书记在主题教育动员大会上的重要讲话指出，"党的创新理论在不断发展，党的二十大提出了一系列重大思想、重大观点，党的二十大以来在阐述党的二十大精神过程中又提出了一些新观点，特别是提出并系统阐述了中国式现代化这个重大理论和实践问题，进一步丰富了新时代中国特色社会主义思想。这方面的学习贯彻才刚刚开始"。概括提出并深入阐述中国式现代化理论，是党的二十大的一个重大理论创新，是科学社会主义的最新重大成果。全党需要继续解放思想，求真务实，推进理论创新，形成与时俱进的理论成果，更好指导中国式现代化的新实践。

要从党的创新理论中读出人民领袖的深厚情怀。习近平新时代中国特色社会主义思想也是来自人民、为了人民、造福人民的理论，人民性是这一理论的根本价值立场。《选读》中大量文献所阐发的治国理政理念的出发点和落脚点，集中体现在坚持以人民为中心的发展思想，充分展示了人民领袖爱人民的博大人民情怀，从而也成为人民所喜爱、所认同、所拥有的理论。这从《选读》中彰显的贴近人民、贴近生活、贴近实际的鲜活文风也充分表现出来。习近平总书记爱学习、善读书，读书成为他的一种生活方式，通过读书厚积起来的贯通古今中外的渊博知识在《选读》的大量文献信手拈来的引经据典上得以精彩呈现；通过丰富社会实践得来的真切感受在《选读》许多文献灵活使用的形象比喻中得以生动流露。认真学习《选读》的语言魅力和精彩文风，让我们更加深入领会了闪烁于党的创新理论之中的中华优秀传统文化的历史穿透力和通贯古今的历史智慧。

解决好怎么学的问题：关键在坚持学思用贯通、知信行统一上下更大功夫

习近平总书记指出，"学习新时代中国特色社会主义思想的目的全在于运用，在于把这一思想变成改造主观世界和客观世界的强大思想武器"。开展这次主题教育，根本任务是坚持学思用贯通、知信行统一，把习近平新时代中国特色社会主义思想转化为坚定理想、锤炼党性和指导实践、推动工作的强大力量，使全党始终保持统一的思想、坚定的意志、协调的行动、强大的战斗力，努力在以学铸魂、以学增智、以学正风、以学促干方面取得实实在在的成效。

立足忠诚学，实现以学铸魂。理论上清醒是政治上清醒的前提，理论上坚定是政治上坚定的保证。学习党的创新理论是一次思想淬炼、精神洗礼的过程。通过学习，就是要筑牢信仰之基、补足精神之钙、把稳思想之舵。更加坚定对马克思主义的信仰、对中国特色社会主义的信念、对中华民族伟大复兴的信心，更加强化对党忠诚，不断提高政治判断力、政治领悟力、政治执行力，增强"四个意识"、坚定"四个自信"、做到"两个维护"，始终忠诚于党、忠诚于人民、忠诚于马克思主义，始终保持共产党人的政治本色。

带着问题学，实现以学增智。学习党的创新理论关键在于掌握好其世界观

和方法论，坚持好、运用好贯穿其中的立场观点方法，用以改造客观世界、推动事业发展。要从党的科学理论中悟规律、明方向、学方法、增智慧，把看家本领、兴党本领、强国本领学到手。要大力弘扬理论联系实际的马克思主义学风，坚持走群众路线，大兴调查研究之风，自觉运用党的创新理论研究新情况、解决新问题，强化问题导向、实践导向、需求导向，问计于民、问需于民，着力解决好我国经济社会发展、群众急难愁盼和党的建设中存在的各种矛盾和问题，以解决问题、破解难题的实际成效取信于民。

对着整改学，实现以学正风。学习党的创新理论也是主动地改造主观世界。要坚持边学习、边对照、边检视、边整改，紧密结合新形势新任务新职责，把学、查、改有机贯通起来，全面查找自身不足和工作偏差，发扬斗争精神，敢于动真碰硬，坚决破除自身思想上行为上作风上的"思想尘""贪欲害""心中贼"问题，不断增强纪律意识、规矩意识，持续纠治"四风"，把纠治形式主义、官僚主义摆在更加突出的位置。要牢固树立正确的权力观、政绩观、事业观，以"时时放心不下"的责任感和积极担当作为的精气神为党和人民履好职、尽好责，以廉洁奉公的新风貌引领政治生态和社会风气。

承载使命学，实现以学促干。党的二十大提出了全面建设社会主义现代化强国、以中国式现代化全面推进中华民族伟大复兴的新使命新任务，贯彻落实党的二十大提出的重大战略部署重任在肩。要通过学习党的创新理论，从中汲取奋发进取的智慧和力量，熟练掌握蕴含其中的领导方法、思想方法、工作方法，切实落实好习近平总书记提出的"五个善于运用"，不断提高高质量发展本领、服务群众本领、防范化解风险本领，凝心聚力促发展，驰而不息抓落实，立足岗位做贡献，努力创造经得起历史和人民检验的新业绩。

深刻认识"第二个结合"是又一次的思想解放[*]

习近平总书记 2023 年 6 月 2 日在文化传承发展座谈会上发表的重要讲话，从中华文明源远流长的历史深度、党和国家事业发展全局的战略高度，全面分析了中华文明的突出特性，鲜明指出了马克思主义基本原理同中华优秀传统文化相结合这个"第二个结合"是又一次的思想解放，明确提出了建设中华民族现代文明、不断培育和创造新时代中国特色社会主义文化的新的文化使命。[①]其中，习近平总书记关于"两个结合"的重要思想特别是围绕"第二个结合"所作的系统阐述，是我们党对马克思主义中国化时代化历史经验的深刻总结，是对中华文明发展规律的深刻把握，是习近平新时代中国特色社会主义思想的进一步丰富和发展。我们要结合当前正在开展的主题教育，更加深刻领悟习近平新时代中国特色社会主义思想的精髓要义和丰富内涵，更加自觉地推进"两个结合"，以不断发展的党的创新理论指导中国式现代化新的伟大实践。

马克思主义中国化的成功实践根本在于其与中华优秀传统文化的融合

一部中国共产党的历史，就是一部马克思主义中国化时代化的发展史。20 世纪初马克思主义传入中国，像一盏明灯，给苦苦探寻救亡图存出路的中国人民指明了前进方向、提供了全新选择，从此也深刻地改变了中国。在风云变幻的历史大潮中，一个以马克思主义为指导、一个勇担民族复兴历史大任、一个必将带领中国人民创造人间奇迹的马克思主义先进政党——中国共产党应运而生。马克思主义写在中国共产党的思想旗帜上，成为我们立党立国、兴党兴国的根本指导思想。

---

* 本文原载中共成都市委机关刊《先锋》杂志 2023 年第 6 期。

① 习近平在文化传承发展座谈会上强调 担负起新的文化使命 努力建设中华民族现代文明［N］. 人民日报, 2023 – 06 – 03（1）.

马克思主义是科学的理论、实践的理论，创造性地揭示了人类社会发展的一般规律，为人类指明了从必然王国向自由王国飞跃的途径，为人民指明了实现自由和解放的正确道路。但马克思主义不是书斋里的学问，而是为了改变人民历史命运而创立的，是在人民求解放的实践中形成、丰富和发展的，为人民认识世界、改造世界提供了强大思想武器和精神力量。马克思主义学说之所以能为中国先进政党所接受、为中国人民大众所认同，除了无产阶级政党顺应时代需要大力传播并身体力行，根本还在于其三大组成部分的哲学、政治经济学和科学社会主义思想天然地与中华民族几千年来蕴积而成的社会理想、社会追求和价值取向高度契合。

中国人民自古以来就有建设"大同"社会的理想和"公天下"的美好追求，中国历代先进思想家、政治家都秉持"周虽旧邦，其命维新"的精神，讲求"民为邦本、为政以德"的执政理念，强调"革故鼎新、任人唯贤、天人合一、自强不息、厚德载物、讲信修睦、亲仁善邻"等行为操守。源远流长、连绵不断、博大精深的中华优秀传统文化凝聚成中华文明的智慧结晶，又内化于中国人民在长期生产生活中积累起来的日用而不觉的宇宙观、天下观、社会观、道德观，这都为马克思主义远大理想目标、社会矛盾运动和科学社会主义理念在古老中国落地生根、开花结果提供了丰厚的文化土壤。

在一百多年的长期奋斗实践中，中国共产党人始终厚植文化沃土、崇尚理想信念、坚持科学真理、善于总结经验、敢于修正谬误，也深刻认识到，只有把马克思主义基本原理同中国具体实际相结合、同中华优秀传统文化相结合，坚持运用辩证唯物主义和历史唯物主义，坚持把马克思主义思想精髓与中华优秀传统文化精华融会贯通，不断夯实马克思主义中国化时代化的历史基础和群众基础，才能正确回答时代和实践提出的重大课题，才能让马克思主义在中国牢牢扎根，才能始终保持马克思主义的蓬勃生机和旺盛活力，才能引领中华民族和中国人民走出一条符合自己国情的正确道路。

在新民主主义革命时期，毛泽东同志就提出以"改造中国与世界"为己任学习和接受马克思主义。后来经受革命战争的洗礼，他深刻体悟到马克思主义"本本"必须和中国实践相结合，在全民族抗战的重要时期对中国革命历史经验的总结和中国哲学思想深刻研究的基础上，鲜明提出"马克思主义中国化"这一科学命题。毛泽东指出，"使马克思主义在中国具体化，使之在其每一表现中带着必须有的中国的特性，即是说，按照中国的特点去应用它，成为全党亟待了解并亟须解决的问题"，[①] 强调马克思主义是"放之四海而皆准"的真理，

---

① 毛泽东. 毛泽东选集（第二卷）[M]. 北京：人民出版社，1991：519-535.

不能把其"当作教条"，而应该当作"行动的指南"，不仅要了解其"一般规律的结论"，更要学习其"观察问题和解决问题的立场和方法"。他向全党大声疾呼"洋八股必须废止，空洞抽象的调头必须少唱，教条主义必须休息，而代之以新鲜活泼的、为中国老百姓所喜闻乐见的中国作风和中国气派"。① 从此，"马克思主义中国化"就成为中国共产党思想政治理论的核心范畴。

毛泽东特别注重把马克思主义基本原理同中华优秀传统文化相结合，提出并倡导建设"民族的科学的大众的文化"，指出"民族的"文化是反对帝国主义压迫，主张中华民族的尊严和独立的，是我们这个民族的，带有我们民族的特性。中国共产党人必须将马克思主义和民族的特点结合起来，经过一定的民族形式，才有用处，决不能主观地公式地应用它。"科学的"文化是反对一切封建思想和迷信思想，主张实事求是，主张客观真理，主张理论和实践一致的；同时强调，"中国现时的新文化也是从古代的旧文化发展而来，因此，我们必须尊重自己的历史，决不能割断历史"。"大众的"文化是应为工农劳苦民众服务，并逐渐成为他们的文化。对于中国的优良的历史传统，"我们是要继承的"，对于过去时代的历史文化形式，"我们也并不拒绝利用，但这些旧形式到了我们手里，给了改造，加进了新内容，也就变成革命的为人民服务的东西了"。② 据此，毛泽东倡导提高民族自信心、建立中华民族的新文化。那个时代的"两个结合"为毛泽东思想的形成、发展到成熟提供了重要基础，实现了马克思主义中国化的第一次历史性飞跃，为中国革命的胜利、探索和开辟中国社会主义建设道路提供了科学指引。

进入改革开放和社会主义现代化建设新时期，以邓小平、江泽民、胡锦涛同志为主要代表的中国共产党人坚持解放思想、实事求是、与时俱进，创立和形成中国特色社会主义理论体系，实现了马克思主义中国化新的飞跃，而贯穿其中的一个基本点就是中国的问题必须从中国国情出发，由中国人自己来解答，既不能刻舟求剑、封闭僵化，也不能照抄照搬、食洋不化。完全依靠独立自主探索开辟的中国特色社会主义，既书写了马克思主义新的中国篇章，又充分体现了中华民族文化深厚的历史底蕴，从而极大激发了中国人民伟大梦想精神和变革开放精神，彰显出高度的道路自信、理论自信、制度自信和文化自信，中华民族以改革开放的新姿态日益走近世界舞台的中央，中国人民以宽广的胸襟融入世界文明发展进程，推进中华民族实现从站起来到富起来的伟大飞跃，这也为中国特色社会主义进入新时代，为在更高水平上坚持和发展中国特色社会主义事业，为中华民族对人类文明作出更大贡献奠定了更为坚实的基础、创造

---

① 毛泽东．毛泽东选集（第二卷）[M]．北京：人民出版社，1991：519－535.
② 毛泽东．毛泽东选集（第二卷）[M]．北京：人民出版社，1991：662－709.

了更加有利的条件。

习近平新时代中国特色社会主义思想是"两个结合"的新的成功典范

党的十八大以来，以习近平同志为核心的党中央立足我国发展新的历史方位，应对错综复杂的国内外形势，统筹把握中华民族伟大复兴战略全局和世界百年未有之大变局，基于厚重的中华优秀文化积淀，以伟大的历史主动精神、巨大的政治勇气、强烈的使命担当，统揽伟大斗争、伟大工程、伟大事业、伟大梦想，推动党和国家事业取得历史性成就、发生历史性变革。习近平总书记以马克思主义理论家的雄才伟略对关系新时代党和国家事业发展、中国人民和中华民族的前途命运进行了深邃思考和科学判断，科学回答了一系列重大时代课题，以全新视野深化了对共产党执政规律、社会主义建设规律、人类社会发展规律的认识，创立了习近平新时代中国特色社会主义思想。

习近平新时代中国特色社会主义思想是当代中国马克思主义、21 世纪马克思主义，是中华文化和中国精神的时代精华，实现了马克思主义中国化新的飞跃，开辟了马克思主义中国化时代化的最新境界。习近平新时代中国特色社会主义思想也成为把马克思主义基本原理同中国具体实际相结合、同中华优秀传统文化相结合的新的成功典范。

对于"第一个结合"的成功实践，已经为我们党百年奋斗取得伟大成就的光辉历程所写就。我们党能够领导人民在一次次求索、一次次挫折、一次次开拓中创造一个又一个彪炳史册的人间奇迹，就在于始终坚持把马克思主义基本原理同中国具体实际相结合，自觉用马克思主义之"矢"去射中国之"的"，坚持实践是检验真理的唯一标准，坚持一切从实际出发，不断回答中国之问、世界之问、人民之问、时代之问，作出符合中国实际和时代要求的正确回答，得出符合客观规律的科学认识，形成与时俱进的理论成果指导中国实践。新时代十年的伟大变革，正是因为有习近平新时代中国特色社会主义思想这一马克思主义中国化最新成果的科学指引，确保了党在世界形势深刻变化的历史进程中始终走在时代前列、在革命性锻造中更加坚强有力，中国人民的前进动力更加强大、奋斗精神更加昂扬、必胜信心更加坚定，中华民族伟大复兴进入不可逆转的历史进程，科学社会主义在 21 世纪的中国焕发出新的蓬勃生机。

对于"第二个结合"的深远内涵，我们党百年奋斗已经取得基本认知，在此基础上未来必将更加彰显其磅礴的精神文化力量。党的十八大以来，围绕传承和弘扬中华优秀传统文化，习近平总书记作出了一系列重要论断。在这次文化传承发展座谈会上，习近平总书记全面、完整地阐释了中华文明的突出特性，并作出把马克思主义基本原理同中华优秀传统文化相结合是我们党又一次的思想解放这一重大论断，极具深厚的思想意蕴和深远的战略意义，深刻道出了中华民族的自信之源，需要我们深刻领悟和深入把握。

当年马克思、恩格斯高度肯定中华文明对人类文明进步的贡献，科学预见了"中国社会主义"的出现。马克思主义传到中国后，激活了中华优秀传统文化的现代性，中华优秀传统文化也使马克思主义获得了丰富的文化滋养，让中国化马克思主义具有鲜明的中国风格、中国气派。习近平总书记曾深刻指出，"如果没有中华五千年文明，哪里有什么中国特色？"在这次文化传承发展座谈会上鲜明提出，"在五千多年中华文明深厚基础上开辟和发展中国特色社会主义，把马克思主义基本原理同中国具体实际、同中华优秀传统文化相结合是必由之路。这是我们在探索中国特色社会主义道路中得出的规律性的认识，是我们取得成功的最大法宝"。① 习近平总书记用"彼此契合、互相成就、筑牢道路根基、打开创新空间、巩固文化"五个方面环环相扣，深刻揭示了"只有植根本国、本民族历史文化沃土，马克思主义真理之树才能根深叶茂"、马克思主义理论"必须中国化才能落地生根、本土化才能深入人心"的基本道理。② 这不仅表明我们党对中国道路、理论、制度的认识达到了新高度，表明我们党的历史自信、文化自信达到了新高度，表明我们党在传承中华优秀传统文化中推进文化创新的自觉性达到了新高度，而且也为我们打开了全新的文化视野，为中国式现代化赋予中华文明以现代力量、中华文明赋予中国式现代化以深厚底蕴增添了极为厚实的文化底气。

在今年以来的几次重要会议上，习近平总书记分别指出，"概括提出并深入阐述中国式现代化理论，是党的二十大的一个重大理论创新，是科学社会主义的最新重大成果""党的二十大以来在阐述党的二十大精神过程中又提出了一些新观点，特别是提出并系统阐述了中国式现代化这个重大理论和实践问题，进一步丰富了新时代中国特色社会主义思想。这方面的学习贯彻才刚刚开始"。这次文化传承发展座谈会，习近平总书记明确提出，"在新的起点上继续推动文化繁荣、建设文化强国、建设中华民族现代文明，是我们在新时代新的文化使命"。

文化兴国运兴，文化强民族强。以中国式现代化全面推进中华民族伟大复兴，中国人民必须实现精神上的独立自主，共同努力创造属于我们这个时代的新文化，建设中华民族现代文明。只有坚定文化自信、秉持开放包容、坚持守正创新，才能更好拓展中国式现代化，更好地用中国道理总结好中国经验、把中国经验提升为中国理论，这必将是中国式现代化新征程上党的理论创新的精彩续章，也为不断开辟马克思主义中国化时代化新境界提供了广阔空间。

---

①② 习近平. 在文化传承发展座谈会上的讲话［J］. 求是，2023（17）：4－9.

书写人类文明新形态
新的历史篇章[*]

最新一期《求是》杂志刊发了习近平总书记今年 6 月 2 日在文化传承发展座谈会上的讲话全文。文章从中华文明源远流长的历史深度、党和国家事业发展全局的战略高度，全面分析了中华文明的突出特性，鲜明指出马克思主义基本原理同中华优秀传统文化相结合这个"第二个结合"是又一次的思想解放，明确提出建设中华民族现代文明、不断培育和创造新时代中国特色社会主义文化的新的文化使命。①

深入领会习近平关于"两个结合"的重要思想，特别是关于"第二个结合"是又一次的思想解放的重大论断，让我们能够在更广阔的文化空间中，充分运用中华优秀传统文化的宝贵资源，探索面向未来的理论和制度创新，让中华文明赋予中国式现代化以深厚底蕴，以不断发展的党的创新理论指导中国式现代化新的伟大实践。

马克思主义是科学的理论、实践的理论，创造性地揭示了人类社会发展的一般规律，为人类指明了从必然王国向自由王国飞跃的途径，为人民指明了实现自由和解放的正确道路。但马克思主义不是书斋里的学问，而是为了改变人民历史命运而创立的，是在人民求解放的实践中形成的，也是在人民求解放的实践中丰富和发展的，为人民认识世界、改造世界提供了强大思想武器和精神力量。但马克思主义学说之所以能为中国先进政党所接受、为中国人民大众所认同，除了无产阶级政党顺应时代需要大力传播并身体力行，根本还在于其三大组成部分历史唯物主义哲学、政治经济学和科学社会主义思想天然地与中华民族几千年来蕴积而成的社会理想、价值追求、人文精神、道德规范和行为取向等高度契合。

中国人民自古以来就有建设"大同"社会的理想和"公天下"的美好追

---

* 本文原载中国网 2023 年 9 月 6 日，原题为《厚植中国式现代化文化根基 书写人类文明新形态历史篇章》。
① 习近平. 在文化传承发展座谈会上的讲话［J］. 求是，2023（17）：4–10.

求。中国历代先进思想家、政治家都秉持"周虽旧邦、其命维新"的精神、讲求"民为邦本、为政以德"的执政理念，强调"知行合一、革故鼎新、自强不息、厚德载物、讲信修睦、亲仁善邻"等行为操守。源远流长、连绵不断、博大精深的中华优秀传统文化凝聚成中华文明的智慧结晶，又内化于中国人民在长期生产生活中积累起来的日用而不觉的宇宙观、天下观、社会观、道德观。这都为马克思主义远大理想目标、社会矛盾运动和科学社会主义理念在古老中国落地生根、开花结果提供丰厚的文化土壤。

一部中国共产党历史就是一部马克思主义中国化时代化的发展史。20世纪初，马克思主义传入中国，像一盏明灯给苦苦探寻救亡图存出路的中国人民指明了前进方向、提供了全新选择，从此也深刻地改变了中国。中国共产党诞生是开天辟地之大事变。中国共产党一经成立就把马克思主义写在自己的思想旗帜上，成为立党立国、兴党兴国的根本指导思想。在一百年的长期奋斗实践中，中国共产党始终厚植文化沃土、崇尚理想信念、坚持科学真理、善于总结经验、敢于修正谬误，坚持把马克思主义基本原理同中国具体实际相结合、同中华优秀传统文化相结合，自觉运用辩证唯物主义和历史唯物主义，将马克思主义思想精髓与中华优秀传统文化精华融会贯通，不断夯实马克思主义中国化时代化的历史基础和群众基础，不断回答时代和实践提出的重大课题，引领中华民族和中国人民走出了一条强国建设、民族复兴的康庄大道。

党的十八大以来，以习近平同志为代表的中国共产党人立足中国发展的新的历史方位，应对错综复杂的国内外形势，统筹把握中华民族伟大复兴战略全局和世界百年未有之大变局，基于厚重的中华优秀文化积淀，以伟大的历史主动精神、巨大的政治勇气、强烈的使命担当，统揽伟大斗争、伟大工程、伟大事业、伟大梦想，推动党和国家事业取得历史性成就、发生历史性变革。习近平总书记以马克思主义理论家的雄才伟略，对关系新时代党和国家事业发展、中国人民和中华民族的前途命运进行深邃思考和科学判断，科学回答了一系列重大时代课题，以全新视野深化了对共产党执政规律、社会主义建设规律、人类社会发展规律的认识，创立了习近平新时代中国特色社会主义思想。这一党的最新创新理论是当代中国马克思主义、21世纪马克思主义，是中华文化和中国精神的时代精华，实现了马克思主义中国化新的飞跃，也成为把马克思主义基本原理同当代中国实际相结合、同中华优秀传统文化相结合的成功典范。

党的二十大报告概括提出并深入阐述的中国式现代化理论，是党的二十大的一个重大理论创新，是科学社会主义的最新重大成果。其所指出的中国式现代化的本质要求、中国特色、必须牢牢把握的重大原则等新的理论成果，进一步开辟了马克思主义中国化时代化的新境界，厚实了中国式现代化的文化根基。

这让我们更加深刻地认识到，中国式现代化是从中华大地上长出来的现代化，是中华民族的"旧邦新命"。在拓展中国式现代化的新的历史起点上，只有继续把马克思主义与中华优秀传统文化相结合、把不断推动当代马克思主义繁荣发展与推动中华文明重焕荣光相结合，中国特色社会主义道路才会越走越宽广，科学社会主义在21世纪的中国才能焕发更加蓬勃的生机活力。

实现第二个百年奋斗目标、以中国式现代化全面推进中华民族伟大复兴，是新时代新征程中国共产党的使命任务；推动文化繁荣、建设文化强国、建设中华民族现代文明，是我们在新时代新的文化使命。二者相互贯通、相互促进。

"文化兴则国运兴"。大力拓展中国式现代化，中国人民必须实现精神上的独立自主，努力创造属于这个时代的新文化。坚持走自己的路，用中国道理总结好中国经验，把中国经验提升为中国理论，把文化自信融入全民族的精神气质与文化品格中，以昂扬向上、胸怀天下的精神风貌和理性平和、开放包容的积极心态拥抱世界、面向未来，中国式现代化才有了世界意义，中国才能书写好创造人类文明新形态的历史篇章。

推动高质量发展必须
树立和践行正确政绩观*

干部的政绩观与事业发展的成效紧密相关。大量实践案例表明，干部树立什么样的政绩观，就会产生什么样的发展观。

深入开展学习贯彻习近平新时代中国特色社会主义思想主题教育，是党的十八大以来，全党开展的第六次党内集中教育，是贯彻落实党的二十大精神的重大举措。习近平总书记指出，"要教育引导广大党员、干部学思想、见行动，树立正确的权力观、政绩观、事业观，增强责任感和使命感""以推动高质量发展的新成效检验主题教育成果"。① 推动高质量发展，必须树立和践行正确政绩观。

有什么样的政绩观，就会有什么样的发展观

习近平总书记指出："当干部就要干事，就要创造业绩，否则是立不住的。"② 近年来，党和国家把一大批年轻有为、年富力强的同志安排到一线部门、重要岗位担负要职，让这些同志在干事创业中经受磨炼，这既是党的信任、人民的重托和推进高质量发展的迫切需要，也为这些同志尽快成长成才、在中国式现代化进程中实现人生价值提供了舞台。

在工作岗位上干出点成绩来，就是干部的业绩。所谓政绩呢，也就是这些干部在从政生涯中为官做事所创造出的实实在在、能让人民群众留有口碑的业绩的综合体现。干部的政绩好不好，最终要由老百姓来评价。能不能取得好的政绩，直接与干部的政绩观相关。这个政绩观，就是要解决好干部为谁创造业绩、创造什么样的业绩、怎样创造业绩的总的看法。

干部的政绩观与事业发展的成效紧密相关。大量实践案例表明，干部树立

---

* 本文原载《湖南日报·理论周刊》2023 年 9 月 6 日。
① 扎实抓好主题教育 为奋进新征程凝心聚力 [N]. 人民日报，2023 – 04 – 04（1）.
② 习近平. 努力成长为对党和人民忠诚可靠、堪当时代重任的栋梁之材 [J]. 求是，2023（13）：4 – 12.

什么样的政绩观，就会产生什么样的发展观。如果在一开始政绩观没有摆正，从政的"第一个扣子没有系好"，事业发展就会偏向，甚至会失之毫厘谬以千里，这不仅会影响到干部个人的健康成长，更关乎高质量发展，关乎党和人民事业的顺利推进。

我们可以看到，在实际工作中，有的干部把干事与个人名利捆绑在一起，创造政绩只为捞取个人升迁资本，就会注重数量型发展、追求"以数字论英雄"。现在不少地方仍不能很好贯彻新发展理念，习惯于以"GDP 增长"为指挥棒，就在于一些干部好大喜功、急功近利，不顾客观条件去上项目、拼投资，过度举债搞建设，盲目扩张铺摊子，个人功成名就了却给地方留下一屁股债。

有的干部只重显绩轻潜绩、看重面子轻里子，就会沉迷粗放式发展、追求形象工程。像有些地方干部喜欢"作秀"而不是做事，热衷于"造势一时"而不是"造福一方"，结果"亮化工程""山水工程""展会工程"做得不少，但老百姓最关心的切实利益问题、急难愁盼问题却不关注、解决不好。

还有的干部固守习惯思维、谙于明哲保身、崇尚本位主义，偏向功利式发展、追求短期效益不顾及长远、注重局部利益不顾国家大局。像现在有的部门有些干部对中央出台的好政策，不是创造性执行而是消极式观望，不去因地制宜、因势利导，却搞取舍式贯彻、"一刀切"推动、运动式突击，要么只"破"不"立"，要么空喊口号不见落地，结果是转变发展方式天天讲，但依然还在穿新鞋走老路，常常是"解决了一个问题，留下了十个遗憾"，等等。

诸如此类问题，都是发展观的偏失，归根结底都是一些干部政绩观的错位。

党的十八大以来，习近平总书记围绕政绩为谁而树、树什么样的政绩、靠什么树政绩等问题发表过一系列重要论述，各级干部要好好学习领悟。今年7月初习近平总书记在考察调研江苏时进一步强调："树牢造福人民的政绩观，坚持以人民为中心的发展思想，坚持高质量发展，不搞贪大求洋、盲目蛮干、哗众取宠；坚持出实招求实效，不搞华而不实、投机取巧、数据造假；坚持打基础利长远，不搞急功近利、竭泽而渔、劳民伤财。"[①]

这是习近平总书记对正确政绩观的实质再一次作出了深刻揭示，也对当前一些干部错位的政绩观进行了准确"画像"，极具现实针对性，各级干部必须切实对照，反观自照，引以为鉴。

政绩为谁而树、树什么样的政绩、靠什么树政绩

发展是党执政兴国的第一要务。中国特色社会主义进入新时代，我国发展

---

① 习近平在江苏考察时强调 在推进中国式现代化中走在前做示范 谱写"强富美高"新江苏现代化建设新篇章 [N]. 人民日报，2023－07－08（1）.

处于新的历史方位，社会主要矛盾已经转化为人民日益增长的美好生活需要和不平衡不充分的发展之间的矛盾；我国经济已由高速增长阶段转向高质量发展阶段。在这个新发展阶段，我们面临的更加突出的问题就是发展不平衡不充分，而破解其中的主要制约因素，关键就要依靠高质量发展，要实现人民群众在经济、政治、社会、文化、生态等各个方面从"有没有"到"好不好"的全方位转变。

在新时代十年我国发展取得巨大成就的基础上，面向更加美好的未来，面向人民日益增长的美好生活需要，党的二十大作出了到 21 世纪中叶实现全面建成社会主义现代化强国的战略安排，高质量发展被确立为全面建设社会主义现代化国家的首要任务，体现为中国式现代化的本质要求。在大力拓展中国式现代化新征程上，实现高质量发展也被赋予了更为丰富更为广阔的思想内涵和实践要求。

政治路线确定之后，干部就是决定因素。全面建设社会主义现代化国家，必须有一支政治过硬、适应新时代要求、具备领导现代化建设能力的干部队伍，必须增强干部推动高质量发展本领、服务群众本领、防范化解风险本领。这客观上要求新时代的干部队伍必须牢固树立和践行正确的政绩观，坚定不移地推进高质量发展。

能不能推动高质量发展，很重要的方面也取决于干部能不能树牢和践行正确的政绩观。

树牢和践行正确的政绩观，首先要解决好为谁创造业绩的问题。什么是正确的政绩观？习近平总书记指出："共产党员必须牢记，为民造福是最大政绩""只有坚持以人民为中心的发展思想，坚持发展为了人民、发展依靠人民、发展成果由人民共享，才会有正确的发展观、现代化观。"[①] 党员干部必须深刻认识和把握以人民为中心的发展思想，把握好正确政绩观和发展观的关系，以为民造福为最大政绩，以满足人民美好生活新期待为出发点和落脚点，在新征程上不断创造人民群众高品质生活，增强人民群众的获得感、幸福感、安全感。

树牢和践行正确的政绩观，其次要解决好创造什么样的业绩的问题。习近平总书记指出："高质量发展，就是能够很好满足人民日益增长的美好生活需要的发展，是体现新发展理念的发展，是创新成为第一动力、协调成为内生特点、绿色成为普遍形态、开放成为必由之路、共享成为根本目的的发展。"[②] 党员干部必须完整准确全面贯彻新发展理念，始终以创新、协调、绿色、开放、共享的内在统一来把握发展、衡量发展、推动发展，实现更高质量、更有效率、更加公平、更可持续、更为安全的发展。

---

① 习近平. 努力成长为对党和人民忠诚可靠、堪当时代重任的栋梁之材 [J]. 求是, 2023 (13): 4-12.
② 习近平. 习近平谈治国理政（第三卷）[M]. 北京：外文出版社，2020: 238.

树牢和践行正确的政绩观，再次要解决好怎样创造业绩的问题。在新征程上，党员干部要坚持以推动高质量发展为主题，把实施扩大内需战略同深化供给侧结构性改革有机结合起来，努力实现科技高水平自立自强，加快建设现代化产业体系，着力提升全要素生产率，着力提升产业链供应链韧性和安全水平，着力推进城乡融合和区域协调发展，推动经济实现质的有效提升和量的合理增长。同时，还必须坚定不移深化改革开放，努力构建高水平社会主义市场经济体制，加快构建以国内大循环为主体、国内国际双循环相互促进的新发展格局，加快形成可持续的高质量发展体制机制。

真干才能真出业绩、出真业绩

学思想，见行动。在学习贯彻习近平新时代中国特色社会主义思想主题教育工作会议上，习近平总书记对广大党员、干部树立正确政绩观提出明确要求。在主题教育中，从牢牢把握总要求，学思想、强党性、重实践、建新功，到努力在以学铸魂、以学增智、以学正风、以学促干方面取得实实在在的成效，都充分体现了树立和践行正确政绩观的要求。

习近平总书记强调，业绩都是干出来的，真干才能真出业绩、出真业绩。要把党的二十大描绘的宏伟蓝图变成现实，仍然要靠拼、要靠干。

今年以来，在以习近平同志为核心的党中央坚强领导下，各地区各部门更好统筹国内国际两个大局，更好统筹疫情防控和经济社会发展，更好统筹发展和安全，高质量发展扎实推进，国民经济呈现回升向好态势，我国发展实现良好开局。但也必须看到，我国经济恢复是一个波浪式发展、曲折式前进的过程，当前经济运行仍然面临诸多新的困难挑战。但越是形势严峻、越是矛盾交织，广大党员干部越要心系"国之大者"，越要勇于担当，越要牢固树立和践行正确政绩观，不折不扣地推进高质量发展。

面对错综复杂的国内外形势，党员干部要学会"十个指头弹钢琴"，坚持用系统观念观察分析社会问题，善于透过现象看本质，妥善处理好经济发展中的稳和进、立和破、虚和实、标和本、近和远的关系，自觉把新发展理念贯穿到经济社会发展全过程。

习近平总书记强调："树立和践行正确政绩观，起决定性作用的是党性。只有党性坚强、摒弃私心杂念，才能保证政绩观不出偏差。"党员干部都必须以这次主题教育为契机，进一步凝心铸魂筑牢根本、锤炼品格强化忠诚，聚焦问题知难而进，以"时时放心不下"的责任感和积极担当作为的精气神为党和人民履好职、尽好责，力戒华而不实，以绣花功夫把工作做扎实、做到位、做到群众心坎上，以新气象新作为推动高质量发展取得新成效。

新时代文化建设的
路线图和任务书 *

我们要以中华文明赋予中国式现代化深厚底蕴，以中国式现代化赋予中华文明现代力量，以创造人类文明新形态的正气和锐气推动中国文化中华文明重焕荣光。

全国宣传思想文化工作会议正式提出习近平文化思想，在党的宣传思想文化事业发展史上具有里程碑意义。这一思想是在全面总结党的十八大以来我国宣传思想文化工作取得历史性成就基础上，对新时代文化建设方面的新思想新观点新论断进行的科学概括和凝练提升，是新时代党领导文化建设实践经验的理论总结，是马克思主义文化理论在当代中国的丰富与发展，为进一步做好宣传思想文化工作指明了方向。习近平文化思想既有文化理论观点上的创新和突破，又有文化工作布局上的部署要求，明体达用、体用贯通，明确了新时代文化建设的路线图和任务书，为做好新时代新征程宣传思想文化工作、担负起新的文化使命提供了强大思想武器和科学行动指南。

宣传思想文化战线要切实担负起新的文化使命，必须深入学习贯彻习近平文化思想，为全面建设社会主义现代化国家、全面推进中华民族伟大复兴提供坚强思想保证、强大精神力量、有利文化条件。

"两个新高度"标志着新时代党的文化实践和理论创新取得重大成果

高度重视宣传思想文化工作是我们党一以贯之的优良传统和宝贵经验。早在延安时期，毛泽东同志就提出并倡导建设"民族的科学的大众的文化"。新中国成立后，毛泽东同志提出在科学文化工作中实行"百花齐放、百家争鸣"的方针。改革开放以后，邓小平同志提出物质文明和精神文明要"两手抓、两

---

* 本文原载中共广东省委机关刊《南方》杂志 2023 年第 24 期。

手都要硬""两个文明建设都要搞好"，在强调以经济建设为中心的前提下，突出文化建设在党和国家工作全局中的重要地位。江泽民同志、胡锦涛同志也都高度重视文化建设，相继提出一系列关于社会主义文化建设的重要思想重要论断，极大推动了社会主义文化繁荣发展，振奋了民族精神，凝聚了民族力量。

随着改革开放不断走向深入，特别是进入新世纪以来国内外环境发生新的重大变化，我国文化建设也面临着诸多新形势新矛盾新挑战。在中国共产党迎来百年华诞之际，我们党召开十九届六中全会，审议通过了党的历史上第三个历史性决议即《中共中央关于党的百年奋斗重大成就和历史经验的决议》（以下简称《决议》）。《决议》在充分肯定改革开放以来我国文化建设取得重大成就的同时，也实事求是地分析了我国文化建设面临的严峻挑战，指出了存在诸如"拜金主义、享乐主义、极端个人主义和历史虚无主义等错误思潮不时出现，网络舆论乱象丛生，一些领导干部政治立场模糊、缺乏斗争精神，严重影响人们思想和社会舆论环境"等现象和问题。

在这样的关键时刻，以习近平同志为核心的党中央准确把握世界范围内思想文化相互激荡、我国社会思想观念深刻变化的趋势，从全局和战略高度对宣传思想文化工作作出总体思考、系统谋划和精心部署。在指导思想上，确立和坚持马克思主义在意识形态领域的根本指导地位，坚持中国特色社会主义文化发展道路，牢牢掌握党对意识形态工作领导权，建设具有强大凝聚力和引领力的社会主义意识形态，建设社会主义文化强国。在工作导向上，坚持以人民为中心，增强文化自信，围绕举旗帜、聚民心、育新人、兴文化、展形象，激发全民族文化创新创造活力，巩固全党全国各族人民团结奋斗的共同思想基础。在实施方略上，健全意识形态工作责任制，推动全党动手抓宣传思想工作，守土有责、守土负责、守土尽责，敢抓敢管、敢于斗争，旗帜鲜明反对和抵制各种错误观点，立破并举、激浊扬清，着力解决意识形态领域党的领导弱化问题；同时，坚持以社会主义核心价值观引领文化建设，注重用社会主义先进文化、革命文化、中华优秀传统文化培根铸魂；实施中华优秀传统文化传承发展工程，推动中华优秀传统文化创造性转化、创新性发展。在着力手段上，推动用党的创新理论武装全党、教育人民、指导实践；广泛开展"四史"教育，推进中国特色哲学社会科学学科体系、学术体系、话语体系建设；高度重视传播手段建设和创新，推动媒体融合发展，提高新闻舆论传播力、引导力、影响力、公信力；加快国际传播能力建设，向世界讲好中国故事、中国共产党故事，传播好中国声音，更好构筑中国精神、中国价值、中国力量，促进人类文明交流互鉴，等等。

党的十八大以来，习近平总书记在全国宣传思想文化工作会议和文艺工作、党的新闻舆论工作、网络安全和信息化工作、哲学社会科学工作等座谈会，以及全国高校思想政治工作会议、文化传承发展座谈会上，就新时代我国宣传思想文化领域一系列根本性问题把脉定向，全方位、全谱系地阐明原则立场，廓清理论是非，校正工作导向，推动新时代宣传思想文化事业取得历史性成就，意识形态领域形势发生全局性、根本性转变，全党全国各族人民文化自信明显增强、精神面貌更加奋发昂扬。

宣传思想文化工作之所以取得非凡历史性成就，最根本就在于有习近平总书记领航掌舵，有习近平新时代中国特色社会主义思想科学指引。在文化传承发展座谈会上，习近平总书记明确了文化建设方面的"十四个强调"，不断深化对文化建设的规律性认识；在对宣传思想文化工作作出重要指示中，习近平总书记明确提出"七个着力"的重大要求。"十四个强调"和"七个着力"，构成了习近平文化思想的科学内涵和理论精髓。习近平文化思想正是对新时代党领导文化建设实践经验的理论总结，是新时代党的文化实践和理论创新的重大成果，丰富和发展了马克思主义文化理论，构成了习近平新时代中国特色社会主义思想的文化篇，这标志着我们党对中国特色社会主义文化建设规律的认识达到了新高度，表明我们党的历史自信、文化自信达到了新高度。

"两个结合"意味着新征程上党领导文化建设进入了全新境界

党的二十大报告强调，实践告诉我们，中国共产党为什么能，中国特色社会主义为什么好，归根结底是马克思主义行，是中国化时代化的马克思主义行。《决议》指出，习近平新时代中国特色社会主义思想是当代马克思主义、二十一世纪马克思主义，是中华文化和中国精神的时代精华，实现了马克思主义中国化的新的飞跃。

习近平文化思想作为习近平新时代中国特色社会主义思想的文化篇，作为新时代党的文化理论和实践创新成果，充分揭示了新时代以来我国文化实践创新基础上文化理论创新的内在逻辑。习近平文化思想的形成，既是马克思主义文化理论中国化时代化的生动实践，更是把马克思主义基本原理同中国具体实际相结合、同中华优秀传统文化相结合在新时代文化建设领域的成功典范，意味着新征程上党领导文化建设进入了全新境界，表明了中国共产党文化理论的丰富与发展实现了里程碑式的跨越。

马克思主义文化理论始终是习近平文化思想的魂脉。马克思主义文化理论认为，在不同的经济和社会环境中，人们思想文化建设虽然决定于经济基础，但又对经济基础发生反作用。先进的思想文化一旦被群众掌握，就会转化为强大的物质力量；反之，落后的、错误的观念如果不破除，就会成为社会发展进步的桎梏。习近平文化思想坚持运用辩证唯物主义和历史唯物主义基本观点，既根植于中国共产党带领中国人民实现强国建设、民族复兴的伟大实践，又深刻地阐释了文化自信是更基础、更广泛、更深厚的自信，是一个国家、一个民族发展中最基本、最深沉、最持久的力量，没有高度文化自信、没有文化繁荣兴盛就没有中华民族伟大复兴。

正是我们党始终坚持马克思主义在意识形态领域的根本指导地位，坚持和发展中国特色社会主义，坚持党始终牢牢把握对意识形态工作的领导权，我们党才能坚持真理、修正谬误，战胜前进道路上各种艰难险阻，从胜利走向了胜利，指引我国宣传思想文化事业在正本清源、守正创新中取得历史性成就，在我国社会主义文化建设中彰显出强大伟力，凝聚起全中国人民和中华民族的磅礴力量。

中华优秀传统文化始终是习近平文化思想的根脉。习近平文化思想体现了对中华优秀传统文化的弘扬光大，体现出中华文化和中国精神的时代精华。中华优秀传统文化作为中华文明的智慧结晶，其中蕴含的天下为公、民为邦本、为政以德、革故鼎新、任人唯贤、天人合一、自强不息、厚德载物、讲信修睦、亲仁善邻等思想内容，不仅与马克思主义相融相通，也是习近平文化思想最厚实的文化基因。坚持"两个结合"，巩固了我们的文化主体性。创立习近平新时代中国特色社会主义思想就是这一文化主体性的最有力表现，习近平文化思想作为党的最新创新理论的文化篇，基于对中华文明发展规律的深刻把握，以"第二个结合"又一次的思想解放，不仅让中华文明别开生面，实现了传统到现代的跨越，推动了中华文明的生命更新和现代转型，而且让中华优秀传统文化充实了马克思主义的文化生命，推动马克思主义不断实现中国化时代化的新飞跃，显示出日益鲜明的中国风格和中国气派，并让中国特色社会主义道路有了更加宏阔深远的历史纵深，拓展了中国特色社会主义道路的文化根基，为探索未来的理论创新、制度创新、文化创新打开了广阔空间。

"三大原则"为担负起新的文化使命提供坚实的行动准则

国家之魂，文以化之，文以铸之。习近平总书记指出，理论自觉、文化自信，是一个民族进步的力量；价值先进、思想解放，是一个社会活力的来源。习近平总书记在文化传承发展座谈会上强调，要"坚定文化自信、秉持开放包容、坚持守正创新"，在对宣传思想文化工作作出重要指示中，进一步强调了这"三大原则"，为全面建设社会主义现代化国家、全面推进中华民族伟大复兴提供坚强思想保证、强大精神力量、有利文化条件。

坚定文化自信，就是要在大力拓展中国式现代化新征程中不断增强精神上的独立自主、文化上的自信自立，既不盲从各种教条，更不照搬外国理论。中华民族已经屹立在世界东方，中国式现代化的成功实践已经打破"现代化＝西方化"的迷思，要善于用中国道理总结好中国经验，把中国经验提升为中国理论，我们有底气、有骨气、有志气书写中华文化新辉煌，创造中华民族现代文明。

秉持开放包容，就是要不断擦亮党的创新理论的人民性、科学性、实践性、开放性的鲜明特色，不断回答中国之问、世界之问、人民之问、时代之问，坚持融通中外、贯通古今，树立平等、互鉴、对话、包容的现代文明观，以更加主动积极的姿态和海纳百川的宽阔胸襟借鉴吸收人类创造的一切优秀文明成果，以文明交流超越文明隔阂，以文明互鉴超越文明冲突，以文明共存超越文明优越。

坚持守正创新，就是要守正不守旧、尊古不复古，既不走因循守旧的老路，也不走改旗易帜的邪路。中国式现代化是强国建设、民族复兴的康庄大道，没有文化现代化就没有中国式现代化。中国式现代化是赓续古老文明的现代化，是从中华大地长出来的现代化，是中华民族的旧邦新命。在习近平文化思想指引下，我们要以中华文明赋予中国式现代化深厚底蕴，以中国式现代化赋予中华文明现代力量，以创造人类文明新形态的正气和锐气推动中国文化中华文明重焕荣光。

2024 年

归根到底就是让老百姓过上更好的日子[*]

中国式现代化是全体人民共同富裕的现代化，目标虽宏伟远大，但又是具体的、实实在在的。习近平主席在新年贺词中用"很朴素"三个字意味深长地对宏伟目标作了很接地气的表述，即"归根到底就是让老百姓过上更好的日子"，强调"家事也是国事"，需要我们致广大而尽精微。老百姓最关心的就是"孩子的抚养教育，年轻人的就业成才，老年人的就医养老……"把老百姓最关心最急难愁盼的事情办实办好，就是把中国式现代化宏伟蓝图一步步变为美好现实。

一元复始，万象更新。在辞旧迎新的美好时刻，习近平主席从 2014 年元旦起连续 11 年同亿万中国人民相守在每一个新年钟声将要响起的特殊时刻，向海内外中华儿女发表新年贺词，回望过往一年的难忘岁月，展望新的一年的美好前程。习近平主席的新年贺词总是饱含深情、充满力量，充分展示了"民之所忧，我必念之；民之所盼，我必行之"的炽热民生情怀，激发起全体中国人民团结奋斗创造美好生活的蓬勃朝气。[①]

在全面推进中国式现代化新征程的 2024 年跨年时刻，习近平主席的新年贺词篇幅不长但高度凝练，依旧金句迭出、温情满满、催人奋进。

走过的路风雨兼程我们的步伐为什么坚实有力

2024 年新年贺词首先回溯了 2023 年我们共同走过的路。习近平主席用步伐作比喻，指出"这一年的步伐，我们走得很坚实""这一年的步伐，我们走得

＊ 本文原载《中国青年报·理论版》2024 年 1 月 7 日。

[①] 国家主席习近平发表二〇二四年新年贺词［N］. 人民日报，2024－01－01（1）.

很有力量""这一年的步伐，我们走得很见神采""这一年的步伐，我们走得很显底气"。"很坚实""很有力量""很见神采""很显底气"生动刻画了 2023 年我们虽历经风雨洗礼，但收获依旧是沉甸甸的。

事非经过不知难，成如容易却艰辛。2023 年是全面贯彻党的二十大精神的开局之年，也是三年新冠疫情防控转段后经济恢复发展的一年。这一年，我国发展的外部环境波谲云诡，当今世界百年未有之大变局加速演进，世界进入新的动荡变革期。我国正处于迈向高质量发展的重要关口，但制约高质量发展的不少深层次体制机制障碍躲不开、绕不过，同时受三年新冠疫情对经济运行产生的巨大影响，叠加周期性结构性矛盾，国内经济运行面临需求收缩、供给冲击、预期转弱三重压力，经济下行压力依然较大。我们党面临的"四大考验""四种危险"仍然存在，不可掉以轻心。

以习近平同志为核心的党中央团结带领人民保持战略定力和历史自信，顶住外部压力、克服内部困难，坚定走自己的路，扎实推进高质量发展，我国经济持续回升向好，全面建设社会主义现代化国家迈出坚实步伐。

正因为"中国经济在风浪中强健了体魄、壮实了筋骨"，我们前进的步伐才格外铿锵有力、坚实坚定。步履矫健的支撑力量来自哪里呢？新年贺词以过去一年活生生的发展成就给出了鲜明答案：

一个就是创新的力量。过去一年，在党中央坚强领导下，中国大地"到处都是日新月异的创造"。

一个就是追求美好生活的力量。超大规模市场蕴积的消费潜力的迸发，"诠释了人们对美好生活的追求"，激发出人民创造美好生活的内在动力和蓬勃生机，"展现了一个活力满满、热气腾腾的中国"。一个就是文化的力量。中华优秀传统文化的厚实底蕴成为"我们的自信之基、力量之源"，充分彰显了中国人民无坚不摧的志气、骨气和底气。

还有，就是党和人民拥有胸怀天下的博大情怀。我们始终站在历史正确的一边，"以人类前途为怀、以人民福祉为念，推动构建人类命运共同体，建设更加美好的世界"，坚守"世事变迁，和平发展始终是主旋律，合作共赢始终是硬道理"，不断扩大朋友圈，赢得了世界尊重、也赢得了发展契机。

人民永远是我们战胜一切困难挑战的最大依靠

纵观习近平主席这连续 11 年的新年贺词，其最暖心、最接地气、最触动心灵的就是主席的人民情怀。习近平主席始终以"民之所忧，我必念之；民之所盼，我必行之"自勉，以"我将无我，不负人民"贯穿于治国理政的方方面面，将人民群众的冷暖牵挂于心。

刚刚过去的 2023 年，习近平主席足迹遍布祖国大江南北，走访城市、乡村、厂矿和军营，走进受灾群众第一线。在新年贺词中，习近平主席满怀深情地指出，"前行路上，有风有雨是常态。一些企业面临经营压力，一些群众就业、生活遇到困难，一些地方发生洪涝、台风、地震等自然灾害，这些我都牵挂在心"。一年来，党和政府继续加大政策支持力度给中小微企业减税降费，提前下达一万亿特别国债用于部分地区洪灾后恢复重建，增发的国债全部通过转移支付方式安排给地方，积极实施就业优先政策稳岗拓岗，完善重点群体就业支持体系，健全社会保障体系，切实增强了人民群众的获得感、幸福感、安全感。

中国经济能够在曲折中发展、在波浪中前行，不断巩固稳中向好的发展态势，离不开"辛勤劳作的农民，埋头苦干的工人，敢闯敢拼的创业者，保家卫国的子弟兵"，正因为"各行各业的人们都在挥洒汗水，每一个平凡的人都作出了不平凡的贡献"，正因为全体中国人"不惧风雨、守望相助，直面挑战、攻坚克难"，中国经济这艘航船才能乘风破浪、行稳致远。习近平主席由衷感叹："人民永远是我们战胜一切困难挑战的最大依靠。"①

在 2023 年末中央政治局召开的主题教育专题民主生活会上，习近平总书记也再次强调，"我们党的最大政治优势是密切联系群众，党执政后的最大危险是脱离群众"。这也是对"中国共产党领导人民打江山、守江山，守的是人民的心"的最好诠释。

目标宏伟归根到底是让老百姓过上更好的日子

习近平主席在新年贺词中指出，"经历了风雨洗礼，看到了美丽风景""大家记住了一年的不易，也对未来充满信心"。新的一年我们将迎来甲辰龙年，更要弘扬龙马精神，更要"接续奋斗、砥砺前行"。②

2023 年末召开的中央经济工作会议强调"必须把推进中国式现代化作为最大的政治"。这是新时代做好经济工作的根本方向。实现全体人民共同富裕是中国特色社会主义的本质要求，也是中国式现代化的本质要求，是当今中国人民的民心所向，是当代中国社会最大的政治。

中国式现代化走得通、行得稳，是强国建设、民族复兴的唯一正确道路。党的二十大擘画了以中国式现代化全面推进中华民族伟大复兴的宏伟蓝图。这就要求在党的统一领导下，团结最广大人民，聚焦经济建设这一中心工作和高质量发展这一首要任务，坚持把实现人民对美好生活的向往作为现代化建设的

①② 国家主席习近平发表二○二四年新年贺词［N］. 人民日报，2024-01-01（1）.

出发点和落脚点。

中国式现代化是全体人民共同富裕的现代化，目标虽宏伟远大，但又是具体的、实实在在的。习近平主席在新年贺词中用"很朴素"三个字意味深长地对宏伟目标作了很接地气的表述，即"归根到底就是让老百姓过上更好的日子"，强调"家事也是国事"，需要我们致广大而尽精微。老百姓最关心的就是"孩子的抚养教育，年轻人的就业成才，老年人的就医养老……"把老百姓最关心最急难愁盼的事情办实办好，就是把中国式现代化宏伟蓝图一步步变为美好现实。

习近平主席还很动情地谈道，"现在，社会节奏很快，大家都很忙碌，工作生活压力都很大。"破解压力之道，从宏观层面说，就是要坚定不移推进中国式现代化，完整、准确、全面贯彻新发展理念，加快构建新发展格局，着力推动高质量发展，统筹好发展和安全。坚持稳中求进、以进促稳、先立后破，巩固和增强经济回升向好态势，实现经济行稳致远。从操作层面讲，就是要全面深化改革开放，进一步提振发展信心，增强经济活力，以更大力度办教育、兴科技、育人才。从具体效果看，就是要营造温暖和谐的社会氛围，拓展包容活跃的创新空间，创造便利舒适的生活条件，让大家心情愉快、人生出彩、梦想成真。

让我们以新年贺词作为新的激励，在甲辰龙年为推进中国式现代化继续描画新的美丽风景，祈福祖国繁荣昌盛、世界和平安宁，满怀豪情地迎接新中国成立 75 周年华诞。

牢固树立和
践行正确政绩观[*]

习近平总书记在 2022 年春季学期中央党校（国家行政学院）中青年干部培训班开班式上发表重要讲话时要求广大中青年干部"树立和践行正确政绩观"，① 强调"当干部就要干事，就要创造业绩，否则是立不住的。创造业绩，必须解决好为谁创造业绩、创造什么样的业绩、怎样创造业绩的问题，也就是要解决好政绩观问题"。总书记的这一重要论述深刻指出了干部干事创业、创造工作业绩和树立好正确政绩观的重大意义和本质要求。

干部就是要立足各自工作岗位踏踏实实干事，努力做出工作业绩以立身处世。什么是政绩呢，就是指领导干部从政、干事、作为，进而取得实实在在业绩的直接体现。什么是政绩观呢，就是人们关于政绩的总体认识和根本观点，它直接反映干部从政的价值取向，既体现干部的世界观、人生观、价值观，也反映干部在干事创业中的权力观、地位观、利益观、事业观，等等。政绩观是干部履职尽责、创造政绩的思想基础。

在干事创业中，党员干部如何看待政绩、树立什么样的政绩观、政绩观正确与否，对事业发展和个人成长都至关重要。政绩观问题，从小的说，关乎个人成长和进步；从大的讲，事关党和国家事业战略大局、事关人民群众切身利益福祉、事关中国式现代化建设进程、事关各级党组织和党员干部使命实现。

全面把握树立和践行正确政绩观的丰富内涵

党的十八大以来，习近平总书记高度重视党员干部的政绩观问题，发表一系列重要论述、作出一系列重要指示，深刻阐明了"政绩为谁而树、树什么样的政绩、靠什么树政绩"的重大问题，多次强调"干事创业一定要树立正确政

---

* 本文原载于中共重庆市委当代党员杂志社主管主办的《党课参考》杂志 2024 年第 2 期（总第 317 期），2024 年 1 月 16 日出刊。

① 习近平在中央党校（国家行政学院）中青年干部培训班开班式上发表重要讲话强调 筑牢理想信念根基树立践行正确政绩观 在新时代新征程上留下无悔的奋斗足迹 [N]. 人民日报，2022－03－02（1）.

绩观""树牢造福人民的政绩观"。总书记言之灼灼，情之切切，为广大党员干部牢固树立和践行正确政绩观提供了根本遵循、指明了前进方向。这一重要思想集中体现在三个方面。

深入领会"政绩为谁而树"是树立和践行正确政绩观的思想基础。

古往今来，为官者都重视政绩、追求政绩。封建时代的士大夫们为官从政、作出点成绩，大抵为的是升官晋爵、荣华富贵和青史留名，元代石德玉的《曲江池》楔子就有"几年政绩远相闻，采得民谣报使君"之说。虽然封建社会统治者有时候也讲"民为邦本、本固邦宁"，但其本质上还是为了维护和巩固封建制度。共产党的干部创造政绩，其思想出发点和动力基础则完全不同。

中国共产党是马克思无产阶级先进政党，以马克思主义人民立场为根本政治立场，汲取着中国古代民本思想的丰厚营养，自成立之日就把为中国人民谋幸福、为中华民族谋复兴确立为自己的初心使命。在庆祝中国共产党成立一百周年大会上的讲话中，习近平总书记深情指出，"江山就是人民，人民就是江山，打江山、守江山，守的是人民的心"，"中国共产党始终代表最广大人民利益，没有任何自己特殊的利益，从来不代表任何利益集团、任何权势团体、任何特权阶层的利益"。这就道明了中国共产党人为政的底层逻辑。习近平总书记在中央党校（国家行政学院）中青年干部培训班上系列讲话中指出，"共产党的干部要坚持当'老百姓的官'，把自己也当成老百姓，不要做官当老爷，在这一点上，年轻干部从一开始就要想清楚，而且要终身牢记"。这就是要求广大党员干部必须始终站稳人民立场，实现人民愿望。

党的十八大以来，习近平总书记访贫问苦，深入群众，步履走遍大江南北，多次明确提出，"以造福人民为最大政绩"，要求党员干部把为民办事、为民造福作为最重要的政绩，把为老百姓做了多少好事实事作为检验政绩的重要标准，做到"民之所好好之，民之所恶恶之"。他曾深情地说，"共产党就是给人民办事的，就是要让人民的生活一天天好起来，一年比一年过得好""中国共产党执政的唯一选择就是为人民群众做好事，为人民群众幸福生活拼搏、奉献、服务。这种执着追求100多年来从未改变"，这生动体现了党的性质宗旨和初心使命，深刻诠释了我们党为谁执政、为谁用权、为谁谋利的根本性问题。

概而言之，人民是党员干部树立正确政绩观的核心，是干事创业的价值源头。树立正确政绩观，首先就要回答好"为谁创造政绩"的问题。做得民心、暖民心、稳民心的事，解决群众最关心、最迫切需要解决的问题，就是共产党人的政绩。

习近平总书记强调，"共产党人必须牢记，为民造福是最大政绩"。他特别要求年轻干部"无论是立身处世还是从政干事，首先要解决好'我是谁、为了

循着现代化的逻辑——一个经济学人的时事观察（2021－2024年）

谁、依靠谁'的问题，不断追求'我将无我，不负人民'的精神境界""要牢记我们党为人民谋幸福、为民族谋复兴的初心使命，始终坚守党全心全意为人民服务的根本宗旨，用心用情用力解决好群众急难愁盼问题，让群众有更多、更直接、更实在的获得感、幸福感、安全感"。

深入领会"树什么样的政绩"是树立和践行正确政绩观的行动先导。

雁过留声、人过留名。对共产党的干部来说，就是要为官一任、造福一方。习近平总书记指出，"干事担事，是干部的职责所在，也是价值所在""党把干部放在各个岗位上是要大家担当干事，而不是做官享福"。这就告诉党员干部干事担事也要创造业政绩。那么要树什么样的业绩呢？

曾经在相当一段时期，"唯GDP论英雄"成了一些领导干部创造政绩的基本导向，一些地方和部门片面追求速度规模、发展方式粗放，一些干部为求进步升迁，盲目追求经济增速，虽然地方GDP增长了，但老百姓却没有实实在在的获得感、幸福感、安全感，甚至为了攀比数字增长，一些干部不惜让生态环境"伤痕累累"，结果造成经济社会发展畸形增长，"一条腿长一条腿短"，经济结构性体制性矛盾不断积累，发展不平衡、不协调、不可持续问题十分突出。

发展是解决我国一切问题的基础和关键。党的十八大以来，中国特色社会主义进入新时代，以习近平同志为核心的党中央对我国发展阶段、发展环境、发展形势作出科学判断，提出，我国经济发展进入新常态，已由高速增长阶段转向高质量发展阶段。党的十九大报告明确新时代我国社会主要矛盾是人民日益增长的美好生活需要和不平衡不充分的发展之间的矛盾，必须坚持以人民为中心的发展思想。面对传统发展模式已难以为继，我们必须对发展理念和发展路径做出及时调整。

党的十八届五中全会上，习近平总书记审时度势，提出创新、协调、绿色、开放、共享的新发展理念，强调贯彻新发展理念是关系我国发展全局的一场深刻变革，不能简单以生产总值增长率论英雄，必须实现创新成为第一动力、协调成为内生特点、绿色成为普遍形态、开放成为必由之路、共享成为根本目的的高质量发展，推动经济发展质量变革、效率变革、动力变革。

由此就非常明确，树立什么样的政绩，就要看新时代党员干部是不是树立了符合新发展理念的政绩观。新发展理念是一个系统的理论体系，科学回答了新时代我们党关于发展的政治立场、价值导向、发展模式和发展道路等重大政治问题。新时代党员干部树立和践行正确政绩观，就必须完整、准确、全面贯彻新发展理念，必须以贯彻新发展理念、推动高质量发展为行动先导和思想准绳。

树立什么样的政绩，就要看新时代党员干部是不是把完整、准确、全面贯彻新发展理念创造性地落实到推进高质量发展的具体行动中。习近平总书记指出，"新发展理念是指挥棒、红绿灯，党员干部要自觉把新发展理念贯穿到经济社会发展全过程"。他强调，"中央看一个地方工作得怎么样，不会仅仅看生产总值增长率，而是要看全面工作，看解决自身发展中突出矛盾和问题的成效"。因此，看政绩，既要看经济指标，也要看民生指标、生态指标；既要看当前发展状况，也要看发展的可持续性。政绩观正确与否，就要看是否体现了全面发展。如果只盯着单一指标，忽视其他工作，忽视发展的整体性、系统性、协同性，政绩观就会出现偏差。

树立什么样的政绩，还要看新时代党员干部是不是落实了坚持和加强了党的集中统一领导、落实了新时代党的建设总要求。办好中国的事情，关键在党，关键在党要管党、全面从严治党。习近平总书记指出，"如果我们党弱了、散了、垮了，其他政绩又有什么意义呢？"强调"领导干部特别是高级干部要经常同党中央精神对表对标，切实做到党中央提倡的坚决响应，党中央决定的坚决执行，党中央禁止的坚决不做，坚决维护党中央权威和集中统一领导，做到不掉队、不走偏，不折不扣抓好党中央精神贯彻落实"。因此，对领导干部来说，抓好发展是政绩，管好用好干部同样是政绩。各级各部门党委（党组）树立正确政绩观，必须坚持党中央集中统一领导，聚精会神抓好党的建设，落实全面从严治党政治责任，加强对干部的教育、管理和监督，严明政治纪律和政治规矩，切实提高党组织和党员干部政治判断力、政治领悟力、政治执行力。

深入领会"靠什么树政绩"是树立和践行正确政绩观的实践方略。

靠什么树政绩，根本在党性。习近平总书记指出，"树立和践行正确政绩观，起决定性作用的是党性。只有党性坚强、摒弃私心杂念，才能保证政绩观不出偏差"。共产党人为的是大公、守的是大义、求的是大我。党性和人民性是一体两面、内在统一的。习近平总书记要求党员干部始终以百姓心为心，以人民利益为重。在谋划推进工作中，一定要坚持坚持发展为了人民、发展依靠人民、发展成果由人民共享，把好事实事做到群众心坎上。哪里有人民需要，哪里就能做出好事实事，哪里就能创造业绩。他还强调，"树牢造福人民的政绩观，坚持以人民为中心的发展思想，坚持高质量发展，不搞贪大求洋、盲目蛮干、哗众取宠；坚持出实招求实效，不搞华而不实、投机取巧、数据造假；坚持打基础利长远，不搞急功近利、竭泽而渔、劳民伤财"。

靠什么树政绩，关键在实干。习近平总书记指出，"业绩都是干出来的，真干才能真出业绩、出真业绩"。树立正确政绩观，要坚持干在实处、务求实效，防止形式主义、官僚主义。面对新形势新任务，党员干部一定要真抓实干，务实功、出实招、求实效，善作善成，坚决杜绝口号式、表态式、包装式落实的做法。对当务之急，要立说立行、紧抓快办，不能慢慢吞吞、拖拖拉拉。对长期任务，要保持战略定力和耐心，坚持一张蓝图绘到底，滴水穿石，久久为功。党员干部要有功成不必在我、功成必定有我的境界，发扬钉钉子的精神，"既要做让老百姓看得见、摸得着、得实惠的实事，也要为后人作铺垫、打基础、利长远的好事，既要做显功，也要做潜功，不计较个人功名，追求人民群众的好口碑、历史沉淀之后真正的评价"。

靠什么树政绩，基础在本领。全面建设社会主义现代化国家，离不开一支政治过硬、适应新时代要求、具备领导现代化建设能力的干部队伍、德才兼备、忠诚干净担当的高素质专业化干部队伍。习近平总书记指出，"要树立正确政绩观，处理好稳和进、立和破、虚和实、标和本、近和远的关系，坚持底线思维，强化风险意识，自觉把新发展理念贯穿到经济社会发展全过程"。在工作中正确处理好这几对重要关系，既是工作原则和工作方法，也是工作能力和工作态度，是对新时代党员干部的思想认识、能力素质和工作作风提出的新的更高要求。

总起来看，习近平总书记关于树立和践行正确政绩观的重要思想，全面、系统、辩证地阐释了新时代党员干部政绩观的重要内涵。新时代党员干部必须透彻把握正确政绩观的丰富内涵和实践要求，切实认清错误政绩观的现实危害，不断增强牢固树立和践行正确政绩观的思想自觉、政治自觉和行动自觉。

深刻理解新时代树立和践行正确政绩观的重大意义

党的二十大擘画了以中国式现代化全面推进强国建设、民族复兴的宏伟蓝图，全面建设社会主义现代化国家新征程已经开启，我国进入了新发展阶段。站在新的历史起点上，奋进新时代，迈向新征程，更需要强化中国共产党人的责任与担当，更需要广大党员干部牢固树立和践行正确政绩观，为推动高质量发展、推进中国式现代化建设做出新的贡献。

树立和践行正确政绩观是不断夺取全面建设社会主义现代化国家新胜利的必然要求。

党的二十大报告指出，全面建设社会主义现代化国家，是一项伟大而艰巨的事业，前途光明，任重道远。当今世界百年未有之大变局加速演进，进入新的动荡变革期，全球性问题加剧；新一轮科技革命和产业变革深入发展，国际力量对比深刻调整，我国发展的外部环境更加严峻复杂，不确定性上升。经过世纪疫情冲击，我国经济发展还面临不少困难，经济下行压力加大，同时我国改革发展稳定仍面临不少深层次矛盾躲不开、绕不过。总体看，我国发展进入战略机遇与风险挑战并存、不确定难预料因素增多的时期，各种"黑天鹅""灰犀牛"事件随时可能发生，我们必须准备经受风高浪急甚至惊涛骇浪的重大考验。

面对这样的发展形势，新时代党员干部责任在肩、重任在肩，更要强调牢固树立和践行正确政绩观。习近平总书记指出，"民心是最大的政治，决定事业兴衰成败"。中国共产党一路走来之所以能够战胜各种艰难险阻并取得胜利，就是因为党的根本宗旨是全心全意为人民服务，能够得到广大人民的支持和拥护。牢固树立和践行正确政绩观，就是要维护人民根本利益，增进人民福祉，以为人民造福为最大政绩，不断实现发展为了人民、发展依靠人民、发展成果由人民共享，让现代化建设成果更多更公平惠及全体人民，从而赢得人民信任，得到人民支持，集聚起万众一心、共克时艰的磅礴力量。只要我们党始终保持同人民群众的血肉联系，始终与人民同呼吸、共命运、心连心；广大党员干部坚持把国家和民族发展放在自己力量的基点上，善于在危机中育先机、于变局中开新局，就能拥有战胜一切艰难险阻的强大力量，确保全面建设社会主义现代化国家新征程顺利推进。

树立和践行正确政绩观是推进新时代新征程中国式现代化建设、推动我国制度优势转化为国家治理效能的必然要求。

坚持和完善中国特色社会主义制度、推进国家治理体系和治理能力现代化，是全党的一项重大战略任务，也是中国式现代化的本质要求。习近平总书记指出："要把提高治理能力作为新时代干部队伍建设的重大任务，引导广大干部提高运用制度干事创业能力，严格按照制度履行职责、行使权力、开展工作。"必须看到，我国是一个发展中大国，仍处于社会主义初级阶段，正在经历广泛而深刻的社会变革，推进改革发展、调整利益关系往往牵一发而动全身。

广大党员干部牢固树立和践行正确政绩观，就要不断提高战略思维、历史思维、辩证思维、系统思维、创新思维、法治思维、底线思维能力，善于用政治眼光观察和分析经济社会问题，切实强化制度意识和法治意识，切实维护社会公平正义，切实贯彻党中央的各项决策和工作部署不走样、不变形，在尊重客观规律的基础上，坚持一切从实际出发，按照制度把改革发展稳定各项工作做实做好，着力破解深层次体制机制障碍，做带头维护制度权威，做制度执行的表率，从而不断彰显中国特色社会主义制度优势，不断增强社会主义现代化建设的动力和活力，有效地推动我国制度优势转化为国家治理效能。

树立和践行正确政绩观是深入推进新时代党的建设新的伟大工程，以党的自我革命引领社会革命的必然要求。

党的二十大报告指出，全面建设社会主义现代化国家、全面推进中华民族伟大复兴，关键在党。我们党作为世界上最大的马克思主义执政党，要始终赢得人民拥护、巩固长期执政地位，必须时刻保持解决大党独有难题的清醒和坚定。必须看到，我们党面临的"四大考验""四种危险"还将长期存在，在推进现代化事业中，党内还客观存在一些因政绩观错位、理想信念不坚定、责任心缺失导致的形式主义、官僚主义等突出问题，如果不加以纠正，直接影响党同人民群众的血肉联系，直接关乎党长期执政的基础和根基。

这就要求党员干部树立和践行正确政绩观，坚决清除一切弱化党的先进性、损害党的纯洁性的因素，坚决割除一切滋生在党的肌体上的毒瘤，防范一切动摇党的根基的因素，决不能有松劲歇脚、疲劳厌战的情绪，持之以恒推进全面从严治党，全面推进党的自我净化、自我完善、自我革新、自我提高，使我们党坚守初心使命，始终成为中国特色社会主义事业的坚强领导核心，始终成为风雨来袭时全体人民最可靠的主心骨。

以正确导向引领党员干部树立和践行正确政绩观

新时代以来，各地各部门坚持不懈用习近平新时代中国特色社会主义思想凝心铸魂，坚持学思用贯通，知行信统一，党员干部队伍建设迈出新的步伐，特别是贯彻落实习近平总书记关于牢固树立和践行正确政绩观的重要思想日见成效。但也要看到，由于长期积累的旧的思想观念和体制机制束缚，党员干部的思想和队伍建设仍是一个长期过程，引导干部树立和践行正确政绩观也是一个与时俱进、不断完善的过程。

在实际工作中，我们依然可以发现，有的干部仍不能很好贯彻新发展理念，习惯于以"GDP增长"为指挥棒，把干事与个人名利捆绑在一起，创造政绩只为捞取个人升迁资本，追求"以数字论英雄"，沽名钓誉，好大喜功、急功近利，不顾客观条件去上项目、拼投资，结果过度举债搞建设，盲目扩张铺摊子，个人功成名就了却给地方留下一屁股债。

有的干部作风漂浮，只重显绩轻潜绩、看重面子轻里子，沉迷粗放式发展、追求形象工程，只喜欢"作秀"而不是做事，热衷于"造势一时"而不是"造福一方"，结果"亮化工程""山水工程""盆景工程"做得不少，但老百姓最关心的切实利益问题、急难愁盼问题却不关注、解决不好。

还有的干部固守习惯思维、谙于明哲保身、崇尚本位主义，满足于老经验、老办法，不研究新情况、新政策，观念陈旧、故步自封，拍脑袋做事，追求短期效益不顾及长远、注重局部利益不顾国家大局。对中央出台的好政策不是创造性执行而是消极式观望，不去因地制宜、因势利导，却搞取舍式贯彻、"一刀切"推动、运动式突击，要么只"破"不"立"，要么空喊口号不见落地，结果是转变发展方式天天讲，但依然还在穿新鞋走老路，常常是"解决了一个问题，留下了十个遗憾"，等等。

解决以上种种政绩观错位问题，最重要的还是要靠制度、靠机制、靠选人用人，用组织办法和正确导向引领广大党员干部牢固树立和践行正确政绩观。

一是突出正确的选人用人导向。选人用人导向直接影响党员干部的政绩观，用什么样的人就是倡导什么样的政绩观。习近平总书记指出，要"坚持党管干部原则，把新时代好干部标准落到实处"，强调"树立选人用人正确导向，选拔忠诚干净担当的高素质专业化干部，选优选强各级领导班子"。各级组织部门用干部、评价干部要全面落实新时代好干部标准，树牢实干实绩"风向标"，坚持以实干论英雄、凭实绩用干部，把敢不敢扛事、愿不愿做事、能不能干事作为识别干部的重要标准，以正确的选人用人导向引领领导干部在干事创业中树立和践行正确政绩观。

这里尤为重要的，在选人用人导向上要强调领导干部的政治能力。各级党员领导干部要自觉讲政治，对国之大者一定要心中有数，要时刻关注党中央在关心什么、强调什么，深刻领会什么是党和国家最重要的利益、什么是最需要坚定维护的立场。要把贯彻落实习近平总书记重要指示批示精神和党中央决策部署，贯彻新发展理念、推动高质量发展的实际表现和工作实绩，作为评价领导班子和领导干部政绩的基本依据，作为检验是否增强"四个意识"、坚定"四个自信"、做到"两个维护"的重要尺度。

习近平总书记就强调："领导干部想问题、作决策，一定要对国之大者心中有数，多打大算盘、算大账，少打小算盘、算小账，善于把地区和部门的工作融入党和国家事业大棋局，做到既为一域争光、更为全局添彩。"前些年陕西秦岭破坏生态环境违建别墅事件教训就极为深刻，必须引以为戒。由此也督促激励党员领导干部要从政治高度深刻理解正确政绩观的思想内涵和实践要求，胸怀国之大者，牢记初心使命，把握发展规律，不断提高政治判断力、政治领悟力、政治执行力。2020年10月中央组织部曾印发《关于改进推动高质量发展的政绩考核的通知》，按照党中央、国务院关于推动高质量发展的意见要求，根据《党政领导干部考核工作条例》，强调要进一步改进地方党政领导班子和领导干部政绩考核工作，推动形成能者上、优者奖、庸者下、劣者汰的正确导向，引导各级领导干部牢固树立正确的政绩观，不断提高贯彻新发展理念能力和水平，提高制度执行力和治理能力。

二是改进和完善考核评价体系。习近平总书记指出，"如何考准考实干部政绩，也是一个难点""要完善干部考核评价和选任办法，既重能力又重品行，既重政绩又重政德"。在浙江工作期间习近平同志就强调，"我们要从坚持立党为公、执政为民的高度来考核评价干部的政绩，坚持抓好发展与关注民生的结合、对上负责与对下负责的结合、立足当前与着眼长远的结合，科学设定考核政绩的内容和程序，完善考评体系和方法"。

要通过考核这个"指挥棒"以考促改、以考促用、以考促建，对那些干事创业有办法、有成效的干部大胆使用，真正推动干部做到不慕虚荣、不务虚功、不图虚名，让政绩经得起实践、人民和历史检验。

高质量发展综合绩效评价是当前地方各级党政领导班子和领导干部政绩考核的重要组成部分，建立高质量发展指标体系是推动高质量发展的基础性工作，是引导和指导各地各部门加快形成符合高质量发展要求的政策体系、标准体系、统计体系、绩效评价、政绩考核的重要依据。要对应创新、协调、绿色、开放、共享、安全等发展要求，精准设置关键性、引领性指标，实行分级分类考核，引导领导班子和领导干部抓重点破难题、补短板锻长板。还要综合运用多种方式考准考实领导干部推动高质量发展政绩，坚持定性与定量相结合，考人与考事相结合，以年度考核、任期考核为重点，用好平时考核、专项考核等方式，运用政府督查、巡视巡察、审计、信访等成果，注重深入工作一线实地查核，多种考核情况相互补充印证。

需要强调的是，人民群众满意是根本，始终要坚持由人民群众的口碑来检验党员干部的政绩，把人民群众的获得感、幸福感、安全感作为评判领导干部推动高质量发展政绩的最重要标准。习近平总书记指出，"人民群众什么方面感觉不幸福、不快乐、不满意，我们就在哪方面下功夫"，并谆谆告诫各级领导干部，要"把人民拥护不拥护、赞成不赞成、高兴不高兴、答应不答应作为衡量一切工作得失的根本标准，着力解决好人民最关心最直接最现实的利益问题"。这就引导领导干部践行以人民为中心的发展思想，用心用情用力解决群众的急难愁盼问题，坚决不搞"形象工程""政绩工程"。

三是科学实施问责追责。实践证明，问责一个、警醒一片、提高一批，对于推动党员干部树立和践行正确政绩观具有重要作用，习近平总书记强调，"一些干部惯于拍脑袋决策、拍胸脯蛮干，然后拍屁股走人，留下一屁股乱账，最后官照当照升，不负任何责任。这是不行的。我说过了，对这种问题要实行责任制，而且要终身追究"。

党的十八大以来，从中央到地方严肃查处和追责了一批失职渎职的人员，坚决做到令行禁止，确保了党中央各项决策部署落地见效，也有力推动了干部队伍建设，营造出风气气正、干事创业的良好政治生态。

为此，要进一步强化以奖惩分明、奖优罚劣激励领导干部担当作为、推动发展，形成能者上、优者奖、庸者下、劣者汰的有效激励机制和正反馈机制。对在推动高质量发展中有作为、有成绩、有贡献的领导班子和领导干部，按照有关规定嘉奖、记功、授予称号，给予物质奖励。考核优秀、政绩突出的领导干部，同等条件下优先使用或者优先晋升职级。对推动高质量发展不担当不作为、在应对困难挑战面前甘于"躺平"的领导班子和领导干部，依规依纪给予批评教育、责令检查、通报批评、诫勉、组织调整或者组织处理，其中对经常出问题干部的地方和部门，也要追根溯源，问责其上级部门和上级领导在选人用人上有没有搞裙带、搞亲疏远近、搞势力范围，让默默无闻、踏踏实实干工作的干部得不到重要，甚至是"心寒离场"，目前这个问题还非常严重，必须引起高度重视。同时，要坚决落实中央关于"三个区分开来"要求，正确把握干部在推动高质量发展中出现失误错误的性质和影响，完善容错纠错机制，大力鼓励党员干部解放思想，敢做敢拼，在实践中大胆探索新思路、新方法，切实营造一种宽松包容的干事创业环境，推动广大党员干部以新气象新作为在中国式现代化新征程上不断取得新业绩。

四是发挥先锋模范的榜样引领作用。榜样的力量是无穷的，好的榜样是最好的引导。习近平总书记善于用榜样的力量激励全党树立和践行正确政绩观。在福建考察工作时习近平同志就指出，"谷文昌同志的事迹同焦裕禄、杨善洲同志的事迹一样，展示了一名共产党员和一名领导干部的坚强党性、远大理想、博大胸怀、高尚情操"。早年习近平同志就充满深情亲自填词一首《念奴娇·追思焦裕禄》，词中一句"百姓谁不爱好官？把泪焦桐成雨"抒发了以焦裕禄为榜样，做一个以人民为中心的领导干部的公仆情怀。"我将无我，不负人民"简短有力的八个字更是表达了一个大国领袖、大党领袖为中国的发展、为人民的幸福而奉献自己的决心意志和高尚无私的思想境界。新时代的党员干部应当向党的总书记看齐，向历史上和现实生活中的党的优秀领导干部看齐，自觉以先锋模范为榜样，以"为人民造福为最大政绩"为座右铭，学习先进、争当先进，带头担当作为，始终保持"时时放心不下"的责任感和使命感，增强忧患意识、保持赶考清醒，增强为民造福意识、坚定人民情怀，站在时代潮流最前列、站在攻坚克难最前沿、站在最广大人民之中，自觉做到平常时候看得出来、关键时刻站得出来、危难关头豁得出去，自觉做正确政绩观的践行者。

以"硬道理"的清醒认知，自觉推动高质量发展[*]

中央经济工作会议提出，"必须把坚持高质量发展作为新时代的硬道理"，这一科学论断充分体现了以习近平同志为核心的党中央总揽全局、把握大势、前瞻未来的远见卓识。新征程上，必须以"硬道理"的清醒认知推动高质量发展。

发展是解决中国一切问题的基础和关键，是我们党执政兴国的第一要务。我们党领导人民治国理政的一条重要经验，就是不断回答好实现什么样的发展、怎样实现发展这个重大问题。经过新中国成立以来特别是改革开放以来的快速发展，我国综合国力和国际地位显著提升，全面建成小康社会目标如期实现。"发展才是硬道理"深入人心、嵌入历史，成为解码中国奇迹的秘诀。

高质量发展是中国式现代化的本质要求之一。近期召开的中央经济工作会议提出"必须把坚持高质量发展作为新时代的硬道理"，^① 这一科学论断充分体现了以习近平同志为核心的党中央总揽全局、把握大势、前瞻未来的远见卓识。在新征程上，必须以"硬道理"的清醒认知推动高质量发展。

深刻认识坚持高质量发展这个新时代硬道理的现实逻辑

坚持高质量发展是大力推进和拓展中国式现代化的战略选择。中国式现代化是强国建设、民族复兴的必由之路。党的二十大报告深刻阐释了中国式现代化的中国特色，并对实现中国式现代化作出了分两步走的战略安排。这是一项伟大而艰巨的事业，其艰巨性和复杂性前所未有，必须把坚持高质量发展这个"硬道理"摆在更加突出的位置，努力实现经济发展质量变革、效率变革、动力变革，才能不断塑造新的竞争优势，支撑中国经济长期稳定发展，中国式现

---

* 本文原载《湖南日报·理论周刊》2024年1月25日。

① 中央经济工作会议在北京举行［N］.人民日报，2023－12－13（1）.

代化道路才能行稳致远。

坚持高质量发展是前进道路上破解发展难题、厚植发展优势、夯实中国经济发展韧性的必然要求。进入新时代，我国社会主要矛盾已经转化为人民日益增长的美好生活需要和不平衡不充分的发展之间的矛盾。当前和今后一个时期，解决不平衡不充分的发展问题仍然是推进高质量发展的主题。习近平总书记深刻指出，"高质量发展，就是能够很好满足人民日益增长的美好生活需要的发展，是体现新发展理念的发展，是创新成为第一动力、协调成为内生特点、绿色成为普遍形态、开放成为必由之路、共享成为根本目的的发展"。这既是对高质量发展科学内涵的一个基本定位，又是破解我国发展难题、厚植我国发展优势、实现高质量发展的基本路径。只有持续深化对这个"硬道理"的规律性认识，切实把握新发展阶段、贯彻新发展理念、构建新发展格局，加快创新发展、协调发展、绿色发展、开放发展、共享发展，坚持不懈推动高质量发展迈出坚实步伐，才能不断夯实中国经济发展韧性，不断彰显我们的制度优势，持续释放中国经济发展潜能和活力，开创我国高质量发展新局面。

坚持高质量发展是把握历史主动、有效应对复杂环境、化解各种重大风险挑战的关键所在。当前，世界大变局加速演进，世界进入新的动荡变革期。新一轮科技革命和产业变革深入发展，国际力量对比深刻调整，国际格局发生深刻变化。同时，逆全球化思潮抬头，单边主义、保护主义明显上升，局部冲突和动荡频发，全球性问题加剧，人类社会面临前所未有的挑战，我国外部环境也更加复杂多变。为此，我们必须保持定力，集中精力办好自己的事情。只有坚持以经济建设为中心，坚定不移推动高质量发展，不断增强经济实力、科技实力、综合国力，主动识变应变求变，坚持把中国发展的命运牢牢掌握在自己手中，才能全力战胜前进道路上的各种困难和挑战，依靠顽强斗争打开事业发展新天地。

正确处理推进新时代高质量发展几个重要关系

习近平总书记指出，高质量发展不只是一个经济要求，而是对经济社会发展方方面面的总要求；不是只对经济发达地区的要求，而是所有地区发展都必须贯彻的要求；不是一时一事的要求，而是必须长期坚持的要求。中央经济工作会议强调，要"聚焦经济建设这一中心工作和高质量发展这一首要任务，把中国式现代化宏伟蓝图一步步变成美好现实"。这为推进新时代高质量发展指明了方向。各地区各部门必须把高质量发展切实贯彻到各领域各环节，一切从实际出发，因地制宜、扬长避短，走出适合本地区本部门实际的高质量发展之路。为此，要正确处理和把握好推进高质量发展的几个重要关系。

一是处理好经济发展质和量的关系。高质量发展是质的有效提升和量的合理增长辩证统一的发展。质的提升为量的增长提供持续动力，量的增长为质的提升提供重要基础，二者相辅相成。没有经济发展的结构、效益、效率方面的质的有效提升，量的合理增长将不可持续；没有经济发展的规模、速度方面的量的合理增长，经济结构优化、产业转型升级、城乡协调发展、民生福祉改善也都无从谈起。必须树牢为民造福的正确政绩观，始终坚持以人民为中心的发展思想，坚持高质量发展，反对贪大求洋、盲目蛮干；坚持出实招求实效，反对华而不实、数据造假；坚持打基础利长远，反对竭泽而渔、劳民伤财。

二是处理好稳和进、立与破、新和旧的关系。这三对矛盾相互关联，是推进高质量发展的题中之义。中央经济工作会议强调做好今年经济工作要稳中求进、以进促稳、先立后破。稳是大局、是基础，面对当前经济下行压力，要着力稳预期、稳增长、稳就业，但又要在稳的基础上积极进取，积极发挥进的主动，加快发展方式转变、加快科技创新、加快改革开放、加快培育壮大新的竞争优势。其中，还要把握好立与破、新和旧的平衡，坚持先立后破，稳扎稳打，把稳增长、调结构、推改革有机结合；既要以科技创新推动产业创新，打造战略性新兴产业，也要在推动传统产业转型升级中发挥其稳需求、扩就业等方面的重要作用，在高质量发展中实现新旧动能平稳转换。

三是处理好宏观和微观、局部和整体的关系。经济建设是党和国家的中心工作。高质量发展是以经济发展为基础、聚焦经济社会各领域的发展。从微观层面，要进一步激发各类经营主体的内生活力和创新活力，牢固坚持"两个毫不动摇"，不断解放和发展社会生产力，加快培育新质生产力；从宏观层面，要统筹推进"五位一体"总体布局和"四个全面"战略布局，推动经济、政治、文化、社会、生态文明等全面发展。各地区务必要坚持宏观视野、系统观念和全国一盘棋思想，自觉以局部服从整体、地方服从中央，加快建设全国统一大市场，主动融入和服务新发展格局，决不搞单打独斗、顾此失彼，也不能够偏执一方、畸轻畸重。

四是处理好发展和安全的关系。当前，我国国家安全内涵和外延比历史上任何时候都要丰富，时空领域比历史上任何时候都要宽广，内外因素比历史上任何时候都要复杂。我国在确保粮食、能源、产业链供应链可靠安全，资源环境安全，网络信息安全和防范金融风险等方面面临着亟待解决的许多重大问题难题。要统筹发展和安全，在经济社会发展规划和实施中更多考虑安全因素，积极营造有利于高质量发展的安全环境，有效防范化解各类风险挑战，从而以高质量发展促进高水平安全、以高水平安全保障高质量发展，确保发展和安全动态平衡、相得益彰。

湖南要锚定"三高四新"美好蓝图，加快推动高质量发展

去年召开的湖南省委十二届四次全会审议通过《关于锚定"三高四新"美好蓝图加快推动高质量发展的若干意见》，为加快实现"三高四新"美好蓝图、加快推动湖南高质量发展明确了路线图、任务书。湖南省委十二届五次全会强调，要牢牢把握新时代的硬道理，锚定高质量发展这一首要任务抓落实。过去一年，湖南省委、省政府带领全省人民坚定信心、迎难而上，全省经济社会高质量发展扎实推进，全面建设社会主义现代化新湖南迈出坚实步伐。

中央经济工作会议指出，经济大省要真正挑起大梁，为稳定全国经济作出更大贡献。在中国式现代化新征程上，湖南省高质量发展前景广阔，对全国发展可以也应当有更大作为。

赓续历史文脉，充分彰显敢为天下先的湖湘文化精神。湖湘文化厚重、人文荟萃，孕育了"心忧天下、敢为人先"的湖湘精神。近现代以来更是涌现了无数仁人志士。在新时代高质量发展道路上，新一代湖湘儿女应领风气之先，传承历史精粹和文化基因、弘扬革命先烈的大无畏精神，抓住新时代高质量发展的机遇，开创未来。

深植地缘优势，充分发挥位居中部资源丰厚的区域特色。湖南自古就有"湖广熟，天下足"的美誉，区域上虽属中南内陆地区，但湖域广阔，农业和矿藏丰富，山水风光秀丽，地理通江达海，向南连接粤港澳大湾区。近年来湖南以"中部崛起"的新形象崭露新姿，在新时代高质量发展道路上，应充分发挥"一带一部"区位优势扩大高水平对外开放，继续书写中国式现代化的三湘大地新篇章。

夯实制造强势，充分激发现代化产业体系的创新创造活力。目前，湖南已建立起门类齐全的现代化产业体系，作为"制造业大省"，拥有工程机械、轨道交通装备、中小航空发动机、新一代自主安全计算系统等4个先进制造业集群"国家队"，形成了多个万亿元级、千亿元级产业集群和一批新兴优势产业链。在新时代高质量发展道路上，湖南省应进一步加快自主创新，全力激活高质量发展的动力活力，紧盯先进制造业这个主攻方向，在高水平科技自立自强上迈出新步伐，在建设现代化产业体系上赢得新优势。

新中国成立的
伟大意义*

中国式现代化是强国建设、民族复兴的康庄大道，是中华民族的旧邦新命，创造人类文明新形态是中国式现代化的本质要求，也是我们这代人光荣而艰巨的历史使命。

我们庆祝国庆，是为了更好地铭记新中国历史。对历史最好的继承就是创造新的历史，对人类文明最大的礼敬就是创造人类文明新形态。

2024 年，中华人民共和国迎来 75 周年华诞。

75 年前的 10 月 1 日，毛泽东主席在天安门城楼上向全世界庄严宣布："中华人民共和国中央人民政府今天成立了！"这一铿锵有力的声音撼动世界，这一瞬间化为历史的永恒，标志着中国人民从此站起来了！中华民族也从此进入了历史的新纪元。此后每一年的这个重要时日，中华儿女都怀着无比喜悦的心情，为我们伟大的祖国感到自豪。

今天，中华民族已经傲然屹立于世界民族之林，14 亿多中国人民已然挺直脊梁、满怀豪情行进在中国式现代化的壮阔道路上，回首漫漫征程，更能深刻体悟新中国成立的深远历史意义、伟大时代意义和宏阔世界意义。

1. 历史意义：新中国诞生彰显了人类正义事业的胜利

党的十九届六中全会通过的《中共中央关于党的百年奋斗重大成就和历史经验的决议》写道："中华民族是世界上古老而伟大的民族，创造了绵延五千多年的灿烂文明，为人类文明进步作出了不可磨灭的贡献。一八四〇年鸦片战争以后，由于西方列强入侵和封建统治腐败，中国逐步成为半殖民地半封建社会，国家蒙辱、人民蒙难、文明蒙尘，中华民族遭受了前所未有的劫难。"

一个伟大而古老的民族为什么会身陷"三座大山"的压迫、倍受外部列强

---

* 本文原载《深圳特区报·理论周刊》2024 年 9 月 24 日。

的欺凌，丧失了国家主权的独立和民族的尊严呢？封建统治者的腐朽统治、盲目的夜郎自大和长期的闭关锁国，让一个古老国度跟不上人类文明进步滚滚向前的历史车轮。我们落后了，落后就要挨打。

中华民族是一个敢于抗争、善于斗争的伟大民族。哪里有压迫、哪里就有反抗。鸦片战争后，为了拯救民族危亡，中国人民奋起反抗，无数仁人志士奔走呐喊，进行了反压迫、反殖民、反封建的可歌可泣的斗争。由于缺乏人民的主体性和组织领导的先进性，一系列抗争并不能改变中国半殖民地半封建的社会性质和中国人民的悲惨命运。

历史和人民选择了中国共产党。中国共产党一经诞生，就把为中国人民谋幸福、为中华民族谋复兴确立为自己的初心和使命。中国共产党团结带领中国人民，浴血奋战、百折不挠，创造了新民主主义革命的伟大成就。我们经过北伐战争、土地革命战争、抗日战争、解放战争，以武装的革命反对武装的反革命，推翻帝国主义、封建主义、官僚资本主义三座大山，建立了人民当家作主的中华人民共和国，实现了民族独立、人民解放。新民主主义革命的胜利，彻底结束了旧中国半殖民地半封建社会的历史，彻底结束了旧中国一盘散沙的局面，彻底废除了列强强加给中国的不平等条约和帝国主义在中国的一切特权，为实现中华民族伟大复兴创造了根本社会条件。中国共产党和中国人民以英勇顽强的奋斗向世界庄严宣告，中国人民站起来了，中华民族任人宰割、饱受欺凌的时代一去不复返了！

一个伟大而古老的民族为什么始终能够坚贞不屈、数经磨难而不倒、经凤凰涅槃而生生不息？就在于中国人民求生存、求解放、谋幸福的事业是人类正义的事业，而正义的事业是任何敌人攻不破的；就在于中华民族求独立、谋复兴、求大同的梦想是人类文明的归祖，中华民族伟大复兴的历史脚步是不可阻挡的。

2. 时代意义：新中国诞生检验了科学社会主义的真理力量

科学社会主义是马克思主义的重要组成，关于人的全面发展学说是科学社会主义的重要内容。20 世纪中叶新中国的诞生，为科学社会主义在世界东方大国的全面实践打开了广阔空间、铺平了发展道路。

如果没有新中国的成立、没有中国人民当家作主，就不可能建立和巩固工人阶级领导的、以工农联盟为基础的人民民主专政的国家政权，就不能顺利完成社会主义三大改造，实现从新民主主义到社会主义的转变，也不可能基本上实现生产资料公有制和按劳分配，建立起社会主义经济制度，更不可能为中国在世界确立大国地位、维护中华民族尊严奠定根本政治前提和制度基础。

马克思主义是中国共产党立党立国、兴党兴国的根本指导思想。正是这样一个集先进性、纯洁性、革命性、战斗性于一身的马克思主义政党，领导人民完成了社会主义革命，建立了社会主义制度，实现了中华民族有史以来最为广泛而深刻的社会变革，实现了中华民族由近代不断衰落到根本转变命运、持续走向繁荣昌盛的伟大跨越，新中国从此开始了全面的大规模的社会主义建设，这也为在新的历史时期开创中国特色社会主义提供了宝贵经验、理论准备和物质基础。

中国共产党与全国各族人民同心同德、艰苦奋斗、开拓进取，无论是在社会主义革命和建设时期，还是在改革开放和社会主义现代化建设新时期，都取得了令世界刮目相看的伟大成就。党的十八大以来，中国特色社会主义进入新时代，在以习近平同志为核心的党中央坚强领导下，党和国家事业取得历史性成就、发生历史性变革。亿万中华儿女向着强国建设、民族复兴的光荣和梦想昂扬奋进。

今天，已经没有任何力量能够撼动我们伟大祖国的地位，没有任何力量能够阻挡中国人民和中华民族的前进步伐。今天的社会主义中国，比历史上任何时期都更接近、更有信心和能力实现民族复兴的目标，科学社会主义在 21 世纪的中国展示出磅礴的真理力量、焕发出强大生机活力。

3. 世界意义：新中国诞生开辟了强国富民的成功道路，奠定人类文明新形态的制度基础

中国人民和中华民族从近代以来的深重苦难走向伟大复兴的光明前景，从来就没有教科书，更没有现成答案。为了中国人民的解放事业，中国共产党带领中国人民经过艰苦卓绝的革命斗争、实践斗争和理论创新，走出了适合自己国情的道路。

新中国的诞生，充分证明了解决中国的问题、解决中华民族的问题必须立足自己、从国情出发，由中国人自己来解答；充分证明了中国革命、建设、改革的成功道路是中国共产党领导人民独立自主探索开辟出来的，马克思主义的中国篇章是在共产党人依靠自身力量实践出来的。我们既不能刻舟求剑、封闭僵化，也不能照抄照搬、食洋不化。

以新中国成立为中华民族进入新纪元的历史起点，我们依靠自力更生、发奋图强，在一穷二白的基础上建立起独立的比较完整的工业体系和国民经济体系。我们依靠解放思想、锐意进取，开启改革开放和社会主义建设新时期，开辟了强国富民的中国特色社会主义道路，党和人民大踏步赶上时代。我们依靠自信自强、守正创新，中国特色社会主义进入新时代，在中华民族伟大复兴历

史进程中积累的强大能量充分爆发出来，焕发出前所未有的历史主动精神、历史创造精神，中华民族迎来了从站起来、富起来到强起来的伟大飞跃。

从新中国的诞生到踏上以中国式现代化全面推进强国建设、民族复兴伟业的新征程，中国道路、中国理论、中国制度、中国文化不仅彰显出鲜明的中国特色、中国风格、中国气派，也大大拓展了曾经落后和现在依然在赶超的发展中国家走向现代化的路径，给世界上那些既希望发展又希望自身独立的国家和民族提供了全新选择，为解决人类问题贡献了中国智慧和中国方案。

新中国成立后，毛泽东主席曾寄望，"中国是一个具有九百六十万平方公里土地和六万万人口的国家，中国应当对于人类有较大的贡献"。习近平总书记指出："近代以来，中华民族始终有一个梦想，这就是实现中华民族伟大复兴，为人类作出更大贡献。"①

中国式现代化是强国建设、民族复兴的康庄大道，是中华民族的旧邦新命，"创造人类文明新形态"是中国式现代化的本质要求之一，也是我们这代人光荣而艰巨的历史使命。中国式现代化必将推动中华文明重焕荣光。

我们庆祝国庆，是为了更好地铭记新中国历史。对历史最好的继承就是创造新的历史，对人类文明最大的礼敬就是创造人类文明新形态。

峥嵘岁月，镌刻光荣梦想；强国建设，开启时代新篇。一代人有一代人的使命，让我们以信念为灯塔，以奋斗为路径，点亮灯塔、追梦前行！

---

① 习近平. 论中国共产党历史［M］. 北京：中央文献出版社，2021：65.

读懂 75 周年国庆招待会上
总书记重要讲话的深意*

9 月 30 日晚，天安门广场流光溢彩。人民大会堂内华灯璀璨。在欢快的乐曲声中，党和国家领导人与 3000 多名各界代表、劳动模范和中外宾朋举杯共贺中华人民共和国成立 75 周年，祝福中国繁荣昌盛、人民幸福安康，中国人民和世界各国人民友谊长存。

75 年共和国砥砺前行，75 年共和国春华秋实。中华民族迎来从站起来、富起来到强起来的伟大飞跃。走过波澜壮阔的历程，今天的全体中华儿女正奋进在以中国式现代化全面推进强国建设、民族复兴的康庄大道上。

习近平总书记在 75 周年国庆招待会上发表重要讲话，传递出亿万人民的心声，展示出奋进中国式现代化的磅礴伟力。

"中华民族伟大复兴进入了不可逆转的历史进程"

75 年前的 10 月 1 日，毛泽东主席在天安门城楼上向全世界庄严宣布："中华人民共和国中央人民政府成立了！"这一铿锵有力的声音撼动世界，这一瞬间化为历史的永恒，标志着中国人民从此站起来了！中华民族也从此进入了历史的新纪元。此后每一年的这个重要日子，中华儿女都怀着无比喜悦的心情，为我们伟大的祖国感到自豪。

新中国的诞生彰显了人类正义事业的胜利，检验了科学社会主义的真理力量，开辟了强国富民的成功道路，奠定人类文明新形态的制度基础。正如习近平总书记在讲话中指出的，"75 年来，我们党团结带领全国各族人民不懈奋斗，创造了经济快速发展和社会长期稳定两大奇迹，中国发生沧海桑田的巨大变化，中华民族伟大复兴进入了不可逆转的历史进程"。①

今天的中国，已经傲然屹立在世界的东方。经济总量逾 126 万亿元，稳居

＊ 本文原载中国网 2024 年 10 月 1 日。
① 习近平. 在庆祝中华人民共和国成立 75 周年招待会上的讲话［N］. 人民日报，2024－10－01（2）.

世界第二大经济体，粮食生产"二十连丰"，新质生产力加快形成，"嫦娥"揽月、"天和"驻空、"天问"探火……中国发展具备了更为坚实的物质基础、更为完善的制度保证、更为主动的精神力量。

今天的中国，比历史上任何时期都更接近、更有信心和能力实现中华民族伟大复兴的目标。习近平总书记在讲话中深情指出："此时此刻，我们更加怀念为新中国成立和发展建立卓越功勋的老一辈领导人，更加怀念为新中国成立和走向富强献出生命的革命先烈和英雄模范。可以告慰他们的是，他们追求的理想正在实现，他们开创的事业薪火相传、欣欣向荣！"①

"把这一前无古人的伟大事业不断推向前进"

实现现代化是近代以来中国人民矢志奋斗的梦想。中国共产党100多年来团结带领中国人民追求民族复兴的历史，也是一部不断探索现代化道路的历史。经过数代人不懈努力，我们走出了中国式现代化道路。

中国式现代化是全新的伟大创新事业，既基于自身国情、又借鉴各国经验，既传承历史文化、又融合现代文明，既造福中国人民、又促进世界共同发展，是我们强国建设、民族复兴的康庄大道，也是中国谋求人类进步、世界大同的必由之路。

习近平总书记在国庆招待会上指出："以中国式现代化全面推进强国建设、民族复兴，是新时代新征程党和国家的中心任务。今天，我们庆祝共和国华诞的最好行动，就是把这一前无古人的伟大事业不断推向前进。"②

实践证明：坚持中国共产党的领导，是实现伟大梦想最坚强的领导力量和组织保证；我们党开辟的中国特色社会主义道路越来越广阔，国家发展进步的命运就始终牢牢掌握在中国人民手中；以人民为中心的发展思想，让党和人民始终休戚与共、生死与共、命运与共；走和平发展道路，推动构建人类命运共同体，我们就始终站在历史正确的一边、站在人类文明进步的一边。

"任何困难都无法阻挡中国人民前进的步伐"

行百里者半九十。中华民族伟大复兴，绝不是轻轻松松、敲锣打鼓就能实现的。全党必须准备付出更为艰辛、更为艰苦的努力。

当前，世界面临百年未有之大变局，实现中华民族伟大复兴战略全局进入关键阶段，中国发展进入战略机遇和风险挑战并存、不确定难预料增多的时期。全党必须坚定信心、锐意进取，主动适变应变求变，主动防范化解风险，不断

---

①② 习近平. 在庆祝中华人民共和国成立75周年招待会上的讲话 [N]. 人民日报, 2024 – 10 – 01 (2).

夺取全面建设社会主义现代化国家新的胜利。

习近平总书记强调，"经过75年的艰苦奋斗，中国式现代化已经展开壮美画卷并呈现出无比光明灿烂的前景。同时，前进道路不可能一马平川，必定会有艰难险阻，可能遇到风高浪急甚至惊涛骇浪的重大考验"。①

在2023年新年贺词中，习近平总书记曾引用古语"路虽远，行则将至；事虽难，做则必成"，激励中国人民只要有愚公移山的志气、滴水穿石的毅力，脚踏实地，埋头苦干，积跬步以至千里，就一定能够把宏伟目标变为美好现实。

在这次国庆招待会讲话中，习近平总书记援引南岳衡山的一副对联"遵道而行，但到半途须努力；会心不远，要登绝顶莫辞劳"，告诫我们："要居安思危、未雨绸缪，紧紧依靠全党全军全国各族人民，坚决战胜一切不确定难预料的风险挑战。任何困难都无法阻挡中国人民前进的步伐！"②

大道至简，实干为要。75年峥嵘岁月，中国取得世人瞩目的伟大成就，中国特色社会主义事业无比广阔，就是靠"干"出来的，就是依靠凝聚起亿万人民群众的智慧和力量，团结一心、众志成城、奋力拼搏，谱写出了中华民族伟大复兴不可逆转的壮丽史诗。

历史长河波澜壮阔，一代又一代人接续奋斗创造了今天的中国。伟大事业永远成于实干，中国式现代化也是干出来的。从以中国式现代化全面推进强国建设、民族复兴伟业的宽广视野看，当前中国发展出现的矛盾困难，只不过是细波微澜，只是发展中的问题。新征程上，我们要坚持用好改革开放这个重要法宝，当好中国式现代化建设的坚定行动派、实干家，永葆"闯"的精神、"创"的劲头、"干"的作风，在攻坚克难中成就事业、在敢闯敢干中开辟通途，共同谱写中国式现代化更加壮美的华章。坚定信心、同心同德、改革创新、埋头苦干，中国发展前景必然更加光明。

习近平总书记曾指出："近代以来，中华民族始终有一个梦想，这就是实现中华民族伟大复兴，为人类作出更大贡献。"在国庆招待会讲话中，习近平总书记发出时代强音："我们坚信，创造了五千多年辉煌文明的中华民族，必将在新时代新征程上创造出新的更大辉煌，必将为人类和平和发展的崇高事业作出新的更大贡献！"

---

①② 习近平. 在庆祝中华人民共和国成立75周年招待会上的讲话［N］. 人民日报，2024－10－01（2）.

制度建设篇

Institutional Construction

　　马克思主义国家学说指明，国家从本质上说是一种社会"秩序"，而"秩序"的最权威体现就是"制度"。中国特色社会主义制度正是这样本质性地体现和彰显维护社会"秩序"、保障人民权利的国家制度功能。

　　无论是从中国现代化的宏伟目标来看，还是从中国现代化所要突破的主要问题来看，制度体系的创新与完善，始终都是国家治理体系的核心内容。党的十八大以来，以习近平同志为核心的党中央把制度建设摆到更加突出的位置，把实现制度现代化作为推进国家治理体系和治理能力现代化的核心要素和关键动力，从而使中国特色社会主义制度的执行力得到充分彰显。习近平总书记指出："中国特色社会主义制度是一个严密完整的科学制度体系，起四梁八柱作用的是根本制度、基本制度、重要制度，其中具有统领地位的是党的领导制度。"中国共产党领导从本质上说就是支持和保证人民当家作主。在新时代中国特色社会主义新征程中，只有始终坚持国家的一切权力属于人民，突出坚持和完善支撑中国特色社会主义制度的根本制度、基本制度、重要制度，才能充分发挥总揽全局、协调各方的党的领导制度体系在中国"制度之治"中的核心引领作用。

　　本篇收录了作者从 2021 年至 2024 年初在中央媒体、地方媒体刊发的反映全面加强党的制度建设的相关文章、访谈、评述等，从这些方面体现这几年党的制度建设、党员干部队伍建设取得的明显成效。

2021 年

不断提高
政治领悟力*

习近平总书记在省部级主要领导干部学习贯彻党的十九届五中全会精神专题研讨班开班式上的讲话中强调，"要加强党对社会主义现代化建设的全面领导。"要求各级领导干部特别是高级干部必须立足中华民族伟大复兴战略全局和世界百年未有之大变局，心怀"国之大者"，不断提高政治判断力、政治领悟力、政治执行力，不断提高把握新发展阶段、贯彻新发展理念、构建新发展格局的政治能力、战略眼光、专业水平，敢于担当、善于作为。①

经济建设是党的中心工作，做好经济工作是我们党治国理政的重大任务。坚持加强党对经济工作的集中统一领导，是中国特色社会主义制度的一大优势，是做好经济工作的根本保证。在统筹当今世界百年未有之大变局和中华民族伟大复兴战略全局的大背景下，我们能不能驾驭好世界第二大经济体，能不能保持经济社会持续健康发展，从根本上讲取决于党在经济社会发展中的领导核心作用发挥得好不好。一定意义上说，做好经济工作就是做好政治工作，政治工作是一切经济工作的生命线。各级领导干部要善于用政治眼光观察和分析经济社会问题、善于从讲政治的高度思考和推进经济社会发展工作，就是要对"国之大者"心中有数，关注党中央在关心什么、强调什么，深刻领会什么是党和国家最重要的利益、什么是最需要坚定维护的立场。

不断提高政治判断力、政治领悟力、政治执行力，首先必须学深悟透习近平新时代中国特色社会主义思想，自觉用党的创新理论武装头脑，坚守初心使命，确保中国特色社会主义事业的前进方向。面对纷繁多变的经济形势，我们要善

---

* 本文原载《中国青年报》2021 年 2 月 1 日，原文以祁石署名刊发。
① 深入学习坚决贯彻党的十九届五中全会精神 确保全面建设社会主义现代化国家开好局［N］. 人民日报，2021 - 01 - 12（1）.

于从政治上看问题，始终以国家政治安全为大、以人民为重、以坚持和发展中国特色社会主义为本，做到在重大问题和关键环节上头脑特别清醒、眼睛特别明亮，学会从一般经济事务中发现政治问题，从倾向性、苗头性经济问题中发现政治端倪，从错综复杂的经济关系中把握政治逻辑。

其次，要坚定不移同以习近平同志为核心的党中央保持高度一致，切实增强"四个意识"、坚定"四个自信"、做到"两个维护"，努力做到对"国之大者"了然于胸，不断提高战略性、系统性、前瞻性研究和谋划经济发展的能力。

最后，要把坚持底线思维、坚持问题导向贯穿经济工作始终，做到见微知著、防患于未然；还要强化责任意识、坚定斗争意志，坚决克服形式主义和官僚主义，以钉钉子精神不折不扣贯彻落实好党中央作出的全部工作部署，为全面建设社会主义现代化国家提供坚强政治保证。

党的领导是脱贫攻坚战取得全面胜利的政治保障*

2月25日，习近平总书记在全国脱贫攻坚总结表彰大会发表重要讲话，深刻总结了脱贫攻坚战取得全面胜利的宝贵经验。习近平总书记指出，脱贫攻坚取得举世瞩目的成就，靠的是党的坚强领导，靠的是中华民族自力更生、艰苦奋斗的精神品质，靠的是新中国成立以来特别是改革开放以来积累的坚实物质基础，靠的是一任接着一任干的坚守执着，靠的是全党全国各族人民的团结奋斗。①

中国共产党领导是中国特色社会主义最本质的特征，是中国特色社会主义制度的最大优势。党政军民学、东西南北中，党是领导一切的。但党的坚强领导，绝不是停留在口头上、表现在形式上的，而是体现在扎扎实实始终为中国人民谋幸福、为中华民族谋复兴的初心使命践行之中，体现在不断彰显中国特色社会主义制度优势的生动实践之中，体现在不断密切党与人民血肉联系，心连心、共命运，不断为人民群众办实事解难事的具体工作之中。

党的十八大以来，平均每年1000多万人脱贫，相当于一个中等国家的人口脱贫。8年来，以习近平同志为核心的党中央把脱贫攻坚摆在治国理政的突出位置，把脱贫攻坚作为全面建成小康社会的底线任务，组织开展了声势浩大的脱贫攻坚人民战争。党和人民披荆斩棘、栉风沐雨，发扬钉钉子精神，敢于啃硬骨头，攻克了一个又一个贫中之贫、坚中之坚……这一个个翔实、鲜活的数字，不仅揭示出我们党带领人民取得脱贫攻坚的重大历史性成就，也揭示出只有中国共产党才能创造这一历史伟业，只有中国共产党人才能让脱贫攻坚的阳光照耀每一个角落，改变了无数人的命运、实现了无数人的梦想、成就了无数人的幸福。

这是世界上其他任何政党所做不到的。能够创造这一人间奇迹的一个最重

---

* 本文原载光明网·理论频道2021年3月2日。

① 习近平. 在全国脱贫攻坚总结表彰大会上的讲话［N］. 人民日报，2021 – 02 – 26（2）.

要原因，就是中国共产党是一个具有强大领导力、组织力、号召力、战斗力的政党，是一个初心恒定、信仰坚定、组织严密、纪律严明、团结奋进、始终把人民利益放在最高位置的伟大的人民政党。在实现脱贫攻坚这场伟大事业中，中国共产党的坚强领导力淋漓尽致地展现。

我们党有着坚强的维护党中央权威和集中统一领导制度。在以习近平同志为核心的党中央坚强领导下，全党统一谋划、统一部署、统一指挥，把脱贫攻坚纳入"五位一体"总体布局、"四个全面"战略布局，统筹谋划，强力推进，脱贫攻坚各项工作始终保持步调一致、行动一致。

我们党有着坚强的全面领导制度。党在开展脱贫攻坚中始终能够强化中央统筹、省负总责、市县抓落实的工作机制，构建五级书记抓扶贫、全党动员促攻坚的局面，确保了从中央到地方、从发达地区到贫困地区各方面能够协同配合、对口支援、高效配合。我们执行脱贫攻坚一把手负责制，中西部22个省份党政主要负责同志向中央签署脱贫攻坚责任书、立下"军令状"，脱贫攻坚期内保持贫困县党政正职稳定。这就确保了党中央各项重大决策一贯到底、切实执行。

我们党有着坚强的为人民执政、靠人民执政的制度。这就能够充分发挥每一个党员干部和基层党组织的先锋模范作用，始终保持党与人民群众密切联系。脱贫攻坚中，我们党抓好以村党组织为核心的村级组织配套建设，把基层党组织建设成为带领群众脱贫致富的坚强战斗堡垒。我们集中精锐力量投向脱贫攻坚主战场，全国累计选派25.5万个驻村工作队、300多万名第一书记和驻村干部，同近200万名乡镇干部和数百万村干部一道奋战在扶贫一线，鲜红的党旗始终在脱贫攻坚主战场上高高飘扬。

脱贫攻坚战取得全面胜利的鲜活事实再次充分证明：中国共产党的坚强领导是中国特色社会主义制度无比优越的政治优势，始终把人民利益置于心中最高位置的中国共产党具有无比坚强的领导力、组织力、执行力，是团结带领人民攻坚克难、开拓前进最可靠的领导力量。

学好用好党史
做到明理增信崇德力行*

全党同志要做到学史明理、学史增信、学史崇德、学史力行，学党史、悟思想、办实事、开新局，以昂扬姿态奋力开启全面建设社会主义现代化国家新征程，以优异成绩迎接建党一百周年。

——习近平总书记在党史学习教育动员大会上强调

学史明理，把握百年大党创造世纪伟业的历史经验和规律

中国共产党成立 100 年来，从创立初始的 50 多名党员发展为 9100 多万名党员的世界第一大执政党；用 28 年时间取得了革命胜利，建立了人民当家作主的国家制度；用 70 多年时间走过了西方发达国家几百年走过的现代化历程，实现从落后时代到大踏步赶上时代、引领时代的历史性跨越。

从 100 年前开天辟地的大事变，到 70 多年来建设改天换地的新中国，再到 40 多年来实现翻天覆地的新伟业，中华民族艰难困苦、玉汝于成，迎来从站起来、富起来到强起来的伟大飞跃。中国共产党为什么"能"？答案就在这一百年的中国共产党艰难辉煌的历史中，就在百年大党带领人民创造世纪伟业的历史经验中。

我们党始终以科学的理论为指导，并根据实际发展不断推进理论创新。习近平总书记指出，我们党的历史，就是一部不断推进马克思主义中国化的历史，就是一部不断推进理论创新、进行理论创造的历史。马克思主义创造性地揭示了人类社会发展规律，为人类指明了从必然王国向自由王国飞跃的途径，为人民指明了实现自由和解放的道路，是为实践证明的科学理论。中国共产党一经成立，就把马克思主义作为党的指导思想。马克思主义深刻改变了中国，中国也极大丰富了马克思主义。一百年来，中国共产党人坚持把马克思主义基

---

* 本文原载《湖北日报·理论版》2021 年 3 月 4 日。

本原理与中国实际相结合，坚持解放思想和实事求是相统一、培元固本和守正创新相统一，与时俱进地推进理论创新和理论创造，不断开辟马克思主义中国化新境界，为中国人民找到了正确道路，也用马克思主义的真理力量和实践力量激活了中华民族历经几千年创造的伟大文明，使中华文明再次迸发出强大精神力量。

我们党始终把全心全意为人民服务作为立党宗旨，党和人民保持着血肉联系。中国共产党为人民而生，因人民而兴，成立伊始就把为中国人民谋幸福、为中华民族谋复兴作为初心和使命，党始终同人民在一起，为人民利益而奋斗。习近平总书记指出，我们党的百年历史，就是一部践行党的初心使命的历史，就是一部党与人民心连心、同呼吸、共命运的历史。在一百年的革命、建设、改革、复兴的历史进程中，我们党坚持一切为了人民、一切依靠人民，始终把人民放在心中最高位置、把人民对美好生活的向往作为奋斗目标，赢得了人民信任，得到了人民支持，这才有坚实的底气、巨大的智慧和雄厚的力量，战胜了前进道路上的各种困难、风险和挑战，无往而不胜。历史充分证明，江山就是人民，人民就是江山。

我们党始终以强烈的自我革命精神加强自身建设永远走在时代前列。中国共产党发展成为具有强大组织体系、严明政治纪律、充满战斗力的党，这在任何政党发展史上是没有过的。因为除了国家、民族、人民的利益，没有任何自己的特殊利益，我们党才有着自我革命的勇气，坚持以批判性和革命性态度，坚持真理、总结经验、修正错误，在否定之否定中不断改造自己，在革命性探索和实践中不断提升自己，在不断加强自身建设、推进全面从严治党中保持先进性纯洁性，确保了党在形势深刻变化的历史进程中始终走在时代前列，在应对各种风险挑战的历史进程中始终成为全国人民的主心骨，在坚持和发展中国特色社会主义的历史进程中始终成为坚强领导核心。

学史明理，就是要明晰党能够从胜利走向胜利的这些基本道理、基本经验和基本规律。

学史增信，坚定理想信念坚定为实现既定目标奋斗的信心

信仰、信念、信心，任何时候都至关重要。习近平总书记指出，小到一个人、一个集体，大到一个政党、一个民族、一个国家，只要有信仰、信念、信心，就会愈挫愈奋、愈战愈勇。[1]

理想信念是共产党人的精神之"钙"。对马克思主义的信仰，对社会主义

---

[1] 习近平. 论中国共产党历史［M］. 北京：中央文献出版社，2021：237.

和共产主义的信念，是共产党人的政治灵魂，是共产党人经受住各种考验的精神支柱。没有理想信念，理想信念不坚定，精神上就会得"软骨病"，就会在风雨面前东摇西摆。只有理想信念坚定的人，才能始终不渝、百折不挠，坚定不移为实现既定目标而奋斗。习近平总书记指出，无论过去、现在还是将来，对马克思主义的信仰，对中国特色社会主义的信念，对实现中华民族伟大复兴中国梦的信心，都是指引和支撑中国人民站起来、富起来、强起来的强大精神力量。

早在2011年，兼任中央党校校长的习近平同志在秋季学期开学典礼上提出"领导干部学员要读点历史"。他指出，中国共产党的历史是中国近现代以来历史最为可歌可泣的篇章。从党的历史看，其中有危难之际的绝处逢生，有挫折之后的毅然奋起，有失误之后的拨乱反正，有磨难面前的百折不挠，既充满艰险又充满神奇，既历尽苦难又辉煌迭出。有困难、有风险、有危机、有曲折，都不可怕，关键在于要勇于面对，善于克服和战胜它们。一旦战胜了，就会峰回路转，光明在前。

学习党的历史，认识党的光荣伟大，就是要充分认识党带领人民在应对各种困难和风险的考验中披荆斩棘、不断开辟胜利道路所展示出来的巨大勇气、巨大智慧和巨大力量，就是要从党的光辉历程和伟大业绩中获得继往开来的强大动力，这样才能始终坚定中国特色社会主义信念和共产主义远大理想，筑牢信仰之基、补足精神之钙、把稳思想之舵，永葆共产党人的政治本色。

今天我们学习百年党史，也更加要求我们从党史中汲取正反两方面历史经验，切实提高政治判断力、政治领悟力、政治执行力，不断增强"四个意识"、坚定"四个自信"、做到"两个维护"，自觉在思想上政治上行动上同以习近平同志为核心的党中央保持高度一致，确保全党在开启全面建设社会主义现代化国家新征程上，上下拧成一股绳、心往一处想、劲往一处使。

学史崇德，赓续共产党人精神血脉激荡继续奋进的精气神

人无精神不立，国无精神不强，党无精神不兴。习近平总书记指出，在一百年的非凡奋斗历程中，一代又一代中国共产党人顽强拼搏、不懈奋斗，涌现了一大批视死如归的革命烈士、一大批顽强奋斗的英雄人物、一大批忘我奉献的先进模范，形成了一系列伟大精神，构筑起了中国共产党人的精神谱系，为我们立党兴党强党提供了丰厚滋养。我们党之所以历经百年而风华正茂、饱经磨难而生生不息，就是凭着那么一股革命加拼命的强大精神。

一百年来，党的领袖人物、无数革命烈士和一大批工作在各行各业的先进模范以高尚的品德立身，以崇高的信仰塑身，从几千年来中华民族优秀传统文

化中汲取智慧，身体力行。学习党的历史，就要赓续共产党人这一精神血脉，发扬好红色传统，传承好红色基因，从他们的丰功伟绩中获得精神鼓舞，升华思想境界，陶冶道德情操，完善优良品格，培养浩然正气，始终做到自重、自省、自警、自励，始终保持革命者的大无畏奋斗精神，始终保持艰苦奋斗的昂扬精神。在具有许多新的历史特点的伟大斗争中，既要经受住执政考验、改革开放考验、市场经济考验、外部环境考验，又要防止精神懈怠的危险、能力不足的危险、脱离群众的危险、消极腐败的危险，增强斗争意识、丰富斗争经验、提升斗争本领，激荡迈进新征程、奋进新时代的精气神，不断推进伟大事业、伟大工程、伟大梦想。

学史力行，抓住历史机遇奋发有为再创新时代新辉煌

历史是教科书、是清醒剂、是营养剂、是必修课。学习我们党一百年的光辉历史，回望过往的奋斗路，眺望前方的奋进路，最重要的是以史启智、以学励行，把党的成功经验传承好，把党的奋斗精神发扬好，把党史学习教育成效落实到正在办的事情、贯穿在为群众办实事解难题上，转化为新的工作动力和发展成就。

坚持用新时代党的创新理论武装头脑。要进一步深化对中国化马克思主义既一脉相承又与时俱进的理论品质的认知，坚持不懈用习近平新时代中国特色社会主义思想武装头脑，切实做到学思用贯通、知信行统一，坚定理想信念，保持发展信心。

深刻把握历史规律不断提高工作本领。要胸怀"两个大局"，坚持正确党史观，增强历史自觉，既不能有半点骄傲自满、故步自封，也决不能有丝毫犹豫不决、徘徊彷徨。还要树立大历史观，从历史长河、时代大潮、全球风云中探究历史规律，抓住历史机遇，科学应变适变求变，增强工作的系统性、预见性、创造性，提高应对风险、迎接挑战、化险为夷的能力和水平。

牢固树立以人民为中心的发展思想。要牢记"江山就是人民，人民就是江山"这一真理，自觉做到心怀"国之大者"，始终把人民放在心中最高位置，把人民对美好生活的向往作为奋斗目标，推动改革发展成果更多更公平惠及全体人民，推动共同富裕取得更为明显的实质性进展，凝聚成推动中华民族伟大复兴的磅礴力量。

接好传家宝
迈上新征程[*]

"不论过去、现在还是将来，党的光荣传统和优良作风都是激励我们不畏艰难、勇往直前的宝贵精神财富。年轻干部是党和国家事业接班人，必须立志做党的光荣传统和优良作风的忠实传人。"开学之际，习近平总书记亲临中央党校为这里举办的春季学期中央党校（国家行政学院）中青年干部培训班，聚焦"党的光荣传统和优良作风"开讲第一课。① 在开启全面建设社会主义现代化国家新征程、在全党开展党史学习教育的时刻，总书记号召中青年干部立志做党光荣传统和优良作风的忠实传人，其情之切切，言之凿凿，别有深意。

传承好我们党的传家宝

习近平总书记从历史与现实、理论与实际、担当和使命的视角，开宗明义地指出，"我们党团结带领人民取得了革命、建设、改革的伟大成就，很重要的一条就是我们党在长期实践中培育并坚持了一整套光荣传统和优良作风。这些光荣传统和优良作风是我们党性质和宗旨的集中体现，是我们党区别于其他政党的显著标志。党要得到人民群众支持和拥护，就必须持之以恒发扬党的光荣传统和优良作风。""全面建设社会主义现代化国家新征程顺利开启，同时我们在前进道路上仍面临着许多难关和挑战。风险越大、挑战越多、任务越重，越要加强党的作风建设，以好的作风振奋精神、激发斗志、树立形象、赢得民心。"深刻阐明了新时代的中青年干部继续传承和发扬党的光荣传统和优良作风的重大现实意义和应当保持的精神状态。

总书记还向中青年干部们历数了始终对党忠诚、理论联系实际、密切联系群众、批评与自我批评、敢于善于斗争、保持艰苦奋斗6个方面的优良品质，

* 本文原载《中国青年报》2021年3月6日。
① 习近平在中央党校（国家行政学院）中青年干部培训班开班式上发表重要讲话强调 立志做党光荣传统和优良作风的忠实传人 在新时代新征程中奋勇争先建功立业［N］. 人民日报，2021－03－02（1）.

是党的光荣传统和优良作风的重要特色、是革命的传家宝，也是我们党带领人民不畏艰难、战胜困难、勇往直前的宝贵精神财富。

总书记以党的百年历史发展进程的纵深眼光看待党的光荣传统和优良作风，站在新的历史方位对中青年干部提出新的传承要求，条分缕析、细致入微地深刻阐释了每一项优良品质的重要意义、精神实质和行动方略，极具问题意识、时代感和现实针对性。比如，在阐释党的忠诚时，强调必须表里如一、知行合一，任何时候任何情况下都不改其心、不移其志、不毁其节。年轻干部要以坚定的理想信念砥砺对党的赤诚忠心，使自己的政治能力同担任的工作职责相匹配，以实际行动诠释对党的忠诚。再比如，在阐释敢于善于斗争时，强调年轻干部要自觉加强斗争历练，在斗争中学会斗争，在斗争中成长提高，努力成为敢于斗争、善于斗争的勇士。坚定斗争意志，决不能碰到一点挫折就畏缩不前，一遇到困难就打退堂鼓。要提升见微知著的能力，透过现象看本质，准确识变、科学应变、主动求变，洞察先机、趋利避害。要加强战略谋划，把握大势大局，抓住主要矛盾和矛盾的主要方面，分清轻重缓急，科学排兵布阵，牢牢掌握斗争主动权。

总书记针对6个方面的党的光荣传统和优良作风，不仅阐明了我们为什么要继续大力弘扬的精神内核所在，更明确了结合新时代、迈上新征程，我们需要怎么做的行动方案，为中青年干部持之以恒发扬党的光荣传统和优良作风指明了方向。

四次重要讲话一脉相承

培养选拔优秀年轻干部是我们党治国理政的一件大事，关乎党的命运、国家的命运、民族的命运、人民的福祉，是百年大计。以习近平同志为核心的党中央站在培养党和国家事业接班人的战略高度，将抓好执政骨干队伍和人才队伍建设作为贯彻落实新时代党的组织路线的重要内容。

按照党中央要求，从2019年春季学期开始，中央党校（国家行政学院）开设中青年干部培训班，系统地开展干部教育培训，来自全国各行各业的中青年干部骨干在这里集中学习，铭宗旨、学理论、厚修养、增党性，通过集中学习，使广大干部政治素养、理论水平、专业能力、实践本领跟上时代发展步伐。

四期培训班上总书记发表了四次重要讲话，题目涉及"在常学常新中加强理论修养在知行合一中主动担当作为"，"发扬斗争精神增强斗争本领"，"年轻干部要提高解决实际问题能力想干事能干事干成事"，"立志做党光荣传统和优良作风的忠实传人 在新时代新征程中奋勇争先建功立业"，四次讲话主题鲜明，一以贯之、一脉相承的，就是强调理想信念、注重思想淬炼、突出能力本领、提升修养品行，精粹在于培元固本和守正创新的有机统一，充分体现了总书记对新时代中青年干部给予的厚望。

增强意志力坚忍力自制力

年轻干部要做好接班人、做好忠实传人，就必须不断增强意志力、坚忍力、自制力。意志力、坚忍力、自制力从哪里来？根本就在于加强党性修养、思想淬炼、政治历练、实践锻炼，深悟总书记重要讲话的思想精髓，从中汲取历史的智慧和思想的力量。

锻造意志力。要像总书记要求的那样，不断筑牢信仰之基、补足精神之钙、把稳思想之舵，以坚定的理想信念砥砺对党的赤诚忠心；牢固树立正确的世界观、人生观、价值观和权力观、政绩观、事业观，使自己的思维方式和精神世界更好适应事业发展需要；自觉加强斗争历练，在斗争中学会斗争，在斗争中成长提高。

提升坚忍力。要像总书记要求的那样，接受严格的党内政治生活淬炼，不断提高政治判断力、政治领悟力、政治执行力；努力掌握蕴含其中的立场观点方法、道理学理哲理，做到知其言更知其义、知其然更知其所以然；坚持当"老百姓的官"，不断追求"我将无我，不负人民"的精神境界，拜人民为师，多交几个能说心里话的基层朋友。

强化自制力。要像总书记要求的那样，把做老实人、说老实话、干老实事作为人生信条；要有"检身若不及"的自觉，涵养虚心接受批评的胸怀和气度；坚持以俭修身、以俭兴业，时刻警醒自己，培育积极健康的生活情趣，坚决抵制享乐主义、奢靡之风，永葆共产党人清正廉洁的政治本色。

传承传家宝，切实增强学习和发扬党的光荣传统和优良作风的政治自觉、思想自觉、行动自觉，广大中青年干部就能不负历史使命，接过党和国家事业的接力棒，在全面建设社会主义现代化国家新长征上建功立业。

"八项规定"开启
全面从严治党*

2012 年 11 月 15 日，这是一个历史性时刻。刚刚当选第十八届中央委员会总书记的习近平同志与中外记者见面。他代表新一届中央委员会向人民庄重承诺：定当不负重托，不辱使命。

在表达到对党的责任时，总书记指出，我们党是全心全意为人民服务的政党，党领导人民已经取得举世瞩目的成就，我们自豪而不自满，决不会躺在过去的功劳簿上。新形势下，党内还存在着许多亟待解决的问题，必须下大气力解决。全党必须警醒起来，打铁还需自身硬。①

半个多月后，中共中央政治局就召开会议，审议通过了中央政治局关于改进工作作风、密切联系群众的八项规定。中央八项规定作为一个切入口和动员令，改进党的作风就此破题，也由此开启党的十八大以来全面从严治党新征程。

两个场景一个目的

2013 年仲夏。习近平总书记到河北省调研指导正在全国如火如荼开展的党的群众路线教育实践活动。调研后，总书记来到平山县西柏坡革命旧址。西柏坡是"新中国从这里走来"的圣地。在西柏坡纪念馆内，一块展板让总书记久久驻足，上面写着"根据毛泽东的提议，全会作出六条规定：一、不做寿；二、不送礼；三、少敬酒；四、少拍掌；五、不以人名作地名；六、不要把中国同志同马恩列斯平列。"这个激动人心的场景让人联想到新中国成立之前的另一个场景。

1949 年 3 月，在中国革命转折的关头，党召开七届二中全会。会上，毛泽东主席提出了著名的"两个务必"思想，即"务必使同志们继续地保持谦虚、谨慎、不骄、不躁的作风，务必使同志们继续地保持艰苦奋斗的作风"。1949

---

* 本文原载《中国青年报》2021 年 4 月 15 日。

① 习近平. 习近平谈治国理政 [M]. 北京：外文出版社，2014：3 - 5.

年3月23日上午，毛泽东率领中共中央机关离开西柏坡这个中国革命最后一个农村指挥所向北平进发。临行前，毛泽东对周恩来说，今天是进京的日子，进京"赶考"去。我们决不当李自成，我们都希望考个好成绩。

60多年过去了，习近平总书记在此瞻仰旧址，抚今追昔，重温革命前辈的谆谆教导，情真意切地告诫全党，我们虽取得了巨大进步，中国人民站起来了，富起来了，但我们面临的挑战和问题依然严峻复杂，党面临的"赶考"还远未结束。我们党要能够跳出"其兴也勃焉、其亡也忽焉"的历史周期率，就要靠头脑清醒，靠保持"两个务必"，始终保持党的先进性纯洁性，保持党同群众的血肉联系。

细节处凸显硬作风

2012年12月4日中共中央政治局会议通过的《关于改进工作作风密切联系群众的八项规定》仅600多字，篇幅不长，却字字着实、句句硬朗，从调查研究、会议活动、文件简报、出访活动、警卫工作、新闻报道、文稿发表、勤俭节约等8个方面为加强党的作风建设立下规矩。

比如，"八项规定"要求"中央政治局全体同志要改进调查研究"，要"轻车简从、减少陪同、简化接待，不张贴悬挂标语横幅，不安排群众迎送，不铺设迎宾地毯，不摆放花草，不安排宴请。"比如，对于各种会议，要求"开短会、讲短话，力戒空话、套话"；对于领导同志出访出行，要"严格控制出访随行人员，严格按照规定乘坐交通工具"，"减少交通管制，一般情况下不得封路、不清场闭馆"；要"严格文稿发表，除中央统一安排外，个人不公开出版著作、讲话单行本，不发贺信、贺电，不题词、题字"；还要"厉行勤俭节约，严格遵守廉洁从政有关规定，严格执行住房、车辆配备等有关工作和生活待遇的规定。"

"八项规定"是新时代改进党的作风的范本，以小事识大体，于细节处见精神，从文理中显坚定。规定前面冠之以"中央"，彰显出以习近平同志为核心的党中央以身体力行的方式为重塑党风政风、为全体党员干部立下行为规范而率先垂范的意志魄力，持续弘扬党的优良传统、永葆共产党人政治本色、始终保持与人民群众血肉联系的初心恒心，以及勇于革除相当一个时期以来各种形式主义、官僚主义等侵蚀党的肌体的顽症痼疾的信心决心。

作风建设永在路上

"八项规定"已成为党的十八大以来一个改变中国的政治词语。全党上下以贯彻落实"八项规定"起步带来了全社会激浊扬清的作风之变。数据是沉甸甸的，成效是有目共睹的。"八项规定"出台后的 5 年，全国共查处违反中央八项规定精神问题 17.61 万起。中央纪委网站发布的数据显示，这 5 年，违纪行为发生率从 78.2% 降到仅 6.7%；那些为群众长期诟病的"舌尖上的浪费""会所中的歪风""车轮上的铺张"等曾被认为不可能刹住的歪风邪气刹住了……

但作风建设永远在路上。党的十九大后，党中央继续驰而不息抓"四风"，继续铁腕反腐正风气。党的十九大后的中央政治局首次会议就把作风建设提上议程，审议通过《中共中央政治局贯彻落实中央八项规定实施细则》，对贯彻执行中央八项规定、推进作风建设，作出细化完善、提出更高要求。

党的十九大以来，各地区各部门把整治形式主义、官僚主义作为深化落实中央八项规定精神的重点，坚决破除这一阻碍党的路线方针政策和党中央重大决策部署贯彻落实的大敌。仅 2019 年 1 月至 11 月，全国共查处形式主义、官僚主义问题 6.28 万起，处理党员干部 9 万余人；2019 年，各省区市文件、会议同比分别压缩 39%、37%，中央和国家机关分别压缩 39%、33%。

习近平总书记指出，"党的作风和形象关系党的创造力、凝聚力、战斗力，决定党和国家事业成败"，"中央八项规定不是五年、十年的规定，而是长期有效的铁规矩、硬杠杠"。①

党和国家事业每前进一步，党的作风建设就要有更大的跨越。万山磅礴看主峰。70 多年前，中国共产党能够顺利实现"进京赶考"。在迈向第二个百年宏伟目标新征程中，当代中国共产党人也一定能够正己树人，留得清气满乾坤，向人民交上合格的时代答卷。

---

① 激荡清风正气 凝聚党心民心——以习近平同志为核心的党中央贯彻执行中央八项规定、推进作风建设纪实 [N]. 人民日报，2022 - 12 - 09 (7).

扬优良作风
做忠实传人*

开学之际，习近平总书记亲临中央党校为这里举办的春季学期中央党校（国家行政学院）中青年干部培训班，聚焦"党的光荣传统和优良作风"开讲第一课。① 在开启全面建设社会主义现代化国家新征程、在全党开展党史学习教育的时刻，总书记号召中青年干部立志做党光荣传统和优良作风的忠实传人，其情之切切，言之凿凿，别有深意。

习近平总书记从历史与现实、理论与实际、担当和使命的视角，开宗明义地指出，"我们党团结带领人民取得了革命、建设、改革的伟大成就，很重要的一条就是我们党在长期实践中培育并坚持了一整套光荣传统和优良作风。这些光荣传统和优良作风是我们党性质和宗旨的集中体现，是我们党区别于其他政党的显著标志。党要得到人民群众支持和拥护，就必须持之以恒发扬党的光荣传统和优良作风。""全面建设社会主义现代化国家新征程顺利开启，同时我们在前进道路上仍面临着许多难关和挑战。风险越大、挑战越多、任务越重，越要加强党的作风建设，以好的作风振奋精神、激发斗志、树立形象、赢得民心。"

这就深刻阐明了新时代的中青年干部继续传承和发扬党的光荣传统和优良作风的重大现实意义和应当保持的精神状态。

始终对党忠诚、理论联系实际、密切联系群众、批评和自我批评、敢于善于斗争、保持艰苦奋斗……，总书记又向中青年干部们历数了6个方面的优良品质，这些优良品质都是我们党的光荣传统和优良作风的重要特色，是革命的传家宝，也是我们党带领人民不畏艰难、战胜困难、勇往直前的宝贵精神财富。

对这每一项优良品质，总书记都条分缕析、细致入微地深刻阐释了其重要

---

* 本文原载中国网 2021 年 3 月 6 日。
① 习近平在中央党校（国家行政学院）中青年干部培训班开班式上发表重要讲话强调 立志做党光荣传统和优良作风的忠实传人 在新时代新征程中奋勇争先建功立业 [N]. 人民日报，2021－03－02 (1).

意义、精神实质和行动方略。总书记以党的百年历史发展进程的纵深眼光看待我们党的光荣传统和优良作风，又站在新的历史方位对中青年干部提出新的传承要求，极具问题意识、富有时代感和现实针对性。

比如，在阐释党的忠诚时，强调必须表里如一、知行合一，任何时候任何情况下都不改其心、不移其志、不毁其节。年轻干部要以坚定的理想信念砥砺对党的赤诚忠心，要使自己的政治能力同担任的工作职责相匹配，要以实际行动诠释对党的忠诚。

再如，在阐释敢于善于斗争时，强调年轻干部要自觉加强斗争历练，在斗争中学会斗争，在斗争中成长提高，努力成为敢于斗争、善于斗争的勇士。年轻干部要坚定斗争意志，决不能碰到一点挫折就畏缩不前，一遇到困难就打退堂鼓。要提升见微知著的能力，透过现象看本质，准确识变、科学应变、主动求变，洞察先机、趋利避害。要加强战略谋划，把握大势大局，抓住主要矛盾和矛盾的主要方面，分清轻重缓急，科学排兵布阵，牢牢掌握斗争主动权……

总书记针对 6 个方面的党的光荣传统和优良作风，不仅阐明了我们为什么要继续大力弘扬的精神内核所在，更是明确了结合新时代、迈上新征程，我们需要怎么做的行动方案，为中青年干部持之以恒发扬党的光荣传统和优良作风指明了方向。

培养选拔优秀年轻干部是我们党治国理政的一件大事，关乎党的命运、国家的命运、民族的命运、人民的福祉，是百年大计。

习近平总书记在百忙之中都要抽出时间在中央党校举办的中青年干部培训班开班式上为学员讲授第一课，体现了总书记对培养中青年干部的高度重视。四期培训班上总书记发表了四次重要讲话。题目涉及"在常学常新中加强理论修养 在知行合一中主动担当作为"，"发扬斗争精神增强斗争本领"，"提高解决实际问题能力 想干事能干事干成事"，"立志做党光荣传统和优良作风的忠实传人 在新时代新征程中奋勇争先建功立业"，四次讲话主题鲜明，一以贯之，一脉相承的，就是强调理想信念、注重思想淬炼、突出能力本领、提升修养品行，精粹在于培元固本和守正创新的有机统一，充分体现了总书记对新时代中青年干部给予的厚望。

习近平总书记要求年轻干部立志做党的光荣传统和优良作风的忠实传人。年轻干部如何能够做好接班人、做好忠实传人，就必须不断增强意志力、坚忍力、自制力。意志力、坚忍力、自制力从哪里来？根本就在于加强党性修养，在于思想淬炼、政治历练、实践锻炼。要深悟总书记重要讲话的思想精髓，从中汲取历史的智慧和思想的力量。

锻造意志力。要像总书记要求的那样，不断筑牢信仰之基、补足精神之钙、把稳思想之舵，以坚定的理想信念砥砺对党的赤诚忠心；牢固树立正确的世界观、人生观、价值观和权力观、政绩观、事业观，使自己的思维方式和精神世界更好适应事业发展需要；自觉加强斗争历练，在斗争中学会斗争，在斗争中成长提高。

提升坚忍力。要像总书记要求的那样，接受严格的党内政治生活淬炼，不断提高政治判断力、政治领悟力、政治执行力；努力掌握蕴含其中的立场观点方法、道理学理哲理，做到知其言更知其义、知其然更知其所以然；坚持当"老百姓的官"，不断追求"我将无我，不负人民"的精神境界，拜人民为师，多交几个能说心里话的基层朋友。

强化自制力。要像总书记要求的那样，把做老实人、说老实话、干老实事作为人生信条；要有"检身若不及"的自觉，涵养虚心接受批评的胸怀和气度；坚持以俭修身、以俭兴业，时刻警醒自己，培育积极健康的生活情趣，坚决抵制享乐主义、奢靡之风，永葆共产党人清正廉洁的政治本色。

切实增强学习和发扬党的光荣传统和优良作风的政治自觉、思想自觉、行动自觉，广大中青年干部就能不负历史使命，接过党和国家事业的接力棒，在全面建设社会主义现代化国家新长征上建功立业。

在新的赶考路上继续
向人民交上优异答卷*

  "过去一百年，中国共产党向人民、向历史交出了一份优异的答卷。现在，中国共产党团结带领中国人民又踏上了实现第二个百年奋斗目标新的赶考之路。"① 习近平总书记在庆祝中国共产党成立 100 周年大会上的重要讲话中用"新的赶考路"指代我们党带领人民在实现全面建成小康社会第一个百年目标之后正在开启的全面建设社会主义现代化国家第二个百年目标新的征程。这是党的初心使命使然，是党的担当责任在肩，更是向全体中国共产党员吹响的时代号角。

  过去的一百年，中国共产党秉承为中国人民谋幸福、为中华民族谋复兴的初心使命，一路筚路蓝缕、一路风雨兼程，以英勇顽强的持续奋斗，先后创造了新民主主义革命、社会主义革命和建设、改革开放和社会主义现代化建设、新时代中国特色社会主义的伟大成就，在中华大地上全面建成了小康社会，历史性地解决了绝对贫困问题，实现了第一个百年奋斗目标。中华民族迎来了从站起来、富起来到强起来的伟大飞跃，实现中华民族伟大复兴进入了不可逆转的历史进程！

  这是党在过去一百年来的赶考路上向历史、向人民交上的一份优异答卷，是中华民族、中国人民和中国共产党的伟大荣光。在全面建成小康社会之后，我们踏上全面建设社会主义现代化强国的新的赶考路，我们党依然要继续践行初心使命，继续为实现人民对美好生活的向往不懈努力，向人民交上一份新的优异答卷，去争取更大荣光。

  新的赶考路，是我们党开创的中国特色社会主义道路，这是一条前无古人、适合中国国情、顺应时代发展、满足人民需要的伟大道路。

  这条路，之所以伟大，在于中国特色社会主义是党和人民历经千辛万苦、

---

  * 本文原载中国网 2021 年 7 月 13 日。

  ① 习近平在庆祝中国共产党成立 100 周年大会上的讲话［N］. 人民日报，2021－07－02（2）.

付出巨大代价取得的根本成就，是实现中华民族伟大复兴的正确道路；在于坚持和发展中国特色社会主义是党的全部理论和实践立足点，是党百年奋斗得出的历史结论；更在于是坚持把马克思主义基本原理同中国具体实际相结合、同中华优秀传统文化相结合，从历史中汲取智慧、从人民中获得力量的中国人自己走出来的光明之路。

这条路，之所以伟大，在于我们党要始终解放思想、锐意进取，始终自信自强、守正创新，不断解放和发展生产力，不断激发全社会活力和创造力，不断推进国家治理体系和治理能力的现代化，始终代表最广大人民根本利益，尊重人民首创精神，践行以人民为中心的发展思想，推动人的全面发展，实现全体人民共同富裕，推动物质文明、政治文明、精神文明、社会文明、生态文明协调发展，致力于创造人类文明新形态的中国式现代化新道路。

这条路，之所以伟大，在于我们党始终高举和平、发展、合作、共赢旗帜，基于中华民族5000多年来一直追求和传承的和平、和睦、和谐理念，弘扬和平、发展、公平、正义、民主、自由的全人类共同价值，始终做世界和平的建设者、全球发展的贡献者、国际秩序的维护者，以中国的新发展为世界提供新机遇，推动构建人类命运共同体，同世界上一切进步力量共同推动历史车轮向着光明目标迈进的世界大同之路。

这条路，之所以伟大，在于我们党始终能以自我革命推动伟大的社会革命，勇于清除一切损害党的先进性和纯洁性的因素，清除一切侵蚀党的健康肌体的病毒，确保党不变质、不变色、不变味，确保我们党在世界形势深刻变化的历史进程中始终走在时代前列，在应对国内外各种风险挑战的历史进程中始终成为全国人民的主心骨，始终以伟大建党精神赓续红色血脉、锤炼全党意志品性、不断推进新时代党的建设新的伟大工程的自我革新之路。

新的赶考路，注定也是一条充满荆棘、充满风险和挑战的不平凡的路。当今世界正处于百年未有之大变局，新冠疫情大流行影响广泛深远，经济全球化遭遇逆流，国际经济、科技、文化、安全、政治等格局都在深刻调整，世界进入加速演变期和动荡变革期，中国发展的外部环境日趋错综复杂。中华民族伟大复兴进入关键时期，我国社会主要矛盾发生变化，经济转向高质量发展阶段，继续发展虽具有多方面优势和条件，但也面临不少困难和挑战。

习近平总书记深刻指出，今天，我们比历史上任何时期都更接近、更有信心和能力实现中华民族伟大复兴的目标。中华民族伟大复兴，绝不是轻轻松松、敲锣打鼓就能实现的。在前进道路上我们面临的风险考验只会越来越复杂，甚至会遇到难以想象的惊涛骇浪。我们党要团结带领人民有效应对重大挑战、抵御重大风险、克服重大阻力、解决重大矛盾，必须进行具有许多新的历史特点的伟大斗争，任何贪图享受、消极懈怠、回避矛盾的思想和行为都是错误的。我们千万不能在一片喝彩声、赞扬声中丧失革命精神和斗志，逐渐陷入安于现状、不思进取、贪图享乐的状态，而是要牢记船到中流浪更急、人到半山路更陡，把不忘初心、牢记使命作为加强党的建设的永恒课题，作为全体党员、干部的终身课题。

在实现两个百年奋斗目标的历史交汇点，我们开启社会主义现代化国家新征程。中国要实现的现代化，是拥有 14 多亿人的人口规模巨大的现代化，是全体人民共同富裕的现代化，是物质文明和精神文明相协调的现代化，是人与自然和谐共生的现代化，是走和平发展道路的现代化。这条中国式现代化道路已经展示了无比广阔的光明前景。

无论前进的道路上还有怎样的荆棘丛生、无论遇到怎样的惊涛骇浪，因为我们已经掌握当代中国马克思主义、21 世纪马克思主义的思想武器，可以正确地把握时代、引领时代；因为我们已经探索出了一条推动物质文明、政治文明、精神文明、社会文明、生态文明协调发展、创造人类文明新形态的中国式现代化新道路、实现中华民族伟大复兴的正确道路；因为我们已经拥有 9500 多万名党员、既与 14 亿多中国人民休戚与共、生死相依，又始终关注人类前途命运、同世界上一切进步力量携手前进，能以自我革命推动伟大社会革命的具有重大全球影响力的世界第一大执政党；更有已经形成的海内外全体中华儿女心往一处想、劲往一处使的生动局面，和一大批把青春奋斗融入党和人民事业、以实现中华民族伟大复兴为己任的新时代中国青年继往开来。一切可以团结的力量、一切可以调动的积极因素，正凝聚起实现民族复兴的磅礴力量。

今天，在中国共产党迎来百年华诞的重要时刻，我们可以无比自豪地宣示：全中国人民正在意气风发向着全面建成社会主义现代化强国的第二个百年奋斗目标迈进，实现中华民族伟大复兴进入了不可逆转的历史进程。

"其作始也简，其将毕也必巨"。中国共产党 100 年辉煌历程，充分昭示我们不但善于破坏一个旧世界、也善于建设一个新世界。在全面实现社会主义现代化国家、实现中华民族伟大复兴的的新的赶考路上，中国共产党和中国人民有坚定决心、坚定意志、强大能力，把中国发展进步的命运牢牢掌握在自己手中，在自己选择的道路上昂首阔步走下去。中国的前途和命运会更加光明，中国共产党也一定能够向人民、向历史交上一份更加壮美的时代答卷。

总书记心目中的
栋梁之材应该是这样的 *

  生逢伟大时代的年轻干部应是什么样的？年轻干部如何成为可堪大用、能担重任的党和国家的栋梁之材？

  习近平总书记在 2021 年秋季学期中央党校（国家行政学院）中青年干部培训班开班式上发表重要讲话，对中青年干部提出"六个做到"，即"信念坚定、对党忠诚，注重实际、实事求是，勇于担当、善于作为，坚持原则、敢于斗争，严守规矩、不逾底线，勤学苦练、增强本领"。① 这"六个做到"48 个字，既是习近平总书记对新时代年轻干部的谆谆告诫和殷殷嘱托，也可以理解为习近平总书记为新征程上的年轻干部应当是什么样的，应怎样成为党和国家可堪大用、能担重任的栋梁之材绘制的一个具体"画像"。

  培养选拔优秀年轻干部关乎党的命运、国家的命运、民族的命运、人民的福祉，是百年大计。自 2019 年春季学期至今，中央党校（国家行政学院）先后举办 5 次中青年干部培训班，习近平总书记总在百忙之中抽出时间亲临开班式为培训班学员讲授"开学第一课"，充分体现了党中央和习近平总书记对年轻干部的莫大关爱和殷切期望。习近平总书记的 5 次重要讲话，虽然角度、侧重点、关键词有所不同，但其精神内涵相互贯通，价值导向前后承继，实践要求也是完全一致的。

  当前我国进入新发展阶段，踏上了全面建设社会主义现代化国家新征程，习近平总书记站在党和国家长远发展和事业后继有人的战略高度，立足党的性质宗旨和党员干部的行为规范，从当前年轻干部成长中存在的问题出发，对年轻干部鲜明提出"六个做到"，并就如何做到这六个方面要求，全面透彻、系统辩证、条分缕析地进行深刻剖析，具有极强的思想性、针对性、指导性和方

---

  * 本文原载《学习时报·学习评论》2021 年 9 月 3 日。

  ① 习近平在中央党校（国家行政学院）中青年干部培训班开班式上发表重要讲话强调 信念坚定对党忠诚实事求是担当作为 努力成为可堪大用能担重任的栋梁之材［N］. 人民日报，2021－09－02（1）.

向性。可以说，"六个做到"是新的历史起点上年轻干部必须具备的品质和修养的行动指引，是适应新发展阶段年轻干部亟待提升的更加全面、更为具体、更高标准的素质要求，更是党和国家对年轻干部早日成为可堪大用、能担重任的栋梁之材的厚望与重托。深刻理解、认真把握、努力践行这"六个做到"，广大年轻干部责任在肩，义不容辞。

牢固坚守党性原则是贯穿"六个做到"的一条红线。无论是坚定理想信念、时刻对党忠诚，还是坚持实事求是、勇于干事担事；无论是坚持原则、敢于斗争，还是讲规矩、严律己、知敬畏、存戒惧、守底线，其根本就是要坚持党性原则。年轻干部牢固坚守党性原则，就能对理想信念信一辈子、守一辈子，就能始终坚持正确的政治方向，坚持党和人民事业高于一切；以党性立身做事，就会在任何时候具有不信邪、不怕鬼、不当软骨头的风骨、气节、胆魄。

坚持辩证思维、求真务实是把握"六个做到"的基本方法。"六个做到"48个字蕴含了诸多对应的辩证关系。习近平总书记透彻分析了理想信念和对党忠诚、调查研究和分析思考、担当和作为、公心与私心、正气与俗气、修身和律己、学习知识与练就本领、学书本与重实践等一系列思想范畴的普遍联系和辩证关系。只有一切从实际出发，坚持实事求是的思想路线，年轻干部才能实现为大公、守大义、求大我的思想品质和人生价值。

始终坚持学习、不断磨炼是践行"六个做到"的实践基石。习近平总书记曾提出年轻干部应对当前复杂形势、完成艰巨任务需要迫切提高的七种能力。面对我们正处在前所未有的变革时代、干着前无古人的伟大事业，习近平总书记再次告诫年轻干部要珍惜光阴、不负韶华，如饥似渴学习，一刻不停提高；要发扬"挤"和"钻"的精神，学习党的创新理论、学习"四史"、学习各方面基础性知识，学习同做好本职工作相关的新知识新技能；还要坚持在干中学、学中干。只有勤奋学习、用心实践，才能切实提高解决实际问题、破解复杂难题的能力和工作水平。

如今的中国已是世界第二大经济体，走过一百年峥嵘岁月的中国共产党已成为世界第一大政党。大就要有大的样子。广大年轻干部理当按照习近平总书记为党和国家栋梁之材描绘的这幅"画像"学思践悟、身体力行，在新征程上尽力展示新形象新风貌新作为，努力堪国之大用、担国之大任。

找准问题才能促进
年轻干部早堪大用*

"年轻干部生逢伟大时代，是党和国家事业发展的生力军，必须练好内功、提升修养，做到信念坚定、对党忠诚，注重实际、实事求是，勇于担当、善于作为，坚持原则、敢于斗争，严守规矩、不逾底线，勤学苦练、增强本领。"这是习近平总书记在 2021 年秋季学期中央党校（国家行政学院）中青年干部培训班开班式上对中青年干部提出的殷切期望。① 这"六个做到"48 个字也是习近平总书记对新时代年轻干部努力成为党和国家事业发展可堪大用、能担重任的栋梁之材的谆谆期许。

从 2019 年开始至今，中央党校（国家行政学院）连续举办了五期中青年干部培训班。每次开班式上，习近平总书记在百忙之中都要抽出时间亲临党校给培训班学员"讲授第一课"，充分体现了党中央和习近平总书记对中青年干部成长的高度重视和莫大关爱。虽然习近平总书记每次讲课的主题、侧重点、关键词不同，但都是紧密结合中青年干部成长中面临的实际问题，进行鞭辟入里的分析和深刻透彻的解剖。

从年轻干部成长中的问题出发，释疑解惑地分析解决问题的症结，找准解决问题的有效途径，是年轻干部茁壮成长的关键所在，也是习近平总书记的良苦用心和把脉定向。他在中央党校中青班上的这五次重要讲话让这些正在或准备为党和国家事业挑大梁的中青年干部获益匪浅、受用终身。

问题看得清 症结指得明

习近平总书记对年轻干部提出的"六个做到"既是身处大变革时代的中青年干部必须修炼的内功和必须提升的品行修养，也是当前中青年干部在成长中

---

* 本文原载中国网 2021 年 9 月 6 日。
① 习近平在中央党校（国家行政学院）中青年干部培训班开班式上发表重要讲话强调 信念坚定对党忠诚实事求是担当作为 努力成为可堪大用能担重任的栋梁之材 [N]. 人民日报, 2021 - 09 - 02 (1).

经常会遇到的现实问题。

习近平总书记经常讲，理想信念是共产党人精神上的"钙"，没有理想信念，理想信念不坚定，精神上就会"缺钙"，就会得"软骨病"。这次讲话，习近平总书记将"信念坚定、对党忠诚"作为领导干部需要修炼的第一内功，再次强调，理想信念是中国共产党人的精神支柱和政治灵魂。许多党员干部口头上、文章中也经常讲理想信念，但在大是大非面前、艰巨的考验面前，就存在习近平总书记指出的"理想信念不坚定，就经不起风吹浪打，关键时刻就会私心杂念丛生，甚至临阵脱逃"。习近平总书记深刻阐释了理想信念与对党忠诚的紧密联系，指出"对党忠诚是对理想信念坚定的最好诠释"。在和平年代、在安逸的环境中，对党忠诚就表现在自觉做到"两个维护"上，表现在严守党的政治纪律和政治规矩上，表现在自觉执行组织决定、服从组织安排上，而不是对工作对事业斤斤计较、挑肥拣瘦，做"两面人"，陷入做精致的利己主义者的泥潭。

实事求是既是中国共产党的思想路线，也是重要的思想方法。习近平总书记强调，坚持一切从实际出发，是我们想问题、作决策、办事情的出发点和落脚点。要求年轻干部"注重实际、实事求是"。但在现实生活中，我们不少年轻干部"身入"基层却"心"不在基层，深入实际却不能"真正眼睛向下、脚步向下，经常扑下身子、沉到一线"；习惯于"搞作秀式调研、盆景式调研、蜻蜓点水式调研"，也经常乐于走近的、看好的、听表扬的，搞绣花功夫，做表面文章。

习近平总书记提出年轻干部要做到"勇于担当、善于作为，坚持原则、敢于斗争"。在现实生活中，许多干部是嘴上讲担当，但实际不作为不善为，总是瞻前顾后、怕担风险。在处事上奉行"好人主义"、当"好好先生"，愿做"太平官"；在原则问题上喜欢和稀泥、语义含糊、善于折中；在关键时刻、风险挑战面前，经常怕事躲避，扯皮退让，甚至在大是大非的抉择面前，不讲原则，犯了软骨病、丧失了基本立场。

习近平总书记提出领导干部要做到"严守规矩、不逾底线，勤学苦练、增强本领"。这两项要求关乎年轻干部的品行修养问题。现实生活中，不少干部难以做到自重自省自警自励，不能慎独慎初慎微慎欲，不知敬畏、不存戒惧、不守底线。在学习上也经常浅尝辄止，知识储备不够、眼界视野不宽、能力跟不上时代发展要求，还经常陷于事务上的忙忙碌碌，不真研究问题，不研究真问题等。

诸如此般的问题，就经常表现在我们年轻干部的身上。习近平总书记提出年轻干部要"六个做到"，恰恰成为这些问题的一个"镜像"。努力实现"六个做到"就是解决问题。

把脉把得准 剖解有路径

解决当前年轻干部成长中存在的这样那样的问题，关键在于脉要号得准。习近平总书记在中青班重要讲话中从党性原则、理想信念、品德修为的一系列辩证关系和普遍联系中进行了深入细致、入情入理的阐释，为年轻干部把脉把得准，也提出了剖解问题行之有效的解决方案，实质上是给年轻干部提供了一份如何做官做事做人的行为规范和行动指南。

做共产党的官，实质上是服务党和人民事业的。首先就是一心为公，最突出的标志就是有理想信念、对党忠诚，党和人民利益高于一切。

这里习近平总书记就指出，坚定理想信念是终身课题，需要常修常炼，要信一辈子、守一辈子。这就是说，形成坚定理想信念，既不是一蹴而就的，也不是一劳永逸的，既要在思想底层树牢理想信念，只有真正将对马克思主义信仰、共产主义远大理想、中国特色社会主义共同理想作为"根"与"魂"，才能经得住各种考验，走得稳、走得远，更要在斗争实践中不断砥砺、经受考验。而理想信念又是具体的，实实在在的，最主要的就表现在对党忠诚上，能够始终做政治上的明白人、老实人；能够始终坚持党和人民的事业高于一切。习近平总书记告诫年轻干部"刀要在石上磨、人要在事上练"，只有经风雨、见世面才能成大器。

做共产党的官，是能够始终坚持原则、敢于为人民担事干事，在风险面前敢于出击、敢于斗争的。

所以习近平总书记细致阐释了如何妥善解决担当作为和应对风险的问题，如何把握坚持原则和敢于斗争的问题。习近平总书记讲，干事担事是干部的职责所在，也是价值所在，但做事总是有风险的。正因为有风险，才需要担当。担当和作为是一体的，不作为就是不担当，有作为就要有担当。这就清晰地阐明了担当和作为的辩证关系。如何敢于担当、善于作为，需要把握的一个基本原则，就是党和人民的利益。凡是有利于党和人民的事，就要事不避难、义不逃责，大胆地干、坚决地干。

在坚持原则问题上，习近平总书记也讲得十分明白，坚持原则是共产党人的重要品格，是衡量一个干部是否称职的重要标准。在原则问题上绝不能含糊、绝不能退让，否则就是对党和人民不负责任，甚至是犯罪。这里面的问题实质就是干部要处理和平衡好公心与私心、正气与俗气、大是大非与小事小节的问题。但原则必须坚持，斗争精神不可或缺，只有讲原则不讲面子、讲党性不徇私情，才能秉公办事、铁面无私。

习近平总书记强调，当前，世界百年未有之大变局加速演进，中华民族伟大复兴进入关键时期，我们面临的风险挑战明显增多，总想过太平日子、不想斗争是不切实际的。因此，新时代的年轻干部不能甘于做"太平官"，要丢掉幻想、勇于斗争，在原则问题上寸步不让、寸土不让，以前所未有的意志品质维护国家主权、安全、发展利益。共产党人就是要在任何时候都要有不信邪、不怕鬼、不当软骨头的风骨、气节、胆魄。

这次习近平总书记言之谆谆，年轻干部一定要珍惜光阴、不负韶华，如饥似渴学习，一刻不停提高。当前我们处在前所未有的变革时代，干着前无古人的伟大事业，如果知识不够、眼界不宽、能力不强，就会耽误事。他告诫年轻干部一定要发扬"挤"和"钻"的精神，多读书、读好书，从书本中汲取智慧和营养。更要坚持在干中学、学中干，不断提高适应国家现代化发展的认识和工作水平。

我们为什么
能够跳出历史周期率？*

　　70多年前毛主席与黄炎培先生在延安窑洞里关于历史周期率的讨论有一段"窑洞对"的故事为人熟知。当时黄先生问毛主席，中国共产党能不能跳出历史上"其兴也勃焉，其亡也忽焉"的历史周期率？毛主席鲜明地回答："我们已经找到新路，我们能跳出这周期率。这条新路，就是民主。只有让人民来监督政府，政府才不敢松懈；只有人人起来负责，才不会人亡政息。"

　　70多年后的今天，中国共产党在中华大地上用民主实践的丰硕成果可以欣慰地告知前人、告知世界，我们跳出了历史周期率。

　　解码中国共产党为什么能够摆脱国家治理治乱兴衰的历史循环，至少有三点历史的结论。

　　一是始终不渝坚持民主理念。我们党自成立之日起，就以实现人民当家作主和中华民族伟大复兴为己任。人民民主是中国共产党人始终高举的旗帜，实现和发展人民民主也贯穿着我们党百年奋斗的全过程。一百年来，党在社会主义革命、建设、改革长期实践中艰苦卓绝地探索实现人民民主的发展道路和制度模式。

　　二是用制度体系保证了人民当家作主。新中国成立后，我们创造性地形成确立以人民代表大会制度作为社会主义的根本制度。习近平总书记在中央人大工作会议上的重要讲话中指出，这是我们党领导人民在人类政治制度史上的伟大创造，是在我国政治发展史乃至世界政治发展史上具有重大意义的全新政治制度。这一制度坚持国家一切权力属于人民，最大限度保障人民当家作主，有效保证了国家治理跳出治乱兴衰的历史周期率，为党领导人民创造经济快速发展奇迹和社会长期稳定奇迹提供了重要制度保障。

　　三是紧扣时代脉搏不断深化对人类政治文明发展规律的认识，发展全过程人民民主，走出了一条中国特色社会主义政治发展道路。全过程人民民主把党

---

　　* 本文原载《学习时报·学习评论》2021年10月22日。

的领导、人民当家作主、依法治国有机结合起来，实现了过程民主和成果民主、程序民主和实质民主、直接民主和间接民主、人民民主和国家意志相统一，成为全链条、全方位、全覆盖的民主，实现了最广泛、最真实、最管用的社会主义民主。

理念、制度、道路的相伴相生，形成了中国国家治理的强大合力，彰显了中国式民主政治的巨大优势。70多年来，我们党以民主开新路，及时总结发展社会主义民主正反两方面经验，不断推进社会主义民主政治制度化、规范化、程序化，不断巩固和发展生动活泼、安定团结的政治局面，开创了中国特色社会主义政治文明的新形态。

民主是全人类的共同价值，世界各国根据国情可以探索适合自己的民主制度和实现方式，这不可能千篇一律。曾经有国内政治学者撰文提出"民主是不是一个好东西"的命题，解析了民主是一个好东西，但绝不是十全十美的、不是少数人的、不是可以为所欲为的；选择民主的方式和制度需要具备相应的经济、文化和政治条件，不顾条件而推行民主，会给国家和人民带来灾难性的结果。西方国家一些政客经常戴着有色眼镜，基于自己的价值观和政治偏见，挥舞"民主的大棒"对我国民主制度说三道四，但他们那种脱离了最广大人民选择权的口头上的民主，只能经常陷于党派之争、政治集团之间的相互倾轧，在应对经济金融危机、应对新冠疫情等面前，西方式民主更是变得不堪一击。

习近平总书记深刻地指出，民主不是装饰品，不是用来做摆设的，而是要用来解决人民需要解决的问题的。一个国家是不是民主，应该由这个国家的人民来评判，而不应该由外部少数人指手画脚来评判。一个国家民主不民主，关键在于是不是真正做到了人民当家作主。[①]

橘生淮南则为橘，生于淮北则为枳。制度选择是这样，发展民主政治亦是如此。走自己的路，是我们党全部理论和实践立足点，更是我们党百年奋斗得出的历史结论。进入新时代，在中国共产党坚强领导下，中国人民有底气、有信心、有能力把我国社会主义民主政治的特质和优势充分发挥出来；我们也完全有信心回答，几千年来那种治乱兴衰的历史周期率，在新时代的中国绝不会重演了。

---

① 习近平. 习近平谈治国理政（第二卷）［M］. 北京：外文出版社，2017：291－298.

深刻把握党的百年奋斗重大成就和
历史经验的三大逻辑*

中国共产党十九届六中全会审议通过的《中共中央关于党的百年奋斗重大成就和历史经验的决议》（以下简称《决议》），是一篇闪耀着马克思主义真理光辉的纲领性文献。《决议》全面总结了党成立一百年来团结带领全国各族人民取得的伟大成就、积累的宝贵经验，清晰回答了"过去我们为什么能够成功、未来我们怎样才能继续成功"的重大命题，深刻揭示了"中国共产党为什么能、马克思主义为什么行、中国特色社会主义为什么好"的历史逻辑、理论逻辑、实践逻辑。

认真学习领会六中全会《决议》精神，就要更加深刻把握党的百年奋斗重大成就和历史经验的这三个逻辑，以史为鉴、开创未来。

以史为鉴，深刻领悟中国共产党能够不断取得伟大成就的历史逻辑

党的历史是最生动、最有说服力的教科书和清新剂、营养剂。习近平总书记指出，"我们党的历史是中国近现代以来历史最为可歌可泣的篇章，历史在人民探索和奋斗中造就了中国共产党，我们党团结带领人民又造就了历史悠久的中华文明新的历史辉煌。"① 六中全会《决议》鲜明写到，党和人民百年奋斗，书写了中华民族几千年历史上最恢宏的史诗。中国共产党为什么能？党的百年奋斗史清晰展示了中国共产党能够不断取得伟大成就的历史逻辑。

从历史源头上理解党的创立的历史必然性。近代以来，中国这个曾长期领先世界的大国，逐步沦落为半殖民地半封建社会，国家蒙辱、人民蒙难、文明蒙尘，中华民族遭受了前所未有的劫难。从那时起，为了拯救民族危亡，中国人民奋起反抗，仁人志士奔走呐喊，太平天国起义、洋务运动、维新变法、辛亥革命接连而起，各种救国方案轮番出台，均以失败告终。苦难深重的中国迫

＊ 本文原载中宣部《思想政治工作研究》2021 年第 11 期。
① 习近平在党史学习教育动员大会上的讲话 [J]. 求是，2021 (7)：5.

切需要新思想引领救亡运动，迫切需要新组织凝聚革命力量。十月革命一声炮响，给中国送来了马克思列宁主义，中国共产党应运而生。中国共产党的诞生，是历史的选择人民的选择，是开天辟地的大事变，它一经成立，就把为中国人民谋幸福、为中华民族谋复兴确立为自己的初心使命，自此深刻改变了近代以后中华民族发展的方向和进程，深刻改变了中国人民和中华民族的前途和命运，深刻改变了世界发展的趋势和格局。

在历史进程中见证党的历史自觉历史自信。一百年来，不管形势和任务如何变化，不管遇到什么样的惊涛骇浪，我们党都始终把握历史主动、坚定历史自信，锚定奋斗目标，沿着正确方向坚定前行。习近平总书记在庆祝中国共产党成立100周年大会上发表的重要讲话和六中全会《决议》均将这一百年民族复兴历程划分为四个阶段：浴血奋战、百折不挠的新民主主义革命时期，自力更生、发愤图强的社会主义革命和建设时期，解放思想、锐意进取的改革开放和社会主义现代化建设时期，自信自强、守正创新的中国特色社会主义新时代。历经千辛万苦，走过苦难辉煌，党领导人民以英勇顽强的奋斗取得了革命、建设、改革、新时代的伟大成就，分别实现了中国从几千年封建专制政治向人民民主的伟大飞跃，实现了一穷二白、人口众多的东方大国大步迈进社会主义社会的伟大飞跃，推进了中华民族从站起来到富起来的伟大飞跃，中华民族迎来了从站起来、富起来到强起来的伟大飞跃。这四次伟大飞跃以无可辩驳的事实证明，没有中国共产党，就没有新中国，就没有中华民族伟大复兴。

从历史趋势上认识党的宏伟事业生生不息。只有在整个人类发展的历史长河中，才能透视历史运动的本质和时代发展的方向。实现中华民族伟大复兴，是中华民族近代以来最伟大的梦想，是每一个中华儿女的共同期盼，也是为了人类文明发展作出更大贡献。六中全会《决议》从五个方面标注了党百年奋斗的历史意义，即从根本上改变了中国人民的前途命运，开辟了实现中华民族伟大复兴的正确道路，展示了马克思主义的强大生命力，深刻影响了世界历史进程，锻造了走在时代前列的中国共产党；又从十个方面总结了党经过长期实践积累的宝贵历史经验。伟大的历史昭示和丰富的经验启示，揭示的就是这一百年，中国共产党团结带领中国人民进行的一切奋斗、一切牺牲、一切创造，归结起来就是实现中华民族伟大复兴这个主题。为了实现这一伟大梦想，推进这一宏伟事业，我们党必须自觉顺应历史大势，不断从历史中汲取智慧和力量，始终把实现人民对美好生活的向往作为自己的奋斗目标，立志于中华民族千秋伟业，在新时代新征程上赢得更加伟大的胜利和荣光。

理论创新，深刻认识不断推进马克思主义时代化中国化的理论逻辑

思想就是力量。一个民族要走在时代前列，一个政党要永葆生机活力，就

一刻不能没有理论思维，一刻不能没有思想指引。

在近代中国最危急的时刻，马克思主义在中国的广泛传播催生了中国共产党，也在思想上武装了我们党，让我们党拥有了科学的世界观和方法论，拥有了认识世界、改造世界的强大思想武器。但中国共产党不唯本本主义，敢于坚持真理，修正谬误，始终彰显着理论创新的锐气和品格。

不断推进马克思主义中国化。六中全会《决议》用"三次飞跃"描述了一百年来我们党实现的符合中国实际的三次理论创新。毛泽东思想是马克思列宁主义在中国的创造性运用和发展，是被实践证明了的关于中国革命和建设的正确的理论原则和经验总结，是马克思主义中国化的第一次历史性飞跃；改革开放时期，党从新的实践和时代特征出发坚持和发展马克思主义，科学回答了建设中国特色社会主义的一系列基本问题，形成中国特色社会主义理论体系，实现了马克思主义中国化新的飞跃；习近平新时代中国特色社会主义思想是当代中国马克思主义、21世纪马克思主义，是中华文化和中国精神的时代精华，实现了马克思主义中国化新的飞跃。这3次历史性飞跃是马克思主义中国化的生动写照，回答了中国共产党之所以能够完成近代以来各种政治力量不可能完成的艰巨任务，就在于始终能自觉运用马克思主义的立场、观点、方法找准适合中国自己的道路，从而使中国这个古老的东方大国创造了人类历史上前所未有的发展奇迹。

不断推进马克思主义时代化。恩格斯曾有言，马克思主义理论"是一种历史的产物，它在不同的时代具有完全不同的形式，同时具有完全不同的内容"，"只要进一步发挥我们的唯物主义观点，并且把它应用于现时代，一个强大的、一切时代中最强大的革命远景就会展现在我们面前"。进入新时代的中国共产党人继续高扬马克思主义伟大旗帜，把科学社会主义基本原则同中国具体实际、历史文化传统、时代要求紧密结合，新时代创立的习近平新时代中国特色社会主义思想就是回答当代中国为什么人、走什么路、建设什么样的现代化国家，建设怎样的马克思主义政党等重大时代课题，在党的最新创新理论指引下，新时代的中国取得历史性成就、发生历史性变革，中华民族成功走出中国式现代化道路，创造了人类文明新形态，拓展了发展中国家走向现代化的路径，同时也意味着科学社会主义在21世纪的中国焕发出巨大生机。

习近平总书记指出，中国共产党为什么能，中国特色社会主义为什么好，归根结底是因为马克思主义行。六中全会《决议》指出，党的百年奋斗展示了马克思主义的强大生命力，马克思主义的科学性和真理性在中国得到充分检验，马克思主义的人民性和实践性在中国得到充分贯彻，马克思主义的开放性和时代性在中国得到充分彰显。这"三个充分"就深刻阐释了党的百年奋斗取得重大成就的理论逻辑，再一次验证了用马克思主义的真理光辉能够照耀我们的前行之路。

面向未来，深刻把握坚持以人民为中心坚定走自己道路的实践逻辑

六中全会《决议》高度凝练了一百年来，党领导人民进行伟大奋斗，经过长期实践积累的"十个坚持"的宝贵历史经验，即坚持党的领导，坚持人民至上，坚持理论创新，坚持独立自主，坚持中国道路，坚持胸怀天下，坚持开拓创新，坚持敢于斗争，坚持统一战线，坚持自我革命，这十条经验是我们党从小到大、从弱到强，历经千难万险、付出巨大牺牲，攻克了一个又一个看似不可攻克的难关，创造了一个又一个彪炳史册的人间奇迹取得的实践结晶，是党和人民共同创造的精神财富，必须倍加珍惜、长期坚持，并在新时代实践中不断丰富和发展。

今天，我们比历史上任何时期都更接近、更有信心和能力实现中华民族伟大复兴的目标。但行百里者半九十。中华民族伟大复兴，绝不是轻轻松松、敲锣打鼓就能实现的。我们还要清醒认识到，在前进道路上我们面临的风险考验只会越来越复杂，甚至会遇到难以想象的惊涛骇浪。我们面临的各种斗争不是短期的而是长期的，至少要伴随我们实现第二个百年奋斗目标全过程。

时代是思想之母，实践是理论之源。我们要始终把马克思主义写在党的旗帜上，不断推进马克思主义时代化中国化，自觉用马克思主义观察时代、把握时代、引领时代，坚定走党带领人民探索出的中国特色社会主义这条实现中华民族伟大复兴的唯一正确道路。要始终坚持中国共产党坚强领导，充分发挥党总揽全局、协调各方的领导核心作用。人民就是江山。我们党始终代表最广大人民利益，与人民休戚与共、生死相依，根基在人民、血脉在人民、力量在人民，我们必须紧紧依靠人民创造历史。要敢于善于斗争、勇于自我革命。继续以自我革命推进伟大的社会革命，确保党历经千锤百炼在应对国内外各种风险和考验的历史进程中始终走在时代前列，始终成为全国人民的主心骨，始终把实现人民对美好生活的向往担负在肩。

勿忘历史、不负明天。百年征程波澜壮阔，中华民族迎来了从站起来、富起来到强起来的伟大飞跃；复兴明天更加璀璨，实现中华民族伟大复兴进入了不可逆转的历史进程。站在实现伟大梦想的新的起点上，全党更要牢记中国共产党是什么、要干什么这个根本问题，必须铭记生于忧患、死于安乐，常怀远虑、居安思危，把握历史大势，坚定理想信念，牢记初心使命，继续谦虚谨慎、不骄不躁、艰苦奋斗，不为任何风险所惧，不为任何干扰所惑，以咬定青山不放松的执着奋力实现既定目标，以行百里者半九十的清醒不懈推进中华民族伟大复兴。

沧海横流显砥柱，万山磅礴看主峰。全国各族人民有习近平总书记把舵领航，有以习近平同志为核心的党中央的坚强领导，有习近平新时代中国特色社会主义思想的科学指引，有全中华儿女团结一心、埋头苦干、勇毅前行，中国特色社会主义伟大事业的航船必将劈波斩浪、一往无前，全面建成社会主义现代化强国的目标一定能够实现。

勿忘昨天·
无愧今天·不负明天[*]

我们党是一个高度重视总结历史经验，也善于总结历史经验的马克思主义执政党。每到重要历史时刻和重大历史关头，党都要回顾历史、总结经验，从历史中汲取继续前进的智慧和力量。在我们党百年历史上，曾先后制定了两个历史决议，对推进和引领党的事业发展起到了重要作用。党的十九届六中全会审议通过的《中共中央关于党的百年奋斗重大成就和历史经验的决议》，是我们党的历史上第三个历史决议。

这是一篇闪耀着马克思主义真理光辉的纲领性文献，是我们成功实现第一个百年奋斗目标、意气风发踏上实现第二个百年奋斗目标征程的新的里程碑。这份决议纵横百年、气势磅礴、思想深邃，让我们党从百年奋斗中看清楚过去我们为什么能够成功、弄明白未来我们怎样才能继续成功，推动全党统一思想、统一意志、统一行动，更加坚定、更加自觉地践行初心使命，在新时代更好坚持和发展中国特色社会主义，在新时代新征程上赢得更加伟大的胜利和荣光。

这份决议以史为鉴、开创未来，激励全党勿忘昨天的苦难辉煌，无愧今天的使命担当，不负明天的伟大梦想。

在书写了中华民族几千年历史上最恢宏史诗的中国共产党一百年光辉历程中，无论是浴血奋战、百折不挠的新民主主义革命时期，还是自力更生、发愤图强的社会主义革命和建设时期；无论是解放思想、锐意进取的改革开放和社会主义现代化建设新时期，还是自信自强、守正创新的中国特色社会主义新时代，我们党始终把为中国人民谋幸福、为中华民族谋复兴作为自己的初心使命，始终坚持共产主义理想和社会主义信念，团结带领全国各族人民为争取民族独立、人民解放和实现国家富强、人民幸福而不懈奋斗。历经千难万险，走过苦难辉煌，我们党初心不改、矢志不渝，带领中国人民进行的一切奋斗、一切牺牲、一切创造，归结起来就是一个主题：实现中华民族伟大复兴。

---

* 本文原载《学习时报·学习评论》2021 年 11 月 17 日。

今天，我们比历史上任何时期都更接近、更有信心和能力实现中华民族伟大复兴的目标。这份信心、这个底气、这种能力，来自一百年来我们党领导人民进行伟大奋斗积累的"十个坚持"的宝贵历史经验。思想就是力量。我们党一开始就把马克思主义作为党的灵魂和旗帜，坚持把马克思主义基本原理同中国具体实际相结合，不断推进马克思主义中国化。我们党始终代表最广大人民根本利益，与人民休戚与共、生死相依，根基在人民、血脉在人民、力量在人民，紧紧依靠人民创造历史。我们党以自我革命推进社会革命，确保党历经千锤百炼在应对国内外各种风险和考验的历史进程中始终走在时代前列，始终成为全国人民的主心骨，始终把实现人民对美好生活的向往担负在肩。

抚今追昔、展望明天。百年征程波澜壮阔，中华民族迎来了从站起来、富起来到强起来的伟大飞跃；复兴明天更加璀璨，实现中华民族伟大复兴进入了不可逆转的历史进程。站在实现伟大梦想的新的起点上，全党更要牢记中国共产党是什么、要干什么这个根本问题，必须铭记生于忧患、死于安乐，常怀远虑、居安思危，把握历史发展大势，坚定理想信念，牢记初心使命，始终谦虚谨慎、不骄不躁、艰苦奋斗，不为任何风险所惧，不为任何干扰所惑，以咬定青山不放松的执着奋力实现既定目标，以行百里者半九十的清醒不懈推进中华民族伟大复兴。

沧海横流显砥柱，万山磅礴看主峰。有习近平总书记把舵领航，有以习近平同志为核心的党中央的坚强领导，有习近平新时代中国特色社会主义思想的科学指引，有全体中华儿女团结一心、埋头苦干、勇毅前行，中国特色社会主义伟大事业的航船必将劈波斩浪、一往无前，全面建成社会主义现代化强国的目标一定能够实现。

深刻把握对党的
历史的新认识 *

了解历史才能看得远，理解历史才能走得远。党的十九届六中全会回望波澜壮阔的百年路，聚焦气壮山河的新时代，坚持唯物史观和正确党史观，全面总结党的百年奋斗重大成就和历史经验，作出党的历史上第三个历史决议。

这份具有里程碑意义的决议，既实事求是、尊重历史，同党的历史文献在论述和结论上一脉相承，又旗帜鲜明、与时俱进，充分体现了党的十八大以来党中央关于党的历史的新认识。深刻理解这些新认识，有利于推动全党进一步统一思想、统一意志、统一行动，夺取实现第二个百年奋斗目标的新胜利。

新认识体现在党对百年奋斗始终不渝的主题主线的清晰把握。习近平总书记在今年"七一"重要讲话中深刻指出，"中国共产党一经诞生，就把为中国人民谋幸福、为中华民族谋复兴确立为自己的初心使命。一百年来，中国共产党团结带领中国人民进行的一切奋斗、一切牺牲、一切创造，归结起来就是一个主题：实现中华民族伟大复兴"。① 一百年来，党坚持性质宗旨，坚持理想信念，坚守初心使命，牢记中国共产党是什么、要干什么这个根本问题，以"为有牺牲多壮志，敢教日月换新天"的大无畏气概，书写了中华民族几千年历史上最恢宏的史诗。历史雄辩地证明：没有中国共产党，就没有新中国，就没有中华民族伟大复兴。历史和人民选择了中国共产党。中国共产党领导是党和国家的根本所在、命脉所在，是全国各族人民的利益所系、命运所系。

新认识体现在党对拥有坚强领导核心和科学理论指导至关重要的深刻认知。一个国家、一个政党，坚强的领导核心关乎党和国家的前途命运。确立领导核心，全党就有定盘星，全国人民就有主心骨，面对惊涛骇浪就能"风雨不动安如山"。拥有科学理论的政党，才拥有真理的力量；科学理论指导的事业，才拥有光明前途。马克思主义是我们立党立国的根本指导思想，但不是教条而是行动指南，必须随着实践发展而发展。一百年来，中国共产党坚持把马克思主义基本原理同中国具体实际相结合、同中华优秀传统文化相结合，坚持一切从实际出发，及时回答时代之问、人民之问，不断推进马克思主义中国化时代化，指导中国人民不断推进伟大社会革命。历史雄辩地证明：勇于不断推进理论创新，我们党就能够让马克思主义在中国大地上展现出更强大、更有说服力的真理力量。

新认识体现在党团结带领人民坚持走符合中国国情的正确道路的坚定信心。走自己的路，是党的全部理论和实践立足点，是党百年奋斗得出的历史结论。一百年来，党坚持独立自主开拓前进道路，坚持把国家和民族发展放在自己力量的基点上，把中国发展进步的命运始终牢牢掌握在自己手中；同时又胸怀天下，始终以世界眼光关注人类前途命运，创造了中国式现代化道路，创造了人类文明新形态。历史雄辩地证明：中国特色社会主义道路是创造人民美好生活、实现中华民族伟大复兴的康庄大道，能够不断为人类文明进步贡献中国智慧和力量。

新认识体现在党始终以自我革命精神永葆生机活力的历史自觉。一百年来，党历经千锤百炼而朝气蓬勃，历经百年沧桑更充满活力，就在于能够坚持真理、修正错误，坚持原则、敢于斗争，勇于直面问题、勇于自我革命；始终铭记生于忧患、死于安乐，常怀远虑、居安思危，从而锤炼出了鲜明政治品格，孕育出了伟大建党精神，锻造成为有重大全球影响力的世界第一大执政党。历史雄辩地证明：中国共产党始终走在时代前列、始终成为全国人民的主心骨，无愧为伟大光荣正确的党，正领导中国人民在中国特色社会主义道路上不可逆转地走向中华民族伟大复兴。

大道如砥、行者无疆。深刻把握决议对党的百年奋斗史的一系列新认识，深刻理解贯穿其中的历史逻辑、理论逻辑、实践逻辑，必将激励我们继续埋头苦干、勇毅前行，在新时代新征程意气风发地开创中华民族伟大复兴更加壮阔的未来。中国的昨天已经写在人类的史册上，中国的今天正在亿万人民手中创造，中国的明天必将更加美好。

为新时代育人、引才、用才提供坚实支撑*

中国共产党在百年奋斗历程中，始终重视培养人才、团结人才、引领人才、成就人才，团结和支持各方面人才为党和人民事业建功立业。习近平总书记在前不久召开的中央人才工作会议上发表重要讲话，全文以《深入实施新时代人才强国战略 加快建设世界重要人才中心和创新高地》为题刊发在近期《求是》杂志上。① 这篇重要文章全面回答了中国特色社会主义进入新时代为什么要建设人才强国、什么是人才强国、怎样建设人才强国等重大理论和实践问题，也深刻回答了新时代党和国家需要什么样的人才、如何培育人才、怎样用好人才的重大理论和实践问题，具有很强的政治性、思想性、指导性、针对性，是指导新时代人才工作的纲领性文献。

新时代需要什么样的人才？

国家发展靠人才，民族振兴靠人才。人才是衡量一个国家综合国力的重要指标。当前，中国进入了全面建设社会主义现代化国家、向第二个百年奋斗目标进军的新征程，我们比历史上任何时期都更加接近实现中华民族伟大复兴的宏伟目标，也比历史上任何时期都更加渴求人才。从一个经济大国迈向经济强国，根本要靠创新。人才是创新强国的根本资源，各类人才辈出，是实现中华民族伟大复兴的根本所在。

在当今世界日益激烈的竞争中，谁能最多地掌握人才、谁能最大限度地激发各类人才的活力和创造力，谁就能把握历史的主动权，就能在国际竞争中赢得未来。

深入学习习近平总书记的重要文章，我们必须深刻认识到，新时代的中国需要一大批深怀爱国之心、砥砺报国之志，主动担负起时代赋予的使命责任的

---

* 本文原载中国网 2021 年 12 月 23 日。

① 习近平深入实施新时代人才强国战略 加快建设世界重要人才中心和创新高地 [J]. 求是，2021（24）：4 – 15.

人才，需要一大批能够继承和发扬老一辈科学家、社会哲学家胸怀祖国、服务人民的优秀品质，心怀"国之大者"，为国分忧、为国解难、为国尽责的人才，需要一大批坚持面向世界科技前沿、面向经济主战场、面向国家重大需求、面向人民生命健康的战略科学家和科技工作者，需要一大批哲学家、社会科学家、文学艺术家，需要一大批善于思考和研究中国问题、善于传播中华优秀文化的人才。

新时代如何培养人才？

习近平总书记的重要文章用"8 个坚持"清晰指明了新时代做好人才工作、广泛培养各类人才的根本保证、重大战略、目标方向、重点任务、重要保障、基本要求、社会条件、精神引领和思想保证，既是党对中国人才事业发展规律性认识的深化，也是进一步培育人才、吸引人才、广聚人才的思想方法和基本路径。

党的十八大以来，以习近平同志为核心的党中央全面加强对人才工作的领导，确立人才引领发展的战略地位，发挥重大人才工程牵引作用，深化人才发展体制机制改革，激发各类人才创新活力，各地区各部门实现了"抓人才工作的积极性和主动性前所未有，事业发展和政策创新为人才营造的条件前所未有，人才对中国发展的支撑作用前所未有"这三个前所未有。中国人才队伍快速壮大、人才效能持续增强、人才比较优势稳步增强，中华大地正在成为各类人才大有可为、大有作为的热土。正是这"8 个坚持"的贯彻落实，为进一步开发人才资源、培育更优秀的人才队伍、加快建立更加厚实的人才资源竞争优势提供了坚实支撑。

人才一方面要靠自主培养，从大学、从基础教育、从全面提高国民素质做起，国家为此要有培育人才的长远大计、全方位的战略谋划和战略布局，突破常规，创新模式，加快各类人才培养，更加重视科学精神、创新能力、批判性思维的培养教育。另一方面，要聚天下英才而用之，用更开放的视野，更广博的胸怀，更加积极、开放、有效的人才引进政策，吸引和用好全球创新人才资源。加快建设世界重要人才中心和创新高地，形成具有吸引力和国际竞争力的人才制度体系，正当其道。

新时代怎样用好人才？

适应社会主义现代化国家建设的迫切需要，让新时代的各类人才及其创造力源源不断地竞相涌现，最主要的靠机制、靠平台、靠制度、靠更加包容的社会环境。

习近平总书记在文章中指出，人类历史上，科技和人才总是向发展势头好、文明程度高、创新最活跃的地方集聚。新时代的中国正处于政治最稳定、经济最繁荣、创新最活跃的时期，中国共产党的坚强领导和中国特色国社会主义制度的政治优势，为中国加快建设世界重要人才中心和创新高地创造了有利的社会条件和尊重人才、爱护人才、用好人才的浓厚氛围。

当前最重要的，就是要充分解放思想，就是要全力深化人才发展体制机制改革。我们要坚决贯彻落实总书记关于人才强国建设的指导思想，坚决破除人才培养、使用、评价、服务、支持、激励等方面的体制机制障碍，破除"四唯"现象，向用人主体授权，为人才松绑，把中国制度优势转化为人才优势、科技竞争优势，加快形成有利于人才成长的培养机制、有利于人尽其才的使用机制、有利于人才各展其能的激励机制、有利于人才脱颖而出的竞争机制，真正把人才从各种形式主义、官僚主义的思想和体制束缚中解放出来。

在不久的将来，我们一定能够看到，适应现代化国家高质量发展的人才制度体系基本形成，创新人才自主培养能力显著提升，对世界优秀人才的吸引力明显增强，最终形成中国在诸多领域人才竞争比较优势，国家战略科技力量和高水平人才队伍位居世界前列的可喜局面。

一万年太久，人才辈出只争朝夕。

2022 年

中国特色社会主义制度显著优势进一步彰显*

　　党的十八大以来，习近平总书记围绕全面深化改革发表了一系列重要讲话，明确全面深化改革总目标是完善和发展中国特色社会主义制度、推进国家治理体系和治理能力现代化，从改革的总体目标、主攻方向、重点任务、方法路径等方面提出一系列具有突破性、战略性、指导性的重要思想和重大论断，阐明改革开放是决定当代中国命运的关键一招，也是决定实现"两个一百年"奋斗目标、实现中华民族伟大复兴的关键一招；全面深化改革必须以促进社会公平正义、增进人民福祉为出发点和落脚点；我们的改革开放是有方向、有立场、有原则的，是在中国特色社会主义道路上不断前进的改革；加强顶层设计和整体谋划，增强改革的系统性、整体性、协同性。这些重要论述，科学回答了在新时代为什么要全面深化改革、怎样全面深化改革等一系列重大理论和实践问题，使改革方向更明确、动力更充足、路径更清晰、方法更科学，为在新的历史起点上全面深化改革提供了根本遵循。

　　党的十八大以来，在习近平新时代中国特色社会主义思想科学指导下，全面深化改革从群众最期盼的领域改起，从制约经济社会发展最突出的问题改起，全面发力、多点突破、蹄疾步稳、纵深推进，各领域基础性制度框架基本确立，许多领域实现历史性变革、系统性重塑、整体性重构，为实现国家治理体系和治理能力现代化打下了坚实基础，开创了我国改革开放新局面，中国特色社会主义制度的显著优势进一步彰显。

　　在经济建设领域，围绕使市场在资源配置中起决定性作用和更好发挥政府作用深化经济体制改革，社会主义基本经济制度不断完善，市场主体活力不断

---

　　* 本文原载《人民日报·理论版》2022 年 4 月 14 日。

增强，市场竞争环境更加公平有序，城乡居民收入持续增长，我国经济发展平衡性、协调性、可持续性明显增强，国家经济实力、科技实力、综合国力跃上新台阶，我国经济迈上更高质量、更有效率、更加公平、更可持续、更为安全的发展之路。

在政治建设领域，围绕坚持党的领导、人民当家作主、依法治国有机统一深化政治体制改革，积极发展全过程人民民主，健全全面、广泛、有机衔接的人民当家作主制度体系，我国社会主义民主政治制度化、规范化、程序化全面推进；不断健全中国特色社会主义法治体系，法治中国建设迈出坚实步伐，法治固根本、稳预期、利长远的保障作用进一步发挥，党运用法治方式领导和治理国家的能力显著增强。

在文化建设领域，围绕建设社会主义核心价值体系、社会主义文化强国深化文化体制改革，确立和坚持马克思主义在意识形态领域指导地位的根本制度，坚持以社会主义核心价值观引领文化建设制度，社会主义先进文化创新创造活力进一步释放，全党全国各族人民文化自信明显增强，全社会凝聚力和向心力极大提升，为新时代开创党和国家事业新局面提供了坚强思想保证和强大精神力量。

在社会建设领域，围绕更好保障和改善民生、促进社会公平正义深化社会体制改革，改革收入分配制度，促进共同富裕，积极推动脱贫攻坚、教育、就业、医疗、养老、社会保障等民生领域改革，推进基本公共服务均等化，建设共建共治共享的社会治理制度，我国社会建设全面加强，人民生活全方位改善，社会治理社会化、法治化、智能化、专业化水平大幅度提升，形成了人民安居乐业、社会安定有序的良好局面，续写了社会长期稳定奇迹。

在生态文明建设领域，围绕建设美丽中国深化生态文明体制改革，建立健全自然资源资产产权制度、国土空间开发保护制度、生态文明建设目标评价考核制度和责任追究制度、生态补偿制度、河湖长制、林长制、环境保护"党政同责"和"一岗双责"等制度，全党全国推动绿色发展的自觉性和主动性显著增强，美丽中国建设迈出重大步伐，我国生态环境保护发生历史性、转折性、全局性变化。

在党的建设领域，围绕提高科学执政、民主执政、依法执政水平深化党的建设制度改革，明确党的领导制度是我国的根本领导制度，健全总揽全局、协调各方的党的领导制度体系，把党的领导落实到党和国家事业各领域各方面各环节，党的政治领导力、思想引领力、群众组织力、社会号召力显著增强；完善党和国家监督体系，强化对权力运行的制约和监督，党的自我净化、自我完善、自我革新、自我提高能力显著增强。

　　全面深化改革是一场思想理论的深刻变革，是一场改革组织方式的深刻变革，是一场国家制度和治理体系的深刻变革，是一场人民广泛参与的深刻变革。全面深化改革向广度和深度持续进军，使中国特色社会主义制度更加成熟更加定型，国家治理体系和治理能力现代化水平不断提高，为政治稳定、经济发展、文化繁荣、民族团结、人民幸福、社会安宁、国家统一提供了有力保障，为中华民族伟大复兴提供了更为完善的制度保证。在应对新冠肺炎疫情、打赢脱贫攻坚战等实践中，中国特色社会主义制度的显著优势进一步彰显，"中国之治"与"西方之乱"对比更加鲜明。全面深化改革的伟大成就，充分证明了习近平新时代中国特色社会主义思想的科学性和真理性，充分证明了"两个确立"对新时代党和国家事业发展、对推进中华民族伟大复兴历史进程具有决定性意义。我们要增强"四个意识"，坚定"四个自信"、做到"两个维护"，以更大的政治勇气和智慧推进全面深化改革，永葆中国特色社会主义制度的旺盛生机。

扎实走好践行"两个维护"的
"最先一公里"*

习近平总书记在 2019 年 7 月召开的中央和国家机关党的建设工作会议上强调，带头做到"两个维护"，是加强中央和国家机关党的建设的首要任务。① 近三年来，中央和国家机关牢记习近平总书记嘱托，始终把党的政治建设摆在首位，不断强化政治机关意识，立足"第一方阵"的职能定位，以忠诚干净担当的政治品格带头践行"两个维护"，走深走实"最先一公里"，树立了标杆，做出了表率。

今年下半年将召开党的二十大，这是党和国家政治生活中的一件大事。面对当前错综复杂的国内外形势，中央和国家机关党员干部更要深刻领悟"两个确立"的决定性意义和带头做到"两个维护"的重大意义，在第一方阵位置上始终保持高度的政治自觉，扎实走好走实践行"两个维护"的"最先一公里"，以实际行动为保持平稳健康的经济环境、国泰民安的社会环境、风清气正的政治环境创造浓厚氛围。

充分认识中央和国家机关带头做到"两个维护"的重大意义

今年以来，国际形势波谲云诡，世纪疫情和百年变局相互交织，全球政治经济格局进入新的动荡变革期。同时，国内疫情多点散发，经济发展面临多重压力，改革发展稳定任务异常繁重。形势越是复杂，越是对中央和国家机关党员干部觉悟和作风的淬炼和考验。始终保持坚定的政治立场，带头做到"两个维护"，是我们共同战胜各种困难挑战的政治保证。

带头做到"两个维护"，是中央和国家机关保持政治本色、担负职责使命的必然要求。旗帜鲜明讲政治是我们党作为马克思主义政党的根本要求。这既

---

* 本文原载《中国纪检监察》2022 年第 9 期（总第 659 期），原文以中央党校（国家行政学院）习近平新时代中国特色社会主义思想研究中心研究员、学习时报社副社长署名刊发。

① 习近平在中央和国家机关党的建设工作会议上的讲话（2019 年 7 月 9 日）[J]. 求是，2019（21）：4-5.

是马克思主义政党的鲜明特征，也是我们党一以贯之的政治优势。习近平总书记深刻指出，"党领导人民治国理政，最重要的就是坚持正确政治方向，始终保持我们党的政治本色，始终沿着中国特色社会主义道路前进""讲政治最根本就是要讲党性，在思想政治上讲政治立场、政治方向、政治原则、政治道路，在行动实践上讲维护党中央权威、执行党的政治路线、严格遵守党的政治纪律和政治规矩。党的政治建设的首要任务，就是保证全党服从中央，坚持党中央权威和集中统一领导，绝不能有丝毫含糊和动摇"。中央和国家机关离党中央最近，服务党中央最直接，对机关党建乃至其他领域党建具有重要风向标作用。中央和国家机关必须带头做到"两个维护"，是由其地位和性质决定的，在新的形势下更须保持我们党的政治本色，以党的政治建设为统领，全面提高新时代机关党的建设质量，在坚决维护习近平总书记党中央的核心、全党的核心地位，坚决维护党中央权威和集中统一领导上做好表率，切实担负起践行"两个维护"第一方阵、走好"最先一公里"的职责使命，建设让党中央放心、让人民群众满意的模范机关。

带头做到"两个维护"，是中央和国家机关坚定政治定力、应对风险挑战的迫切需要。习近平总书记一再强调，领导干部要胸怀两个大局，一个是中华民族伟大复兴的战略全局，一个是世界正经历百年未有之大变局。今年以来，我们对大变局的"变"字体会更为深刻。世纪疫情冲击、地缘政治变化等，对国际形势产生深远影响，世界的不稳定性不确定性更加突出，我国发展环境面临风险之多、考验之大前所未有。在所有风险考验当中，政治风险带有根本性，关系到党的长期执政和总体国家安全。防范化解政治风险，维护国家政治和政权安全，是摆在全党面前的一个紧迫任务，这也对中央和国家机关提高政治能力提出了更高要求。在政治风险挑战面前，如果政治立场不坚定，思想认识不到位，政治方向就可能失偏，甚至会危及党的执政地位。习近平总书记就此告诫我们，"中央和国家机关出问题危害很大，属心腹之患而非皮癣之忧"。历史和现实反复证明：党的领导是党和国家的根本所在、命脉所在，是全国各族人民的利益所系、命运所系，全党必须自觉在思想上政治上行动上同党中央保持高度一致，坚决维护党的核心和党中央权威，才能确保充分发挥党总揽全局、协调各方的领导核心作用。越是面对风险挑战，中央和国家机关党员干部越要带头做到"两个维护"，既要保持高度的理性认同、情感认同，又要保持坚强的政治定力和过硬的政治能力，牢固树立政治机关意识，筑牢政治信仰，坚守忠诚品格，坚持底线思维，增强忧患意识。要善于预见形势发展走势和隐藏其中的风险挑战，能够见微知著，"草摇叶响知鹿过、松风一起知虎来、一叶易色而知天下秋"，又能在防范化解风险特别是政治风险上敢于挺身而出，做到防护在前、守卫在先、率先作为，做到勇于担责、善于履责、全力尽责。

带头做到"两个维护"，是中央和国家机关推进自我革命、敢于善于斗争的行动遵循。勇于自我革命是我们党区别于其他政党的显著标志，是党永葆青春活力的强大支撑。党的十九大以来，经过新一轮机构改革洗礼，中央和国家机关在组织结构和管理体制上经历了一次系统性、整体性重构，在"物理变化"基础上持续产生"化学反应"，焕发出新的生机活力，实现了从"形"的重塑迈向"神"的重铸，也大大强化了政治机关意识、第一方阵观念和"最先一公里"自觉，开创了中央和国家机关事业发展的新局面。在改革创新中，中央和国家机关更加充分认识到其在党和国家治理体系中的特殊重要位置，更加充分认识到机关党的建设在推进新时代党的建设新的伟大工程中的标杆作用，切实增强了做好机关党建工作的责任感、荣誉感、使命感。但也要清醒看到，目前中央和国家机关在主动发挥践行"两个维护"第一方阵的引领作用，带头走好"两个维护"的"最先一公里"的示范作用，完整准确全面贯彻党的创新理论和党的路线方针政策的表率作用，尤其是加强中央和国家机关党的建设的模范带头作用等方面，离习近平总书记期望、离党中央要求、离履行好新时代中央和国家机关职责使命，还有一些短板或弱项，还时不时交织着"灯下黑""两张皮"等新老难题。适应新时代新征程快速发展的形势，中央和国家机关广大党员干部特别是党员领导干部必须以更加清醒的政治自觉，立足第一方阵，时刻与以习近平同志为核心的党中央保持高度一致，真正将践行"两个维护"入脑入心入行，敢于直面问题，勇于刀刃向内，善于自我革命，敢于善于斗争，在带头做到"两个维护"上坚决跑好"最先一公里"，传好"第一棒"。

扎实走好"最先一公里" 坚定做"两个维护"的行动表率

习近平总书记常讲，"日日行，不怕千万里；常常做，不怕千万事。"一个行动胜过一打纲领，中央和国家机关要扎实走好带头践行"两个维护"的"最先一公里"，关键在做行动的表率。

深化理论认识，强化政治机关意识。"两个维护"的思想理论基础是马克思主义唯物史观，其客观历史依据是我们对党的历史正反两方面经验科学总结得出的结论。做到"两个维护"也是党的十八大以来全面加强党对一切工作的领导、全面从严治党的重大政治成果和宝贵经验，是全党在革命性锻造中形成的共同意志和集体智慧的结晶。中央和国家机关作为党和国家政治机关的第一方阵，必须深刻领悟"两个确立"的决定性意义，深刻把握"两个维护"的科学内涵，以鲜明的政治态度和坚定的政治自觉、思想自觉和行动自觉带头做到"两个维护"，绝不在思想上打折扣、在落实上变形走样。

严格政治纪律，加强机关制度规范。带头践行"两个维护"是中央和国家机关最重要的政治纪律和政治规矩。要坚持严字当头，把纪律挺在前面，力戒在践行"两个维护"中的各种形式主义、口号主义、盆景主义等。同时，要不断推进机关制度建设。制度的生命力在执行，束之高阁会造成制度浪费，形同虚设会损害党的权威。要以讲认真、敢较真的态度，推动党章党规的深入学习和严格执行，以抓铁有痕、踏石留印的劲头抓好制度落实，从基本制度严起、从日常规范抓起，切实维护制度的严肃性和权威性。

落实主体责任，"关键少数"率先垂范。落实主体责任是加强中央和国家机关党的建设的重要经验，也是落实带头走好"两个维护"的"最先一公里"的有效路径。中央和国家机关各部门领导班子成员都担负着履行"一岗双责"的职责任务，既是落实机关党建责任制的"牛鼻子"和"关键少数"，又是做到"两个维护"的标杆和表率，这些"关键少数"无论是从事业务领导工作，还是推动所在部门党建工作，必须做到知行合一、言行一致，经常同党中央精神对表对标，切实做到党中央提倡的坚决响应，党中央决定的坚决执行，党中央禁止的坚决不做，坚决维护党中央权威和集中统一领导，不折不扣做践行"两个维护"的忠实守护人，绝不做政治上的糊涂虫。

夯实基层组织，增强针对性实效性。习近平总书记要求中央和国家机关"建设好党的组织体系这座大厦，让组织体系的经脉气血畅通起来，让党支部强起来"。要充分把握中央和国家机关摊子大、类型多，职能各异，工作不平衡的特点，树立大抓基层的鲜明导向，增强机关党建工作的针对性和有效性，做到建强党支部、管到每个人的全链条党建，使每名党员都成为践行"两个维护"的一面鲜红旗帜，每个支部都争做走好走实"两个维护""最先一公里"的机关模范。

如何理解党的第三个
历史决议的理论贡献*

党的十九届六中全会审议通过的历史决议鲜明地指出，习近平新时代中国特色社会主义思想是当代中国马克思主义、21 世纪马克思主义，是中华文化和中国精神的时代精华。① 习近平新时代中国特色社会主义思想对新时代党和国家事业发展、对推进中华民族伟大复兴历史进程具有决定性意义。全党必须全面、完整、准确体悟其思想精髓，自觉以马克思主义中国化的最新理论成果武装头脑，在全面建成社会主义现代化强国新征程上夺取新的胜利。

习近平新时代中国特色社会主义思想实现了马克思主义中国化新的飞跃

党的第三个历史决议在总结党的百年奋斗"十个坚持"的历史经验中将"坚持理论创新"作为一条重要经验。决议指出，习近平新时代中国特色社会主义思想实现了马克思主义中国化新的飞跃。这一新的伟大飞跃具体体现在习近平新时代中国特色社会主义思想的继承性、创新性和开放性之中。

这一思想全面继承了马克思主义鲜明的理论品格和精神实质。习近平新时代中国特色社会主义思想始终坚持马克思主义基本原理，坚持科学社会主义基本原则，坚持用辩证唯物主义和历史唯物主义世界观方法论观察世界、引领时代、指导中国实践，始终强调对马克思主义的信仰、对社会主义和共产主义的信念，坚持把马克思主义作为我们党和国家的指导思想，坚持解放思想、实事求是、与时俱进这三大法宝和马克思主义活的灵魂。

这一思想结合新的实践不断推动马克思主义的中国化时代化。习近平新时代中国特色社会主义思想对马克思主义在当代中国的实践作出了一系列重大原创性、开创性理论贡献。比如，提出新时代我国主要矛盾发生变化的思想，是

---

* 本文原载《思想政治工作研究》2022 年第 5 期。
① 中共中央关于党的百年奋斗重大成就和历史经验的决议［N］. 人民日报，2021 - 11 - 17（1）.

对马克思主义社会矛盾学说的新发展；提出进入新发展阶段、贯彻新发展理念、构建新发展格局的思想，是对马克思主义政治经济学的新升华；提出坚持和加强党的全面领导、推进党的自我革命思想，是对马克思主义建党学说的新发展；提出坚持以人民为中心的发展思想，既是对马克思主义人本学说的新拓展，又是对中华文化和中国精神的新深化。

这一思想致力于展现当代马克思主义更有说服力的真理力量。习近平新时代中国特色社会主义思想强调实践没有止境、理论创新也没有止境。时代是思想之母，实践是理论之源，世界每时每刻都在发展变化，中国也每时每刻都在发生变化，只有善于聆听时代声音，在理论上跟上时代，不断认识规律，不断推进理论创新、实践创新、制度创新、文化创新以及其他各方面创新，才能高高举起21世纪科学社会主义的思想旗帜，才能展现21世纪中国的马克思主义更强大、更有说服力的真理力量。

"十个明确"新概括全面系统回答了当代中国发展的重大时代课题

党的第三个历史决议用"十个明确"全新概括了这一思想，融入了党的十九大以来党和国家事业最新的实践创新和理论创新成果，进一步丰富和发展了习近平新时代中国特色社会主义思想。这一全新表述具有重要的理论意义和时代价值。

思想引领紧扣时代、回应关切。党的十八大以来，习近平总书记对关系新时代党和国家事业发展的一系列重大理论和实践问题进行了深邃思考和科学判断，提出一系列原创性的治国理政新理念新思想新战略，由其作为主要创立者的习近平新时代中国特色社会主义思想对新时代坚持和发展什么样的中国特色社会主义、怎样坚持和发展中国特色社会主义，建设什么样的社会主义现代化强国、怎样建设社会主义现代化强国，建设什么样的长期执政的马克思主义政党、怎样建设长期执政的马克思主义政党这三大时代主题进行了全面系统回答，成为用马克思主义之"矢"射准新时代中国之"的"的典范，科学回答了新时代中国之问、世界之问、人民之问、时代之问。

理论建构更趋完整、更具体系。党的第三个历史决议用"十个明确"更加完整地概括了习近平新时代中国特色社会主义思想，包括新时代坚持和发展中国特色社会主义的总目标、总任务、总体布局、战略布局和发展方向、发展方式、发展动力、战略步骤、外部条件、政治保证等基本问题，进一步作出了完整阐释，充分体现当代中国共产党人治国理政的政治优势、制度优势和中国特色社会主义的本质特点。这"十个明确"根据党的十九大以来在治党治国治军、内政外交国防、改革发展稳定诸方面的新实践作出新的理论概括，在理论范畴、逻辑顺序、体系架构上更加系统化、建制化。

价值立场更加巩固、更加坚定。理论信服于民重在其价值立场，重在解决好执政党用怎样的价值立场指引为谁执政、为谁用权、为谁谋利这个根本问题。习近平新时代中国特色社会主义思想的基本核心思想就是坚持以人民为中心的发展思想，推动人的全面发展、全体人民共同富裕取得明显的实质性进展，展示出对新时代三大规律的深刻认识，鲜明地昭示中国共产党立足新时代、面向全人类，在自己探索的中国特色社会主义道路上始终践行为中国人民谋幸福、为中华民族谋复兴、为世界谋大同的初心使命，是以中国式现代化谱写人类文明进步的新图景。

当代中国马克思主义不断彰显时代特色引领开创人类文明新形态

党的第三个历史决议全面总结了党的百年奋斗的重大成就和历史经验，"十个坚持"的历史经验和五个方面的历史性贡献高度概括了一百年来党团结带领人民绘就的人类发展史上的壮美画卷，也展示了中华民族前所未有的光明前景。习近平新时代中国特色社会主义思想的"十个明确"既是对我们党一百年来经过长期实践积累的"十个坚持"的宝贵经验和精神财富在理论上的抽象，又是结合新时代实践在理论发展上的不断丰富和升华。比如，坚持党的领导、坚持人民至上、坚持独立自主、坚持中国道路，与"十个明确"指出的坚持和发展中国特色社会主义的总目标、总任务、总体布局、战略布局和发展方向等紧密契合、逻辑一致；坚持理论创新、坚持开拓创新、坚持胸怀天下、坚持统一战线等与我们解决发展方式、发展动力、战略步骤、外部条件等基本问题交相辉映；坚持敢于斗争、坚持自我革命等也直接体现在习近平新时代中国特色社会主义思想的理论品格和思想精髓之中。充分体现了习近平新时代中国特色社会主义思想作为当代中国马克思主义，实现了从实践上升到理论、再将理论付诸实践的伟大思想飞跃。

时代在发展，当代中国马克思主义也必然随着实践的发展而发展，习近平新时代中国特色社会主义思想也必然在不断坚持马克思主义和发展马克思主义的有机统一中彰显新的时代特色、彰显强大生命力和说服力。习近平总书记在庆祝中国共产党成立100周年大会上的讲话中指出，"走自己的路，是党的全部理论和实践立足点，是党百年奋斗得出的历史结论"。今天的中国，坚持和发展中国特色社会主义，就是要推动物质文明、政治文明、精神文明、社会文明、生态文明协调发展，创造中国式现代化道路，创造人类文明新形态。这是当代中国共产党人需要回答的时代之问，也为当代中国化马克思主义提供了更加丰富的实践土壤。只要我们党继续坚持解放思想、实事求是、守正创新，不断推进马克思主义基本原理同中国具体实际相结合、同中华优秀传统文化相结合，就一定能够续写好马克思主义中国化时代化的新篇章。

实现新时代新征程各项目标任务关键在党 *

习近平总书记在省部级主要领导干部"学习习近平总书记重要讲话精神，迎接党的二十大"专题研讨班上发表重要讲话中明确指出，"全面建设社会主义现代化国家，实现新时代新征程各项目标任务，关键在党"。① 这是一个立足历史、观照现实、前瞻未来的重大论断，为充分发挥党在新时代新征程上全面领导国家现代化的引领保障作用指明了方向，具有宽阔的历史视野、深厚的理论依据、扎实的实践基础，必须知之而信之，信之而行之。

中国共产党始终是领导我们事业的核心力量

中国共产党是马克思主义无产阶级先进政党，一经成立就把马克思主义写在自己的旗帜上。一百多年来，我们党始终以科学社会主义为根本原则，实践了国际共产主义运动在中华大地上轰轰烈烈的蓬勃发展，团结带领全中国人民为争取民族独立、人民解放和实现国家富强、人民幸福而不懈奋斗，走过了一百多年光辉历程，书写了中华民族几千年历史上最恢宏的历史诗篇。

习近平总书记深刻指出，"不论走得多远，也不能忘记来时的路，都不能忘记我们为什么出发。"善于总结历史、从漫漫历史进程中汲取继续前进的智慧和力量，是一个先进政党始终保持历史清醒、坚定历史自信、把握历史主动的思想自觉和优秀品格。在中国共产党迎来百年华诞之际，以习近平同志为核心的党中央号召全党，以史为鉴，开创未来，坚持唯物史观和正确党史观，从党的百年奋斗中看清楚过去我们为什么能够成功、弄明白未来我们怎样才能继续成功，从而更加坚定、更加自觉地践行中国共产党的初心使命，在新时代更好坚

---

* 本文原载《成都日报·理论周刊》2022年10月12日，原文以中央党校（国家行政学院）习近平新时代中国特色社会主义思想研究中心研究员署名刊发。

① 习近平在省部级主要领导干部"学习习近平总书记重要讲话精神，迎接党的二十大"专题研讨班上发表重要讲话强调 高举中国特色社会主义伟大旗帜 奋力谱写全面建设社会主义现代化国家崭新篇章［N］.人民日报，2022－07－28（1）.

持和发展中国特色社会主义这一来之不易的正确道路。

以党的百年历史进程观之，一百年前，在中国人民和中华民族伟大觉醒中，在马克思列宁主义同中国工人运动的紧密结合中，中国共产党应运而生，以新的思想引领救亡运动、以新的组织凝聚革命力量走上了实现民族复兴的历史舞台，中国革命的面貌从此焕然一新。

在进行反帝反封建的新民主主义革命时期，党从大革命失败和第五次反"围剿"失败的教训中，深刻认识必须牢牢把握革命的领导权问题，以正确的思想路线、组织路线、武装斗争路线独立领导中国的革命战争，在最危急关头挽救了党、挽救了人民军队、挽救了中国革命，打开中国革命新局面，从此一路高歌，党成为领导全民族抗战的中流砥柱、成为推翻帝国主义、封建主义、官僚资本主义三座大山的坚强领导力量，夺取了新民主主义革命的伟大胜利。在社会主义革命和建设时期，党领导人民战胜政治、经济、军事、外交等方面一系列严峻挑战，虽在艰苦探索中也经历了严重曲折，但党在社会主义革命和建设中依旧取得独创性理论成果和巨大成就，为在新的历史时期开创中国特色社会主义提供了宝贵经验、理论准备、物质基础。在改革开放和社会主义现代化建设新时期，党解放思想、实事求是，坚持真理、修正错误，果断进行党和国家工作中心战略转移，实行改革开放的历史性决策，极大解放和发展生产力，成功开创了中国特色社会主义，实现了人民生活从温饱不足到总体小康、奔向全面小康的历史性跨越。在中国特色社会主义新时代，党统筹把握中华民族伟大复兴战略全局和世界百年未有之大变局，守正创新、自立自强，砥砺前行、继往开来，党和国家事业取得历史性成就、发生历史性变革，全面建成小康社会目标，意气风发踏上全面建设社会主义现代化国家新征程，实现中华民族伟大复兴进入了不可逆转的历史进程。

历史和现实充分证明：没有中国共产党，就没有新中国，就没有中华民族伟大复兴中国人民和中华民族之所以能够扭转近代以后的历史命运，取得今天的伟大成就，最根本的是有中国共产党的坚强领导。"坚持党的领导"成为中国共产党百年奋斗的十大历史经验的首要一条。党的百年奋斗辉煌历程充分揭示了中国共产党是领导我们事业的核心力量。

新时代 10 年伟大变革更加铸就了党的坚强

从党的十八大开始，中国特色社会主义进入新时代。这十年来，以习近平同志为核心的党中央站在党和国家事业战略和全局高度，立足新的历史方位，把握历史主动，采取一系列战略性举措，推进一系列变革性实践，实现一系列突破性进展，取得一系列标志性成果，攻克了许多长期没有解决的难题，办成了许多事关长远的大事要事，经受住了来自政治、经济、意识形态、自然界等方面的风险挑战，党和国家事业取得新的辉煌成就。新时代10年的伟大变革，在党史、新中国史、改革开放史、社会主义发展史、中华民族发展史上具有里程碑意义。

面对党内曾经一度存在的对坚持党的领导认识模糊、行动乏力问题，存在不少落实党的领导弱化、虚化、淡化、边缘化问题，存在管党不严、治党不严问题等，党的十八大以来，习近平总书记以深邃的历史眼光、巨大的政治勇气、强烈的责任担当，鲜明提出，打铁必须自身硬，办好中国的事情，关键在党，关键在党要管党、全面从严治党。围绕新时代坚持和加强党的全面领导，习近平总书记提出了一系列原创性的新理念新思想新战略，对新时代党的领导理论、党的领导制度体系、党的领导方式、党的组织体系建设等进行了革命性重塑，极大丰富了马克思建党学说，开辟了新时代党的建设的全新境界。

党的领导理论实现新的突破。党的最新创新理论习近平新时代中国特色社会主义思想丰富思想内涵的"第一个明确"指出，中国特色社会主义最本质的特征是中国共产党领导，中国特色社会主义制度的最大优势是中国共产党领导，中国共产党是最高政治领导力量，全党必须增强"四个意识"、坚定"四个自信"、做到"两个维护"。全党也更加深刻认识到，坚持和完善党的领导，是党和国家的根本所在、命脉所在，是全国各族人民的利益所在、幸福所在。党政军民学，东西南北中，党是领导一切的。中国共产党是中国特色社会主义事业的领导核心，所以必须加强和改善党的领导，充分发挥党总揽全局、协调各方的领导核心作用。

党的领导制度体系更加完善。党的十九届四中全会明确党的领导制度是我国的根本领导制度，强调要坚决维护党中央权威，健全总揽全局、协调各方的党的领导制度体系，把党的领导落实到国家治理各领域各方面各环节。在坚持和完善党的制度建设上立柱架梁，形成"一个建立、两个完善、三个健全"的完整制度体系，有力强化了我国的根本领导制度和党的领导各方面的重要制度、具体制度建设，推动横向到边、纵向到底的党的领导制度体系更加成熟、更加定型，党中央权威和集中统一领导得到有力保证。

党的领导方式领导机制更加科学。党的十九届三中全会实现了深化党和国家机构改革，党中央集中统一领导的机制得到进一步完善。通过推进党和国家机构改革，发挥好党的职能部门统一归口协调管理职能，统筹本领域重大工作，推动坚定维护党中央权威和集中统一领导具体化、制度化、规范化。通过制定或修订了一系列党内法规，将坚守政治纪律政治规矩挺在前面。通过强化党的组织在同级组织中的领导地位，强化请示报告、政治监督、政治巡视等制度，形成党的中央组织、地方组织、基层组织上下贯通、执行有力的严密体系，实现党的组织和党的工作全覆盖，使党的领导遍布经济社会发展的各领域各方面各环节，筑牢了党的全面领导的坚实组织基础。

全党在思想上更加统一、政治上更加团结、行动上更加一致。面对突如其来的新冠疫情严重冲击，党中央一声令下三军齐发，全党行动，全国动员，党带领人民勇毅前行、万众一心；面对脱贫攻坚的艰巨任务，几百万驻村第一书记和党的基层组织勇挑重担，党的旗帜在基层组织高高飘扬；面对统筹疫情防控和经济社会发展多难问题，各级党组织顶住经济下行压力，坚持全国一盘棋，全力防疫情、稳经济、化危机、开新局，经受住了一场场严峻考验，保持了中国经济发展的战略定力和强大市场韧性，实现了中国发展回稳向上、稳中向好的发展态势。

新时代 10 年伟大变革的成功实践再次证明：党的坚强领导始终是全国人民应对国内外各种风险和考验的最可靠主心骨，始终是坚持和发展中国特色社会主义最坚强领导核心。在风雨兼程中，全面从严治党的政治引领和政治保障作用得到了充分发挥；在新的斗争磨砺中，党的政治领导力、思想引领力、群众组织力、社会号召力铸就得愈加坚强。

把党的领导贯穿于建设现代化国家全过程

党的二十大即将召开。这是我国在进入全面建设社会主义现代化国家新征程的关键时刻召开的又一次十分重要的大会，将科学谋划未来 5 年乃至更长时期党和国家事业发展的目标任务和大政方针。

当前世界百年未有之大变局加速演进，世界之变、时代之变、历史之变的特征更加明显；我国发展面临新的战略机遇、新的战略任务、新的战略阶段、新的战略要求、新的战略环境，需要应对的风险挑战、需要解决的矛盾和问题比以往更加错综复杂。习近平总书记审时度势，深刻指出，"全面建设社会主义现代化国家，实现新时代新征程各项目标任务，关键在党。"这就要求全党同志自觉将坚持和加强党的全面领导贯彻落实在建设社会主义现代化国家全过程各领域，继续发挥好党总揽全局、协调各方的领导核心作用。

要不断提高政治能力。提高政治能力，最重要的就是提高政治判断力、政治领悟力、政治执行力。必须深刻领悟"两个确立"的决定性意义，自觉在政治上思想上行动上与以习近平同志为核心的党中央保持高度一致，胸怀"国之大者"，办一切事情都要从党和人民根本利益出发，从国家和民族整体利益出发，知责于心、担责于身、履责于行，不折不扣贯彻执行党的理论、党的路线、党的方略。

要不断磨砺斗争意志。面对具有许多新的历史特点的伟大斗争，必须不断增强忧患意识，坚持底线思维，坚定斗争意志，增强斗争本领。在党中央坚强领导下，以正确的战略策略应变局、育新机、开新局，依靠顽强斗争打开事业发展新天地；永葆"赶考"的清醒和坚定，持之以恒推进全面从严治党，深入推进新时代党的建设新的伟大工程，以党的自我革命引领伟大的社会革命。

要始终保持同人民群众的血肉联系。中国共产党根基在人民、血脉在人民、力量在人民。中国共产党始终代表最广大人民根本利益，与人民休戚与共、生死相依，没有任何自己特殊的利益。新时代新征程上，全党要始终牢记中国共产党是什么、要干什么这个根本问题，践行以人民为中心的发展思想，坚持一切为了人民、一切依靠人民，着力解决发展不平衡不充分问题和人民群众急难愁盼问题，推动人的全面发展、全体人民共同富裕取得更为明显的实质性进展。

发扬彻底的
自我革命精神*

即将召开的中国共产党第二十次全国代表大会，是在全党全国各族人民迈上全面建设社会主义现代化国家新征程、向第二个百年奋斗目标进军的关键时刻召开的一次十分重要的大会。大会将再次宣示我们党带领中国人民高举中国特色社会主义伟大旗帜，奋力谱写全面建设社会主义现代化国家崭新篇章。

全面建设社会主义现代化国家，实现新时代新征程各项目标任务，关键在党。习近平总书记在 7 月 26 日召开的省部级主要领导干部"学习习近平总书记重要讲话精神，迎接党的二十大"专题研讨班开班式上发表重要讲话指出，我们党是世界上最大的马克思主义执政党，要巩固长期执政地位、始终赢得人民拥护，必须永葆"赶考"的清醒和坚定。必须持之以恒推进全面从严治党，深入推进新时代党的建设新的伟大工程，以党的自我革命引领社会革命。① 我们要全面贯彻落实习近平总书记重要讲话精神，在党领导人民奋力开创全面建设社会主义现代化国家宏伟目标的新征程上，发扬彻底的自我革命精神，发挥好敢于斗争敢于胜利这一党和人民不可战胜的强大精神力量，培养斗争精神，坚定斗争意志，增强斗争本领，以正确的战略策略应变局、育新机、开新局，依靠顽强斗争打开事业发展新天地。

深刻领会总书记关于自我革命精神重要论述的思想精髓

党的十八大以来，习近平总书记以马克思主义政治家、思想家、战略家的非凡理论勇气、卓越政治智慧、强烈使命担当，立足中国特色社会主义进入新时代这一我国发展新的历史方位，科学总结党的百年奋斗历史和新时代全面从严治党实践经验，统揽伟大斗争、伟大工程、伟大事业、伟大梦想，深刻回答

---

* 本文原载《中国纪检监察杂志》2022 年第 20 期，原文以中央党校（国家行政学院）习近平新时代中国特色社会主义思想研究中心研究员署名刊发。

① 高举中国特色社会主义伟大旗帜 奋力谱写全面建设社会主义现代化国家崭新篇章［N］. 人民日报，2022 - 07 - 28（1）.

了新时代建设什么样的长期执政的马克思主义政党、怎样建设长期执政的马克思主义政党这一重大时代课题，创造性提出"党的自我革命"重大命题，作出一系列关于自我革命精神的重要论述，完整构建了新时代党的自我革命的战略思想，为推进新时代党的建设新的伟大工程提供了科学指南，为马克思主义政党理论的发展作出了原创性的重要贡献。

极大丰富了马克思主义建党学说，有力拓展了马克思主义理论体系中"革命"范畴的思想内涵。马克思主义认为，人类认识世界的根本目的在于改造世界，而改造世界包括改造主观世界和改造客观世界。这种改造用"革命"名义赋予"革命"的本质和特点。马克思主义指出，"革命是历史的火车头"，以"革命"来引领世界无产阶级及其政党开展壮阔的国际共产主义运动，其本质就是以社会生产力和生产关系的矛盾运动为基础，随着社会实践发展不断破除旧的政治上层建筑，开展新的社会建设运动，并以包括政治革命、经济革命、技术革命、文化革命、思想革命等多种实现形态和方式变革社会所有制、解放和发展生产力，推动社会进步和政治进步已实现来达到改造世界的目的，最终实现人类自由解放和人的全面发展的美好社会光明图景。就此也形成了关于革命本质、革命功能、革命形式等在内的马克思主义革命观，并成为马克思主义理论体系的重要内容。马克思、恩格斯深刻指出，在无产阶级运动中，"革命之所以必需，不仅是因为没有任何其他的办法能够推翻统治阶级，而且还因为推翻统治阶级的那个阶级，只有在革命中才能抛掉自己身上的一切陈旧的肮脏东西，才能胜任重建社会的工作。"这也深刻揭示，无产阶级政党要肩负起领导和推动人类社会有史以来最雄伟、最壮丽事业的崇高使命，"过去的一切运动都是少数人的或者为少数人谋利益的运动。无产阶级的运动是绝大多数人的，为绝大多数人谋利益的独立的运动"，实现"共产党人始终代表整个运动的利益"，就内在要求无产阶级政党必须以最坚决、最彻底的革命"抛掉自己身上一切陈旧的肮脏东西"。

中国共产党是一个致力于为中国人民谋幸福、为中华民族谋复兴、为世界谋大同的使命型政党。从成立之初就确立"党的根本政治目的是实行社会革命"。一百年来，我们党以先进的社会变革力量，始终坚持以马克思主义革命观为指引肩负起这个政治使命，在革命、建设、改革伟大实践中不断拓展马克思主义理论体系中"革命"范畴的思想内涵，不断开辟马克思主义革命观的思想境界，以勇往直前、敢于斗争、不懈奋斗的精神状态执着坚守远大理想从胜利走向胜利。党的十八大以来，习近平总书记立足新的历史方位，科学运用马克思主义关于无产阶级改造世界的革命观及其基本理论，创造性地把"革命"范畴引入党的建设新的伟大工程，鲜明提出"勇于自我革命"这个重大命题，要求全党在新时代更加自觉地坚定党性原则，勇于直面问题，敢于刮骨疗毒，消除一切损害党的先进性和纯洁性的因素，清楚一切侵蚀党的健康肌体的病毒，不断增强党的政治领导力、思想引领力、群众组织力、社会号召力，确保党永葆旺盛生命力和强大战斗力，从而把党的建设地位和发展水平提升到一个前所未有的历史高度，有力拓展了马克思主义理论体系中"革命"范畴的外延和思想内涵，极大丰富了马克思主义建党学说，引领坚持和发展中国特色社会主义这场伟大革命获得新的重大发展。

我们党自我革命精神孕育、发展、成熟于党的百年奋斗伟大历程，成为区别于其他政党的显著标志。一部中国共产党历史就是一部党践行初心使命、接续推进伟大社会革命的历史。一百年来，我们党领导人民夺取新民主主义革命伟大胜利、完成社会主义革命和推进社会主义建设、进行改革开放和社会主义现代化建设、开创中国特色社会主义新时代，都是实行伟大社会革命的过程。党的十八大以来，习近平总书记以强烈的使命担当和深邃的历史视野总结过去、把握当代、引领未来，重申和强调"伟大的社会革命"，明确提出"伟大的自我革命"，并精辟地指出了协调推进"两个伟大革命"的重大论断及其辩证关系，指出"中国共产党能够带领人民进行伟大的社会革命，也能够带领人民进行伟大的自我革命"，"在进行社会革命的同时不断进行自我革命，是我们党区别于其他政党的显著标志"，强调"在百年奋斗历程中，党领导人民取得一个又一个伟大成就、战胜一个又一个艰难险阻，历经千锤百炼仍朝气蓬勃，得到人民群众支持和拥护，原因就在于党敢于直面自身存在的问题，勇于自我革命。""勇于自我革命是党百年奋斗培育的鲜明品格。"

这一鲜明品格又生动地展现在党的十八大以来新时代十年的伟大变革之中，充分展示在坚持和加强党的全面领导的新时代执政党党的建设理论创新之中，充分体现在充分发挥全面从严治党的政治引领和政治保障作用的实践路径之中。从党的十八大开始，中国特色社会主义进入新时代。新时代十年的伟大变革，在党史、新中国史、改革开放史、社会主义发展史、中华民族发展史上具有里程碑意义。面对具有许多新的历史特点的伟大斗争，面对相当一个时期党内存在落实党的领导弱化、虚化、淡化、边缘化的突出问题，一度出现的管党不严、治党不严的突出问题，以习近平同志为核心的党中央旗帜鲜明地提出，打铁必须自身硬，办好中国的事情，关键在党，关键在党要管党、全面从严治党，形成了坚持和加强党的全面领导，坚持全面从严治党的方针，坚持问题导向，坚持把党的政治建设摆在首位，坚持抓住"关键少数"，坚持抓住基层组织建设等完整的党在新时代进行自我革命的思想体系、组织基础人才支撑和制度保障，深刻回答了新时代党的自我革命何以可能、何以重要、何以推进等重大理论和实践问题，实现了坚持目标导向、问题导向、价值导向、方法导向的有机统一，全面、系统建构了新时代党的自我革命思想体系和实践方略。

经过新时代十年的伟大变革，党的自我净化、自我完善、自我革新、自我提高能力显著增强，管党治党宽松软状况得到根本扭转，坚持和加强党的全面领导、全面从严治党取得历史性成就、发生历史性变革，党在新的革命性锻造中更加坚强。站在新的历史方位，习近平总书记深刻总结党的百年奋斗重大成就和历史经验、踏上实现第二个百年奋斗目标新征程，围绕党的自我革命作出更加深刻地系统论述。在党的十九届六中全会、中央政治局民主生活会、省部级主要领导干部学习贯彻党的十九届六中全会精神专题研讨班开班式、十九届中央纪委六次全会等重要会议、重要场合鲜明指出，党的自我革命是跳出历史周期率的第二个答案，指出我们党历史这么长、规模这么大、执政这么久，如何跳出治乱兴衰的历史周期率？毛泽东同志在延安的窑洞里给出了第一个答案，这就是"只有让人民来监督政府，政府才不敢松懈"。经过百年奋斗特别是党的十八大以来新的实践，我们党又给出了第二个答案，这就是自我革命。十九届中央纪委六次全会更是明确提出习近平总书记关于党的自我革命战略思想这一重大概念，从而开辟了百年大党自我革命的新境界，成为习近平新时代中国特色社会主义思想的重要内容，是党在新征程上建设长期执政的马克思主义政党的强大思想武器和科学行动指南。

从坚持敢于斗争的宝贵经验中汲取彻底自我革命的力量

党的十九届六中全会通过的《中共中央关于党的百年奋斗重大成就和历史经验的决议》，把"坚持敢于斗争"和"坚持自我革命"提炼为党百年奋斗十条历史经验中的两条重要经验。实际上，坚持敢于斗争和坚持自我革命是相互依存、相互交织，具有内在逻辑的统一性和方向目标的一致性。我们党领导人民以自我革命推动社会革命，自觉担负起实现伟大发展目标和远大社会理想的历史使命，既要必须具有敢于斗争、善于斗争、勇于胜利的强大意志、能力和品格，又要能够时刻保持敢于自我斗争、勇于自我革命的锐气、胆识和决心。只有敢于斗争，才能进行彻底的自我革命，敢于斗争是自我革命精神的外化表现，贯穿于党的自我革命各环节全过程。彻底的自我革命精神是敢于斗争的思想动力，要将自我革命进行到底，就需要在改造客观世界和主观世界中不断进行自我斗争，在不断推进的自我革命伟大进程中始终做敢于斗争、善于斗争的战士。

中国共产党的百年历史以其感天动地的辉煌奋斗和可歌可泣的伟大斗争已经彪炳史册。一百年来，党在内忧外患中诞生、在历尽磨难中成长，在攻坚克难中壮大，为了人民、国家、民族，为了初心使命和理想信念，无论敌人如何强大、道路如何艰险、挑战如何严峻，党总是绝不畏惧、绝不退缩，不怕牺牲、百折不挠。实践证明：党和人民取得的一切成绩，不是天上掉下来的，不是别人恩赐的，而是通过不断斗争取得的；百年大党今天依然风华正茂，党作为先进的马克思主义政党能够始终走在时代前列、始终成为全国人民的主心骨，这也不是天生的，而是在不断自我革命中淬炼而成的。自我革命精神是党永葆青春活力的强大支撑，敢于斗争、敢于胜利，是党和人民不可战胜的强大精神力量。

当前，世界百年未有之大变局加速演进，世界之变、时代之变、历史之变的特征更加明显。我国发展面临新的战略机遇、新的战略任务、新的战略阶段、新的战略要求、新的战略环境，需要应对的风险和挑战、需要解决的问题比以往更加错综复杂。党面临的执政考验、改革开放考验、市场经济考验、外部环境考验将长期存在，精神懈怠危险、能力不足危险、脱离群众危险、消极腐败危险将长期存在，全面从严治党永远在路上，党的自我革命永远在路上。面对世情国情党情的深刻变化，面对具有许多历史特点的伟大斗争，面对各种可以预料和难以预料的风险挑战甚至是难以想象的惊涛骇浪，全党必须增强忧患意识，坚持底线思维，充分把握新的伟大斗争的历史特点，发扬斗争精神、增强斗争本领，凝聚起全党全国人民的意志和力量；发扬彻底的自我革命精神，敢于直面问题，勇于自我革命，确保党不变质、不变色、不变味，确保党在新时代坚持和发展中国特色社会主义的历史进程中始终成为坚强领导核心。

以彻底的自我革命精神牢牢把握正确的斗争方向。习近平总书记深刻指出，我们党之所以有自我革命的勇气，是因为我们党除了国家、民族、人民的利益，没有任何自己的特殊利益。党代表中国最广大人民根本利益，从来不代表任何利益集团、任何权势团体、任何特权阶层，这是党立于不败之地的根本所在。宗旨越纯粹、革命就越彻底，斗争就越坚决。共产党人的斗争，不是狭隘意义上的争强斗狠，更不是世俗意义上的利益之争、党派之争，是从国家和民族根本利益出发去实现崇高追求，是为实现人民对美好生活的向往进行伟大社会革命，是源于党的性质宗旨和初心使命出发进行伟大自我革命。共产党人的斗争是有方向、有立场、有原则的，大方向就是坚持中国共产党领导和我国社会主义制度不动摇。凡是危害中国共产党领导和我国社会主义制度的各种风险挑战，凡是危害我国主权、安全、发展利益的各种风险挑战，凡是危害我国核心利益和重大原则的各种风险挑战，凡是危害我国人民根本利益的各种风险挑战，凡是危害我国实现"两个一百年"奋斗目标、实现中华民族伟大复兴的各种风险挑战，只要来了，我们就必须进行坚决斗争，而且必须取得斗争胜利。

以彻底的自我革命精神不断磨砺坚韧的斗争意志。我们党正带领人民进行新时代坚持和发展中国特色社会主义这场人类历史上前所未有的伟大社会革命运动。当今形势环境变化之快、改革发展稳定任务之重，全面从严治党任务之不可松懈，是对新时代中国共产党人长期执政的巨大考验，全党必须充分认识到新的伟大斗争的长期性、复杂性和艰巨性。在这样的形势下，习近平总书记中指出，"党员领导干部如果不注意改造主观世界，不断加强党性锤炼，就可能在顺境时自我膨胀，逆境时怨天尤人"。但斗争意志、斗争精神，不是与生俱来的，只有在学懂弄通做实党的创新理论、掌握马克思主义立场观点方法的思想淬炼中，夯实敢于斗争、善于斗争的思想根基；只有在复杂严峻的斗争中经风雨、见世面、壮筋骨，在有效应对重大挑战、抵御重大风险、克服重大阻力、解决重大问题中练胆魄、磨意志、长才干。拥有了顽强的斗争精神、磨砺了坚韧的斗争意志，就能在不断改造主观世界中改造客观世界，以彻底的自我革命精神推动伟大的社会革命，当严峻形势和斗争任务摆在面前时，我们的骨头才会硬，才能敢于出击，方能敢战能胜。

以彻底的自我革命精神努力锤炼善于斗争的本领。习近平总书记强调，斗争是一门艺术。在各种重大斗争中，我们要坚持增强忧患意识和保持战略定力相统一、坚持战略判断和战术决断相统一、坚持斗争过程和斗争实效相统一。[①]注重策略方法，讲求斗争艺术，善抓主要矛盾和矛盾的主要方面，坚持有理有利有节，合理选择斗争方式、把握斗争火候，在原则问题上寸步不让，在策略问题上灵活机动。根据形势需要，把握时、度、效，及时调整斗争策略。团结一切可以团结的力量，调动一切积极因素，在斗争中争取团结，在斗争中谋求合作，在斗争中争取共赢。只有练就了高超的斗真本领，拥有了草摇叶响知鹿过、松风一起知虎来、一叶易色而知天下秋的见微知著能力，就能召之即来、来之能战、战之必胜。

①　习近平在中央党校（国家行政学院）中青年干部培训班开班式上发表重要讲话强调 发扬斗争精神增强斗争本领 为实现"两个一百年"奋斗目标而顽强奋斗［N］. 人民日报，2019－09－03（1）.

以"三个务必"铸就新时代
中国共产党人鲜明的政治品格*

习近平总书记在党的二十大报告中开宗明义地指出："全党同志务必不忘初心、牢记使命，务必谦虚谨慎、艰苦奋斗，务必敢于斗争、善于斗争，坚定历史自信，增强历史主动，谱写新时代中国特色社会主义更加绚丽的华章。"① 这是对新时代中国共产党人发出的伟大号召。这"三个务必"充分彰显了百年大党坚定的战略自信和高度的战略清醒，充分彰显了中国共产党人自警自励的政治智慧和求真务实的政治品格，必将鼓舞和激励全党在新时代新征程上以全新的精神风貌，带领人民踔厉奋发、勇毅前行，为全面建设社会主义现代化国家、全面推进中华民族伟大复兴而团结奋斗。

从"两个务必"到"三个务必"：思想境界的历史性跃迁

正如全党所熟知的，1949年3月，在中国革命转折的关头，党召开七届二中全会。会上，毛泽东同志提出了著名的"两个务必"论断，即"务必使同志们继续地保持谦虚、谨慎、不骄、不躁的作风，务必使同志们继续地保持艰苦奋斗的作风"。1949年3月23日上午，毛泽东率领中共中央机关离开西柏坡这个中国革命最后一个农村指挥所向北平进发。临行前，毛泽东对周恩来说，今天是进京的日子，进京"赶考"去。我们决不当李自成，我们都希望考个好成绩。这是中国共产党人对革命胜利后党的建设和国家前途的冷静思考，是对"进京赶考"的积极心态和精神状态。

在2013年仲夏，担任党的十八届中央委员会总书记不久的习近平同志来到河北省平山县西柏坡瞻仰革命旧址，抚今追昔，重温革命前辈的谆谆教导，再次告诫全党，我们面临的挑战和问题依然严峻复杂，党面临的"赶考"还远未

＊ 本文原载《成都日报·理论周刊》2022年11月3日，原文以中央党校（国家行政学院）研究员署名。

① 习近平. 高举中国特色社会主义伟大旗帜 为全面建设社会主义现代化国家而团结奋斗——在中国共产党第二十次全国代表大会上的报告［N］. 人民日报，2022－10－26（1）.

结束，要能够跳出"其兴也勃焉、其亡也忽焉"的历史周期率，我们党就要靠头脑清醒，靠保持"两个务必"，始终保持党的先进性纯洁性，保持党同群众的血肉联系。习近平总书记在这里重申"两个务必"，号召全党以"赶考"的清醒和坚定答好新时代的答卷。

在党的二十大报告中，习近平总书记站在新的历史方位，统揽国内国际两个大局，将"两个务必"扩展为"三个务必"，不仅在思想内涵上有了极大丰富和拓展，也实现了新时代中国共产党人思想境界和使命担当的历史性跃迁，表达了我们党在新时代新征程坚定不移全面从严治党的坚强决心和战略自觉，向全党发出深入推进新时代党的建设新的伟大工程，以党的自我革命引领社会革命，实现新时代中国特色社会主义更加宏伟目标的新的动员令。

"三个务必"彰显了百年大党高度的历史自觉和历史主动。党的历史是最生动、最有说服力的教科书。党百年奋斗的历史经验深刻揭示了党和人民事业不断成功的根本保证，揭示了党始终立于不败之地的力量源泉，揭示了党始终掌握历史主动的根本原因。其中最重要的一条就是我们党历经沧桑而初心不改、饱经风霜而本色依旧。为中国人民谋幸福、为中华民族谋复兴的初心使命是党的性质宗旨、理想信念、奋斗目标的集中体现。正是由于始终坚守这个初心使命，我们党才能在极端困境中发展壮大，才能在濒临绝境中突出重围，才能在困顿逆境中毅然奋起。在百年奋斗历程中，党始终践行党的初心使命，团结带领全国各族人民书写了中华民族几千年历史上最恢宏的史诗，中华民族伟大复兴展现出前所未有的光明前景。随着时代发展和社会变迁，初心不会自然保鲜，稍不注意就可能蒙尘褪色，久不滋养就会干涸枯萎。牢记初心使命是加强党的建设的永恒课题，是全体党员干部的终身课题。每个党员务必不忘初心、牢记使命，始终做到初心如磐、使命在肩，从党的非凡历史中找寻初心、激励使命，在把握历史主动中铭刻初心、担负使命，就能把初心使命变成锐意进取、开拓创新的精气神和原动力。

"三个务必"顺应了新时代世情国情党情的深刻复杂变化。党的二十大报告指出，我们经过接续奋斗，实现了小康这个中华民族的千年梦想我国发展站在了更高历史起点上。但这只是迈向中华民族伟大复兴的关键一步，全面建设社会主义现代化国家，是一项伟大而艰巨的事业，前途光明，任重道远。"其作始也简，其将毕也必巨"。我们千万不能在一片喝彩声、赞扬声中丧失革命精神和斗志，逐渐陷入安于现状、不思进取、贪图享受的状态。当前，世界之变、时代之变、历史之变正以前所未有的方式展开，人类面临前所未有的挑战。我国改革发展稳定仍面临不少躲不开、绕不过的深层次矛盾。党面临的执政考验、改革开放考验、市场经济考验、外部环境考验将长期存在，精神懈怠危险、能力不足危险、脱离群众危险、消极腐败危险将长期存在。全党必须牢记船到中流浪更急，人到半山路更陡，每个党员务必谦虚谨慎、艰苦奋斗，永远保持我们党的政治本色和优良传统，始终保持同人民群众的血肉联系，始终接受人民批评和监督，始终同人民同呼吸、共命运、心连心。

"三个务必"对新时代党员干部应变局开新局提出更高要求。回溯党的百年奋斗历程，党和人民取得的一切成就，都是通过斗争取得的。进入新时代，面对具有许多新的历史特点的伟大斗争，我们党紧紧依靠人民，稳经济、促发展，战贫困、建小康，控疫情、抗大灾，应变局、化危机，攻克了一个个看似不可攻克的难关险阻，创造了一个个令人刮目相看的人间奇迹，以奋发有为的精神把新时代中国特色社会主义不断推向前进。我们党依靠斗争走到今天，也必然要依靠斗争赢得未来。当前我国发展进入战略机遇和风险挑战并存、不确定难预料因素增多的时期，各种"黑天鹅""灰犀牛"事件随时可能发生。全党必须增强忧患意识，坚持底线思维，做到居安思危、未雨绸缪，准备经受风高浪急甚至惊涛骇浪的重大考验。每个党员务必敢于斗争、善于斗争，充分激发敢于斗争、敢于胜利这一党和人民不可战胜的强大精神力量，不断增强志气、骨气、底气，不信邪、不怕鬼、不怕压，知难而进、迎难而上，勇于在危机中育新机，在变局中开新局，全力战胜前进道路上各种困难和挑战，依靠顽强斗争打开事业发展新天地，用新的伟大斗争创造新的历史伟业。

时刻保持解决大党独有难题的清醒和坚定践行"三个务必"

习近平总书记在二十大报告中向全党发出的"三个务必"的号召，从思想内涵到实践路径都是相互贯通、相辅相成的，是具有内在联系的一个有机整体，践行"三个务必"必然统一在我们党的性质宗旨和价值追求之中，彰显在我们党的本质属性和鲜明品格之内，需要贯在落实新时代党的政治建设总要求和深入推进新时代党的建设新的伟大工程的具体实践路径上。

广大党员干部要把牢记"三个务必"与牢记全面从严治党永远在路上、党的自我革命永远在路上紧密结合起来，按照党的二十大精神在新时代党的建设领域擘画的七个方面的战略要求和重要工作，在思想建设上、政治建设上、制度建设上、组织建设、队伍建设、作风建设上坚定不移贯彻全面从严治党，时刻保持解决大党独有难题的清醒与坚定，在全面建设社会主义现代化新征程上不断铸就新时代中国共产党人更加鲜明的政治品格。

坚定理想信念，加强思想武装，用党的创新理论凝心铸魂。务必不忘初心、牢记使命，就要求全党更加坚定、更加自觉地践行党的初心使命，这也是新时代坚持和发展中国特色社会主义的必然要求。要把不忘初心、牢记使命作为加强党的建设的永恒课题和全体党员干部的终身课题，形成长效机制。通过加强理想信念教育，坚持用共产主义远大理想和中国特色社会主义共同理想凝聚全党、团结人民，引导全党牢记党的宗旨，解决好世界观、人生观、价值观这个总开关问题；通过坚持不懈用习近平新时代中国特色社会主义思想武装全党、锤炼党性、指导实践；通过理论武装同常态化长效化开展党史学习教育相结合，引导党员干部学史明理、学史增信、学史崇德、学史力行，传承红色基因，赓续红色血脉。

始终谦虚谨慎，永葆奋斗精神，以团结奋斗创造新的伟业。务必谦虚谨慎、艰苦奋斗，就要求全党安不忘危、存不忘亡、乐不忘忧。中华民族伟大复兴，绝不是轻轻松松、敲锣打鼓就能实现的。以中国式现代化全面推进中华民族伟大复兴是一次新的远征、新的"赶考之路"。习近平总书记曾告诫全党，"功成名就时做到居安思危、保持创业初期那种励精图治的精神状态不容易，执掌政权后做到节俭内敛、敬终如始不容易，承平时期严以治吏、防腐戒奢不容易，重大变革关头顺乎潮流、顺应民心不容易。"① 取得的成绩越好，距离伟大目标越近，越需要保持高度的历史清醒，越要有"如临深渊、如履薄冰"的谦虚谨慎，越要焕发"为有牺牲多壮志，敢教日月换新天"的奋斗精神，越要涵养富贵不能淫、贫贱不能移、威武不能屈的浩然正气。

发扬斗争精神，磨砺斗争意志，以自我革命引领社会革命。务必敢于斗争、善于斗争，就要求全党充分认识到新的伟大斗争的长期性、复杂性和艰巨性。党带领人民推进中华民族伟大复兴是不断递进的、由量变到质变的伟大社会革命运动。当今形势环境变化之快、改革发展稳定任务之重、全面从严治党任务之不可松懈，是对新时代中国共产党人的巨大考验，斗争意志、斗争精神，不是与生俱来的，必须在复杂严峻的斗争中经风雨、见世面、壮筋骨，在有效应对重大挑战、抵御重大风险、克服重大阻力、解决重大问题中练胆魄、磨意志、长才干。拥有了顽强的斗争精神、磨砺了坚韧的斗争意志，才能在不断改造主观世界的同时改造客观世界，当严峻形势和斗争任务摆在面前时，骨头才会硬，才能敢于出击，敢战能胜。

---

① 习近平在学习贯彻党的十九大精神研讨班开班式上发表重要讲话强调 以时不我待只争朝夕的精神投入工作 开创新时代中国特色社会主义事业新局面 [N]. 人民日报，2019-01-06（1）.

2024 年

从"九个以"看我们党对
马克思主义政党建设规律的科学把握*

习近平总书记在二十届中央纪委三次全会上发表重要讲话，全面总结新时代十年全面从严治党的丰富实践经验，深刻阐述党的自我革命的重要思想，特别是强调全党要在深入推进党的自我革命实践中需要把握好九个问题即"九个以"。①

这"九个以"不仅深刻揭示了我们党为什么要自我革命，为什么能自我革命，怎样推进党的自我革命这一重大理论问题的内在逻辑和本质要求，充分体现了我们党在新的时代背景下对如何始终践行初心使命、始终保持先进性纯洁性、始终坚定革命的勇气锐气底气破解大党独有难题、始终永葆生机活力走在时代前列等重大现实问题所进行的全面、深刻、科学的理论思考，也预示着我们党对马克思主义建党学说提到了一个新的认识高度，对马克思主义政党建设规律有了更为科学系统地把握，彰显出我们党作为当今世界最大的马克思主义政党的时代使命、理论清醒和执着追求。在新时代新征程上，只有牢牢把握好"九个以"的精神实质和实践要求，才能确保我们党以更加坚定的思想自觉、更加强大的行动力量、更为坚实的组织保障带领中国人民去开创强国建设、民族复兴的中国式现代化道路的美好前景。

"九个以"系统全面科学回答了马克思主义政党建设一系列根本性问题

习近平总书记在二十届中央纪委三次全会上强调的这"九个以"完整地表

＊ 本文原载《中国纪检监察》2024 年第 4 期，原题为《怎样推进自我革命——深入贯彻落实"九个以"的实践要求》。

① 习近平在二十届中央纪委三次全会上发表重要讲话强调 深入推进党的自我革命 坚决打赢反腐败斗争攻坚战持久战［N］. 人民日报，2024－01－09（1）.

述为：以坚持党中央集中统一领导为根本保证，以引领伟大社会革命为根本目的，以新时代中国特色社会主义思想为根本遵循，以跳出历史周期率为战略目标，以解决大党独有难题为主攻方向，以健全全面从严治党体系为有效途径，以锻造坚强组织、建设过硬队伍为重要着力点，以正风肃纪反腐为重要抓手，以自我监督和人民监督相结合为强大动力。

这"九个以"是我们党站在一个马克思主义先进政党长期执政的历史语境下从党的自我革命的角度出发来阐释政党建设问题的。"九个以"既是理论概括又是实践要求，既有战略安排又有工作部署，既有认识论又有科学方法论，构成一个相互联系、逻辑严密、系统完备的有机整体，科学回答了马克思主义政党建设的一系列根本性问题，全面深化了对不断推进党的自我革命的规律性认识，丰富和发展了习近平总书记关于党的建设的重要思想，丰富和发展了马克思主义建党学说，也充分彰显习近平总书记的非凡理论勇气、卓越政治智慧、强烈使命担当。

只有从马克思主义政党发展的历史长河中透视政党运动的本质和时代发展的方向，才能深刻认知无产阶级先进政党的建设规律，才能用好这些规律性认识去不断锻造一个承载历史使命、推进自我革命、永葆青春活力的大党。

马克思主义政党首先是一个承载历史使命的无产阶级先进政党。马克思主义是为了改变人类命运而创立的，是第一次站在人民的立场探求人类自由解放的道路，以科学的理论为最终建立一个没有压迫、没有剥削、人人平等、人人自由的理想社会指明了方向。但理想社会的实现并不会从天上掉下来。在长期的革命斗争实践中，以马克思、恩格斯为主要代表的马克思主义主要创始人、马克思主义政党的缔造者和国际共产主义的开创者深刻认识到，无产阶级必须组成一个不同于其他所有政党并与他们对立的特殊政党、一个自觉的阶级政党。只有建立这样一个能够代表本阶级利益、体现本阶级意志的政党组织，无产阶级才能由"自在的阶级"变为"自为的阶级"，才能使自己强大起来，从而使无产阶级获得彻底解放。

建立自己的政党，是无产阶级在政治上独立和成熟、在组织上团结和进步的重要标志。早在170多年前，马克思、恩格斯在《共产党宣言》等著作中就对无产阶级政党的性质、特点、根本宗旨、行动纲领、策略原则、奋斗目标等基本问题进行了全面阐述，为马克思主义建党学说奠定了坚实的理论基石。在这一建党思想指导下，从19世纪末到20世纪上半叶，马克思主义政党在世界范围内如雨后春笋般建立和发展起来，被压迫人民第一次成为自己命运的主人，成为实现自身解放和全人类解放的根本政治力量。

建党容易兴党治党强党难。创建马克思主义政党是开天辟地的大事业，但建设好无产阶级先进政党更是一个永恒性课题。先进的马克思主义政党也不是天生的，而是在不断自我革命中淬炼而成的。马克思主义无产阶级政党能不能始终坚定理想宗旨、自觉担负历史使命、勇于走在时代前列、永远得到人民拥护，正如马克思所言，就必须"在无产阶级和资产阶级的斗争所经历的各个发展阶段上，共产党人始终代表整个运动的利益"。"他们没有任何同整个无产阶级的利益不同的利益"，而要"为绝大多数人谋利益"，为建设共产主义而奋斗；共产党就必须"在全世界面前树立起可供人们用来衡量党的运动水平的里程碑"。在整个 20 世纪风云变幻的时代磨砺和血与火的斗争洗礼中，各国无产阶级政党经历了大浪淘沙，不少大党沉寂幻灭，留下了许多历史教训，最后能够真正树立起高超而强有力的"党的运动水平的里程碑"的是中国共产党。

中国共产党在民族危亡中建党、在革命斗争中兴党、在改革洪流中治党、在复兴伟业中强党，经历百年沧桑、百年奋斗、百年磨砺，最终锻造成无坚不摧、百毒难侵的"一块坚硬钢铁"，就在于这样的一个大党锻造出坚守理想信念、具有明确目标、善于理论创新、勇于自我革命、自觉融入人民、严格组织建设等一系列优秀品格，就在于这样一个马克思主义政党始终解放思想、实事求是，始终坚持真理、修正错误，始终改革创新、锐意进取，不断探寻永葆先进性纯洁性的政党建设规律。"九个以"就是以最完整、系统、科学的理论概括鲜明展示了这一规律性认识，中国共产党能够至今巍然屹立，百年大党依然风华正茂，确保党不变质、不变色、不变味，也正是在于在世界政党林立中树立起了一个马克思主义先进政党建设水平可供衡量的历史丰碑。

从党的自我革命理论视阈深入领会"九个以"的精神实质并切实践行

习近平总书记在二十届中央纪委三次会议上发表重要讲话指出，"我们党作为世界上最大的马克思主义执政党，如何成功跳出治乱兴衰历史周期率、确保党永远不变质不变色不变味？这是摆在全党同志面前的一个战略性问题。"强调党的十八大以来，在推进全面从严治党的伟大实践中，党中央不断进行实践探索和理论思考，在毛泽东同志当年给出"让人民来监督政府"的第一个答案基础上，给出了第二个答案，那就是不断推进党的自我革命。"坚持自我革命"作为党的百年奋斗积累的十大宝贵经验之一也写入了党的第三个历史性决议。

这深刻揭示出，勇于自我革命是我们这样一个马克思主义政党能够由小到大、由弱到强，历经百年沧桑更加充满活力的根本奥秘所在；也鲜明昭示，我们党作为世界上最大的马克思主义执政党，要根本上跳出治乱兴衰的历史周期率、确保党永远不变质不变色不变味，永葆马克思主义政党先进性纯洁性战斗性，就是要从党的自我革命的战略高度充分认识和把握马克思主义政党建设的基本规律，就是要深刻领会"九个以"的精神实质和实践要求，在全面推进强国建设、民族复兴的中国式现代化新征程上纵深推进党的自我革命。

首先是夯实根本。这个根本就是党的全面领导。坚决维护党中央权威和集中统一领导是马克思主义政党的重大建党原则，中国共产党百年发展历程正反两方面的历史经验也充分证明，党中央权威和集中统一领导坚持得好，管党治党就能严格有力，党的建设就能与社会同进步、同人民的期待相契合。这是我们党在长期实践中形成的优良传统和独特优势。"九个以"将"以坚持党中央集中统一领导为根本保证"放在第一位，充分体现其在全局中的重要地位以及所蕴含的深刻道理。从党的自我革命角度来认识，我们党要突破"革别人命容易，革自己命难"的世界性难题，关键就要靠党中央集中统一领导，充分发挥党总揽全局、协调各方的领导核心作用，使全党思想上更加统一、政治上更加团结、行动上更加一致，形成依靠党自身力量坚持真理、修正错误，发现问题、纠正偏差的强大合力。

党的领导又是全面、系统、整体的。思想建党、理论强党、制度治党是落实党的全面领导的具体体现。拥有马克思主义科学理论指导是我们党坚定信仰信念、把握历史主动的根本所在。新时代中国特色社会主义思想是马克思主义基本原理同中国具体实际相结合、同中华优秀传统文化相结合的时代典范，实现了马克思主义中国化新的飞跃。"九个以"强调"以新时代中国特色社会主义思想为根本遵循"，表明党的创新理论对于自我革命的根本性、全局性、指引性作用。新时代新征程上只有坚定不移坚持党中央集中统一领导、坚持不懈用党的创新理论凝心铸魂，才能始终确保自我革命的正确方向、筑牢自我革命的思想根基，推动党的自我革命取得更大成效。

其次是坚定目标。目标就是方向、是思想准星和行动准绳。领导社会革命是马克思主义政党的重要使命。我们党一经成立就鲜明提出，"党的根本政治目的是实行社会革命"，通过社会革命践行为中国人民谋幸福、为中华民族谋复兴的初心和使命。党在推进伟大社会革命中，必须科学把握并准确运用生产力与生产关系的矛盾运动规律，通过实行社会革命来解决矛盾、推动历史前进、实现人自由而全面的发展。历史和现实都说明，在伟大社会革命过程中要确保党始终成为领导力量，有资格、有能力团结带领人民进行社会革命的胜利，就一刻也不能停止自我革命。"九个以"强调"以引领伟大社会革命为根本目的"深刻揭示了党的自我革命和伟大社会革命之间相辅相成、相互促进的辩证关系，充分体现了推进自我革命的目的所在、方向所指。

"九个以"强调"以跳出历史周期率为战略目标""以解决大党独有难题为

主攻方向",则体现了党将自我革命的内在目标与根本目的有机统一。党的十八大以来,我们党以"十年磨一剑"的政治定力坚持不懈开展自我革命,有效巩固了党的执政地位和执政基础。但实践证明,党的先进性和党的执政地位不是一劳永逸、一成不变的。要时刻保持解决大党独有难题的清醒和坚定,就必须不断以党的自我革命引领社会革命,全面推进党的自我净化、自我完善、自我革新、自我提高,才能抵御党面临的"四大考验""四种危险";也只有敢于直面问题,勇于刀刃向内解决自身问题,持之以恒推进党的自我革命,才能把党建设得更加坚强有力,确保党在新时代坚持和发展中国特色社会主义的历史进程中始终成为坚强领导核心。

最后是抓住关键。这里的关键体现在完整科学的行动方略和行之有效的实施路径。"九个以"鲜明指出要"以健全全面从严治党体系为有效途径,以锻造坚强组织、建设过硬队伍为重要着力点,以正风肃纪反腐为重要抓手,以自我监督和人民监督相结合为强大动力",这四个方面具体指明了新时代纵深推进自我革命的实现路径和切实可行、有针对性和可操作性的实践方法。只要把这一系列关键抓手落实到位,就能够把党的自我革命的思路举措搞得更加严密,把每条战线、每个环节的自我革命抓具体、抓深入,从而为扎实推动全面从严治党向纵深发展提供根本性、全局性、稳定性、长期性的制度和组织保障。

实践证明:一个饱经沧桑而初心不改的党,才能基业长青;一个铸就辉煌仍勇于自我革命的党,才能无坚不摧。新时代新征程上,我们党如果能够不断完善自己、不断深化对共产党执政规律、社会主义建设规律、人类社会发展规律的认识,并把这些思想结晶用于现时代,一个强大的、一切时代中最强大的美好社会远景就会不断展现在我们面前。

与时俱进全面提高
干部现代化建设能力[*]

以中国式现代化全面推进强国建设、民族复兴伟业是一项伟大而艰巨的事业，对各级领导干部的能力和本领提出了全新要求。党的二十大报告指出，全面建设社会主义现代化国家，必须有一只政治过硬、适应新时代要求、具备领导现代化建设能力的干部队伍。党的二十届三中全会通过的《中共中央关于进一步全面深化改革、推进中国式现代化的决定》（以下简称《决定》）着眼全局和战略，对全面提高干部现代化建设能力作出重大部署。贯彻落实以习近平同志为核心的党中央决策部署，各级党委就要与时俱进持续推动干部队伍能力建设取得新进展新突破，建设好能够有力推进中国式现代化的高素质干部队伍。

一、干部队伍能力建设是我们党成就事业的宝贵经验

正值新中国成立75周年。75年来，中国共产党带领中国人民进行了艰苦卓绝的社会主义建设和改革，祖国的面貌发生了翻天覆地的变化。其中，党选拔、培养、使用了一批又一批素质过硬、敢于担当、勤于学习、开拓创新的干部队伍。干部队伍在社会主义革命和建设、改革开放和社会主义现代化建设新时期、开创中国特色社会主义新时代各个历史阶段都发挥了极为重要的作用，铸就了治国理政、执政为民的中坚力量，这是新中国成立以来党和国家事业取得辉煌成就的关键性因素。

从党的百年奋斗历程看，我们党始终把加强干部队伍建设放在突出位置，在各个历史时期，都结合当时实际对干部能力建设提出相应要求，这成为党推动事业发展的光荣传统和宝贵经验。

早在延安时期，毛泽东同志在为陕北公学成立题词中写道，"要造就一大批人，这些人是革命的先锋队。这些人具有政治远见。这些人充满着斗争精神和

---

* 本文原载重庆市委党刊《党建参考》2024年第20期（总第335期），2024年10月16日出刊，部分内容刊发于《成都日报》理论周刊2024年10月9日。

牺牲精神。这些人是胸怀坦白的，忠诚的，积极的与正直的。这些人不谋私利，唯一的为着民族和社会的解放。这些人不怕困难，在困难面前总是坚定的，勇敢向前的。这些人不是狂妄分子，也不是风头主义者，而是脚踏实地富于实际精神的人们。中国要有一大群这样的先锋分子，中国革命的任务就能够顺利地解决。"① 这是革命战争年代，党对领导干部的品行和能力寄予的深切期望。1938 年，毛泽东深刻指出，"中国共产党是在一个几万万人的大民族中领导伟大革命斗争的党，没有多数才德兼备的领导干部，是不能完成其历史任务的。"在同年召开的党的六届六中全会上，毛泽东强调，"政治路线确定之后，干部就是决定的因素"。这句重要名言成为我们党一直以来加强干部队伍建设的座右铭。就此，党提出了才德兼备的干部标准和任人唯贤的干部路线。"德才兼备"就是对革命时期干部能力要求的基本准绳。

解放战争后期，党中央提出干部要提高领导水平和管理水平，特别是对进城干部提出了"懂政策、有能力"的标准。在革命年代，党正是依靠一大批优秀领导干部，战胜了一个又一个困难，取得新民主主义革命的胜利、建立了人民当家作主的新中国，实现了民族独立和人民解放。

到了社会主义革命和建设时期，毛泽东同志在党的八届三中全会上首次提出了建设"又红又专"干部队伍的要求。党注重在各个战线培养选拔懂政治、懂业务、又红又专的好干部，一大批优秀领导干部随之脱颖而出，确保了社会主义建设事业顺利开展。

进入改革开放和社会主义现代化建设新时期，邓小平同志提出了干部"革命化、年轻化、知识化、专业化"的"四化"标准，促进了一大批拥护改革开放路线，有知识、懂专业、锐意改革的年轻干部走上领导岗位，为坚持党在社会主义初级阶段的基本路线，坚定不移推进改革开放，开辟和发展中国特色社会主义道路提供了有力支撑。

党的十八大以来，中国特色社会主义进入新时代，以习近平同志为核心的党中央更加重视干部队伍能力建设。习近平总书记指出，实现中华民族伟大复兴，坚持和发展中国特色社会主义，关键在党，关键在人，归根结底在培养造就一代又一代可靠接班人。这是党和国家事业发展的百年大计。在 2013 年 6 月全国组织工作会议上，习近平总书记提出了"信念坚定、为民服务、勤政务实、敢于担当、清正廉洁"二十字好干部标准。十多年来，党适应新形势新挑战，培养造就忠诚干净担当的高素质干部队伍，各行各业干部队伍能力不断提升，为新时代党和国家事业取得历史性成就、发生历史性变革，实现中华民族伟大

---

① 毛泽东.《毛泽东年谱（1893—1949）》（修订本）中卷［M］. 北京：中央文献出版社，2013：34.

复兴进入不可逆转的历史进程提供了坚强保证。

二、中国式现代化新征程对干部能力提出更高要求

以中国式现代化全面推进强国建设、民族复兴伟业是一项前无古人的开创性事业。中国式现代化新征程对干部能力提出了更高更紧迫的要求。到21世纪中叶，要全面建成社会主义现代化强国，必须有一只政治过硬、实行新时代要求、具备领导现代化建设能力的干部队伍，必须建设一支本领高强、能够堪当民族复兴重任的高素质干部队伍。

这是建设中华民族千秋伟业的必然要求。党的二十大确立了全面建成社会主义现代化强国、实现第二个百年奋斗目标，以中国式现代化全面推进中华民族伟大复兴的中心任务，阐述了中国式现代化的中国特色、本质要求、重大原则等，对推进中国式现代化作出战略部署。党的二十届三中全会《决定》紧扣中国式现代化，以进一步全面深化改革不断完善各方面体制机制，为推进中国式现代化提供制度保障。把中国式现代化宏伟蓝图一步步变成美好现实，是我们这代人的历史使命。各级领导干部必须坚持高质量发展这个新时代的硬道理，把推进中国式现代化作为最大的政治，聚焦经济建设这一中心工作和高质量发展这一首要任务，全面加强党的领导，切实提高政治能力、领导能力、工作能力，不断增强推动高质量发展本领、增强改革创新本领、增强狠抓落实本领。

这是应对当今世界百年未有之大变局的必然要求。推进中国式现代化是一项全新的事业，前进道路上必然会遇到各种矛盾和风险挑战。从国际上看，当今世界百年未有之大变局加速演进，世界进入新的动荡变革期，我国发展环境发生深刻变化，特别是来自外部的打压遏制不断升级。从国内看，我国改革发展稳定面临不少深层次矛盾躲不开、绕不过，人民不断增长的对美好生活的需要与不平衡不充分的发展之间的矛盾还十分突出。我国发展进入战略机遇和风险挑战并存、不确定难预料因素增多的时期，各种"黑天鹅""灰犀牛"事件随时可能发生。面对复杂形势和艰巨任务，需要各级领导干部立足新发展阶段，完整、准确、全面贯彻新发展理念，加快构建新发展格局，着力推动高质量发展，尤其是要增强防范化解风险本领，善于在危机中育新机、于变局中开新局，切实提高科学决策能力、改革攻坚能力、应急处突能力等，勇于直面问题，能够破解难题，在日趋激烈的国际竞争中赢得战略主动。

这是抢占新一轮科技革命和产业变革历史主动权的必然要求。进入21世纪以来，新一轮科技革命和产业变革正在孕育兴起，全球科技创新呈现出新的发展态势和特征。面对科技创新发展新趋势，世界主要国家都在寻找科技创新的突破口，抢占未来经济科技发展的先机。我们不能在这场科技创新的大赛场上

落伍，必须迎头赶上、奋起直追、力争超越。加快发展新质生产力、推进高水平科技自立自强，是党中央统筹国内国际两个大局，高瞻远瞩、审时度势作出的重大战略决策，是我国抢占未来发展制高点的战略先手棋，也是推动高质量发展的内在要求和重要着力点。面对新一轮科技革命和产业变革，各级领导干部必须增强学习本领，主动掌握各种科技前沿知识，不断提高领导建设教育强国、科技强国、人才强国，健全新型举国体制，提升国家创新体系整体效能的专业管理能力。

这是确保党始终成为中国特色社会主义事业坚强领导核心的必然要求。政党作为推动人类进步的重要力量在现代化进程中产生，必然随着现代化发展而不断实现自身治理现代化，政党治理现代化是中国式现代化的政治前提、核心驱动，中国式现代化是政党治理现代化的价值转化、目的所在。中国共产党作为中国式现代化的决定性因素，其强大的领导水平和执政能力也源自自身治理的现代化水平。作为世界上最大的马克思主义执政党，在中华民族伟大复兴战略全局和世界百年未有之大变局同步交织、交融交汇的历史条件下，要始终赢得人民拥护、巩固长期执政地位，必须时刻保持解决大党独有难题的清醒和坚定，充分认清党面临的"四个考验""四种风险"还将长期存在，决不能有松劲歇脚、疲劳厌战的情绪。各级领导干部必须始终坚持以人民为中心的发展思想，切实增强服务群众的本领，不断提高调查研究能力、群众工作能力，持之以恒推进全面从严治党，深入推进新时代党的建设新的伟大工程，以党的自我革命引领社会革命，以党的自身治理现代化引领和保障中国式现代化，确保党始终成为中国特色社会主义事业坚强领导核心。

三、提高干部现代化建设能力的思想内涵和着力点

进入新时代以来，党对干部能力和本领先后提出了一系列要求。党的十九大报告提出"全面增强执政本领"，明确为"增强学习本领、增强政治领导本领、增强改革创新本领、增强科学发展本领、增强依法执政本领、增强群众工作本领、增强狠抓落实本领、增强驾驭风险本领"等"八个本领"。① 习近平总书记在 2020 年秋季学期中央党校（国家行政学院）中青年干部培训班开班式上发表重要讲话强调，干部特别是年轻干部要提高政治能力、调查研究能力、科学决策能力、改革攻坚能力、应急处突能力、群众工作能力、抓落实能力的"七种能力"要求。② 党的二十大报告强调，要"增强干部推动高质量发展本

① 习近平. 决胜全面建成小康社会 夺取新时代中国特色社会主义伟大胜利——在中国共产党第十九次全国代表大会上的报告 [M]. 北京：人民出版社，2017：68.
② 习近平在中央党校（国家行政学院）中青年干部培训班开班式上发表重要讲话强调 年轻干部要提高解决实际问题能力 想干事能干事干成事 [N]. 人民日报，2020－10－11（1）.

领、服务群众本领、防范化解风险本领。"① 2024 年 2 月，习近平总书记为第六批全国干部学习培训教材作序，强调要全面提升与推进中国式现代化相适应的政治能力、领导能力、工作能力。虽然这些要求各有侧重，但都是对广大干部能力提升的实践指向，为广大干部指明了新时代新征程上能力建设的时代内涵。

特别是党的二十届三中全会《决定》对提高党对进一步全面深化改革、推进中国式现代化的领导水平已经作出战略部署。各级党委和广大干部贯彻落实党的二十大、二十届三中全会精神，坚持党对改革的全面领导，就必须深刻领会这一系列关于提高干部能力要求的丰富内涵和时代要求，综合起来，要着重在新的改革实践中自觉锤炼把方向、谋大局、定政策、促改革、稳定力等各方面能力，确保中国式现代化行稳致远。

一是要提高把方向的能力，坚定不移沿着正确方向前进。

中国共产党领导是中国特色社会主义最本质的特征，是中国特色社会主义制度的最大优势，是中国式现代化的本质要求。在当代中国，中国共产党是最高政治领导力量，处于国家治理体系的核心地位，在国家各项事业中发挥总揽全局、协调各方的领导核心作用。新中国成立以来特别是改革开放以来的伟大实践充分证明：办好中国的事情，关键在党。只有始终坚持党的领导，党和国家事业才能稳步前行；只有在党的坚强领导下，我们才能战胜前进道路上的各种困难和挑战。

改革是一场广泛而深刻的社会变革。新时期改革开放，充分解放和发展社会生产力，孕育了我们党从理论到实践的伟大创造，让党和人民大踏步赶上时代。新时代全面深化改革，坚决破除各方面体制机制弊端，实现中国特色社会主义制度更加成熟、更加定型，中华民族伟大复兴迎来了不可逆转的历史进程。实践也充分说明：改革是有方向、有立场、有原则的，全面深化改革是要完善和发展中国特色社会主义制度、推进国家治理体系和治理能力现代化，该改的、能改的我们坚决改；不该改的、不能改的坚决不改，既不走封闭僵化的老路也不走改旗易帜的邪路。

推进进一步全面深化改革，对各级党委和广大干部各方面能力和本领提出了更高要求。在所有能力中，政治能力是第一位的，其中最重要的，是提高把方向的能力。如何把方向？就是坚定不移坚持党对改革的全面领导，坚定维护党中央权威和集中统一领导，坚定拥护"两个确立"、坚决做到"两个维护"。各级党委和广大干部要时时处处从政治上想问题、做决策、办事情，要有政治敏锐性和政治鉴别力，观察分析形势首先要把握政治因素，特别是要能够透过

---

① 习近平．高举中国特色社会主义伟大旗帜 为全面建设社会主义现代化国家而团结奋斗——在中国共产党第二十次全国代表大会上的报告［M］．北京：人民出版社，2022：66.

现象看本质，做到眼睛亮、见事早、行动快，不断提高政治判断力、政治领悟力、政治执行力，对"国之大者"了然于胸，自觉把党的领导贯穿改革各方面全过程，确保改革始终沿着正确方向前进。

二是要提高谋大局的能力，坚持系统思维树立全局观念。

"不谋全局者，不足谋一域。"万事万物是相互联系、相互依存的。只有用普遍联系的、全面系统的、发展变化的观点观察事物，才能把握事物发展规律。全面深化改革关乎党和国家事业发展全局，推进改革发展、调整利益关系涉及经济、政治、文化、社会、生态文明等方方面面，牵一发而动全身。当前我国正处于世界百年未有之大变局和中华民族伟大复兴战略全局的关键时期，也正处于新一轮科技革命和产业变革与我国发展方式加快转变的历史交汇期，紧扣中国式现代化、推进进一步全面深化改革是全方位、宽领域、多层次的，其艰巨性和复杂性前所未有，必须更加注重改革的系统集成，更加注重突出重点，更加注重改革实效。

《决定》在统筹推进"五位一体"总体布局、协调推进"四个全面"战略布局框架下谋划进一步全面深化改革，确立了改革总目标和"七个聚焦"的分目标，统筹部署了继续以经济体制改革为牵引带动其他各领域改革的各项任务。如何谋大局？各级党委和广大干部就是要按照《决定》确立的总目标、重要原则和总体任务，站在战略和全局高度，认识改革、谋划改革、推进改革，必须牢固树立全局观念，善于通过历史看现实、透过现象看本质，把握好全局和局部、当前和长远、宏观和微观、主要矛盾和次要矛盾、特殊和一般的关系，切实提高战略思维、历史思维、辩证思维、系统思维、创新思维、法治思维、底线思维能力，着力加强前瞻性思考、全局性谋划、战略性布局、整体性贯彻，不断增强改革的系统性、整体性、协同性。

着力系统性，各地区各部门要按照《决定》作出的改革顶层设计和总体部署，坚持全国一盘棋思想，自觉在大局下行动，全力以赴把党中央确定的原则、明确的举措、提出的要求不折不扣贯彻落实好。把握整体性，要正确处理好经济和社会、政府和市场、效率和公平、活力和秩序、发展和安全等重大关系，在贯彻落实中既不能单打独斗、单兵突进，又不能打乱仗、眉毛胡子一把抓。加强协同性，要坚持改革的目标导向、问题导向、效果导向相统一，注重改革关联性和耦合性，坚决防止和克服本位主义，不能因部门利益、地方利益影响改革大局，确保各项改革举措相互衔接、上下配套、左右联动、内外兼顾。

三是要提高定政策的能力，尊重规律尊重实际尊重群众。

好的政策是落实国家战略目标的基本工具和执行手段。党的十一届三中全会以来，我们党确立改革开放的基本国策，制定一系列正确政策，充分解放和发展了社会生产力、激发和增强了全社会活力，我国实现了从高度集中的计划经济体制到充满活力的社会主义市场经济体制、从封闭半封闭到全方位开放的历史性转变。进入新时代以来，党的十八届三中全会顺应新形势，突出问题导向，聚焦进一步解放思想、解放和发展社会生产力、解放和增强社会活力，加强顶层设计和整体谋划，制定一系列正确政策，推进全面深化改革，实现改革由局部探索、破冰突围到系统集成、全面深化的转变，我国经济发展平衡性、协调性、可持续性明显增强，国家经济实力、科技实力、综合国力跃上新台阶。

进一步全面深化改革、推进中国式现代化，前景光明，但面对的改革发展环境和条件也更加错综复杂。当前国际环境变乱交织，国内改革发展稳定任务仍很艰巨，人民不断增长的对美好生活的需要与不平衡不充分的发展之间的矛盾更加突出，要促进我国经济迈上更高质量、更有效率、更加公平、更可持续、更为安全的发展之路，需要制定更为科学、有效、有力的政策。如何定政策？就要充分尊重经济社会发展的客观规律，坚持一切从实际出发，因地制宜、因时制宜、因势利导，尊重人民群众的主体地位和首创精神，始终坚持以人民为中心、增进人民福祉为出发点和落脚点。

宏观层面要实施科学的宏观调控、有效的政府治理，妥善处理好政府与市场的关系，围绕实施国家发展规划、重大战略促进财政、货币、产业、价格、就业等政策协同发力；坚持先立后破、不立不破，要有战略眼光，看得远、想得深，做到科学决策；要深入调查研究、综合分析，看事情是否值得做、是否符合实际等，全面权衡，科学决断，准确把握改革的战略重点，合理安排改革举措的先后顺序、节奏时机，根据轻重缓急循序渐进、稳扎稳打，不超前、不滞后，注重对经济政策和非经济性政策的一体评估，切实增强宏观政策取向一致性。中观和微观层面要紧密结合实际，因地制宜，主动作为，坚持到群众中去、到实践中去，倾听基层干部群众所想所急所盼，了解和掌握真实情况，不能走马观花、蜻蜓点水、一得自矜、以偏概全，切实找准自身面临的主要矛盾和矛盾的主要方面，防止照抄照搬、上下一般粗。要把干事热情和科学精神结合起来，使出台的各项改革举措符合客观规律、符合工作需要、符合群众利益。

四是要提高促改革的能力，既要做促进派更要当实干家。

空谈误国，实干兴邦。一个行动胜过一打纲领。习近平总书记反复强调，"如果不沉下心来抓落实，再好的目标，再好的蓝图，也只能是镜中花、水中月。""干事业就要有钉钉子精神，抓铁有痕、踏石留印，稳扎稳打向前走，过了一山再登一峰，跨过一沟再越一壑，不断通过化解难题开创工作新局面。"新时代以来，我们党团结带领人民攻克许多长期没有解决的难题，办成许多事关长远的大事要事，推动党和国家事业取得历史性成就、发生历史性变革，极为重要的一条就在于在党中央正确决策下全党上下全力以赴抓落实。

必须清醒地认识到，进一步全面深化改革、推进中国式现代化是一项伟大而艰巨的事业，不是轻轻松松、一蹴而就就能完成的，改革道路上也不会一马平川。《决定》确立了到共和国成立 80 周年的时候，也就是从现在起的未来五年，需要完成 300 多项改革任务，党中央决心可谓坚定，实现目标任务的时间十分紧迫。《决定》在第 60 条又专门强调要"以钉钉子精神抓好改革落实"，要求全党对党中央进一步全面深化改革的决策部署，必须求真务实抓落实、敢作善为抓落实。如何促改革？这要求各级党委和广大干部牢固树立改革没有局外人旁观者的观念，切实增强改革的责任感和使命感，争做改革的促进派，当好改革的实干家，各级党委和政府要建立健全责任明晰、链条完整、环环相扣的改革推进机制，抓好涉及本系统本地区重大改革举措的组织实施。党政主要负责人要胸中装有改革的"全景图"，手上又有落实落小落细的"施工图"，紧紧把改革抓在手上，既挂帅又出征，做到重要改革亲自部署、重大方案亲自把关、关键环节亲自协调、落实情况亲自督察，切实防止重文件制定轻文件落实等不良倾向。

改革路线明确后，干部确实是最重要的。广大党员干部紧密结合自身的工作职责，知责于心、担责于身、履责于行，增强深化改革的自觉性、提振锐意进取的精气神，摒弃拈轻怕重、躺平甩锅、敷衍塞责、得过且过等一切消极心态，增强"时时放心不下"的责任感，自觉把改革的责任装在心中、扛在肩上、落实为行动。要通过深化干部人事制度改革，落实好"三个区分开来"，让那些践行正确政绩观、政治过硬、敢于担当、锐意改革、实绩突出、清正廉洁的干部走上改革的一线，切实为真改革、抓落实的干部鼓劲撑腰。还要把重大改革落实情况纳入监督检查和巡视巡察内容，真刀真枪促进责任落实、改革落地，让广大干部以实绩实效和人民群众满意度检验改革，真正让人民群众在改革中不断增强获得感、幸福感、安全感。

四、让领导干部经受更全面的思想淬炼和实践锻炼

提高现代化建设能力，是新时代干部队伍建设的重大任务。贯彻落实党的二十届三中全会《决定》精神，全面提高干部现代化建设能力，关键还是在于理论武装，让各级领导干部经受全面的思想淬炼；关键在于专业训练和实践锻炼，让各级领导干部在学中干、干中学，切实提高适应中国式现代化所要求的各种能力和本领。

首先还是要加强理论学习，掌握党的创新理论的思想武器，接受思想淬炼、政治历练。各级领导干部要认认真真、原原本本学习马克思主义理论，提高马

克思主义理论水平，学深悟透，融会贯通，掌握辩证唯物主义和历史唯物主义。党的二十大报告指出，不断谱写马克思主义中国化时代化新篇章，是当代中国共产党人的庄严历史责任。继续推进实践基础上的理论创新，首先要把握好习近平新时代中国特色社会主义思想的世界观和方法论，坚持好、运用好贯穿其中的立场观点方法。党的十八大以来，我们党创立了习近平新时代中国特色社会主义思想，明确坚持和发展中国特色社会主义的基本方略。习近平新时代中国特色社会主义思想是当代马克思主义、21世纪马克思主义，是中华文化和中国精神的时代精华，实现了马克思主义中国化时代化新的飞跃，坚持不懈用这一创新理论武装头脑、指导实践、推动工作，为新时代党和国家事业发展提供了根本遵循。

党的二十届三中全会《决定》指出，要"健全用党的创新理论武装全党、教育人民、指导实践工作体系"。各级党校（行政学院）要充分发挥干部教育培训主渠道主阵地作用，扎实开展基本培训，坚持把深入学习贯彻习近平新时代中国特色社会主义思想作为主题主线，以坚定理想信念宗旨为根本，以提高政治能力为关键，以增强推进中国式现代化建设本领为重点，教育引导广大党员、干部深刻领会习近平新时代中国特色社会主义思想的科学体系、核心要义、实践要求，把握好这一重要思想的世界观、方法论和贯穿其中的立场观点方法。

同时，要紧紧围绕干部现代化建设能力建设，有的放矢强化专业训练。坚持干什么学什么、缺什么补什么，以干部履职必备的基本知识、基本能力为基础，围绕党中央重大决策部署和国家重大战略需求，分层级分领域开展现代化产业体系、现代财政金融、乡村全面振兴、科技创新与新质生产力、应急管理与舆情处置、基层治理等专题培训，促进干部及时填知识空白、补素质短板、强能力弱项，成为本工作领域的行家里手。

其次，就是持之以恒加强实践锻炼，在火热的中国式现代化实践中经受磨炼。实践出真知，实践长真才。在战争中学会战争、在游泳中学会游泳。习近平总书记指出，所有实际能力的获得都要靠实践，广大干部要做起而行之的行动者。中国式现代化是前无古人的开创性事业，只能靠在干中学、学中干。实践是最好的课堂，要坚持理论联系实际，有组织、有计划地把干部放到改革发展稳定主战场、重大任务重大斗争最前沿、服务群众第一线去磨砺，挑最重的担子、啃最硬的骨头、接烫手的山芋，多经受大风大浪考验、多经受急事难事历练，促使干部加强斗争精神和斗争本领养成，增强防风险、迎挑战、抗打压能力。尤其要重视基层和艰苦地区锻炼，坚持运用"四下基层"工作方法和制度，注重在实践中学真知、悟真谛，加强磨炼、增长本领，关键是广大干部要虚心用心，甘当"小学生"，不懂就问、不耻下问，切忌主观臆断、不懂装懂，从而练就担当作为的硬脊梁、铁肩膀、真本事，成为可堪大用、能担重任的栋梁之材。

激发"政策加力"和"改革发力"的协同效应*

中央经济工作会议明确提出，要充实完善政策工具箱，打好政策"组合拳"，提高政策整体效能。① 自中央政治局 9 月 26 日召开会议统筹部署"政策加力"和"改革发力"组合拳以来，宏观管理部门按照党中央决策部署，针对当前经济运行中的新情况新问题，围绕加大宏观政策逆周期调节、扩大国内有效需求、加大助企帮扶力度、化解地方债务风险、推动房地产市场止跌回稳、提振资本市场等诸方面，在有效落实既有存量政策的同时，紧锣密鼓推出了一揽子增量政策。近一个时期以来，随着一系列增量政策落地，加力政策对促增长的刺激效果初步显现，市场预期得到明显改善，经营主体的发展信心和发展动力均有所增强，国民经济总体呈现回升向好态势。

实施逆周期宏观调控政策，一般适宜于平抑短期经济波动，推动消费端、投资端边际改善，对稳增长、稳市场、稳预期具有一定的托底作用。推出一揽子增量政策的考量，首要的是为了弥补现有存量政策的不足，抵御当前经济下行压力。但要促进经济持续好转，根本还在于充分释放我国经济增长潜能、增强经济内生动力。因此，政策安排必须统筹当前和长远，兼顾政策激励和执行效能，能够将短期内实施一揽子加力增量政策和中长期推进全面深化改革有机结合起来，激发"政策加力"和"改革发力"的协同效应，为实现经济可持续、高质量发展提供更为坚实的制度保证。

宏观管理部门加力推出的一揽子增量政策要实现政策目标最终依靠的还是改革。比如，财政部推出了以增加较大规模债务限额置换地方政府存量隐性债务的财政增量政策，十四届全国人大常委会第十二次会议于 11 月 8 日表决通过了《全国人民代表大会常务委员会关于批准〈国务院关于提请审议增加地方政府债务限额置换存量隐性债务的议案〉的决议》。这项加力支持地方化解政府

---

* 本文原载《学习时报·学习评论》2024 年 12 月 13 日头版。
① 中央经济工作会议在北京举行 [N]. 人民日报，2024-12-13（1）.

债务风险的政策举措，在未来几年将大大缓解地方政府化债压力，有利于地方政府集中精力将更多资源用于扩大内需和改善民生。但要切实化解地方债务风险，必须深化财税体制改革，健全预算制度，适当加强中央事权、提高中央财政支出比例，真正建立起权责清晰、财力协调、区域均衡的中央和地方财政关系。再比如，央行和证券监管部门创设新的货币政策工具来支持股票市场稳定发展，但要提振中国资本市场、让投资者确有回报，还是要完善促进资本市场规范发展基础制度、健全投资和融资相协调的资本市场功能、提高上市公司质量、健全投资者保护机制等。

只有深化改革，才能促进一揽子增量政策发挥出最大政策效应，增强政策实施的有效性和可持续性。当前我国经济运行中出现的一些问题和难点，表面上看有经济周期性原因，但本质上还是体制性、结构性矛盾，需要从改革入手才能靶向施治。比如，宏观管理部门推出一系列扩大消费需求和激发投资需求的刺激政策，力度不可谓不强，但政策效果不十分明显，症结在于诸如市场经济基础性制度亟待完善，收入分配制度改革、社会保障制度亟待突破，等等。只有这些作为前置性条件的改革逐步到位，增量政策才能落地显效。

更进一步地看，推出时度效相适的一揽子增量政策本身也是健全宏观经济治理体系、完善宏观调控制度体系的重要改革举措。党的二十届三中全会明确指出，围绕实施国家发展规划、重大战略促进财政、货币、产业、价格、就业等政策协同发力，优化各类增量资源配置和存量结构调整，特别强调增强宏观政策取向一致性。这就需要建立健全宏观政策取向一致性评估工作机制，切实提升各领域政策目标、工具、力度、时机、节奏的一致性和匹配度。

"改革发力"内嵌于"政策加力"之中，"政策加力"也需要"改革发力"加持。激发二者的协同效应，做到问题导向一致、目标方向一致，政策制定部门就突出了重点、抓住了关键，政策落实部门就心有定数、纲举目张。这样，增量政策"组合拳"就把准了方向、打出了力度，从而发挥出最佳政策效用，新一轮全面深化改革的红利也将得以充分释放，持续推动经济实现质的有效提升和量的合理增长、推进经济高质量发展就是可以预期的。

后 记

Postscript

　　编校完《循着现代化的逻辑——一个经济学人的时事观察（2021－2024年)》这本书已近2024年岁末。该书的正式出版算是完成了近些年来我自己的一个夙愿，形成《循着改革的逻辑（2009－2015)》（上、下册）（2016年6月在国家行政学院出版社出版)、《循着发展的逻辑（2016－2020)》（上、中、下册）（2023年2月在经济管理出版社出版)、《循着现代化的逻辑（2021－2024年)》（2024年末在经济科学出版社出版)，一个旨在"揭示或者探求当今中国经济社会发展演化逻辑"的系列丛书。丛书收录的所有文稿是我作为一个普通的经济研究工作者抑或是一个媒体工作者对当代中国经济社会变迁的认真观察和忠实记录，所有文稿内容都是公开发表的文章，非常正面，体现了主旋律，充满了正能量，连贯而成了"改革—发展—现代化"三部曲。这几个主题词应该是我们这个时代的鲜明主题，也是岗位职责赋予我的使命。

　　回首过往，我最大的感触，就是时间太快了。掩卷凝思，这些文稿跨度竟达16年，感觉自己笔头尚未磨砺成锋，个人已由一个风华正茂的中青年转眼就迈向了两鬓斑白的中老年；曾经的许多理想和抱负尚未成行，却已届告老还乡了。真是光阴若电，岁月不居；人生苦旅，纷繁徘徊。

　　在这些年快速的社会变迁中，我努力做到修炼内心、勤勉用功，谦逊包容，宽以待人，也期冀能够抓住点什么，不让自己落伍于时代，让自己处人做事能够更有尊严、更有底气、更为充实，但事实上，又有什么真正是属于个人的呢？浮华世事，一个普通人的力量是太渺小了。我想，既然如此，如何让逝去的时光都能有意义，跟踪这个时代、思考这个时代、记述这个时代，就是一种自己能够把控、能够做到的工作方式和生活方式。这样，时间因事件得以铭刻，岁月因叙事得以饱满，生命也因为充满值得记忆的变迁更有了价值。这或许是我多年笔耕不辍的基本动力。这里我要真诚感谢我的老领导魏礼群老师继续给我这本新书写序，周文彰老师给我题写书名，师长们的鼓励给了我信心，还有我的夫人齐平给予我生活与精神上的莫大支持。

　　我们生活在一个大的转型时代，人工智能技术迭代发展为这种转型增加了诸多不确定性，这既是巨大挑战，也蕴含着巨大机遇。我们面对这种转型，应当抱有审慎乐观的态度。2024 年初，各种基于生成式人工智能技术的大模型鱼贯而出、方兴未艾。专家说，我们进入了 AI 的元年，它正在改变着我们的生产方式、生活方式乃至思维方式，未来的社会叙事方法必然从根本上发生变化。那么，文字的力量在哪里呢？我想，情怀将凸显其内在价值。情怀将是不可替代的，对家人、对朋友、对师长，以至于从更高层面而言，对生活、对社会的热爱，会更加珍贵。我激励自己要永远葆有这份情感、这份热爱。

　　很快，新年的钟声就要敲响，乙巳蛇年即将到来。按照中国人的传统命理，这将是一个承载着智慧与变革的年份，也是充满着吉祥和希望的年份。衷心希望我们的个人事业和家庭顺利健康，衷心期望我们的国家、我们的中华民族生生不息、源远流长。谨以此为后记。

作者于 2024 年岁末